BÖHLAU-STUDIENBÜCHER
GRUNDLAGEN DES STUDIUMS

PÄDAGOGIK
ERZIEHUNGSWISSENSCHAFT
BILDUNG

DETLEF K. MÜLLER (Hg.)

PÄDAGOGIK
ERZIEHUNGSWISSENSCHAFT
BILDUNG

EINE EINFÜHRUNG
IN DAS STUDIUM

1994

BÖHLAU VERLAG KÖLN WEIMAR WIEN

Die Deutsche Bibliothek – CIP-Einheitsaufnahme

Pädagogik, Erziehungswissenschaft, Bildung : eine Einführung in das Studium / Detlef K. Müller (Hg.). – Köln ; Weimar ; Wien : Böhlau, 1994
(Böhlau-Studienbücher : Grundlagen des Studiums)
ISBN 3-412-09490-0
NE: Müller, Detlef K. [Hrsg.]

Druck und buchbinderische Verarbeitung:
Koninklijke Wöhrmann B.V., NL-Zutphen
Printed in the Netherlands
ISBN 3-412-09490-0

Die Jugend und das dritte Reich

Das Regime behauptet, die Jugend
Sei schon gewonnen für das dritte Reich
Das bedeute, in zehn, zwanzig Jahren
Werde das ganze Volk nur noch
Aus Anhängern des Regimes bestehen.
Welch ein kindlicher Rechenfehler!

Die ihr Brot noch nicht verdienen müssen
Sondern es auf den Tisch gelegt bekommen, sagen:
Es ist leicht, Brot zu bekommen. Soll das bedeuten, wenn sie
In zehn Jahren ihr Brot verdienen und es ihren Kindern
Auf den Tisch legen müssen, werden sie
Immer noch sagen: es ist leicht?

...

Ja, wenn die Kinder Kinder blieben, dann
Könnte man ihnen immer wieder Märchen erzählen
Da sie aber älter werden
Kann man es nicht.

Wenn das Regime händereibend von der Jugend spricht
Gleicht es einem Mann, der
Die beschneite Halde betrachtend, sich die Hände reibt und sagt:
Wie werde ich es im Sommer kühl haben mit
Soviel Schnee!

Aus: Die Gedichte von Berthold Brecht in einem Band. Hrsg. vom Suhrkamp Verlag. Frankfurt a. M.: Suhrkamp 1981.

INHALT

Detlef K. Müller

VORBEMERKUNG

Eine ganz persönliche Empfehlung des Herausgebers an die „Erstsemester“

Wenn Sie diesen Einführungsband in die Hand nehmen, werden Sie bereits eine „eingeschriebene Studentin“ bzw. ein „eingeschriebener Student“ sein, der postalische Belegzettel wurde Ihnen gleichsam aufgeklebt: Ihr Studentenausweis.

Sie sind ein „Erstsemester“, man kümmert sich um Sie, und zugleich verwirrt man Sie: Angebote über Angebote: „Ersti-Info“ des AStA's Ihrer Universität im Audi-Max während der Immatrikulation (Sie haben ja inzwischen begriffen, daß es nicht nur eine Schülersprache, sondern auch einen Universitätsjargon gibt), Studienführer/Studieninformationen, Universitäts- und Studentenzeitungen und — gegen Gebühr — „Kommentierte Vorlesungsverzeichnisse“ der einzelnen Fächer neben einem universitätsweiten „Personal- und Vorlesungsverzeichnis“. Vielleicht haben Sie aber bereits auf dem Weg zur Einschreibung diesen Einführungsband erworben und in der Einschreibeschlange stehend bereits mit der Lektüre begonnen. Dann schnell ein paar Ratschläge eines Insiders:

1. *Lassen Sie sich nicht irritieren.* Sie benötigen nur einen Bruchteil der Informationen, die man Ihnen aufdrängen will: Unentgeltlich erteilte AStA-Informationen (für die Sie allerdings sehr häufig Lese-Hilfen benötigen), die zumeist billigen Vorlesungsverzeichnisse der von Ihnen gewählten Studienfächer, nicht aber das teure Personal-und Vorlesungsverzeichnis (das liegt übrigens in der Universitätsbibliothek, in den fachspezifischen Bibliotheken, in den Geschäftszimmern der Institute und in den Vorzimmern der Professorinnen und Professoren aus; Sie haben ein Recht auf kostenlose und intensive Einsicht).
   In den „Kommentierten Vorlesungsverzeichnissen“ sind die Seminare und Vorlesungsangebote eines Fachs zusammengestellt und kommentiert (verbunden mit Empfehlungen zur Literatur), sind Raum und Uhrzeit und der Zeitpunkt der 1. Sitzung bzw. Vorlesungsstunde angegeben. Es werden die Sprechstunden der Dozenten und deren Diensträume ausgewiesen, ebenso wie die besonderen Angebote für die Erstsemester. Sie erfahren die Treffpunkte der Veranstaltungen der einzelnen Fachschaften (den fachspezifischen Studentenvertretungen) und grundlegende Informationen über den Aufbau des Studiums und die geltenden Studien- und Prüfungsordnungen.
2. *Vermeiden Sie Umwege!:* einmal durch kompetente Beratung (a), zum anderen durch die *eigene* Organisation Ihres Studiums (b).

a) Es bedarf keines Mutes, um die Hilfe der Professoren zu beanspruchen. Es gehört zu deren wichtigsten Aufgaben, Sie zu unterstützen, Sie zu beraten, Sie nicht allein durch den grenzenlosen Planet „Wissenschaft" irren zu lassen. Haben Sie keine Angst davor, Ihre Professorinnen und Professoren zu belasten. Besprechen Sie mit Ihnen Ihre Studienpläne, Ihre Abschluß- und Berufsziele. Bestehen Sie auf einer ausführlichen Besprechung Ihrer Referate und deren Bewertung, bitten Sie um Literaturhinweise, die über die in den Seminaren und Vorlesungen gegebenen Hinweise hinausgehen oder Ihnen — wenn Sie der jeweilige Dozent mit einer unbegrenzten Literaturliste konfrontiert — deren Auswahl erleichtern. Haben Sie keine Angst, eine Seminarsitzung oder gar eine Vorlesung durch Fragen und Diskussionsbeiträge zu unterbrechen. Bitten Sie Ihre Dozenten um eine persönliche Diskussion der von Ihnen durchgearbeiteten Bücher. Trauen Sie sich bereits im zweiten oder dritten Semester, Ihr mögliches Interesse an einer größeren wissenschaftlichen Arbeit zu äußern; fragen Sie mutig nach, ob etwa eine studentische Hilfskraftstelle zu besetzen sei oder wann eine Stelle frei wird.
b) Der Freiraum Ihres Studiums wird größer, wenn Sie Ihren Studienalltag effektiv und übersichtlich organisieren:
   - erobern Sie zunächst einmal Ihre Universität: entwerfen Sie sich einen eigenen Lageplan der für Sie relevanten Bereiche. Erfahren Sie die „kürzesten Wege" nicht erst kurz vor Abschluß Ihres Studiums. Überprüfen Sie Ihr Verständnis der Bezeichnungen: Fakultät, Dekan, Institut, Geschäftsführender Direktor, Senat (die Fachschaften helfen Ihnen) bzw. ergänzen Sie Ihr Wissen.
   - Überlegen Sie sehr genau, auf welche Vorlesungen und Seminare eines Semesters Sie Ihre kostbare Arbeitszeit verteilen: für einige Seminare reicht die reine Anwesenheit aus (einige Dozenten kennen keine andere Note für die Bewertung einer Seminarleistung als „sehr gut"): Um die vorgeschriebenen Semesterwochenstunden (SWS) eines Faches zu erfüllen, können Sie einige Vorlesungen einfach nur belegen, ohne je in den Hörsaal hineingesehen zu haben (Sie können dieses „Belegen" auch erst am Ende Ihres Studiums durchführen — rückwirkend bis zum 1. Semester!).
   - Sie wollen aber nicht nur „Scheine" erwerben, sondern Inhalte erarbeiten und Ihren Wissensstand überprüfen: daher besuchen Sie nur diejenigen Vorlesungen, auf die Sie sich durch Lektüre vorbereiten können und die Sie nach jeder Stunde selbständig aufarbeiten (unter anderem: Ergänzung Ihrer Aufzeichnungen der Vorlesung; Erarbeitung der empfohlenen Literatur etc.). Rechnen Sie für jede Vorlesungsstunde mindestens 3 Stunden eigene Arbeitszeit ein.
   - Finden Sie heraus, an welcher Einrichtung Ihrer Universität gebührenfreie EDV-Kurse für Geistes- und Sozialwissenschaftler angeboten werden (an den meisten Universitäten können Sie nach 3- bis 4semestrigen Kursen sogar ein Abschlußzertifikat erwerben, an einigen „EDV-Dozent" werden). Schreiben Sie bereits ihre ersten Referate mit Unterstützung

eines der neuen Textverarbeitungsprogramme (an vielen Universitäten gibt es „PC-Inseln“, die Sie kostenlos beanspruchen können). Nehmen Sie die Möglichkeiten dieser Textverarbeitungsprogramme wahr, um Ihre eigenen Notizen, Literaturlisten, Referate usw. abzuspeichern und zu archivieren. Die Arbeitszeit, die Sie im Verlauf Ihres Studiums in dessen effektive, ziel- und prüfungsorientierte Ausrichtung investieren, wird Ihnen hochverzinst am Ende Ihres Studiums zurückerstattet werden.

— Erkundigen Sie sich nach gebührenfreien Aufbaukursen für moderne Fremdsprachen an Ihrer Universität, z. B. bei den Anglisten oder den inneruniversitären Weiterbildungszentren. Fundieren und erweitern Sie auf jeden Fall Ihre Englischkenntnisse; Sie sollten in der Lage sein, einen Diskussionsbeitrag (etwa im Zusammenhang einer Tagung oder eines Seminars) in Englisch ohne Probleme zu verstehen und in Englisch zu erwidern (Pidgin-Englisch hört sich nur in der Kneipe lustig an).

— Glauben Sie denen nicht, die Sie davon überzeugen wollen, daß Universität und Wissenschaft nur ein großer „Bluff“ sind — aber fallen Sie auch nicht auf die Darstellungskünstler herein: Erschrecken Sie weder vor den großen Namen noch den verschlüsselten Begriffen. Nur wenige, die mit Max Weber, Luhmann, Foucault nur so um sich werfen, kennen deren Werke; oft entlarvt allein das Nachschlagen im Fremdwörter-Duden die Banalität ihrer Formulierungen. Glauben Sie allerdings auf der anderen Seite nicht, daß Sie allein durch die Zuhilfenahme dieses Dudens einen komplexen Begriff erfassen können.

— Bei allem Ernst, den ein Studium erfordert, entwickeln Sie Ihre Fähigkeiten zu Humor und Ironie; allerdings nicht so weit, daß dies zugleich — wie bei dem berühmten Professor Reg in Douglas Adams „Dirk Gently's Holistische Detektei“ dazu führt, daß man das Studium abbricht: Der „Lehrstuhl für Chronologie“ war in Adams Erzählungen errichtet worden, um herausfinden zu lassen, ob es irgend einen bestimmten Grund dafür gäbe, warum eine Sache nach der anderen passiert und ob es eine Möglichkeit gäbe, das aufzuhalten. „Da“, erklärt der Inhaber des Lehrstuhls, Prof. Reg, „ich sofort wußte [daß] die Antwort auf die drei Fragen ja, nein und vielleicht waren, erkannte ich, daß ich mir danach für den Rest meiner Laufbahn freinehmen könnte.“

3. Sie sind mutig, Sie haben sich trotz aller ungünstigen Berufsperspektiven entschieden, *das* Fach Erziehungswissenschaft zu studieren. Nochmals meine Empfehlung: Lassen Sie sich nicht irritieren, weder von den ungünstigen Prognosen der Sozialforscher, der Bildungsökonomen, den Warnungen der Ministerien, Ihrer Studienberater und Professoren, den Ratschlägen Ihrer Eltern, Verwandten, Freunde und Lehrer.

— Studieren Sie *das* Fach, wofür Sie — und ganz allein Sie — sich „berufen“ fühlen. Sie sollen Ihr Fach lieben können, Ihr Studium genießen. Nur dann werden Sie im Verlauf Ihres Studiums und in Ihrem späteren Beruf Erfolg und Lust haben. Und erneut: Lassen Sie sich von den vielen Kulturpessimisten gerade innerhalb der Pädagogik nicht irritieren. Erfolg und Lust sind sehr wichtige Auswahlkriterien für ein Studium. Eine Tätigkeit in dem Berufsfeld der Pädagogik und das Studium der Erziehungswissenschaft können Ihnen diesen Erfolg und diese Lust vermitteln.

— Keine Prognosewissenschaft hat bisher — im Rückblick auf einen langen historischen Zeitraum — jemals verläßliche Berufsaussichten für Studienanfänger und Studierende gegeben. Was heute gilt, kann morgen bereits Makulatur sein. Das Durchschnittsalter der Lehrer in Lebenszeitstellungen hat inzwischen biblische Werte erreicht. Irgendwann — wahrscheinlich gerade, wenn Sie Ihr Studium beenden werden — können die einzelnen Kultusminister der Länder nicht mehr daran vorbeikommen, der jungen Generation wieder Berufschancen im Schul-, Universitäts- und Weiterbildungssystem zu eröffnen.

4. Welche Angebote des Faches Erziehungswissenschaft an Ihrer Universität sollten Sie wahrnehmen? Zunächst werden Sie innerhalb dieses Angebotes — wie gewiß auch unter den Beiträgen dieses Bandes — den Praxisbezug vermissen: Warum dieses Ausweichen in „Theorien" und „Geschichte" eines Gegenstandsbereichs? Die Aufsätze von Lenzen und Roeder in diesem Band beantworten Ihre Fragen. Erlauben Sie mir nur eine kurze Bemerkung: Sie haben als Kind und Schüler permanent Erziehungseinwirkungen erfahren. Das Studium der Erziehungswissenschaft soll Ihnen das Wissen und die Kriterien vermitteln, um das, was Ihnen bisher angetan wurde und die unterschiedlichen Faktoren, die bisher die Entwicklung Ihrer Persönlichkeit bestimmt haben, zu erkennen, zu analysieren, zu gewichten und zu bewerten. (Vielleicht überprüfen Sie an dieser Stelle noch einmal Ihre Motivation zum Studium. Der Dichter Erich Kästner, der Volksschullehrer geworden war, stellte nach dem Scheitern seiner Unterrichtsbemühungen einsichtig fest, daß er das Lehramtsstudium nicht gewählt hatte, um einmal zu unterrichten, sondern um immer Schüler bleiben zu können.)

5. Seien Sie skeptisch bezüglich der Lehrangebote und Schriften der Kulturpessimisten und Heilsbringer in unserem Fach. Mißtrauen Sie deren beschwörenden Formeln und „problemlösenden" Rezepten. Mißtrauen Sie im besonderen deren fundamentalistischem Jargon.

   Der Soziologe Theodor W. Adorno warnte in einem in den 60er Jahren gehaltenen Vortrag über Kultur und Verwaltung zu Recht vor der Pädagogisierung des Geistigen, vor einem Herabsinken der Wissenschaftssprache der Erziehungswissenschaft zu einem „Jargon der Eigentlichkeit". „Der Jargon der Eigentlichkeit ... bringt das Heterogene unter einen Hut. Sprachbestandteile aus dem individuellen Bereich, aus der theologischen Tradition, der Existenzialphilosophie, der Jugendbewegung, ... dem Expressionismus werden institutionell aufgesogen und dann, gewissermaßen reprivatisiert, an die einzelne Person zurückerstattet, die nun leicht, frei und freudig ... von der echten Aussage und dem Anliegen redet, als redete sie selber"; während sie sich, nach Adorno, bloß „aufplustert": als wäre jeder einzelne ein autonomer und origineller Pädagoge.

6. Sie werden den Herausgeber eines Einführungsbandes fragen, welche Bücher empfehlen Sie mir, was soll ich bis zum Examen gelesen haben? Für die Geisteswissenschaften im allgemeinen und die Erziehungswissenschaft im besonderen gibt es keine Regel-Lehrbücher oder Standardwerke, keinen Otto Schmeil (der ein „Biologisches Unterrichtswerk“ geschrieben hat, das 1986 in der 200. Auflage erschienen ist). Lassen Sie mich aus einer internen Umfrage berichten, die ein Kollege im Jahre 1980 einmal vorgenommen hatte. Er bat seine Fachkollegen an verschiedenen Universitäten, eine Liste mit 10 Titeln aufzustellen, von denen sie annahmen, daß sie in den zurückliegenden 15 Jahren eine besondere Bedeutung für das Fach Erziehungswissenschaft erlangt hätten und die den Studierenden besonders zu empfehlen gewesen wären. Von den 40 Kollegen, die antworteten, wurden insgesamt 144 verschiedene Werke genannt; kein einziges Buch wurde von allen 40 gemeinsam als „aufsehenerregend“ eingestuft. Viele Bücher wurden nur von einem einzigen Kollegen erwähnt. Die ernüchternde und für Sie als Studierende gewiß irritierende Feststellung des Fragestellers zu diesem Ergebnis: „Kein Prüfungskandidat kann davon ausgehen, daß Prüfer und Beisitzer dieselben 10 Bücher für lesenswert halten.“ Ich kann aus eigener Erfahrung diese Aussage voll bestätigen. Was aber ist dann die Lösung?
   - Entscheiden Sie sich früh für Ihre späteren Prüfer. Stellen Sie zuerst fest, ob die Dozentin/der Dozent prüfungsberechtigt ist: er muß den Professorentitel führen, er muß Mitglied des jeweiligen Prüfungsamtes sein, er muß zum Zeitpunkt Ihres Examens noch prüfungsberechtigt (z. B. noch nicht emeritiert, d. h. Pensionär) sein, er muß nicht gerade einen mehrjährigen Auslandsaufenthalt planen.
   - Bitten Sie diese Prüferkandidaten um deren Literaturempfehlungen. Lesen Sie deren Bücher, beachten Sie deren besonders hervorgehobene Literaturhinweise (auch eine Professorin oder ein Professor hat nur ein begrenztes Gedächtnis), arbeiten Sie in deren Seminaren mit, besuchen Sie deren Vorlesungen.
   - Wählen Sie selbst Ihre Bücher aus. Legen Sie Ihrem Prüferkandidaten diese Bücher vor und bitten Sie um deren Rat. Diskutieren Sie Ihre Literaturwahl mit Kommilitonen, die kurz vor dem Abschluß stehen.
   - Unabhängig davon, welche Bücher Sie wählen, lesen Sie diese Werke ganz, und falls diese Bücher für Ihr Studium eine besondere Bedeutung erlangen, häufig (selbst 10x ist keine hohe Angabe). Diskutieren Sie die Inhalte mit Ihren Kommilitonen. Legen Sie die Inhalte jemandem dar, der das betreffende Buch noch nicht kennt. Schreiben Sie kurze und längere Buchbesprechungen (auch wenn Sie sie lediglich in Ihren eigenen Aktenordner abheften). Legen Sie ein erarbeitetes Buch mehrere Wochen beiseite und stellen Sie sich dann selbst ein Thema für eine dreistündige Klausur, die sie dann unter Klausurbedingungen in Ihrem eigenen Arbeitszimmer schreiben und anschließend bewerten.

7. Sie sind nicht nur ein „Erstsemester“, Sie sind zugleich durch die Wahl des Fachs Erziehungswissenschaft ein „Geisteswissenschaftler“, im engeren Sinne ein „Pädagoge“, durch die Ausrichtung Ihres Studienabschlusses ein Lehramtsstudent, ein MA-Student, ein Diplom-Student und vielleicht dadurch, daß Sie Erziehungswissenschaft nur als 2. oder 3. Fach studieren, durch Ihr Hauptfach „Germanist“, „Anglist“, „Historiker“ oder dadurch, daß Sie im Rahmen eines Lehramtsstudiums Pädagogik nur als sogenanntes Begleitfach studieren, ein Begleitfachstudent.
   Sie werden sich fragen, was ist ein Geisteswissenschaftler? Unter einem Mediziner oder Ingenieur kann man sich etwas vorstellen, vielleicht sogar unter einem Pädagogen. Aber ein Geisteswissenschaftler?
   Beiträge dieses Bandes versuchen diese Frage zu beantworten, aber nicht durch Definitionen, sondern durch Diskussionen (manche Ihrer Kommilitionen werden für diesen Begriff den anspruchsvollen Terminus Diskurs verwenden). Bereits 1954 gestand der Soziologe Max Horkheimer anläßlich eines Vortrages vor dem 3. Deutschen Studententag in München den Studierenden zu, daß sie sich von dem großartigen Begriff „Geist“ zu Recht überfordert fühlen mußten: „Ich höre sie sagen: ja was sollen wir denn tun, zum Geist haben wir keine Zeit, es wird zu viel von uns verlangt, wir sind zu arm, um zu warten oder Umwege zu machen, und wir haben ohnedies das Vertrauen verloren in die hohen geistigen Güter, die meist nur dazu herhalten, daß man uns für irgendwelche Interessen im Gegensatz zu unseren eigenen einspannt.“ „Aber“, forderte Horkheimer damals seine Zuhörer auf, „ich möchte Sie doch veranlassen, einen Augenblick innezuhalten, ob Sie dabei sich bescheiden wollen. Steckt nicht in solchem Fatalismus zugleich ein Stück Bequemlichkeit, die sich lieber von kritischer Anstrengung dispensieren möchte?“ Ist nicht gerade ein Student, fuhr Horkheimer fort, „notwendig Zeuge dafür, daß die Entfaltung der Vernunft und aller ihr zugeordneten Fähigkeiten dem eine Pflicht sind, der es ernst mit der Wahrheit meint,“ gäbe es ohne diese Überzeugung überhaupt ein Studium? An seiner eigenen Wissenschaft solle der Student lernen, daß es in ihr ohne einen Überschuß an innerer Freiheit, ohne ein Spiel des Geistes Erkenntnis des Objektiven überhaupt nicht geben würde, sondern bloß Sterilität „und wenn es in den Hörsälen und Instituten nicht geht, dann im Umgang mit ähnlich Gesinnten und über den Büchern —“.
8. Ob Pädagoge oder Germanist, Sie sind eine „Kommilitonin“, ein „Kommilitone“. ‚Mein Gott‘, werden Sie denken, doch nicht einer von denen, die mit Säbeln um sich schlagen und ‚Gaudeamus‘ grölen. Sie haben sicherlich noch von Ihrer Asterix-Lektüre in Erinnerung, daß Kommilitone „. . . Soldat, Waffenbruder“ heißt (Frauen waren damals vom Kampf freigestellt); in der Universität steht der Begriff synonym für Kollegin/Kollege — ein Begriff, den die Professoren (unter Ausschluß der wissenschaftlichen Mitarbeiter) jedoch allein für sich reserviert haben. Sie sind „Waffenschwestern, Waffenbrüder“. Aber gegen wen oder was sollen Sie kämpfen? Gegen die Professoren? Nein, gerade die werden Sie am Beginn Ihrer Vorlesung oder eines Seminars zu-

meist äußerst freundlich mit ‚liebe Kommilitoninnen, liebe Kommilitonen' begrüßen, also kämpfen Studierende und Lehrende gemeinsam gegen — ja, gegen was denn? Gegen die außeruniversitären Kräfte? Nein, gemeinsam nicht gegen, sondern für etwas; in den meisten Präambeln der Universitäts-Satzungen und der Hochschulgesetze der einzelnen Bundesländer steht: „Für die Freiheit von Forschung und Lehre." Das sind keine Floskeln. Sie übernehmen diese Verpflichtung bereits im ersten Semester: Freiheit und Verantwortung als Voraussetzung von Forschung und Lehre, von Studium und akademischer Berufstätigkeit.

Meine ganz persönliche Empfehlung an Sie beende ich mit einem Zitat aus der oben bereits erwähnten Rede Max Horkheimers: „Die Forderung, die Studenten zur Treue den Tatsachen gegenüber, zur unbeirrbaren Sachlichkeit, zur wissenschaftlichen Objektivität, zur Abstinenz von Werturteilen und vagen Spekulationen zu erziehen — und darin liegt heute das Pathos der akademischen Ausbildung — hat auch einen humanen Sinn. Verschwinden sollen die Hirngespinste, das Pseudowissen, der Aberglaube. Der gegenwärtige Begriff der Wissenschaft trägt das Moment der Kritik, das einmal zur militanten Philosophie gehörte, noch an sich. Er ist dem Wesen nach demokratisch, weil er Erkenntnis grundsätzlich der Kontrolle jedes vernünftigen Wesens unterstellt." „Zu genuiner Erfahrung gehört eine bestimmte, freilich je schon an Erkenntnis geschulte Art der Aufmerksamkeit, eine gewisse Unabhängigkeit von Klischees, ein eigener Wille. Ob wir die Welt und zunächst unsere Umwelt richtiger gestalten können, hängt nicht bloß davon ab, was, sondern auch wie wir sehen." „Weder die rein wissenschaftliche noch die Berufsausbildung führen notwendig zur Verantwortung hin, und doch gibt es keinen besseren Weg dazu als eben die Universität. Es gilt, die dort erlernte Besinnung und Umsicht, die Sorgfalt der Beobachtung und Formulierung, die Phantasie und Initiative, die in echter Wissenschaft die Regel sind, auch auf jene Gegenstände anzuwenden, die man nicht exakt berechnen und endgültig bestimmen kann. In der Praxis des Lebens sind begründete Vorstellungen notwendig, die, auch wenn sie nicht endgültig sein können, an Unabhängigkeit dem eigentlich Wissenschaftlichen nicht nachgeben und in denen das Interesse jedes menschlichen Subjekts, das heißt also der Menschheit, nicht weniger gut aufgehoben ist als etwa im Fortschritt von Physik oder Chemie." (Max Horkheimer, 1954, s. o.)

I. DAS STUDIUM DER ERZIEHUNGSWISSENSCHAFT

Dieter Lenzen

1. ALLGEMEINE ERZIEHUNGSWISSENSCHAFT FÜR ANFÄNGER*

1. Erwartungen
2. Begriffe
3. Aufgaben
4. Geschichte
5. Ansätze
6. Skepsis und Reflexivität

1. ERWARTUNGEN

Pädagogikstudenten, gleich ob sie Lehrer werden wollen, Sozialpädagogen oder Kultusminister, und, wie ich vermute, gleich ob sie den alten Bundesländern entstammen oder den neuen, pflegen in ihrer Mehrzahl in Einführungsveranstaltungen mit der Erwartung aufzutreten, im Studium der Erziehungswissenschaft ein praktisch verwendbares Berufswissen zu erwerben. In einer — im übrigen falschen — Analogie zu dem ihnen unbekannten Studium der Medizin, des Rechts oder der Politik stellen sie sich Wissenschaft als einen Erkenntnishimmel wahrer Einsichten über den Körper, die Justiz oder das Staatswesen vor, von dem herunter Orientierungen für ihre täglichen Handlungsanforderungen als künftige Ärzte, Rechtsanwälte oder Landräte angeleitet werden können.

Den Pädagogikstudenten geht es da eben nicht anders. Auch sie denken, es gäbe einen Begriff gelungener Erziehung und Bildung, so wie sie glauben, daß Mediziner über einen Begriff von Gesundheit, Juristen über einen solchen von Recht und Unrecht und Politiker über einen vom, womöglich gerechten, Staat verfügten. Wenn es der Universität gelingt oder besser: gelänge, im Verlauf eines Studiums die Einsicht zu vermitteln, daß es zwar solche Begriffe zuhauf gibt, daß eine sichere Orientierung aus ihnen mitnichten abgeleitet werden kann, dann hätte ein akademisches Studium einen wichtigen Teil seines Ziels erreicht, nämlich Unsicherheit zu verbreiten. Das aber gerade möchte weder ihre Klientel noch der Staat, der sie finanziert, und deshalb läßt sich mancher akademische Lehrer zu Deduktionen seiner Handlungsempfehlungen aus ober-

* Anmerkung des Herausgebers: Im „Nachwort" lege ich die Zusammenhänge der Entstehung dieses Bandes dar. An dieser Stelle sei darauf hingewiesen, daß in den einzelnen Abhandlungen bei der Darlegung historischer Abläufe versucht wird, sowohl die Entwicklung in der Bundesrepublik sowie in der DDR zu berücksichtigen. In diesem Zusammenhang empfehle ich als Ergänzung der Abhandlung von Lenzen die Lektüre des Aufsatzes von Kirchhöfer: Das Paradigma der materialistischen Dialektik in den Erziehungswissenschaften (Kapitel 5).

sten Normen hinreißen und das Erwachen erfolgt für die Studenten erst, nachdem sie ihr Graduierungszeugnis in der Hand halten. Der Kultusminister wird danach erfahren, daß die Deduktionen nicht funktionieren, sie als Politiker aber weiterhin fordern, der Sozialpädagoge ist froh, wenn er als Streetworker jede Theorie vergessen kann, und der Lehrer schreibt nach gehabter ähnlicher Erfahrung über den fehlenden Zusammenhang von Theorie und Praxis einen Leserbrief, wie jene Berliner Lehrerin in der FAZ, aus dem kurz zitiert sei:

„Des Lehrers neue Kleider
Ich spreche hier nicht von meiner 2. Ausbildungsphase, in der mir von erfahrenen Praktikern und an einer hervorragend geführten Grundschule der Lehrerberuf als das nahegebracht wurde, was er in der Tat ist: als ein Handwerk, welches man mit Reflexion betreibt. Mir geht es hier um die erste Ausbildungsphase, um die Verwissenschaftlichung des Lehrers an der Universität, nach der ich so bedient war, daß ich nach dem 1. Staatsexamen sämtliche Skripten und Zeugnisse ad müllum transportiert und den Vorbereitungsdienst vorerst nicht angetreten habe.

Meine Begegnung mit der Wissenschaft ereignete sich an einer Pädagogischen Hochschule, die soeben zur Erziehungswissenschaftlichen Fakultät an der Universität avanciert war. Nein, war das schrecklich! Dabei habe ich kein negatives Vorurteil gehabt. Im Gegenteil. Schon das Wort ‚Wissenschaft' erfüllte mich zu Beginn des Studiums mit eben der religiösen Ehrfurcht, die es bei ihren Vertretern und Studenten, aber auch in weiten Kreisen der Bevölkerung, genießt. Aber diese Ehrfurcht wich schon nach wenigen wissenschaftlichen Veranstaltungen einem kühlen Realismus.

Statt eines philosophischen Hintergrundes erlebte ich unter dem Oberbegriff ‚Wissenschaft' vorwiegend oberflächliches Gerede. Ich erinnere mich an mit Quantitäten angefüllte Seminare, in denen ständig diskutiert wurde. Man war bemüht, sich ‚einzubringen', denn bekanntlich verschafft sich jeder, der nur oft genug den Mund aufmacht, in gruppendynamisierten Prozessen ein Profil. Und wer damals ein Profil hatte, der wußte, wenn er auch sonst nichts wußte, daß er des Wohlwollens führender Mediokritäten gewiß sein durfte. Immerhin verschafften seine inflationären Verbalorgien dem Professor doch ein ‚lebendiges' Seminar, das ‚gut lief'. Was sagt eigentlich das 1. Staatsexamen über die Qualifikation eines Lehrers aus? Kann er davon unterrichten? Nach meinen Erfahrungen kann er davon diskutieren, und zwar nur so daher, ohne konstruktive Zielsetzung. Je besser die Note, desto mehr hat er gelernt, sich — zumindest äußerlich — Denkkategorien anzupassen, in denen unter dem Stichwort ‚Wissenschaft' gewachsene Prioritäten mühelos vom Tisch gefegt und mitmenschliche Selbstverständlichkeiten und vorfachliche Grundkenntnisse auf einen gesellschaftlichen Status hochgequält werden, den sie gar nicht benötigen. Was hat denn ein Lehrer noch an einer Grundschule zu suchen, wenn er durch Belohnung mittels guter Noten darauf dressiert ist, einfache Dinge wissenschaftlich zu ‚problematisieren', das heißt unnötig kompliziert zu machen?

Ich könnte mir durchaus vorstellen, daß eine warmherzige Studentin, die aufgrund ihres einfachen Denkens eine hervorragende Grundschullehrerin wäre, an der Universität durchs Lehrerexamen fällt und nie zum Zuge kommt — während ein inflationärer Schreihals, dessen Persönlichkeit ebensowenig Substanz hat wie sein wissenschaftliches Vokabular, im Flaschenzug der Erziehungswissenschaftlichen Fakultät von gleichgesinnten Quasselstrippen zu einer Hochschulkarriere emporgetragen wird. (...)

Ob jemand ein guter oder schlechter Lehrer ist, das entscheiden nicht wissenschaftliche Examen oder die Bescheinigungen wissenschaftlicher Fortbildung. Das entscheidet vor allem seine Persönlichkeit, die er sich nicht anstudieren kann, und seine Praxis, der nach meinen Erfahrungen erst die zweite Ausbildungsphase gerecht wird.
(...)" Lucia Teutrop

2. BEGRIFFE

Wir wissen natürlich nicht, wann und bei wem die tüchtige Pädagogin studiert hat, aber wir können uns, abstrakt, ein Bild davon machen. Ich stelle mir vor, daß ihr zumindest zwei elementare Einsichten nicht vermittelt wurden: Erstens, daß es „den“ Begriff von Erziehung nicht gibt und zweitens, daß jede Definition eines solchen weitreichende theoretische Implikationen hat. Es wäre ihr zu wünschen gewesen, daß sie eine Reihe solcher Erziehungsbegriffe kennengelernt hätte.

So schreibt der *„kritische Rationalist“* FELIX VON CUBE: „Erziehung richtet sich im allgemeinen auf Einstellungen und wendet sich an Kinder und Jugendliche.“ (VON CUBE 1977, S. 13) Ähnlich formuliert der *„Phänomenologe“* MARTINUS J. LANGEVELD bereits 1949: „Erziehung ist Umgang von Erwachsenen mit Kindern. Dieser Umgang bezweckt einen bestimmten Einfluß, nämlich dem Kind behilflich zu sein, mündig zu werden.“ und ergänzt, was wir heute nicht mehr verstehen, wenn wir an das breite Feld der Erwachsenenpädagogik denken: „Wir lehnen daher alle Pädagogik ab, die den Ausdruck ‚Erziehen‘ (Erziehung) so weit faßt, daß darunter auch Erwachsene fallen als Personen, für die die Wirkung der Einflüsse bestimmt ist.“ (LANGEVELD 1978, S. 27). Aus *materialistischer Sicht* müßte diese Forderung zweifellos bestritten werden. So verweist HANS-JOCHEN GAMM auf die Geschichte des Erziehungsbegriffs. In ihm stecke die „Zucht“, eine für die „materielle Reproduktion des Lebens“ wichtige Funktion der Erziehung: Die Zuchthäuser zeugen davon ebenso wie militärische Zucht und Ordnung, beides Mittel zur Beherrschung von Erwachsenen (vgl. GAMM 1978, S. 84f.). Einer der meist gelesenen Repräsentanten der *„geisteswissenschaftlichen Pädagogik“*, WILHELM FLITNER, war da ganz anderer Meinung: „Das Erziehen wird als ein Bilden aufgefaßt. Dies jüngere Wort stammt aus dem 18. Jahrhundert, es hat den Ausdruck ‚Erziehung‘ und den ältesten ‚Zucht‘ immer mehr verdrängt.“ (FLITNER 1968, S. 26)

Die Erziehungswissenschaft, so hätte die frustrierte Grundschulpädagogin dann vielleicht gelernt, entzieht sich einer definitiven, für alle gültigen Fassung ihres Gegenstands. Es gibt keine Einigkeit darüber, was „richtige“, gelungene Erziehung oder Bildung sein könne. Wer sagt, was er unter Erziehung versteht, liefert schon eine Erziehungstheorie mit, die der kritischen Rationalisten, Phänomenologen, Materialisten, der geisteswissenschaftlichen Pädagogik oder andere. Daß der Studienanfänger in der Soziologie, ja sogar in der Medizin ähnlichen Problemen ausgeliefert ist, wenn er „seine“ Disziplin nach „dem“ Begriff der Gesellschaft, nach ihrem Verständnis von einem gesunden Körper fragt, tröstet den jungen Pädagogen wenig, schützt aber die Erziehungswissenschaft davor, in den Ruf zu geraten, als einzige Disziplin nicht zu wissen, womit sie sich eigentlich befaßt.

WILHELM DILTHEY hat am Ende des 19. Jahrhunderts eine Begriffsverwendung vorgeschlagen, die sich — mit Vorbehalten — empfehlen ließe, wenn seine Sprache heute noch ohne weiteres verständlich wäre: „Unter Erziehung verstehen wir die planmäßige Tätigkeit, durch welche die Erwachsenen das Seelenleben von Heranwachsenden bilden. Der Ausdruck wird in einem weiteren Verstande gebraucht, wenn die einem anderen Ziel zugewandte Tätigkeit Erziehung als Nebenerfolg erreicht.“ (DILTHEY 1959, S. 69)

Darin findet sich mancher wieder, der kritische Rationalist in der „Planmäßigkeit“, der Phänomenologe in seiner Beschränkung auf das Verhältnis zwischen Erwachsenen und Heranwachsenden, der Materialist in dem Hinweis darauf, daß Erziehung auch erfolgt, wenn sie nicht beabsichtigt ist und das Begriffspaar „Bildung und Erziehung“ ist im Seelenleben verschmolzen. Andererseits bleibt diese Definition aber auch wieder unzulänglich, wenn man nur einmal daran denkt, daß sie die heute zu beobachtende Expansion der Pädagogik über das gesamte Leben von der Wiege bis zur Bahre gar nicht erfassen kann.

Vielleicht wäre der Leserbriefautorin auch noch ein anderer Schock erspart geblieben, wenn man ihr rechtzeitig gesagt hätte, daß unter Erziehungswissenschaftlern nicht einmal Einigkeit darüber besteht, ob und warum die Erziehung des Menschen überhaupt erforderlich ist, und daß es sich bei dieser gern vorgetragenen Rede von der „*Erziehungs*tatsache“ um ein historisches Konstrukt handelt, das vor dem 18. Jahrhundert kaum auf Gehör getroffen wäre. Etliche Erziehungswissenschaftler verweisen auf eine anthropologische (menschenwissenschaftliche) Grundkonstante, indem sie feststellen, daß — im Gegensatz zum Tier — der neugeborene Mensch nicht lebensfähig sei, also erzogen werden müsse, um zu überleben (vgl. z. B. LASSAHN 1977). Daran gibt es inzwischen Zweifel nicht nur von Antipädagogen, wenn daran erinnert wird, was Dreijährige „ohne Erziehung“ schon alles können und mancher fragt, ob die zehn bis dreizehn Jahre wirklich erforderlich sind, die wir die jungen Menschen in die Anstalten stecken (zum Begriff „Erziehung“ im Unterschied zum Begriff „Sozialisation“ vgl. GEULEN in diesem Band).

Diese Fragestellung ist natürlich für das Fach nicht ganz ungefährlich, weil sie dessen Existenzberechtigung gleich mit problematisiert. Es hilft indessen nicht viel, vor wachsender Erziehungs-, Bildungs- und Pädagogikverdrossenheit die Augen zu schließen. Das Fach und der Anfänger in seinem Studium tun gut daran zu fragen, was denn eigentlich die Aufgabe der Erziehungswissenschaft sei.

3. AUFGABEN

Je nachdem, wen man fragt, erhält man auch hier unterschiedliche Antworten, die wiederum auf unterschiedliche wissenschaftstheoretische Grundpositionen verweisen. So wendet sich FELIX VON CUBE, den wir als Repräsentanten kritisch-rationalistischer Erziehungswissenschaft kennengelernt haben, „ganz entschieden gegen den wissenschaftlichen Pluralismus“, weil damit auch „wertende Wissenschaften als Wissenschaft anerkannt“ würden (VON CUBE 1977, S. 41). Er besteht vielmehr darauf, daß alle wissenschaftlichen Aussagen über die Erziehungswirklichkeit „allgemein und nachprüfbar“ sein müssen und daß sie durch die „Aufstellung und Revision von Theorien“ zu gewinnen sind (vgl. VON CUBE

1977, S. 42f.). Damit wendet er sich strikt gegen erziehungswissenschaftliche Positionen wie die geisteswissenschaftliche, für die wir WILHELM FLITNER genannt haben, oder die materialistische (er sagt: „Marxistische"), für die GAMM stand, welche er nicht als Wissenschaft akzeptiert, sondern in den Bereich von Metaphysik und verbrämter Politik verweist, indem er ihnen unterstellt, daß sie ihn als „Positivisten", „Technokraten" oder „Diener des Kapitals" abstempelten, soweit es sich bei ihnen um „kommunistische Ideologen" handelte (vgl. VON CUBE 1977, S. 47). — Wer also gedacht hat, daß die (alte) Dame Pädagogik sich mütterlich auf ein Interesse richtet, das des betroffenen Heranwachsenden, sieht sich getäuscht: Um die Bestimmung der rechtmäßigen Aufgaben der Erziehungswissenschaft wird hart gekämpft, im Interesse der Betroffenen, versteht sich.

Indessen, die beiden Grundpositionen sind markiert:

Erziehungswissenschaft als Disziplin, die sich der Aufstellung und Überprüfung von „intersubjektiven" (etwa: allgemeingültigen) Aussagen über die Erziehungswirklichkeit widmet, auf der einen Seite, auf der anderen Erziehungswissenschaft als eine Disziplin, der es um Werte und Normen geht, um die Überprüfung der Rechtmäßigkeit erzieherischen Handelns und um die Entwicklung von neuen, anderen, „besseren" Möglichkeiten erzieherischen Handelns.

Besonnene Zeitgenossen haben darauf hingewiesen, daß diese Aufgabenbestimmungen sich nicht gegenseitig ausschließen: Wie kann man schließlich etwas über eine bessere Erziehung sagen, ohne zu wissen, wie Erziehung „wirklich" ist und wie kann man erfahren, wie Erziehung „wirklich" ist, ohne ein Kriterium dafür zu haben, welchen Teil der Erziehungswirklichkeit man untersuchen muß? — Doch wohl den, der einem am ehesten Probleme macht „in der Praxis". — Schon ist die Wertfrage wieder im Spiel. Diese Auffassung ist auf dem Höhepunkt der geschilderten Auseinandersetzungen, dem sog. Positivismusstreit (vgl. ADORNO u. a. 1969), besonders von den Vertretern einer kritischen Erziehungswissenschaft eingenommen worden.

Halten wir die Doppelaufgabe der Erziehungswissenschaft fest:

„Erziehungswissenschaft ist die interessierte, methodisch kontrollierte Prüfung von Sätzen über Erziehung. (. . .)

Erziehungswissenschaft

— setzt ein, wenn im alltäglichen Erziehungshandeln Schwierigkeiten und Probleme auftauchen, die mit dem alltäglichen Wissen von Erziehung so wie den alltäglichen Zielvorstellungen nicht zu bewältigen sind;
— hat zum Gegenstand ‚Sätze über Erziehung in der Gesellschaft', die zwei Bestandteile haben: Tatsachenaussagen und Wertungen;
— strebt an:
  — eine Bestätigung bzw. Modifikation und Korrektur von Sätzen über Erziehung in der Gesellschaft und, darauf aufbauend,
  — alternative Handlungsentwürfe, die jene Ausgangsprobleme besser lösen können als die bisher übliche Praxis." (JÜRGENSMEIER u. a. 1976, S. 13)

Wem diese Aufgabenstellung noch zu bestimmt ist, dem bleibt eine weitere sehr allgemeine Variante zu empfehlen, die Erziehungswissenschaft letztlich als ein sprachliches Regelsystem begreift, das uns „behilflich sein (soll), über pädagogische Sachverhalte zu sprechen“ (HENNINGSEN 1965, S. 13). Daß es sich bei dieser Auffassung nicht um einen resignativen Rückzug aus dem Getümmel der Positionen handelt, wird spätestens dann klar, wenn man sich vor Augen führt, daß jetzt über die Sprachregeln gestritten werden muß: Bezeichnen wir eine Ohrfeige noch als pädagogisch oder nicht? Und: Ist die Tagesschau erzieherisch?

Studienanfänger fragen nun zu Recht, was diese Streitigkeiten ihrer „Praxis“ nützen. Sie wollen wissen, was sie morgen in der zweiten Stunde Englisch machen sollen und ob sie ihren dreijährigen Sohn bestrafen sollen, weil er seine Tomate über dem Teppichboden ausquetscht. — Wer so fragt, wird an zwei Typen von Erziehungswissenschaftlern geraten: Die einen sagen klipp und klar, was sie machen sollen. Sie zu zitieren, erübrigt sich, ihre Ratschläge sind wöchentlich in Funk und Fernsehen zu hören, in unzähligen Zeitungen zu lesen oder in den Veranstaltungen der Volkshochschule und der zweiten Phase der Lehrerausbildung zu erfahren. Übrigens: Wenn man genau hinhört, wird man entdecken, daß auch dort keineswegs alle pädagogischen Berater klare Handlungsempfehlungen geben, sondern auf mögliche Folgen möglichen Handelns hinweisen. Das ist keine Marotte, sie wissen es tatsächlich nicht, und es ist gut, daß sie es zugeben. Der andere Typ ist zurückhaltender und dieses nicht erst seit kurzem: JOSEF DOLCH schrieb z. B. 1952: „Aber der Akt der ‚Anwendung‘, der Umsetzung von Erkenntnis in Handlungsentschluß und -vollzug ist keineswegs so direkt, wie man einmal glaubte. Er muß im pädagogischen Bereich vor allem im Erzieher selbst erfolgen; auch als Lehre ist pädagogische Erkenntnis nicht etwas wie eine unfehlbare Rezeptur.“ (DOLCH 1964, S. 134)

„. . . auch als Lehre“ — DOLCH spielt damit auf Versuche der 50er und 60er Jahre an, die Erziehungswissenschaft in eine „theoretische“ und eine „praktische Pädagogik“ zu trennen (vgl. z. B. XOCHELLIS 1968, S. 130) oder sogar zwischen Pädagogie (der pädagogischen Praxis), der Pädagogik (der Erziehungslehre für diese Praxis) und der eigentlichen Erziehungswissenschaft (der Theoretisierung dieser Praxis) zu unterscheiden (vgl. DÖPP-VORWALD 1964). Diese Bemühungen einer *systematischen Pädagogik* (die gelegentlich fälschlich mit Allgemeiner Pädagogik gleichgestellt wird, vgl. GAMM 1978, S. 53) setzten sich jedoch nicht durch, weil sie in den 60er Jahren auf eine Diskussion in den Sozialwissenschaften trafen, die durch eine andere Haltung zum Theorie-Praxis-Problem gekennzeichnet war: Entweder lehnte man eine unmittelbare Praxisorientierung für die Erforschung der Erziehungswirklichkeit strikt ab, weil sie notwendigerweise mit Wertungen verbunden sein mußte (so die kritischen Rationalisten) oder man bestand, wie die Vertreter der kritischen Erziehungswissenschaft, auf einem Zusammenhang von Theorie und Praxis, der eine Ausdifferenzierung der Disziplin in einen praktischen und einen theoretischen Teil selbstverständlich verbot.

Obwohl die im Gefolge der Studentenbewegung entstandene *Kritische Erziehungswissenschaft* (vgl. STEIN 1979) auf einen Zusammenhang von Theorie und Praxis bestand, verstand sie diesen aber nicht *praktizistisch:* Sie formuliert keine

Handlungsanweisungen für erzieherische Alltagsprobleme. Dies geschieht nicht aus Überheblichkeit oder weil sie sich etwa für die Niederungen der Praxis zu fein wäre, sondern weil sie der Überzeugung ist, daß wir erstens viel zu wenig darüber wissen, wie Erziehungsprozesse wirklich verlaufen, und weil zweitens Wissenschaft nicht politische Entscheidungen ersetzen kann, z. B. solche über die richtigen Lernziele: Ob Gesellschaftslehreunterricht als Institutionenkunde betrieben werden soll oder als Einübung in gesellschaftskritisches Verhalten, kann vom Boden keiner Theorie aus entschieden werden. Eine solche Entscheidung ist politischer Natur. Umgekehrt kann aber ohne wissenschaftliche Aufklärung ebensowenig politisch entschieden werden, welches das richtige Handeln ist.

Deshalb besteht Kritische Erziehungswissenschaft auf — *Kritik.* Kritik als Überprüfung von Sätzen über Erziehung unter zwei Gesichtspunkten: Ob diese Sätze über die Erziehungswirklichkeit mit ihr übereinstimmen, und ob die Werte und Normen in diesen Sätzen über Erziehung gerechtfertigt sind. Gegen diesen Ansatz gewandt war gefragt worden: Was folgt daraus für die Praxis? — Unmittelbar nichts. Und mittelbar? — Eine ganze Menge. Diese Wissenschaftsauffassung ist so idealistisch zu glauben (glauben!), daß Kritik der Erziehung als Aufklärung des Praktikers über seine Praxis (ihre stillschweigenden Voraussetzungen und ihre Folgen für die Betroffenen) diesen zu einer veränderten Praxis veranlassen wird. Anders wäre er unvernünftig. Wer wollte das auf sich sitzen lassen? Es war gefragt worden, woher man die Hoffnung nehmen kann, daß die Praxis sich auf diese Weise ändere. Das ist schnell gesagt: Erstens verfügt der Praktiker in der Regel in einem höheren Maße über die Kompetenz zu alltäglichem erzieherischen Handeln als ein Wissenschaftler, und zweitens ist Erziehungswissenschaft als Kritik ein Versprechen, auch die veränderte Praxis immer erneut der Kritik zu unterziehen.

Ein weiterer Einwand gegen kritische Erziehungswissenschaft ging dahin zu fragen, ob diese Form kritischer Erziehungswissenschaft nicht erst einsetzen könnte, wenn man die Regeln und Muster alltäglichen erzieherischen Handelns erworben habe, wenn man ein routinierter Praktiker geworden sei und nicht schon im Studium. Dafür spricht sehr vieles. Eine kritische Ausbildung der Pädagogen befand sich von vornherein in der paradoxen Situation, kritische Aufklärung über eine Praxis leisten zu wollen, die der Student noch gar nicht kennt, oder die er in Praktika allenfalls aus der Perspektive des Museums-Besuchers erfährt, ohne selbst erzieherisch kompetent werden zu können. Das, so wurde von kritischen Erziehungswissenschaftlern gemeint, nötigt die erziehungswissenschaftliche Ausbildung dazu, die Kritik als Fähigkeit zur Selbstkritik schon in die Köpfe der Ausbildenden selbst „hineinzubringen“, in der Hoffnung, daß sie das leistet, was der Erziehungswissenschaft an den späteren Praktikern zu vollziehen institutionell versagt bleibt. Es sei die Aufgabe kritischer Erziehungstheorie, die Alltagstheorie des (künftigen) Praktikers über Erziehung zu ermitteln und zu problematisieren, d. h., daß das Theorie-Praxis-Problem zu einem Theorie-Theorie-Problem wird: Wissenschaftliche versus alltägliche Theorie der Erziehung. — „Hier werden nicht Kartoffeln geschält, hier wird das Messer, mit dem wir alle zu schneiden haben, poliert, wird seine Handhabung eingeübt", meinte HENNINGSEN (vgl. 1965, S. 55).

Daß diese Selbstbeschränkung auf die Dauer unbefriedigend bleiben würde, wundert niemanden. Spätestens in den achtziger Jahren dieses Jahrhunderts trat, nicht nur in der Erziehungswissenschaft, so etwas wie ein Sättigungseffekt gegenüber der Kritik als Prinzip auf, gegenüber einem Wissenschaftsverständnis, das in den Verdacht geraten war, einen akademischen Habitus der Nörgelei zu pflegen, statt eine Ausbildung über harte Tatsachen zu vermitteln, die, nachdem man sie kennt und beherrscht, aber nicht davor auch sollten der Kritik unterzogen werden können. — Ein Notarzt, der an der Unfallstelle dem Hubschrauber entsteigt und angesichts eines Verletzten mit Hirntrauma Kritik übt, ist eben eine lebensgefährliche Figur. In dieser hybriden Übersteigerung des Kritik-Prinzips in allen Lebensbereichen dürfte einer der wichtigsten Gründe für die normative Pluralisierung in den achtziger Jahren zu suchen sein. Diese Ansicht suggeriert, daß es auch in der Erziehungswissenschaft so etwas wie theoretische Wellenbewegungen oder Konjunkturen gegeben hat und gibt. Das ist in der Tat der Fall. Um die Erziehungswissenschaft von dieser Seite ihrer theoretischen Phasen oder auch nur Moden kennenzulernen, muß man in historischer Einstellung an sie herantreten.

4. GESCHICHTE

Dabei fällt dem Betrachter sogleich auf, daß die Erziehungswissenschaft bzw. die Pädagogik, wie sie vor 1965 noch fast durchgängig hieß, durch eine große Nähe zu einer Reihe anderer Disziplinen gekennzeichnet ist. Man muß ihr allerdings zugute halten, daß sie immer wieder versucht hat, sich aus diesen Abhängigkeiten zu emanzipieren, bislang allerdings ohne anhaltenden Erfolg. Geschrieben wurde und gelesen werden kann ihre Geschichte als Geschichte institutionalisierter Bildung (immer noch lesenswert: PAULSEN 1919/21, Nachdruck 1960) als „Geschichte der Erziehung und Bildung" (BALLAUF 1969; BALLAUF/SCHALLER 1970, 1973), als Darstellung ihrer Klassiker (SCHEUERL 1979) oder als Entwicklung ihrer Methodologie (THIERSCH/RUPRECHT/HERRMANN 1978), aber kaum als Geschichte ihrer selbst. Aber was ist sie selbst mehr als die Summe jener Aspekte? Vielleicht dieses: Erziehungswissenschaft als eine Institution, ihre Geschichte als Geschichte der Kämpfe, die zur Etablierung jenes Massenfachs geführt haben, als welches die Erziehungswissenschaft sich heute darstellt. Einen kleinen Eindruck liefert davon, zumindest für die Zeit bis 1960, THEODOR WILHELM (1960). Nur ein Schlaglicht läßt sich an dieser Stelle auf die Geschichte des Faches lenken, damit man weiß, wovon die Rede ist.

Im 17. und 18. Jahrhundert existiert keine pädagogische Wissenschaft. Pädagogische Inhalte werden in kirchlichen Institutionen, z. B. im Jesuiten-Kolleg, im Zusammenhang theologischer und philosophischer Lehrveranstaltungen behandelt. Eine der beherrschenden Figuren dessen, was wir heute als Erziehungswissenschaft bezeichnen, war dementsprechend Theologe, JAN A. KOMENSKY (COMENIUS). Im 19. Jahrhundert gelangt der Begriff der Pädagogik in den deutschen Wortschatz (vgl. GÖTTLER 1961, S. 13). 1779 erhält ERNST CHRISTIAN TRAPP den ersten Lehrstuhl für Pädagogik in Halle. Er gilt als der erste Verfasser einer systematisch begründeten Pädagogik (TRAPP 1913 [1780]). 1806 legte JOHANN FRIEDRICH HERBART, 1809 Nachfolger KANTS auf dessen Königsberger philosophischem Lehrstuhl, mit seiner „Allgemeinen Pädagogik aus dem Zweck der Erziehung abgeleitet" und 1835/41 mit dem „Umriß pädagogischer Vorlesungen" (beide Texte: HERBART 1890) eine erste Grundlegung wissenschaftlicher Pädagogik vor, die auf der Psychologie und der Ethik basiert und die Teilung der Pädagogik in eine empirisch-deskriptive und eine normative anlegt, die, wie gesagt, bis heute das beherrschende Thema der Erziehungswissenschaft geblieben ist.

Dadurch wird aber eine Diskussion initiiert, die in den zwanziger Jahren dieses Jahrhunderts ihren Höhepunkt (vgl. GEISSLER 1929; WENIGER 1964), in den sechziger Jahren noch einmal einen Nachhall fand (vgl. SEIFFERT 1964): Die Diskussion um die Autonomie der Pädagogik als Wissenschaft (vgl. SCHIESS 1973). Mit der theoretischen Verständigung einer eigenständigen Pädagogik war nämlich noch nicht viel gewonnen, denn die Lehrstuhlinhaber der Philosophie, die selbst die Pädagogik immer mitvertreten hatten, sahen ihre Felle davonschwimmen und wehrten sich hartnäckig gegen die Einrichtung pädagogischer Lehrstühle.

Pädagogik, als ausschließlich empirisch-deskriptive oder als ausschließlich normative Disziplin betrieben, bot den Vertretern ihrer philosophischen Ziehmutter immer breite Angriffsflächen: Der empirisch orientierten Pädagogik ließ sich leicht eine fehlende Einheit des Gegenstandes vorwerfen und deshalb die Autonomie bestreiten. Der normativen Pädagogik wurde ihre Wissenschaftlichkeit in Abrede gestellt, weil sie nur Kunstlehre, allenfalls „angewandte" Wissenschaft (der Philosophie, versteht sich) sei.

Um die Pädagogik von diesem Geruch zu befreien, mit dem sie in den zwanziger Jahren beinahe synonym geworden war, begann sich langsam die Bezeichnung „Erziehungswissenschaft" durchzusetzen, die u. a. ERNST KRIECK programmatisch verwendet hatte (1927) und die auch von RUDOLF LOCHNER seitens des empirischen Zweiges unterstützt wurde (1934).

Daß die Diskussion um die Autonomie der Pädagogik dann abebbte und nur noch einmal in einer Krisenzeit der Erziehungswissenschaft in den sechziger Jahren heraufkam, verdankt sie wesentlich dem gelungenen Vermittlungsversuch NOHLS und der anderen „großen" Vertreter der geisteswissenschaftlichen Pädagogik, LITT, SPRANGER und FLITNER. Während sich empirische und normativ-spekulative Pädagogik im Kampf um die wahre Lehre noch in den Haaren lagen und jede für sich den Vertretern anderer Fächer ihre Flanken darboten, fanden die Vertreter geisteswissenschaftlicher Pädagogik mit ihrem Rückgriff auf die Philosophie WILHELM DILTHEYS gewissermaßen einen Mittelweg. Sie orientierten sich — wie die empirischen Pädagogen — an der Erziehungswirklichkeit, versuchten diese aber wie ein Buch zu interpretieren und entzogen sich damit den Nöten, unter denen die empirische Pädagogik stand, eine objektive Messung der Erziehungswirklichkeit erzielen zu wollen. Mit dem Bekenntnis zur hermeneutischen Methode der Interpretation traten sie im Gegenteil entschieden für einen Subjektivismus ein, der es ihnen gleichzeitig erlaubte, auch die Normfrage aufzugreifen, an der dem anderen Zweig der Pädagogik gelegen war. So vermittelten sie die konkurrierenden Auffassungen im Subjekt, welches mit einem normativen Vorverständnis die Erziehungswirklichkeit interpretiert.

Erst in den sechziger Jahren geriet diese Konzeption, die sich während des Dritten Reiches aufgrund ihrer zirkulären Methode (die Realität wird interpretiert, aber nicht verändert) zumeist wohl ohne ihre Überzeugung, aber faktisch eben doch der Realität anpaßte, unter die Kritik der anderen Sozialwissenschaften. Die konservative Grundtendenz geisteswissenschaftlicher Pädagogik wurde ebenso erkannt wie ihre Unfähigkeit, die Erziehungswirklichkeit interpretierend hinreichend präzise zu erfassen. Sie stand am Ausgang ihrer Epoche (vgl. DAHMER/KLAFKI 1968).

Glasharte empirische Methoden der Sozialforschung, die nicht selten aus den USA importiert wurden, zum einen und die gesellschaftskritische Theorie der Frankfurter Schule der Soziologie zum anderen (vgl. ADORNO u. a. 1969) liefen ihr den Rang ab, und der Traum von der Eigenständigkeit der Erziehungswissenschaft schien abermals ausgeträumt; der alte Streit brach erneut auf und die Erziehungswissenschaft auseinander.

Die Zeit der sozialwissenschaftlichen Orientierung der Erziehungswissenschaft ist aber nicht nur durch den zeitweisen Verlust ihrer Identität gekennzeichnet, sondern sie ist eine Bedingung für die ungeheure Expansion der Erziehungswissenschaft gewesen, weil der Staat zur Zeit eines wachsenden Bedarfs an qualifizierten Kräften große Hoffnungen in eine sozialwissenschaftlich aufgerüstete Erziehungswissenschaft setzte. In diese Zeit fiel auch die Einrichtung des Diplom-Studienganges, der der Erziehungswissenschaft erstmals einen grundständigen Ausbildungsweg sicherte und sie aus der bloßen Begleiterrolle für die Lehrerausbildung befreite.

5. ANSÄTZE (Bundesrepublik bis 1989)
(vgl. zur Entwicklung in der DDR: Kirchhöfer in diesem Band)

Die Theoriedynamik der Zeit nach 1945 wie im vorangegangenen Abschnitt zu erzählen, enthält aber eine systematische Täuschung. Diese Erzählung suggeriert nämlich, es gäbe einen wie auch immer gearteten roten Faden einer identischen Fragestellung, Idee oder Sache, der sich von einer bekannten Spule ab- oder auf eine unbekannte aufwickelt, aber immerhin doch auf eine Spule, die für den Begriff Ordnung stehen mag. Eine solche Erzählung suggeriert, es gäbe so etwas wie eine innere Logik, der jene Entwicklung verpflichtet sei. Sicher lassen sich zwar den Theorien immanente Theoreme oder Elemente benennen, die eine solche Dynamik nahelegen, zwangsläufig ist sie indessen nicht. Und: Die

Faktoren und Strukturen, die zu genau der Entwicklung geführt haben, wie sie erzählt wird, sind immer vielfältiger. Erst jetzt, nach dem Fall der Mauer und dem Beitritt der DDR zum Rechtssystem der Bundesrepublik Deutschland, wird vielleicht klarer erkennbar, welchen Einfluß auf die West-Entwicklung doch letztlich die Kulturpolitik der Alliierten, namentlich die reeducation-policy, gehabt haben könnte. Es ist nämlich keineswegs so, daß man von jeweils einem dominanten erziehungstheoretischen wie wissenschaftlichen Modell sprechen könnte, das die erziehungswissenschaftliche Diskussion oder gar die pädagogische Wirklichkeit jeweils zu bestimmten Phasen determiniert hätte. Auch wenn z. B. die kritische Erziehungswissenschaft in der Zeit zwischen 1968 und 1980 als main stream erschienen sein mochte, wenn man die Zahl und Verbreitung ihr zuzurechnender Publikationen und womöglich einschlägig besetzter Lehrstühle heranzieht, so hat die erfahrungswissenschaftliche Orientierung, manchmal in Konkurrenz, manchmal in Kooperation mit ihr in vielleicht größerer Stille doch mindestens ebenso große Erfolge zu verzeichnen, wenn man etwa an die Repräsentanz bei der Drittmitteleinwerbung denkt. Mit anderen Worten: Zwei im gesellschafts-, wissenschafts- und erziehungstheoretischen Kern letztlich diametrale Modelle existierten erfolgreich nebeneinander, ohne daß der erfahrungswissenschaftliche Ansatz etwa nur zu reiner Methodologie verkümmert wäre. Und noch mehr: Außerhalb des Scheinwerferlichts der großen Verlage, der meistbesuchten Kongresse oder der lautesten Streitigkeiten entstanden und stabilisierten sich zahlreiche theoretische Ströme, über deren Bedeutung als — um eine Metapher BENNERS aufzunehmen (vgl. BENNER 1991) — Haupt- oder Nebenströmungen das letzte Wort beileibe noch nicht gesprochen ist. Neben der geisteswissenschaftlichen, der erfahrungswissenschaftlichen und ihrer gelegentlich als Vermittlung ausgegebenen kritischen Erziehungswissenschaft sind für die Zeit nach 1945 zu verzeichnen:

— die kommunikative Pädagogik (vgl. SCHALLER 1978 und in diesem Band)
— die materialistische Erziehungswissenschaft (vgl. GAMM 1979; SCHMIED-KOWARZIK 1974, 1983)
— die psychoanalytische Pädagogik (vgl. BITTNER 1972; FÜCHTNER 1979)
— die Pädagogik des Interaktionismus (BRUMLIK 1973, 1983; MOLLENHAUER 1972)
— die praxeologisch-handlungstheoretische Pädagogik (BENNER 1991)
— die systemtheoretische Pädagogik (vgl. LUHMANN/SCHORR 1979)
— die phänomenologische Pädagogik (vgl. LANGEVELD 1978; STRASSER 1965)
— die strukturalistische Erziehungswissenschaft (vgl. LENZEN 1973; NEZEL 1976)

Die Liste kann letztlich nicht vollständig sein. Sie beschränkt sich auf die Ansätze, die „Handbuchrang“ erworben haben. Ihre Darstellung ist ungleich schwieriger, weil sie sich nicht aus großen Bewegungen insbesondere außerhalb der Pädagogik ergeben haben, sondern auf ganz unterschiedliche andere Theorietraditionen zurückgreifen, die sie mit unterschiedlichem Erfolg zu beerben versucht haben.

Die genannten Ansätze lassen sich dabei in zwei große Blöcke teilen: Der Block, dem wir die kommunikative Pädagogik, die materialistische, die psychoanalytische wie die des Interaktionismus und die praxeologisch-handlungstheoretische Pädagogik zurechnen wollen, und der Block, zu dem die systemtheoretische, die phänomenologische und die strukturalistische Erziehungswissenschaft gehören. Das Hauptunterscheidungsmerkmal für die beiden Blöcke ist das Verhältnis der ihnen zugeordneten Ansätze zu der Frage, ob die Annahme eines autonom handelnden (pädagogischen) Subjekts zulässig ist oder nicht. Die erstgenannten halten diese Annahme für unverzichtbar, bei den letztgenannten verschwindet das Subjekt aus dem Zentrum der Aufmerksamkeit. Bei den Hauptauseinandersetzungen zwischen den populären Ansätzen der 60er und 70er Jahre hatte dieses Merkmal noch keine besondere Rolle gespielt. Geisteswissenschaftliche Pädagogen, erfahrungswissenschaftliche Erziehungswissenschaftler und Anhänger der kritischen Theorie näherten sich zwar dem Subjekt auf unterschiedliche Weise, leugneten die Zulässigkeit seiner theoretischen Annahme aber grundsätzlich nicht. Sie waren so gesehen ausnahmslos Kinder eines Aufklärungsverständnisses, das die entscheidende Chance für den Menschen in jenem „sapere aude" (wage zu wissen) sah, welches selbst ohne die Annahme eines Subjekts, das dieses Wagnis unternehmen sollte, gar nicht auskommen konnte.

Da die *kommunikative Pädagogik* in unmittelbarer Nähe zur kritischen Erziehungswissenschaft entstanden ist, könnte es sich von selbst verstehen, daß für sie der Subjektbegriff konstitutiv ist. Kommunikation als Medium, mit dem tendenziell mündige Menschen die Regeln ihres pädagogischen Handelns vereinbaren, bedeutet immer schon, daß diese Menschen als handelnde Subjekte gedacht werden. Allerdings übernimmt SCHALLER (vgl. seinen Beitrag in diesem Band) mit COMENIUS auch eine subjektkritische Haltung, wenn man an die Selbstüberschätzung des Subjekts im cartesischen Sinne denkt. Nichtsdestoweniger liegt sein Interesse schwerpunktmäßig auf dem Begriff der Kommunikation, die zwischen Subjekten (oder besser: Individuen) stattfindet.

Die *materialistische Erziehungswissenschaft* oder besser: *-theorie* verstand sich, jedenfalls in ihrer westlichen Variante, als eine kritische Theorie der bürgerlichen Erziehung. Anders als die neomarxistische kritische Erziehungswissenschaft setzte sie indessen enger bei MARX an, insofern sie MARXens Gesellschafts- und Geschichtstheorie grundsätzlich übernahm. Von ihrem Boden aus wurde der „bürgerlichen" Pädagogik vorgeworfen, eine Affirmation der vorgefundenen bürgerlichen Verhältnisse zu betreiben, insofern die bürgerliche Pädagogik von der Existenz einer Sittlichkeit in der menschlichen Lebenspraxis ausgehe, die Garant für eine sukzessive Verbesserung der Lebensverhältnisse sei. Diese Auffassung verkenne aber die Tatsache, daß die gesellschaftliche Wirklichkeit Widersprüche produziere, die einer solchen Verwirklichung entgegenstünden. Deshalb sei es die Aufgabe einer materialistischen Pädagogik, eine Kritik dieser Verhältnisse als Teil einer revolutionären, also verändernden Praxis zu betreiben. Dabei komme es wesentlich darauf an zu zeigen, daß Erziehung eine gesellschaftliche und keine private Angelegenheit sei, daß das Erziehungssystem einseitig bestimmte gesellschaftliche Klassen bevorzuge und daß deshalb ein Bildungsbegriff zu bevorzugen und durchzusetzen sei, der wie im Konzept der polytechnischen Bildung Widerstand gegen diese bürgerliche Wirklichkeit ermögliche. Erziehung wie Erziehungswissenschaft seien als Teil einer revolutionären Praxis weit über ihren engen Auftrag hinaus dafür einzusetzen, die kapitalistischen Produktionsverhältnisse mit ihren verhängnisvollen Folgen abzuschaffen. Man erkennt leicht, daß dieser Ansatz vom Standpunkt des kapitalistischen Westens aus argumentierte, dessen ökonomische Verhältnisse als solche erschienen, die noch allererst zu revolutionieren seien. Daß im übrigen in diesem Ansatz der (revolutionäre) Mensch als Subjekt der Geschichte erscheint, leuchtet unmittelbar ein (vgl. auch KIRCHHÖFER und GEULEN in diesem Band).

Eine *psychoanalytische Pädagogik,* die den gleichen Rang und die gleiche Verbreitung gefunden hätte wie die anderen Ansätze in dieser Darstellung, gibt es eigentlich nicht. Sie ist deshalb zu erwähnen, weil sie dem Spektrum subjektzentrierter Ansätze zuzurechnen ist. Gelänge eines Tages ihre theoretische Konstruktion, so würde wohl ein wesentliches Augenmerk auf die Rolle des Unbewußten in den Personen der Erzieher wie der zu Erziehenden gerichtet werden müssen. Soweit dieses Unbewußte immer auch das Produkt einer individuellen und damit auch intentional gesteuerten Lebensgeschichte ist, muß der Mensch hier letztlich als Subjekt begriffen werden. Gleichzeitig erlaubt aber gerade das Konstrukt des Unbewußten auch eine Relativierung dieser Selbstverständlichkeit. Wenn man nämlich, namentlich wie JUNG, vielleicht weniger als FREUD, sondern eher wie andere Tiefenpsychologen, von der Existenz eines kollektiven Unbewußten ausgeht, das sich z. B. in Archetypen manifestiert, welche jedem Menschen verfügbar sind, dann wird deutlich, daß auch ein erheblicher übersubjektiver, zumindest überindividueller Anteil in den handlungsorientierenden „Motoren" des Menschen angenommen wird.

Das gilt mutatis mutandis auch für die *Pädagogik des Interaktionismus.* Sie steht aber eigentlich in größerer Nähe zur Pädagogik der Kommunikation. (Der Interaktionsbegriff kann nämlich als ein, wenngleich erweitertes, funktionales Äquivalent zum Kommunikationsbegriff verstanden werden. Wichtiger für die Frage nach der Zuordnung zu den subjektzentrierten Ansätzen ist aber ein anderes Konstrukt des symbolischen Interaktionismus. Es ist dieses die Annahme der Existenz einer „Ich-Identität", deren theoretische Nähe zur Psychoanalyse unübersehbar ist. Der Interaktionismus versteht sich als ein „handlungstheoretisch begründetes, Intersubjektivität voraussetzendes, verstehend verfahrendes, selbstbezügliches und normatives sozialwissenschaftliches Programm"; BRUMLIK 1983, S. 232). Handlungstheoretisch ist interaktionistische Erziehungswissenschaft deshalb, weil sie davon ausgeht, daß letztlich „alle gesellschaftlichen Phänomene auf beabsichtigte Tätigkeiten von Menschen" (BRUMLIK 1983, S. 237) zurückzuführen sind. Insofern Menschen aufgrund des Verstehens von Bedeutungen handeln, gilt es für eine interaktionistische Erziehungswissenschaft, diese Bedeutungen zu verstehen. Selbstbezüglich ist die

Theorie, weil sie den Alltag als Gegenstand und als Sprache die Alltagssprache wählt. Die Normativität des Interaktionismus ist in der ihm zugrundeliegenden Zielkategorie der Erreichung von Ich-Identität zu suchen. Dieses Ziel wird dementsprechend in der interaktionistischen Erziehungswissenschaft auch als funktionales Äquivalent für den älteren Bildungsbegriff gewählt (vgl. dazu kritisch MEYER-DRAWE 1990 b; STROSS 1991). Dementsprechend ist es das Subjekt, welches über diese Ich-Identität virtuell verfügt.

Für die in der Aufnahme praxeologischer Impulse DERBOLAVS entstandene, eigenständige *handlungstheoretische Pädagogik* BENNERS (vgl. BENNER 1991) gibt es vier Prinzipien der pädagogischen Fragestellung, die nach seiner Auffassung geeignet sein sollen, systematisch eine Fundierung pädagogischer Praxis und erziehungswissenschaftlicher Theoriebildung zu leisten. Es sind diese: „Bildsamkeit als Bestimmbarkeit des Menschen zu produktiver Freiheit", „Aufforderung zur Selbsttätigkeit", „Überführung gesellschaftlicher Determination in pädagogische Determination" und „Konzentration der menschlichen Gesamtpraxis auf die Aufgabe der Höherentwicklung der Menschheit". BENNER möchte mit diesen Prinzipien dem drohenden Verfall der Erziehungswissenschaft entgegenwirken, weil diese Prinzipien seiner Meinung nach geeignet sind, die Diskussion wieder auf das pädagogische Proprium zu konzentrieren. Schon das letzte Prinzip zeigt, daß BENNER mit seinen aus der Geschichte der Pädagogik rekonstruierten Kategorien einer fortschrittsorientierten Geschichtsphilosophie verpflichtet ist, die nicht nur den Fortschritt des Individuums, sondern der ganzen Gattung im Auge hat und diesen als eine Aufgabe für die Erziehung betrachtet. Dieser Fortschritt stellt sich nun aber nicht irgendwie selbstläufig ein, sondern er muß erstrebt und in der gesellschaftlichen wie pädagogischen Praxis von handelnden Subjekten hergestellt werden.

Die dem zweiten Block zuzurechnende systemtheoretische Pädagogik verdankt sich vordergründig einem außerpädagogischen Streit zwischen Kritischer Gesellschaftstheorie und Systemtheorie, den deren Repräsentanten, JÜRGEN HABERMAS und NIKLAS LUHMANN, am Anfang der 70er Jahre ausfochten. Vordergründig deshalb, weil dieser Streit zwar die Aufmerksamkeitsbereitschaft von Erziehungswissenschaftlern gesteigert haben könnte, tatsächlich jedoch der Systembegriff viel älter war und außerhalb der Pädagogik sich nicht zu übersehender Akzeptanz erfreute. Wenn man mit HALL und FAGEN (vgl. HALL/FAGEN 1971, S. 94) ein System als einen „Satz von Objekten zusammen mit Beziehungen zwischen den Objekten und zwischen ihren Attributen" definiert, dann ist es auch möglich, die Pädagogik als System zu verstehen. Dementsprechend wird dann der Versuch unternommen, bestimmte Eigenschaften (Attribute) der Pädagogik als etwas zu deuten, was nicht intentional der Sache zugehört, sondern Produkt einer Systemdynamik ist. So wird beispielsweise das Bemühen der Pädagogen um Autonomie als „Folgeproblem gesellschaftlicher Differenzierung" verstanden. An dieser Sicht wird deutlich, daß die systemtheoretische Pädagogik sich gewissermaßen neben die Pädagogik stellt und deren Systemcharakter analysiert. Auf diese Weise gerät sie zwangsläufig zum Angriffpunkt einer kritisch-gesellschaftstheoretischen Sicht. Vom Boden der Kritischen Erziehungswissenschaft wirft man ihr nämlich vor, das handelnde Subjekt, den Erzieher, den Pädagogen, den Erziehungswissenschaftler abzuwerten zu einem bloßen Element im komplexen Systemgefüge gesellschaftlicher Teilsysteme. Seine Intentionen, der Sinn seines Handelns, seine Freiheit werden relativiert oder gar negiert (vgl. BRUNKHORST 1989).

Insofern die *phänomenologische Pädagogik* als Versuch einer Anwendung der phänomenologischen Philosophie auf die Pädagogik namentlich sich für die Phänomene einer Sache, hier also der Erziehung interessiert, steht sie, oberflächlich betrachtet, in einer gewissen Nähe zur Systemtheorie. Dieses gilt aber nur für den Umstand, daß die Phänomenologie sich gegen die Intention der geisteswissenschaftlichen Pädagogik richtet, den Sinn der handelnden Erzieher und Pädagogen auslegen zu wollen. Die phänomenologische Pädagogik leugnet indessen nicht die Möglichkeit eines Sinns, sondern sie möchte den Akten einen Sinn erst „einlegen". Es deutet sich an, daß mit dieser Sicht zwar nicht die Existenz eines Bewußtseins der Handelnden geleugnet wird (ganz im Gegenteil: die phänomenologische Beschreibung richtet sich auf Bewußtseinsvorgänge), aber aus phänomenologischer Sicht wohnt den Handlungen nicht ein subjektiver Sinn immer schon inne, der nur aus ihnen herausgelesen werden müsse. Die Autonomie des handelnden Subjekts wird damit in ähnlicher Weise problematisiert wie dieses durch Systemtheorie und Strukturalismus geschieht. Indessen wird der Subjektbegriff, wie die Rede von der Archäologie des Subjekts zeigt, nicht gänzlich beseitigt (vgl. LOCH 1989).

Für den *Strukturalismus* ist das anders (vgl. LENZEN 1989). Er stellt mehr einen Sammelbegriff für verschiedene theoretische Verwendungsweisen dar und speist sich aus einer Reihe von mindestens sechs Traditionen, die von der Kulturanthropologie bis zur Linguistik reichen. Die Gemeinsamkeit dieser Ansätze besteht eigentlich eher in dem, was man als strukturalistische Tätigkeit bezeichnet hat. Dabei kommt es darauf an, Tiefenstrukturen zu rekonstruieren, von denen man annimmt, daß sie den Oberflächenstrukturen, den Phänomenen, so wie sie uns erscheinen, zugrundeliegen. Sie sind das, wofür sich der Strukturalismus interessiert. Dabei wird davon ausgegangen, daß die Reduzierung der Vielfalt an der Oberfläche auf elementare Strukturen in der Tiefe eine Vereinfachung, systemtheoretisch gesprochen, eine Komplexitätsreduktion erlaubt. Versuche einer strukturalistischen Erziehungswissenschaft hat es nur ansatzweise gegeben. Der entscheidende Gedanke war dabei der zu versuchen, die komplexen Erscheinungsweisen erzieherischen Handelns durch die strukturalistische Tätigkeit so auf Tiefenstrukturen zu reduzieren, daß aus den gewonnenen Beschreibungen die Rekonstruktion eines erzieherischen Habitus möglich sein würde, der dann auch Gegenstand von Ausbildungsmaßnahmen hätte sein können. Ging diese Zugriffsweise selbst auch nicht mehr von der notwendigen Annahme eines Subjekts aus, weil die Tiefenstrukturen letztlich als wirksam angenommen wurden und nicht die Intentionen der „Handelnden", so hielt er doch immerhin noch an der Vorstellung fest, daß es Aufgabe der Erziehungswissenschaft oder Pädagogik sei, Orientierungswissen für erzieherisches Handeln bereitzustellen.

6. SKEPSIS UND REFLEXIVITÄT

Das zuletzt Gesagte galt aber für alle Ansätze. Keines der referierten erziehungstheoretischen Modelle hat die grundsätzliche Berechtigung, gelegentlich sogar Verpflichtung in Frage gestellt, derzufolge es Aufgabe der Erziehungswissenschaft sei, für ein pädagogisches oder erzieherisches Handeln zu orientieren. Dieser Anspruch ist erst in den achtziger Jahren dieses Jahrhunderts problematisiert worden, als auch die Pädagogik von einer generellen Wissenschaftsskepsis nicht länger verschont blieb. Am Modellfall der Kernphysik und ihrer „Praxis", den Kernkraftwerken, entwickelte sich eine Opposition. Sie galt einer Wissenschaft, die im Gefolge einer pervertierten Aufklärungsidee Natur nicht nur mehr zu erkennen suchte, sondern dieselbe aufgrund dieser Erkenntnisse veränderte und die — spätestens am Fanal von Tschernobyl für jedermann greifbar — in der Lage ist, Natur auf dieser Erde generell zu vernichten.

In Analogie dazu kann die antipädagogische Bewegung gesehen werden. Ihre Protagonisten provozierten die Erziehungswissenschaft mit der Behauptung, daß Erziehung den kranken Hirnen einer Handvoll von perversen Seeleningenieuren entsprungen sei, daß die Folgen von Erziehung als Zwangsmaßnahme unabsehbar seien und daß deshalb jede Form institutionalisierter Erziehung einschließlich einer solchen durch die Kleinfamilie zu unterbleiben habe. Das ist überspitzt formuliert und keineswegs von allen Vertretern dieser Richtung so radikal zum Ausdruck gebracht worden, aber letztlich war diese Bewegung kompromißlos (vgl. VON BRAUNMÜHL 1975).

Sie ist nun nicht der Ausgangspunkt, sondern eher ein Anlaß unter vielen für den Gedanken geworden, daß die Selbstverständlichkeit, ja die Selbstgefälligkeit, mit der hierzulande (und nur hierzulande, denn Pädagogik in der uns bekannten Form ist ein deutsches Syndrom!) Erziehungswissenschaft betrieben wird, des Nachdenkens bedarf. Diese Problematisierung ist sicher durch die Diskussion um die Postmoderne begünstigt worden. Diese Diskussion lief nämlich, sehr vereinfacht dargestellt, darauf hinaus, in der „Dialektik der Aufklärung" (vgl. ADORNO/HORKHEIMER 1980) den wesentlichen Grund für das natürliche wie soziale Desaster des ausgehenden 20. Jahrhunderts zu erblicken, — die Moderne als Ausdruck einer pervertierten Aufklärung, der eine nicht näher bezeichnete, eben postmoderne Epoche zu folgen habe. Für diese wurde eine inhaltliche Qualifizierung bewußt vermieden, weil man der Überzeugung war und zumeist auch wohl noch ist, daß es keine große Theorie mehr geben könne, deren Rechtfertigungskapazität für alle möglichen Handlungen in allen Bereichen der Kultur ausreichen könne. Denn das ist einer der wesentlichen Gesichtspunkte, der gegen moderne Theoriebildung vorgetragen wird: Daß sie in der Regel darauf aus ist, einer Heilslehre zu folgen, einer „großen Erzählung", wie LYOTARD sie genannt hat (vgl. LYOTARD 1982), an die so recht niemand mehr glauben mag. Die letzte von ihnen, die emanzipatorische Erzählung, dürfte, so wird von diesem Standpunkt aus argumentiert, sich mit dem Archipel Gulag gründlich selbst desavouiert haben. Wenn es aber die eine, womöglich emanzipatorische Theorie nicht mehr gibt, der alle folgen mögen, dann bedeutet dieses zwangsläufig, daß entweder Theorielosigkeit und damit Orientierungslosigkeit Platz greifen oder eben ein Theorienpluralismus, der es den einen erlaubt, sich hier, den anderen sich dort zu orientieren. Die Grenzen dieser Orientierung setzte dann lediglich ein grober Rahmen demokratischer Grundlagen, die „Vorrang vor der Philosophie" (RORTY 1988) haben müssen.

Für die Pädagogik hat das in letzter Konsequenz weitreichende Folgen. Sie ist auf ihre Weise ein Kind der Aufklärung, sie verdankt sich nicht nur einer großen Erzählung, sie ist über weite Strecken mit ihr identisch. Soweit Erziehungstheorie mit dem Anspruch einhergeht, eine „Höherbildung der Menschheit", eben einen Fortschritt zu etablieren, kann sie diese nicht ohne eine Geschichtsphilosophie, die es ihr erlaubt, Akte, die diesem Fortschritt dienen, von solchen zu unterscheiden, die dieses nicht tun. Mit anderen Worten: Sie muß eine Vision von dem haben, wohin alles letztlich gehen soll. Wenn darüber Einigkeit aber nicht mehr zu erzielen ist, weil die Aufklärung eine gemeinsame Weltanschauung aller, die des Christentums, gleich mit hinweggefegt hat, gerät Pädagogik als Handlungswissenschaft für alle ins Abseits. Sie ist nicht mehr verbindlich begründbar. Daraus könnte man natürlich die Konsequenz ziehen, dieses Wissenschaftsgenre abzuschaffen und die Bäume stehen zu lassen, auf deren zu Papier verarbeitetem Holz all das gedruckt wird, was die eingangs zu Wort gekommene Grundschullehrerin so überflüssig fand. Diese Konsequenz wäre indessen ebenso unrealistisch wie töricht. Unrealistisch ist sie deshalb, weil ein Fach und eine ihm korrespondierende Praxis nicht so einfach abgeschafft werden können, die den Umgang einer Generation mit der oder den nächsten regeln und deuten. Töricht ist diese Konsequenz deshalb, weil sie nicht verstanden hätte, was die Rede von der Unbegründbarkeit totaler Theorien eigentlich bedeutet: Die Abschaffung der Erziehung unterscheidet sich in ihrer Totalität und in ihrer Intoleranz durch nichts von dem Totalitarismus völkischer, fundamentalistisch-religiöser oder marxistischer Provenienz.

Es ist deshalb aus Gründen der Demokratie wie aus denen der Erfahrung davon auszugehen, daß es Erziehung und eine sie anleitende Instanz und Institution(en) weiterhin geben wird. Und es wird auch weiterhin Theorien geben, die einen Bezug zu einer wie immer gearteten erzieherischen Wirklichkeit nur simulieren statt zu vollziehen (vgl. LENZEN 1987). Wenn dem so ist und dieses auch toleriert werden soll, dann stellt sich allerdings die Frage, wer die potentiellen Opfer der „Operation Erziehung" eigentlich vor deren Folgen schützt. Die Antwort auf diese Frage ist schwierig: Einerseits kann es unter den Bedingungen der Postmoderne keine Instanz außerhalb der Kultur mehr geben, die über einen gewissermaßen außerweltlichen Rechtfertigungsgrund für Eingriffe verfügte. Der Schutz kann also nur von denen kommen, die selbst in die Operation Erziehung verstrickt sind. Damit sie indessen über die Implikationen ihres Tuns, ihres Lassens wie ihres Zulassens virtuell orientiert sind, bedürfte es neben der unvermeidlichen, orientierenden Pädagogik einer solchen, die sich mit den Implikationen dieses Tuns beschäftigt, wenn erstere sich außerstande sieht, sich damit selbst zu beschäftigen, weil sie das Recht, die Geschichte und die Zukunft in der Gestalt der jungen Menschen immer schon auf ihrer Seite zu haben glaubt.

Ich bezeichne diese Erziehungswissenschaft vorläufig als eine reflexive. Dabei ist es ganz uninteressant, ob man das als einen Ansatz, -ismus, ein Modell oder eine ganze Richtung bezeichnen will. Wichtig ist der mit dem Reflexivitätsbegriff gemeinte Habitus – der gewissermaßen ex-post-Analyse ante actu. Was heißt das? Ich meine, daß es einer erziehungswissenschaftlichen Instanz bedürfte, die sich dafür zuständig erklärt, aus ihrer Kenntnis stattgehabter Erziehung, also ex post, etwas über Implikationen jener Operationen zu sagen und so ein Wissen zu schaffen, das die je nächsten Operationen in Kenntnis setzt, aber ante actu, also bevor sie stattfinden. Dabei kann dieses Wissen nicht mit der Forderung dargestellt werden, man habe sich danach zu richten, sondern allenfalls mit dem Bemerken, nach den künftigen Operationen solle niemand behaupten, er sei über die möglichen Implikationen im Unklaren gewesen. In diesem Sinne könnte *reflexive Erziehungswissenschaft* in drei Dimensionen wirksam werden:

Sie könnte *Pädagogik- und Erziehungsfolgenabschätzung* sein. Dieses ist eine Analogiebildung zur Technikfolgenabschätzung und in dieser Formulierung ungenau. Ich meine damit die durchaus empirische Abschätzung der Implikationen, nicht der Kausalfolgen, die es nicht gibt. Also, unhandlich, aber genau: Begleiterscheinungsabschätzung. – Sie könnte *historische Anthropologie der Erziehung* sein (vgl. GEBAUER u. a. 1989; LENZEN 1989). Das bedeutet, daß sie, jawohl: aufklären könnte über die in die laufenden erzieherischen normativen Forderungen und Tatsachenannahmen eingegangen mythischen Orientierungen, die die Kultur über Jahrhunderte unerkannt mit sich herumträgt und entweder fälschlich für wahr hält oder ignoriert, obwohl sie weiterhin präsent sind.

Die wichtigste Aufgabe aber läge für eine reflexive Erziehungswissenschaft wohl darin, die Grenzen zu transzendieren, die ihr im Zusammenhang einer einseitig rationalistischen Aufklärungsauslegung auferlegt worden sind. Es ist dieses die Grenze zwischen Wissenschaft und Kunst, die uns z. B. verbietet, den Erziehungsvorgang statt als rationale Operation vielmehr als ästhetische Gestaltung zu betrachten. Es ist dieses die Grenze zwischen dem erzieherischen Machen und der erzieherischen Autopoiesis, der Selbstorganisation des Individuums, und es ist dieses die Grenze zwischen Sollen und Zulassen. Was uns fehlt, sind wohl weniger Kenntnisse darüber, wie man etwas steuert, macht und normiert, als darüber, wie man etwas zuläßt, allerdings ohne repressiv zu sein. *Methexis,* Teilhabe nenne ich deswegen in losem Bezug auf PLATON die Beschreibung eines künftigen Zustandes, innerhalb dessen Erziehung vermehrt wieder durch Teilhabe am Ganzen des Lebens sich vollzöge.

Man kann das als pädagogische Spur eines radikalen Liberalismus werten und dagegen die sattsam bekannten Einwände erheben. Einen Vorwurf kann man dagegen indessen nicht vortragen, denjenigen, daß diese Haltung ihre potentiellen Opfer mit der falschen Zuversicht ins Grab schickte, ihr Ende in Erfüllung eines weltgeschichtlichen Auftrags gefunden zu haben. Insofern ist Erziehung, so oder so, immer auch Management der Todestatsache.

LITERATUR

ADORNO, TH. W. u. a.: Der Positivismusstreit in der deutschen Soziologie. Berlin 1969.

ADORNO, TH. W./HORKHEIMER, M.: Dialektik der Aufklärung. Frankfurt a. M. 1980.

BALLAUF, TH.: Pädagogik. Eine Geschichte der Bildung und Erziehung. Bd. 1. Freiburg/München 1969; Bd. 2, 3 (gemeinsam mit SCHALLER, K.) 1970, 1973.

BENNER, D.: Hauptströmungen der Erziehungswissenschaft. 3. verb. Aufl. Weinheim 1991.

BITTNER, G.: Psychoanalyse und soziale Erziehung. München 1972.

BRAUNMÜHL, E. VON: Antipädagogik. Studien zur Abschaffung der Erziehung. Weinheim/Basel 1975.

BRUMLIK, M.: Der symbolische Interaktionismus und seine pädagogische Bedeutung. Frankfurt a. M. 1973.

BRUMLIK, M.: Symbolischer Interaktionismus. In: LENZEN, D./MOLLENHAUER, K. (Hrsg.): Theorien und Grundbegriffe der Erziehung und Bildung. (= Enzyklopädie Erziehungswissenschaft. Hrsg. von LENZEN, D. Bd. 1). Stuttgart 1983, S. 232—245.

BRUNKHORST, H.: Systemtheorie. In: LENZEN, D. (Hrsg.): Pädagogische Grundbegriffe. Bd. 2. Reinbek 1989, S. 1480—1509.

CUBE, F. VON: Erziehungswissenschaft. Möglichkeiten — Grenzen — politischer Mißbrauch. Stuttgart 1977.

DAHMER, I./KLAFKI, W. (Hrsg.): Geisteswissenschaftliche Pädagogik am Ausgang ihrer Epoche — Erich Weniger. Weinheim 1968.

DILTHEY, W.: Gesammelte Schriften. Bd. 6. Stuttgart/Göttingen [4]1959.

DOLCH, J.: Aufgaben und Aufbau der Pädagogik, einer umstrittenen Wissenschaft. In: RÖHRS, H. (Hrsg.): Erziehungswissenschaft und Erziehungswirklichkeit. Frankfurt a. M. 1964, S. 123—136.

DÖPP-VORWALD, H.: Pädagogie — Pädagogik — Erziehungswissenschaft. In: RÖHRS, H. (Hrsg.): Erziehungswissenschaft und Erziehungswirklichkeit. Frankfurt a. M. 1964, S. 92—104.

FLITNER, W.: Allgemeine Pädagogik. Stuttgart 1968.

FÜCHTNER, H.: Einführung in die psychoanalytische Erziehung. Frankfurt a. M. 1979.

GAMM, H.-J.: Einführung in das Studium der Erziehungswissenschaft. Reinbek 1978.

GAMM, H.-J.: Allgemeine Pädagogik. Reinbek 1979.

GEBAUER, G. u. a.: Historische Anthropologie. Reinbek 1989.

GEISSLER, G.: Die Autonomie der Pädagogik. Langensalza 1929.

GÖTTLER, J.: System der Pädagogik. München [1]1961.

HABERMAS, J./LUHMANN, N.: Theorie der Gesellschaft oder Sozialtechnologie? — Was leistet die Systemforschung? Frankfurt a. M. 1971.

HALL, A. D./FAGEN, R. E.: Definition des Systems. In: TJADEN, K. H. (Hrsg.): Soziale Systeme. Neuwied 1971, S. 94—103.

HENNINGSEN, J.: Erziehungswissenschaft leichtgemacht. Essen 1965.

HERBART, J. F.: Pädagogische Schriften. Bd. 1. Hrsg. von BARTHOLOMÄI, FR. Langensalza [5]1890.

JÜRGENSMEIER, H. G. u. a.: Einführung in die Pädagogik. Stuttgart 1976.

KRIECK, E.: Grundriß der Erziehungswissenschaft. Leipzig 1927.

LANGEVELD, M. J.: Einführung in die theoretische Pädagogik. Stuttgart [9]1978.

LASSAHN, R.: Grundriß einer Allgemeinen Pädagogik. Heidelberg 1977.

LENZEN, D.: Didaktik und Kommunikation. Frankfurt a. M. 1973.

LENZEN, D.: Mythos, Metapher und Simulation. Zu den Aussichten Systematischer Pädagogik in der Postmoderne. In: Zeitschrift für Pädagogik 33 (1987), S. 41—60.

LENZEN, D.: Anthropologie, pädagogische. In: LENZEN, D. (Hrsg.): Pädagogische Grundbegriffe. Bd. 1. Reinbek 1989, S. 82—88.

LENZEN, D.: Struktur. In: LENZEN, D. (Hrsg.): Pädagogische Grundbegriffe. Bd. 2. Reinbek 1989, S. 1458—1470.

LOCH, W.: Pädagogik, phänomenologische. In: LENZEN, D. (Hrsg.): Pädagogische Grundbegriffe. Bd. 2. Reinbek 1989, S. 1196—1219.

LOCHNER, R.: Erziehungswissenschaft. Kurzgefaßtes Lehrbuch zum Gebrauch an Hochschulen. München/Berlin 1934.

LUHMANN, N./SCHORR, K.-E.: Reflexionsprobleme im Erziehungssystem. Stuttgart 1979.

LYOTARD, J.-F.: Das moderne Wissen. Bremen 1982.

MEYER-DRAWE, K.: Illusion von Autonomie. Diesseits von Ohnmacht und Allmacht des Ich. München 1990 a.

MEYER-DRAWE, K.: Provokationen eingespielter Aufklärungsgewohnheiten durch „postmodernes Denken". In: KRÜGER, H.-H. (Hrsg.): Abschied von der Aufklärung? Perspektiven der Erziehungswissenschaft. Opladen 1990 b, S. 81—90.

MOLLENHAUER, K.: Theorien zum Erziehungsprozeß. Zur Einführung in erziehungswissenschaftliche Fragestellungen. München 1972.

NEZEL, I.: Strukturalistische Erziehungswissenschaft. Weinheim/Basel 1976.

NOHL, H.: Die pädagogische Bewegung in Deutschland und ihre Theorie. Frankfurt a. M. ^{5}1961.

PAULSEN, F.: Geschichte des gelehrten Unterrichts auf den deutschen Schulen und Universitäten vom Ausgang des Mittelalters bis zur Gegenwart. Bd. I, II. ^{3}1919/21. Nachdruck Berlin 1960.

RORTY, R.: Der Vorrang der Demokratie vor der Philosophie. In: RORTY, R.: Solidarität oder Objektivität? Stuttgart 1988, S. 82—125.

SCHALLER, K.: Einführung in die kommunikative Pädagogik. Freiburg/Basel/Wien 1978.

SCHEUERL, H. (Hrsg.): Klassiker der Pädagogik I und II. München 1979.

SCHIESS, G.: Die Diskussion über die Autonomie der Pädagogik. Weinheim/Basel 1973.

SEIFFERT, H.: Muß die Pädagogik eigenständig sein? Essen 1964.

SCHMIED-KOWARZIK, W.: Dialektische Pädagogik. München 1974.

SCHMIED-KOWARZIK, W.: Materialistische Erziehungstheorie. In: LENZEN, D./MOLLENHAUER, K. (Hrsg.): Theorien und Grundbegriffe der Erziehung und Bildung. (= Enzyklopädie Erziehungswissenschaft. Hrsg. von LENZEN, D. Bd. 1). Stuttgart 1983, S. 101—116.

STEIN, G.: Kritische Pädagogik. Positionen und Kontroversen. Hamburg 1979.

STRASSER, ST.: Erziehungswissenschaft — Erziehungsweisheit. München 1965.

STROSS, A. M.: Ich-Identität. Zwischen Fiktion und Konstruktion. Berlin 1991.

THIERSCH, H./RUPRECHT, H./HERRMANN, U.: Die Entwicklung der Erziehungswissenschaft. München 1978.

TRAPP, E. CHR.: Versuch einer Pädagogik. Berlin 1780. Hrsg. von FRITZSCH, TH. Leipzig 1913.

WENIGER, E.: Die Eigenständigkeit der Erziehung in Theorie und Praxis. Weinheim ^{3}1964.

WILHELM, TH.: Pädagogik der Gegenwart. Stuttgart ^{2}1960.

XOCHELLIS, P.: Pädagogische Grundbegriffe. Eine Einführung in die Pädagogik. Geretsried ^{2}1968.

Peter Martin Roeder

2. PÄDAGOGIK, ERZIEHUNGSWISSENSCHAFT, BILDUNG

Fragestellungen und Strukturen

1. Institutionalisierungsprozesse
2. Wissenschaft und Praxis
3. Die Erziehungswissenschaft als Berufswissenschaft

1. INSTITUTIONALISIERUNGSPROZESSE

Das Nebeneinander der Begriffe Pädagogik und Erziehungswissenschaft im Titel dieses Beitrags verweist zunächst auf eine historische Entwicklung, nämlich auf die Verwissenschaftlichung einer Praxis, die sich im Laufe der vergangenen zwei Jahrhunderte vollzogen hat und die mit der Etablierung der Erziehungswissenschaft an den Hochschulen sowie der Vervielfachung der Zahl der in dieser Disziplin Lehrenden und Forschenden in den letzten drei bis vier Jahrzehnten eine rasante Beschleunigung erfahren hat. Es handelt sich um einen äußerst vielschichtigen Prozeß, an dessen Beginn innerhalb von wenigen Jahrzehnten von ROUSSEAU, PESTALOZZI, KANT, HUMBOLDT, HERBART und SCHLEIERMACHER die grundlegenden Kategorien systematisch entwickelt wurden, in denen wir noch heute über pädagogische Praxis reflektieren: Bildung und Allgemeine Bildung, Bildsamkeit und Interesse, formale und materiale Bildung, (negative) Erziehung und Entwicklung, Unterstützung und Gegenwirkung, Aufklärung und Mündigkeit, das Generationenverhältnis und die zeitliche Struktur von Tradition, erfüllter Gegenwart und Zukunft, Individualität und die gesellschaftlichen Funktionen der Erziehung (BLANKERTZ 1982; KÖNIG 1960). An seinem Beginn stehen auch die reformpädagogischen Schulexperimente PESTALOZZIS und der Philanthropinisten und die utopischen Erziehungsprogramme der französischen Revolution (ALT 1949; SCHEUERL 1985). Hier werden entscheidende Weichen gestellt für den Prozeß der Systembildung im Schulwesen (MÜLLER 1977, MÜLLER 1981), der für die Elementarschule im letzten Drittel des 19. Jahrhunderts, für die Mittel- und Höhere Schule gegen Ende dieses Jahrhunderts, für das Berufsschulwesen dagegen erst in der ersten Hälfte des 20. Jahrhunderts zu einem vorläufigen Abschluß gekommen ist (LESCHINSKY/ROEDER 1976; JEISMANN 1974; LOHMANN 1984; LUNDGREEN 1980; STRATMANN 1982). Eher noch später institutionalisiert sich der außerschulische Bereich pädagogischer Praxis, wenngleich auch hier die Wurzeln weit zurückreichen — zum Waisenhaus des 18. Jahrhunderts, zu FRÖBELS Kindergarten (1820, Gründung der „allgemeinen deutschen Erziehungsanstalt" in Keilhau), dem „Rauhen

Haus“ (1833) J. H. WICHERNS zur „Rettung“ verwahrloster Kinder und ADOLF KOLPINGS katholischem „Gesellenverein“ (1846).

Mit dem Begriff der Systembildung ist hier nicht nur die Herausbildung spezifischer pädagogischer Institutionen — wie etwa der Schularten — gemeint, sondern auch die Entstehung der (staatlichen) Bildungsverwaltung, die die Funktionen des „Systems“ regelt, sowie die rechtliche Fixierung der Berufsrollen der in ihm tätigen Lehrer und Erzieher und die Institutionalisierung ihrer Ausbildung (Professionalisierung) in eigens dafür geschaffenen Institutionen.

Während für das 19. und beginnende 20. Jahrhundert Systembildung charakterisiert werden kann als Prozeß der Ausdifferenzierung von Institutionen mit spezifisch gegeneinander abgegrenzten Funktionen — z. B. Volksschule/Gymnasium/Sonderschule, Allgemeinbildende/Berufsschule —, ist die Entwicklung seit den fünfziger Jahren unseres Jahrhunderts eher gekennzeichnet durch das Bemühen um Reintegration dieser voneinander abgegrenzten Institutionen und ihrer spezifischen Funktionen. Gegenwärtig wird jedoch zunehmend deutlich, daß die häufig vorgenommene Gleichsetzung von Integration und Fortschritt problematisch ist. Ein angemessenes Verhältnis zwischen Differenzierung und Integration zu finden, bleibt eine der schwierigsten Aufgaben der Schulentwicklung.

Diejenige Lösung dieser Aufgabe, die sich in der ersten Hälfte des 19. Jahrhunderts insbesondere in Preußen durchsetzte, ist — mit guten Gründen — als ständische kritisiert worden: Allgemeinbildung wurde zum Privileg des Bürgertums, die Grenzen zwischen den Schularten verfestigten die bestehenden Schranken zwischen sozialen Schichten und Klassen. Es war nicht ausgeschlossen, das Schulsystem als Instrument sozialer Mobilität zu nutzen; doch blieb es eher die Ausnahme (LUNDGREEN 1980, S. 77ff.). Andererseits war diese Form der Systembildung, in der die Hierarchie sozialer Schichten sich in einem hierarchisch aufgebauten Schulsystem spiegelte und reproduzierte, zugleich wohl die historisch mögliche Form, die Tatsache gesellschaftlicher Ungleichheit nicht nur anzuklagen, sondern sie pädagogisch konkret zu bearbeiten. So sind etwa PESTALOZZIS — für die Entwicklung der Volksschule folgenreichen — Bemühungen zu verstehen, eine Methode der Elementarbildung zu entwerfen, die sich nicht auf die Übermittlung isolierter Kenntnisse und Fertigkeiten beschränkt, sondern auf den selbständigen Gebrauch eines durch konkrete Anschauung und präzise Begriffsbildung geschulten Verstandes zielt — eine Elementarbildung also, die für alle Kinder einem substantiellen Bildungsanspruch genügen will. So ist auch SCHLEIERMACHERS Entwurf eines Systems von Volks-, Bürger- und Gelehrtenschulen zu verstehen, der einerseits der Ausdifferenzierung sozialer Funktionen und damit auch der Tatsache sozialer Ungleichheit Rechnung trägt, der andererseits für jede dieser Schularten einen Lehrplan vorsieht, der vor dem Anspruch aller auf eine grundlegende Allgemeinbildung und Mündigkeit legitimierbar ist. Die pädagogische Theorie hat für ihn ganz explizit die Funktion, dafür die Argumente und Kriterien zu liefern. Nicht zuletzt hat sie zu klären, welche pädagogisch-praktischen Folgerungen aus der

Tatsache der natürlichen Ungleichheit der Menschen zu ziehen sind. Die Pädagogik geht davon aus, daß jeder Mensch „den hinreichenden Grund seiner Entwicklung vom Anfange seines Lebens an bis zum Punkt der Vollendung in sich selbst trägt" (SCHLEIERMACHER 1983 [1826], S. 9). Die Erziehung hat die Aufgabe, diesen Prozeß durch „Unterstützung", „Gegenwirkung" gegen störende innere und äußere Einflüsse und „Verhütung" von Schäden zu sichern und im Verlauf der Gattungsgeschichte zu verbessern.

Man kann SCHLEIERMACHERS pädagogische Vorlesungen aus dem Jahre 1826 als eine erste — in ihrem theoretischen Zuschnitt freilich ganz eigenständige — Bilanz der Entwicklung um die Wende zum 19. Jahrhundert lesen. Sie umspannt die ganze Breite pädagogischer Problemstellungen von der Individualgenese bis zur gesellschaftlich-politischen Entwicklung, von der allgemeinen pädagogischen Theoriebildung bis zur Schulpädagogik, von der Erziehung des Kleinkindes in der Familie bis zum Universitätsstudium. In SCHLEIERMACHERS dialektischer Argumentation verbinden sich zwei bedeutende Theoriestränge. In ihr ist ROUSSEAUS These der autonomen Entwicklung des kindlichen Subjekts ebenso aufgehoben wie die eher aristotelische Vorstellung von Erziehung als Initiation in „die großen Lebensgemeinschaften": Staat, Kirche, geselliges Leben, Wissenschaft (SCHLEIERMACHER 1983 [1826], S. 58). Im Blick auf „die Anlagen eines jeden zur Eigentümlichkeit des Daseins", auf Individualisierung also, kommt der Erziehung eine rein unterstützende Funktion zu (SCHLEIERMACHER 1983 [1826], S. 56). Dem Recht des Kindes auf ein in jedem Augenblick erfülltes Dasein gegenüber bedürfen Erziehung und Unterricht, die sich immer auch „als Aufopferung eines bestimmten Momentes für einen künftigen" darstellen, einer strengen Rechtfertigung. Aber Erziehung ist eben nicht nur als je individueller Prozeß der Unterstützung einer autonomen Entwicklung zu begreifen, sondern zugleich als ein Verhältnis zwischen den Generationen, das für die jeweils nachfolgende „die Tüchtigkeit für die großen sittlichen Gemeinschaften beabsichtigt" (SCHLEIERMACHER 1983 [1826], S. 45). Und hier kann sie sich nicht auf Unterstützung beschränken, sondern muß sich auch als Gegenwirkung verstehen, z. B. gegen die schädlichen Einflüsse, die aus der Unvollkommenheit eben jener Gemeinschaften herrühren, für die sie die nachfolgende Generation „tüchtig" machen soll. Erziehung als Prozeß zwischen den Generationen ist daher für SCHLEIERMACHER zugleich Politikum, d. h. das entscheidende Mittel, die sittliche Qualität jener „Gemeinschaften" — Staat, Kirche, Geselligkeit, Wissenschaft — zu steigern. Das noch „notwendige Übel der Hauslehrerschaft" zu überwinden und „öffentliche Einrichtungen für die Unterweisung der Jugend" zu schaffen, war folglich eine der wichtigsten staatlichen Aufgaben (SCHLEIERMACHER 1983 [1826], S. 8). Und welche konkrete Gestalt diese Einrichtungen mit Rücksicht auf die historisch gegebenen politisch-ökonomisch-kulturellen Rahmenbedingungen auch annehmen mochten, die Pädagogik hatte mit kritischem Augenmaß darauf zu sehen, daß die theoretisch entwickelten „Maximen für die pädagogischen Tätigkeiten" im Hinblick auf die Vervollkommnung des einzelnen wie die der „Lebensgemeinschaften" nicht gänzlich verfehlt wurden.

So fruchtbar die Zeit um 1800 für die Grundlegung pädagogischer Reflexion und Theoriebildung war, der Weg *von der Pädagogik zur Erziehungswissenschaft* ist erst in den vergangenen drei Jahrzehnten beschritten worden. Erst in diesem Zeitraum hat sich auf Hochschulebene und in außeruniversitären Forschungsinstituten das System von Subdisziplinen (Allgemeine Pädadagogik, Vergleichende Pädagogik, Schulpädagogik, Sonderpädagogik, Sozialpädagogik, Erwachsenenbildung, Bildungsgeschichte, um nur die größten Bereiche zu nennen) in einem Prozeß schneller Expansion institutionell etabliert (BAUMERT/ROEDER 1990; BAUMERT u. a. 1990). In den interdisziplinären Arbeitsbereichen der Pädagogischen Psychologie, der Bildungssoziologie und -ökonomie institutionalisierte sich die Beziehung zu den Nachbardisziplinen der Erziehungswissenschaft. Der Ausdifferenzierung der Subdisziplinen parallel verlief die der wissenschaftstheoretischen und forschungsmethodischen Orientierungen in Richtung auf ein relativ stabiles Nebeneinander von geisteswissenschaftlicher, kritisch-rationalistischer, prinzipienwissenschaftlicher, systemtheoretischer und dialektisch-materialistischer Pädagogik (RÖHRS/SCHEUERL 1989; vgl. auch LENZEN in diesem Band).

Es gibt also durchaus Gründe dafür, daß manche Autoren die Position einnehmen, man könne nicht mehr von der Erziehungswissenschaft sprechen, sondern man habe es hier mit einem Konglomerat locker verbundener Teildisziplinen und wissenschaftstheoretischer Schulen zu tun (BENNER 1987; ROEDER 1990; TENORTH 1990). Das Problem stellt sich freilich bei den übrigen Sozialwissenschaften in ähnlicher Weise. Es scheint, daß derartige Spezialisierungen teils als Reaktion auf die Ausbildung neuer Praxisfelder, teils selbst als treibendes Moment in diesem Prozeß kaum vermeidbar und kaum rückgängig zu machen sind. Wissenschaft wird zu einem Faktor der Professionalisierung neuer Berufsgruppen (z. B. Sozialpädagogen, Erwachsenenbildner), deren berufsständisches Interesse die entsprechende wissenschaftliche Teildisziplin institutionell stabilisiert. Die immer wieder erneuerten Bemühungen, das die Teildisziplinen Verbindende und damit einen gemeinsamen Kern der Erziehungswissenschaft herauszuarbeiten, sind damit nicht schon sinnlos (vgl. HELM u. a. 1990).

Gelegentlich ist die Frage aufgeworfen worden, ob es sich bei der skizzierten Entwicklung der Erziehungswissenschaft nicht um eine spezifisch deutsche handele. Dies trifft wahrscheinlich weniger für die Ausdifferenzierung der Teildisziplinen zu, denen eine institutionalisierte — z. B. sozialpädagogische oder schulpädagogische — Praxis entspricht; sie sind ebenso wie die institutionalisierten Beziehungen zu den Nachbardisziplinen in allen entwickelten Bildungssystemen anzutreffen. Vielleicht ist die Verselbständigung der Subdisziplinen schon allein aufgrund der rasanten quantitativen Entwicklung des Lehr- und Forschungspersonals weiter fortgeschritten als in anderen Ländern; zugleich scheint aber die Allgemeine Pädagogik als Theorie von Erziehung und Bildung in Deutschland bisher — etwa im Vergleich zu Frankreichs sciences de l'éducation — eine stärker zentrierende Rolle behalten zu haben, vergleichbar der angelsächsischen analytic philosophy of education (KEINER/SCHRIEWER 1990; OELKERS 1985).

Das Selbstverständnis der Erziehungswissenschaft ist im Prozeß der institutionellen Ablösung von der Philosophie freilich noch in einem anderen Sinne problematisch geworden. Es geht dabei um die Frage, ob sie einen eigenen theoretischen und methodischen Zugriff zu ihrem Gegenstandsbereich habe. Anders formuliert: Gibt es spezifische pädagogische Fragestellungen, die Erziehungswissenschaftler mit Hilfe einer spezifisch pädagogischen Begrifflichkeit untersuchen? Das Problem ist seit den zwanziger Jahren auch unter dem Topos der (relativen) *Autonomie der Pädagogik* erörtert worden (GEISSLER 1929). Damit war zunächst die Forderung gemeint, die pädagogische Praxis vor dem Zwang illegitimer kirchlicher, ökonomischer oder politischer Anforderungen oder Weisungen zu bewahren. Es entwickelte sich daraus die Vorstellung einer pädagogischen Praxis, die einer eigenen Logik folgt, die von religiöser, wirtschaftlicher oder politischer Praxis deutlich unterscheidbar ist (BENNER 1987). Von dieser Vorstellung war es nur ein kleiner Schritt zu der, daß diese Eigenlogik sich auch in der Begrifflichkeit und den spezifischen Fragestellungen der Erziehungswissenschaft niederschlagen müsse.

So aktuell das Prinzip der relativen Autonomie pädagogischer Praxis geblieben ist, so umstritten sind seine wissenschaftlichen Implikationen. Für den „kritischen Rationalisten" gibt es nur eine Logik der Forschung, die für die Erziehungswissenschaft ebenso verbindlich ist wie für Psychologie und Soziologie. Für ihn ist die Vorstellung, daß sich pädagogische Sachverhalte von soziologischen oder psychologischen in methodologisch relevanter Weise unterscheiden, unakzeptabel (ALBERT 1978). Für den marxistischen Pädagogen ist die Vorstellung einer relativen Autonomie der Pädagogik allenfalls als Moment der Utopie einer herrschaftsfreien Gesellschaft akzeptabel, im übrigen aber Ideologie, die die tatsächliche Abhängigkeit von Herrschaftsinteressen verschleiert (GAMM 1992). Für den prinzipienwissenschaftlichen Pädagogen ist dagegen die Anerkennung der Autonomie des Lernenden die Voraussetzung dafür, überhaupt von pädagogischer Praxis sprechen zu dürfen, die — postulierte — Autonomie dieser Praxis ist also eine Norm, an der die Realität zu messen ist (z. B. PETZELT 1961). Für den Systemtheoretiker ist der Begriff eher geeignet, einen im Prozeß der Systembildung erreichten Entwicklungszustand zu charakterisieren, der für moderne Gesellschaften typisch ist, nämlich die Ausdifferenzierung gesellschaftlicher Funktionen (Erziehung, Bildung, Ausbildung) in Subsystemen, die den Austausch mit ihrer Umwelt nach spezifisch eigenen Kriterien regeln (LUHMANN 1986, 1991). Dies dürfte in der Tat für moderne Bildungssysteme zutreffen, die einerseits mit vielfältigen Anforderungen und Erwartungen ihrer Umwelt konfrontiert sind, die sie nicht einfach ignorieren können, die andererseits aber diese Anforderungen nicht einfach übernehmen, sondern sie nach eigenen Regeln — z. B. in der Erstellung von Lehrplänen — verarbeiten. Auch das normative Moment im Begriff der relativen Autonomie ist als professionelles Bewußtsein der stellvertretenden Verantwortung für Lernen gewissermaßen als Funktion im System präsent.

Unter einer anderen Perspektive erscheinen freilich die historisch gewordene relative Autonomie des Bildungssystems und die institutionell verankerte Eigenlogik pädagogischer Prozesse auch als Barriere gegen mögliche Veränderungen seiner Strukturen und Funktionen. Die immer wieder gescheiterten Versuche, die fachliche Struktur des Schulunterrichts (oder auch des Studienangebots der Hochschule) durch fächer-(disziplin-)übergreifenden Unterricht aufzubrechen, können als Beispiel dafür dienen. Daß und wie Wissen generiert und vermittelt wird, ist sicher nicht ausschließlich in einer zugrunde liegenden kognitiven Struktur der Wissensbereiche begründet, sondern historisch kontingent (zur Kritik an der Fachorganisation des Schulunterrichts vgl. RUMPF 1981 a u. b; FAUSER/MUSZYNSKI 1988; KEMPER 1991). Daß es in artes und disciplinae geschieht, hat freilich so tiefe, bis in die klassischen Ursprünge der europäischen Bildungstradition zurückreichende Wurzeln und hat sich als so erfolgreiche intellektuelle Arbeitsteilung der Wissenserweiterung und nicht minder erfolgreiche kognitive Strukturierung schulischer Lernprozesse bewährt, daß Alternativen dazu nur eine relativ marginale Rolle spielen. Die Forderung, in einer Begegnung mit der noch nicht durch die Fächergliederung zerstückelten Umwelt zu lernen, wird vom Bildungssystem als eine Lehr- und Lernstrategie — z. B. in Form des Projektunterrichts — assimiliert, die ihre Berechtigung letztlich darin hat, fachliches Lernen zu motivieren. Analog gilt für interdisziplinäre Forschung, daß sie auf Dauer erfolgreich meist nur dann sein kann, wenn sie sich als Disziplin — oder mindestens als Teildisziplin — institutionell verfestigt.

Daß die relative Autonomie des Bildungswesens wie der Pädagogik nicht als gesellschaftliche Exterritorialität mißverstanden werden sollten, haben P. BOURDIEU und seine Mitarbeiter in zahlreichen kultur- und bildungssoziologischen Studien hervorgehoben. Sie erscheint dort als ideologisches Postulat, das notwendig ist, um die Illusion einer durch das Bildungssystem eröffneten Chancengleichheit zu erzeugen (BOURDIEU/PASSERON 1971). In Wirklichkeit — so die These — werden damit schulische Inhalte und Bewertungen legitimiert, durch die in der Elterngeneration gesammeltes „kulturelles Kapital" an die nachfolgende Generation vererbt wird, die damit also der Reproduktion bestehender Herrschaftsverhältnisse und Klassenlagen dienen. Die Forderung nach einer „rationalen Pädagogik", die dies vermeidet und damit wirkliche Chancengleichheit sichert, setzt freilich die Existenz jener relativen Autonomie uneingestanden voraus. Es ist deshalb kaum verwunderlich, daß die Vorschläge zur Reform des französischen Bildungswesens, die P. BOURDIEU im Auftrage des Collège de France formulierte, durchaus als Zusammenfassung wesentlicher Argumente und Forderungen der Schulreformbewegungen der Nachkriegszeit zu lesen und damit gewissermaßen einer Hauptströmung der Pädagogik dieser Epoche zuzurechnen sind (BOURDIEU 1985).

2. WISSENSCHAFT UND PRAXIS

Das Nebeneinander der Begriffe Pädagogik und Erziehungswissenschaft verweist auf ein weiteres für die Pädagogik grundlegendes Problem: das des Verhältnisses von Theorie und Praxis. Das Spektrum möglicher Positionen reicht hier vom Positivismus eines AUGUSTE COMTE, der eine Entwicklung der Wissenschaft voraussah, die es schließlich erlauben würde, alle gesellschaftlichen Prozesse rational zu steuern, über dialektische Theorien gesellschaftlichen Fortschritts, die kaum weniger optimistisch über die Rolle der Wissenschaft im Prozeß gesellschaftlicher Entwicklung — einschließlich der Erziehung der „sozialistischen Persönlichkeit" — urteilten, bis hin zur Überzeugung, daß die wissenschaftliche Theorie allenfalls als Reflexionsangebot für die Praktiker tauge oder schließlich, daß Praxis nur durch Praxis zu verändern sei.[1]

Eine radikal *positivistische* Position hatten (freilich nur vorübergehend) etwa MAKARENKO bzw. seine spätere Frau mit ihrer Empfehlung eingenommen, den Eltern das Recht und die Pflicht zu erziehen, zu nehmen. „Unsere Familie ist auch jetzt schon keine so stabile Institution mit entsprechenden Garantien für Stabilität und Langlebigkeit wie die alte Familie. Die Frau ist in unserer Gesellschaft nicht mehr Kindermädchen und auch nicht mehr Hausfrau, sondern aktives und produzierendes Mitglied der Gesellschaft. (...) In einer solchen Familie bleibt das Kind faktisch ohne Erziehung, oder es wird in dem Chaos zufälliger, von niemandem regulierter Einflüsse der Straße, der Nachbarn, Bekannten und Kameraden erzogen" (HILLIG 1990, S. 206). Und noch plakativer heißt es in einem seiner späteren Frau zugeschriebenen Text: „Genau so, wie unser Fünfjahresplan die Verkaufsbuden und Kramläden zum Verschwinden bringt und an ihrer Stelle gewaltige Industriestädte aus Beton und Stahl errichtet, so wird er auch die stümperhafte Erziehung in der Familie beseitigen, indem er statt dessen Erziehungsfabriken errichtet, voller Licht und frischer Luft, Aufmerksamkeit für das Kind und Fürsorge, Kollektivkraft und schöpferischer Arbeit." (HILLIG 1990, S. 206)

Die Begründer der *empirischen oder „experimentellen" Pädagogik*, MEUMANN und LAY, hatten um die Jahrhundertwende zwar nicht vergleichbare pädagogische Allmachtträume, aber doch die Hoffnung, mit der weiteren Entwicklung ihrer Forschung eine Berufswissenschaft für Lehrer zu schaffen, die aus der Kenntnis der Tatbestände für Unterrichten und Beurteilen, Fördern und Auslesen ein rationales Fundament bietet. Für sie war damit zwar das Problem der Verbindung von Wissenschaft oder Theorie und Praxis nicht bereits gelöst; doch

1 Auf die konstruktivistische Gegenposition sei hier wenigstens verwiesen. Sie versteht Wissenschaft als die systematische Konstruktion von Modellen der Wirklichkeit, über die wir jenseits solcher Modelle nichts wissen können. Auch daß solche Modelle sich in der Forschung empirisch bewähren können, sagt über sie nichts Definitives aus, außer daß das Modell heuristisch weiterhin brauchbar und gegebenfalls technologisch oder praktisch für die Auseinandersetzung mit der unbekannten Wirklichkeit nutzbar ist (vgl. TREML 1987, S. 106f.; Beispiele konstruktivistischer Argumentation in MAROTZKI 1989).

sie erwarteten, mit dem Einsatz von Experimenten und quantitativen Methoden weiter zu gelangen als die bisher eher spekulativ argumentierende Pädagogik. Nach MEUMANN wird die experimentelle Pädagogik „mehr eine Wissenschaft vom Lernenden als vom Lehrenden werden, denn den Ausgangspunkt aller experimentellen Untersuchungen bildet das lernende und arbeitende Schulkind". Für ihn ist freilich diese Forschung nicht das Ganze der Pädagogik. Er grenzt vielmehr Theorie bzw. systematische Pädagogik deutlich von der „Tatsachenforschung" ab, erwartet aber gleichzeitig von dieser „eine völlige Umgestaltung der systematischen Pädagogik" (MEUMANN 1901, S. 285; vgl. auch LAY 1920). Viele Lehrer teilten diese Hoffnung und beteiligten sich intensiv an derartigen Forschungen. Da nach ihrer Auffassung pädagogische Institute an Universitäten Träger dieser neuen Forschungsrichtung sein sollten, sahen sie darin zugleich die Chance, eine alte standespolitische Forderung zu realisieren: die wissenschaftliche Ausbildung aller Lehrer an Universitäten.

Vertreter der *Geisteswissenschaftlichen Pädagogik,* wie THEODOR LITT und EDUARD SPRANGER, haben demgegenüber zu zeigen versucht, daß allenfalls elementare geistige Prozesse der experimentellen Methode zugänglich seien, die Komplexität pädagogischer Prozesse in ihrer kulturellen Durchformung dagegen systematisch verfehlt werde. Am genauesten ist diese Kritik in der damaligen Auseinandersetzung vielleicht von M. FRISCHEISEN-KÖHLER formuliert worden. Er bestreitet einerseits eine Sonderstellung der quantitativen Methoden. Auch qualitative Experimente seien möglich, wie sich an der Chemie und Biologie zeigen lasse, und diese seien nicht minder exakt: „Exakt ist eine Erkenntnis, wenn sie das Bewußtsein der Genauigkeit hat, d. h. die Grenzen ihrer möglichen Fehlerhaftigkeit weiß. Daher sind exakte Erkenntnisse auf jedem Gebiet unseres Wissens möglich . . ." (FRISCHEISEN-KÖHLER 1962 [1918/19], S. 117; vgl. SPRANGER 1930; DREWEK 1990). Dem Experiment fehle freilich die „Lebensnähe". „Damit löst sich das Individuum aus den gesellschaftlichen Zusammenhängen und dem geistigen Gemeinschaftsleben . . ." Und es ist „zweifellos sicher, daß das Gemeinschaftsleben selber und die Schöpfungen und Gestaltungen, in denen es sich objektiviert, ihrerseits der unmittelbaren Beobachtung und der planmäßigen Beeinflussung nach den Forderungen der experimentellen Methodik entzogen sind" (FRISCHEISEN-KÖHLER 1962 [1918/19], S. 122f.). Das Fazit dieser Kritik: So angemessen das Experiment in der naturwissenschaftlichen Psychologie sein mag, die elementare Prozesse untersucht, so wenig taugt es zur Untersuchung zentraler Fragen der Pädagogik, die es mit dem „Kulturmenschen" zu tun hat und der „lebendigen Aneignung der Kulturgüter, die als Erbgut des geschichtlich-gesellschaftlichen Lebens uns überkommen sind" (FRISCHEISEN-KÖHLER 1962 [1918/19], S. 124).

Wir würden diese Kritik heute — nach einem halben Jahrhundert erfolgreichen Experimentierens vor allem in der Sozialpsychologie — nicht mehr widerspruchslos stehen lassen. Die Zeitgenossen des Autors fanden jedoch noch keine überzeugende Antwort auf seine Argumente (DREWEK 1990).

Die geisteswissenschaftliche Tradition der Erörterung des Theorie-Praxis-Problems geht wesentlich auf FRIEDRICH SCHLEIERMACHER zurück, der in scharfem Gegensatz zu der oben genannten Empfehlung MAKARENKOS der Praxis eine eigene „Dignität" zusprach. Andererseits erfordert auch für ihn Erziehung als „Kunst" eine eigene „Kunstlehre" (SCHLEIERMACHER 1983 [1826], S. 9): „Ist doch überhaupt auf jedem Gebiete, das Kunst heißt, die Praxis viel älter als die Theorie, so daß man nicht einmal sagen kann, die Praxis bekomme ihren bestimmten Charakter erst mit der Theorie. Die Dignität der Praxis ist unabhängig von der Theorie; die Praxis wird nur mit der Theorie eine bewußtere." (SCHLEIERMACHER 1983 [1826], S. 11) In den Vorlesungen aus dem Jahre 1826, deren Nachschrift dieses Zitat entnommen ist, unternimmt SCHLEIERMACHER den Versuch, eine solche Theorie über das pädagogische Verhältnis zwischen den Generationen zu entwickeln, ihren Geltungsbereich und ihre Grenzen näher zu bestimmen. Er untersucht ebenso scharfsinnig die anthropologischen Voraussetzungen für die Erziehung wie ihr Verhältnis zur Politik, reflektiert über Gleichheit und Ungleichheit im biologischen und im sozialen Sinne, entwickelt die Prinzipien der „Verhütung", „Gegenwirkung" und „Unterstützung", die Erziehung bestimmen sollen, und untersucht die Implikationen der Theorie für Familienerziehung und die Aufgaben von Schule und Universität. All dies in dem Bewußtsein, nur das zu tun, was „das besonnene Bewußtsein in der Praxis überall leistet" (SCHLEIERMACHER 1983 [1826], S. 55).

Auf diese Vorstellung geht noch ERICH WENIGER ausdrücklich zurück, wenn er in seinem Schichtenmodell des Theorie-Praxis-Bezugs einer praxisinhärenten Theorie die „Theorie des Theoretikers" gegenüberstellt, die vom Praktiker als Angebot einer umfassenderen Reflexion seiner eigenen Theorie und Praxis angenommen werden kann (WENIGER 1952, S. 19). Weniger geht in seinen Überlegungen davon aus, daß die pädagogische Theorieproduktion in der akademischen Lehrerbildung ihren institutionellen Ort gefunden habe, die Kritik an der Praxisferne der „akademischen" Theorie also diese Institution mitbetrifft. In der Abwehr dieser Kritik hebt er zunächst auf das „Mißverständnis der Funktion der Theorie durch den Praktiker" ab, „wenn er glaubt, die Theorie könne und wolle ihm die Entscheidung in dem konkreten Fall vorschreiben und abnehmen" (WENIGER 1952, S. 10). Er verweist dann den Praktiker auf seine eigene Rolle als Theoretiker. Genauer unterscheidet er zwischen zwei „Schichten" praxisimmanenter Theorie, die er „Theorie ersten und Theorie zweiten Grades" nennt (WENIGER 1952, S. 16). Unter Theorie ersten Grades subsummiert er die unbewußten Voreinstellungen, das weltanschauliche und ethische Apriori, die pädagogische Entscheidungen determinieren, „die eingehüllte Rationalität, die in der geistigen Haltung des Menschen liegt", die WENIGER aber auch in der Organisation, rechtlichen Verfassung und impliziten Ideologie pädagogischer Institutionen am Werke sieht. Als Theorie zweiten Grades bezeichnet er jene mehr oder weniger bewußten Lebensregeln und Erfahrungssätze, mit denen der Praktiker seine Entscheidungen — nicht selten „ideologisch" oder zur Abwehr von Neuerungen — begründet und rechtfertigt. Die Theorie des Theoretikers wird demgegenüber als „strenge systematische Besinnung“ charakterisiert. „Aber die wissenschaftliche Theorie der Pädagogik hat nicht bloß diese objektive, bloß analytische Funktion der Aufklärung des Sachverhaltes, sondern sie hat auch einen Ort unmittelbar im Zusammenhang der Praxis selbst.“ Der Theoretiker „muß die Verantwortung der Praxis teilen (...), damit die Wirklichkeit für ihn nicht stumm bleibt“ (WENIGER 1952, S. 19ff.; vgl. auch FLITNER 1957, der das Theorie-Praxis-Verhältnis ähnlich bestimmt).

Eine Voraussetzung dieser Formulierung des Problems ist das in der geisteswissenschaftlichen Pädagogik entwickelte Verständnis pädagogischer Prozesse als im Kern nicht eigentlich rational zu planender. Die Begründung dafür liegt nicht nur im Hinweis auf deren Komplexität, Ganzheitlichkeit und Geschichtlichkeit, sondern primär in der Vorstellung, daß der Versuch, in der Erziehung etwas direkt zu bewirken, deren eigentlichem Zweck zuwider läuft, weil Spontaneität und Autonomie der beteiligten Subjekte damit mißachtet und eine falsche, weil mechanistische, Vorstellung von Kausalität in pädagogischen Prozessen suggeriert werde (vgl. OELKERS 1976; VOGEL 1990; TREML 1991). Diese Vorstellung ist emphatisch schon im klassischen Bildungsbegriff ausformuliert, in dessen Tradition sich auch die geisteswissenschaftliche Pädagogik sieht: „Die Verknüpfung unsres Ichs mit der Welt zu der allgemeinsten, regesten und freiesten Wechselwirkung“, wie eine vielzitierte Formel W. VON HUMBOLDTS lautet. Vom Freiheitspathos dieser Metapher ist es freilich ein weiter Weg zu einer wissenschaftlichen Theorie, die in einem klar umschreibbaren Sinne handlungsrelevant ist. Wir werden das Problem in einem dritten Abschnitt noch einmal aufnehmen.

Auch der *MARXistischen Pädagogik* ist dieses Pathos in der Utopie einer Gesellschaft ohne Herrschaft, in der die Freiheit des einzelnen und die aller Gesellschaftsmitglieder einander bedingen, nicht fremd. Und im vergangenen Jahrzehnt ist in der pädagogischen DDR-Literatur der Begriff des Schöpferischen, der ja Spontaneität und Aktivität des Subjekts mit meint, geradezu zum Modewort geworden. Die Emanzipation zu diesem Ziel verläuft freilich über den Klassenkampf, der in der sozialistischen Gesellschaft externalisiert gegen den bürgerlichen Imperialismus zu führen war. Dieser Prozeß läuft nach dialektisch-materialistischer Einsicht mit historischer Notwendigkeit, also gesetzmäßig ab. Die Einsicht in diese Gesetzmäßigkeit eröffnet also die Möglichkeit, ihn bewußt mitzugestalten bis zu dem Punkt, an dem die Geschichte zum Ergebnis bewußter menschlicher Tätigkeit und der Mensch vollends zum Werk seiner selbst wird. Scheinbar ist dies die praktischste Theorie, die sich denken läßt, weil sie — wenn auch behindert durch die Dialektik gesellschaftlicher Widersprüche — eine unmittelbare Orientierung des Handelns zu garantieren scheint. Die vorausgesetzte Einsicht in historische Gesetzmäßigkeit dürfte jedoch prinzipiell kaum erreichbar sein.

Eine ähnlich enge Verknüpfung von Theorie und Praxis scheint die Vorstellung von geistiger Tätigkeit und damit auch der Theoriebildung als einem Abbilden der Wirklichkeit zu ermöglichen. Pädagogische Forschung führt danach zur

Einsicht in Strukturen und Gesetzmäßigkeiten von Erziehungsprozessen, aus denen sich Prinzipien und Kriterien gewinnen lassen, die pädagogisches Handeln regulieren (z. B. NAUMANN 1986, S. 143ff.).

Während die geisteswissenschaftliche Pädagogik jedoch an der schon bei den Klassikern postulierten (relativen) Autonomie der Pädagogik festgehalten hat und das Bildungssystem sich in den westlichen Demokratien als relativ autonomes soziales System ausdifferenzierte, stand beides in den sozialistischen Ländern sehr viel stärker unter dem Primat der Politik — einer Politik zudem, die mit dem Selbstbewußtsein der wissenschaftlichen Begründung durch den Marxismus-Leninismus ausgestattet war. Der Erziehungswissenschaft fiel damit die Aufgabe zu, politisch vorgegebene Ziele in pädagogische Regeln, Organisationsformen und Lehrpläne umzusetzen.

Ein durchgreifender Erfolg solcher Bemühungen, hochkomplexe Bildungs-und Erziehungsziele direkt realisieren zu wollen, ist freilich zugleich ein Stück Negation der ursprünglichen Zielsetzung, weil Unselbständigkeit, Dogmatismus oder Opportunismus — und damit eine eingeschränkte Fähigkeit, sich mit der Realität produktiv auseinanderzusetzen — kaum vermeidbare Nebeneffekte einer derart engen sozialen und intellektuellen Kontrolle sein müssen. Der Versuch, komplexe Erziehungsziele direkt zu realisieren, konfligiert mit der Eigenlogik pädagogischer Handlungssysteme, der zufolge Lernen nicht ohne Zustimmung des Lernenden möglich ist, Erziehung die Anerkennung der Legitimität von Zielen durch Erzieher und Zögling voraussetzt und wechselseitiges Mißtrauen pädagogischem Handeln die Grundlage entzieht. Gerade angesichts dieser Grenzen überrascht die Intensität von Machbarkeitsüberzeugungen in pädagogischen Texten der DDR (vgl. dazu auch D. KIRCHHÖFER in diesem Band).[2]

2 Ein lehrreiches Beispiel dafür sind hochschuldidaktische Untersuchungen darüber, wie die Hochschulen der DDR ihren „Erziehungsauftrag" erfüllen (oder auch nur partiell erfüllen), nicht nur Fachwissenschaftler, sondern „sozialistische Persönlichkeiten" heranzubilden. „Zentrales Problem der Vergleichenden Hochschulbildung" . . . die Optimierung der Bedingungen für die Entwicklung progressiver Persönlichkeiten . . . im Hochschulpädagogischen Prozeß (HERBERT 1989, S. 8). Und E. FESTERLING faßt Ergebnisse empirischer Studien einer hochschuldidaktischen Forschungsgruppe der Universität Rostock wie folgt zusammen: „Die Vermittlung von fachlichem Wissen und Können wird nach dem Prinzip der Vollständigkeit und die Herausbildung von Überzeugungen, Einstellungen oder Motivationen wird nach dem Prinzip der gelegentlichen Beachtung von den Lehrenden vorgenommen und praktiziert. Schon ohne statistische Signifikanzberechnungen war aus hochschulpädagogischer Sicht eine kritisch zu bewertende ‚aktive' Vernachlässigung der gesamten Breite des Lehrinhalts relativ genau nachweisbar" (FESTERLING 1986, S. 8). Was unter der „gesamten Breite" zu verstehen ist, läßt sich an den Zielkatalogen demonstrieren, in denen die allgemeine Zielsetzung der Bildung zur sozialistischen oder progressiven Persönlichkeit operationalisiert wird; ebenso an den Katalogen von Beurteilungsdimensionen, die etwa ein „Ratgeber" zur „Studentenbeurteilung" anbietet. Da geht es nicht nur um „fachliches Leistungsvermögen", um „Wissen nach Qualität und Umfang", „selbstständiges Denken", „Fleiß", „Beteiligung an wissenschaftlichen Diskussionen und Vorträgen", sondern auch um die „politisch-ideologische Haltung", „das Bemühen um Aneignung des Marxismus-Leninismus, der Dokumente

Eine der möglichen Antithesen dazu ist während des vergangenen Jahrzehnts unter dem Stichwort *„Technologiedefizit"* der Pädagogik diskutiert worden (LUHMANN/SCHORR 1979 a, b u. c). Der Begriff Technologie wird dabei in einem sehr allgemeinen Sinne gebraucht: als Kenntnis und praktische Beherrschung von Zweck-Mittel-Relationen. Die Behauptung eines Technologiedefizits besagt also: Die Pädagogik kann zwar Ziele setzen, aber sie vermag nicht eindeutig zu sagen, unter welchen Bedingungen und mit welchen Mitteln sie zu erreichen sind. Auch die zahlreichen empirischen Untersuchungen, die diesem Zusammenhang gelten, haben — entgegen den damit verbundenen Hoffnungen — dieses Defizit nicht abbauen können. Die Gründe dafür sind vielfältig und in der Theorie-Praxis-Diskussion und bildungssoziologischen Analysen seit langem vertraut. Sie seien deshalb nur kurz resümiert: Handeln zwischen Personen, die ihr Handeln reflektieren und damit bewußt selbst steuern, ist nicht nach dem Schema natürlicher Kausalität (unter konstanten Randbedingungen hat Ereignis X Ereignis Y stets zur Folge) zu begreifen. Pädagogische Handlungssituationen — etwa Schulunterricht — sind durch Einmaligkeit und Komplexität charakterisiert. Die jeweils gegebenen Bedingungen entsprechen deshalb nie vollkommen denen, die in empirischen Untersuchungen als Voraussetzung für das mehr oder weniger geglückte Erreichen pädagogischer Ziele benannt werden. Und der Lehrer trifft seine Entscheidungen nie in vollständiger Kenntnis der situativen Rahmenbedingungen. Pädagogisches Handeln hat deshalb häufig nicht nur die gewünschten Folgen, sondern auch unerwartete bzw. unerwünschte Nebenwirkungen.

---

von Partei und Regierung", um „Mitwirkung im FDJ-Studienjahr", „Klassenmässiges Verhalten" und „Einsatzbereitschaft bei der militärischen und ZV-Ausbildung", schließlich um das in sieben Dimensionen aufgeschlüsselte „charakterlich-moralische Verhalten" und die „Stellung zum Kollektiv" (GEHRKE/HAHN 1987, S. 76f.). Selbstverständlich wirkt die FDJ-Leitung an der Beurteilung mit. Ebenso der Beurteilte selbst; denn es ist Ziel der Ratgeber, die Beurteilung selbst für die angestrebte Persönlichkeitsentwicklung fruchtbar werden zu lassen.

Die DDR hat bekanntlich große Anstrengungen unternommen, die Realisieurng dieser Erziehungsziele in den Hochschulen auch institutionell abzusichern. Das umfangreiche obligatorische Studium des Marxismus-Leninismus und der Studentensport zählten ebenso dazu wie die Aktivitäten der SED und FDJ oder die durch das Zusammenleben der Studenten in überbelegten Wohnheimen ermöglichten Formen der fürsorglichen Kontrolle. Daß dieses Bemühen erfolgreich war, scheinen die Erhebungen des Leipziger Instituts für Jugendforschung zu bestätigen. Sie weisen jedenfalls die Studenten als dem Staat und der Partei gegenüber besonders loyale Gruppe aus. Andererseits darf man bezweifeln, ob — angesichts des mit der Position des Kritikers verbundenen Risikos — derartige Erhebungen wirklich zu validen Ergebnissen führen konnten. Unter solchen Rahmenbedingungen haben zugleich hochschuldidaktische Forschungen, wie die oben zitierten, und Beurteilungsvorschläge, wie wir sie dem „Ratgeber" zur „Studentenbeurteilung" entnommen haben, etwas objektiv Denunziatorisches. Daß dies von den Autoren nicht so gemeint war, läßt sich — das sei hier ausdrücklich festgestellt — an den Texten ablesen.

Diese Beschreibung ist, wie gesagt, nicht neu. Neu ist dagegen die Stoßrichtung der Kritik: „Offenbar", so stellen LUHMANN und SCHORR fest, „fand die Pädagogik sich dann sehr rasch (gemeint ist: schon in der bildungstheoretischen Literatur der klassischen Epoche — P.M.R.) mit der theoretischen Unlösbarkeit dieses Grundproblems ab. Es gelang ihr nicht, am scharfen Strahle der Theorie zu blühen. Statt dessen kam sie über Substitution schöner klingender Worte wie ‚Selbsttätigkeit', ‚Freiheit', ‚Praxis', ‚Menschenbildung' zur Entscheidung gegen Technologie, und so wird die Sache weiterbehandelt. Ein zweifellos vorhandenes Technologieproblem wird als Technologieverdikt traditionsfähig gemacht und habitualisiert. Das Nichtkönnen wurde als ein sich idealistisch und normativ begründendes Nichtwollen tragbar gemacht" (LUHMANN/SCHORR 1979 a, S. 346). Der Pädagogik wird empfohlen, statt dieses Problem zu verdrängen, darüber zu reflektieren, wie unter diesen Bedingungen Erziehung verantwortlich möglich ist. Die Vorschläge der beiden Autoren laufen auf eine Art systemtheoretisch begründeter Ersatztechnologie hinaus, die sowohl auf einen strengen Begriff von Kausalität, aber auch von Handlungsrationalität verzichtet, dennoch aber die Handlungskompetenz in pädagogischen Situationen zu steigern verspricht (vgl. auch die Weiterführung dieser Überlegungen in LUHMANN/SCHORR 1982 und LUHMANN 1987).

Die Kritik an diesen Vorschlägen und ihrer Begründung richtete sich einerseits auf die Interpretation der Lösung oder Verdrängung des Problems seit den Anfängen der modernen Pädagogik, die als unzutreffend zurückgewiesen wird, sowie auf die Rechtfertigung der Notwendigkeit, Erziehungsziele in Kategorien zu formulieren, die jenseits nomologischem, d. h. auf Einsicht in Kausalbeziehungen (deren Beherrschung in Technologien vorausgesetzt wird) beruhendem, Wissen liegen, das „zur Legitimation menschlichen Handelns" aber prinzipiell nicht ausreicht (BENNER 1979 a, S. 370; 1979 b). Andererseits wird die Gegenthese begründet, die Pädagogik verfüge über eine Fülle von Technologien, verstanden als „übertragbare Verfahren, die Relevanz-Zeit-Allokationen auf Dauer stellen" (DIEDERICH 1982, S. 51). Auch DIEDERICH räumt jedoch eine Asymmetrie zwischen den „technologischen" Möglichkeiten der „Verhütung" oder „Gegenwirkung" im Sinne SCHLEIERMACHERS einerseits und der Unterstützung andererseits ein: „Maßnahmen, die unerwünschtes Verhalten verhindern, sind augenscheinlich wirksamer als Maßnahmen, die erwünschtes Verhalten begünstigen" (DIEDERICH 1982, S. 81). In einer jüngeren Untersuchung hat er diese Argumentationsfigur im Begriff der „Vermeidungstechnologie" weiterentwickelt, die dem „Ausschluß von Unerwünschtem und der vorläufigen Festlegung auf Ermessensspielräume" dient. In der vermeidungstechnologischen Argumentation sieht er die einzige logische Möglichkeit der Lösung des „Deduktionsproblems" der Allgemeinen Didaktik, d. h. an allgemeinen Bildungszielen festzuhalten, aus denen keine positiven Folgerungen gezogen werden können, die aber dennoch praktisch bedeutsam werden, weil sie bestimmte Möglichkeiten ausschließen und zugleich Möglichkeitsräume eröffnen (DIEDERICH 1988, S. 148, vgl. auch S. 152 und S. 237).

LUHMANN und SCHORR haben unter anderem den Vorschlag gemacht, die „Kausalpläne“ von Lehrern oder Erziehern zu analysieren. Sie verstehen darunter stark vereinfachende, in gewisser Hinsicht also immer falsche Vorstellungen über Wirkungszusammenhänge in dem pädagogischen Felde, in dem sie tätig sind (kritisch zu dem Konzept DIEDERICH 1982). Sie entsprechen wesentlich dem, was WENIGER die „Theorien zweiten Grades“ der Praktiker genannt hat und können genauso ideologisch sein wie diese — etwa als Rechtfertigung pädagogisch eigentlich unangemessener Maßnahmen. Sie sind zugleich notwendig, weil ohne sie intentionales pädagogisches Handeln jenseits von Routinen — die angesichts der komplexen Handlungssituation nicht minder unentbehrlich sind — gar nicht vorstellbar wäre. Tatsächlich sind solche Kausalpläne vielfach untersucht worden.[3] Das betrifft etwa die Erklärung von Leistung und Versagen von Schülern, die Erklärung von Begabung, die Vorstellungen darüber, wie Kinder oder Jugendliche Mathematik lernen, die Wirkungen von Belohnung und Strafe, die Voraussetzungen und Konsequenzen verschiedener Formen der Gruppierung (Differenzierung) von Schülern, die Wirkungen bestimmter Unterrichtsstrategien, die Notwendigkeit oder Schädlichkeit des Sitzenbleibens etc. (vgl. HOFER 1986; RHEINBERG/MINSEL 1986; LOWYCK/CLARK 1990; SHEPARD/SMITH 1989).

Das in unserem Zusammenhang Bedeutsame an solchen Kausalplänen oder mehr oder weniger impliziten Theorien von Lehrern ist, daß sie in ihrer Grundstruktur den Partialtheorien ähnlich sind, von denen sich die empirische pädagogische Forschung leiten läßt, wenn sie auch meist noch stärker vereinfachen. Auch diese wissenschaftlichen Teiltheorien bilden ja nicht eine komplexe Wirklichkeit ab, sondern operieren mit Konstrukten und Modellen, die Wirklichkeit immer nur unter stark reduzierenden Perspektiven erscheinen lassen. Als solche Partialtheorien seien hier beispielhaft genannt: Theorien der Motivation, Theorien des Interesses, die Theorie der erlernten Hilflosigkeit, theoretische Modelle über Zusammenhänge zwischen Umweltbedingungen (z. B. Schul- oder Klassenklima, Leistungserwartungen von Lehrern und Eltern, Formen der Leistungsbeurteilung) und Einstellungen oder Leistungen der Schüler, Theorien des Mastery Learning (zielerreichendes Lernen), Theorien der Entwicklung mathematischen Denkens. Der mögliche Einfluß solcher empirisch gestützter Theorien auf die Praxis verläuft gewissermaßen über die Kausalpläne der Lehrer. Sie bieten keine direkten Handlungsanweisungen, sondern Modelle für die Erklärung von Wirkungen und für das Verstehen pädagogischer Prozesse. Sie können die Kausalpläne der Lehrer ergänzen oder korrigieren und ihr Handlungsrepertoire erweitern. Schon die Erfahrung der Konfrontation zwischen den eigenen mehr oder weniger expliziten Theorien des Lehrers mit solchen von der empirischen Forschung angebotenen kann verunsichernd wirken, aber auch zur Erprobung alternativer methodischer Zugänge anregen. Die empirische

---

3 Mit dem Kausalitäts- bzw. Wirkungsproblem im pädagogischen Handeln hat sich eingehend die angelsächsiche Analytische Philosophie der Erziehung befaßt (OELKERS 1985).

Unterrichtsforschung bietet eine Reihe überzeugender Beispiele dafür — insbesondere zum Mathematikunterricht in der Grundschule (BROPHY 1990).

Modelle der Genese und kognitiven Repräsentation von Wissen, die in derartigen Forschungen verwendet oder entwickelt werden, gewinnen gegenwärtig auch in einem anderen Bereich zunehmende Bedeutung, dem des computergestützten Lernens. Die dafür entwickelten interaktiven Programme setzen ein möglichst präzises Modell „des Lerners" voraus, d. h. insbesondere davon, wie er Wissen aufbaut und sicher auch Vorstellungen darüber, wie er altersentsprechend zu motivieren ist. Theoretische Entwicklungen der Kognitionspsychologie und zur Künstlichen Intelligenz werden hier gewissermaßen unmittelbar praktisch.

Während Unterrichtsforschung in dem hier bezeichneten Sinn in starkem Maße eine Domäne der Pädagogischen Psychologie geworden (oder auch geblieben) ist, hat ein anderer Zweig der empirischen erziehungswissenschaftlichen Forschung starke Anregungen von Seiten der Bildungssoziologie und Bildungsökonomie erfahren und entsprechend Elemente soziologischer und ökonomischer Theorie aufgenommen (vgl. A. MEIER in diesem Band).

3. DIE ERZIEHUNGSWISSENSCHAFT ALS BERUFSWISSENSCHAFT

Seit Beginn des 19. Jahrhunderts haben Lehrer und Lehrerbildner eine wissenschaftliche Ausbildung für ihren Beruf gefordert. Erst in der zweiten Hälfte unseres Jahrhunderts ist diese Forderung weitgehend — wenn auch keineswegs in allen modernen Staaten — erfüllt worden. Und es fehlt auch heute nicht an skeptischen Stimmen, ob z. B. die Schließung der Pädagogischen Hochschulen, die sich freilich inzwischen selbst als wissenschaftliche Hochschulen verstehen, und die Verlagerung der Lehrerbildung an die Universitäten wirklich einen Fortschritt bedeutet hat, ob nicht vielmehr die damit einhergehende Schwächung des Praxisbezugs auch die Qualität des Berufsbezugs mindere (NEUMANN/OELKERS 1984). In der Tat neigen Lehrer und Studenten eher zu einer weitgehend negativen Einschätzung ihrer erziehungswissenschaftlichen Studien im Hinblick auf ihre berufliche Qualifikation (OESTERREICH 1988).

Unsere Überlegungen zum Verhältnis von Theorie und Praxis in der Pädagogik, zu deren „Technologiedefizit", zum Problem der Umsetzung unvermeidlich abstrakter fundamentaler Bildungsziele, aber auch zur Vielfalt theoretischer und methodologischer Orientierungen innerhalb der Erziehungswissenschaft scheinen eine derart skeptische Einschätzung ihrer Leistung als Berufswissenschaft zu verstärken. Einige abschließende Überlegungen zu dieser Frage sind also angebracht.

Um mit dem letztgenannten Gesichtspunkt zu beginnen: Die Vielfalt theoretischer Zugänge ist mindestens teilweise in der Sache begründet; denn offensichtlich hat es die Erziehungswissenschaften nicht nur mit empirisch-analytisch zu beschreibenden Sachverhalten zu tun, die zudem auf unterschiedlichen Ebenen liegen — Individuum, soziale Gruppe, Gesellschaft —, sondern auch mit

Normen. Deren Geltung oder Akzeptanz kann (und sollte) zwar wiederum empirisch analysiert werden; ihre Rechtfertigung oder Kritik ist auf diesem Wege nicht zu leisten, sondern nur auf denen des rationalen Diskurses. Man mag diesen nicht schon für Wissenschaft halten; als Element pädagogischer Praxis und der Reflexion in ihr und über sie ist er unverzichtbar. Das Studium der Geschichte pädagogischen Denkens als Einführung in einen solchen Diskurs gilt deshalb wohl zu Recht als notwendiges Element der Berufsausbildung des Pädagogen, auch wenn er damit nicht schon die Fähigkeit erwirbt, die Praxis seinen normativen Orientierungen entsprechend zu gestalten.

Pädagogische Zielvorstellungen und Programme sind stets mehr oder weniger explizit in eine gesellschaftspolitische Programmatik eingebettet. SCHLEIERMACHERS Vorstellungen dazu sind als ein markantes Beispiel dafür zitiert worden, die jüngere Diskussion über Chancengleichheit als ein anderes. Damit ist eine Fülle von Fragen aufgeworfen, die sowohl auf der Ebene der Programmatik im Hinblick auf deren Legitimation und Konsistenz, als auch auf der des Verhältnisses von Programm und Realität liegen. Das Studium der Geschichte pädagogischer Reformen — bzw. allgemeiner: der Entwicklung pädagogischer Institutionen — in ihrer Abhängigkeit von politischen, ökonomischen und sozialen Rahmenbedingungen bietet hier eine Grundlage für nicht dogmatische Reflexionen über derartige Zusammenhänge. Auch wenn sich daraus wiederum keine konkreten positiven Handlungsanweisungen ableiten lassen, erscheint ein solches Studium für den Praktiker, der sich rational mit gesellschaftlichen Anforderungen an sein Handeln auseinandersetzen will (und für den Bildungsplaner als Schule der Bescheidenheit), notwendig. Wie nützlich dabei der Blick über die Grenzen der Disziplin sein kann, ist im vorigen Abschnitt ausgeführt worden. Wie wichtig der Blick über die Grenzen nationaler Bildungssysteme bei der Erörterung der hier angesprochenen Zusammenhänge ist, kann hier nur angemerkt werden.

Die Geschichte von Erziehung und Unterricht eröffnet zugleich den Blick auf ein großes Reservoir an Modellen pädagogischer Praxis. Auch sie lassen sich in der Regel nicht auf die eigene Situation übertragen. Ihre praktische Bedeutung — von PESTALOZZIS Stanzer Brief bis zu MAKARENKOS „Pädagogischem Poem", AITMOVS „erstem Lehrer", dem „Jenaplan" oder den Fallstudien einzelner Schulen, an denen die amerikanische pädagogische Literatur reich ist — liegt eher darin, die pädagogische Phantasie anzuregen und zu schulen. Der Entwurf einer pädagogischen Praxis ist eine konstruktive Leistung, die solche Phantasie als Bewußtsein von Handlungsalternativen in der Gestaltung pädagogischer Situationen voraussetzt. Die Erziehungswissenschaft kann für einen solchen Entwurf immer nur partielle Informationen beitragen — die in Abschnitt II erwähnten Kausalmodelle der Pädagogischen Psychologie können als Beispiel dafür dienen —; konkrete ganzheitliche Modelle pädagogischer Praxis lassen sich aus ihr nicht ableiten. Ihre Stärke, insbesondere als empirisch-analytische Wissenschaft, liegt vielmehr in der Analyse und Kritik der praktischen Realisierung solcher Modelle. Sie kann klären, inwieweit die Realisierung dem

Modell entspricht, inwieweit die angestrebten Ziele erreicht wurden, welche unerwarteten oder gar unerwünschten Effekte auftreten.

Sollen die Praktiker nicht einfach Objekte einer derartigen kritischen Analyse sein, so hat dies offenbar auch Implikationen für ihre Ausbildung. Sie müssen gelernt haben, wo die spezifischen Möglichkeiten, aber auch die Grenzen einer solchen empirischen Analyse liegen, also mindestens eine solide Einführung in deren Methoden erfahren haben. Und sie müssen ein professionelles Selbstbewußtsein erworben haben, das die dogmatische Fixierung auf ein spezifisches Modell pädagogischer Praxis ausschließt, vielmehr die ohnehin begrenzten Möglichkeiten nutzt, diese Praxis kontrolliert zu verändern. Daß Handlungssicherheit und praktische Kompetenz nur durch Praxis selbst zu gewinnen sind, mindert deshalb nicht die Bedeutung einer wissenschaftlichen Vorbildung für diese Praxis.

LITERATUR

ALBERT, H.: Traktat über rationale Praxis. Tübingen 1978.

ALT, R. (Hrsg.): Erziehungsprogramme der französischen Revolution. Mirabeau, Condorcet, Lepeletier. Leipzig 1949.

BAUMERT, J./MITTER, W./ROEDER, P. M./STEINERT, B./WEISHAUPT, H.: Abschlußbericht zum Projekt „Bildungsforschung in der Bundesrepublik Deutschland". Eine Situationsanalyse. Unveröffentlichtes Manuskript. Frankfurt a. M./Berlin 1990.

BAUMERT, J./ROEDER, P. M.: Zur personellen Situation der Erziehungswissenschaft an den Wissenschaftlichen Hochschulen der Bundesrepublik Deutschland. In: Erziehungswissenschaft 1 (1990), S. 7—43.

BENNER, D.: Allgemeine Pädagogik. Eine systematisch-problemgeschichtliche Einführung in die Grundstruktur pädagogischen Denkens und Handelns. Weinheim/München 1987.

BENNER, D.: Läßt sich das Technologieproblem durch eine Technologieersatztechnologie lösen? Eine Auseinandersetzung mit den Thesen von N. Luhmann und K.-E. Schorr. In: Zeitschrift für Pädagogik 25 (1979 a), S. 367—375.

BENNER, D.: Ist etwas, wenn man es durch sich selbst ersetzt, nicht mehr dasselbe? Bemerkungen zur Replik von N. Luhmann und K.-E. Schorr. In: Zeitschrift für Pädagogik 25 (1979 b), S. 803—805.

BLANKERTZ, H.: Die Geschichte der Pädagogik. Von der Aufklärung bis zur Gegenwart. Büchse der Pandora. Wetzlar 1982.

BOURDIEU, P./PASSERON, J.-C.: Die Illusion der Chancengleichheit. Untersuchungen zur Soziologie des Bildungswesens am Beispiel Frankreichs. Stuttgart 1971.

BOURDIEU, P.: Propositions pour l'enseignement de l'avenir. Elaborées à la demande de M. le Président de la République par les Professeurs du Collège de France. Paris 1985; zusammengefaßt und übersetzt von G. PFEFFER: Vorschläge des Collège de France für das Bildungswesen der Zukunft. In: Neue Sammlung 25 (1985), S. 395—402.

BROPHY, J. E. (Hrsg.): Advances in research in teaching. Vol. 1. JAI. Greenwich/CT 1990.

DIEDERICH, J.: Didaktisches Denken. Eine Einführung in Anspruch und Aufgabe, Möglichkeiten und Grenzen der Allgemeinen Didaktik. Weinheim/München 1988.

DIEDERICH, J.: Bemessene Zeit als Bedingung pädagogischen Handelns. In: LUHMANN, N./SCHORR, K. E. (Hrsg.): Zwischen Technologie und Selbstreferenz. Fragen an die Pädagogik. Frankfurt a. M. 1982, S. 51—86.

DREWEK, P.: Bildungsbegriff und Bildungssystem. Zur Reflexion ihres Verhältnisses bei Nietzsche, Willmann, Paulsen, Meumann und Spranger. Köln/Weimar/Wien 1994 (i. V.).

FAUSER, P./MUSZYNSKI, H. (Hrsg.): Lebensbezug als Schulkonzept? Ein deutsch-polnisches Gespräch über praktisches Lernen und Schulreform. Weinheim/München 1988.

FESTERLING, E.: Zum Nachweis von Gesetzmäßigkeiten im hochschulpädagogischen Realprozeß und zu Konsequenzen in der methodischen Gestaltung der Lehre. In: Rostocker Philosophische Manuskripte 27 (1986), S. 6—11.

FLITNER, W.: Das Selbstverständnis der Erziehungswissenschaft in der Gegenwart. Heidelberg 1957.

FRANKIEWICZ, H.: Technik und Bildung in der Schule der DDR. Berlin/DDR 1968.

FRISCHEISEN-KÖHLER, M.: Philosophie und Pädagogik. Kleine Pädagogische Texte. Heft 20. Hrsg. von BLOCHMANN, E./NOHL, H./WENIGER, E. Langensalza/Berlin/Leipzig 1962 (zuerst 1918/19).

GAMM, H.-J.: Die bleibende Bedeutung eines kritischen Marxismus für die erziehungswissenschaftliche Diskussion. In: BENNER, D./LENZEN, D./OTTO, H.-U. (Hrsg.): Erziehungswissenschaft zwischen Modernisierung und Modernitätskrise. Beiträge zum 13. Kongreß der Deutschen Gesellschaft für Erziehungswissenschaft vom 16.—18. März 1992 in der Freien Universität Berlin. (= 29. Beiheft der Zeitschrift für Pädagogik) Weinheim/ Basel 1992, S. 59—73.

GEHRKE, H./HAHN, G.: Studentenbeurteilung. Ein Ratgeber für Hochschulkräfte, FDJ-Leitungen, Studenten und Praxispartner. Berlin/DDR 1987.

GEISSLER, G.: Die Autonomie der Pädagogik. Langensalza 1929.

HELM, L./TENORTH, H.-E./HORN, P./KEINER, E.: Autonomie und Heteronomie — Erziehungswissenschaft im historischen Prozeß. In: Zeitschrift für Pädagogik 36 (1990), S. 29—49.

HERBERT, F.-L.: Zum Gegenstand und zur Methode der Vergleichenden Hochschulpädagogik. In: Berichte und Informationen zur Hochschulentwicklung: Zu Gegenstand und Methoden der Vergleichenden Hochschulpädagogik. Zentralinstitut für Hochschulbildung. Berlin/DDR 1989, S. 6—12.

HEYDORN, H.-J.: Bildungspolitische Schriften. Frankfurt a. M. 1979/80.

HILLIG, G.: Makarenko — Textkonstruktionen am Beispiel Schule und Familien: In: Pädagogische Forschung 31 (1990), S. 201—210.

HOFER, M.: Sozialpsychologie erzieherischen Handelns. Wie das Denken und Verhalten von Lehrern organisiert ist. Göttingen 1986.

HUMBOLDT, W. VON: Schriften zur Politik und zum Bildungswesen. Werke in fünf Bänden. Bd. IV. Hrsg. von FLITNER, A./GIEL, K. Darmstadt 1964.

JEISMANN, K.-E.: Das preußische Gymnasium in Staat und Gesellschaft. Stuttgart 1974.

KEINER, E./SCHRIEWER, J.: Fach oder Disziplin: Kommunikationsverhältnisse der Erziehungswissenschaft in Frankreich und Deutschland. In: Zeitschrift für Pädagogik 36 (1990), S. 99—119.

KEMPER, H.: Wie alternativ sind alternative Schulen? Theorie, Geschichte und Praxis. Weinheim 1991.

KLAFKI, W.: Die Bedeutung der klassischen Bildungstheorien für ein zeitgemäßes Konzept allgemeiner Bildung. In: Zeitschrift für Pädagogik 32 (1986), S. 455—476.

KÖNIG, H.: Zur Geschichte der Nationalerziehung in Deutschland im letzten Drittel des 18. Jahrhunderts. Berlin/DDR 1960.

LAY, W. A.: Experimentelle Didaktik. 4. verb. Aufl. Leipzig 1920.

LESCHINSKY, A./ROEDER, P. M.: Schule im historischen Prozeß. Stuttgart 1976.

LOHMANN, I.: Lehrplan und Allgemeinbildung in Preußen. Frankfurt a. M. 1984.

LOWYCK, J./CLARK, C. (Hrsg.): Teacher thinking and professional action. Leuven 1990.

LUHMANN, N.: Codierung und Programmierung. Bildung und Selektion im Erziehungssystem. In: TENORTH, H.-E. (Hrsg.): Allgemeine Bildung. Analysen zu ihrer Wirklichkeit, Versuche über ihre Zukunft. Weinheim/München 1986, S. 154—182.

LUHMANN, N.: Strukturelle Defizite. Bemerkungen zur systemtheoretischen Analyse des Erziehungswesens. In: OELKERS, J./TENORTH, H.-E. (Hrsg.): Pädagogik, Erziehungswissenschaft und Systemtheorie. Weinheim/Basel 1987, S. 57—75.

LUHMANN, N.: Das Kind als Medium der Erziehung. In: Zeitschrift für Pädagogik 37 (1991), S. 19—40.

LUHMANN, N./SCHORR, K. E.: Das Technologiedefizit der Erziehung und die Pädagogik. In: Zeitschrift für Pädagogik 25 (1979 a), S. 345—365.

LUHMANN, N./SCHORR, K. E.: Hat die Pädagogik das Technologieproblem gelöst? Bemerkungen zum Beitrag von Dietrich Benner in Heft 3/1979. In: Zeitschrift für Pädagogik 25 (1979 b), S. 799—801.

LUHMANN, N./SCHORR, K. E.: Reflexionsprobleme im Erziehungssystem. Stuttgart 1979 c.

LUHMANN, N./SCHORR, K. E. (Hrsg.): Zwischen Technologie und Selbstreferenz. Fragen an die Pädagogik. Frankfurt a. M. 1982.

LUNDGREEN, P.: Sozialgeschichte der deutschen Schule im Überblick. Teil I: 1770—1918. Göttingen 1980.

MAROTZKI, W.: Konstruktion oder „Lebendigkeit des Lebens"? Das Verhältnis H. Nohls zur Psychoanalyse Freuds. In: ZEDLER, P./KÖNIG, E. (Hrsg.): Rekonstruktionen pädagogischer Wissenschaftsgeschichte. Fallstudien, Ansätze, Perspektiven. Weinheim 1989, S. 205—226.

MEUMANN, E.: Entstehung und Ziele der experimentellen Pädagogik. In: Die Deutsche Schule V (1901), S. 65—92, 139—153, 213—223, 272—288.

MÜLLER, D. K.: Sozialstruktur und Schulsystem. Aspekte zum Strukturwandel des Schulwesens im 19. Jhdt., Göttingen 1977.

MÜLLER, D. K.: Der Prozeß der Systembildung im Schulwesen Preußens während der zweiten Hälfte des 19. Jahrhundert. In: Zeitschrift für Pädagogik 27 (1981), S. 245—269.

NAUMANN, W.: Einführung in die Pädagogik. Berlin/DDR 1986.

NEUMANN, D./OELKERS, J.: „Verwissenschaftlichung" als Mythos? Legitimationsprobleme der Lehrerbildung in historischer Sicht. In: Zeitschrift für Pädagogik 30 (1984), S. 229—252.

OELKERS, J.: Die Vermittlung zwischen Theorie und Praxis in der deutschen Pädagogik von Kant bis Nohl: eine ideengeschichtliche Untersuchung. Dissertation, Fachbereich Erziehungswissenschaften, Universität Hamburg 1976.

OELKERS, J.: Erziehen und Unterrichten. Grundbegriffe der Pädagogik in analytischer Sicht. Darmstadt 1985.

OESTERREICH, D.: Lehrerkooperation und Lehrersozialisation. Weinheim 1988.

PETZELT, A.: Grundlegung der Erziehung. Freiburg ²1961.

POSER, H.: Ist Bildung durch Wissenschaft heute noch ein realistisches Ziel? In: EDDING, F. (Hrsg.): Bildung durch Wissenschaft in neben- und nachberuflichen Studien (= Materialien aus der Bildungsforschung 32. Max-Planck-Institut für Bildungsforschung.). Berlin 1988, S. 19—37.

RHEINBERG, F./MINSEL, B.: Psychologie des Erziehers. In: WEIDENMANN, B./KRAPP, A. (Hrsg.): Pädagogische Psychologie. München/Weinheim 1986, S. 277—360.

ROEDER, P. M.: Erziehungswissenschaften — Kommunikation in einer ausdifferenzierten Sozialwissenschaft. In: Zeitschrift für Pädagogik 36 (1990), S. 651—686.

RÖHRS, H./SCHEUERL, H. (Hrsg.): Richtungsstreit in der Erziehungswissenschaft und pädagogische Verständigung. Wilhelm Flitner zur Vollendung seines 100. Lebensjahres am 20. August 1989 gewidmet. Frankfurt a. M./Bern/New York/Paris 1989.

RUMPF, H.: Die übergangene Sinnlichkeit. Drei Kapitel über die Schule. München 1981 a.

RUMPF, H.: Unterricht und Identität. Perspektiven für ein humanes Lernen. München 1981 b.

SCHEUERL, H.: Geschichte der Erziehung. Ein Grundriß. Stuttgart/Berlin/Köln/Mainz 1985.

SCHLEIERMACHER, F.: Pädagogische Schriften 1. Hrsg. von WENIGER, E. Frankfurt a. M./Berlin/Wien 1983 (zuerst 1826).

SHEPARD, L. A./SMITH, M. L. (Hrsg.): Flunking grades: Research and policies on retention. London/New York/Philadelphia 1989.
SPRANGER, E.: Pädagogik. In: Aus fünfzig Jahren deutscher Wissenschaft. Die Entwicklung ihrer Fachgebiete in Einzeldarstellungen. Hrsg. von ABB, G. Berlin 1930, S. 86—103.
STRATMANN, K.: Geschichte der beruflichen Bildung. Ihre Theorie und Legitimation seit Beginn der Industrialisierung. In: BLANKERTZ, H./DERBOLAV, J./KELL, A./KUTSCHA, G. (Hrsg.): Sekundarstufe II. Jugendbildung zwischen Schule und Beruf. (= Enzyklopädie Erziehungswissenschaft. Hrsg. von LENZEN, D. Bd. 9.1) Stuttgart 1982, S. 173—202.
TENORTH, H.-E. (Hrsg.): Allgemeine Bildung. Analysen zu ihrer Wirklichkeit, Versuche über ihre Zukunft. Weinheim/München 1986.
TENORTH, H.-E.: Vermessung der Erziehungswissenschaft. In: Zeitschrift für Pädagogik 36 (1990), S. 15—27.
TREML, A. K.: Einführung in die allgemeine Pädagogik. Stuttgart 1987.
TREML, A. K.: Besprechung des Buchs von Peter Vogel: Kausalität und Freiheit in der Pädagogik. In: Zeitschrift für Pädagogik 37 (1991), S. 694—704.
VIERHAUS, R.: Bildung. In: Geschichtliche Grundbegriffe. Bd. 1. Hrsg. von BRUNNER, O./CONZE, W./KOSELLEK, R. Stuttgart 1972, S. 508—551.
VOGEL, P.: Kausalität und Freiheit in der Pädagogik. Studien im Anschluß an die Freiheitsantinomie bei Kant. (= Paideia — Studien zur Systematischen Pädagogik. Bd. 9.) Frankfurt a. M./Bern 1990.
WENIGER, E.: Die Eigenständigkeit der Erziehung in Theorie und Praxis. Weinheim 1952.

Achim Leschinsky

3. ERZIEHUNG IN DER SCHULE?[1]

1. Einleitung
2. Die Förderung des „Rests“
3. Der Wandel der Familienstrukturen
4. Wertwandel oder Wertverlust
5. Schluß

1. EINLEITUNG

Das Thema „Erziehung in der Schule?“ ist gewissermaßen ein Klassiker; es hat die pädagogische Theorie in Deutschland seit ihren Anfängen bei HERBART und SCHLEIERMACHER (HERBART 1913 [1805]; 1914 [1835/41]; SCHLEIERMACHER 1983 [1826]) und die Diskussion der praktischen Schulpädagogen in Konjunkturen immer wieder beschäftigt (MITTER 1983; PETRAT 1987). Seine fortlaufende Wiederkehr, in die sich auch dieser Beitrag einfügt, ist nicht bloßer Ausdruck einer nicht vollständig gelungenen theoretischen Problemlösung. Interessant ist das Thema im Zusammenhang der fortdauernden Veränderung gesellschaftlicher Realitäten und der jeweiligen Rolle des Bildungssystems geblieben.

In der Bundesrepublik gibt es seit einigen Jahren, zum Teil ganz aktuell, Entwicklungen, die das Thema erneut und mit besonderer Dringlichkeit auf die Tagesordnung rücken. Derartige Entwicklungen sind:
— die Entdeckung der Gruppe der sogenannten Modernisierungsverlierer, die in der Bundesrepublik schulisch vor allem in der Hauptschule plaziert sind,
— der fortschreitende Wandel familiärer Beziehungen und der Bedingungen für das Aufwachsen der Kinder,
— außerdem der Prozeß der Enttraditionalisierung des sozialen Zusammenlebens insgesamt und der Auflösung überlieferter soziokultureller Milieus, also das Phänomen des sogenannten Wertewandels.

Diese drei Entwicklungstrends werden durch die Folgen des deutschen Einigungsprozesses für Schüler und Schulen der neuen Bundesländer ergänzt bzw.

1 Ich danke Renate Hoffmann, Monika Oppong und Kai Uwe Schnabel für die Unterstützung bei der Erstellung dieses Beitrags. Die Daten, die in diesem Beitrag benutzt werden, wurden vom Zentralarchiv für empirische Sozialforschung, Universität zu Köln, zugänglich gemacht. Weder die vorgenannten Personen und Institute noch das Zentralarchiv tragen irgendeine Verantwortung für die Analyse oder Interpretation der Daten in diesem Beitrag.

überlagert: Besonders ausgeprägt gilt dies hinsichtlich der generellen Öffnung eingebürgerter Verhaltens- und Werthorizonte. Im Gebiet der ehemaligen DDR ist zum Teil die Rede von einer „tiefgreifenden Werte- und Vertrauenskrise“, die die Schule nötige, den Kindern und Jugendlichen praktische Lebenshilfe zu geben (vgl. z. B. die von einer Wissenschaftlergruppe an der ehemaligen Akademie Pädagogischer Wissenschaften sowie an der Humboldt-Universität herausgegebenen Arbeitshefte „BILDUNGSWESEN AKTUELL“, 24 und 25/1990 passim; insb. H. 24, S. 72f., 77f.; H. 25, S. 6).[2]

Das Thema ist deswegen als Frage formuliert, weil über den Komplex der sozialen bzw. sozialpädagogischen Aufgaben, die die Schule wahrnimmt und wahrnehmen soll, bis heute nicht ohne weiteres Einigkeit zu erzielen ist. Wieweit gehören entsprechende Leistungen neben Unterrichtung, Bildung und Förderung der Kinder zum Aufgabenkanon der Schule? Wieweit stehen Organisation und Beziehungsgefüge der Schule überhaupt bewußten und vermehrten erzieherischen Anstrengungen offen? Welcher Art sind die Effekte, die die Schule in erzieherischer Hinsicht erzielt, und auf welchem Wege werden sie eigentlich erreicht?[3] In welchem Verhältnis stehen intendierte zu den unbeabsichtigten, meist weniger erwünschten Wirkungen (vgl. dazu schon SPRANGER 1962)?[4] Im Rahmen dieses Beitrages lassen sich die aufgeführten Fragen keines-

---

2 Die beiden Hefte dokumentieren die Bemühungen einer „Volksinitiative Bildung“ sowie einer „Kommission ‚Ethische Bildung‘“ aus dem Jahre 1990, ein besonderes Fach „Lebensgestaltung/Ethik“ bzw. „Lebensgestaltung — Ethik — Religionskunde“ in den Schulen der ehemaligen DDR zu begründen und ins Leben zu rufen. In Brandenburg wird das Fach „Lebensgestaltung — Ethik — Religion“ seit Februar 1992 (als Alternative zu Religions- bzw. Ethikunterricht) in einem zweijährigen Modellversuch erprobt.

3 Vgl. dazu z. B. die von BOWLES und GINTIS entwickelte Korrespondenzthese (1976, dt. 1978; 1980), nach der das organisatorische und interne Beziehungsgefüge des Bildungssystems in unmittelbarer Entsprechung zum ökonomischen System der industriellen Klassengesellschaft steht und funktioniert. Die Schule sorgt auf diese Weise — unabhängig von ihren unterrichtlichen Zielen — für die Integration der Jugend in den Arbeitsprozeß und in das System sozialer Ungleichheit (zur Kritik aus marxistischer Sicht siehe COLE 1983). Eine liberale Variante struktur-funktionaler Betrachtung der Schule findet sich bei PARSONS (1968) und DREEBEN (1968, dt. 1980). Auch diese Autoren heben auf die strukturellen Eigenarten des schulischen Erziehungsprozesses ab, mit denen die — positiv bewerteten — individuellen Vorbedingungen für den Bestand hochkomplexer, demokratisch verfaßter Gesellschaftssysteme geschaffen werden (vgl. auch LESCHINSKY/ROEDER 1981).

4 In diesem Zusammenhang ist speziell auf das Phänomen des „hidden curriculum“ aufmerksam zu machen, dem seit JACKSONS bekannter Untersuchung aus dem Jahre 1968 eine Unzahl von erziehungswissenschaftlichen Arbeiten gewidmet worden ist. Der Terminus zielt auf die (auch Lernhemmungen einschließenden) versteckten Einflüsse, die von der Schule auf den individuellen Lernprozeß ausgeübt werden und die oft nicht nur den expliziten Lernzielen widerstreiten, sondern diesen auch faktisch überlegen sind. Lernunlust, Konformitätsdruck und die Reproduktion der sozialen Ungleichheit, die man kritisch der Schule zuschreibt, werden oft als Effekt gerade des „hidden curriculums“ betrachtet. Als ein Teilstück der oben erwähnten funktionalistischen Schultheorie ist das Konzept des „heimlichen Lehrplans“ — wenigstens in Deutschland — oft zum

wegs alle klären. Ich werde mich im folgenden mehr auf die beiden zuerst genannten Punkte konzentrieren und dementsprechend auf gesellschafts- bzw. schultheoretischer Ebene ansetzen. (Ich hoffe, trotzdem nicht praxisfern oder gar praxisirrelevant zu enden.) Entlang den verschiedenen Sachfeldern, die das Thema der schulischen Erziehung heute wieder aktuell machen, sind einige Probleme und Randbedingungen zu erörtern, die die mögliche Wahrnehmung eines Erziehungsauftrags durch die Schule beeinflussen. Dabei läßt sich Evidenz dafür erbringen, daß die moderne Schule sich einerseits mit der besonderen Gewichtung von Erziehungsaufgaben schwer tut und strukturell schwer tun muß. Andererseits erzielt sie dennoch bestimmte — erwünschte — Effekte auf diesem Gebiet, die nicht trivial sind — sprich: die die Qualität formaler Disziplin und Arbeitstugenden überschreiten.

2. DIE FÖRDERUNG DES „RESTS“

Zunächst zu den *Modernisierungsverlierern*, d. h. den Kindern und Jugendlichen, denen eine qualifizierte Teilhabe am gesellschaftlichen Leben tendenziell verschlossen bleibt. Der Wandel der Arbeits- und Lebensverhältnisse in der Bundesrepublik während der vergangenen Jahre hat Ausgrenzungen geschaffen und damit diese Gruppe zunehmend identifizierbar gemacht. An der Entwicklung haben aber auch die veränderte Bildungsbeteiligung sowie die damit einhergehenden Veränderungen des Bildungssystems Anteil: An die Sonder- und Hauptschulen, wo sich in der ehemaligen Bundesrepublik die Schulversager und schwachen Schüler sammeln, wird nunmehr verstärkt das Verlangen gerichtet, soziale Aufgaben zu übernehmen und konkrete Hilfe zur Lebensbewältigung zu leisten (insbesondere HILLER 1989, 1991). Angesichts der vielen potentiellen „Einigungsverlierer“ in den neuen Bundesländern, die sich seit 1990 — ohne individuell zurechenbare (bildungsmäßige oder auch politische) Vorbelastung — mit ungewissen Berufs- und Lebensperspektiven konfrontiert sehen, mag die Beschäftigung mit dieser Minderheit für ein typisches Symptom westdeutscher Realitätsferne gelten. Ich denke dennoch, daß dies Problem gegenwärtig nur überdeckt und sich langfristig auch auf dem Gebiet der ehemaligen DDR stellen wird. Bestimmte Sonderregelungen, die in der DDR für die Minderheit der Bildungsverlierer bestanden zu haben scheinen[5], fallen zudem in der Folge des Einigungsprozesses weg.

Ausgangspunkt von Forderungen einer mehr oder weniger radikalen Schulreform gemacht worden (vgl. z. B. BOHNSACK 1984; siehe zu dieser Problematik auch OSWALD in diesem Band).

5 Nach vorliegenden, schwer im einzelnen zu überprüfenden Informationen sollen etwa 15 Prozent eines Altersjahrgangs, zu denen neben Behinderten auch die Absolventen von Sonder- bzw. „Hilfsschulen“ sowie die vorzeitigen Abgänger von den Polytechnischen Oberschulen (in der 8. Klassenstufe oder früher) gehörten, beim Berufseintritt begünstigt worden sein. Diese Gruppe erhielt mit Sicherheit erst einmal einen Arbeitsplatz und auch eine (z.T. verkürzte) berufliche Ausbildung. Die vorzeitige Lösung des Ausbil-

Allerdings ist über die genaue Größenordnung der Gruppe der Modernisierungsverlierer sowie über ihre soziale Abgrenzung schwer Klarheit zu gewinnen. Die entsprechenden Aussagen reichen von der $^2/_3$- bis zur $^5/_6$-Gesellschaft (z. B. LIEBAU 1991). Die eingefügte Abbildung kann die bestehenden Unklarheiten nicht beseitigen, aber sie gibt doch Vorstellungen von der Dimension des sozialen Problems und nicht zuletzt auch von den Schwierigkeiten, hier zu klareren quantitativen Aussagen zu kommen (vgl. TESSARING 1988, 1990).

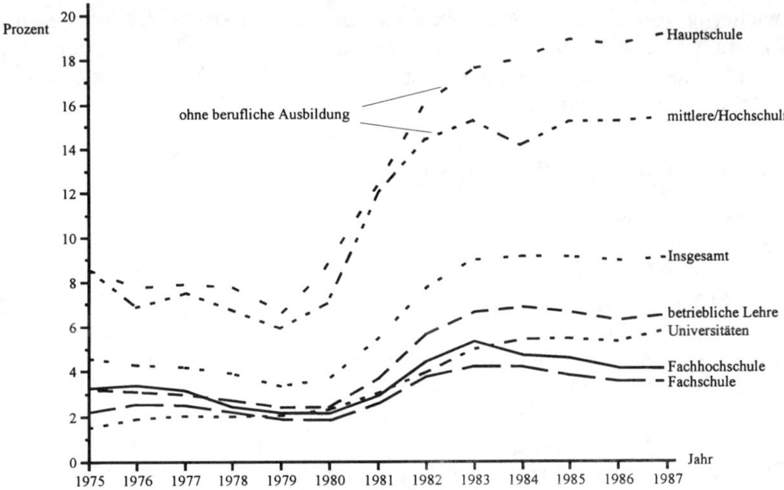

Abbildung 1: Qualifikationsspezifische Arbeitslosenquoten
(Quelle: IAB 1991)

Die Abbildung setzt beim Arbeitsmarkt an, dessen Entwicklung bekanntlich verschiedenen Einflußfaktoren unterliegt. Wichtig sind dabei die quantitativen und qualitativen Veränderungen des Arbeitsplatzangebots, die in der Abbildung nicht eigens berücksichtigt sind. Aber die Abbildung zeigt relativ eindeutig den negativen Zusammenhang zwischen formaler Qualifikationshöhe und der Belastung durch Arbeitslosigkeit. Entgegen den Warnungen vor einer Überfüllung der Hochschulen und der akademischen Berufe konnten sich beispielsweise die Absolventen von Universitäten und Fachhochschulen auf dem Arbeitsmarkt relativ gut behaupten. Die Gruppe der erfolglosen Hauptschüler, um die es hier

---

dungsvertrages war prinzipiell allen Jugendlichen verwehrt, aber sie war auch betrieblicherseits an strenge Kautelen gebunden, was gerade den genannten Jugendlichen zugute kam (ALTHOFF 1991). Wie dieser letzte Sachverhalt zeigt, waren sozialpolitische Sicherungs- und Förderungsmaßnahmen in der DDR allerdings durch eine Einschränkung von Freiheitsrechten erkauft, so daß schließlich die Fürsorge für das jeweilige individuelle Wohl auch mit politisch und ökonomisch motivierten Kalkülen verschmolz.

vorwiegend geht, kommt in der Abbildung nur indirekt in den Blick: als Teilgruppe der „Ungelernten", ohne daß zwischen Abgängern mit und ohne Abschluß, zwischen Sonder- und Hauptschülern differenziert wird. Diese Population wies während des vergangenen Jahrzehnts eindeutig die höchste Arbeitslosenquote auf.

Offensichtlich kumulieren die Nachteile einer erfolglosen bzw. erfolgsarmen Schulkarriere mit einer unabgeschlossenen Berufsausbildung. Wer nur über einen Hauptschulabschluß oder nicht einmal über dieses Zertifikat verfügt, hat erfahrungsgemäß begrenzte, im letzteren Fall recht geringe Chancen zum Erwerb des Facharbeiterbriefs, der als Eintrittsbillet in eine halbwegs sichere Berufskarriere gelten kann. Die Arbeitslosen in der früheren Bundesrepublik besaßen 1989 fast zur Hälfte keine abgeschlossene Berufsausbildung, mehr als ein Viertel hatten auch keinen Hauptschulabschluß erreicht (errechnet nach ARBEITSSTATISTIK 1989, S. 86). In konjunkturellen Abschwungphasen (wie zu Beginn der achtziger Jahre) schnellen mit der absoluten Zahl der Arbeitslosen auch diese beiden Quoten in die Höhe, ohne in den Folgejahren eines wirtschaftlichen Aufschwungs wieder im gleichen Tempo auf das frühere Niveau zurückzugehen. Dies gilt insbesondere für die Arbeitslosen ohne Hauptschulabschluß. Dabei kontrastiert die Entwicklung auf dem Arbeitsmarkt scharf mit der Tatsache, daß sich die Zahl der Erwerbspersonen ohne Hauptschulabschluß und ohne abgeschlossene berufliche Ausbildung in den vergangenen Jahren deutlich verringert hat. Wenn man nur die Erwerbspersonen (das sind Erwerbstätige und Arbeitslose zusammen) im Alter von dreißig Jahren und älter berücksichtigt, d. h. in einem Alter, in dem die Ausbildung gewöhnlich beendet ist, ist der Anteil der „Ungelernten" an allen Erwerbspersonen in der ehemaligen Bundesrepublik zwischen 1976 und 1989 von 34 Prozent auf 19 Prozent gesunken. Der relative Anteil der Abgänger ohne schulischen Abschluß ist im gleichen Zeitraum von 14 Prozent auf 8 Prozent zurückgegangen. Mit der Fortdauer struktureller Arbeitslosigkeit engt sich die Zahl der Betroffenen zunehmend auf die Gruppe der Bildungsverlierer ein, für deren Scheitern nicht zuletzt in der Schule frühzeitig Grund gelegt wird. Eine neuere Auswertung von repräsentativen Sozialdaten kommt beispielsweise zu dem Ergebnis, daß in der früheren Bundesrepublik 1989 etwa jeder siebente junge Mensch (im Alter zwischen 18 und 29 Jahren) keine abgeschlossene berufliche Ausbildung besaß. Von diesen ausbildungslos gebliebenen Jugendlichen wiederum verfügten drei Viertel höchstens über einen Hauptschulabschluß (KLEMM 1991). Abgesehen von den Folgelasten für den einzelnen hat diese Entwicklung auch eine sozialpolitische Dimension: Langfristig erhält die Problemgruppe der marginalisierten und potentiell desintegrierten Minderheit mit den nachwachsenden Altersjahrgängen dauernd neuen Zulauf — ohne daß Aussicht besteht, ihre Zahl nach oben hin, d. h. mit vorrückendem Alter, wesentlich abbauen zu können (vgl. auch BÖTTCHER/KLEMM 1989).

Bei Berufsbeginn eingebrachte Nachteile können im Verlauf der beruflichen Karriere immer weniger wettgemacht werden. Die stärkere Verlegung der Auslesephase in die Ausbildung, die im Verlauf der Bildungsexpansion während der vergangenen Jahrzehnte in der ehemaligen Bundesrepublik zu beobachten war (LESCHINSKY/MAYER 1990), wird in ihren Effekten durch eine zunehmende Verregelung des Berufsverlaufs verstärkt. Diese sorgt für eine wachsende Statuskontinuität, bei der Verlierer und Gewinner auf Dauer festgeschrieben bleiben. Das Bildungssystem ist, wie sich gerade an der Gruppe der Modernisierungsverlierer demonstrieren läßt, inzwischen aus einer „dienenden“ Rolle herausgetreten und zu einer strukturgebenden Macht geworden, die selbst Ungleichheiten produziert. Bei den Erwerbstätigen ohne abgeschlossene Berufsausbildung ist darum nicht nur die höchste Arbeitslosenquote, sondern seit Jahren eine besonders starke Tendenz zu deren weiterem Anstieg zu beobachten. Für die ehemaligen Hauptschüler unter ihnen gilt dies in zusätzlichem Maße. (Auf eine weitere Differenzierung danach, ob überhaupt ein schulischer Abschluß erreicht wurde, ist in den alten Bundesländern bislang aus erhebungstechnischen Gründen verzichtet worden: Entsprechende Selbstangaben, auf denen die Statistik beruht, gelten als wenig zuverlässig.) Wenn man die Gruppe der „Ungelernten“ insgesamt noch einmal nach Altersgruppen unterscheidet, zeigt sich, daß 1986 mehr als 20 Prozent der betreffenden jugendlichen Erwerbspersonen (zwischen 20 und 30 Jahren) in der ehemaligen Bundesrepublik arbeitslos gemeldet waren.[6]

Die Forderungen, die vor dem Hintergrund dieser Entwicklung zur Reform der unteren Schulformen artikuliert werden, sind konsequent und einschneidend. Die Zielvorstellung, die betroffenen Kinder schulisch für einen Wettlauf zu rüsten, den sie doch fortwährend verlieren müssen, soll einem anderen Programm Platz machen. Dieses läßt sich als Versuch umschreiben, die Benachteiligten frühzeitig sozial und praktisch in eine Lebenswelt einzubinden, die bei allen erwartbaren künftigen Widernissen dauerhaft die gesellschaftliche Integration dieser Minderheit sicherstellt. Sofern Jugendliche ohne schulischen Abschluß in der früheren Bundesrepublik überhaupt in eine Berufsausbildung gelangen konnten, sind sie nach Ausweis einer neuen repräsentativen Erhebung in der Tat auch die ersten, die sich aus dem Prozeß einer dauerhaften Existenzsicherung wieder hinauskatapultieren (KLOAS 1991; DATEN UND FAKTEN 1991). Bei den Gründen, die einen vorzeitigen, teilweise endgültigen Abbruch der Lehre herbeiführen, stehen mehr noch als intellektuelle Überforderung soziale Anpassungsschwierigkeiten und die Unfähigkeit zu einer realitätsgerechten Lebensführung im Vordergrund. Die Aufgaben der Schule, die speziell für die unteren Bildungsgänge aus diesen Beobachtungen abzuleiten sind, überschreiten mithin die einer Berufsorientierung oder -vorbereitung. Vielmehr soll die Schule für die betreffenden Kinder und Jugendlichen die allgemeinen Ressourcen zu einer selbständigen Alltagsbewältigung bereitstellen und sich zu diesem Zweck auch für eine Kooperation mit Helfern aus dem gesellschaftlichen Umfeld öffnen. Das bedeutet dann zugleich, daß in der Schule die Befähigung zur Lebensbewältigung nicht im Vorgriff, sondern näherungsweise schon im prakti-

6 Die qualifikationsspezifische Arbeitslosenquote ist in allen hier aufgezählten Fällen ohne Auszubildende berechnet. — Der Kurvenverlauf in Abb. 1, die hier mit dem Jahr 1987 abbricht, läßt noch offen, wie deutlich und in welchem Tempo sich die hier beschriebene Tendenz zur fortschreitenden Marginalisierung der Jugendlichen ohne schulischen und beruflichen Abschluß fortsetzt.

schen Vollzug eingeübt wird: Die Kinder und Jugendlichen sollen einen frühen Zugang zum Beschäftigungsleben (ohne Erwerbscharakter) erhalten und in die sozialen Beziehungen eingeführt werden, die ihnen für das weitere Leben als ein unentbehrliches Netzwerk zur Verfügung stehen (HILLER 1989, 1991).

Dieses Konzept knüpft nur scheinbar an frühere Bestrebungen an, die die Hauptschule angesichts der zurückgehenden Schülerzahlen zu einer alternativen „Gegenschule" machen wollten (z. B. FRISTER 1973). Es begnügt sich nicht mit der Hoffnung, den Schülern der umschriebenen unteren Statusgruppe mit romantisierenden Surrogaten von Praxis- und Gesellungsformen auf Dauer zu helfen. Diese wollen meist lebensnah sein, können aber heute doch nur noch in der Schule Platz haben. Demgegenüber läßt das skizzierte Programm einer modernen „Erziehung zur Armut" (wie PESTALOZZI sein sozialpädagogisches Programm seinerzeit bezeichnet hat) den Rahmen einer herkömmlichen Schule deutlich hinter sich. Und genau hier muß auch die Grenze gegenüber jedem Versuch gezogen werden, aus einem spezifischen ein generelles bildungspolitisches Lösungskonzept zu machen. Das Hilfsprogramm taugt nicht für eine Umgestaltung der Hauptschule insgesamt. Auch wenn diese Institution den Bedürfnissen einer strukturell nicht zu vernachlässigenden Minderheit nicht gerecht wird, eröffnet sie gegenwärtig anderen Teilen ihrer Schülerschaft wichtige Qualifikationschancen. Obwohl die Hauptschule im Verlauf der Bildungsexpansion fortlaufend Schüler an die weiterführenden Realschulen, Gymnasien, auch an die Gesamtschulen verloren hat, bleibt ihr nicht einfach nur ein negativ ausgelesener Rest (ARBEITSGRUPPE BILDUNGSBERICHT 1990, S. 228ff.). Die Hauptschule hat es nach wie vor mit ganz unterschiedlichen Schülergruppen zu tun und sieht sich dementsprechend einer großen Spannweite von Erwartungen gegenüber.

Die Abbildung 2 verdeutlicht die Extreme: nämlich das Erfordernis, einerseits einer qualifizierten Minderheit der Schüler den direkten Weg zu höherwertigen Abschlußqualifikationen zu eröffnen und andererseits die schwachen Schüler pädagogisch zu fördern.

Die Hauptschule kann in den alten Bundesländern während der vergangenen Jahre in beiderlei Hinsicht Erfolge aufweisen. Der Prozentsatz der Schüler, die die Hauptschule mit einem Realschulabschluß verlassen, hat sich gegenüber der Mitte der siebziger Jahre verdreifacht; 1989 waren in der früheren Bundesrepublik 14 Prozent der entlassenen Hauptschüler im Besitz des Realschulabschlusses oder eines Äquivalents. Im gleichen Zeitraum ist es aber auch gelungen, den Anteil der Schulversager, die nach Ende der Pflichtschulzeit ohne Abschluß abgehen, merklich, von etwa 16 auf 11 Prozent, zu senken. Bei dem rückläufigen relativen Besuch der Hauptschule entsprach diese Versagerquote 1989 einem Anteil von 4 Prozent am entsprechenden Schuljahrgang (9. Klassenstufe). Viel spricht dafür, daß gerade die spezifischen Bedingungen an der Hauptschule zu diesem doppelten Erfolg beigetragen haben.

Es ist hier nicht darum zu tun, den Konflikt unterschiedlicher Anforderungen aufzulösen, die gerade die Hauptschule durchziehen und möglicherweise zerrei-

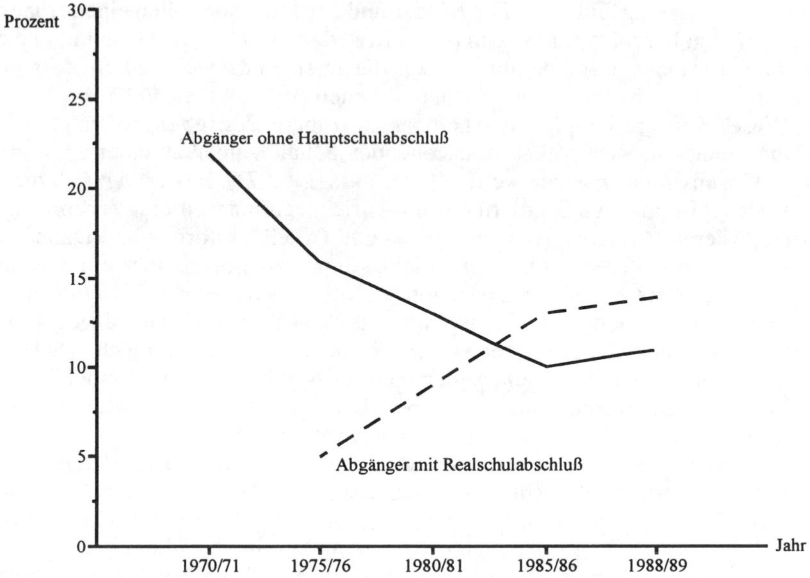

Abbildung 2: Abgänger aus der Hauptschule nach ausgewählten Abschlüssen 1970/71 bis 1988/89
(Quelle: Arbeitsgruppe Bildungsbericht 1990)

ßen. Es kommt mir hier darauf an, die Notwendigkeit einer Balance zu verdeutlichen. Die Auflösung schulischer Anforderungsstrukturen in sozialpädagogische und -therapeutische Betreuungsformen steht zu den schulischen Qualifikationsaufgaben in Spannung. Dies wird selbst am Extremfall der Hauptschule deutlich, ist im übrigen — dies zur Entwicklung in einzelnen neuen Bundesländern — auch nicht an die Existenz dieser Schulform gebunden.

3. DER WANDEL DER FAMILIENSTRUKTUREN

Der zunehmende *Bedarf an Ganztagsbetreuung* von Kindern im Schulalter soll Gelegenheit geben, ein anderes Balanceproblem aufzuzeigen. Es betrifft die Art und Weise, wie sich die Schule der ihr zuwachsenden sozialen Aufgaben annimmt. Welche Stellung kann die Schule im Netz erzieherischer Aktivitäten und Einrichtungen beanspruchen? Das öffentliche Schul- und Erziehungssystem der ehemaligen DDR, wo fast alle Kinder und Jugendlichen (durch Krippen und Horte) ganztägig betreut waren (LIEGLE 1990; WATERKAMP 1987, 1990), stürzt hier gewissermaßen vom Sockel der — allerdings keineswegs vorbehaltlosen — Vorbildlichkeit in eine ausgeprägte Krise.

Über die Rahmenentwicklung, die Initiativen für vermehrte Ganztagsbetreuung, darunter auch den Ausbau von Ganztagsschulen, in der ehemaligen Bundesrepublik herausfordert, sind nicht viele Worte nötig. Die Entwicklung ist im Prinzip bekannt (vgl. GRUNDMANN/HUININK 1991; KAUFMANN 1990; KLEMM 1990); die Tabellen 1 und 2 zeigen nur zwei Indikatoren des sozialen Wandels, der die Schule zu Reaktionen zwingt. Den plausibelsten und unstrittigsten Beleg für den wachsenden Druck zusätzlicher sozialer Erwartungen an die Schule liefert die steigende Zahl von erwerbstätigen Frauen, die Kinder im schulpflichtigen oder jüngeren Alter haben.

Tabelle 1: Erwerbsbeteiligung verheirateter Frauen im Alter von 15 bis 65 Jahren mit Kindern

Erwerbsquoten verheirateter Frauen	Jahr	ehemalige BRD	ehemalige DDR
insgesamt	1965 1972 1988	36,5 40,7 44,1	
mit einem Kind unter 18 Jahren	1972 1988	43,0 47,3	 94,2
mit zwei Kindern unter 18 Jahren	1972 1988	35,3 39,8	 91,4
mit drei und mehr Kindern unter 18 Jahren	1972 1988	32,5 34,7	 83,2

(Quellen: Statistische Jahrbücher der Bundesrepublik Deutschland; Grundmann/Huinink 1991)

In der zunehmenden Berufstätigkeit verheirateter Frauen und Mütter in der (ehemaligen) Bundesrepublik zeigt sich eine der wichtigsten Veränderungen der Nachkriegsentwicklung. Dabei ist dieser Wandel insgesamt nicht einer wachsenden äußeren Not zuzuschreiben. Vielmehr gehört für immer mehr Frauen die Berufstätigkeit inzwischen zu einem selbstverständlichen Teil ihrer eigenständigen Lebensansprüche und Existenzplanung. Nicht nur deswegen, aber auch in der Folge dieses Mentalitätswandels haben sich auch die Bedingungen für das Aufwachsen und die Betreuung von Kindern in einer Weise verändert, die Gesellschaft und Staat vor große und neue Anforderungen stellt. Im Vergleich zu anderen Industrienationen — nicht zuletzt zur ehemaligen DDR — ist die Quote erwerbstätiger Mütter in den alten Bundesländern noch immer niedrig: Sie entsprach hier im Jahre 1988 nur knapp der Hälfte der Erwerbsbeteiligung von verheirateten Frauen mit Kindern in der DDR! Und es gibt deutliche Anhaltspunkte dafür, daß die unbefriedigende Versorgung der Kinder in der ehemaligen Bundesrepublik zu diesem Ergebnis beigetragen hat und weiterhin beiträgt (TIETZE/ROSSBACH 1991).

In unserer Gesellschaft haben nach wie vor in erster Linie die Frauen die entsprechenden Opfer zu erbringen. Dies gilt auch hinsichtlich des zweiten Indikators: Die Zunahme von Ein-Eltern-Familien betrifft vor allem Mütter, die Entlastung bei der Betreuung der Kinder benötigen. Der Anstieg dieser Zahlen, den die Tabelle 2 für die alten Bundesländer seit 1970 ausweist, reflektiert die sinkende Stabilität der Ehe.

Tabelle 2: Ein-Eltern-Familien und alleinerziehende Mütter und Väter mit Kindern unter 18 Jahren*

	Jahr	Männer	Frauen	Insgesamt
Anzahl von Alleinerziehern (ehemalige BRD; prozentualer Anteil an allen Haushalten in Klammern)	1970	75.000	581.000	656.000 (7,7)
	1985	138.000	803.000	941.000 (12,8)
davon mit einem Kind (prozentualer Anteil an Alleinerziehern in Klammern)	1970	43.000 (57,3)	382.000 (65,7)	425.000 (64,7)
	1985	108.000 (78,3)	580.000 (72,2)	688.000 (73,0)
Zahl der Kinder unter 18 Jahren in Ein-Eltern-Familien (Anteil an allen Kindern unter 18 Jahren in Klammern)	1970	131.000 (0,8)	893.000 (5,6)	1.024.000 (6,4)
	1985	176.000 (1,5)	1.097.000 (9,3)	1.259.000 (10,8)
Anzahl der Alleinerziehenden (ehemalige DDR; prozentualer Anteil an allen Haushalten in Klammern)	1981			360.000 (15,0)

* Im Falle der ehemaligen DDR mit Kindern unter 17 Jahren.
(Quelle: Grundmann/Huinink 1991)

Dennoch stagniert inzwischen offenbar die lange Zeit stark zunehmende Scheidungsrate wieder, die — wie übrigens auch die Quote nichtehelicher Geburten — in der DDR diejenige der ehemaligen Bundesrepublik deutlich übertroffen hat. (Letzteres schlägt sich dann wiederum in dem höheren Prozentsatz alleinerziehender Eltern in der DDR nieder.)[7] Und nicht alle Männer und Frauen, die als alleinerziehend ausgewiesen waren, lebten in den alten Bundesländern mit ihren Kindern wirklich allein.[8] Circa ein Fünftel von ihnen, mehr

7 Die vergleichsweise günstigere rechtliche und soziale Absicherung dieses Personenkreises gegenüber der Bundesrepublik fungierte wohl nicht nur als Antwort auf einen höheren quantitativen Bedarf, sondern hat ihrerseits auch aktiv sonst verschüttete Möglichkeitsräume erschlossen, also Bedarf geweckt.

8 Zu dem Personenkreis der alleinerziehenden Eltern zählen auch auffällig viele Frauen und Männer, die keine Berufsausbildung abgeschlossen haben. Insbesondere bei den ledigen Müttern ist die Geburt des Kindes oft Anlaß für den vorzeitigen Abbruch der Berufsausbildung bzw. den Verzicht auf eine Lehre gewesen (NEUBAUER 1988). Hier besteht offenbar ein fließender Übergang zur Gruppe der Modernisierungsverlierer.

Männer als Frauen, lebte 1985 in einer nichtehelichen Lebensgemeinschaft (NEUBAUER 1988) — Ausdruck einer allmählichen Pluralisierung von Partnerschafts-und Lebensformen, in denen die Aufgaben der klassischen bürgerlichen Kernfamilie aufgenommen und in anderer Weise gelöst werden müssen. Aber auch die Institution der ehelichen Familie selbst befindet sich nach Ausweis dieser Zahlen noch keineswegs in einem Prozeß völliger Auflösung; sie war Mitte der achtziger Jahre in beiden Teilstaaten Deutschlands nach wie vor die Regel bei der Erziehung von Kindern. Anzeichen für das bevorstehende Ende der Familie, das vielfach in der Öffentlichkeit beschworen wird, lassen sich aus der Zunahme alleinerziehender Haushalte nicht herauslesen (vgl. GRUNDMANN/HUININK 1991).

Dennoch gibt es keinen Zweifel, daß in der ehemaligen Bundesrepublik ein gewaltiger Nachhol- und Ausbaubedarf an Ganztagsschulen besteht. Eine neuere Studie hat diesen auf ca. 4400 Schulen (von insgesamt etwa 32 000 allgemeinbildenden Schulen) beziffert (BARGEL/KUTHE 1990; BARGEL 1991). Erreicht wäre dann ein Versorgungsgrad von 20 Prozent der Schüler, den die Autoren jedoch — angesichts der oben aufgeführten Zahlen plausiblerweise — nicht einmal für ausreichend halten. Gegenwärtig sind in der ehemaligen Bundesrepublik — ohne Berücksichtigung der ca. 3000 (meist kleineren) Horte — gut 5 Prozent der Schulkinder mit einem Angebot ganztägiger Betreuung versorgt. Aber wie ist ein solcher Umbau, abgesehen von den erforderlichen finanziellen und personellen Ressourcen, praktisch umzusetzen? In der ehemaligen DDR sind die vielen Hortplätze gefährdet, die es bislang für die Betreuung der Kinder gab. Was tritt an ihre Stelle?

Die Idee einer Ganztagsschule ist in der Bundesrepublik nicht ganz neu: Die Ziele, die zu Ende der sechziger Jahre der Deutsche Bildungsrat formuliert hat (DEUTSCHER BILDUNGSRAT 1968; vgl. auch LUDWIG 1987), waren hochgesteckt. Die praktischen Erfahrungen mit den neu gegründeten öffentlichen Ganztagsschulen zeigten dagegen die Schwierigkeiten (IPFLING 1981, 1989). Diese bestanden nicht nur in Problemen mit der Lehrerrolle. Die Gruppe der Lehrer kann wohl das Verdienst für sich in Anspruch nehmen, auf die weitgespannten sozialen Belange der Schule in der modernen Industriegesellschaft frühzeitig aufmerksam gemacht zu haben. In Deutschland waren die Lehrer schon historisch aber eher Vertreter der Halbtagsschule (vgl. z. B. MÜLLER 1902; PÄD. JAHRESBERICHT 1913, T. VIII, S. 15; IPFLING/LORENZ 1979). Auf dieser „arbeitsrechtlichen" Linie liegt die häufig anzutreffende Verteilung der unterschiedlichen Aufgaben, die der Ganztagsschule gestellt waren und werden, auf verschiedene Funktionsgruppen: nämlich einerseits Lehrer, andererseits Sozialpädagogen. Diese oft unglückliche Arbeitsteilung erscheint — im Unterschied insbesondere zu den angelsächsischen Verhältnissen — vor allem in der deutschen Schule ausgeprägt (vgl. zuletzt die kursorische Übersicht in der DRUCKSACHE des rheinland-pfälzischen Landtags Nr. 11/4924 vom Dezember 1989 über „Schulen mit außerunterrichtlicher Förderung und Betreuung", S. 12ff.). Dennoch ist sie wiederum auch als Ausdruck eines grundsätzlichen Problems zu interpretieren: Die

Spannung zwischen sozialem Lebensanspruch und unterrichtlicher Förderung der Schüler, wie sie in die Ganztagsschule gewissermaßen hineingepflanzt ist, soll auf diese Weise ausgesteuert und nach Möglichkeit aufgehoben werden.

Man kann aus der bisherigen Praxis der Ganztagsschulen zwei extreme Modelle einander gegenüberstellen, die beide aus jeweils entgegengesetzten Gründen nicht befriedigen. Das erste Modell einer „Verschulung" hat die Neugründungen von Ganztagsschulen während der späten sechziger und frühen siebziger Jahren in der ehemaligen Bundesrepublik bestimmt. Sie wurden in der Regel mit den damals ebenfalls neu eingeführten Gesamtschulen kombiniert — meist zum Schaden beider Reformprogramme. Die Westberliner Mittelstufenzentren liefern dafür anschauliche Beispiele (KLEDZIK 1974; BAUMERT/RASCHERT 1978). Diese frühen Einrichtungen waren durch eine deutliche Reduktion des sozialpädagogisch und erzieherisch ausgerichteten Programmansatzes gekennzeichnet. Die Ganztagsorganisation wurde vor allem als Spielraum für die Verteilung des Unterrichts über den Schultag genutzt, in den sogenannte außerunterrichtliche Aktivitäten eingestreut waren. Faktisch standen diese, wie auch das sozialpädagogische Personal, dem die Betreuung dieses Bereichs aufgetragen war, nicht nur hinter den unterrichtlichen Funktionen zurück, sondern eigentlich auch in deren Dienst. Eklatantester Ausdruck dieser „Instrumentalisierung" war der gelegentlich zu beobachtende Versuch, die Sozialpädagogen als eine Art Feuerwehr für disziplinarische Notfälle zu mobilisieren. Ohne Zweifel unterschieden sich die einzelnen Schulen hinsichtlich Rollenzuweisung und -verständnis der beteiligten Gruppen beträchtlich voneinander. Aber das Problem einer Verkürzung jugendlicher Sozialinteressen sowie die Linie potentieller Konflikte zwischen Lehr- und Erzieherpersonal waren aufgrund der strukturellen Vorgaben eigentlich festgeschrieben.

Die starke Betonung der fachlichen Aufgaben der Schule war jedoch nicht nur der damaligen bildungspolitischen Kontroverse um die Gesamtschule geschuldet. Zum Teil entspricht sie auch den Erwartungen der (westdeutschen) Eltern an die Schule, wie die Abbildung 3 und spezielle Befragungen zur Ganztagsschule (zuletzt BARGEL/KUTHE 1990) zeigen. In den letzten Jahrzehnten hat sich im allgemeinen Bewußtsein zwischen Schule und Familie eine Differenzierung durchgesetzt, bei der erzieherische Funktionen der Familie vorbehalten werden.

Die Frage nach den wichtigsten Zielwerten von Schule und Familie[9] verdeutlicht, daß die bundesdeutsche Bevölkerung Legitimation und Stärke der Schule in erster Linie nach ihrem Beitrag zur kognitiven Entwicklung bemessen hat. Wissens- und Kenntnisvermittlung, aber auch die Förderung von Urteilsfähigkeit und Selbständigkeit „gehören" als Ziel-

9 Die Frage, die 1989 im Rahmen der Allbus-Umfrage (wie zuvor 1979 im sogenannten Zumabus) im Zusammenhang einer Batterie von anderen Fragen zur Werteorientierung gestellt wurde (vgl. auch KOCH 1990), lautete: „Was sollten Ihrer Meinung nach die Kinder auf der Schule ganz allgemein in erster Linie mitbekommen? Und was sollten Ihrer Meinung nach die Kinder in der Familie mitbekommen? Bitte gehen Sie die Liste noch einmal durch, und wählen Sie wiederum die drei Punkte aus, die Ihnen am wichtigsten erscheinen."

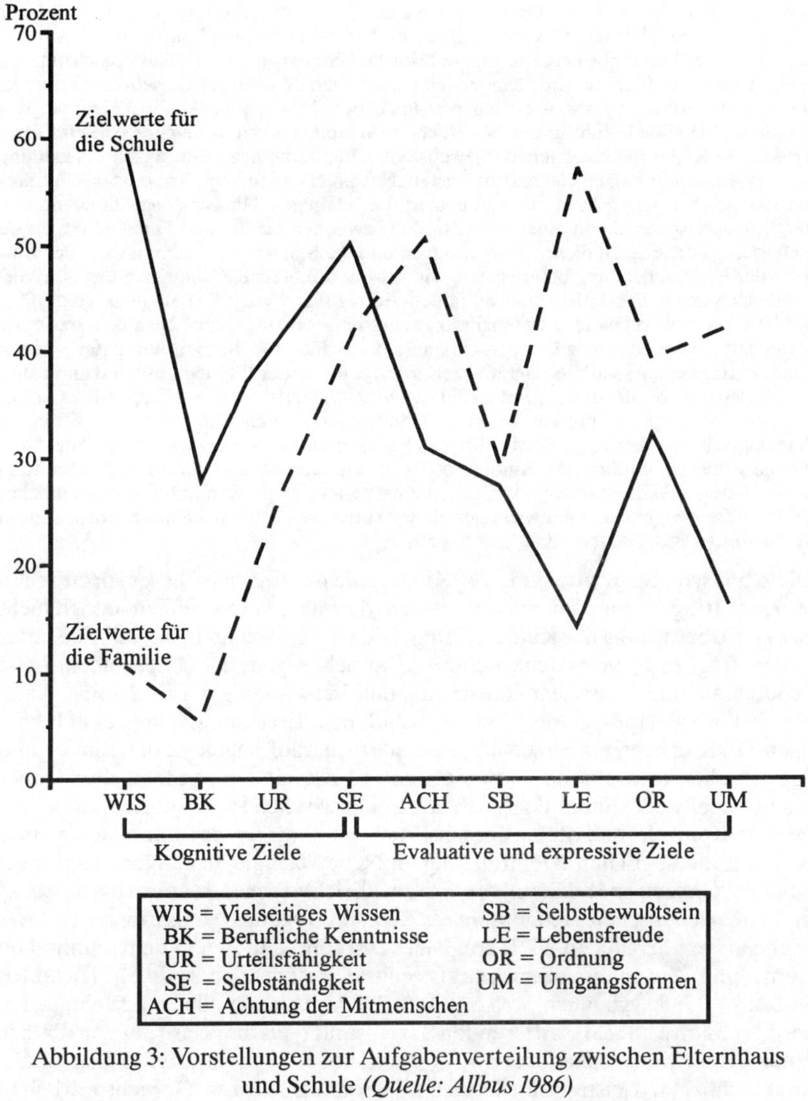

Abbildung 3: Vorstellungen zur Aufgabenverteilung zwischen Elternhaus und Schule *(Quelle: Allbus 1986)*

werte gewissermaßen der Schule, wie umgekehrt die Vermittlung sozialer Tugenden und die Ausbildung individueller Leitwerte der Familie zugewiesen werden. Das Muster dieser Rollenteilung hat in der früheren Bundesrepublik sowohl zeitlich als auch sozial eine bemerkenswerte Stabilität besessen. Gegenüber den siebziger Jahren hat jedoch das Ziel der Selbständigkeit, deren Förderung allgemein zum Aufgabenkreis der Schule gerechnet wird, noch erheblich an Bedeutung gewonnen. Die Differenz der Eltern (mit Kindern unter 18 Jahren) gegenüber der Gesamtbevölkerung kommt vorwiegend darin zum Ausdruck, daß sie der Selbständigkeit eine geringere Priorität beimessen — sei es, daß sie sich mit entsprechenden Ansprüchen ihrer Kinder selbst schmerzhaft konfrontiert sehen, sei es, weil sie die Schulerfahrungen unmittelbar präsent haben. Das friedliche Nebeneinander von Schule und Familie beruht in der öffentlichen Vorstellungswelt auf einer wechselseitigen Ergänzung beider Institutionen, die jeweils einen eigenständigen Beitrag zur Ausbildung und Erziehung der jungen Generation leisten. Entsprechend unkompliziert ist das Verhältnis, das westdeutsche Eltern im allgemeinen speziell gegenüber Ganztagsschulen an den Tag legen: Ausgehend von einer Arbeitsteilung zwischen Schule und Familie können sie gleichzeitig den Ausbau dieser Einrichtungen und die Stärkung der Familien bei der Aufgabe der Kindererziehung befürworten, wie sowohl öffentliche Stellungnahmen von Verbänden als auch Ergebnisse von aktuellen Befragungen zeigen (BARGEL/KUTHE 1990, S. 54ff.). Dabei werden die Differenzierung schulischer von familiären Belangen sowie der Vorbehalt gegenüber einer Inanspruchnahme der Schule für die Betreuung der eigenen Kinder offenbar um so ausgeprägter akzentuiert, je höher der Bildungsabschluß und damit verbunden der Sozialstatus der Befragten ist (BARGEL/KUTHE 1990, S. 30f., 51, 61). Aber bis auf „Problemgruppen" mit zusätzlichen Bedürfnissen richten Eltern ihre Erwartung an Ganztagsschulen überhaupt — wie übrigens auch die Lehrer — vorwiegend auf Angebote, die die schulische Bildung der Kinder noch weiter unterstützen und fördern. Nachmittägliche Übungs-/Förderstunden, Arbeitsgemeinschaften, auch Wahlunterricht/Wahlfächer sind den Befragten insgesamt wichtiger als selbst die Bereitstellung eines Mittagessens in der Schule (BARGEL/KUTHE 1990, S. 47ff., 59).

Die schulische Beanspruchung der Kinder, die die Eltern in dieser spezifischen Weise mittragen, zum Teil auch forcieren, darf nach ihrem Willen jedoch nicht zu einer Überlastung der Kinder führen, und dies erst recht nicht, wenn sie unter einem fragwürdigen erzieherischen Anspruch segelt. Diese problematische Tendenz zu einer „Instrumentalisierung und Verschulung der Erziehung" kann man in noch viel radikalerer Weise im Schul- bzw. Erziehungssystem der ehemaligen DDR erkennen. Es schien ja geradezu darauf angelegt, die Kinder und Jugendlichen fortwährend und umfassend zu Aktivitäten zu mobilisieren, aber ihnen dabei weder inhaltlich noch sozial ein wirkliches Eigenleben zu lassen. Diesem Kontroll- und Steuerungsanspruch lag natürlich das Interesse an einer politisch-ideologischen Beeinflussung und Überwachung der Jugend zugrunde. Aber es kennzeichnet die auf den ersten Blick bestechende Vielfalt an neben- und außerschulischen Aktivitäten, die Schulen, Jugendorganisationen und Betriebe in der ehemaligen DDR trugen, ebensosehr, daß sie mit dem schulischen Lern- und Leistungsanspruch aufs engste rückgekoppelt blieb (DÖBERT/NEUBERT 1986; vgl. auch WATERKAMP 1990). Der staatliche Erziehungsanspruch basierte im real existierenden Sozialismus typischerweise auf dem Pathos einer — spezifisch verstandenen — Wissenschaftlichkeit und mußte damit schulisch-fachlichen Leistungsforderungen besonders starkes Gewicht verleihen (vgl. auch UHLIG/WIEGMANN in diesem Band). Wie Ergebnisse einer entwicklungspsychologischen Untersuchung über Berliner Schulkinder wahrscheinlich macht, hat der sozial ausgeübte Druck weitreichende Konsequenzen für die individuelle Persönlichkeitsentwicklung erzeugt (OETTINGEN/LINDENBERGER/BALTES 1991).

Gegenüber einem solchen Schul- und Erziehungssystem ist die erste Generation der westdeutschen Ganztagsschulen zweifellos eine harmlose Variante. Dennoch besteht eine Verwandtschaft auch in den — wiederum unterschiedlich radikalen — Gegenbewegungen, die von beiden ausgelöst werden. Sie münden in das zweite Modell, eine „Sozialpädagogisierung der Schule", bei der die Aufgabe der sozialen Erziehung, die affektiven und sozialen Dimensionen der Schularbeit in den Vordergrund gerückt sind. Sie werden dabei von den unterrichtlichen Belangen nicht nur gelöst, sondern gegen sie ausgespielt (in dieser Richtung eher HURRELMANN 1990 a und b; NEUMANN/RAMSEGER 1990). Die Schule soll zum Raum einer ganzheitlichen Bildung werden, die die Verpflichtung auf entseelte Fächersystematik und Wissenschaftsorientierung überwinden und überhaupt die Distanz gegenüber dem Leben, besser noch: ein Leben in Distanz, hinter sich lassen soll.[10] Die Schule wird dabei jedoch sowohl unter- wie überfordert: Ersteres geschieht durch die Hintanstellung kognitiv bezogener Lern- und Qualifizierungsprozesse, letzteres durch den problematischen Anspruch, Kern einer umfassenden Lebenswelt zu sein. Die Balance zwischen der schulischen „Lerninstitution" und der Existenz eines sozialen Milieus droht dabei wiederum, wie im ersten Fall, verloren zu gehen. Die Schule bedarf solcher Sozialfaktoren zur Stützung der eigenen Lernarbeit, ohne sich ihrer ungestraft selbst — gleichgültig, in welcher der hier gekennzeichneten Varianten — bemächtigen zu dürfen. Der radikale Einbruch im erzieherischen Geflecht der Schule, der seit 1989 in der DDR bzw. den neuen Bundesländern zu beobachten war, erscheint als die bittere Folge einer Konzeption, die die Pluralität der Lebenswelten auch im Verhältnis von Schule und Sozialarbeit nicht hinnehmen wollte.

Es gibt keinen einfachen Weg aus dem Dilemma dieser Negativerfahrungen. Die westdeutschen Schulverwaltungen suchen ihn in Anerkennung des gewachsenen Bedarfs an schulischen Betreuungsleistungen inzwischen offenbar dadurch, daß sie dem Prinzip der Offenheit strikt Rechnung tragen: Die zu gründenden Ganztagsschulen sollen nur das Angebot ganztägiger Betreuung gewährleisten, an dem die Schüler nachmittags grundsätzlich freiwillig teilnehmen. Daneben soll eine institutionelle „Entmischung" von unterrichtlichem und außerunterrichtlichem, von schulischem und Sozialbereich der skizzierten Gefahr wechselseitiger Strukturübertragung vorbeugen (vgl. die Übersicht in der DRUCKSACHE des rheinland-pfälzischen Landtags 11/4924 von 1989, S. 15ff., 19f.). Diese Bestrebungen haben ausdrücklich nicht zum Ziel, die beiden Aufgaben auseinanderzurücken; jeder Bereich soll vielmehr von dem anderen in

10 Die reformpädagogischen Bestrebungen seit der Jahrhundertwende haben — gleichgültig, ob sie sich an der Sozialform der Gruppe oder der der Familie orientierten — für die Schule die Vorstellung einer falschen Intimität begünstigt. Neben einer unsinnigen Frontstellung zur Moderne ist auch die Verdrängung älterer Formen des schulischen Soziallebens die Folge, die mit den alten konfessionellen Internaten und Landesschulen durch die Nationalsozialisten äußerlich ausgelöscht worden sind. (Vgl. die unnachahmliche Darstellung aus der eigenen Erfahrung bei LENNERT 1952).

sich aufnehmen, was er kann. Die Grundschullehrer in Nordrhein-Westfalen sollen beispielsweise die Verantwortung für die Betreuung der Kinder während des gesamten Vormittags („volle Halbtagsschule") nicht einer anderen Funktionsgruppe zuschieben, sondern selbst als Lehrer übernehmen und gestalten.[11] Und Schule und Hort, die sich die Arbeit der Ganztagsbetreuung der Grundschulkinder teilen, sind im Modellprojekt „Schulkinderhaus" desselben Bundeslandes (seit Herbst 1990) bewußt um der wechselseitigen Koordination willen „unter einem Dach" angesiedelt.[12] Aber beiden Funktionsbereichen ist, selbst wenn sie jeweils öffentlich organisiert werden, auf diese Weise ihre Besonderheit — und Einseitigkeit — zugestanden.

4. WERTWANDEL ODER WERTVERLUST

Das diskutierte Problem tritt in einer generalisierten Dimension bei der eingangs erwähnten *Tendenz zur „Enttraditionalisierung"* hervor. Wie kann und soll die Schule auf zunehmende gesellschaftliche Differenzierungsprozesse reagieren: Durch die — kompensatorische — Erweiterung ihrer Funktionen bei einer gleichzeitigen Rücknahme interner Differenzierung? Die rationale oder rationalistische Durchdringung der Welt führt tendenziell zu einer Auflösung von Traditions- und Sozialwelten, deren Normen jedoch für den Zusammenhalt dieser modernen Ordnung nicht einfach zu ersetzen sind (GABRIEL 1986; INGLEHART 1977, 1989; KLAGES 1984; LUTHE/MEULEMANN 1988). Diese Entfremdung bedroht inzwischen auch die Schule, die durch die in ihr vermittelte Bildung selbst wiederum zur Relativierung von solchen kulturellen Milieubezügen beiträgt. Dennoch wird die Schule verschiedentlich mit der Aufgabe betraut, den Aufbau von Wertbindungen und verallgemeinerten Solidaritätsbeziehungen zu begünstigen (vgl. z. B. BAUMANN 1987; BÖHM 1986; LESCHINSKY 1985; LIND/RASCHERT 1987; MAUERMANN/WEBER 1981).

Es soll nun nicht durch eine erschöpfende Analyse dieser komplizierten Erwartungslage erneut die Rolle problematisiert werden, die die Schule als

11 Eine Dokumentation des Ministerium zeigt, daß die „Grundschule von acht bis eins" offenbar zuerst und besonders wirksam von sozial aktiven Kollegien verwirklicht worden ist. Diese haben oft schon in der Vergangenheit mit Initiativen auf das schwierige Umfeld ihrer Schüler reagiert (Grundschule von acht bis eins 1990). Für eine gelungene enge Kooperation von Lehrern und Sozialpädagogen, die sich zum Teil auch in den oben erwähnten Fällen entwickelt hat, liefert im übrigen das Grundschulprojekt Gievenbeck/Münster ein eindrucksvolles Beispiel (BENNER/RAMSEGER 1984). Es stellt gleichzeitig unter Beweis, wie sehr eine solche Zusammenarbeit vom Engagement der Beteiligten abhängig ist. Ein Modellversuch kann, wie die Initiatoren zu Recht selbst formuliert haben, Möglichkeiten und Realisierungsbedingungen ausloten, nicht aber ein technisch umsetzbares „wasserdichtes" Konzept liefern.

12 Vgl. dazu die Berichte in der „Projekt-Post Schulkinderhaus", die seit Januar 1991 in loser Folge vom verantwortlichen Sozialpädagogischen Institut des Landes Nordrhein-Westfalen publiziert wird.

„gegenwirkende“ Macht in diesem Erziehungsprozeß wahrnehmen kann. Vielmehr geht es zum Schluß darum, allen Vorbehalten zum Trotz entsprechende schulische Bildungseffekte hervorzuheben. Die Schule erbringt sie wohl gerade auf dem Wege, der von ihren Kritikern vielfach als Vernachlässigung ihrer Erziehungsfunktionen betrachtet wird. Die Abbildungen 4 a—c weisen darauf hin, daß sich in Abhängigkeit von Bildungsniveau und Alter während der letzten Jahre zentrale gesellschaftspolitische Orientierungen in der Bundesrepublik erheblich verschoben haben und weiter verschieben.
Offenbar gelingt es einer sich stetig vergrößernden Minderheit, eine Balance von individualistischen Selbstwerten und sozialen Integrationserfordernissen herzustellen oder doch anzustreben: Das eigene Empfinden und Handeln wird nicht nur an dem eigenen Vorteil oder den Belangen der unmittelbaren sozialen Umgebung ausgerichtet, sondern orientiert sich an weiter — tendenziell universal — gefaßten Kollektivitäten und prinzipiellen Werten. Ob es sich um Einstellungen zur Todesstrafe, zur Gastarbeiterintegration oder auch um das Engagement für eine „neue Politik“ handelt, also für individuelle Unabhängigkeit sowie für Partizipationsrechte von Minderheiten — das Muster der Zusammenhänge ist identisch: Mit steigendem Bildungsniveau gewinnen auch die entsprechenden Überzeugungen an Breite. Dabei nimmt von Generation zu Generation noch einmal der Einfluß der Bildung gegenüber anderen Faktoren auf die Aus-

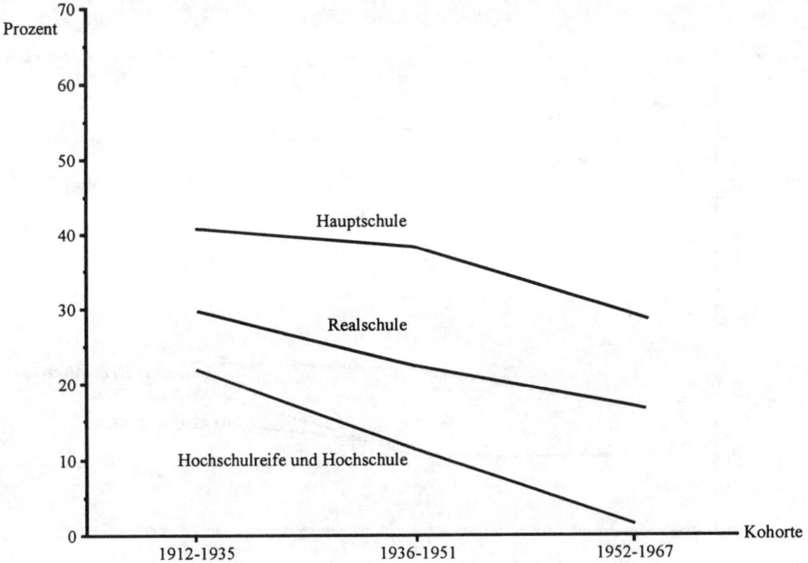

Abbildung 4 a: Befürworter der Einführung der Todesstrafe für terroristische Gewalttäter nach Kohorte und Bildung (N = 1.443)
(Quelle: Allbus 1990)

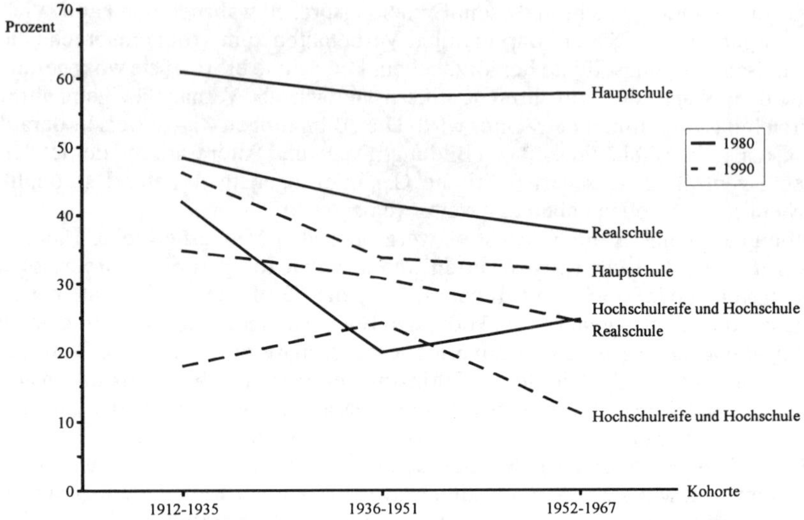

Abbildung 4 b: Zustimmung zur Abschiebung von Gastarbeitern bei Arbeitsplatzmangel 1980 (N = 5.1777) und 1990 (N = 1.446)
(Quelle: Allbus 1990)

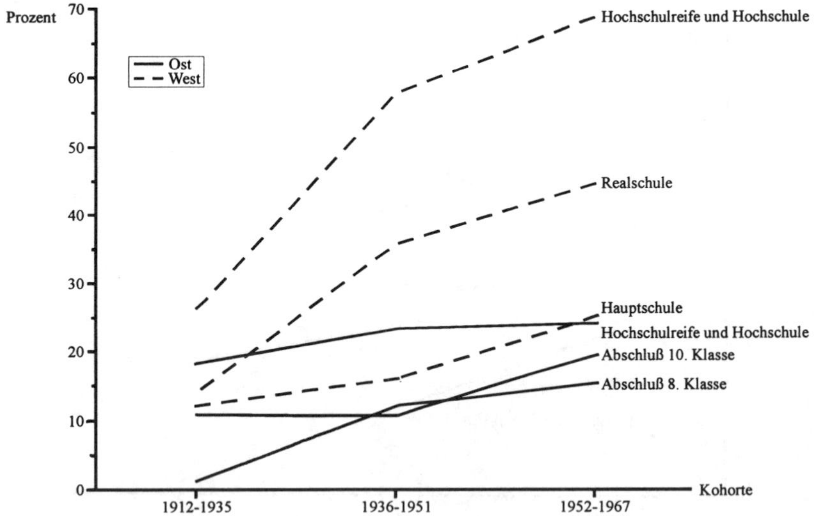

Abbildung 4 c: „Postmaterialisten" nach Kohorte und Bildung 1990 (Ost N = 878, West N = 2.974)
(Quelle: Allbus 1990)

prägung der genannten Orientierungen zu, weil diese selbst einen immer größeren Stellenwert in der Gesellschaft und im Leben des einzelnen erlangt hat. Die rechtsradikalen Ausschreitungen in der Bundesrepublik während der letzten Zeit stellen diese Tendenz nicht in Frage, im Gegenteil bestätigt sich nach neuesten Erhebungen der enge (negative) Zusammenhang von Fremdenfeindlichkeit und Bildung.

Die Zahlen in den Tabellen 4 a–c beruhen auf der „Allgemeinen Bevölkerungsumfrage der Sozialwissenschaften“ (Allbus), die seit 1980 jährlich in den alten Ländern der Bundesrepublik Deutschland, ab November 1990 auch in den fünf neuen Bundesländern durchgeführt wird und Sozial- wie Einstellungsdaten der bundesdeutschen Bevölkerung ermittelt. Die von uns vorgenommene Sekundärauswertung erlaubt Annäherungen an die Frage nach der gesellschaftlichen und individuellen Bedeutung der wachsenden Bildungsbeteiligung, deren Folgen von der Forschung bislang mehr unter dem Gesichtspunkt der äußeren Verteilung (von Schülerströmen, Berufs- und Sozialgruppen; vgl. dazu z. B. LESCHINSKY/MAYER 1990; SHAVIT/BLOSSFELD 1992) als hinsichtlich inhaltlicher Effekte diskutiert worden ist. Die mit der Umfrage gegebenen Möglichkeiten erlauben es nun zwar, bestimmte politisch relevante Orientierungen zu erfassen und dabei nach Bildungsniveau und Altersgruppen zu differenzieren, deren (Schul-)Bildung und Sozialisation sich jeweils unter unterschiedlichen Bedingungen vollzogen hat. (Die letzte der von uns unterschiedenen Kohorten ist die Generation der eigentlichen Bildungsexpansion: Sie umfaßt entsprechend fast 30 Prozent Männer und Frauen mit der allgemeinen Hochschulreife — nur unwesentlich weniger als mit oder ohne Hauptschulabschluß: 33,5 Prozent, die ihrerseits von der ältesten Generation noch gut 70 Prozent stellen.) Aber derartige Replikationsstudien können keine Längsschnittstudien ersetzen, weil sie Alters-, Kohorten- und Periodeneffekte nicht wirklich zu trennen vermögen (vgl. auch BAUMERT 1991). Wieweit sind beispielsweise die insgesamt „weltoffeneren“ Einstellungen unserer jüngsten Kohorte allein durch das Lebensalter, wieweit durch das liberalisierte Klima bedingt, das ihre Jugendzeit im Vergleich zu den älteren Generationen charakterisiert hat? Den Einfluß des politischen „Zeitgeistes“ verdeutlicht die Tatsache, daß sich die Ergebnisse nach dem Befragungszeitpunkt unterscheiden, was exemplarisch in Abbildung 4 b zum Ausdruck gebracht ist: Zwischen 1980 und 1990 haben sich allgemein gegenüber Gastarbeitern in der Bundesrepublik positivere Einstellungen durchgesetzt — ohne daß allerdings das generelle Unterscheidungsmuster nach Alter und Bildung dabei seine Gültigkeit verloren hätte. Möglicherweise ist der Einstellungswandel bei den Hauptschulabsolventen, von denen sich im Gegensatz zu 1980 inzwischen nur noch eine Minderheit mehr oder weniger offen zur Überzeugung nationaler Bevorrechtigung und Überlegenheit bekennt, nur oberflächlicher Natur, weil damit lediglich eine Anpassung an ein verändertes politisches Klima vollzogen wird. Aber auch für diesen generellen Stimmungswandel lassen sich Bildungseffekte mitverantwortlich machen, insofern sich darin der Einfluß der sozial und bildungsmäßig Bessergestellten spiegelt. Solange keine differenzierten Untersuchungen die nähere Aufklärung der komplizierten Zusammenhänge gestatten, können im Fazit die hier präsentierten Daten als ein geeigneter Nachweis für die Bedeutung der Bildung in unserer Gesellschaft gelten. Würden wir übrigens noch einmal zwischen den Absolventen mit Hochschulreife und solchen mit abgeschlossenem Hochschulstudium differenzieren, würde die Spreizung der Kurvenverläufe noch einmal zunehmen. Die Zusammenfassung der beiden Gruppen in den gezeigten Abbildungen macht plausibel, daß zwischen Gymnasiasten und Realschülern ein größerer Abstand besteht, als er von den letzteren zu den Hauptschülern existiert.

Die Bildungseffekte sind wohl nicht auf ein einzelnes Unterrichtsfach oder auf eine gezielte Beeinflussung zurückzuführen. Sie lassen sich eher als Ergebnis einer generellen kognitiven Mobilisierung deuten, zu der die (Hoch-)Schule mehr oder weniger intensive Impulse vermittelt. Wesentlich ist das gesamte Arrangement von Lernprozessen in der Schule, die den einzelnen aus seiner jeweiligen sozialen Lebenswelt herausnimmt und ihm eine kritische Distanz zur Herkunfts- und Arbeitssphäre ermöglicht. Diese Entfernung aus den vollen Realitäts- und Sozialbezügen zugunsten einer stellvertretenden Erfahrung, die mit der allgemein zu beobachtenden Verlängerung der Schulzeit durchschnittlich einen immer größeren Raum im Leben des einzelnen fordert, ist wohl gleichermaßen Manko wie Chance der Schule. Viel hängt daran, wieweit diese Zeit wirklich für systematische, anspruchsvolle Lernprozesse genutzt wird, die dem einzelnen die Möglichkeit eröffnen, neue Erfahrungsbereiche zu erschließen und zu prüfen. Ihre eigentliche Funktion erreicht die Institution formalisierter Bildung erst in Gestalt einer „Reflexionskultur", die ihren sozialen Kern in der rationalen Auseinandersetzung mit der Wirklichkeit und einem Klima offener Lernanstrengung sowie gemeinsamen Erkenntnisstrebens besitzt. Die Art, in der diesem Ideal in der einzelnen Schule Leben verliehen wird, entscheidet wohl neben der Anspruchshöhe der Lernprozesse sowie der Bildungsdauer über die Qualität und Intensität der kognitiven Schubwirkung. Damit sind dann allerdings schulische Gestaltungsprobleme bezeichnet, die in der Tat den engeren Kreis des isolierten Fachunterrichts übergreifen: Sie fordern eine Abstimmung und Verschränkung der fachspezifischen Lernprozesse, was wiederum eine Atmosphäre wechselseitiger Offenheit voraussetzt, diese allerdings seinerseits auch zu tragen verspricht.

Nach den vorliegenden Daten sind entsprechende Bildungseffekte — wie für die westliche Welt — auch für das Gebiet der ehemaligen DDR nachzuweisen. Die Abbildung 4 c zeigt den Einfluß von Alter und Bildung am Beispiel postmaterialistischer Orientierungen auch in den neuen Bundesländern. Allerdings bewegt er sich auf einem signifikant geringeren Niveau. Sicher spielt gerade für die Gewichtung von Partizipations- und Freiheitsrechten gegenüber Ordnungs- und Wohlstandszielen die aktuelle Situation in den neuen Ländern mit der schlechten konjunkturellen und Arbeitsmarktlage eine wesentliche Rolle. Man wird die Daten aber auch dem Umstand zuschreiben können, daß die soziale und schulische Realität in der DDR dem entworfenen Idealbild noch weniger entsprachen als die im Westen. Ja, die Schule sollte es auch gar nicht. Denn nach den programmatischen Grundsätzen der „Einheit von Bildung und Erziehung" sowie deren „Einheit mit dem Leben" (vgl. das GESETZ über das einheitliche sozialistische Bildungssystem vom 25. 2. 1965) durfte die Schule kein Ort einer grundsätzlichen sozialen und intellektuellen Offenheit sein, die den einzelnen seinem eigenen Urteilsvermögen überließ. Das moderne Prinzip des institutionalisierten Individualismus hat seine schulpolitische Entsprechung gewissermaßen in der systematischen Begrenzung schulischer Aufgaben, wie nicht zuletzt der mühsame Weg des westlichen Nachkriegsdeutschlands aus der früheren konfessionalistischen Restaurationspolitik zeigt (LESCHINSKY 1990). Dagegen haben die Erscheinungen des Individualismus in der realsozialistischen DDR als tendenzielle „soziale Abwendung" (z. B. DREFENSTEDT 1981, S. 40) und drohende ideologische Aufweichung eher Schrecken ausgelöst. Der einzelne wurde in seinen vielfältigen Bedürfnissen schließlich nur entdeckt, um sich seiner gewissermaßen um so vollständiger annehmen zu können. Folgerichtig mußten langfristig die Dämme gesprengt werden, die mit dem ursprünglich rationalen Bildungsanspruch vielleicht einmal gegenüber emotionalisierenden Identifikationsgeboten und einer Uniformierung der Lebenswelten errichtet waren (vgl. z. B. die Materialien zur 5. und 6. Plenartagung der Akademie für Pädagogische Wissenschaft 1987 und 1988 mit den Beiträgen von HAHN, KIRCHHÖFER und SCHOLZ).

5. SCHLUSS

Wenn man abschließend noch einmal den Gang der Argumentation zu bilanzieren versucht, haben die Ausführungen von Fall zu Fall an Grundsätzlichkeit gewonnen. Vom Hinweis auf die Vielfalt von Funktionen, die die Schule nicht beliebig wegdrängen kann, sind wir zur Gefahr der sozialen Überlastung der Schule gelangt, die mit der Überdehnung von Ansprüchen ihre eigentlichen Möglichkeiten aufs Spiel setzt. Daß sie gerade in ihrer eher eingegrenzten Orientierung, die dem einzelnen Freiräume für Lerngewinn und Reflexionsdistanz gibt, in der modernen demokratischen Gesellschaft eine wichtige Rolle hat, haben wir am Ende zu zeigen versucht. Kritikfähigkeit und Autonomie, pluralistische Vielfalt und gesellschaftliche Offenheit haben ihre Entsprechung in einer Schule, die den einzelnen nicht ganz erfaßt. Sie vermittelt allgemeine Erfahrungen durch die Spezifität ihrer Zwecke; dies gibt der kognitiven Dimension ein entscheidendes Gewicht. Aus der mehrfach wiederholten Betonung der strukturellen Grenzen der Schule ist auf diese Weise eine positive Definition ihrer Aufgaben geworden.

Allerdings lassen die Ausführungen auch wenig Zweifel an der Bedeutung der sozialen Belange, die gegenwärtig verstärkt an die Schule herangetragen werden. Die Versorgung der Benachteiligten oder der wachsende Bedarf an Ganztagsbetreuung lassen sich wie die Vermittlung grundlegender Normen nicht pauschal und risikolos als Aufgaben abweisen, weil die Schule nur begrenzte Antworten dafür bereithält. Sie ist selbst von der Entwicklung betroffen, gegen deren negative oder problematische Begleiterscheinungen man sie in Anspruch nehmen möchte. Zu mehr als Balanceakten, in denen die unterrichtlichen und sozialen Anforderungen jeweils gegeneinander abzuwägen sind, wird die Schule jedoch nicht in der Lage sein. Und auch dabei können die erzieherischer Funktionen der Schule nicht über das Bemühen hinaushehen, den engen Fachunterricht in einen weiteren Reflexionsrahmen zu stellen und die jeweiligen Welt- und Lebensbezüge zu thematisieren. Das ist bei näherem Hinsehen eine Lösung, die wiederum gar nicht so weit abliegt von den klassischen Konzepten, von denen eingangs die Rede war.

LITERATUR

ALTHOFF, H.: Lehrvertragslösungen in der DDR. In: Berufsbildung in Wissenschaft und Praxis 20 (1991), H. 4, S. 18—22.

ARBEITSGRUPPE BILDUNGSBERICHT am Max-Planck-Institut für Bildungsforschung: Das Bildungswesen in der Bundesrepublik Deutschland. Ein Überblick für Eltern, Lehrer und Schüler. Reinbek 1990.

ARBEITSSTATISTIK 1989 — Jahreszahlen. Amtliche Nachrichten der Bundesanstalt für Arbeit. 38. Jg. Sondernummer. Nürnberg, 25. Juli 1990.

BARGEL, T.: Versorgung mit schulischen Ganztagsangeboten — Zur Aufarbeitung eines vernachlässigten Feldes der Schulentwicklung. In: Zeitschrift für Pädagogik 37 (1991), S. 899—931.

BARGEL, T./KUTHE, M.: Ganztagsschule. Angebot, Nachfrage, Erfahrungen. (=Reihe Bildung — Wissenschaft — Aktuell 10/90. Hrsg. vom Bundesminister für Bildung und Wissenschaft) Bonn 1990.

BAUMANN, U.: Ethische Erziehung und Wertwandel. Weinheim 1987.

BAUMERT, J.: Thema: Schule und danach. In: Unterrichtswissenschaft 19 (1991), S. 290—291.

BAUMERT, J./RASCHERT, J. in Zusammenarbeit mit HOPF, D./NAUMANN, J./THOMAS, H.: Vom Experiment zur Regelschule. Schulplanung, Curriculumentwicklung und Lehrerfortbildung in Zusammenarbeit von Lehrern und Verwaltung bei der Expansion der Berliner Gesamtschule. Stuttgart 1978.

BENNER, D./RAMSEGER, J.: Abschlußbericht der Wissenschaftlichen Begleitung über die vierjährige Modellphase des Grundschulprojekts Gievenbeck an der Wartburgschule in Münster. Münster 1984.

BILDUNGSWESEN AKTUELL. Heft 24 u.25. Berlin 1990.

BÖHM, M.: Konservative Werterziehung. Exemplarische Untersuchungen als Beitrag zur pädagogischen Forschung und zur Konservatismustheorie. Weinheim 1986.

BÖTTCHER, W./KLEMM, K.: Verantwortung sozialer Bildungspolitik. Werkstattbericht aus dem Projekt „Fortschreibung des Bildungsgesamtplans". In: DGB Gewerkschaftliche Bildungspolitik 6 (1989), S. 181—184.

BOHNSACK, F. (Hrsg.): Sinnlosigkeit und Sinnperspektive. Die Bedeutung gewandelter Lebens- und Sinnstrukturen für die Schulkrise. Frankfurt a. M. u. a. 1984.

BOWLES, S./GINTIS, H.: Schooling in Capitalist America: Educational Reform and the Contradictions of Economic Life. New York 1976. (dt.: Pädagogik und die Widersprüche der Ökonomie. Das Beispiel USA. Frankfurt a. M. 1978).

BOWLES, S./GINTIS, H.: Contradiction and Reproduction in Educational Theory. In: BARTON, L. u. a.: Schooling Ideology and the Curriculum. Lewes 1980.

COLE, M.: Contradictions in the Educational Theory of Gintis and Bowles. In: The Sociological Review 31 (1983), S. 471—488.

Daten und Fakten über Jugendliche ohne abgeschlossene Berufsausbildung. In: Informationen für die Beratungs- und Vermittlungsdienste der Bundesanstalt für Arbeit, Nr. 50 vom 11. 12. 1991.

DEUTSCHER BILDUNGSRAT: Einrichtung von Schulversuchen mit Ganztagsschulen. Stuttgart 1968.

DÖBERT, H.-J./NEUBERT, G.: Erfahrungen bei der Erziehung der Schüler zu einer aktiven Lebenshaltung. In: Pädagogik 4 (1986), S. 449—460.

DREEBEN, R.: On What is Learned in School. Reading/MA 1968. (dt.: Was wir in der Schule lernen. Frankfurt a. M. 1980).

DREFENSTEDT, E.: Individuelle Besonderheiten — individuelle Förderung. Berlin 1981.

DRUCKSACHE Nr.11/4924 des rheinland-pfälzischen Landtages. Mainz 1989.

FRISTER, E.: Hauptschule im Schatten einer Fluchtbewegung. In: GEW (Hrsg.): Im Brennpunkt — Hauptschule in der Sackgasse. Frankfurt a. M. 1973.

GABRIEL, O.: Politische Kultur, Postmaterialismus und Materialismus in der Bundesrepublik Deutschland. Opladen 1986.

Gesetzblatt der DDR 1965ff.

GRUNDMANN, M./HUININK, J.: Der Wandel der Familienentwicklung und der Sozialisationsbedingungen von Kindern. Situation, Trends und einige Implikationen für das Bildungssystem. In: Zeitschrift für Pädagogik 37 (1991), S. 529—554.

Grundschule von acht bis eins. Zur Betreuung von Kindern vor und nach dem Unterricht. (= Strukturförderung im Bildungswesen des Landes Nordrhein-Westfalen, H. 46. Eine Schriftenreihe des Kultusministers.) Frechen 1990.

HAHN, E.: Werte und Ideologie. In: Information der Akademie der Pädagogischen Wissenschaften der DDR — Präsidium, 3/1987. Berlin/DDR 1987, S. 8—29.

HERBART, J. F.: Allgemeine Pädagogik [1805]. In: Johann Friedrich Herbarts Pädagogische Schriften. Mit Einleitungen, Anmerkungen und Registern sowie reichem bisher ungedruckten Material aus Herbarts Nachlaß. Hrsg. von WILLMANN, O./FRITZSCH, TH. Bd. 1. Osterwieck/Harz und Leipzig ³1913, S. 211—430.

HERBART, J. F.: Umriß pädagogischer Vorlesungen [1835/41]. In: Johann Friedrich Herbarts Pädagogische Schriften. Mit Einleitungen, Anmerkungen und Registern sowie reichem bisher ungedruckten Material aus Herbarts Nachlaß. Hrsg. von WILLMANN, O./FRITZSCH, TH. Bd. 2. Osterwieck/Harz und Leipzig ³1914, S. 1—172.

HILLER, G. G.: Ausbruch aus dem Bildungskeller. Pädagogische Provokationen. Langenau-Ulm 1989.

HILLER, G. G.: Von normierter Einfalt zu normaler Vielfalt. Plädoyer für eine Stärkung der integrativen Funktion des Bildungssystems. In: Zeitschrift für Pädagogik 37 (1991), S. 225—244.

HURRELMANN, K.: Die Rolle der Schule im sozialen Unterstützungsnetzwerk Jugendlicher. In: Die Deutsche Schule 82 (1990 a), S. 426—438.

HURRELMANN, K.: Plädoyer für mehr Ganztagsschulen. In: Die Ganztagsschule 42 (1990 b) 3, S. 39—42.

INGLEHART, R.: The Silent Revolution: Changing Values and Political Styles among Western Publics. Princeton 1977.

INGLEHART, R.: Kultureller Umbruch. Frankfurt a. M. 1989.

IPFLING, H. J.: Modellversuche mit Ganztagsschulen und anderen Formen ganztägiger Förderung. (= Bund-Länder-Kommission für Bildungsplanung und Forschungsförderung) Bonn 1981.

IPFLING, H. J.: Zur Entwicklung der Ganztagsschule in der Bundesrepublik Deutschland. In: Die Ganztagsschule 29 (1989), S. 3—21.

IPFLING, H. J./LORENZ, U.: Schulversuche mit Ganztagsschulen. Mainz 1979.

JACKSON, PH. W.: Life in Classrooms. New York u. a. 1968.

KAUFMANN, F.-X.: Zukunft der Familie. Stabilität, Stabilitätsrisiken und Wandel der familialen Lebensformen sowie ihre gesellschaftlichen und politischen Bedingungen. München 1990.

KIRCHHÖFER, D.: Die Werte des Sozialismus im Lehrplanwerk. In: Information der Akademie der Pädagogischen Wissenschaften der DDR — Präsidium, 3/1987. Berlin/DDR 1987, S. 30—49.

KIRCHHÖFER, D.: Zum dialektischen Verständnis der Aneignung sozialistischer Ideologie durch den Schüler. In: Information der Akademie der Pädagogischen Wissenschaften der DDR — Präsidium, 3/1988. Berlin/DDR 1988, S. 55—69.

KLAGES, H.: Wertorientierungen im Wandel. Rückblick, Gegenwartsanalyse, Prognosen. Frankfurt a. M./New York 1984.

KLEDZIK, U.-J. (Hrsg.): Gesamtschule auf dem Weg zur Regelschule. Bildungszentren in Berlin. Hannover 1974.

KLEMM, K. u. a.: Bildungsgesamtplan ’90. Weinheim/München 1990.

KLEMM, K.: Jugendliche ohne Ausbildung — Die „Kellerkinder" der Bildungsexpansion. In: Zeitschrift für Pädagogik 37 (1991), S. 887—898.

KLOAS, P.-W.: Der ersatzlose Abbruch einer Ausbildung — quantitative und qualitative Aspekte. In: Berufsbildung in Wissenschaft und Praxis 20 (1991), H. 4, S. 15—18.

KOCH, A.: Von „Ordnung und Disziplin" zu „persönlicher Selbständigkeit". Schulische Erziehungsziele im Wandel. In: ISI, Informationsdienst Soziale Indikatoren (1990), Nr. 4, S. 10—14.

Lebensgestaltung — Prinzip der Allgemeinbildung und Unterrichtsfach in einer erneuerten Schule. Zwischenbilanz einer basisdemokratischen Bildungsinitiative. (= Bildungswesen aktuell, 24/1990. Hrsg. von der Akademie der Pädagogischen Wissenschaften/Institute für Bildungsforschung und Erziehungswissenschaft, Fachinformationszentrum Bildung). Berlin 1990.

LENNERT, R.: Ecce quomodo moritur justus ... In memoriam einer Schule. In: Die Sammlung 7 (1952), S. 301—313.

LESCHINSKY, A.: Werterziehung und Schulentwicklung. Moral Education and School Development. In: Zeitschrift für Sozialisationsforschung und Erziehungssoziologie 5 (1985), S. 89—107.

LESCHINSKY, A.: Das Prinzip der Individualisierung. Zur Dialektik der Auseinandersetzungen um die Konfessionsschule nach 1945. In: Recht der Jugend und des Bildungswesens 38 (1990), S. 3—23.

LESCHINSKY, A./MAYER, K. U. (Hrsg.): The Comprehensive School Experiment Revisited: Evidence from Western Europe. Frankfurt a. M. u. a. 1990.

LESCHINSKY, A./ROEDER, P. M.: Gesellschaftliche Funktionen der Schule. In: TWELLMANN, W. (Hrsg.): Handbuch Schule und Unterricht. Bd. 3. Düsseldorf 1981, S. 107—154.

LIEBAU, E.: Kulturpolitik und Schule. Überlegungen zur Schulentwicklung im Modernisierungsprozeß. In: Die Deutsche Schule 83 (1991), S. 140—150.

LIEGLE, L.: Vorschulerziehung. In: Vergleich von Bildung und Erziehung in der Bundesrepublik Deutschland und in der Deutschen Demokratischen Republik. Wiss. Kommission: ANWEILER, O. (Leitung) u. a. (= Materialien zur Lage der Nation. Hrsg. vom Bundesministerium für innerdeutsche Beziehungen). Köln 1990, S. 157—170.

LIND, G./RASCHERT, J. (Hrsg.): Moralische Urteilsfähigkeit. Eine Auseinandersetzung mit Lawrence Kohlberg über Moral, Erziehung und Demokratie. Weinheim/Basel 1987.

LUDWIG, H.: Gesamtschule und Ganztagsschule. In: Gesamtschul-Informationen 18 (1987), S. 125—154.

LUTHE, H. O./MEULEMANN, H. (Hrsg.): Wertwandel — Faktum oder Fiktion? Bestandsaufnahmen und Diagnosen aus kultursoziologischer Sicht. Frankfurt a. M./New York 1988.

MAUERMANN, L./WEBER, E. (Hrsg.): Der Erziehungsauftrag der Schule. Beiträge zur Theorie und Praxis moralischer Erziehung unter besonderer Berücksichtigung der Wertorientierung im Unterricht. Donauwörth [2]1981.

MITTER, W. (Hrsg.): Kann die Schule erziehen? Erfahrungen, Probleme und Tendenzen im europäischen Vergleich. Köln/Wien 1983.

MÜLLER, C.: Die ungeteilte Unterrichtszeit an Volksschulen. (Der Vormittagsunterricht.) Berlin 1902.

Das neue Unterrichtsfach LEBENSGESTALTUNG/ETHIK — Empfehlung und Beiträge zur Erarbeitung der Rahmenrichtlinien. (= Bildungswesen aktuell. 25/1990. Hrsg. von der Akademie der Pädagogischen Wissenschaften/Institute für Bildungsforschung und Erziehungswissenschaft, Fachinformationszentrum Bildung). Berlin 1990.

NEUBAUER, E.: Alleinerziehende Mütter und Väter. Eine Analyse der Gesamtsituation. (= Schriftenreihe des Bundesministers für Jugend, Familie, Frauen und Gesundheit. Bd. 219). Stuttgart 1988.

NEUMANN, U./RAMSEGER, J.: Ganztägige Erziehung in der Schule. Seelze [2]1990.

OETTINGEN, G./LINDENBERGER, U./BALTES, P. B.: Entwicklungshemmende Vorstellungen von der eigenen Leistungsfähigkeit bei Ostberliner Schulkindern. 1991 (Manuskript).
Pädagogischer Jahresbericht von 1913. 66. Jg. Hrsg. von P. SCHLAGER. Leipzig 1914.
PARSONS, T.: Die Schulklasse als soziales System: Einige ihrer Funktionen in der amerikanischen Gesellschaft. In: PARSONS, T.: Sozialstruktur und Persönlichkeit. Frankfurt a. M. 1968, S. 99—139.
PETRAT, G.: Schulerziehung. Ihre Sozialgeschichte in Deutschland bis 1945. München 1987.
PROJEKT-POST SCHULKINDERHAUS. Hort und Schule unter einem Dach. Nr. 1 und 2. Hrsg. vom Sozialpädagogischen Institut des Landes Nordrhein-Westfalen. Köln 1991.
SCHLEIERMACHER, F.: Pädagogische Schriften I. Die Vorlesungen aus dem Jahre 1826 [1826]. Hrsg. von WENIGER, E.unter Mitwirkung von SCHULZE, TH. Frankfurt a. M. u. a. 1983.
SCHOLZ, G.: Zum Aufbau stabiler Wertorientierungen bei Schülern mittlerer und oberer Klassen durch erziehungswirksame Gestaltung des Lebens in den Schul- und Klassenkollektiven. In: Information der Akademie der Pädagogischen Wissenschaften der DDR — Präsidium, 3/1987. Berlin/DDR 1987, S. 49—64.
SHAVIT, Y./BLOSSFELD, H.-P (Hrsg.): Persistent Inequality. Changing Educational Stratification in Thirteen Countries. Boulder/CO 1993 (im Druck).
SPRANGER E.: Das Gesetz der ungewollten Nebenwirkungen in der Erziehung. Heidelberg 1962.
TESSARING, M.: Arbeitslosigkeit, Beschäftigung und Qualifikation. Ein Rück- und Ausblick. In: Materialien aus der Arbeitsmarkt- und Berufsforschung 21 (1988), H. 2, S. 177—193.
TESSARING, M. u. a.: Bildung und Beschäftigung im Wandel. (= Beiträge zur Arbeitsmarkt- und Berufsforschung Nr. 126) Nürnberg 1990.
TIETZE, W./ROSSBACH, H.-G.: Die Betreuung von Kindern im vorschulischen Alter. In: Zeitschrift für Pädagogik 37 (1991), S. 555—579.
VERGLEICH von Bildung und Erziehung in der Bundesrepublik Deutschland und in der Deutschen Demokratischen Republik. Wiss. Kommission: ANWEILER, O. (Leitung) u. a. (= Materialien zur Lage der Nation. Hrsg. vom Bundesministerium für innerdeutsche Beziehungen). Köln 1990.
WATERKAMP, D.: Handbuch zum Bildungswesen der DDR. Berlin 1987.
WATERKAMP, D.: Erziehung in der Schule. In: Vergleich von Bildung und Erziehung in der Bundesrepublik Deutschland und in der Deutschen Demokratischen Republik. Wiss. Kommission: ANWEILER, O. (Leitung) u. a. (= Materialien zur Lage der Nation. Hrsg. vom Bundesministerium für innerdeutsche Beziehungen). Köln 1990, S. 261—277.

II. WISSENSCHAFTLICHE POSITIONEN; BILDUNGS- UND SOZIALISATIONSTHEORIEN; GRUNDSTRUKTUREN PÄDAGOGISCHEN HANDELNS

Klaus Schaller

4. ALLGEMEINE ODER SYSTEMATISCHE PÄDAGOGIK

– aufgewiesen am Beispiel der „Pädagogik der Kommunikation" –

1. DIE UNUMGÄNGLICHKEIT DER ALLGEMEINEN ODER SYSTEMATISCHEN FRAGESTELLUNG IN DER PÄDAGOGIK

„Eine ‚Metaphysik' steht immer dahinter, und es kommt nur darauf an, ob man sich solchen Positionen unkontrolliert und naiv überläßt, indem man nach ihr und ihrer Berechtigung überhaupt nicht fragt, oder sie, diese Metaphysik beziehungsweise diese metaphysische Position, als gar nicht vorhanden hinausgeheimnist, oder ob man vielleicht ihrer kritisch Herr zu werden versucht." (FUNKE 1968, S. 71f.)

Vom Berufserzieher, der seinen „pädagogischen" Handlungen nicht einfach mit dem Hinweis applaudiert, daß man („alle Welt") es doch immer so gemacht habe, daß er mit dem oder jenem Verfahren lebenslang und nachweisbar zu überzeugenden Erfolgen gekommen sei (eine solche Haltung des Erziehers bezeichnete FRIEDRICH HERBART mit dem Worte „Schlendrian"), erwarten wir, daß er kundig prüfe, ob das, was man tut, was er immer getan hat oder was man von ihm zu tun erwartet, auch *pädagogisch* rechtens sei, daß er sein Handeln nach dem Ergebnis dieser Prüfung einrichte — möglicherweise gegen das Gängige und Gewünschte. Die auf *Feststellung* bedachte Frage, was da und dort als pädagogisch getan wurde und wird (quaestio facti), ist leicht zu beantworten; die Frage nach der *pädagogischen Rechtmäßigkeit* (quaestio juris; zu dieser Begrifflichkeit vgl. FISCHER 1979, S. 93) hingegen stürzt den Fragenden in eine heillose Ausweglosigkeit, da er nach Begründungsböden (anthropologischen, gesellschaftlichen, politischen, ökonomischen, historischen, ideologischen) Ausschau halten muß, die sich allesamt selbst als überaus fragwürdig, als relativ zu Zeit und Ort erweisen. Hierfür ein historisches Beispiel: AUGUST HERRMANN FRANCKE wußte 1702 sehr wohl, daß die Lehrer — erfolgreich — ihre Schüler zum Lernen antreiben, indem sie ihnen erstrebenswerte Lebensziele vor Augen stellen: „e. g. sie sollen studiren, daß sie dermaleinst Kanzler, Superintendenten, Doctores etc. werden, daß sie Vornehme und Hochangesehene in der Welt werden (. . .)". All dies aber sind für FRANCKE Nebenzwecke, die nicht dazu führen dürfen, daß der *pädagogische* „Hauptzweck" außer acht gelassen werde: „Die Ehre Gottes muß in allen Dingen, aber absonderlich in Auferziehung und Unterweisung der Kinder (. . .) immer vor Augen sein, sowohl dem Praeceptori als den Untergebenen selbst" (zit. nach BALLAUFF/SCHALLER 1970, S. 323). Wenn wir uns daran erinnern, daß FRANCKES Pädagogik von einer christlich-pietistischen Position her entworfen ist, daß sie also topisch gebunden ist, werden uns seine Forderungen einleuchten; die Frage aber bleibt, ob diese Verortung (topos) von uns heute nicht selbst wiederum zu befragen ist, ob sie allgemein akzeptabel, selbstverständlich — quasi „natürlich" ist.

Seit den großen sozialen und ökonomischen Umwälzungen des vorigen Jahrhunderts ist uns heute solche Selbstverständlichkeit nicht mehr gestattet. 1887 hatte WILHELM DILTHEY darauf hingewiesen, daß die Pädagogik als „natürliches System", wenn sie denn weiter auf fraglos vorausgesetzte Begründungsböden setze, eine Anomalie unter den Wissenschaften seiner Zeit sei. Dennoch aber dürfe man sich nicht mit der Beantwortung der quaestio facti beruhigen; wenn auch die quaestio juris letztlich unbeantwortbar sei, enthebe dies doch nicht von der Verpflichtung, sie unablässig zu stellen. „So findet sich auch auf diesem Gebiete (. . .) die Wissenschaft vor der Frage: an welchem Punkt entspringt aus der Erkenntnis dessen, was ist, die Regel über das, was sein soll." (zit. nach BALLAUFF/SCHALLER 1973, S. 500).

Dieses beständige Rückfragen, was denn die Behauptung stütze, diese oder jene Maßnahme sei pädagogisch, ist keine notorische Nörgelei, die letztlich alles Handeln paralysiert. Dieses Rückfragen ist vielmehr „skeptisch", und das heißt: es läßt *sehen,* worauf heute und hier zu setzen ist, was heute und hier *pädagogisch* zu tun ist — und das solange und keineswegs länger, als dieser Topos dem skeptischen Rückfragen standhält (BALLAUFF 1970; FISCHER 1989; die hier gemeinte „sehenlassende" Skepsis orientiert sich weniger an FISCHER als an BALLAUFF).

Auf schwankendem Boden läßt sich — auch pädagogisch — nicht handeln. In permanenter Infragestellung verkommt Pädagogik zur intellektuellen Attitüde. Als Handlungswissenschaft kommt sie um Stellungnahme, um Beziehung von Position nicht herum. Auch *nach* DILTHEY ist für die Pädagogik ein Rest Dogmatismus konstitutiv, der zeitweilig, reflektiert und skeptisch versichert ist.

Auch die Pädagogik der Kommunikation[1], von der hier vorzugsweise die Rede sein wird, ist nichts bloß Ausgedachtes, sondern etwas topisch Bedachtes. In aller Ausdrücklichkeit nennt sie selbst ihren Topos, den Ort, auf dem sie steht, von dem aus sie denkt, in den sie — ob sie es will oder nicht — eingestellt ist, ihre „Einstellung".

Der Topos einer jeden Bildungstheorie ist ihre historische Lage, die jeweilige gesellschaftliche Situation. Ihr kann sie sich nicht entziehen. Ihr entstammen

1 Eine Übersicht (mit ausführlicher Bibliographie) zur Pädagogik der Kommunikation bietet SCHALLER 1987; vgl. hierzu auch MÜLLER 1991.

ihre Setzungen und Sätze. Ihre Sache als Theorie ist es, ihre eigenen topischen Voraussetzungen zu bedenken, zu reflektieren.

Dies ist ein uns heute ganz geläufiger Gedanke, und einige Anstrengung kostet es schon, ihn nicht zur Kenntnis zu nehmen. Jede Theorie ist von den Merkmalen ihrer Situation gekennzeichnet. Über diese Selbstverständlichkeit werden wir von Philosophie und Sozialtheorie, von der „Frankfurter Schule" ebenso wie von der Systemtheorie belehrt. „Situation" freilich ist ein mißverständliches Wort. Situation ist allerdings die gegebene Lage — nicht aber im Sinne von Gegebenheit, die es nur zu konstatieren gelte, nicht im Sinne einer Reifikation (Verdinglichung), die sich empirisch erheben ließe: „Situation" meint vielmehr die sie kennzeichnende Spannung von Realität und Erwartung, meint Realität als Reduktionsgestalt des humanen Hoffnungspotentials der in ihr gefangenen Menschen. Von der Situation kann man immer nur reden im Blick auf die Menschen, die in ihren Hoffnungen in ihr immer schon über sie hinaus sind. Diese Vision des „Besseren" hat ihren Ursprung nicht in einem Punkt (s. o. DILTHEY), dem das „Sollen" entspringt — sei dieser „Punkt" das perfekte Indiviuum oder die perfekte Gesellschaft —, sondern in dem Prozeß des miteinander Lebens und Handelns von Menschen in der gegebenen Lage. Diesen Prozeß der erd- und leibnahen „Interaktion" von Menschen, der weitaus mehr umfaßt als die vernünftige Auseinandersetzung über Gedanken und Bewußtseinsgehalte, nennen wir Kommunikation: in ihm wird Hoffnung begründet, in ihm wurzelt ein Surplus (MEYER-DRAWE 1991, S. 32), in ihm wird Sinn konstituiert, der über das Gegebene hinausweist. Jede Interaktion, in der Sinn im Spiel ist — sei es, daß er generiert oder daß er tradiert wird — heißt Kommunikation.

Zurück zum Topos dieser bildungstheoretischen Überlegungen: In dieser Bildungstheorie bildet sich die Bildungsgeschichte der alten Bundesrepublik ab, und sie tut gut daran, diese Merkzeichen ausdrücklich zur Kenntnis zu nehmen. Wenn dies eine Bildungstheorie nicht tut, dann fehlt ihr entweder die notwendige Sensibilität für den historisch-sozialen Kontext ihrer Konstitution, oder es liegt ihr die nun wieder politische Absicht zugrunde, diese Merkzeichen nicht zu bedenken und etwas anderes im Schilde zu führen.

Die Pädagogik der Kommunikation unterstellt, daß wir in einer Gesellschaft leben, die Demokratie verwirklichen möchte. Das steht in unserer Verfassung, das bekundet sich in Errungenschaften ebenso wie in Unterlassungen, die in unserer Gesellschaft nicht widerspruchslos hingenommen werden. Beteiligung aller am Entwurf einer, gemessen auch an dem durch Wissenschaft und Technik erschlossenen Zuwachs an Lebensmöglichkeiten, besseren Zukunft für alle ist die Devise.

2. RÜCKBLICK UND VORBLICK AUF DIE PÄDAGOGIK DER KOMMUNIKATION

a) Nach dem Zweiten Weltkrieg knüpfte man zunächst an die großen Entwürfe der geisteswissenschaftlichen Pädagogik der 20er Jahre, der Weimarer Republik, an: W. FLITNER, E. SPRANGER, TH. LITT, H. NOHL, E. WENIGER stehen für diesen Neuanfang.

Dann aber wurde diese Pädagogik mit den Bedenken konfrontiert, daß Interpretationen historisch überlieferter Theorien und gedeuteter Praxis nicht ausreichen, um die Vielfältigkeit der erzieherischen Vorgänge, wie sie sich wirklich ereignen, berücksichtigen zu können. Sie stütze sich auf nicht haltbare, weil nicht empirisch gesättigte Annahmen über die Wirklichkeit und könne deshalb konkret nichts zur Änderung des pädagogischen Handelns beitragen. Dieser Kritik gemäß forderte HEINRICH ROTH die „realistische Wendung" der Pädagogik: Hermeneutische Verfahren reichen nicht hin, sie müssen durch empirische Forschungen zu kontrollieren und zu ergänzen sein. Erziehungswissenschaft hat zu beschreiben, zu erklären und Prognosen zu formulieren. Die fällige Orientierung an der Wirklichkeit von Erziehung, wie sie sich innerhalb konkreter Kontexte realiter vollzieht, führte allerdings auch zu Verengungen, die Rückwendungen zur Tradition einen Auftrieb gaben. Eine Konsequenz der „empirischen Wendung" war z. B. die Auffassung der Erziehungswissenschaft als „technologische Disziplin" als „Sozialtechnologie" (BREZINKA 1971, 1978; RÖSSNER 1979 a u. b), die bis heute eher zum Nachteil als zum Nutzen einer notwendigen empirischen Forschung innerhalb der Erziehungswissenschaften gereicht. Vorgeblich am Kritischen Rationalismus im Sinne ALBERTS und POPPERS orientiert, reduziert sie die Anliegen dieser Wissenschaftstheorie, indem sie nicht zwischen Erkenntnis- und Handlungstheorie differenziert. Wert- und Normfragen kommen auf der wissenschaftstheoretischen Bezugstheorie nur auf der Objektseite in den Blick. Den Hintergrund bildet die Einsicht, daß normative Begründungen nicht logisch abzuleiten sind. Werturteilsfreiheit im Sinne MAX WEBERS bedeutet, daß aus Tatsachen weder Werte noch Normen im Sinne von Handlungsanleitungen zu gewinnen sind. Damit ist das Normenproblem einer erziehungswissenschaftlichen Handlungstheorie nicht gelöst, sondern vielmehr erst gestellt. Bis heute sind ein Affekt gegen das Empirische und ein Positivismusklischee im pädagogischen Diskurs wirksam, die einen fruchtbaren Methodenpluralismus verhindern (zur Auseinandersetzung um die „realistische Wendung" vgl. auch ROEDER und LENZEN in diesem Band).

b) Eine zweite Wende westdeutscher Pädagogik hat man als deren „soziologische Umschrift" bezeichnet. Die Typisierung des erzieherischen Verhältnisses als „pädagogischer Bezug", als Dyade von Erzieher und Zögling, erschien angesichts der gesellschaftlichen Bedingungen und Verwicklungen erzieherischer Prozesse als obsolet. Der Begriff „Sozialisation" sollte helfen, die Theoriedefizite der geisteswissenschaftlichen Tradition sozialwissenschaftlich auszugleichen. Auch hier entwickelte sich rasch eine problematische Reduktion, die das berechtigte Anliegen sozialisationstheoretischer Konzeptionen überdeckte. Da war von der totalen gesellschaftlichen Determinierung die Rede (zur Kritik solcher Positionen in der heutigen Sozialisationstheorie vgl. auch GEULEN und OSWALD in diesem Band). Die Angst um die Personalität des Zöglings stachelte zur Kritik an. Die Bedenken gegenüber einem alles aus sich hervorbringenden

Individuum wirkten sehr beunruhigend, so daß die Einsicht, daß Individuation und Soziation zusammengehörige Strukturen innerhalb einer „gebrochenen Intersubjektivität" (HABERMAS 1976, S. 94f, 1977) sind, oft kein Gehör findet und überschallt wird von der traditionsreichen Schwarzmalerei von Selbst- und Fremdbestimmung. Technologische und fatalistische Reduktionen stehen nicht für die notwendigen Neuorientierungen der Erziehungswissenschaft, sondern repräsentieren Verkürzungen, die nur der Aufwärmung traditioneller pädagogischer Sorge und nicht der fälligen Korrektur am Überlieferten dienen.
c) Der technologischen und fatalistischen Reduktion versuchte die „Kritische Erziehungswissenschaft" zu entgehen. MAX HORKHEIMERS Abhebung der kritischen von der traditionellen Theorie liegt diesem Typus der pädagogischen Wissenschaft zugrunde. „Die Kritische Theorie (...) läßt die Verwertungszwecke sich nicht äußerlich sein, sondern bezieht sie selbst auf die durch Wissenschaft freigesetzten Mittel und wird eben dadurch zur Kritik." (BLANKERTZ 1979, S. 36) Der modernen Wissenschaft, die hier nicht etwa als überholt zurückgewiesen wird, darf die Frage, wie weit sie dazu beiträgt, daß Menschen in unserer Welt als Menschen leben können, nicht gleichgültig sein (vgl. SCHALLER 1987 d [1984]). Die Kritische Theorie in der Ausprägung, die ihr JÜRGEN HABERMAS gegeben hat, setzt mit dem Ziel der Übereinkunft (Konsens) hinsichtlich der in Richtung auf eine humane Zukunft zu machenden Schritte auf den unbehinderten („herrschaftsfreien") Diskurs der Menschen untereinander. Es werden universalpragmatische Verfahren entwickelt („kommunikative Rationalität"), wie Sprechakte reguliert werden müssen, um solch einen Konsens zu erreichen.

Die klassische deutsche Pädagogik, die partout autonom sein will und zu sein vorgibt, ist der eben behauptete kritische Bezug zum gesellschaftlichen Kontext, in dem sie statthat, ein Dorn im Auge. Der Zusammenhang von Pädagogik und Politik läßt sich offenbar in Deutschland nach gemachten Erfahrungen nicht anders als so verstehen, daß die Politik sich der Pädagogik bedient, um ihre Ziele durchzusetzen. Davon ist hier jedoch nicht die Rede. Erziehung fungierte dann im herrschenden System affirmativ und nicht, wie hier gefordert, kritisch.

Daß hingegen jede bedeutende uns überlieferte und wohl auch jede kommende Pädagogik diesen gesellschaftskritischen Impetus aufweist[2] und aufweisen wird, läßt sich leicht zunächst an einigen historischen Beispielen aufzeigen, ehe er ihr systematisch zugesprochen wird: Wenn es KANT in seiner Pädagogik um die Hervorbringung der „Menschheit", d. h. der Menschlichkeit, im Menschengeschlecht geht, dann ist Erziehung darauf gerichtet, daß „ein künftig besserer Zustand dadurch hervorgebracht werde" (KANT 1964 [1803], S. 704). Die Pädagogik gehört freilich neben der Politik zu den schwersten Erfindungen und ihre Idee ist strittig. — ROUSSEAU geht ausdrücklich von einer Kultur- und Gesellschaftskritik aus. In einer mehr und mehr verbürgerlichenden Gesellschaft will er im Rückgang auf die „Natur" den wahrhaften Bürger rekonstruieren, der, das zeigt er in seinem „Emile", so fest auf sich gegründet ist und in sich ruht, daß er

2 Zum Verhältnis von Pädagogik und Politik vgl. SCHALLER 1991 a und FISCHER 1991.

nicht den Verkehrtheiten der Mitwelt erliegt; der am Ende seines Bildungsgangs lernen soll, daß auf das „positive Recht“ dieser oder jener Verfassung nicht zu bauen, daß stattdessen das „politische Recht“ als Maßgabe für die Wiederherstellung der Gesellschaft zuwege zu bringen sei. — Denke man an den Pietisten A. H. FRANCKE. Von dem Hauptzweck seiner Pädagogik, der Ehre Gottes, war bereits die Rede: Durch auf Gott gerichtete Menschen soll die Menschenliebe (Philanthropia) Gottes wirksam werden und in der Welt Gestalt annehmen. Seine berühmten Halleschen Anstalten, und unter ihnen seine pädagogischen Einrichtungen, sollen, wie er sagt, zur „Besserung des gemeinen Wesens“ dienen. — Oder J. A. COMENIUS[3]: Die Pädagogik seiner Reife, die „Pampaedia“ (COMENIUS, 1991 [1657]) steht in der Mitte seiner siebenteiligen „Allgemeinen Beratung über die Verbesserung der menschlichen Verhältnisse“ als Dreh- und Angelpunkt der Weltverbesserung. Das Werk läuft auf eine „Panorthosia“ (Allverbesserung) hinaus, die ein Bild der neuen Welt vorzeichnet, mit drei Weltgremien an der Spitze, welche für die Wahrheit, den Frieden und den Glauben zu sorgen haben.

Das Plädoyer für eine in diesem Sinne Kritische Erziehungswissenschaft besagt nun gewiß nicht, daß sie durchaus umstürzlerisch sein soll: um *Besserung,* um „emendatio“ geht es. Die eben erinnerten pädagogischen Denker der Vergangenheit mochten sich des Guten noch gewiß sein, und von ihm her wußten sie zu ermessen, worin und wieweit die faktischen Verhältnisse hinter dem Guten zurückblieben und in welcher Hinsicht sie zu verbessern wären. Uns heute und einer künftigen Erziehungswissenschaft ist solche Gewißheit versagt. Des Guten nicht gewiß, kommen wir über den Komparativ (Besserung) nicht hinaus. Leibhaftige Menschen erfahren in den gegebenen Verhältnissen deren Grenzen, und in der leidvollen Erfahrung der Grenze (nicht in der ideologischen Versicherung des Guten) eröffnet sich die Chance, daß die Vision des Besseren ihren Anfang nimmt in Gestalt von erdnaher Erwartung und begründeter Hoffnung. Erziehung hat diese Vision des Besseren für das Handeln der heranwachsenden Menschen verbindlich zu machen.

Statt unangefochtener Behauptung der Gewißheit des Guten hier umschauhaltende Skepsis: Relativismus und dennoch Verbindlichkeit: — Wie reimt sich das zusammen? — Damit wird ein bereits angesprochener Gedanke wieder aufgegriffen.

Wir finden heute in dem, was ist, keine Stelle mehr, der die Regel über das, was sein soll, entspringen könnte. Verbindlichkeit — Regel hier und heute — wird nicht vorgefunden, sondern hervorgebracht: um unseres Weiterlebens *als Menschen* willen *generiert* im Prozeß gemeinsamer Sinnverständigung: Kommunikation. Diesem Prozeß können wir nicht entrinnen; wir sind als Menschen, die mit anderen Menschen in dieser Welt leben, in diesen Prozeß verwickelt, bevor wir um ihn wissen. Hinter diese Erfahrung des Mit-Anderen-in-Welt-Seins kön-

3 Hier neben der ausgebreiteten tschechischen Comeniusforschung die Arbeiten von FRANZ HOFMANN und KLAUS SCHALLER. Eine Übersicht bietet SCHALLER 1990.

nen wir nicht zurück. Wir sind (gleichsam) verurteilt zu Sinn (MERLEAU-PONTY 1966, S. 16, frz. 1945).

Wenn das so ist, erhält die Erziehung eine neue Dimension. Da geht es nun nicht mehr allein um Mitteilung von Fakten und Vermittlung von vorformulierten Sinnsätzen (Normen), sondern darüber hinaus und vielleicht zuvor — zufolge der Topik der Pädagogik der Kommunikation, nämlich zufolge ihrer Einstellung in eine Gesellschaft, die Demokratie verwirklichen möchte — um Hervorbringung von Sinn, welcher für die an der Hervorbringung Beteiligten (Lehrer *und* Schüler) als Stück ihrer Selbst von ihnen nicht zu trennen und eben deshalb für sie auch um ihrer selbst willen verbindlich ist.

Daß es sich bei der Kommunikation um Nachrichtenübermittlung handelt, möglichst reibungs- und verlustlos — der Macher einer Sendung ist an ihrem Ankommen interessiert —, ist allbekannt. Zu diesem Zwecke werden ganze Kommunikationssysteme eingerichtet. Daß aber in der Kommunikation auch Neues zustande kommen kann, was nicht vorher schon feststeht, was keiner der Kommunikanten schon besitzt und in den Kommunikationsprozeß eingebracht hat, das ist ein großes Rätsel. Dieses Rätsel zu lösen, war die vorrangige Aufgabe, die die Pädagogik der Kommunikation als Bildungstheorie zu lösen hatte — um eine creatio ex nihilo konnte es sich doch schwerlich handeln (SCHALLER 1991 c).

Die Erziehungsphilosophie JOHN DEWEYS, vor allem in der Interpretation EDUARD BAUMGARTENS, bot hier eine dankenswerte Hilfestellung: „Alle Sprache als gesprochene Rede hat dieses fundamentale Ereignis zur Voraussetzung, daß natürliches Handeln natürlich gesellter Partner aus der Ebene der Aktion und Reaktion in die Ebene der Partizipation und der Kommunikation übergesprungen ist, daß in der Gestalt des kreuzweisen Handelns den Handelnden im Schnittpunkt der beiderseitigen Handlungslinien gewissermaßen die gemeinsame Richtungsresultante, besser, die ‚Seele' ihres Unternehmens, der Logos desselben — da draußen — sichtbar wird, und sie einander auf diesen äußeren, vorausseienden Schnittpunkt hin einander ‚Zeichen' geben und verstehen können." (BAUMGARTEN 1936, S. 93) Dieses Neue an Sinn ist auch für die Zukunft nicht festzuschreiben; es ist nicht etwa von heute ab und für immer für unser Handeln gültig. Es ist nicht Resultat, sondern *Resultante;* nicht ablösbar, sondern unlösbar mit dem Handlungskontext und den Handelnden verknüpft.

So weit, wenn man so will, der „phänomenologische" Befund. Für die Pädagogik, die Erziehungswissenschaft, reicht er allerdings nicht aus. Nicht jeder neue Einfall, den das Räubertrio etwa „kommunikativ" ausheckt, ist „pädagogisch" zu billigen. So scheint auch die Pädagogik der Kommunikation nicht um ein Kriterium herumzukommen. Auf einen Rest von Dogmatismus, einen reflektierten freilich, ist sie angewiesen. Darum spricht sie von *rationaler* Kommunikation (SCHALLER 1987 a; MÜLLER 1991).

Nicht allen nur beliebigen „Resultanten" von Kommunikation überhaupt ist pädagogisch der Zuschlag zu geben, sondern nur einer solchen, die im Horizont der Erwartung geführt wird, wie wir hier und heute als Menschen in einer menschenwürdigen Welt miteinander leben wollen: im Horizont unserer *humanen* Erwartung, welche angesichts erfahrener Unmenschlichkeit ermißt und ausmißt, was Humanität heute und hier besagt. Diese Erwartung wird häufig gerade von den Menschen formuliert, denen ihre Erfüllung in vielfältiger Weise — personell und institutionell — vorenthalten wird. Man nennt sie die Betroffenen. (BÜSER 1983)

Gesellschaftliche Realität ist nicht mit gesellschaftlicher Erwartung zu verwechseln. Jene gesellschaftlichen Erwartungen, die in der frühen Neuzeit den Aufbruch der bürgerlichen Gesellschaft leiteten, bewahrten sie nicht davor, diese in ihren historischen Gestalten permanent zu verraten. Die bürgerliche Gesellschaft verbürgerlichte; sie erneuerte in Bildungsbürgertum und Kapitalismus feudale Strukturen, die die Betroffenen gerade von sich abschütteln wollten. Dem Bürger steht der Bourgeois gegenüber. So ist in der konkreten Gesellschaft immer mit dem Widerspruch von Realität und Erwartung zu rechnen. Als Koordinaten der bürgerlichen Gesellschaft, die jenen Aufbruch des Bürgertums begleiteten, nannte anfangs die Pädagogik der Kommunikation die *Demokratisierung der Lebensverhältnisse* und eine *rationale Lebensführung.* In diesen Maßgaben sei die historische Vernunft der bürgerlichen Gesellschaft inkarniert (vgl. hierzu SCHALLER 1987 b [1983]): Nur die Resultanten einer im Horizont dieser historischen Gestalt der Vernunft geführten Kommunikation seien rational im hier gemeinten Sinne und verdienten pädagogisch und politisch Zustimmung.

Man hat der Pädagogik der Kommunikation vorgehalten, die von ihr ausgewiesenen Maßgaben der bürgerlichen Gesellschaft, der auch wir noch angehören, selbst wenn ihr Ende gekommen sein sollte, seien historisch nicht nachweisbar, seien bestenfalls ein idealtypisches Konstrukt. Das mag schon so sein. Und doch sind wir gerade unlängst Zeugen eben dieser gesellschaftlichen Erwartung geworden. Ich denke an die Herbstereignisse des Jahres 1989 in der DDR und in Osteuropa. In überwältigender Weise kam in den Leipziger Montagsdemonstrationen, gerade auch in ihrer Gewaltlosigkeit, zum Ausdruck, daß Demokratie immer noch Thema ist.

Solange mit solchem Pathos von Demokratie die Rede ist, wird der Autor allerdings zu einem nahezu predigthaften Ton genötigt. Das mit der Demokratie klingt wie ein Bekenntnis, und es wird eben immer Leute geben, die anderen Bekenntnisses sind.

Man sollte darum versuchen, das Gesagte von einem elementareren Zugang aus zu erreichen; auch ist ja noch immer ungeklärt, wie es dazu kommt, daß die Subjekte mehr in die gemeinsame Kommunikation einbringen als wechselweise Argumente, mit denen sie sich ihrer selbst bewußt identifizieren und als deren Subjekte sie sich ausdrücklich verstehen, — daß in der sinngenerierenden Kommunikation mehr ins Spiel kommt als sich auf das Konto selbstbewußter Subjekte verbuchen läßt.

Wir alle kennen immer nur das, was uns in der Helle unseres authentischen Selbstbewußtseins von uns selbst in den Blick kommt: gleichsam unsere Vorderseite. Was wir nicht im Blick, was wir gleichsam auf dem Rücken haben, das tragen wir zwar (oder trägt es uns?), aber sehen können wir es nicht. Unserem auf uns selbst gerichteten Blick gehen Erfahrungen voraus. Diese Erfahrungen sind von unserem ausdrücklichen Hinsehen unabhängig. Wir machen sie unumgänglich als Leibwesen, die mit anderen in Welt sind, in einer historisch konkreten Welt mit ihrer Vergangenheit und Zukunft, ihren Spannungen und Verharmlosungen, ihren Ängsten und Tröstungen, ihren Erniedrigungen und Hoffnungen, ihren Konflikten und Versöhnungen. Dies alles haben wir nicht aus uns — aus unserem nur uns eigenen, ureigenen, in unserem Selbstbewußtsein einholbaren Bestand —, sondern aus einer jeder rationalen Auseinandersetzung zeitlich vorausgehenden Gemeinsamkeit in Familie, Gruppe, „Klasse", Gesellschaft („primäre Sozialisation"). Diese wiederum hat ihren Grund in einer *primordialen,* d. h. nicht nur anfänglichen, sondern unser Selbstsein fundierend begleitenden Sozialität, auf welche die schlichte, nicht zu leugnende und nie zum Schweigen zu bringende Erfahrung hinweist, daß wir als Menschen mit anderen Menschen in Welt sind, und daß gerade dieses Mit-Anderen-in-Welt-sein unsere Menschlichkeit konstituiert. Auf dem Boden solcher *primordialen Sozialität* sind die Sichtweisen vorbereitet worden, wie wir Sachen und Mitmenschen, wie wir uns selber sehen, wie wir die Verhältnisse einschätzen und Pläne entwerfen; auf ihm sind sie aber zugleich auch kritisierbar unter der Frage, wie weit sie mehr Menschlichkeit für alle Menschen ermöglichen oder einschränken. — Wenn Menschen in bedrohter Lage nicht mehr ein und aus wissen, wenn sie in gemeinsamer Kommunikation einen menschenwürdigen Ausweg suchen, dann kommen diese vergessenen Dimensionen von ihrer sozialen Herkunft, die sie ohne ihr Wissen mit den anderen Kommunikanten selbst auch im Dissens verbindet, als das Unerwartete, das Neue, das Kreative ins Spiel; aber auch jene primordiale Sozialität als Maßgabe von Menschlichkeit meldet sich zu Wort, die die Fülle der Einfälle unter der Frage nach Besserung des Zusammenlebens aller Menschen auf dieser Welt in Erwägung zieht.

Dieser *Logos primordialer Sozialität* — die Maßgabe jenes Mit-Anderen-in-Welt-seins — fundamental für unser Selbstsein, fundamental für menschliches Zusammmenleben auf der Welt, bleibt zufolge des geschilderten Konstitutionszusammenhanges in jedem Individuum lebenslang erinnerbar und darum sind Menschen darauf ansprechbar. Für ihn nun hat die Pädagogik Partei zu ergreifen; er ist eine politisch-pädagogische Vernunft, die bereits in der Schule zum Tragen kommen sollte. Eine Kommunikation, die dieser Rationalität, die dieses Logos primordialer Sozialität eingedenk ist, führt zu Resultanten (Koordinanten), die nicht nur für die Kommunikanten verbindlich, sondern auch politisch und pädagogisch *zustimmungsfähig* sind. Die oben genannten „Koordinaten" der bürgerlichen Gesellschaft — Demokratisierung der Lebensverhältnisse und rationale Lebensführung — werden in rationaler Interaktion und Kommunikation für die in der Situation des vereinten Deutschlands leibhaft verfaßten, unter Wohlstand und Mangel in Ost und West gleichermaßen leidenden und in diesem Kontext miteinander handelnden Menschen zu immer neu sich stellenden und immer neu zu lösenden Aufgaben (Koordinanten), zu Resultanten gemeinsamer Lebensführung in Öffentlichkeit, Familie und Schule.

Relevant für unser Handeln werden also die historisch vermittelten Koordinaten immer erst dann, wenn sie unter der Maßgabe primordialer Sozialität, unter der Perspektive der Besserung unseres Zusammenlebens mit anderen in Welt angesichts einer nicht erwarteten Lebenssituation im intersubjektiven Vollzug von Interaktion und Kommunikation gleichsam verflüssigt, in Koordinanten „umformuliert" werden. Koordinanten sind dann den historisch konkreten Subjekten nicht mehr vorgegeben wie die in ihrer Interaktions- und Kommunikations*geschichte* von der Sozietät erhandelten und verordneten Koordinaten (z. B. die Ordnungsgesetze einer „kapitalistischen" und die einer „sozialistischen" Welt); hier müssen die Menschen selbst aktiv werden, sich hier und heute auf den sinngenerierenden Vollzug von Interaktion und Kommunikation in Inter-Subjektivität einlassen und ausmachen, wie es auf der Folie ihres konkretrelevanten Lebensentwurfs oder genereller: gemäß dem Logos primordialer Sozialität nun weitergehen soll. So wird von vorgegebenem Sinn, von gesellschaftlicher Norm zur konkreten Handlungsorientierung fortgeschritten. „Allgemeine Regeln (. . .) sind nicht imstande, konkrete Unternehmungen zu erzeugen und zu lenken. Allenfalls taugen sie als Korrektiv: sie verkörpern den ‚Gerichtshof der Vernunft'." (WALDENFELS 1985, S. 91)

Die in diesem „Horizont von Rationalität" kommunikativ erhandelten Koordinanten lenken das Handeln der Kommunikanten auf das in ihrem Lichte Bessere, was um des Weiterlebens willen verwirklicht werden soll. Dieses kann die bisherige Lebensführung bestätigen, aber auch kritisch zur Neuartikulation, zur Änderung, zur Besserung des Sozialgebildes nötigen. — Politik und Pädagogik sind in einem wechselseitigen Bedingungsverhältnis aufeinander verwiesen.

3. THEMENKREISE DER PÄDAGOGIK DER KOMMUNIKATION

Bildung und Erziehung, Erziehung und Unterricht, Lehren und Lernen sind die zentralen Themen einer jeden Pädagogik. Auf sie hin ist nun das Gesagte zu konzentrieren und zu rekapitulieren.

Die genannten Themen müssen innerhalb der Pädagogik der Kommunikation in zwei Anläufen durchgesprochen werden (das folgende in Anlehnung an SCHALLER 1987 c [1984]). Diese Umständlichkeit rührt daher, daß in der Pädagogik der Kommunikation — wie dargelegt — über Kommunikation in zweifacher Hinsicht zu sprechen ist: Zum einen meint Kommunikation einen unserem Selbstsein und Selbstverständnis in fundierendem Sinne vorausgehenden Vollzug von Zwischenmenschlichkeit oder Inter-Subjektivität, in welchem sich sozialer Sinn herstellt und in dem es zur Verständigung über die konkreten Alltagsprobleme unseres Zusammenlebens, also zur Orientierung für unser Handeln als Menschen kommt (Ko I), und zum anderen kann man unter Kommunikation jene Prozesse verstehen, in denen bereits konstituierter Sinn zwischen Subjekten vermittelt wird (Ko II). Der eine Prozeß ist jeweils die Rückseite des anderen.

Zum ersten: Wir artikulieren uns als Ich ebensowenig von einer naiv vorausgesetzten genetischen Ausstattung her wie von einer gleichfalls naiv milieutheoretisch erklärten Geprägtheit unseres Selbst. Auch die additiv definierte Synthese beider Positionen erklärt nicht unser Selbstsein. Hingegen fassen wir die individuelle Perspektive der „Landschaft“ *gemeinsam* inter-subjektiv erhandelten Sinns mit den Wörtern Ich, Du und Wir zusammen. Das Ich ist die je konkrete, perspektivische Sinngestalt gemeinsamen sozialen Sinns, ihn nie ganz erschöpfend. Historisch konturiert, prägt er in zwischenmenschlicher Inter-Aktion ständig ein neues Relief aus, als dessen individuelle Perspektive das Einzel-Ich sich immer wieder reformuliert. Darum kann das Ich sich nie aus den Grenzen seines Einzelnerseins aufbringen und verständlich machen, sondern es konkretisiert sich allein auf dem Grund gemeinsamen Miteinanderhandelns (Inter-Aktion), das insofern Kommunikation ist, als es immer schon ein „Sich-richten-auf“ ist, als in ihm Subjekte im handelnden Vollzug des Zwischen Sinn konstituieren. Diese Synthese von Sinn ist nicht vollständig der partikular-eigenen Aktivität der Individuen zuzuschreiben. Vom Anspruch der Selbstmächtigkeit des Einzelnen her gesehen ist die Aktivität des individuellen Subjekts von „passiven“ Momenten verschattet. So kommt es, daß das Ich als Einzel-Ich, das Du in seinem Anderersein niemals authentisch (überzeugend) aufklärbar ist.

Vor unserem Reflektieren über uns selbst und unsere Welt sind wir als leiblich existierende Wesen *in* Welt und *mit* Anderen. Das Kind bewegt sich verhaltend-handelnd im Inter-Aktionsfeld der Familie, längst bevor es zu sich Ich sagt. Die Inter-Aktion der Familienmitglieder ist Kommunikation in der erstgenannten Bedeutung: Alles, was getan wird, wird im Konstitutionszusammenhang von Sinn getan und konstituiert diesen. Da mag es darum gehen, alles Handeln der Maßgabe der Rücksicht auf die anderen oder der der Selbstdurchsetzung auf Kosten der anderen zu unterstellen. Dieses präreflexive Sinnrelief des Vollzugs von Inter-Subjektivität geht an dem Kind nicht spurlos vorüber: Es gehört vielmehr zur Substanz seines Selbstseins in individueller Perspektive, von der es sich vielleicht eines Tages umlernend distanzieren, aber nie vollständig lossagen kann. Diese Kommunikationsgemeinschaft Familie wird sich in bestimmten konkreten Situationen bewähren müssen, und da wird es sich zeigen, ob das sie kennzeichnende Sinnrelief zur Lösung der anstehenden Lebensprobleme ausreicht oder nicht. Gerade in solchen Momenten kann das unser Handeln leitende Vorverständnis, können wir selbst uns auffällig werden. In diesen Momenten können die einzelnen Familienmitglieder, ebenso wie die Familie als ganze, etwas über sich erfahren (reflexiv): Sie sagen erneut und neu zu sich „Ich“; sie sagt zu sich „Wir“. Sie reformulieren sich als Ich, Du und Wir — und möglicherweise werden sie gemäß ihrem neuen Selbstverständnis ihr Miteinander-Handeln anders gestalten, werden sie sich selbst in ihrem Miteinander-Handeln anders einrichten müssen.

Im Vollzug von Inter-Subjektivität als gemeinsamer Erhandlung von sozialem Sinn geschieht zugleich zweierlei: Die Konstitution von Ich und Wir, *Individuation* und *Soziation.* Weder Ich noch Wir gehen dieser Kommunikation (als kommunikative Aktzentren vorgegeben, letztlich unwandelbar, allenfalls in ihrem Grundbestand modifizierbar) voraus. Individuum und Sozietät stehen hingegen beide auf dieser Ebene der Kommunikation (I) total zur Disposition; gerade auch im Umlernen, im Anderswerden, im Wandel wird ihre Identität als dieses Individuum, als diese Sozietät bestätigt.

Über die Prozesse der Individuation und Soziation im Vollzug von Inter-Subjektivität gibt nachstehende Skizze Auskunft:

Vollzug von Inter-Subjektivität

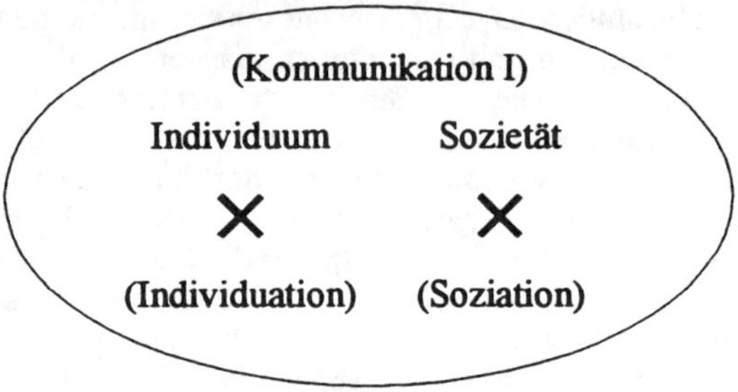

Skizze 1

Zum anderen: Von Individuen und von Sozietät kann man aber auch als von bereits konstituierten sprechen. Individuelle Subjekte agieren und reagieren hier wechselseitig aufeinander, ebenso Einzelne und Sozietäten. Auch hier wird Intersubjektivität vollzogen. Dabei wird nun aber das Augenmerk nicht auf das *Zwischen* des beide konstitutierenden Vollzugs von Kommunikation (I) gelegt, sondern auf die Wechsel*wirkung* beider, wobei das Zwischen in seiner Begründungsleistung für Subjektivität ausgeklammert und nur noch als technisch zu überbrückende Distanz verstanden wird. Statt *Inter-Subjektivität* schreiben wir hier *Intersubjektivität.* Einzelsubjekte sind auf dieser Ebene der Interaktion in sich abgeschlossene Aktzentren, die einander gegenüberstehen und sich etwas mitzuteilen haben (Ko II). Die Familie wird dann als starres Kollektiv, *die* „Gesellschaft“ als ein invariables Normensystem verstanden, und der Einzelne ist derart in den Familienverband und die Gesellschaft einzuführen, daß er in den Vorgaben solcher *Sozialisation* er selbst sein kann, daß er gemäß den Erwartungen einer solchen monolithisch verstandenen Sozietät seine „Rolle“ spielt.

Beide Ebenen der Kommunikation (I, II) stehen in einem Fundierungszusammenhang. Er wird deutlich, wenn obige Skizze um 90 Grad gekippt wird.
Die Pädagogik der Kommunikation hat beide Ebenen der Kommunikation zu thematisieren; zuvörderst jedoch den Bereich von Kommunikation I. Denn hier geht es um Konstitution, um Bildung der Subjektivität der individuellen und sozialen Subjekte im Vollzug von Inter-Subjektivität, während dort die an den Subjekten und Sozietäten aufweisbaren, von ihnen angeeigneten Strukturen, Kompetenzen u. dgl. Thema sind.

Pädagogisch läßt sich über die Wechselwirkung von Subjekten (Ko II) Verbindliches nur sagen, wenn im Blick bleibt, daß sie je individuelle Perspektiven

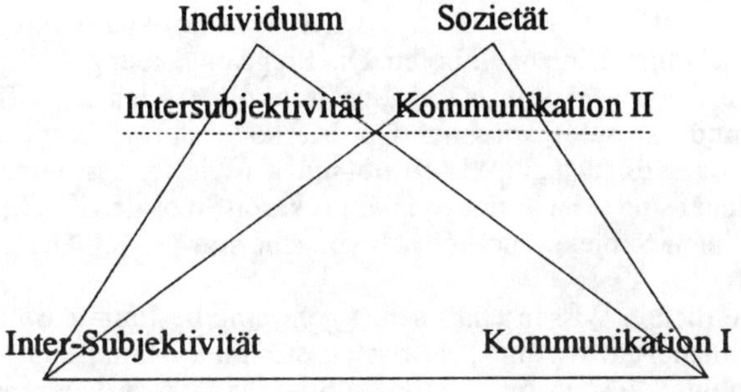

Skizze 2

des im Vollzug von Inter-Subjektivität konstituierten Horizonts gemeinsamen sozialen Sinns (Ko I) *sind.* Diese Erinnerung läßt die Wechselwirkung zwischen Subjekten nicht zum Selbstzweck verkümmern oder sie für beliebige „pädagogische" Zwecke einspannen, sondern sie stellt den ihr Subjektsein begründenden sozialen Sinn infrage: Sie fragt nach der Humanität der die Subjekte umschließenden gemeinsamen Lebenswelt, die erst dann auffällig wird, wenn wir in und mit ihr als Menschen nicht mehr zurechtkommen. Konzentriert auf die Ebene der Kommunikation I wird die Pädagogik der Kommunikation *kritisch.*

Die pädagogische Kommunikation, die das Subjekt auf (in) den Horizont sozialen Sinns, also auf den tatsächlichen Vollzug von Inter-Subjektivität hier und heute (rück-)verweist und mit seiner Subjektivität zugleich diesen sozialen Kontext im Blick auf primordiale Sozialität infrage stellt (Betroffenheit), die damit den realen lebensweltlichen Vollzug auf mehr Humanität hin öffnet, nennen wir *rationale Kommunikation.* Sie entzündet sich dort, wo wir erfahren, daß konstituierter sozialer Sinn in der Mannigfaltigkeit seiner individuellen Perspektiven, daß wir selbst nicht mehr imstande sind, die anstehenden Alltagsprobleme *menschlich* zu lösen. Neuorientierung, Umlernen werden für die einzelnen Subjekte wie für die Sozietät gleichermaßen unumgänglich.

Die für die Pädagogik der Kommunikation kennzeichnende Doppelung ihrer Aussagen kommt in ihrer Erziehungsdefinition zum Ausdruck: *Hervorbringung* und *Vermittlung sozialen Sinns* als humane Handlungsorientierung in *tendenziell symmetrischen Vollzügen* rationaler Kommunikation im Schnittpunkt von Individuation und Soziation nennt sie Erziehung.

3.1 Die Pädagogik der Kommunikation als kritische Wissenschaft

Die neuzeitliche Wissenschaft sucht der Forderung DESCARTES' (1596—1650) nach klarer und deutlicher Erkenntnis nachzukommen. Somit hat die unser Selbstsein mitfundierende Schattenhaftigkeit in ihr keinen Platz. Der Vorwurf des Agnostizismus liegt nahe. Denn diese Unbestimmtheit läßt sich von den Regeln, denen sich um der Gewißheit des Wissens willen das dem Menschen eingeborene geistige Vermögen unterwirft, um zur klaren und deutlichen Erkenntnis zu kommen, nicht einholen. Die Frage muß aber gestellt werden dürfen, ob nur ein solches Wissen als Wissen gelten soll, das dem Zugriff jener quantifizierend und messend vorgehenden Methode der Erkenntnisgewinnung standhält, oder ob es auch ein Wissen gibt und als Wissen Zustimmung verdient, dessen wir sicher sind jenseits der von der prekären Selbstgewißheitsbehauptung des erkennenden Subjekts methodisch versicherten Gewißheitsforderung der Wissenschaft.

Der neuzeitlichen Wissenschaft selbst geht eine bestimmte Sinngestalt zwischenmenschlicher Praxis, eine historisch bestimmbare Sinngestalt des Vollzugs von Inter-Subjektivität, in fundierendem Sinne voraus, welche uns erst dergestalt wissenschaftlich sehen läßt, ohne selbst wissenschaftlich im Sinne dieser Wissenschaft gesehen werden zu können. Wissenschaft kommt erst als Reduktion dieses sie begründenden Lebenzusammenhangs zustande. Von dieser Reduktion ist abzusehen; sie ist einzuklammern (epoché); und jenseits der Axiomatik der Wissenschaft kommt dann in der sie begründenden zwischenmenschlichen Praxis ein Überschuß sozialen Sinns als Horizont der sozialen Verantwortung von Wissenschaft zum Vorschein, den die Wissenschaft gleichsam vergessen hat und an den sie zu erinnern ist.

Wissenschaft gewährt eine methodisch vergewisserte Sicht der Dinge. Wie soll nun die eben erwähnte Einklammerung bewerkstelligt werden? Wie können die vorwissenschaftlichen Erfahrungsvollzüge, die erst eine solche Sichtweise als eine besondere Weise des Sehens freigeben und insofern den Sinn wissenschaftlicher Sicht definieren, vergegenwärtigt werden? Die damit geforderte Problematisierung von Wissenschaft im Blick auf soziale Praxis ist heute unverzichtbar. Diese in unserem Zusammenhang auch für die Pädagogik der Kommunikation geforderte „Strenge“ macht sie zur *kritischen* Wissenschaft.

Unsere Frage muß nun lauten: Wann, in welchen Situationen werden die unthematisch je unser Wissen leitenden (fungierenden) Sinngestalten des Vollzugs von Inter-Subjektivität auffällig? Nur dann geschieht dies, so können wir im Blick auf Wissenschaft sagen, wenn wir mit dem Weiter- und Forttreiben dieses Sinnkonstituts „Wissenschaft“ die anfallenden Lebensprobleme nicht mehr lösen können. Was die Wissenschaft angeht, ist hierzu angesichts der heute nicht länger wegzuredenden ökologischen Probleme die Stunde gekommen.

Einige Beispiele: a) Dem Dunst unserer Städte entronnen, treten wir am späten Abend auf einer einsamen südlichen Insel vor das Haus, um den Sternenhimmel zu bewundern. Wir übersehen dabei die Dunkelheit der Nacht. Wir vergessen sie, obwohl gerade sie es ist, die — „unthematisch fungierend“ — das Licht der Sterne hervortreten läßt. Erst wenn es hernach ans Kofferpacken geht, wird die Dunkelheit als sie selbst thematisch und zugleich problematisch. Wir kommen in ihr mit unserem Vorhaben nicht zurande. Wir zünden darum eine Petroleumlampe an; aber immer noch lauert in den Ecken die Dunkelheit, und wir sehen zu wenig. Durch Hin- und Herrücken der Lampe suchen wir ihrer Herr zu werden. Das Übersehen der Dunkelheit, unthematisch dem Betrachten der

Sterne beigeordnet (koordiniert) und insofern höchst bedeutsam, ist beim Kofferpacken nicht hinzunehmen; Dunkelheit muß bestritten werden, indem wir das Licht in alle Ecken tragen. Die sehenlassenden Koordinaten der Sternenschau — in einer neuen Lage (angesichts der Aufgabe des Kofferpackens) erst auffällig geworden — werden nun von uns in einer Weise „umformuliert“ und aufgehellt zu Bedingungen (Koordinanten), welche uns Kofferpacken möglich machen. — b) Wir trösten uns beim Tod eines lieben Verstorbenen, indem wir von seiner Erlösung, von seinem Heimgang sprechen, weil wir den Tod in einem bestimmten — vielleicht in einem christlichen — Sinn erfahren. Im letzten Krieg wurden aus einer Pfarrerfamilie vier Söhne dahingerafft. In dieser Situation tritt jene unthematisiert fungierende Sinngestalt christlicher Lebensführung hervor. Die Betroffenen werden sie überprüfen. Manche werden darüber zum Zweifler, und wir werden sie verstehen können. Nicht weniger vernünftig aber ist es, wenn sie engagiert für den Frieden eintreten und andere mitzureißen suchen. Die Erfahrung von Krieg innerhalb der Sinngestalt der Friedenspredigt ist der Rationalitätsgrund der Friedensbewegung; nicht ist der Friede „an sich“ vernünftig. — c) Neben DESCARTES gehört zu den Gründungsvätern der modernen Wissenschaft BACON VON VERULAM (1561—1626). Induktiv, von den einzelnen Naturerscheinungen ausgehend, müsse man den Naturgesetzen auf die Spur kommen. „Interpretation der Natur“ — nicht aus innerwissenschaftlicher Konsequenz heraus gefordert —, sondern weil sie „Herrschaft des Menschen“ bedeutet. Dieses „quasi-transzendentale erkenntnisleitende Interesse“ (HABERMAS 1968, insb. S. 234ff.) wird von der Wissenschaft — wiewohl es sie begründet — nicht ausgesprochen. In der Zeit eines weltweiten (nicht nur politischen) Imperialismus jedoch wird es auffällig und problematisch.

Sofern sich die Pädagogik der Kommunikation der Kommunikation II zuwendet, wo es um Wechselwirkung zwischen konstituierten Subjekten, zwischen Individuum und Gesellschaft geht, kommt sie mit der reinsten Form neuzeitlicher Wissenschaft, mit ihrer empirisch analytischen Methodologie, orientiert am Muster der mathematischen Naturwissenschaft, aus. Hier gibt es vieles zu operationalisieren und zu korrelieren; hier lassen sich Bedingungszusammenhänge aufweisen und ihnen entsprechende Prognosen über „Erziehungserfolge“ stellen. In bezug auf die Ebene von Kommunikation I aber muß die Pädagogik der Kommunikation strenger sein. Hier wird sich zeigen müssen, daß die Erziehungswissenschaft als empirisch-analytische Realwissenschaft in einer durchaus problematischen sozialen Praxis fundiert ist, die ihr in ihrem „wissenschaftlichen Betrieb“ verborgen bleibt. Was in jener Erziehungswissenschaft dunkel bleibt, hellt die Pädagogik der Kommunikation für ein Wissen auf, indem sie die Grenzen der Wissenschaft und eines ausschließlich an ihr orientierten pädagogischen Handelns mit der sie fundierenden problematisch gewordenen Sinngestalt unserer Lebenswelt konfrontiert. Damit wird nicht jene Wissenschaft suspendiert, sondern die ihr bei- und vorgeordnete soziale Praxis unserer Lebenswelt in ihrer heute fragwürdig gewordenen Sinngestalt kritisiert.

3.2 Bildung heute

Ein herkömmlicher Bildungsbegriff umfaßt die Spanne von der Gottesebenbildlichkeit bis zum Selbstbild, dem in all seinen Kräften zu einem Ganzen entfalteten Menschen. Bildung, dem Kunstwerk vergleichbar, meint dann die vollkommene Darstellung der im individuellen Selbst beschlossenen Möglichkeiten, seien diese als die Spuren Gottes oder ihm überlassene, seine Individualität ausmachende Anlagen verstanden. Dieser „humanistische" Bildungsbegriff, die zu seiner je individuellen Realisierung benutzten „Bildungsgüter" — Sprachen, Mathematik, Geschichte —, der damit verbundene Gedanke einer universalen Bildung mußten mit der Erfahrung der Gesellschaftlichkeit des Menschen, der Unerreichbarkeit von Universalität, der Unumgänglichkeit von Spezialisierung des in der Arbeit sich „reproduzierenden" Menschen, der industriellen Produktion zunehmend kritisiert werden.

Unsere Fragen aber reichen weiter. Muß denn Bildung — Vorgang oder Ergebnis — auf die Kontur des Einzel-Ich bezogen werden? Die lange Diskussion über die formale, die materiale und die kategoriale Bildung (vgl. KLAFKI 1964, insb. S. 38—45) führt darüber ebensowenig hinaus wie die heute beliebte Rede von Kompetenzen — nicht so sehr Kenntnissen oder Fertigkeiten —, die jeder sich zu erwerben habe, oder über die rechte Gesinnung, die jedem zum Zwecke *seiner* Bildung beigebracht werden müsse.

Bildung derart als spezifische Strukturiertheit des individuellen Subjekts zu deuten, ist in der Pädagogik der Kommunikation nur in bezug auf die Ebene der Kommunikation II möglich, verbunden mit dem deutlichen Hinweis, daß die Subjektstrukturen nichtauthentische Abstraktionen sind des sie fundierenden Vollzugs von Inter-Subjektivität. Beschränkt man hingegen die Kontur des Selbst nicht auf seine individuell-monadische Privatheit, nimmt man in sie jene Perspektive des Vollzugs von Inter-Subjektivität hinein, welche die Substanz des Selbst mit ausmachen, dann kann man Bildung durchaus als Selbstverwirklichung deuten. Bildung heißt dann mit sich selbst, und d. h. gerade auch mit den mich tragenden gesellschaftlichen Verkehrsweisen, ernstmachen, heißt die Reflexivität, die peinliche Selbstbezogenheit des herkömmlichen Bildungsgedankens, überwinden. Bildung, von der kein Mensch auszuschließen ist, heißt, jeden Menschen — auch die an den Rand Gedrängten — als Mitkonstituierenden des konkreten Vollzugs von Inter-Subjektivität hier und heute beachten, heißt, ihn diesen als Er-Selbst erfahren lassen. Bildung erlaubt dann nicht, die Augen vor den als Ich-Selbst erfahrenen humanen Grenzen dieses Vollzugs als eines konkreten zu verschließen. In solcher Selbsterfahrung werden die gleichsam versteinerten Koordinaten dieser Konkretion von Inter-Subjektivität auffällig, und als Betroffener kann der so Gebildete um seiner selbst willen nicht anders (es sei denn, er gäbe sich selbst auf), als sie, um sie wissend, in seinem Handeln zu Koordinanten humaner zwischenmenschlicher Verkehrsweisen umzuformulieren — als in rationaler Kommunikation an der humanen Gestaltung unserer Lebenswelt, auf Minderung von Unmenschlichkeit bedacht, mitzuwirken. Wie Humanität tritt auch „Bildung heute" nur in fortschreitender und dennoch in jeder neuen Konkretion neu verstellter Menschlichkeit unserer Lebensverhältnisse in Erscheinung.

Mit der Pädagogik der Kommunikation wird eine pädagogische Theorie angeboten, die eine Lösung des alten leidigen Problems des Übergangs von Wissen zum Handeln verspricht. Freilich ist auch sie keine Heilslehre. Wer Bildung in der Humanität unserer Lebensverhältnisse erwartet, wer sich also zu einem kritischen Bildungsbegriff bekennt, der muß zugleich politisch für Verhältnisse eintreten, in der eine solche, nicht nur auf die Kontur individueller Subjektivität verarmte *kritische* Bildung tatsächlich möglich ist.

3.3 Erziehung

Nach der Bildungstheorie ist die Erziehungstheorie und die Unterrichtstheorie Thema einer jeden pädagogischen Systematik. Gemäß ihrem historischen Entwurf im 17. Jh. ist der Erziehung als „Unterweisung des Willens" offenbar unausrottbar ein manipulativer Charakter eigen. Der Erzieher hat die Normen der Gesellschaft, die ihn mit der Erziehung der heranwachsenden Generation beauftragt, in dieser durchzusetzen. Insofern ist Erziehung autoritär. Das Erzieher-Zögling-Verhältnis ist hierarchisch strukturiert.

Die Pädagogik der Kommunikation hingegen definierte Erziehung als *Hervorbringung* und *Vermittlung sozialen Sinns,* als humane Handlungsorientierung in *tendenziell symmetrischen Vollzügen* rationaler Kommunikation, im Schnittpunkt von Individuation und Soziation. Von Normen ist da nicht die Rede, wohl aber von sozialem Sinn als humaner Handlungsorientierung. Gewiß wird heute niemand mehr Normen als überzeitliche Handlungsdirektiven postulieren, sondern er wird sie historisch-gesellschaftlich verankern. In der Pädagogik der Kommunikation wird darüber hinaus auf einen fundamentalen Vollzug rekurriert (Ko I), der sozialen Sinn, humane Handlungsorientierung und damit Subjekte wie Sozietäten dort *konstituiert,* wo die Koordinaten des Alltagslebens als human unzulänglich auffällig geworden sind. An diesen Stellen wird im Vollzug rationaler Kommunikation ein bißchen mehr Menschlichkeit sichtbar, ohne eine „Idee" von Menschlichkeit voraussetzen zu müssen. Diese gemäß dem Logos primordialer Sozialität erschlossene humane Intention ist weder für die individuellen Subjekte noch für die Gesellschaft gleichgültig. Als ihre Substanz ist jene humane Intention für ihr jeweiliges Selbstsein verbindlich, maßgeblich für ihren ihre Identität als Subjekte und Sozietäten bestätigenden Wandel. Solche Erziehung geht nicht nur die Heranwachsenden an, auch ist der pädagogische Bezug nicht ihr Prinzip. Die gemeinsame, unverkürzte Lebenssituation mit ihren humanen Möglichkeiten und Grenzen ist der Anlaß zur Erziehung als der rationalen, das Handeln human orientierenden Kommunikation (I). Alle Betroffenen sind in der gemeinsamen Lage und haben diese in je individueller Perspektive vor Augen, aus der es gemeinsam einen Ausweg zu finden gilt, der weder einzelnen Individuen, noch „der" Gesellschaft zugeschrieben werden kann, sondern dem Überschuß an sozialem Sinn des rational-humanen Vollzugs von Inter-Subjektivität. Auch in Schule und Familie gibt es immer wieder solche Anlässe zur Erziehung. Hier haben Eltern ihren Kindern, Erzieher ihren Zöglingen gegenüber allenfalls einen Vorsprung an sehenlassender Skepsis angesichts allzu forsch formulierter Handlungsanweisungen; beide befinden sich insofern in der gleichen Lage, als es gemeinsam aus konkreten Schwierigkeiten einen Ausweg zu finden gilt. Die Aggressivität eines Schülers der Klasse gegenüber z. B. ist nicht allein ihm zuzuschreiben und in ihm zu beheben; auch der Erzieher hat hierfür (trotz reichen Theorieangebots) kein Rezept. Gemeinsam ist einzutauchen in die unverkürzte Klassensituation, welche weiter verweist an die Lebenssituation der Beteiligten bis hin zur Situation in unserer Republik. Angesichts der je spezifisch artikulierten gemeinsamen Lage ist es von der Regelfähigkeit der Ebene der Kommunikation II her möglich zu sagen, daß hier das Verhältnis von Erzieher und Zögling „tendenziell symmetrisch" sei. Das heißt aber nicht, daß der eine durch den anderen auszumessen ist. Dies würde den konstitutiven Rest von Schattenhaftigkeit verleugnen, der jenseits einer an Klarheit und Deutlichkeit fixierten Wissenschaft anzuerkennen ist.

Oberhalb dieser gemeinsamen Lage aber gibt es auch Handlungsorientierungen, sozialen Sinn, von dem der Erzieher mit (bisweilen aber begründet auch ohne) Zustimmung seiner Zöglinge annehmen kann, daß er in der gegebenen Situation Menschen als Menschen leben läßt. Nur solch ein Rückfragen bewahrt ihn vor Überheblichkeit und zugleich davor, nur der Erfüllungsgehilfe einer herrschenden Gesellschaftsideologie zu sein. Hier, wo es nicht um Hervorbringung, sondern um Vermittlung noch unproblematischer humaner Handlungsorientierung geht, ist Erziehung als linearer, vom Erzieher auf den Zögling gerichteter Vermittlungsprozeß zulässig (Ko II) — immer aber in der wachsamen Bereitschaft, daß sich diese Lage für ihn wie für seine Schüler jederzeit ändern kann. Dies wird ihn davor bewahren, daß sein Erziehen auf der Ebene der Kommunikation II autoritär erstarrt, verkrustet.

3.4 Unterricht

Lehren und Lernen sind die wichtigsten unterrichtlichen Handlungen. Seit den „Didaktikern" des 17. Jhs. beherrscht die Vorstellung das traditionelle pädagogische Denken, daß Lernen ein linearer, kontinuierlicher und kumulativer Prozeß sei. Damit allerdings sind wir in die pädagogische Dimension des Lehrens und Lernens, wo es nämlich um Hervorbringung und nicht nur um Vermittlung geht, noch gar nicht eingetreten; da wäre zu fragen, wie denn Lehren und Lernen mit humaner Handlungsorientierung zusammenhängen. Dann kann man nicht mehr allein nach dem objektivierbaren Prozeß der Vermittlung fragen, sondern danach, wie die beteiligten Subjekte Lehren und Lernen inter-subjektiv *vollziehen.* Auch ist daran zu erinnern, daß Lehren und Lernen heute nicht nur auf die Vermittlung von Wissen bezogen werden. Auch „Verhalten" wird gelernt. Häufig wird Lernen sogar als Verhaltensänderung definiert, wobei allerdings der Vollzug des Lernens erst recht rätselhaft ist.

Mit dem üblichen Verständnis von Lernen bewegen wir uns auf der Ebene von Kommunikation II. Hier läge es nahe — um auf die Inhalte zu blicken — von Informationen zu reden, die einerseits „gesendet", andererseits „empfangen" werden. Dieser oft wechselseitige Prozeß der Information läßt sich in Regeln fassen, und hier sind gewiß auch die Axiome einer Kommunikationstheorie auskunftsreich. Curricular wäre anzumerken, daß solche *Information unter Ausschöpfung aller Möglichkeiten vielseitig und rückhaltlos* sein muß. Der Informator (nicht immer der Lehrer) darf auch mit der Sicht nicht hinter dem Berge halten, die ihn in seinem Informieren, bei der Auswahl der Informationen, leitet. Auch die seine Weltanschauung störenden Informationen gehören in solche Lehre. Nur so läßt sich der objektivistische Schein vermeiden, der oft das Lehren begleitet; nur so kann sich am Mitgeteilten *rationale Kommunikation* (I) entzünden (Erziehung) und fixierter sozialer Sinn im Vollzug von Inter-Subjektivität im Zwischen von Individuum und Sozietät in Bewegung geraten (Bildung).

In der pädagogischen Dimension, d. h. im Blick auf Kommunikation I, führen Lehren und Lernen zu einer ständigen Erschütterung der Landschaft sozialen Sinns. Es kommt zu tektonischen Verwerfungen, die nicht mehr in der Kontinuität des Lehrens und Lernens liegen. Die Physiognomie der Landschaft sozialen Sinns kippt um, eine neue Gestalt wird sichtbar in den Zügen der alten. Man erinnere sich an die unter dem Namen Boringsche Täuschung bekannte Kippfigur: Das Antlitz der jungen Frau erscheint in den Zügen der alten und umgekehrt.

F. COPEI berichtet, daß die Kinder im Heimatkundeunterricht die Höhe der im Sandkasten nachgebauten Berge der Heimat durch Anlegen eines Bandmaßes an den Bergabhang zu ermitteln suchen. Das Ergebnis dieser Messung kann nicht mit den Höhenangaben (Höhenlinien) auf der Landkarte zur Dekkung gebracht werden. Die aufspringende Aporie unterbricht den Fluß kontinuierlichen Lehrens und Lernens. Die Kinder wurden bei dem von ihnen gewählten Verfahren von ihrer Wandererfahrung, der leiblich erfahrenen Mühsal beim Ersteigen der Berge geleitet. Dieser leiblich erfahrene Sinn kippt in die Sicht mathematischer Ideation um, als ein Schüler den Meßstock senkrecht in die Sandberge hineinstößt. Dennoch bleibt die anfängliche Deutung hintergründig erhalten, sie wird nicht getilgt oder durch die neue Sicht überwunden; auch beim Lehrer, auch in der Wissenschaft steht sie stets auf dem Sprunge: Da stellen wir etwa fest, daß die Entfernung von A zu B „1 km" beträgt; hingegen sagen wir, daß ein Berg „1000 m" hoch sei: In dieser bei der Höhenmessung verwendeten eindrucksvoll größeren Zahl kommt die Mühsal der leibhaftigen Wandererfahrung zum Vorschein.

Diese Umbrüche sind für den Vollzug des Lernens außerordentlich wichtig. Das Lernen von Physik, Mathematik, Geschichte usw. verlangt im Blick auf das präwissenschaftliche Erfahrungsfeld gründliches Umlernen. Die Sicht der Wissenschaft würde im Unterricht nur unzureichend eingeholt, die alte, das Subjekt

Skizze 3

bislang fundierende Sicht leiblicher Erfahrung würde nur unzureichend zur Lösung anstehender Probleme als untauglich erkannt, wenn Unterricht lediglich das, was man im vorwissenschaftlichen Erfahrungsfeld für ansatzweise wissenschaftlich hält, kontinuierlich ausbaute. Das in solcher Didaktik häufig beschworene Prinzip der Lebensnähe ist äußerst problematisch! Die neue Sicht negiert die alte, die dadurch überhaupt erst als Vollzug der Wandererfahrung erkennbar wird. In diesem Umbruch des Vollzugs erkennt sich zugleich das Erfahrungssubjekt selbst; es sieht, daß es an ihm ist, sich zu wandeln, umzulernen. Solch ein Vollzug des Lernens verschafft ihm die Freiheit, im Vollzug von Inter-Subjektivität mit anderen eine neue Physiognomie sozialen Sinns, eine humanere Handlungsorientierung hervorzubringen, wo sich die alte als menschlich unzureichend erweist.

Lernen muß solche den Umbruch provozierenden Aporien (darum ja auch rückhaltlose Information!), wo sie sich nicht wie im COPEIschen Beispiel beiläufig einstellen, sorgfältig vorbereiten. Dies ist die vorrangige Aufgabe der Lehrkunst unter pädagogischem Aspekt (Ko I). Darüber hinaus wird es immer wieder Aporien geben, in die auch der Lehrer unversehens gerät und die auch ihn nötigen, ein anderer zu werden. Ist die neue Sicht, die neue Physiognomie sozialen Sinns gewonnen, dann geht es allerdings um deren kontinuierlichen Ausbau, und all das ist zu beachten, was es für das Lehren und Lernen auf der Ebene der Kommunikation II zu lernen gab.

LITERATUR

BALLAUFF, TH.: Skeptische Didaktik. Heidelberg 1970.

BALLAUFF, TH./SCHALLER, K.: Pädagogik. Eine Geschichte der Bildung und Erziehung. Bd. 2: Vom 16. bis zum 19. Jahrhundert. Freiburg/München 1970.

BALLAUFF, TH./SCHALLER, K.: Pädagogik. Eine Geschichte der Bildung und Erziehung. Bd. 3: 19./20. Jahrhundert. Freiburg/München 1973.

BAUMGARTEN, E.: John Dewey. Teil 1. In: Internationale Zeitschrift für Erziehung 5 (1936), S. 91—97.

BLANKERTZ, H.: Kritische Erziehungswissenschaft. In: SCHALLER, K. (Hrsg.): Erziehungswissenschaft der Gegenwart. Prinzipien und Perspektiven moderner Pädagogik. Bochum 1979, S. 28—45.

BREZINKA, W.: Von der Pädagogik zur Erziehungswissenschaft. Weinheim 1971.

BREZINKA, W.: Metatheorie der Erziehung. Basel 1978.

BÜSER, G.: Betroffenheit — Dimension einer Fachdidaktik Erziehungswissenschaft. Frankfurt a. M. 1983.

COMENIUS, J. A.: Pampaedia — Allerziehung. Neuausgage in dt. Sprache. [lt.: 1657] Hrsg. von SCHALLER, K. St. Augustin 1991.

COPEI, F.: Der fruchtbare Moment im Bildungsprozeß. Heidelberg [9]1969.

DILTHEY, W.: Über die Möglichkeit einer allgemeingültigen pädagogischen Wissenschaft [1888]. Bearb. von H. NOHL. Weinheim [3]1961.

FISCHER, W.: Transzendentale Pädagogik. In: SCHALLER, K. (Hrsg.): Erziehungswissenschaft der Gegenwart. Prinzipien und Perspektiven moderner Pädagogik. Bochum 1979, S. 90—113.

FISCHER, W.: Unterwegs zu einer skeptisch-transzendentalkritischen Pädagogik. Ausgewählte Aufsätze 1979—1988. St. Augustin 1989.

FISCHER, W.: Einige Bemerkungen über die (Un-)Verträglichkeit von Pädagogik und Politik. In: MÜLLER, D. K. (Hrsg.): ... der Kommunikation auf der Spur. St. Augustin 1991, S. 57—80.

FRANCKE, A. H.: Oeffentliches Zeugniß von dem Werke Gottes ... Halle 1702.

FRANCKE, A. H.: Pädagogische Schriften. Besorgt von H. LORENZEN. Paderborn 1957.

FRANCKE, A. H.: Schrift über eine Reform des Erziehungs- und Bildungswesens als Ausgangspunkt einer geistlichen und sozialen Neuordnung der Evangelischen Kirche des 18. Jahrhunderts. Der große Aufsatz. Hrsg. von PODCZEK, O. Berlin 1962.

FUNKE, G.: Die Problematik einer rein empirisch betriebenen Pädagogik. In: HEITGER, M. (Hrsg.): Möglichkeiten und Grenzen des empirisch-positivistischen Ansatzes in der Pädagogik. (= Neue Folge der Ergänzungshefte zur Vierteljahresschrift für wissenschaftliche Pädagogik. Untersuchungen zu pädagogischen Zeitfragen. Heft 7.) Bochum 1968, S. 62—93.

HABERMAS, J.: Erkenntnis und Interesse. Frankfurt a. M. 1968.

HABERMAS, J.: Zur Rekonstruktion des historischen Materialismus. Frankfurt a. M. 1976.

HABERMAS, J.: Stichworte zu einer Theorie der Sozialisation. In: HABERMAS, J.: Kultur und Krtitik. Frankfurt a. M. [2]1977, S. 118—194.

HABERMAS, J.: Theorie des kommunikativen Handelns. 2 Bde. Frankfurt a. M. ²1982.
KANT, I.: Über Pädagogik. Ed. von F. RING 1803. In: IMMANUEL KANT. Werke in 6 Bänden. Hrsg. von WEISCHÄDEL, W. Bd. 6. Wiesbaden 1964, S. 694—761.
KLAFKI, W.: Studien zur Bildungstheorie und Didaktik. 5. bis. 7. Auflage. Weinheim 1964.
MERLEAU-PONTY, M.: Phänomenologie der Wahrnehmung. Berlin 1966. (frz.: Phénoménologie de la perception. Paris 1945).
MEYER-DRAWE, K.: Die Pädagogik der Kommunikation — Eine Pädagogik des Respekts. In: MÜLLER, D. K. (Hrsg.): ... der Kommunikation auf der Spur. St. Augustin 1991, S. 25—35.
MÜLLER, D. K. (Hrsg.): ... der Kommunikation auf der Spur. St. Augustin 1991.
RÖSSNER, L.: Analytisch-empirische Erziehungswissenschaft. In: SCHALLER, K. (Hrsg.): Erziehungswissenschaft in der Gegenwart. Prinzipien und Perspektiven moderner Pädagogik. Bochum 1979 a, S. 113—135.
RÖSSNER, L.: Einführung in die analytisch-empirische Erziehungswissenschaft. Ein Studienbuch. Freiburg/Basel/Wien 1979 b.
SCHALLER, K.: Pädagogik der Kommunikation. Annäherungen — Erprobungen. St. Augustin 1987 a.
SCHALLER, K.: Rationale Kommunikation — Prinzip humaner Handlungsorientierung [1983]. In: SCHALLER, K.: Pädagogik der Kommunikation. Annäherungen — Erprobungen. St. Augustin 1987 b, S. 183—201.
SCHALLER, K.: Kritisch-kommunikative Pädagogik [1984]. In: SCHALLER, K.: Pädagogik der Kommunikation. Annäherungen — Erprobungen. St. Augustin 1987 c, S. 221—229.
SCHALLER, K.: Kritische Erziehungswissenschaft am Ausgang ihrer Epoche [1984]. In: SCHALLER, K.: Pädagogik der Kommunikation. Annäherungen — Erprobungen. St. Augustin 1987 d, S. 242—257.
SCHALLER, K. (Hrsg.): Zwanzig Jahre Comenius Forschung in Bochum. Gesammelte Beiträge. St. Augustin 1990.
SCHALLER, K.: Pädagogik und Politik in der Pädagogik der Kommunikation. In: MÜLLER, D. K. (Hrsg.): ... der Kommunikation auf der Spur. St. Augustin 1991 a, S. 39—55.
SCHALLER, K.: Bildung für die Zukunft. Gefahr und Herausforderung für die Pädagogik. In: Bildung für die Zukunft — die Zukunft der Bildung. Hrsg. von BEINBAUER, I. M.: Innsbruck/Wien 1991 c, S. 13—39.
WALDENFELS, B.: In den Netzen der Lebenswelt. Frankfurt a. M. 1985.

Dieter Kirchhöfer

5. DAS PARADIGMA DER MATERIALISTISCHEN DIALEKTIK IN DEN ERZIEHUNGSWISSENSCHAFTEN

1. Einleitung
2. Das Praxisverständnis im materialistisch-dialektischen Paradigma und der Realitätsverlust der Erziehungswissenschaften
3. Das Entwicklungsverständnis der Theorie-Praxis-Beziehung — Offenheit oder Begrenztheit der Erziehungswissenschaft
4. Der widersprüchliche Charakter des Theorie-Praxis-Verhältnisses in den Erziehungswissenschaften
5. Die dialektische Negationsauffassung — Affirmativität und Nichtaffirmativität pädagogischer Theorien
6. Die Diskussion des Paradigmas der materialistischen Dialektik in den Erziehungswissenschaften der BRD und der DDR
7. Die Verunsicherungen des materialistisch-dialektischen Paradigmas in der Gegenwart — ein Paradigmenwechsel?

1. EINLEITUNG

Es erscheint vielleicht als wenig opportun, in diesem Band über materialistische Dialektik zu reflektieren. Zu stark sind die Verunsicherungen gegenüber dieser geistigen Strömung, die jahrzehntelang der Begründung und Legitimation sozialistischer Pädagogik diente und für das Scheitern sozialistischer Bildungspolitik und -theorie mitverantwortlich gemacht wird. Gerade jedoch der Umstand, daß materialistische Dialektik in den Erziehungswissenschaften der sozialistischen Länder zum alleinigen und herrschenden Paradigma wurde, von vielen pädagogischen Wissenschaftlern aktiv angenommen wurde und offensichtlich auch auf Erziehungswissenschaftler in nichtsozialistischen Ländern eine bestimmte Faszination ausübte, ruft das Interesse an der Rekonstruktion der Genese und der Wirkungen dieser Denkweise hervor. Es entsteht die legitime Frage, wie materialistische Dialektik in den Erziehungswissenschaften der DDR wirkte, welche Voraussetzungen und Mechanismen ihres Gebrauchs existierten und welche Vermittlungsglieder bis hin zur pädagogischen Praxis auftraten. Insofern ist der vorliegende Versuch nicht nur eine historische Rekonstruktion eines vielleicht untergegangenen Denkmusters, sondern auch Analyse aktueller Prozesse von Theoriebildung und kritische Prüfung möglicher Perspektiven des Paradigmas.

Der Verfasser steht dabei selbst in dieser Denk-Tradition, was ihm den Vorwurf einbringen kann, die materialistische Dialektik und sich selbst — Münchhausen gleich — am eigenen Zopf aus dem Sumpf zu ziehen. Um spekulative Rechtfertigungsversuche zu vermeiden, soll das Paradigma hinsichtlich seiner Fruchtbarkeit an einer *objektiv wirkenden Dialektik* geprüft werden.[1] Es bietet sich an, ein solches Analysefeld in der *Dialektik von Theorie und Praxis* in der Erziehung zu sehen und exemplarisch an der Beziehung von Erziehungspraxis und Erziehungswissenschaften in der DDR zu studieren.

Für eine solche Auswahl spricht, daß dieses Verhältnis das „Basisproblem dialektischen Selbstverständnisses in den Erziehungswissenschaften" überhaupt ist (SCHMIED-KOWARZIK 1974, S. 133; vgl. zu diesem Verhältnis in der BRD z. B. BENNER 1974, 1987; DRERUP 1987; DRERUP/TERHART 1990; SÜNKER 1984, 1989; in der DDR z. B. DREWS 1983; MANNSCHATZ/SALZWEDEL 1984). In den Reflexionen über dieses Verhältnis finden sich die entscheidenden Aussagen über die Funktion und Struktur der pädagogischen Theorien, über ihre Anerkennungs- und Gültigkeitskriterien und ihre Erkenntnismethoden. Diese Beziehung ist zudem eng mit anderen Widersprüchen verflochten, wie z. B. der Einheit von Wissenschaft und Politik, Individuellem und Gesellschaftlichem, von Antizipation und Realisation, Parteilichkeit und Wissenschaftlichkeit, Erkenntnis und Interesse oder Empirischem und Theoretischem und fordert ideologiekritische und methodologische Reflexionen regelrecht heraus. Vieles von dem, was dabei in der Analyse erschlossen wird, trifft auch auf das Theorie-Praxis-Verhältnis in anderen Ländern und auf Erziehungswissenschaften zu, die anderen Paradigmen folgen. Es sei schon an dieser Stelle darauf hingewiesen, daß es im vorliegenden Beitrag nicht darum gehen kann, zur „reinen Lehre" materialistischer Dialektik zurückzukehren, die nur durch die „schmutzige politische Praxis" mißbraucht wurde. Wer Dialektik ernst nehmen will, muß auch das Paradigma selbst einer kritischen Reflexion unterwerfen.

Die beabsichtigte Analyse macht natürlich nur dann einen Sinn, wenn eine Erziehungswissenschaft sich überhaupt dieser Beziehung stellen will. Dort, wo sie „nur dem Zweck dient, eine theoretische pädagogische Hyperwirklichkeit für Intellektuelle zu erzeugen, die von den Verhältnissen in der Erziehungswirklichkeit ablenkt" (LENZEN 1989, S. 1116), erübrigt sich eine solche Betrachtung. Die Erziehungswissenschaften der DDR[2] sehen sich heute Vorwürfen gegenüber

---

1 Der Begriff „objektive Dialektik" soll Zusammenhänge, Veränderungen und Widersprüche in der Realität bezeichnen, die unabhängig und außerhalb des menschlichen Bewußtseins wirken, der Begriff „subjektive Dialektik" die Existenz von Zusammenhängen, Veränderungen und Widersprüchen *im* menschlichen Bewußtsein. Das Paradigma der materialistischen Dialektik wäre nach dieser Auffassung eine theoretische Erscheinungsform der subjektiven Dialektik.Beide Begriffe sind relativ und nur in der jeweiligen Beziehung aufeinander bestimmbar.

2 Der Plural „Erziehungswissenschaften" wird hier als Sammelname verschiedener Disziplinen in der DDR gebraucht, wie Didaktik, Methodiken, Geschichte der Erziehung, Allgemeine Pädagogik oder Erziehungstheorie.

Einseitigkeiten und Fehlorientierungen ausgesetzt und auch dem berechtigten Vorwurf, einen mit dem Paradigma verbundenen Anspruch nicht erfüllt zu haben, aber sie hatte sich wenigstens der Herausforderung gestellt, Erziehungswissenschaften praktisch zu denken.

2. DAS PRAXISVERSTÄNDNIS IM MATERIALISTISCH-DIALEKTISCHEN PARADIGMA UND DER REALITÄTSVERLUST DER ERZIEHUNGSWISSENSCHAFTEN

Unter „Praxis“ versteht man im genannten Paradigma den gesellschaftlichen Gesamtprozeß der bewußten materiellen Veränderung der Natur und Gesellschaft durch den Menschen. Mit dem Entstehen neuer Sternenwelten, den Naturkatastrophen oder dem Abdriften von Kontinenten verändert sich zwar auch unsere Erde, aber deshalb sind diese Prozesse noch nicht Praxis. *Praxis ist die spezifisch menschliche, soziale Bewegung der materiellen Welt.* Unter den verschiedenen Formen der menschlichen Tätigkeit — der produktiv-gegenständlichen, politischen, ökonomischen, juristischen oder pädagogischen — stellt die materielle Produktion die entscheidende Sphäre menschlicher Tätigkeit dar, ohne daß die gesellschaftliche Bewegung darauf reduziert oder eine Hierarchie der Tätigkeiten darauf begründet werden könnte. Die marxistische Auffassung hebt zwar das materiell-gegenständliche Moment hervor, betont jedoch zugleich, daß Praxis durch Ideen geleitet wird. Das Einwirken des Menschen auf seine Welt erfolgt nicht voraussetzungslos, es folgt bisherigen Erfahrungen, theoretischen Vorwegnahmen, Hypothesen und Bildern. Aber es sind nicht die Ideen — auch nicht die kritischen — welche die Welt verändern, sondern es bedarf der *praktischen Gewalt,* um die Produktionsweise umzuwälzen, die gesellschaftlichen Institutionen zu stürzen oder die Eigentums- und Herrschaftsverhältnisse zu verändern. „Ideen können nie über einen alten Weltzustand, sondern nur über die Ideen des alten Weltzustandes hinausführen“ (MARX/ENGELS 1976, S. 126).

In der Auseinandersetzung mit dem französischen Materialismus entwickelte die materialistische Dialektik ihre vielleicht fruchtbarste pädagogische Idee, daß es nicht genügt, die Umstände menschlich zu bilden, wenn der Mensch von den Umständen gebildet wird, sondern die *Veränderung der Umstände selbst auch die Selbsterzeugung des Menschen* ist. „Die materialistische Lehre, daß die Menschen Produkte der Umstände und der Erziehung, veränderte Menschen also Produkte anderer Umstände und geänderter Erziehung sind, vergißt, daß die Umstände eben von den Menschen verändert werden und daß der Erzieher selbst erzogen werden muß (. . .) Das Zusammenfallen des Änderns der Umstände und der menschlichen Tätigkeit kann nur als umwälzende Praxis gefaßt und rationell verstanden werden.“ (MARX 1969, S. 533) Das jahrhundertealte Dilemma der Prioritäten, zuerst die Verhältnisse *oder* zuerst den Menschen zu ändern, fand so eine kritische Aufhebung. Die erzieherische Praxis versteht sich in dieser Auffassung als Teil der gesamtgesellschaftlichen Umwälzungen, sie ist auf die Änderung des Menschen gerichtet, indem sie ihn befähigt, sich selbst zu verändern und zum Subjekt seiner selbst zu werden. Der Mensch ist in dieser Auffassung weder Herr der Verhältnisse noch deren Knecht, sondern er bringt die Verhältnisse mit ihren begrenzenden und öffnenden Möglichkeiten hervor. Er eröffnet sich mögliche Alternativen seines Handelns, und er erzeugt durch sein Handeln ständig neue Entscheidungsfelder und -räume. Hierin liegt auch der Humanismus der materialistischen Dialektik, indem der Mensch der *Grund seiner selbst* ist. Es gibt in dieser Auffassung nichts, was als Erklärungs- oder Seinsgrund nicht auf den Menschen oder auf die Beziehungen der Menschen zueinander zurückführbar wäre (LUKACZ 1923, S. 209). In dieser Sichtweise trifft sich die Praxisvorstellung der materialistischen Dialektik mit dem anthropologischem Ansatz des Marxismus, daß der entscheidende Akt des Werdens des Menschen die Selbsterzeugung des Menschen in der *Arbeit* ist. Eine solche Bestimmung schließt nicht nur ein transzendentes Übersubjekt aus, sondern öffnet auch den *Weg* dieser Selbstschöpfung, der „(...) im produktiven Leben, (...) im praktischen Erzeugen einer gegenständlichen Welt besteht und darin die Bewährung des Menschen als eines bewußten Gattungswesens" sieht (MARX 1974, S. 516). Erst in einer solchen Tätigkeit kann der Mensch seine Wesenskräfte vergegenständlichen und sein eigenes Vermögen, d. h. sein Subjektsein erfahren. Pädagogisches Tun erhält so eine Sinnbestimmung, *den Menschen zu dieser Selbstschöpfung zu befähigen.* (Zum Subjektbegriff vgl. auch GEULEN in diesem Band.) Die enge Bindung des materialistischen Praxisverständnisses an die Herausbildung menschlichen Subjektseins besitzt für Erziehungswissenschaft gleichsam programmatische Funktion, aber genau hier setzen auch die Schwierigkeiten in der Handhabung des Paradigmas in der DDR ein.

Erziehungswissenschaften in der DDR reflektierten zwar das erzieherische Verhältnis zwischen Lehrer und Schüler als Verhältnis von Subjekten, und insofern ist es auch einseitig und vereinfacht, von einer Erziehungswissenschaft zu sprechen, die den Schüler nur als Objekt gesehen hätte oder ausschließlich lehrerkonzentriert gewesen sei, der dann wieder als Objekt der Schulpolitik zu fungieren hatte. Aber die entscheidende Frage, die das Subjektsein und Subjektwerden in der Praxis ausmacht — die *eigene Zwecksetzung und Sinnbestimmung und die kritische Reflexionsmöglichkeit eigener Wesenskräfte an der selbstbestimmten und selbsterzeugten Veränderung* wurde theoretisch in den Erziehungswissenschaften kaum reflektiert (vgl. z. B. AHRBECK 1979; GÜNTHER 1978) und durch Politik weitgehend als gesetzt betrachtet. Das Subjektsein wurde vor allem als *Erfüllung* von außen gesetzter Zwecke interpretiert und das Subjekt daran gemessen, inwieweit es fähig und bereit war, die gesetzten Zwecke zu erfüllen. Wissenschaft ging Realität als Selbstverwirklichungsmöglichkeit verlustig, als sie ihre Teilnahme auf eine Operationalisierung und Transformation fremdgesetzter Zwecke beschränkte und nicht selbst in ausreichendem Maße zur Zwecksetzung beitrug oder dazu aufforderte, diese kritisch zu reflektieren. In den 80er Jahren wurde die Vorstellung von gesamtgesellschaftlicher Praxis als hierarchisch geordnetes Gesamtsystem, in dem Erziehung nur als ein funktionales

Teilsystem wirkt und durch ein politisches Übersystem funktionalisiert, gewertet und gesteuert wird, zunehmend problematisiert. (KIENITZ; MÖLLER)

Realitätsverlust trat noch in einer zweiten Hinsicht auf. Das marxistische Verständnis von Praxis als *bewußter,* d. h. auf Erkenntnis der Gesetzmäßigkeiten beruhender Veränderung schließt eine theoretische Dimension ein. MARX maß gerade dieser Dimension beim Übergang von der unbewußten, naturwüchsigen und deshalb oft auch zerstörerischen Praxis zur „vernünftigen Praxis" eine entscheidende Funktion zu (MARX 1969, S. 70). Bei SCHLEIERMACHER findet sich der Gedanke, daß „(...) das Kommen und Gehen der Generationen mehr als ein zufälliger oder ein charakterlicher Vorgang ist, sondern ihm ein *vernünftiger Sinn* (Herv.-Ki) wohnt" (SCHLEIERMACHER 1957 [1826], S. 34). Erziehung könnte zu dieser „vernünftigen Praxis" beitragen, indem die Produzenten die gesellschaftlichen (Produktions-)Zusammenhänge durchschauen und ihre eigene Stellung begreifen lernen. Eine solche Bewußtheit zu erzeugen, fordert von einer praxisorientierten Theorie, die Entwicklungsprozesse der Praxis annähernd adäquat zu erfassen und die Realität so zu nehmen, wie sie ist und nicht wie man sie sich wünscht, vorstellt oder erstrebt. Es war auch eine in der Erziehungswissenschaften der DDR anzutreffende Erscheinung, sich ein Bild von der Wirklichkeit zu machen, dieses Bild zu verinnerlichen, um es schließlich als die Realität selbst anzunehmen. Dieser Realitätsverlust führte dann über die Annahme, daß diese projektierte Praxis eine Quelle von Theorieentwicklung sei, auch zu einem Theorieverlust (WESSEL 1991). Dabei war es weniger das Fehlen empirischer Untersuchungen, Praxisanalysen oder systematischer Dialoge mit Lehrern, welches den Realitätsverlust erzeugte, sondern die selektive Art, nur bestimmte Bereiche einer solchen Analyse zu unterziehen und die Ergebnisse oft vorauszusetzen. Allein eine z.T. hochentwickelte pädagogische Feldforschung bedeutet noch nicht die Teilnahme an der Erziehungs*praxis.* Bildungs- und erziehungspolitische Vorgaben zur Lehrplan- und Lehrbuchentwicklung oder zu Erziehungskonzeptionen faßten Praxis häufig nur selektiv und normativ.

3. DAS ENTWICKLUNGSVERSTÄNDNIS DER THEORIE-PRAXIS-BEZIEHUNG – OFFENHEIT ODER BEGRENZTHEIT DER ERZIEHUNGSWISSENSCHAFT

Ähnlich anderen erziehungswissenschaftlichen Theorien in Europa fühlte sich DDR-Pädagogik der Idee der *Veränderung und der Veränderbarkeit* von und durch Erziehung verpflichtet. Die Anerkennung dieses Gedankens spiegelt sich in den marxistischen anthropologischen Vorstellungen vom Wesen des Menschen als ein *Werden* und als Selbstentwicklung ebenso wider wie in den verschiedenen Auffassungen zur *Persönlichkeitsentwicklung* oder in den Auffassungen von Erziehung als *Prozeß* oder in den Auffassungen von Erziehungsinhalten als *historische* Phänomene. Eine Veränderung, die strukturiert ist, Regelmäßigkeiten aufweist und irreversibel ist, faßt der Marxismus als *Entwicklung.* In diesem Verständnis schließt Entwicklung eine vorbestimmte Gerichtetheit auf ein vorweggenommenes Ziel nicht notwendigerweise ein. Der materialistische Inhalt dieses Entwicklungsverständnisses sieht Praxis nicht nur als die soziale Bewegungsform der Materie, sondern diese Bewegung als *eine durch die Aktivität des Menschen hervorgebrachte Selbstbewegung.*

Diese Entwicklungsauffassung bestimmt auch die Sicht auf das Theorie-Praxis-Verhältnis. Nicht nur Theorie(n) und die verschiedenen Formen der Praxis werden als sich entwickelnde Phänomene aufgefaßt, sondern dieses Verhältnis wird selbst als ein sich entwickelndes gesehen, das historischen Veränderungen unterliegt, in unterschiedlichen Interessenkonstellationen verschiedene Ausprägungen erfährt und dabei Phasen beschleunigter und intensiver Wechselwirkung, aber auch gedämpfter Entwicklung oder der Stagnation durchläuft. Pädagogische Theorien werden einerseits durch die Entwicklung der Erziehungspraxis zur Veränderung angeregt, andererseits tragen sie zu deren Veränderung bei, indem sie ihr eigenes Verhältnis zur Praxis reflektieren und in kritische Fragestellungen an eigene Theorieentwicklung transformieren und zugleich eigene Überlegungen der Praxis anbieten.

Das allgemeine Einverständnis mit der Entwicklungstatsache in den Erziehungswissenschaften der DDR verdeckte zugleich jedoch selbstauferlegte Einschränkungen. Erziehungswissenschaften verstanden sich als Teil einer affirmativen Praxis zur Reproduktion der *bestehenden* gesellschaftlichen Verhältnisse. Sie unterwarfen sich einer Begrenzung, indem sie die von ihr projektierten Veränderungen der Erziehungspraxis nicht über das vorgegebene Erziehungssystem hinaus dachten (die Struktur der Einheitsschule, den Fächerkanon, die Schulorganisation) und so auch zu einer Schranke für die pädagogische Praxis wurden. Es fand sich häufig die Vorstellung, als bedürfe das existierende System nur noch seiner *Ausfüllung* (z. B. die seit Ende der sechziger Jahre erhobene Forderung, das einheitliche sozialistische Bildungssystem *auszugestalten* oder die noch Ende der achtziger Jahre gestellte Aufgabe, die allgemeinbildende polytechnische Oberschule qualitativ zu *vervollkommnen).*

Eine solche Inkonsequenz des Entwicklungsverständnisses findet sich auch in bezug auf weitere Folgerungen aus dem Paradigma: Die Akzeptanz der Entwicklungstatsache zwingt anzuerkennen, daß die Entwicklung sowohl der Praxis wie auch der Theorie *offen* ist. In dem Moment, als Vertreter marxistischer Erziehungswissenschaften diese in wichtigen Aussagen als abgeschlossen und als endgültig ansahen (z. B. zum Klassencharakter der Erziehung, zum Primat der Politik gegenüber der Erziehung und Erziehungswissenschaft, zur allseitig entwickelten sozialistischen Persönlichkeit) und den Anspruch erhoben, daß sozialistische Pädagogik der letzte (höchste) Ansatz zur Theoriebildung sei, der produktiver als die vorangegangenen Gedankensysteme die Bildungsprozesse aufklären und führen könne und über die „einzige wissenschaftliche Methode", die „einzig richtige Methode" verfüge (DANILOW 1974, S. 12), mußten sie sich selbst hinsichtlich ihres Entwicklungsverständnisses ad absurdum führen.

Entwicklung zu bejahen, bedeutet auch anzuerkennen, daß die Entwicklung sich in einem Feld *alternativer* Möglichkeiten durchsetzt, und damit auch den

Fehler oder den Irrtum in der Beschreibung oder Voraussage von Entwicklungen oder Erklärungen zu akzeptieren. Entwicklung und die sie beschreibende Dialektik ist von ihrem Wesen her „fehlerfreundlich" und „geheimnisvoll", weil sie die Überraschung der Entwicklung in sich einschließt (WESSEL 1991). Materialistische Dialektik orientiert in den Erziehungswissenschaften darauf, das Denken des Wissenschaftlers gleichsam zu entgrenzen, ihn vor dem Festgelegtsein zu bewahren und „Sperren" zu vermeiden, „(...) innerhalb derer man erkennt oder nicht mehr erkennt" (BLOCH 1969, S. 85).

4. DER WIDERSPRÜCHLICHE CHARAKTER DES THEORIE-PRAXIS-VERHÄLTNISSES IN DEN ERZIEHUNGSWISSENSCHAFTEN

Als das entscheidende Identifikationsmerkmal des Dialektischen wird meist der *Widerspruch* (Gegensatz, Polarität, Antinomie, Spannung, Konflikt) gefaßt und auf die fast schulhafte Demonstration dieser Denkweise bei SCHLEIERMACHER, DILTHEY oder WENIGER verwiesen (vgl. z. B. SCHMIED-KOWARZIK 1974; in der DDR KLINGBERG, DREWS, NAUMANN). Es sei an dieser Stelle nur angedeutet, daß die Kategorie „Widerspruch" im System der Philosophie und der Pädagogik einen anderen Sinn ausdrückt, als diese Kategorie im System der Logik faßt, die darunter die Unverträglichkeit (Kontradiktion) zweier Aussagen versteht. Mit HEGEL und MARX wird der Widerspruch jedoch nicht nur als Sichtbarmachen der „Antinomien in der Lebenswirklichkeit" gesehen, sondern in der Erkenntnis des Gegensatzes in seiner *Einheit* und *Wechselwirkung.* Zum Verständnis des Widersprüchlichen in der Beziehung von Theorie und Praxis gehört in diesem Sinne nicht nur die Konstatierung des Gegensatzes zwischen beiden, sondern die Erkenntnis des sich gegenseitig Bedingenden, bei dem eine Seite zur Voraussetzung der anderen wird, auf diese Seite einwirkt und letztlich zur Auflösung dieser Einheit treibt, z. B. die Einheit von Autorität und Vertrauen (NOHL), von Führung und Wachsenlassen (DILTHEY), Individuierung und Vergesellschaftung (ADORNO). Einheit versteht sich deshalb auch nicht als Versöhnung, Ruhe oder Harmonie, sondern als treibendes Aufeinanderwirken (was in der Metapher „Widerspruch als Kampf der Gegensätze" ausgedrückt werden sollte). Der Widerspruch erstirbt, wenn dieses treibende Moment nicht mehr wirkt. Aber auch die Einheit des Gegensätzlichen anzuerkennen, bedeutet noch nicht, das dialektische Moment des Widerspruchs erfaßt zu haben. Erst die *Bewegung* dieser Einheit, die aus der Negation der einen Seite durch die jeweils andere resultiert, charakterisiert den Widerspruch. Die Geschichte der Erziehungswissenschaften kann insofern über weite Strecken als eine Geschichte der Bewegung des Widerspruchs zwischen Theorie und Praxis aufgefaßt werden.

Während noch HERBART in dem Verhältnis von Theorie und Praxis Theorie als defizitär gegenüber Praxis sieht und auch für SCHLEIERMACHER die Existenz von pädagogischer Theorie Erklärungsbedürftigkeit der Praxis bedeutet, die erst in einer *bewußten* Praxis aufgehoben werden kann, betrachtet MARX das

Verhältnis von Theorie und Praxis als Widerspruch in dem oben genannten Sinne, in dem sowohl Praxis wie auch Theorie eine relativ eigenständige und zugleich gegensätzliche Entwicklung durchlaufen. Diese Gegensätzlichkeit schlägt ineinander um, hebt sich ständig auf und setzt sich zugleich fortlaufend neu. Einem solchen Verständnis ist sowohl ein ausschließliches Anwendungs- wie auch ein Subordinationsdenken fremd. In beiden Fällen sind die Implikationen für Theoriebildung destruktiv:

Das auch in der DDR-Erziehungswissenschaft weit verbreitete *Anwendungsmodell* orientiert darauf, eine Theorie möglichst „unverfälscht" in die Praxis zu übertragen, dem Werkzeug gleich, das den Gegenstand bearbeiten hilft. Eine solche Denkweise fordert in Bezug auf die Theorie zum einen die Vollständigkeit der Theorie, um den Erklärungsbedarf der Praxis zu erfüllen. Um in der Analogie des Werkzeugs zu bleiben, müßte, um das richtige Werkzeug zu greifen, ein gut gefüllter Werkzeugkasten bereitstehen, der möglichst alle notwendigen Werkzeuge enthält. Zum anderen erzeugt sie auch ein Bild einer Theorie, die in den Grundzügen schon feststeht und die nur noch auszufüllen ist. Wenn die Situation das Werkzeug erfordert, kann es nicht erst geschaffen werden, sondern muß im Werkzeugkasten zur Verfügung stehen. Damit ist zugleich der Anspruch oder die Erwartung an Theorie formuliert, normative Praktikabilität zu entwickeln, „praktische Konstrukte und Mittel auszuarbeiten" (PÄDAGOGISCHES WÖRTERBUCH 1987, S. 276) und so einen empirisch konstatierbaren Beitrag zur Veränderung der Erziehungsverhältnisse zu leisten. Es widerspricht jedoch gerade dem Verständnis einer dialektisch orientierten Pädagogik, konkrete, für den Einzelfall gültige Handlungsanweisungen anzubieten. Sie kann es nicht, weil sie auf Offenheit der Entwicklung gerichtet ist und der „Werkzeugkasten" — einem LAPLACEschen Dämonen[3] gleich — unendlich sein müßte, um für alle denkbaren Fälle Lösungen parat zu haben. Vielleicht auch deshalb beschränken sich viele Erziehungswissenschaften auf eine *allgemeine Orientierungsfunktion.* Die Vorliebe in der Pädagogik für die Deklaration von Prinzipien und geschlossenen Prinzipiensystemen spricht dafür, daß diese Funktion allgemeiner Handlungsorientierung intuitiv aufgegriffen wurde, aber immer wieder mit Forderungen der Schulpolitik und vieler Lehrer konfrontiert war, doch praktikabel zu sein. Es war dabei weniger die Forderung nach Praktikabilität oder sogar „einfacher Praktikabilität", welche auf den Wissenschaften lastete, sondern die Vorstellung, daß eine theoretische Erkenntnis erst dann praktikabel sei, wenn sie über eindeutig abarbeitbare Handlungsvorschriften zum erfolgreichen pädagogischen Handeln führe.

In bezug auf die Praxis fördert eine solche Denkweise eine Erwartung, als müsse diese die Empfehlungen der Theorie nur korrekt abarbeiten, um erfolg-

3 LAPLACE verstand unter dem aus der klassischen Mechanik entlehnten Begriff ein intelligentes Wesen, das in der Lage sein sollte, den gegenwärtigen Zustand aller Systeme sowie alle in der Welt wirkenden Kräfte zu kennen und auf dieser Grundlage alles zukünftige Geschehen mit absoluter Sicherheit voraussagen zu können.

reich zu sein. Eine fehlerhafte Praxis kann — nach dieser Auffassung — nur dann entstehen, wenn die theoretischen Konstrukte nicht „richtig" abgearbeitet wurden. Mit dem Anwendungsmodell ist auch die Vorstellung verbunden, daß die pädagogische Theorie in die Praxis *übergeht,* in sie transformiert wird. Abgesehen davon, daß die logische Methodologie bis heute (z. B. JÖRGENSEN; WEINBERGER) auf sprachlich-logischer Ebene auf das Dilemma der Nichtüberführbarkeit von Aussagensätzen in Sollsätze verweist[4], wird der Pädagoge in einer solchen Transformationsvorstellung als Subjekt der Theorie-Praxis-Beziehung außer achtgelassen und sein Beitrag zum *Umschlagen* der Theorie in die Praxis vernachlässigt. Der Terminus „Umschlagen" erweist sich so als zweckmäßiger als die Bezeichnung „Übergang". Der Gedanke eines Übergangs schließt oft die Vorstellung von einem unveränderten Übergehen einer Denkform in eine praktische Handlung ein, während das Umschlagen die selbständige Erarbeitung der Handlungssteuerung durch den Pädagogen beinhaltet, für die Wissenschaft nur Orientierungen und Empfehlungen als Lösungshilfen anbieten kann. Erziehungswissenschaft kann als Theorie weder die Lösungsstrategie noch die Lösung eines pädagogischen Problems der Praxis selbst bewirken, so wie sie auch nicht die Probleme der Praxis „vorwegnehmen" kann. Die mögliche Leistung von pädagogischen Theorien, die einem materialistisch-dialektischen Paradigma folgen, könnte für die pädagogische Praxis darin bestehen, daß sie die in der Praxis tätigen Pädagogen in einer dialektischen Situationsanalyse unterstützt, ein dialektisches Sinnverstehen des eigenen Tuns und seiner Wirkungen ermöglicht und zu einer dialektischen Selbstreflexion auffordert (SCHMIED-KOWARZIK 1974, S. 25; KIRCHHÖFER 1987, S. 14). Die Praxis kann wiederum der Theorie ihre Probleme nur offenlegen, aber um zu Problemen der Wissenschaft zu werden, bedarf es wiederum der systemimmanenten Verarbeitungen durch das Subjekt des Wissenschaftlers. Die Beziehung zwischen Theorie und Praxis ist so wesentlich die zwischen zwei Subjekten, die unterschiedlichen, aber aufeinander bezogenen Zwecken nachgehen.

Neben der Interpretation des Widerspruchs von Theorie und Praxis als Anwendungsverhältnis findet sich eine Deutung dieses Verhältnisses als *Subordination.* In Fortführung wissenschaftlicher Traditionen (SCHLEIERMACHER) geht auch die materialistische Dialektik von einem sog. Primat der Praxis aus. Einschränkend erklärt das Paradigma allerdings, daß in der Wechselwirkung eines Widerspruchs zwar jeweils eine Seite dominant, aber diese Dominanz relativ und auch wechselnd sei. Der Vorrang — um den fixierten und fixierenden Begriffs des Primats zu vermeiden — der pädagogischen Praxis gegenüber der pädagogischen Theorie wird aus der Funktion der Praxis begründet, Erkenntnisquelle und -triebkraft, Ziel- und Verwirklichungsbereich der Theorie und deren Wahrheitskriterium zu sein. Es ist weniger die Postulierung eines Primats, die

4 In der formalen Logik wird zwischen Aussagen- und Aufforderungssätzen unterschieden und darauf verwiesen, daß man letztere nicht aus ersteren folgern bzw. ableiten könne, wenn in der Prämissenmenge nicht mindestens ein Aufforderungssatz enthalten ist.

kritisches Nachdenken herausfordert, sondern die Interpretation dieses Primats als Unterordnung des einen unter das andere und die Aufgabe der relativen Selbständigkeit und selbständigen Zwecksetzung der Theorie-Seite.

In den Erziehungswissenschaften der DDR bildete sich *erstens* die Vorstellung heraus, daß die Anerkennung durch „die Vertreter der Praxis" das Primat zum Ausdruck bringe und erst die Zustimmung jener die Richtigkeit der Theorie bestätige. Eine solche konventionalistische Auffassung lieferte Wissenschaft regelrecht dem gerade herrschenden Meinungsstrom oder der willkürlichen Beurteilung durch einzelne Pädagogen oder Bildungspolitiker aus. Im Gegensatz dazu fordert materialistische Dialektik, daß Wissenschaft zwar ein relatives Wahrheits- oder Gültigkeitskriterium außerhalb von sich selbst suchen, sich dazu aber selbst in die Praxis begeben muß (z. B. im Experiment), um dort Veränderungen zu bewirken, die ohne Unterstützung durch Theorie nicht erfolgen könnten. Der Wissenschaftler muß sich allerdings darüber im klaren sein, daß er einen Funktions- oder Rollenwechsel vom Wissenschaftler zum praktisch tätigen Politiker oder Pädagogen vornimmt. Es bleibt dann seiner Kompetenz überlassen, diesen Dualismus produktiv zu machen und mögliche Rollenkonflikte durchzustehen.

Die Subordinationsauffassung beinhaltet *zweitens* die Vorstellung, daß die Praxis die entscheidende Quelle und Triebkraft der Theorieentwicklung sei. In der Praxis — so die Auffassung — entstehen ständig neue Probleme und Fragestellungen, die durch die Wissenschaft aufgegriffen werden müssen und die zur notwendigen *und* hinreichenden Entwicklungsbedingung von Wissenschaft werden. Es ist ein unbestrittener Vorzug dieses Denkens, daß Erziehungswissenschaft zur Reflexion gegenüber den Praxisproblemen aufgefordert wird, aber zum einen entwickeln sich die Probleme der Wissenschaft nicht allein aus den Praxisproblemen — gleichsam extern —, sondern auch aus dem Diskurs in und zwischen den Wissenschaften — also wissenschaftsintern. Zum anderen macht allein die Tatsache, daß ein Problem in der Praxis auftritt, dieses noch nicht zu einem Problem der Wissenschaft. Die Praxis kann der Wissenschaft die Formulierung der in der Praxis erkannten Probleme als Wissenschaftsprobleme nicht abnehmen, zumal viele der Praxisprobleme nicht mangelnder wissenschaftlicher Erklärung geschuldet sind, sondern Probleme der Subjekte der Praxis sind, z. B. materieller Ressourcen, vorhandener Leitungsstrukturen und -mechanismen, mangelnder Bildung oder Motivation der Pädagogen, Widerstand der Eltern. Die Subordinationsvorstellung schließt — ähnlich wie das Anwendungsmodell das Subjekt des praktisch tätigen Pädagogen — das Subjekt des Wissenschaftlers aus, der nur noch die Praxisprobleme in Wissenschaftsprobleme übersetzen soll.

Die Subordinationsvorstellung stützt *drittens* eine Auffassung vom „Primat der Politik" (PÄDAGOGISCHES WÖRTERBUCH 1987, S. 277) gegenüber der pädagogischen Theorie. Die Auffassung von Praxis als das Handeln eines *Gesamt*subjektes nach einem *Gesamt*plan durch einen *Gesamt*willen (ENGELS) führt zu der Folgerung, daß es Anliegen der Politik und der Politiker zu sein habe, diesen Gesamtwillen zu artikulieren und den Gesamtplan der Gesellschaft zu formulieren. Erziehungswissenschaft erfährt ihre Ziele und ihre Funktion — so die Deutung — nicht aus sich selbst heraus, sondern aus der Politik. Einer solchen Deutung könnte gefolgt werden, wenn darin die kritische Reflexion der Vorgaben von Politik eingeschlossen ist und die Ansprüche der Politik ein Angebot darstellen. Sobald dieser Anspruch als verbindliche Legitimations- und Rechtfertigungsforderung der Politik an Wissenschaft aufgefaßt werden muß und aus „obersten" nicht mehr zu hinterfragenden Prinzipien begründet wird, beschränkt er wissenschaftliche Produktivität. Insofern findet sich hier eine andere Seite des dialektischen Verhältnisses von Herrschaft und Bildung (HEYDORN) im Sinne der Herrschaft *über* Wissenschaft mit der destruktiven Folge mangelnder kritischer Reflexivität der Wissenschaft gegenüber sich selbst. Die Anerkennung der Aussagen der Wissenschaft ist nach außen verlagert und wird wiederum durch andere Subjekte ausgeübt. Der Anspruch der führenden Rolle der Partei gegenüber der Wissenschaft (PÄDAGOGISCHES WÖRTERBUCH 1987, S. 288) ist dann nur noch zwangsläufige Konsequenz. Erziehungswissenschaften der DDR befanden sich in dem „circulus vitiosus", daß sie für eine erfolgreiche Legitimation und Begründung von Bildungspolitik ihrerseits Legitimation erhielten. Es ist allerdings auch einseitig, allein der Politik Schuld für Versäumnisse der Wissenschaft zuzuweisen, alldieweil die Wissenschaft sich bewußt als Moment der Politik (einer „wissenschaftlich begründeten") und als parteiliche Wissenschaft für gesellschaftlichen Fortschritt verstand. Die Kritik ADORNOS, die er gegenüber dem Verhältnis von pädagogischer Theorie und Praxis in der Bundesrepublik aussprach, ist so auch auf die Situation der Erziehungswissenschaft in der DDR zutreffend: „Die Forderung der Einheit von Praxis und Theorie hat unaufhaltsam diese zur Dienerin erniedrigt; das an ihr beseitigt, was sie in jener Einheit hätte leisten sollen. (...) Der praktische Sichtvermerk, den man aller Theorie abverlangt, wurde zum Zensurstempel. Indem aber, in der gerühmten Theorie-Praxis, jene unterlag, wurde diese begriffslos, ein Stück der Politik, aus der sie herausführen sollte, ausgeliefert der Macht. Die Liquidation der Theorie durch Dogmatisierung und Denkverbot trug zur schlechten Praxis bei; daß Theorie ihre Selbständigkeit zurückgewinnt, ist das Interesse von Praxis selber." (ADORNO 1966, S. 144)

5. DIE DIALEKTISCHE NEGATIONSAUFFASSUNG — AFFIRMATIVITÄT UND/ODER NICHTAFFIRMATIVITÄT PÄDAGOGISCHER THEORIEN

Die Widerspruchsauffassung schließt eine bestimmte Vorstellung von Negation und Negativität ein. Die marxistische Dialektik, HEGEL folgend, versteht Negation zum einen als Verneinung der alten Qualität, als deren radikale Überwindung oder Liquidation — ein erster Sinn von Aufhebung. Im Selbstverständnis der marxistischen Pädagogik der DDR war dies ein radikaler Bruch mit der bürgerlichen Pädagogik. In der Negation werden zugleich Momente des Überwundenen bewahrt – in einem zweiten Sinne aufgehoben – und so das Neue bereichert, ausgefüllt. Es war ein Merkmal wissenschaftlichen Denkens in der DDR, daß es sich bewußt z. B. in die Tradition der Pädagogik der Aufklärung (KANT, HERDER, FICHTE) und in eine Kontinuität zur bürgerlichen Nationalerziehung (HUMBOLDT, ARNDT oder GUTSMUTH) stellte. Negation bewirkt schließlich, daß eine neue Qualität als das Andere konstituiert wird — in einem dritten Sinne auf eine neue höhere Stufe gehoben wird. DDR-Erziehungswissenschaften griffen z. B. die Vorstellung von KANT auf: „Aufklärung ist der Ausgang des Menschen aus seiner selbstverschuldeten Unmündigkeit. Unmündigkeit ist das Unvermögen, sich seines Verstandes ohne Leitung eines anderen zu bedienen. (...) Habe Mut, dich deines eigenen Verstandes zu bedienen." (KANT 1922 [1784], S. 169) Sie stellten diese Erkenntnis vom „Kopf auf die Füße" und verwiesen auf die gesellschaftliche Entfremdung in der bürgerlichen Gesellschaft, welche Unmündigkeit erst hervorbringt. Aufklärung erhielt darüber einen anderen Inhalt im Sinne der Aufklärung über die Ursachen sozialer Ausbeutung und der daraus erwachsenen Klassentrennung. Die Tücke des Objektes war nur, daß eigentlich diese Position aufgefordert hätte, eigene Unmündigkeit zu reflektieren.

An der materialistischen Dialektik orientierte Erziehungswissenschaften enthalten mit der Idee der Negation immer auch ein Moment des Kritischen. „Kritisch zu sein" ist nicht nur eine bestimmte Strömung modernen erziehungswissenschaftlichen Denkens, sondern ein Attribut aller marxistisch orientierten Sozial- und Erziehungswissenschaften. Ihr Anspruch, eine revolutionäre Theorie für eine revolutionäre Praxis zu sein, zwingt im Unterschied zu anderen kritischen Theorien nicht nur zu einer Kritik der verschiedenen Bewußtseinsformen, sondern zur Kritik der Verhältnisse selbst. „(...) die wirklich bestehende Welt (kann man) keineswegs bekämpfen, wenn man nur die Phrasen dieser Welt bekämpft" (MARX/ENGELS 1969, S. 20). Um materielle Verhältnisse verändern zu können, bedarf es der materiellen, d. h. der praktischen Aktion. In bezug auf die Erziehungswissenschaften folgt daraus zum einen der Anspruch nach kritischer Selbstreflexion der pädagogischen Theorien in bezug auf ihre gesellschaftliche Interessenbindung, ihre Stellung zur pädagogischen Praxis und zu ihren erkennenden und eingreifenden Möglichkeiten. Sie schließt zum anderen die Forderung nach kritischer Aufhebung aller gesellschaftlichen Verhältnisse ein, welche die Möglichkeiten des Heranwachsenden und so die nach Parteilichkeit des Wissenschaftlers behindern. Eine marxistisch orientierte Erziehungswissenschaft ist insofern immer auch eine erziehungs- und gesellschaftskritische Wissenschaft und sie schöpft ihre Parteilichkeit aus diesem kritisch-praktischen Verhältnis zur Welt. Es trat in der Erziehungswissenschaften der DDR, und nicht nur in ihr, die eigenartige Erscheinung auf, daß sie wie andere Gesellschaftswissenschaften auf Veränderung orientierte, ohne den zu verändernden Zustand vorher kritisch zu benennen und sich von ihm zu lösen. Das Alternde, Behindernde, Überholte schien Anspruch auf Schonung zu haben, weil es „im Schoße" des Sozialismus entstanden war. So entstand eine Vorstellung von Negation ohne Negativität. Es war dabei vielleicht weniger ein vermeintlich administratives Verbot, das Kritik an den Verhältnissen oder kritische Denkweisen behinderte, sondern ein sich in der Kritik beschränkendes Selbstverständnis (eine Selbstzensur). Das Neue, das erst „keimhaft“ war, mit vielen Widerständen zu kämpfen hatte und seine eigene Qualität noch nicht ausweisen konnte, bedurfte — so das Selbstverständnis — der Unterstützung und Hilfe. Der Widerspruch von Theorie und Praxis wurde durch einen anderen überlagert, den von Parteilichkeit und Wissenschaftlichkeit. Viele Erziehungswissenschaftler in der DDR — wie der Autor auch — verstanden ihre Wissenschaft nicht als „wertfrei“, sondern als offen parteilich. Die selbst auferlegte Parteilichkeit schien moralisch eine Position herauszufordern, das Neue nicht zu diskreditieren oder zu gefährden. Kritik der Verhältnisse, Widerstand gegen Forderungen der Politik oder ein Beharren auf distanzierende Autonomie der Wissenschaft mußten als fortschrittsfeindlich erscheinen. Insofern verkümmerte das kritische Moment in den Erziehungswissenschaften, das gerade die Voraussetzung gewesen wäre, ihre Parteilichkeit für das Neue wahrzunehmen.

Die marxistische Negationsauffassung enthält jedoch nicht nur die Bejahung des kritischen Momentes, sondern schließt auch ein dialektisches Verständnis von *Negativität und Positivität*, von *Nichtaffirmativität und Affirmativität* ein. Die Negationsvorstellung richtet sich nicht nur gegen eine differenz- und kritiklose Identifikation mit gesellschaftlichen Verhältnissen, sondern auch gegen eine fehlende Positionierung, gegen resignierende Ohnmacht gegenüber diesen Verhältnissen und gegen einen Verzicht auf alternative Konstruktivität. Eine Wissenschaft, die sich dem Fortschritt verpflichtet fühlt, muß diesen in der Gesellschaftsentwicklung orten und benennen, sie muß auf die gesellschaftlichen Kräfte zu deren Verwirklichung aufmerksam machen und Erreichtes auch behaupten und stabilisieren, also sich positiv verhalten. Radikale Negativität kann nicht nur Orientierungslosigkeit, sondern auch Nihilismus und Irrationalität erzeugen und folgt so letztlich auch einer affirmativen Vorstellung von Realität (BENNER 1987). Umgekehrt trägt eine ausschließliche Affirmation die Gefahr, vorhandene Gesellschaftszustände zu legitimieren und im Sinne einer prästabilisierten Harmonie (LEIBNIZ) als beste aller Welten zu deklarieren.

Im Unterschied zu einer vereinfachenden Gleichsetzung von Affirmativem als lediglich bejahend und tradierend und des Nichtaffirmativen als negierend und kritisch, wird in der marxistischen Praxisauffassung Erziehung als ein Prozeß verstanden, in dem die pädagogischen Subjekte ihre Handlungsfähigkeit ständig *erweitert* reproduzieren, bisher Unbekanntes erschließen, sich neue Erfahrungshorizonte erschließen. Erziehung orientiert von ihrem Wesen her auf das Neue, Unbekannte, bisher Nichterworbene und trägt somit nichtaffirmativen Charakter, zugleich bedarf aber Erziehung auch zu sichernder Voraussetzungen. Das Voranschreiten hat eine Ausgangsposition, die, indem sie genutzt wird, sich selbst aufhebt. Affirmatives wird zum Nichtaffirmativen und das Nichtaffirmative schlägt im Stadium eigener Aufhebung in Affirmatives um.

6. DIE DISKUSSION DES PARADIGMAS DER MATERIALISTISCHEN DIALEKTIK IN DEN ERZIEHUNGSWISSENSCHAFTEN DER BRD UND DER DDR

Die materialistische Dialektik (oder der dialektische oder historische Materialismus oder Marxismus) hat auch in den Erziehungswissenschaften der *BRD* eine lange Diskussionstradition und weist eine eigenständige Theorienkontinuität als materialistische oder marxistische Erziehungstheorie, historisch-materialistische Pädagogik oder sozialistische Pädagogik auf.

Mit der Kritik und Selbstkritik der geisteswissenschaftlichen Pädagogik und der einsetzenden Wende zu einer realistischen Pädagogik entstand in den 60er Jahren hier ein Erklärungsbedarf der veränderten gesellschaftlichen Bedingungen, unter denen sich Erziehung vollzog. Es war vor allem die MARX-Interpretation der Frankfurter Schule (HORKHEIMER, MARCUSE, ADORNO, HABERMAS), welche die Herausbildung einer kritischen Erziehungswissenschaft beförderte. Andere Quellen einer marxistischen Diskussion waren u. a. psychoanalytisch orientierte Kritiker der bürgerlichen Erziehungsverhältnisse wie BERNFELD oder REICH; die marxistischen Pädagogen der Weimarer Republik (z. B. RÜHLE, HOERNLE, ZETKIN) und später auch die der sowjetischen Pädagogik und Psychologie (RUBINSTEIN, LEONTJEW, MAKARENKO, BLONSKI).

Die marxistisch orientierte Bildungskritik als Gesellschaftskritik, ein damit verbundenes emanzipatorisches Bewußtsein und die Bindung erziehungswissenschaftlichen Denkens an den praktischen Kampf des Proletariats führten zu einer materialistischen Interpretation der Erziehungsauffassung (z. B. bei GAMM, BECK, PRESSEL) und auch zur Diskussion neuer Ansätze bei nichtmarxistischen Pädagogen, wie z. B. zur Wertfreiheit erziehungswissenschaftlichen Denkens, zur Theorie-Praxis-Beziehung oder zu den Kriterien der Wahrheit erziehungswissenschaftlicher Aussagen (z. B. bei BENNER, BLANKERTZ, MOLLENHAUER, OFFE, ROLFF). Einschränkend muß allerdings gesagt werden, daß Zuordnungen dieser Art häufig den theoretischen Lernprozessen und Differenzierungen der Autoren nicht gerecht werden.

Diese Diskussionsthemen waren dabei an klassischen MARXschen Vorstellungen orientiert, wie z. B. zur Funktion von Bildung im gesellschaftlichen Reproduktionsprozeß und bei der Reproduktion kapitalistischer Verhältnisse. Während die einen (z. B. BAETHGE, NYSSEN) den Einfluß der kapitalistischen Unternehmerverbände auf die Bildungspolitik nachwiesen, untersuchten andere (z. B. ALTVATER, HUISKEN) die Funktion von Bildung bei der Heranbildung des kapitalistischen Lohnarbeiters. Gegen diese ausschließlich ökonomistisch orientierte Kritik der kapitalistischen Erziehungsverhältnisse als Überbauerscheinungen wendeten französische Marxisten (BOURDIEU/PASSERON) ein, daß Erziehung eine relative Autonomie biete, das erziehende Subjekt aber als Angehöriger einer Klasse wirke und so eine krisenüberdauernde Reproduktion der bürgerlichen Sozialstruktur und der differenzierten Lebensstile ermögliche. In der marxistischen Kritik der Inhalte und Methoden der Bildung in der bürgerlichen Gesellschaft wiesen z. B. HEYDORN oder KONEFFKE nach, daß die Bourgeoisie den Widerspruch zwischen Bildung und Herrschaft ständig erneut reproduziert, indem nicht nur der qualifizierte Lohnarbeiter gebildet wird, sondern auch der kollektive Kritiker von Naturabhängigkeit und Herrschaftszwängen und die auf Einpassung gerichtete Erziehung auch andere als die von der politischen Klasse gewollte Wirkungen hat. In Anlehnung an BOURDIEU entwickelten LEFEBVRE und HELLER eine materialistische Alltagstheorie, in welcher die Reproduktion kapitalistischer Produktionsverhältnisse im Alltagsleben und die Instrumentalisierung der Erziehung, Bildung und Schule für die aktive Reproduktion dieser Verhältnisse untersucht wird. In der jüngeren Vergangenheit finden sich — aus meiner begrenzten Sicht — nur noch einzelne Arbeiten, die von marxistischen Positionen aus eine Analyse bürgerlicher Erziehungsverhältnisse und ihrer Beziehungen zur bürgerlichen Gesellschaft vornehmen, wie z. B. zum Verhältnis von Bildung und Arbeit, Bildung als Arbeit und der Perspektiven der Bildungsarbeit (SÜNKER), den Möglichkeiten einer pädagogischen Ethik (GAMM), den biologisch-sozialen Bedingungen der Individualitätsentwicklung (JANTZEN), der Definition der Erziehungswissenschaft als Gesellschaftswissenschaft (MEYER-ZIEGLER) oder einer marxistischen Sicht auf Pädagogen und Pädagogik im Nationalsozialismus (KEIM 1990).

Diese Diskussionsrichtungen — die sich von der sozialistischen Pädagogik der DDR als einer orthodoxen marxistischen Pädagogik abgrenzten — veränderten jedoch auch nicht die Tatsache, daß „materialistische Erziehungswissenschaft vorerst auch nicht mehr als ein Programm blieb" (MOLLENHAUER 1972, S. 182). Das Credo dieser Versuche könnte man wie folgt zusammenfassen: Erziehungswissenschaft kann aus ihrer Sicht die Erzieher befähigen, die Entfremdung, in der wir leben, sinnlich zu erfahren, die Kontingenz und Komplexität der Lebensverhältnisse begrifflich durchschaubar zu machen und die Individuen zum solidarischen Widerstand gegen die fortschreitende Enthumanisierung der globalen Praxis aufzufordern. In dieser „kritischen Sensitivierung" und „Solidarität" liegen „oberste Leitziele einer praxisbezogenen Bildungsarbeit" und damit auch Möglichkeiten einer sinnerfüllten und optimistischen pädagogischen Arbeit unter kapitalistischen Verhältnissen (SEIFFERT 1975, S. 13).

In der *DDR* wurde die materialistische Dialektik zum Programm. Versuche, in der Geschichte der Erziehungswissenschaften der DDR Alternativen zur materialistischen Dialektik zu finden, erweisen sich zumindestens bis jetzt als nahezu aussichtslos, wenn man von den geisteswissenschaftlichen Theorieansätzen universitärer Pädagogik bis 1948 (NOHL, LITT, GADAMER, SPRANGER) und von Versuchen kirchlich orientierter Erziehungswissenschaft in den letzten Jahren der DDR absieht (REIHER, DOYE, NEUBERT). Es fällt auch schwer, innerhalb des Paradigmas widerstreitende Strömungen, alternative Schulen oder konkurrierende Ideen auszumachen, was eine Vielfalt individueller Meinungen und „Handschriften" nicht ausschließt (vgl. NEUNER 1991; WESSEL 1991), die weniger aus dem Schrifttum, sondern stärker aus den Lehrmeinungen, den nichtöffentlichen Diskussionen, den Promotionsverteidigungen oder sogenannten Problemberatungen ablesbar wären. Gerade diese Vielgestaltigkeit läßt es als vorschnell erscheinen, von *den Erziehungswissenschaften* der DDR zu sprechen.

Analysiert man den Gebrauch des Paradigmas in erziehungswissenschaftlichen Diskussionen *akademischer* Einrichtungen und Gremien, so lassen sich zwei Momente erkennen:

1. Ohne materialistische Dialektik selbst in irgendeiner Weise in Zweifel zu ziehen, finden sich in der pädagogischen Theorieentwicklung der DDR Ansätze, dieses Paradigma durch Erkenntnisse von Einzelwissenschaften zu ergänzen (vgl. auch KIRCHHÖFER/WESSEL 1991):
   Ende der 40er bis Mitte der 50er Jahre wurde der Marxismus-Leninismus zur herrschenden Ideologie und zur alleinigen weltanschaulichen Grundlage erziehungswissenschaftlichen Denkens. Eine zu dieser Zeit einsetzende Vulgarisierung und Stereotypisierung der marxistischen Philosophie führte auch zu langwirkenden Denkmustern unter Erziehungswissenschaftlern. Unter Nutzung der STALINschen Schriften „Kurzer Lehrgang der Geschichte der KPdSU (B)“ und „Der Marxismus und die Fragen der Sprachwissenschaft“ fand eine regelrechte Katechisierung philosophischer Voraussetzungen pädagogischen Denkens statt. Nach dem XX. Parteitag der KPdSU 1956 brach für kurze Zeit eine Antidogmatismusdiskussion auf (DEITERS, DORST), die eine Neubestimmung der Dialektik von Politik und Pädagogik suchte. Mitte der 60er Jahre vollzog sich eine Hinwendung zur *Kybernetik* als der Wissenschaft von den allgemeinen Eigenschaften der Regelung und Informationsverarbeitung in dynamischen Systemen (WIENER), zu denen erklärlicherweise für Pädagogik auch der Mensch zählte. Es ist auffällig, daß auch in anderen Paradigmendiskussionen die pädagogische Wissenschaftsentwicklung in der DDR und der BRD mehr Parallelen aufweist, als zu vermuten wäre. Den damaligen oft auch formalen Anwendungen der materialistischen Dialektik setzten Wissenschaftler (KRESCHNAK, KELBERT, KNÖCHEL u. a.) in Anlehnung an STEINBUCH, FRANK, CORRELL, STACHOWIAK Versuche entgegen, dispositionelle Gesetzmäßigkeiten mit Hilfe von Modellen aufzudecken, Systemzusammenhänge aus der Sicht der Selbstorganisation zu beschreiben, pädagogische Kreativität mit Hilfe einer systematischen Heuristik (MÜLLER, J.) zu erfassen oder Kommunikationszusammenhänge mit Hilfe der Informations- und Kommunikationstheorie zu beschreiben.
   Diese Bemühungen wurden bewußt — und darin bestand der spätere Vorwurf des Revisionismus des Marxismus — mit der vertieften Sicht auf die Kategorien der Dialektik verbunden, wie z. B. Wechselwirkung (Rückkoppelung), Notwendigkeit und Zufall als Erscheinung stochastischer Systeme oder Selbstorganisation als Moment der Selbstentwicklung. Die in der Euphorie vorgenommene unkritische Übertragung von Modellen der Regelungs- und Informationstheorie erleichterte es, diese Ansätze mit dem Vorwurf des Positivismus und einer damit verbundenen „Entideologisierung“ zurückzudrängen.

Unterstützt durch die Diskussion in der sowjetischen Philosophie (NARSKI, KOPNIN) hielt sich in der DDR eine längere Auseinandersetzung um das Verhältnis der *Dialektischen Logik* zur Dialektik[5]. Ausgelöst wurden diese Diskussionen mit der Rehabilitierung der formalen Logik (KLAUS, G.) in der DDR und der dazu notwendigen Standortbestimmung von Logik und Erkenntnistheorie in der marxistischen Philosophie. In der erklärten Absicht der dialektischen Logik, die intensionalen Zusammenhänge des erkennenden Denkens zu erforschen, nahm sie auch Einfluß auf die pädagogische Methodologie (ZIMMER, KRESCHNAK, HERING), wie z. B. zum dialektischen Charakter der Widerspiegelung und der Aktivität des Subjektes in diesem Prozeß, zur Einheit von Historischem und Logischem oder zum Aufsteigen vom geistig Abstrakten zum gedanklich Konkreten.

Anfang der 70er Jahre führten die Schrift von L. SEVE und Arbeiten sowjetischer Psychologen (LEONTJEW, RUBINSTEIN, BOSHOWITCH, BUJEWA) und eine verbreitete Rezepierung der Arbeiten der Kritischen Psychologie (HOLZKAMP, OSTERKAMP, BRAUN) zu einer Diskussion über die *Dialektik in der Persönlichkeitsentwicklung.* Seit dieser Zeit blieb auch ein relativ intensiver Diskurs zwischen Philosophen und Pädagogen erhalten, der vor allem im Bereich der Persönlichkeitsentwicklung vulgärmaterialistische Auffassungen zurückdrängte, wie z. B. der linearen Determiniertheit der Persönlichkeit durch die gesellschaftlichen Verhältnisse, die Leugnung biologischer Determinanten des Verhaltens oder der Entgegenstellung von Erziehung und Entwicklung. Gerade das Verhältnis zu den biologischen Konstituenten der Persönlichkeit zeigt die oft widersprüchliche Vielfalt der Diskussionen. Während Verhaltensbiologen, Mediziner oder Physiologen oft die Vernachlässigung biologischer Sachverhalte durch Pädagogen beklagten, befürchteten vor allem Pädagogen, daß ein Biologismus — wie in den 50er Jahren der Physiologismus von PAWLOW und LYSSENKO — Oberhand gewinnen könne. Aus dieser Situation entstand Anfang der 80er Jahre an der Humboldt-Universität Berlin das Projekt „Der Mensch als bio-psycho-soziale Einheit" unter K.-F. WESSEL, das bis heute seine Arbeit fortsetzen konnte.

In dieser Diskussion mahnten Philosophen (WESSEL, FUCH-KITTOWSKI, HÖRZ) die Bedeutung disziplinärer Entwicklungstheorien für Pädagogik an und forderten Pädagogik auf, über eine oder mehrere eigene Entwicklungstheorie(n) nachzudenken.

5 In der Wissenschaftsentwicklung der sozialistischen Länder hielt sich hartnäckig die Vorstellung, eine dialektische Logik als Einheit von Logik, Dialektik und Erkenntnistheorie entwickeln zu können. Diese Logik sollte die Zusammenhänge, Veränderungen und Widersprüche des erkennenden Denkens der Menschheit, der Menschen (als soziale Gruppe) und des Menschen (als Individuum) untersuchen. Im Unterschied dazu untersucht die formale (traditionelle) Logik die extensionalen (Wahrheits-)Beziehungen zwischen Aussagen unter dem Aspekt ihrer Wahrheitserblichkeit.

Zeitlich parallel zur BRD setzte auch in der DDR die Diskussion zum Alltag als Lebensorientierung, Erfahrungsraum und Entwicklungssphäre ein (HORSTMANN, MAIER). Zum Teil kontrovers wurde auf die Verschiedenheit der Erkenntnisebenen und -formen und auf die Notwendigkeit verwiesen, sie miteinander zu verbinden. Auch unter dem Einfluß dieser Diskussion wendete sich pädagogische Wissenschaft den Erfahrungen der Lehrer zu und schuf institutionelle Möglichkeiten, um pädagogische Erfahrungen auszutauschen, zu sammeln und zu verallgemeinern (u. a. in der Form von „Pädagogischen Lesungen" von praktisch tätigen Pädagogen, die jährlich in Bezirken und zentral ausgeschrieben wurden, in regelmäßigen überregionalen Arbeitsgemeinschaften, z. B. die Frankfurter Gespräche, in Überführungskonferenzen, welche theoretische Erkenntnisse und praktische Erfahrungen zusammenführen sollten, oder in sog. Tagen der pädagogischen Wissenschaften an pädagogischen Hochschulen, die Praktikern die Gelegenheit geben sollten, ihre Erfahrungen vorzustellen). Im Zusammenhang mit diesen Auffassungen wurde auch die *Verschiedenheit von theoretischer und praktizierter Weltanschauung* (WITTICH, OKUN, WAGNER) diskutiert und gemeinsam mit Erziehungswissenschaftlern ein Konsens erreicht, daß die marxistische Weltanschauung sich nicht nur als System von theoretischen Aussagen entwickelt und äußert, sondern sich auch in der sozialen Psyche, in Stimmungen oder der öffentlichen Meinung herausbildet und dementsprechend durch den Lehrer nicht nur vermittelt werden kann, sondern sich in einem ganzheitlichen Aneignungsprozeß der Welt über die Erfahrung beim Individuum herausbildet. Unauffällig setzte auch eine Renaissance psychoanalytischen Gedankengutes ein (ARNOLD). Diese Diskussionen spiegelten sich in den Erziehungswissenschaften vor allem in den methodologischen Arbeiten zum Verhältnis vom Empirischem und Theoretischem, zur Praxisanalyse und zum Experiment in der pädagogischen Forschung wider.

2. In der Nutzung und Entwicklung des Paradigmas gab es parallel zu den erwähnten Diskussionen bestimmte „durchgehende Kristallisationen" (HEGEL) des theoretischen Denkens, die eine theoriegeschichtliche Kontinuität aufwiesen:
   - die *Wechselwirkung von Erziehung und Gesellschaft,* in der Erziehung nicht nur abgeleitetes Moment eines hierarchischen übergeordneten Ganzen ist, sondern eine relativ eigenständige Entwicklung durchläuft und auf das gesellschaftliche Ganze, dessen Stabilität und Funktionalität zurückwirkt (vgl. u. a. MÖLLER, GÜNTHER);
   - *Erziehung als Prozeß,* in dem die widersprüchlichen Entwicklungslogiken mehrerer Subjekte aufeinandertreffen und in mehr oder weniger effektiver Form „vermittelt" werden, und in dem jedes einzelne Subjekt wie auch das Ganze Zyklen mit Stagnation, Progreß und Regreß unterliegen und neue Entwicklungsmöglichkeiten hervorgebracht werden (u. a. KLINGBERG, DREWS, SALZWEDEL, NEUNER);

- das Verständnis des Kindes als eine sich entwickelnde *Individualität,* die einerseits Bedingung und Ergebnis des pädagogischen Prozesses, andererseits Produkt eigener Selbstorganisation ist (u. a. DREFENSTEDT, MEHLHORN, KIRCHHÖFER);
- *Allgemeinbildung* in ihrem Spannungsfeld von Formalem und Materialem, Enzyklopädischem und Exemplarischem, Grundlegendem und Ergänzendem, Abbreviatur und Elementarisierung (NEUNER, KIENITZ, HOFMANN, STEINHÖFEL);
- *Polytechnik als Prinzip* der Erziehung und nicht ausschließlich als Unterrichtsform, mit dem nicht nur auf die berufsvorbereitende Funktion verwiesen wird, sondern auf das kulturmenschliche Phänomen der Tätigkeit (FRANKEWICZ, POLZIN);
- das *Kollektiv* als Lebensform, in der das Individuum seine Subjektivität entwickeln kann und das an der Aufgabe orientiert ist, den Raum für Individualitätsentfaltung zu bieten (BERGER, SCHILLE).

In jeder der einzelnen Diskussionslinien gab es spezifische Ansätze, verschiedene Interpretationen und eine unterschiedliche Tiefe der Rezeption materialistischer Dialektik.

7. DIE VERUNSICHERUNGEN DES MATERIALISTISCH-DIALEKTISCHEN PARADIGMAS IN DER GEGENWART – EIN PARADIGMENWECHSEL?

Die Verunsicherungen gegenüber der wissenschaftlichen Legitimation des Paradigmas resultieren nicht nur aus dem jetzigen Umbruch. Schon in den vergangenen Jahren führten in den westeuropäischen Ländern die Zweifel an der Realisierbarkeit der „historischen Mission der Arbeiterklasse" und an der Subjektmöglichkeit von unterdrückten Klassen zu einer immer geringer werdenden Anziehungskraft der materialistischen Dialektik auch in der Pädagogik. Die sich jetzt vollziehende Niederlage der proletarischen Emanzipationspraxis, der offensichtliche Zusammenbruch der diese Praxis führenden Theorie, lassen Zweifel an deren weiterer wissenschaftlichen Legitimation entstehen, zumal die sie tragenden Institutionen und Personen — ganz im KUHNschen Sinne eines Paradigmenwechsels[6] — „sozial aussterben". Es scheint nur folgerichtig zu sein, daß der Sturz der herrschenden Klasse oder Eliten auch zum Sturz der im geistigen Leben herrschenden Theorie führt und zumindest in den akademischen Institutionen einen Paradigmenwechsel erzwingt.

Eine solche Verunsicherung wird dadurch verstärkt, als weltweit ein Fortschrittsskeptizismus sich durchzusetzen scheint und die Frage erhoben wird, ob universeller menschlicher Fortschritt überhaupt realisierbar ist, wer der Träger

---

6 Der Wissenschaftstheoretiker und -historiker TH. KUHN vertrat die Ansicht, daß sich ein Paradigmenwechsel erst durchsetzt, wenn die Vertreter dieses Paradigmas aussterben, zumindest aber ihre akademische Position aufgeben.

eines solchen sein sollte und ob Theorien dafür Grundlage bilden können. Das Scheitern des Sozialismus *als einer* gesellschaftlichen Entwicklungsmöglichkeit führt auch zu Verunsicherungen gegenüber der Annahme, in der Geschichte existiere eine ihr innewohnende Gesetzmäßigkeit, die zum Höheren drängt und die es bei ihrer Erkenntnis gestattet, die gesellschaftliche Entwicklung *bewußt* im Sinne des Fortschritts zu gestalten.

Die Verunsicherung ist aber auch aus dem Paradigma und seiner eigenen Widersprüchlichkeit von Theorie und Praxis ableitbar. In dem Maße wie pädagogische Praxis als Teil der gesamtgesellschaftlichen Praxis ihren revolutionären Charakter verlor und auf die Machtsicherung und Erhaltung des Bestehenden orientierte, verlor das Paradigma auch in der Erziehungswissenschaft seinen kritischen Charakter. Die planmäßige und bewußte Gestaltung von Gesellschaftsprozessen, das Streben nach Gleichgewicht und Harmonie mußten auf den Widerstand des Paradigmas stoßen oder es in seiner kritischen Konstruktion aufheben. So entsteht der Zweifel, ob nicht das Paradigma seine eigene Nichtrealisierbarkeit in der Praxis beinhaltet und die Realisierung in der Praxis nicht mehr die des eigenen Paradigmas ist.

Zugleich drängt sich der Gedanke auf, ob die gegenwärtigen Vorgänge nicht auch als Argumente für das Paradigma wirken bzw. solche herausfordern.[7]

Das Ende dieses Jahrhunderts scheint sich als eine Zeit des Unvorhergesehenen und Unvorhersehbaren zu erweisen. *Ein* historischer Typ des Fortschritts in einem Typ der Zivilisation ist gescheitert, die Krise eines anderen Typs in derselben Zivilisation ist unübersehbar. Bildung und Erziehung suchen in dieser Krise eine Neubestimmung. Materialistische Dialektik als (eine) *Theorie der Selbstorganisation* verweist auf die Vielfalt der Entwicklungsmöglichkeiten, die sich immer wieder neu aus den Entwicklungstatsachen ergeben. Das Auslaufen, Abbrechen und das Aufbrechen und Entstehen sind zwei Momente ein und desselben Prozesses und setzen sich gerade als Instabilitäten, Desorganisation oder sogar Chaos durch. Materialistische Dialektik besitzt in diesen Situationen der Ungewißheit, Unberechenbarkeit und Unvorhersehbarkeit ein bedeutendes Erkenntnispotential. Materialistische Dialektik als *Subjekttheorie* beinhaltet die nahezu triviale Erkenntnis, daß Geschichte von Subjekten, von Akteuren, gemacht wird und nicht irgendwelche blind wirkende Phänomene den Gang der Geschichte bestimmen. Wenn auch heute kaum Kräfte sichtbar werden, die als Subjekte des geschichtlichen Prozesses wirken könnten, so verweist Dialektik darauf, daß die gesellschaftlichen Veränderungen auch die sie gestaltenden Subjekte hervorbringen.

Pädagogisches Tun erhält insofern eine Sinnbestimmung, den Heranwachsenden zu helfen, ihre Subjektivität zu gewinnen, indem sie fragen, was in dieser Welt von heute praktisch zu verändern ist, indem sie der Kontingenz und Unüberschaubarkeit dieser Welt nicht ausweichen oder sich ihr verweigern, son-

---

7 Ich verdanke Herrn BERNARD MICHAUX, Chefredakteur der Zeitschrift „La Pensée", Paris, vielfältige Hinweise.

dern sie annehmen und sich ihr entgegenstellen. Darin ist eingeschlossen, die eigenen biographischen Veränderungen zu reflektieren, die Veränderungen der geschlechtlichen, regionalen, sozialen Identitäten, der Lebensalter und Moratorien, der Grundmuster des Agierens in der Gesellschaft zu verarbeiten.

Damit ist vielleicht ein drittes Argument angedeutet. Materialistische Dialektik könnte sich als *Sinntheorie* erweisen. Vielleicht ist die Sinnkrise der tiefste Sinn der Krise der Gesellschaft überhaupt. Kapitalverwertung, Lohnarbeit, schulische Bildung, politische Aktionen, pädagogisches Handeln erfahren gegenwärtig einen Sinnwandel. Keinem der Bereiche läßt sich der gleiche Sinn wie in der Vergangenheit zuschreiben; Utopien verlieren einen Sinn und gewinnen einen neuen, Weltanschauungen und Religionen suchen nach Sinn und Sinnstiftung. Es könnte ein Erkenntniswert der Dialektik sein, daß sie Sinn und Sinnfindung nicht aus der Selbstreflexion schöpfen läßt, sondern aus dem praktischen Tun des „kleinen Jedermanns". Auch pädagogisches Tun wird Sinn nicht vermitteln und Erziehungswissenschaften dafür keine Vorgaben machen können, aber sie können selbst als Teil eines verändernden Tuns wirken und so die Subjekte dieses Tuns darin unterstützen, ihren Sinn zu finden.

Materialistische Dialektik könnte in einem pluralen Angebot von Theorien die geistige Aneignung dieser Widersprüchlichkeit unterstützen, wenn sie sich auf ihren Inhalt besinnt, eine Theorie der Vielfalt und Offenheit der Entwicklung zu sein, die dem Individuum kritische Distanz und konstruktive Hoffnung ermöglicht.

LITERATUR

ADORNO, TH. W.: Negative Dialektik. Frankfurt a. M. 1966.

AHRBECK, R.: Die allseitig entwickelte Persönlichkeit. Berlin/DDR 1979.

BENNER, D.: Hauptströmungen der Erziehungswissenschaft. München 1974.

BENNER, D.: Allgemeine Pädagogik. Weinheim 1987.

BLOCH, E.: Subjekt — Objekt. Erläuterungen zu Hegel. Frankfurt a. M. 1969.

DANILOW, M. A.: Zur Methodologie der Pädagogik. Berlin/DDR 1974.

DRERUP, H.: Wissenschaftliche Erkenntnis und gesellschaftliche Praxis. Weinheim 1987.

DRERUP, H./TERHART, E. (Hrsg.): Erkenntnis und Gestaltung. Vom Nutzen erziehungswissenschaftlicher Forschung in praktischen Verwendungskontexten. Weinheim 1990.

DREWS, U.: Zum dialektischen Charakter des Unterrichtsprozesses in der allgemeinbildenden Schule. Berlin/DDR 1983.

GÜNTHER, K. H.: Probleme allseitiger und harmonischer Persönlichkeitsentwicklung in historischer Sicht. In: Jahrbuch für Erziehungs- und Schulgeschichte 18 (1978), S. 38—54.

HORSTMANN, H.: Studien zur metaphysischen und dialektischen Denkweise. Berlin/DDR 1977.

KANT, I.: Beantwortung der Frage: Was ist Aufklärung? [1784]. In: BUCHENAU, A./CASSIRER, E. (Hrsg.): Immanuel Kants Werke. Bd. 4: Schriften von 1783—1788 von Immanuel Kant. Berlin 1922, S. 167—176.

KEIM, W. (Hrsg.): Pädagogen und Pädagogik im Nationalsozialismus. Eine Kritische Positionsbestimmung. Marburg 1990.

KIRCHHÖFER, D.: Humanismus und pädagogische Theoriebildung. In: Pädagogische Forschung 28 (1987) 6, S. 8—14.

KIRCHHÖFER, D./WESSEL, K.-F.: Erziehungs- und Bildungsphilosophie in der DDR. In: BENNER, D./LENZEN, D. (Hrsg.): Erziehung, Bildung, Normativität. Weinheim 1991, S. 55—79.
LENZEN, D. (Hrsg.): Pädagogische Grundbegriffe. Bd. 2. Reinbek 1989.
LUKACS, G.: Geschichte und Klassenbewußtsein. Berlin 1923.
MANNSCHATZ, E./SALZWEDEL, W.: Pädagogische Theoriebildung und Erziehungspraxis. Berlin/DDR 1984.
MARX, K.: Thesen über Feuerbach. MARX-ENGELS Werke (im folgenden zitiert als MEW) 3. Berlin/DDR 1969.
MARX, K.: Grundrisse der Kritik der politischen Ökonomie. Berlin/DDR 1974.
MARX, K.: Zur Kritik der Hegelschen Rechtsphilosophie. Einleitung. MEW 1. Berlin/DDR 1981.
MARX, K.: Thesen über Feuerbach. MEW 11. Berlin/DDR 1963.
MARX, K./ENGELS, F.: Die deutsche Ideologie. MEW 3. Berlin/DDR 1969.
MARX, K./ENGELS, F.: Die Heilige Familie. MEW 2. Berlin/DDR 1976.
MARX, K./ENGELS, F.: Manifest der Kommunistischen Partei. MEW 4. Berlin/DDR 1983.
MOLLENHAUER, K.: Erziehung und Emanzipation. München 1972.
NEUNER, G.: Pädagogische Wissenschaft in der DDR. In: Die Deutsche Schule 83 (1991), S. 280—295.
PÄDAGOGISCHES WÖRTERBUCH. Berlin/DDR 1987.
SCHLEIERMACHER, F.: Pädagogische Schriften. Bd. 1. Düsseldorf/München 1957 (zuerst 1826).
SCHMIED-KOWARZIK, W.: Dialektische Pädagogik. München 1974.
SEIFFERT, J. E.: Pädagogik der Sensitivierung. Lampertheim 1975.
SÜNKER, H.: Bildungstheorie und Erziehungspraxis. Bielefeld 1984.
SÜNKER, H.: Bildung, Alltag und Subjektivität. Weinheim 1989.
WESSEL, K. F. (Hrsg.): Struktur und Prozeß. Berlin/DDR 1977.
WESSEL, K. F.: Über Realitäts- und Theorieverlust in der Erziehungswissenschaft der DDR. In: Die Deutsche Schule 83 (1991), S. 505—513.
WITTICH, D./GÖSSLER, K./WAGNER, K.: Marxistisch-leninistische Erkenntnistheorie. Berlin/DDR 1980.

WEITERFÜHRENDE LITERATUR (WEST):

BAETHGE, M.: Materielle Produktion, gesellschaftliche Arbeitsteilung und die Institutionalisierung von Bildung. In: BAETHGE, K./NEVERMANN, K. (Hrsg.): Organisation, Recht und Ökonomie des Bildungswesens. (= Enzyklopädie Erziehungswissenschaft. Hrsg. von LENZEN, D. Bd. 5) Stuttgart 1984, S. 21—51.
GROTH, G.: Die pädagogische Dimension im Werke von K. Marx. Darmstadt 1978.
HEYDORN, H. J.: Zu einer Neufassung des Bildungsbegriffs. Frankfurt a. M. 1972.
KARRAS, H.: Die Grundgedanken der sozialistischen Pädagogik in Marx' Hauptwerk „Das Kapital". Frankfurt a. M. 1972.
MEIER-ZIEGLER, R.: Die Pädagogik als Gesellschaftswissenschaft. Frankfurt a. M. 1989.
SCHMIED-KOWARZIK, W.: Dialektische Pädagogik. München 1974.
SCHMIED-KOWARZIK, W.: Materialistische Erziehungstheorien und Grundbegriffe der Bildung und Erziehung. In: LENZEN, D./MOLLENHAUER, K. (Hrsg.): Theorien und Grundbegriffe der Erziehung und Bildung. (= Enzyklopädie Erziehungswissenschaft. Hrsg. von LENZEN, D. Bd. 1) Stuttgart 1983, S. 101—116.

TITZE, H.: Erziehung und Bildung in der historisch-materialistischen Position. In: LENZEN, D./MOLLENHAUER, K. (Hrsg.): Theorie und Grundbegriffe der Erziehung und Bildung. (= Enzyklopädie Erziehungswissenschaft. Hrsg. von LENZEN, D. Bd. 1) Stuttgart 1983, S. 42—54.

THEUNISSEN, M.: Die Verwirklichung der Vernunft. Zur Theorie-Praxis-Diskussion im Anschluß an Hegel. Philosophische Rundschau 1970, Beiheft 6.

ZEDLER, P./KÖNIG, E. (Hrsg.): Rekonstruktionen pädagogischer Wissenschaftsgeschichte. Weinheim 1989.

WEITERFÜHRENDE LITERATUR (OST):

ARNOLD, A.: Was formt die Persönlichkeit? Berlin/DDR 1976.

KIRCHHÖFER, D. (Hrsg.): Fragen der Theorieentwicklung in der Pädagogik. Berlin/DDR 1989.

MANNSCHATZ, E./SALZWEDEL, W.: Pädagogische Theoriebildung und Erziehungspraxis. Berlin/DDR 1984.

NEUNER, G.: Pädagogische Wissenschaft in der DDR. In: Die Deutsche Schule 83 (1991), S. 280—295.

RÖHR, W.: Aneignung und Persönlichkeit. Berlin/DDR 1984.

SEGETH, W.: Materialistische Dialektik als Methode und Methodologie. Berlin/DDR 1984.

STEINHÖFEL, W. (Hrsg.): Spuren der DDR-Pädagogik. Weinheim 1993.

WESSEL, K. F.: Pädagogik in Philosophie und Praxis. Berlin/DDR 1975.

Gero Lenhardt

6. BILDUNGSÖKONOMISCHE THEORIE UND GESELLSCHAFTLICHER FORTSCHRITT

1. EINLEITUNG

„Schulbildung ist wirtschaftlich nützlich." Diese Vorstellung gewann in der bildungspolitischen Diskussion während der 60er Jahre weltweit an Überzeugungskraft. In der Wissenschaft entstand gleichzeitig eine materialistische Hypothese dahingehend, daß die Schulen ihre Existenz und ihre Expansion vor allem ihrem Beitrag zum Wirtschaftswachstum verdankten. Sie manifestiert sich institutionell zum Beispiel in der Existenz einer Abteilung für Bildung und Ausbildung bei der Weltbank, deren Repräsentanten Zusammenhänge zwischen Schule und wirtschaftlicher Entwicklung so formuliert haben:

> „Bildungsinvestitionen bilden den Schlüssel des gesellschaftlichen Fortschritts. Ihre Bedeutung spiegelt sich in der seit den 60er Jahren wachsenden Auffassung wider, daß Investitionen in formale und informale Bildung und Ausbildung jene Fertigkeiten, Kenntnisse, Einstellungen und Motive kultivieren, die für die ökonomische und gesellschaftliche Entwicklung unerläßlich sind. Seit mehr als 20 Jahren leiht die Weltbank Mittel für Erziehungszwecke aus." (PSACHAROPULOS/WOODHALL 1985, S. V; meine Übersetzung, G.L.)

Was die Weltbank mit angelsächsischem Fortschrittsglauben formuliert, fand in Deutschland Ausdruck in kollektiven Untergangsphantasien: „Die deutsche Bildungskatastrophe", so lautete die vermutlich am häufigsten zitierte Publikation über den Zustand des Bildungswesens in der alten BRD. Ihr Autor, GEORG PICHT, hatte zu Beginn der bildungspolitischen Reformperiode gewarnt, die Schulbildung in Deutschland sei zu knapp bemessen und das sei gefährlich. Denn „die Zahl der Abiturienten bezeichnet das geistige Potential eines Volkes. Von dem geistigen Potential sind in der modernen Welt die Konkurrenzfähigkeit der Wirtschaft, die Höhe des Sozialprodukts und die politische Stellung abhängig" (PICHT 1965, S. 17).

Aus der wissenschaftlichen Diskussion drangen bildungsökonomische Theoreme in die Programme der politischen Parteien ein. Die Sprache der Wissenschaft wurde zu der der Bildungspolitik (vgl. VON FRIEDEBURG 1989; WINGENS/WEYMANN 1988). Während der 70er Jahre avancierte das Bildungssystem im sozialdemokratischen Programm der aktiven Arbeitsmarkt- und Bildungspolitik zum Hebel gesamtgesellschaftlicher Steuerung. Die Reform der beruflichen Bildung galt der Regierung BRANDT als Jahrhundertaufgabe, und HELMUT SCHMIDT entwarf die Vision einer Blaupausen exportierenden Leistungsgemeinschaft fachlich versierter Schulabsolventen. Einzelne Überlegungen daraus finden sich eine Dekade später in der neokonservativen Utopie der computergestützten Informationsgesellschaft von LOTHAR SPÄTH (1985). In der CDU wich eine anfängliche bildungspolitische Aufbruchstimmung schon bald der Sorge, der wirtschaftlich-technische Fortschritt erfordere nicht eine expansive Bildungspolitik, sondern eine restriktive.

Die Verbände der Wirtschaft standen den Reformbestrebungen distanziert gegenüber. Das ist überraschend. Denn dem bildungsökonomischen Credo zufolge müßten die Arbeitgeber als Verwerter der Arbeitskraft am nachdrücklichsten auf Bildungsmodernisierung bestehen. Das Bild kompliziert sich, faßt man die betriebliche Personalpolitik ins Auge. Im Gegensatz zur bildungspolitischen Distanz der Wirtschaftsverbände machen die Einzelbetriebe Schulzeugnisse zu einem immer wichtigeren Selektionskriterium in ihrer Personalpolitik. Das beweisen aufwendige soziologische Mobilitätsstudien immer wieder. Der Zusammenhang zwischen Bildungs- und Beschäftigungsstatus ist enger geworden. Der Schulerfolg bestimmt das Niveau, auf dem der Nachwuchs in die Berufswelt eintritt, und davon entfernt sich der einzelne auch in einem langen Berufsleben nicht mehr sehr weit. Die Betriebe können gegen die Erwartungen und Berechtigungen, die an ein Schulzeugnis geknüpft sind, nur um den Preis von Unzufriedenheit entscheiden, die sich in Form von niedrigem Arbeitsengagement, Fehlzeiten, Fluktuation usw. kostspielig äußern kann.

Über diese Zusammenhänge zwischen Schule und Berufserfolg besteht bei Schülern und Eltern Klarheit. Sie machen von den weiterführenden Bildungseinrichtungen immer häufiger Gebrauch. Wenn sich heute mehr Kinder in den alten Sprachen üben als jemals zuvor in der deutschen Geschichte, dann nicht, weil eine überraschende Neigung zur Antike um sich gegriffen hätte, sondern weil das Gymnasialzeugnis den höchsten Prestige- und Karrierewert hat. Die Hauptschule wird dabei zur Restschule und das Gymnasium zur Volksschule.

In der bildungsökonomischen Diskussion haben sich vor allem zwei Paradigmen herausgebildet und weltweit Anerkennung gefunden. Sie sollen im Folgenden dargelegt werden (Abschnitt 2. Bildungsökonomische Theorien). Dabei wird sich zeigen, daß ihre Theoreme einer empirischen Überprüfung kaum standhalten. Ob Schulbildung zum wirtschaftlichen Wachstum beiträgt, ist ungewiß. Wenig fundiert ist deswegen auch die Annahme, daß Bildungspolitik und Schulentwicklung ökonomischen Imperativen folgten (vgl. Abschnitt 3. Einwände).

Diese Mängel machen die Verbreitung bildungsökonomischer Theorien um so interessanter. Ihre Autorität wird verständlich, wenn man sie als Ausdruck des Bewußtseins betrachtet, das moderne Gesellschaften von sich selbst entwickeln. Bildungsökonomische Theorien enthalten normative Begriffe von Individuum, Gesellschaft und Natur, die mit den Strukturen des Bildungssystems institutionalisiert sind. Deswegen verdienen sie Aufmerksamkeit.

Die institutionellen Verhältnisse haben sich seit den 60er Jahren in Westdeutschland gravierend verändert. Der gemeinsame Nenner der wichtigsten Veränderungen wird gebildet durch liberale Vorstellungen vom Individuum und der Gesellschaft (vgl. Abschnitt 4. Bildungsökonomische Theorien als gesellschaftliches Selbstverständnis). Der normative Charakter bildungsökonomischer Theorien tritt noch deutlicher hervor, vergleicht man sie mit den Wirtschaftsethiken des Protestantismus. Das liegt nahe, weil hier der Arbeit eine wichtige Bedeutung für das Individuum zugeschrieben wird. Der *Arbeitskräftebedarfsansatz* liest sich bei einem Vergleich wie die säkularisierte Wirtschaftsgesinnung des Luthertums, und die *Humankapitaltheorie* erweist sich als weltlicher Erbe des asketischen Protestantismus (vgl. Abschnitt 5. Über die religiösen Grundlagen bildungsökonomischer Theorien).

2. BILDUNGSÖKONOMISCHE THEORIEN

Die Wissenschaft hat Zusammenhänge zwischen Schulbildung und Wirtschaft vor allem in bildungsökonomischen Theorien zu verstehen gesucht. Ihre Grundbegriffe sind in den 60er Jahren entstanden (vgl. dazu die ausführliche Darstellung von PSACHAROPOULOS/WOODHALL 1985). Diese Theorien zielen

1. auf die Bedeutung der Schulbildung für die wirtschaftliche Entwicklung im ganzen und für den Berufserfolg des einzelnen;
2. auf die innere Effizienz der Bildungseinrichtungen und die hier zu bewältigenden Finanzierungs- und Organisationsprobleme.

Im folgenden sollen allein Theorien zum Zusammenhang zwischen Bildungs- und Wirtschaftsentwicklung erörtert werden. Sie gehen von der Annahme aus, daß Bildungsbedarfsprognosen immer wichtiger werden. Mit zunehmender Spezialisierung der Arbeitsaufgaben und Arbeitskräfte werde die Abstimmung zwischen Angebot und Nachfrage auf dem Arbeitsmarkt immer komplizierter. Berufsfähigkeiten könnten nicht mehr durch Erfahrung, sondern nur noch durch Schulung erworben werden. Die Zufuhr neuer Qualifikationen sei deswegen vor allem auf den Generationenwechsel angewiesen, das heißt auf die Qualifikationen, die die Schulen ihren Absolventen alljährlich für ein langes Berufsleben mitgäben. Die Qualifizierungsleistungen der Schule seien folglich präzise auf den zu erwartenden wirtschaftlichen Qualifikationsbedarf abzustimmen. Sorge die Bildungsökonomie nicht für zuverlässige Prognosen, sei mit Einbußen beim wirtschaftlichen Wachstum und mit Schlimmerem zu rechnen.

Zwei theoretische Ansätze haben sich in der Bildungsökonomie vor allem durchgesetzt: der Arbeitskräftebedarfsansatz (PARNES 1963) und die Humankapitaltheorie (BECKER 1964; SCHULTZ 1961). Vor allem dem Arbeitskräftebedarfsansatz folgte die bildungsökonomische Diskussion in Kontinentaleuropa.

(vgl. ARBEITSGRUPPE des Instituts für Arbeitsmarkt- und Berufsforschung und des Max-Planck-Instituts für Bildungsforschung 1976; KRAIS 1984; MERTENS 1988; ARBEITSLANDSCHAFT 1990; KLAUDER 1990). In Osteuropa wurde sie mit marxistisch-leninistischer Begriffsfolklore, aber im Kern unverändert lizenziert. Auch dort war diese Diskussion keineswegs monolithisch, sondern hatte eine beachtliche Breite (KNAUER/MAIER/WOLTER 1972; KORN/MAIER 1972; eine Darstellung der bildungsökonomischen Diskussion in der DDR nebst umfangreicher Bibliographie findet sich bei DEPPE/HOSS 1980). Die Humankapitaltheorie bildet den zweiten höchst bedeutsamen bildungsökonomischen Ansatz. Sie hat in Europa wenig Verbreitung gefunden, dominierte dagegen in der angelsächsischen Kultur.

Die Begriffe des Arbeitskräftebedarfsansatzes entsprechen einer naturalwirtschaftlichen Wirtschaftsgesinnung. Diese orientiert sich nicht an Begriffen von finanziellen Kosten und Gewinnen, sondern an Begriffen von Gebrauchswerten; sofern Preise überhaupt bei der Faktorallokation eine Rolle spielen, haben sie eher den Charakter von Gebühren. Im Hinblick auf Bildung wird hier als Problem definiert, welche spezifischen Qualifikationen von den Schulen hervorgebracht werden müssen, um ein spezifisches wirtschaftliches Produktionsprogramm zu ermöglichen. Die Humankapitaltheorie entspricht dagegen einer erwerbswirtschaftlichen Wirtschaftsgesinnung. Hier wird untersucht, wo Geld für Bildung zu investieren ist, wenn der höchste individuelle oder gesamtwirtschaftliche Einkommenszuwachs erzielt werden soll.

Um den wirtschaftlichen Qualifikationsbedarf zu prognostizieren, sind, dem Arbeitskräftebedarfsansatz folgend, ganz unterschiedliche Methoden benutzt worden. Zunächst hatte man sich einfach auf Faustregeln über den Zusammenhang zwischen Wirtschaftsentwicklung und notwendiger Schulentwicklung verlassen: Wirtschafts- und Berufsstruktur entwickelten sich proportional, und ein bestimmtes Wachstum des Sozialprodukts erfordere ein bestimmtes Wachstum der Gruppe der hochqualifizierten Arbeitskräfte; ein Wirtschaftswachstum von fünf Prozent verlange etwa ein Wachstum der Universitätsabsolventen um zehn Prozent. Die Annahme derartiger Proportionen beruht nicht auf empirischen Daten, sondern auf Intuition, die bei entsprechenden Berechnungen folglich eine ganz erhebliche Rolle spielt (ASHBY 1960). Andere Autoren verließen sich auf die Extrapolation von Trends in der Zusammensetzung der Erwerbsbevölkerung, die sie in der zu untersuchenden Gesellschaft beobachteten.

Überzeugender erscheinen Verfahren, die von politisch festgelegten Versorgungsnormen ausgehen, also beispielsweise von der gesetzlich definierten Größe von Schulklassen, von der der Bedarf an Lehrern abhängt, oder von einer erwünschten Versorgung der Bevölkerung mit Ärzten, Krankenschwestern, Bildungsforschern usw. Unter Berücksichtigung der demographischen Entwicklung und anderer relevanter Faktoren lassen sich so Anhaltspunkte für die zukünftigen Ansprüche an die Schulen formulieren (vgl. dazu die kritische Darstellung bei WILLIAMS 1979).

Verbreitet sind internationale Vergleiche. Die Strukturen der Wirtschaft, der Erwerbsbevölkerung und des Bildungssystems von Gesellschaften mit unterschiedlicher Wirtschaftskraft werden hier verglichen. Dabei gelten die Verhältnisse der reicheren Gesellschaften als Norm, an der die ärmeren gemessen und von der bildungspolitische Empfehlungen abgeleitet werden. Unterstellt ist hier, daß die verschiedenen Gesellschaften in bildungsökonomischer Hinsicht ein und demselben Entwicklungspfad folgen müßten. Die Natur des wirtschaftlich-technischen Fortschritts sei überall die gleiche und lasse auch keine andere Bildungsentwicklung zu.

Ein ähnlich geschlossenes Weltbild liegt auch einer anderen Prognosemethode zugrunde. Sie stützt sich auf Umfragen. Unternehmer werden befragt nach dem zukünftigen Personalbedarf ihrer Betriebe; ihre Angaben werden aggregiert und in Bedarfsprognosen übersetzt. Man befragt Unternehmer, weil diese die Notwendigkeiten der wirtschaftlich-technischen Entwicklung am besten übersähen.

Behauptet der Arbeitskräftebedarfsansatz Naturzwänge, denen sich Individuen und Bildungspolitik zu fügen hätten, geht die Humankapitaltheorie von staatlichen und individuellen Möglichkeiten autonomer Bildungsentscheidungen aus (SCHULTZ 1961; BECKER 1964). Um zwischen verschiedenen denkbaren Bildungsinvestitionen rational entscheiden zu können, benötigen die Entscheidenden vergleichbare Kosten-Nutzen-Analysen. Mit deren Hilfe soll zum Beispiel ermittelt werden, mit welchen Erträgen zu rechnen ist, wenn der Staat bestimmte Summen in den Ausbau der Universitäten steckt, in den Ausbau der Sekundarschulen oder in Verkehrserziehung, mit der die Unfallhäufigkeit und die dadurch verursachte Zerstörung von Humankapital bekämpft werden könnte. Bildungspolitische Entscheidungen können durch derartige Kosten-Nutzen-Vergleiche rationalisiert werden. In der Perspektive des einzelnen kann geprüft werden, wie hoch sich Investitionen in Bildung verzinsen, ob man sein Geld und seine Zeit also etwa für ein Universitätsstudium verwendet oder ob man sein Erwerbsleben profitlicherweise in jüngerem Alter als Nichtakademiker beginnt.

Kurz, die Humankapitaltheorie will die Rationalität verschiedener Optionen transparent machen, indem zu erwartende Ertragsraten berechnet werden. Was als Nutzen und was als Kosten gelten soll, ist dabei prinzipiell Sache des Investors; der theoretische Ansatz ist offen für jegliche individuellen oder politischen Prioritäten. Verfahren wurden entwickelt, um auch solche Kosten und Nutzen quantifizierend zu bewerten, die marktförmiger Preisbildung nicht unterliegen (vgl. dazu PSACHAROPOULOS/WOODHALL 1985, S. 29—71). So soll es möglich gemacht werden, auch nicht-monetäre „Investitionen“ und „Gewinne“ in die Berechnung einzubeziehen wie zum Beispiel Bildungsleid als Investition und Arbeitsfreude, Berufsprestige, ein Mehr an Arbeitsplatzsicherheit usw. als entsprechende Erträge.

3. EINWÄNDE

a) Bedenken gegen den Arbeitskräftebedarfsansatz

Gegen zentrale Annahmen beider Theorien sind gewichtige Bedenken erhoben worden. Der vielleicht entscheidende Einwand gegen den Arbeitskräftebedarfsansatz zielt auf den Begriff eines *sachnotwendigen* Qualifikationsbedarfs, dem sich alle zu beugen hätten. In Kritik dieser Sachzwangideologie ist gezeigt worden, daß die Nachfrage nach Arbeitskräften mit bestimmten Qualifikationen als Ausdruck gesellschaftlicher Verhältnisse mit Herrschaftscharakter anzusehen sei und nicht als Ausdruck technischer Notwendigkeiten.

Dieser Verwechslung liegt ein problematisches, nämlich technizistisches Weltbild zugrunde. Es läßt sich in aller Kürze folgendermaßen skizzieren. Wissenschaftliche Forschung und Entwicklung entdeckten Gesetzmäßigkeiten, die in der Natur wirkten, und inkorporierten sie den technischen Anlagen. Die hinwiederum legten Arbeitsteilung und Arbeitsorganisation fest und damit die beruflichen Qualifikationsansprüche. Auf diese seien die Arbeitenden vorzubereiten. Letztlich sind dieser Auffassung zufolge die Qualifikationsansprüche determiniert durch das Wirken von Naturgesetzlichkeiten. Werde dagegen verstoßen, sei mit Bildungskatastrophen zu rechnen.

Einer genaueren Überprüfung hält diese Auffassung jedoch nicht stand. Die Arbeitsorganisation und die mit ihr gegebenen Qualifikationsansprüche hängen nicht einfach vom technischen Fortschritt ab. Und der technische Fortschritt repräsentiert nicht nur die äußere Natur; er trägt auch den Stempel der gesellschaftlichen Verhältnisse, die ihn hervorbringen (vgl. ausführlicher LENHARDT 1984). Die technische Rationalität ist durch und durch gesellschaftlichen Charakters. Was als technisch rational gilt, ergibt sich aus dem, was als Kosten und was als Nutzen in Effizienz- und Rentabilitätsberechnungen berücksichtigt wird. Welche Voraussetzungen und Folgen der Arbeit das sind, hängt von gesellschaftlichen Bewertungskriterien ab. Ein aktuelles Beispiel für den gesellschaftlichen Charakter der Rationalitätskriterien bildet der Umweltschutz, der in die betrieblichen Kalküle aufgenommen wird und dem technischen Fortschritt einen anderen Weg weist. Ein älteres Beispiel bilden die Auseinandersetzungen um den Arbeits- und Gesundheitsschutz. Unfallgefahren und Beeinträchtigungen der Gesundheit beinhalten „Kosten“ für die Arbeitenden, aber zunächst nicht für die Betriebe, weil der Markt diese Belange in deren Bilanzen kaum zur Geltung brachte. Für ihre Berücksichtigung sorgt erst seit Ende des 19. Jahrhunderts die Gesetzgebung.

Seitdem ist neben dem physischen auch das mentale Wohlbefinden der Arbeitenden in Forderungen zur Humanisierung der Arbeit zum Thema gemacht worden. Ausgangspunkt ist auch hier die Einsicht, daß die technische Entwicklung bestimmte Formen der Arbeitsteilung und Qualifikationsansprüche nicht unabdingbar festlegt, sondern daß sie lediglich Bedingung ist für die Durchsetzung gesellschaftlicher Imperative. Paradoxerweise verringert der technische Fortschritt die Bedeutung technischer Sachzwänge und vergrößert die der gesellschaftlichen. Denn je größer das technische Potential, das einer Gesellschaft zur Verfügung steht, um so geringer sind die Widerstände, die eine unbewältigte Natur der Durchsetzung kultureller Normen in der Arbeitswelt entgegenstellt. Worin bestehen aber diese Normen und gesellschaftlichen Verhältnisse? Und wie entwickeln sich die beruflichen Qualifikationsansprüche unter ihrem Einfluß?

Antworten auf diese Fragen sind in der Bildungspolitik kontrovers. Auch in der Wissenschaft gibt es darüber keinen Konsensus. Immerhin finden sich hier aber Gesichtspunkte, die für die Behandlung dieser Fragen wichtig sind. Bis heute besonders fruchtbar sind dabei die Theorie der Lohnarbeit, die KARL MARX im ersten Band des Kapitals dargelegt hat (MEW 23), und die Bürokratietheorie bzw. Wirtschaftssoziologie MAX WEBERS (1972 [1921]). Beider Interesse gilt der Frage nach der Entwicklung beruflicher Qualifikationsansprüche und nach den Chancen individueller Entwicklung, auch jenseits von Schule und Expertentum. Unter marktwirtschaftlichen Verhältnissen, darin stimmen beide Autoren überein, entspricht es den Funktionsbedingungen der Betriebe, die Arbeit — wo immer möglich — zu entqualifizieren. Denn standardisierte Arbeit, so das Argument, läßt sich leichter kontrollieren und intensivieren, unqualifiziertes Personal ist billiger als qualifiziertes und im Ernstfall durch Kündigung und Rekrutierung leichter an Veränderungen der Marktlage anzupassen. So manifestiert sich das Privateigentum an Produktionsmitteln in einer bestimmten Form der Arbeitsteilung, nämlich in der zunehmenden Trennung von Hand- und Kopfarbeit (MARX).

Was MARX am Kapitalismus kritisiert, findet sich ein paar Jahre später wieder in einer Empfehlung, die FREDERIC TAYLOR, der Ahnherr der wissenschaftlichen Arbeitsorganisation, den Unternehmern unterbreitet. Die Trennung von Hand- und Kopfarbeit sei zu radikalisieren, wenn der Arbeitsprozeß beherrschbar sein solle. „Alle Kopfarbeit unter dem alten System wurde von dem Arbeiter mitgeleistet und war ein Resultat seiner persönlichen Erfahrung. Unter dem neuen System (der wissenschaftlichen Betriebsführung, G. L.) muß sie notwendigerweise von der Leitung getan werden in Übereinstimmung mit wissenschaftlich entwickelten Gesetzen." (TAYLOR 1917, S. 40)

Mit Hilfe der Wissenschaft sollen sich die Unternehmen von den persönlichen Erfahrungen der Arbeitenden unabhängig machen. Die Arbeit soll entpersönlicht und entqualifiziert und damit der Selbstbestimmung der Arbeitenden zugunsten betrieblicher Herrschaft entzogen werden. Daß diese Art der Verwissenschaftlichung der Betriebsführung Herrschaftscharakter hat, war dem Taylorismus nicht bewußt. Er sah darin eine ungesellschaftliche Sachnotwendigkeit. Übernommen wurde diese Anschauung auch vom Marxismus-Leninismus; sie diente der „wissenschaftlichen Arbeitsorganisation" auch in der DDR als Ausgangspunkt (vgl. dazu die neomarxistische Kritik am marxistisch-leninistischen Arbeitsbegriff von SCHMIEDE/SCHMULICH 1976; SCHMIDT 1962; und die ganz ähnlich gerichtete Kritik innerhalb der DDR von LANGE 1972 und MARX, J. 1973).

Weil die Arbeitsorganisation in der DDR ähnlichen Organisationsprinzipien folgte wie die im Westen, die Arbeiter instrumentalisiert und die Arbeit entqualifiziert werden sollten, mußte eine bildungsökonomische Möglichkeit ungenutzt bleiben, die in der sozialistischen Erziehungstheorie eine große Rolle spielt: Lernen durch Arbeit. Wo Arbeit fremdbestimmt ist, verliert sie ihren Bildungswert. Im polytechnischen Unterricht mußte Arbeit deswegen simuliert werden (MESSMER 1975). Größere Bedeutung hat die Idee der Einheit von Arbeit und Lernen im Zionismus erlangt; in den Kibbuzim in Israel wird sie praktiziert. Nicht zuletzt wegen des antiindividualistischen Motivs, das der israelischen Linken eigen ist, ist diese Ausbildungsform in den letzten Jahren auch dort in eine Krise geraten. Wegen des geringen Bildungswerts der Arbeit verliert die betriebliche Lehre in Deutschland an Attraktivität, oder ihre praktischen Anteile müssen durch Schulung ersetzt werden. Das Duale System gerät dann in Finanzierungsprobleme.

Wenn der sogenannte wirtschaftliche Qualifikationsbedarf durch die gesellschaftlichen Verhältnisse insgesamt bedingt ist, dann müßten demokratischere Verhältnisse die Qualifikationsansprüche steigen lassen. Sie müßten eine Humanisierung der Arbeit befördern, auch in dem Sinn, daß der einzelne im Arbeitsvollzug mehr von sich geltend machen kann. Empirische Untersuchungen zu diesem Zusammenhang liegen nicht vor. Es gibt aber Hinweise auf durchaus massive Einflüsse, die vom Bildungssystem auf die Arbeitswelt ausgehen (LENHARDT 1983). Festzuhalten ist darüber hinaus, daß kein Grund besteht, eine Überqualifikation der Arbeitenden zu befürchten und diese politisch gegen eine weitere Bildungsexpansion ins Feld zu führen. Das Interesse an individueller Bildung braucht auf die Schulen nicht beschränkt zu bleiben, sondern kann sich mit dem Interesse an einer Humanisierung der Arbeit verbünden und auf weitere Veränderungen der Arbeitsorganisation drängen.

Die Industriesoziologie in Deutschland hat die Frage nach „Produktion und Qualifikation" seit den 60er Jahren mit dem größten Aufwand verfolgt. Ob die beruflichen Qualifikationsansprüche im Durchschnitt steigen oder fallen oder beides tun und sich polarisieren, muß als gänzlich offen gelten. Gibt es schon keinen Konsensus über Versuche einer quantitativen Bestimmung der Qualifikationsentwicklung, so erst recht keinen über qualitative. Man kann darüber hinaus als sicher unterstellen, daß in den Bildungsministerien niemand zuverlässigere Prognosen anstellen kann (ARBEITSGRUPPE des Instituts für Arbeitsmarkt- und Berufsforschung und des Max-Planck-Instituts für Bildungsforschung 1976; KRAIS 1984; MERTENS 1988; ARBEITSLANDSCHAFT 1990; KLAUDER 1990 und die hier angeführte Literatur).

b) Bedenken gegen die Humankapitaltheorie

Kommen wir jetzt zum zweiten bildungsökonomischen Ansatz, der Humankapitaltheorie. Der Humankapitaltheorie ist die Vorstellung bildungsökonomischer Naturnotwendigkeiten fremd. Für sie gibt es auch keine Gesellschaft mit verselbständigten Strukturen, die sich dem individuellen Interesse entgegenstellen. Hier gibt es nur autonome, rational kalkulierende Individuen. Diese Theorie muß sich die Frage gefallen lassen, ob die Erträge der Bildungsinvestitionen tatsächlich auch einen Produktivitätszuwachs der qualifizierten Arbeitskraft spiegeln. Verdienen Akademiker das Mehrfache eines Arbeiterlohnes, weil sie um ein Mehrfaches produktiver arbeiten? Dem einzelnen, der seine Bildungsinvestition unter dem Gesichtspunkt der Einkommensmaximierung plant, kann die Antwort auf diese Frage gleichgültig sein. Regierungen oder Entwicklungsagenturen, wie die Weltbank, fühlen sich aber zu einer Antwort verpflichtet. Es ist freilich nicht leicht, eine zu finden. Denn bei hochdifferenzierter Arbeitsteilung intervenieren zwischen der Leistung des einzelnen und ihrem Resultat so viele Faktoren, daß Erträge dem Vermögen der einzelnen Fachkraft gar nicht mehr zugerechnet werden können.

Fraglich ist darüber hinaus, ob Bildungsentscheidungen überhaupt auf der Grundlage ökonomischer Kosten-Nutzen-Kalküle getroffen werden, und weiterhin, ob die bildungspolitische Entwicklung wirtschaftlichen Erfordernissen folgt. Empirische Untersuchungen lassen erhebliche Zweifel entstehen. Ungewiß ist nicht nur, wie die Bildungsexpansion das wirtschaftliche Wachstum beeinflußt, es ist auch ganz fraglich, ob Schulen überhaupt etwas dazu beitragen. Empirischen Untersuchungen, die bildungsökonomischen Theoremen widersprechen, stehen so gut wie keine Belege gegenüber, auf die sich Annahmen bildungsökonomischer Wachstumsbeiträge stützen könnten.

Der Blick in die internationale Schulgeschichte lehrt, daß die modernen Bildungssysteme ihre historischen Wurzeln nicht in den industriell entwickelten Staaten Europas hatten, sondern in den unterentwickelten, in Preußen (LESCHINSKY/ROEDER 1976; MÜLLER, D. K. 1977) und anderen deutschen Kleinstaaten, in Österreich, Spanien, Griechenland, Norwegen, Haiti, USA usw. (BENDIX 1964). Einzelstudien für verschiedene europäische Staaten zeigen keine positive Beziehung zwischen Industrialisierung und Bildungsexpansion. In den unterentwickelten Ländern geht die Einführung der Schulpflicht für gewöhnlich der Industrialisierung voran, und ob sie deren Fortschritt beschleunigt, ist ungewiß (MEYER u. a. 1977).

c) Berufsbildung und Arbeitsmarkt in der BRD

Faßt man die Bildungsentwicklung in der alten Bundesrepublik ins Auge, dann zeigt sich, daß die Bildungsplanung über Versuchsstadien nicht hinausgekommen ist. Staatlicher Bildungsplanung zieht bereits die Freiheit der Schulwahl enge Grenzen. Dieses Grundrecht ist von Gerichten, aber auch von Schülern und Eltern im Schulalltag erfolgreich gegen staatliche Versuche verteidigt worden, die Schülerströme zu dirigieren (FUCHS 1989). Bildungsökonomischen Vorstellungen widerspricht auch die Reform der beruflichen Bildung in der BRD. Sie ist gescheitert, und das zeigt, daß andere als wirtschaftlich-technische Sachzwänge die Bildungspolitik bestimmt haben (OFFE 1975; MÜLLER, D. K. 1985).

Das gilt auch für jenen Zweig der Berufsbildung, der wirtschaftlichen Zwängen noch unmittelbarer ausgesetzt zu sein scheint, für die berufliche Weiterbildung. Ihre Förderung wurde mit bildungsökonomischen Theoremen begründet. Um nicht nur auf den Generationenwechsel angewiesen zu sein, sollte die Erwerbsbevölkerung auch auf dem Wege der Weiterbildung von Älteren an den unterstellten Wandel der beruflichen Leistungsansprüche angepaßt werden. Dem widersprechen die Ergebnisse der Weiterbildungsforschung aber mit großer Zuverlässigkeit seit mehr als zwei Jahrzehnten. Die Weiterbildungsförderung hat nicht die älteren Arbeitnehmer mit knapp bemessener und länger zurückliegender, mithin überholter Ausbildung erreicht, auch nicht Frauen und diejenigen, die in Fabriken und elektronifizierten Büros arbeiten, wo der technische Fortschritt besonders heftig voranstürmt. Der Strom der Förderungsmittel hat sich vielmehr auf die sozialen Gegenkategorien ergossen, auf die hochqualifizierten jüngeren Männer, und zwar ungeachtet aller Regierungswechsel (vgl. dazu LENHARDT 1988). Anderen als bildungsökonomischen Erwägungen folgte auch die Hochschulpolitik (VON FRIEDEBURG 1989).

Auf eine Produktivitätsfunktion der Schulbildung läßt auch die Statistik der Arbeitslosen und der offenen Stellen nicht schließen. Der statistische Befund, daß Ungelernte häufiger von Arbeitslosigkeit betroffen sind als ihre länger qualifizierten Kollegen, deutet nicht auf Qualifikationsdefizite hin. Das ergibt sich schon daraus, daß im Konjunkturaufschwung die Betreffenden wieder eingestellt werden. Die Zahlen bringen vielmehr etwas über die Nachfrageseite des Arbeitsmarktes zum Ausdruck, daß nämlich die Nachfrage nach ungelernter Arbeit konjunkturabhängiger ist als die nach qualifizierterer. Deswegen sind nur im individuellen Kalkül Bildungsanstrengungen ein brauchbares Mittel, um einen sichereren Arbeitsplatz zu erringen; die gesamtwirtschaftlichen Nachfrageschwankungen lassen sich damit nicht bekämpfen (LENHARDT 1979).

Auf Qualifikationsdefizite deuten auch nicht die offenen Stellen hin, die trotz Massenarbeitslosigkeit nicht besetzt werden können. Sie bleiben vakant, nicht weil sie die Fähigkeiten, sondern weil sie die Arbeitsbereitschaft der Arbeitslosen überfordern. Diese Arbeitsplätze, so ist gezeigt worden, sind sehr häufig belastend und instabil, sie sind zeitlich und räumlich ungünstig plaziert usw. (REYHER/SPITZNAGEL/KRETSCHMER 1990; CRAMER 1990; ROSENBLADT 1990).

Gegen die Annahme bildungsökonomischer Produktionsfunktionen spricht schließlich auch, daß die Schulen Fertigkeiten und Kenntnisse vermitteln, die auf den Arbeitsplätzen nur in sehr geringem Umfang genutzt werden (BERG 1971; COLLINS 1979). Und schließlich, anders als es aufgrund bildungsökonomischer Theoreme zu erwarten wäre, sind die allgemeinbildenden Schulen kräftiger expandiert als die berufsbildenden.

So ergibt sich: Bildungsökonomische Theoreme, die den wirtschaftlich-technischen Fortschritt als Bezugspunkt der Bildungsexpansion unterstellen, entbehren empirischer Grundlagen.

4. BILDUNGSÖKONOMISCHE THEORIEN ALS IDEOLOGIE

Bildungsökonomische Theorien, so ergibt sich aus dieser Liste von Einwänden, können den Zusammenhang zwischen Schule und gesellschaftlicher Entwicklung kaum erklären. Man könnte deswegen versucht sein, sie als bloßen Irrtum abzutun. Freilich, ein solcher Schritt würde der gesellschaftlichen Bedeutung nicht gerecht, die diese Theorien weltweit gefunden haben. Daß sie empirisch so wenig gehaltvoll sind, macht ihre Verbreitung um so interessanter.

Bildungsökonomische Theorien können als Ausdruck des Bewußtseins angesehen werden, das moderne Gesellschaften von sich selbst entwickeln. Sie enthalten Begriffe davon, was das Individuum ist und was die Gesellschaft, was beide sein können und sollen, woher ihre Entwicklung kommt und wohin sie führt. Darüber hinaus finden sich hier Vorstellungen vom Verhältnis zwischen Individuen und Natur (MEYER 1977). Vergleicht man diese impliziten oder expliziten Bestimmungen mit älteren Vorstellungen von Schule und Gesellschaft, dann erweist sich die Verbreitung bildungsökonomischer Auffassungen als Element eines gesamtgesellschaftlichen Modernisierungsfortschritts. Dieser Fortschritt beschränkt sich nicht auf bloße Meinungen zum Verhältnis zwischen Schule und Gesellschaft, sondern kennzeichnet kulturelle Handlungsnormen, die mit der Organisationsstruktur des Bildungssystems institutionalisiert sind. Daß sich soziale Verhältnisse herausbilden, denen die Implikationen bildungsökonomischer Begriffe entsprechen, ist das entscheidende. Ob sie im vordergründigen Verstand empirisch triftig sind, ist demgegenüber zunächst von sekundärer Bedeutung. Im folgenden soll der dieser Rationalisierungsfortschritt in der westdeutschen Schulentwicklung skizziert werden.

a) Vorbürgerliche Strukturen in Bildung und Gesellschaft

Bis zum Beginn der Reformperiode in den 60er Jahren waren noch Begriffe einer traditionalistischen Sozialordnung im westdeutschen Bildungswesen anzutreffen (vgl. den Beitrag von PETER DREWEK in diesem Band). Es waren nicht die einzigen; daneben fanden sich bereits Normen technizistischen oder liberalen Charakters. Aber den traditionalistischen kam damals noch viel größere Autorität zu als heute. Will man den Wandel des Bildungssystems, der seitdem stattgefunden hat, in einer Formel zusammenfassen, dann liegt die Formulierung nahe: vom „katholischen Arbeitermädchen aus der süddeutschen Provinz" zum Bürger des liberalen Staates.

Ein Zitat des deutschen Ausschusses für das Erziehungs- und Bildungswesen (1953—1965) soll ein Licht auf die Relikte ständischer Verhältnisse im damaligen Schulwesen werfen. Die Gesellschaft wurde als Abstammungsgemeinschaft dargestellt, die durch Blutsbande und altehrwürdige Tradition zusammengehalten sei. „Das Volk" sei unterteilt in drei große Berufsstände, in einen praktischen, einen geistigen und einen, der dazwischen liege. Diese Ordnung galt als harmonisch, denn die Individuen schienen mit der Sozialstruktur in eines zusammenzufallen. Diese Harmonie verdanke sich dem glücklichen Umstand, daß der Dreiteilung der Arbeitswelt eine Dreiteilung der Begabungen des deutschen Volkes entspräche. Es komme darauf an, die Individuen ihrer Begabung gemäß zu verlesen und auf den ihnen zukommenden gesellschaftlichen Rang zu befördern. Dafür habe die Schule zu sorgen, und zwar mit der Dreifaltigkeit von Volksschule, Realschule und höherer Schule. Sie schien der Dreigliedrigkeit von Arbeitswelt und völkischer Erbausstattung am ehesten zu entsprechen. Diesem ständischen Gesellschaftsbild entsprach die folgende Aussage zu Inhalt und Form der Erziehung.

„Das gemeinsame Schulleben kann in den Kindern die Erfahrung einleiten, daß unserem Volke ein Grundtatbestand geistigen Erbes und sittlicher Normen gemeinsam ist. Es kann für das spätere Leben die Einsicht vorbereiten, daß das Zusammenwirken im Volk auf der Gemeinsamkeit dieses Besitzes und auf der Anerkennung dieser Gemeinsamkeit beruht." (zit. nach SCHELSKY 1963, S. 43)

Mit der Formulierung dieses Bildes von Individuum, Schule und Gesellschaft war der Ausschuß neokonservativen Ordnungsvorstellungen besonders entgegengekommen; in seinen Gutachten finden sich aber durchaus auch zahlreiche Empfehlungen progressiveren Charakters.

Das zitierte Gesellschaftsbild repräsentierte keineswegs Idiosynkrasien zufälligen Charakters. Die westdeutsche Gesellschaft hatte sich zwar damals schon als soziale Marktwirtschaft verstanden, jedoch waren die Überreste traditionaler Verhältnisse noch allerorten sichtbar. In den 60er Jahren wurden sie zum bildungspolitischen Thema in der soziologischen Konstruktion des katholischen Arbeitermädchens aus der süddeutschen Provinz. Diese Konstruktion faßte wichtige der traditionalistischen Elemente zusammen, die die damalige Gesellschaft noch kennzeichneten. Bedeutsam für die Lebensverhältnisse waren noch die Mächte der Religion. Nach dem Krieg war es der amtskirchlichen Macht in einigen Bundesländern gelungen, im öffentlichen Schulsystem eine konfessionelle Gliederung durchzusetzen. Katholiken entwickelten damals noch eine geringere Neigung zum Besuch weiterführender Bildungseinrichtungen als Protestanten. Jungen und Mädchen, Männer und Frauen hatten — deutlicher als heute — verschiedene soziale Rollen zu spielen, wobei die Rolle für das weibliche Geschlecht der weiterführenden Bildung eine geringe Bedeutung zumaß. Weiterhin, die Lebensbedingungen in der Stadt unterschieden sich beträchtlich vom ländlichen Milieu. Das galt insbesondere für die ländlichen Schulverhältnisse mit ihren Zwergschulen und großen Distanzen zu weiterführenden Bildungseinrichtungen. In Bayern und in Baden-Württemberg war der relative Besuch weiterführender Bildungseinrichtungen deutlich niedriger als in den norddeutschen Flächenstaaten, von den Stadtstaaten ganz zu schweigen. Ausgeprägter als heute waren schließlich die Differenzen zwischen den berufsständischen Subkulturen. Für den Schulbesuch erwiesen sich vor allem die Unterschiede zwischen Arbeiter- und Mittelschicht als bedeutsam. Der Traditionalismus der Arbeiterschicht, der eher ständische Bewährung als individuelle Entwicklung sanktionierte, stand der Herausbildung eines Interesses an weiterführender Bildung entgegen (OEVERMANN 1974; BOURDIEU/PASSERON 1971).

b) Fortschritt am liberalen Individualismus vorbei?

Diese ständischen Elemente büßten seitdem an Autorität ein. Sie fielen zum einen der Durchsetzung der Bürgerrechte zum Opfer. Die Bildungschancen bis zum Abitur sind seit den 60er Jahren insgesamt egalitärer geworden. Konfessionelle Differenzen sind gänzlich verschwunden, und unter den Abiturienten haben die Mädchen die Jungen auskonkurriert. Weitgehend geschwunden ist auch die Bildungsungleichheit im Vergleich zwischen Stadt und Land. Erhebliche Differenzen gibt es aber immer noch im relativen Besuch weiterführender Bildungseinrichtungen im Vergleich zwischen den Bundesländern und ebenso im Vergleich zwischen Arbeiterschicht und Mittelschicht. Indessen haben diese Differenzen nicht zugenommen. Das bedeutet, daß die Arbeiterkinder im gleichen Maße an der Bildungsexpansion teilgenommen haben wie die Mittelschichtkinder, und weiterhin: daß es weder den konservativen noch den progressiven Landesregierungen gelungen ist, vom nationalen Trend der Bildungsexpansion abzuweichen (vgl. dazu KÖHLER 1992).

Welchen Vorstellungen von Individuum und Gesellschaft sind diese Relikte vorbürgerlicher Verhältnisse gewichen? Eine Untersuchung dieser Frage ergibt, daß sich Normen durchgesetzt haben, die eher der Humankapitaltheorie mit ihren liberalen individualistischen Implikationen entsprechen. Der Arbeitskräftebedarfsansatz repräsentiert dagegen einen sozialtechnischen Fortschrittsmythos, der am modernen Individualismus vorbeizukommen sucht. Eben deswegen hat er sich in der Praxis nicht durchsetzen können. Seine antiindividualistische Tendenz soll kurz angedeutet werden.

Die Gesellschaft wird im Arbeitskräftebedarfsansatz nicht als sittlicher oder Herrschaftszusammenhang gedacht, sondern als Funktionszusammenhang technischer Sachzwänge. Dem entspricht ein bestimmter Begriff des Individuums und der Politik. PICHT zum Beipiel hatte die Abiturienten als das geistige Potential eines Volkes bezeichnet. Das hatte man auch früher schon gedacht, aber darunter etwas ganz anderes verstanden. Der Abiturient galt als Mitglied eines hervorgehobenen Bildungsstandes, der auf Distanz zu den technischen und wirtschaftlichen Notwendigkeiten des Lebens hielt, sich die Berechtigung zur Offizierslaufbahn dagegen nahekommen ließ. Dieses „geistige Potential“ erlangte jetzt die Bedeutung einer Wirtschaftsressource, also die einer sozialtechnischen Voraussetzung des Wirtschaftswachstums. Dabei ist mitgedacht, daß man über „geistiges Potential“ im Unterschied zu ständischer Würde planmäßig verfügen könne.

An Verfügen lassen auch manche der Begriffe denken, die im Schnittpunkt von Ökonomie, Industrie- und Bildungssoziologie entstanden sind. Ein unsystematischer Durchgang durch die Literatur zeigt, daß Individuen wie dingliche Ressourcen beschrieben werden: Galten im religiösen Mythos der traditionalen Verhältnisse die einzelnen als Ebenbilder Gottes, so erscheinen sie jetzt in der Wissenschaft als Inhaber von zunehmenden, abnehmenden und sich polarisierenden Sockel-, Schlüssel- und Transferqualifikationen, die flexibilisiert, korridorisiert, tertiarisiert und vertikal substituiert werden sollen. Sie wurden definiert durch Begriffe wie Qualifikationsniveau, Facharbeiterlücke, Zwischenexistenzen und Begabungsreserve. In der DDR wurden die einzelnen in bildungsökonomischer Perspektive begriffen als subjektiver Faktor, Arbeitskraft- und Wachstumsreserve, quantitatives und qualitatives Arbeitsvermögen, als Kader oder geschulter Spezialist im Qualifikationsverlauf und mit hoher Disponibilität usw.

Dieser Redeweise entsprechen die Vorstellungen von gesellschaftlicher Willensbildung, die im Arbeitskräftebedarfsansatz impliziert sind. Die einzelnen haben hier keine Stimme. Die Definition des Bildungsbedarfs wird als meßtechnisches Problem ausgegeben, zu dessen Bewältigung sich die Experten in der Wissenschaft denen in der Bildungsverwaltung empfehlen. Datenaustausch tritt an die Stelle demokratischer Selbstverständigung und individueller Bildungsentscheidung. Denn Letztere könnten den naturnotwendigen Qualifikationsbedarf nur verfehlen.

c) Tendenzen des institutionalisierten Individualismus im Bildungssystem

Planungsmodelle wurden aber in der westdeutschen Bildungspolitik nicht bestimmend. Zwischen den verschiedenen bildungspolitischen Kontrahenten bildete sich letztlich ein Konsensus über ganz andere normative Vorstellungen heraus. Die Mehrheit gelangte dazu, den Individualrechten einen höheren Wert zuzumessen. Letztlich waren auch Bildungsbedarfsargumente mit der Absicht ins Feld geführt worden, die individuellen Bildungsinteressen mit Sachzwangargumenten zu stützen. Als in den 70er Jahren nicht mehr ignoriert werden konnte, daß die Fähigkeiten der Schulabsolventen die Nachfrage auf dem Arbeitsmarkt bei weitem überstieg, plädierten Bildungsökonomen keineswegs für ein Ende der Bildungsexpansion. Sie zeigten vielmehr, daß es nichts schade, dem steigenden Bildungsinteresse des Publikums auch weiterhin Raum zu lassen. Der Zusammenhang zwischen Arbeit und Bildung sei nicht so eng wie es das zentrale Theorem des Arbeitskräftebedarfsansatzes, nämlich das der Limitationalität der Produktionsfaktoren, einmal behauptet hatte. Statt dessen wurde in einer theoretischen Kehrtwendung die Flexibilität zwischen Bildungssystem und Arbeitswelt herausgestellt.

Worum es letztlich ging, hatte DAHRENDORF in einer Kritik der Ungleichheit der Bildungschancen zum Ausdruck gebracht. Die Forderung nach Chancengleichheit zielte gegen die traditionalen Verhältnisse innerhalb und außerhalb der Schulen insgesamt. „Will man eine Formel für die Grundursachen der Ungleichheiten beim Übergang zu weiterführenden Schulen in Deutschland finden", so hatte DAHRENDORF formuliert, „so müßte man von einem Modernitätsrückstand der deutschen Gesellschaft sprechen, der die Effektivität gleicher Bürgerrechte einschränkt." (DAHRENDORF 1965, S. 75ff.) Formal waren alle Individuen moderne Staatsbürger, aber material standen dieser Rolle ständische Normen entgegen.

Auch wenn sich eine bildungsökonomische Planung in Westdeutschland nicht hat durchsetzen können, so sind die darum geführten Auseinandersetzungen für die Schulentwicklung vermutlich doch bedeutsam gewesen. Die Bildungsökonomie hat zur Entzauberung des Bildungswesens beigetragen. Arbeit und Bildung, die in Deutschland bis dahin als getrennte, ja gegensätzliche Welten galten, wurden in einen Zusammenhang gebracht. Daß die Inhalte von Bildung und die Formen der Schule legitimerweise unter Nützlichkeitsgesichtspunkten erörtert werden könnten, war der Öffentlichkeit bis dahin keineswegs selbstverständlich gewesen. Daß der einzelne die Grenzen seiner subkulturellen Welt nicht als unabänderlich hinnehmen muß, daß Wechsel im Kleinen und Wandel des Ganzen als möglich anzusehen ist, ist eine Vorstellung, die die überkommenen Verhältnisse um ihre Festigkeit gebracht hat. Dazu hat die Bildungsplanungsdiskussion beigetragen, auch wenn ihre Theoreme mit den liberalen Bürgerrechten nicht wirklich ernst gemacht haben.

Erfolgreicher als der Arbeitskräftebedarfsansatz waren Ideen, die der Humankapitaltheorie entsprechen. Sie konvergieren mit den liberalen Individualrechten und konnten von dort Autorität beziehen. Schüler und Eltern entschieden über ihre Bildung immer häufiger nach Maßgabe persönlicher Interessen. Sie orientierten sich, kurz gesagt, zunehmend so, als hätten sie die angelsächsische Humankapitaltheorie verinnerlicht. Die rückt statt der Trias von technischem Fortschritt, wissenschaftlicher Bildungsplanung und Staat autonome Individuen ins Zentrum. Jedenfalls verhielten sich immer mehr der einst standesbewußten katholischen Arbeitermädchen und ihresgleichen als Akkumulateure von Bildungskapital.

Dem entsprechen Veränderungen im Innern des Bildungssystems. Die Schulorganisation konfrontiert heute jeden Schüler mit der Wahl zwischen verschiedenen Schulkarrieren, Curricula und Diplomen (ARBEITSGRUPPE BILDUNGSBERICHT 1990). Sie nötigt damit jeden, seine Wanderung durch diese Bildungsgänge als Produkt individueller Entscheidung zu verstehen gemäß persönlicher Eignung und Neigung. Sie läßt es kaum zu, daß der einzelne sein Leben als schicksalhafte oder gottgewollte Mitgliedschaft in einer ständischen Statusordnung versteht. Der Möglichkeit und des Zwangs zu individueller Lebensplanung sind sich die Schüler und Eltern auch bewußt, und sie bestehen darauf. Staatliche Versuche, in die Freiheit der Schulwahl einzugreifen, haben kaum eine Chance. Eltern, so hat sich in Hessen gezeigt, lassen sich von förmlichen Laufbahnempfehlungen der Schulbehörden kaum beeindrucken, und die Gerichte haben entsprechenden Versuchen die Legitimität entzogen (FUCHS 1989).

Funktionen, die der Institution des Privateigentums zugedacht waren, werden zunehmend von den Schulen erwartet. Vermutlich erliegt selten noch jemand dem Irrtum, er könne sein Schicksal durch den Erwerb von Produktionsmitteln verbessern — Firmengründungen haben sehr oft Verzweiflungscharakter und scheitern auch in der Regel; dagegen ist jedermann zu Recht davon überzeugt, daß ihn Bildungspatente voranbringen können. An die Stelle des Besitzindividualismus ist ein Schulindividualismus getreten.

Eine wichtige Komponente dieses Eigeninteresses ist offenkundig aber auch, daß sich die Schüler selbst instrumentalisieren. Die Freiheit im Traditionalismus der 50er Jahre besteht nicht zuletzt darin, daß jeder seine Bildung und damit sich selbst in unterschiedlichem Maße zum Mittel seiner Karriere macht. Nicht was den einzelnen um seiner Selbst willen interessiert, sondern das Diplom, das sich am besten vermarkten läßt, gewinnt so an Gewicht.

5. ÜBER DIE RELIGIÖSEN GRUNDLAGEN BILDUNGSÖKONOMISCHER THEORIEN

Die beiden Theorien über Bildung und Arbeit sind wenig fundiert. Bedeutsamer als ihre empirischen Aussagen sind deswegen ihre normativen Implikationen. Die treten noch klarer hervor, vergleicht man sie mit den Wirtschaftsethiken des Protestantismus. Das liegt nahe, weil hier der Arbeit mehr als nur eine instrumentelle Bedeutung für das Individuum zugeschrieben wird. MAX WEBERS Abhandlung über „Die protestantische Ethik und der Geist des Kapitalismus" soll den Vergleich anleiten. Er läßt Kongruenzen erkennen zwischen dem Arbeitskräftebedarfsansatz und dem Luthertum und solche zwischen der Humankapitaltheorie und dem asketischen Protestantismus.

LUTHER hatte die biblischen Texte, die selbst eine traditionalistische Wirtschaftsgesinnung enthalten, im Kontext seiner gesellschaftlichen Umstände ebenfalls noch ganz traditionalistisch interpretiert. Seine Wirtschaftsethik hatte sich zwischen 1518 und 1530 immer weiter von einer Orientierung entfernt, die kapitalistischem Wirtschaften entspricht. Sein Beitrag zur Entwicklung der Wirtschaftsethik bestand vor allem darin, „daß der sittliche Akzent und die religiöse Prämie für die innerweltliche beruflich geordnete Arbeit mächtig schwoll" (WEBER 1963 [1905], S. 74).

Der Gedanke an eine dem Individuum vorgegebene Berufsordnung, der im Mittelpunkt des Arbeitskräftebedarfsansatzes steht, ist hier vorgezeichnet. Lediglich die Legitimation dieser Ordnung ist eine andere. Bei Luther ist sie Ausdruck göttlichen Willens, bei den Bildungsökonomen Ausdruck natürlicher Zwänge, die mit der Technik in die menschliche Ordnung eingreifen. Gleichviel, ob Gott oder Natur, die Berufsordnung bleibt einem steuernden menschlichen Willen entzogen. Luther zufolge soll der einzelne grundsätzlich in dem Beruf und Stand bleiben, in den Gott ihn gestellt hat. Der Gesichtspunkt der Einkommensmaximierung ist dieser Gesinnung fremd. Arbeit gilt als Dienst am Nächsten. Die Aufforderung zum Gehorsam gegen die Obrigkeit und zur Schickung in die gegebene Lebenslage sind weitere Elemente dieses vorkapitalistischen Weltbildes.

Im asketischen Protestantismus nimmt die Berufsidee eine ganz andere Bedeutung an. Selbständigkeit und erwerbswirtschaftliche Rationalität anstelle des naturalwirtschaftlichen Traditionalismus werden hier zum sittlichen Gebot. Einkommensmaximierung ist nicht nur erlaubt, sondern gilt als gottgewollt. Die Grundmaxime kapitalistischen Wirtschaftens, daß Zeit Geld ist, daß Kosten zu sparen und Gewinne zu maximieren sind, findet hier eine religiöse Grundlage. Die Individuen verstehen sich als Sachwalter Gottes auf Erden. Mit den Ressourcen, die Gott ihnen in die Hände gelegt hat, muß ökonomisch umgegangen werden. Denn jede verschwendete Stunde Arbeit ist dem Dienst an Gottes Ruhm entzogen.

Mit dieser Wirtschaftsethik sind die zentralen Begriffe der Humankapitaltheorie kongruent, die Begriffe der Bildungsinvestition und des Bildungsertrags, sowie der des autonom entscheidenden Individuums.

Mit den beiden Wirtschaftsorientierungen sind unterschiedliche Vorstellungen von individueller Vernunft verbunden. Die Humankapitaltheorie setzt die Vernunft der Individuen voraus. Die Frage, wer die Erzieher erzieht, findet hier die radikal-demokratische Antwort: die zu Erziehenden. Denn die befinden per Investitionsentscheidung über ihre Bildung selbst. Die Vertreter des Arbeitskräftebedarfsansatzes stimmen dagegen zumeist in der Anschauung überein, daß die Vernunft des Publikums erst herzustellen sei. Dabei spekulieren sie auf eine List des technischen Fortschritts. Seinem Diktat folgend, werde das staatliche Bildungssystem nicht allein effizientere Arbeitskräfte hervorbringen. Die bessere Ausbildung setze sich auch in persönliche Tugenden um. Vorerst aber, das ist hier impliziert, fehle es den einzelnen sowohl an Bildung wie an Tugend. Auf der Linken hat man diesen Gedanken zum Zentrum der Theorie der Neuen Arbeiterklasse gemacht. Sie besagt, daß Akademiker auf der Höhe der kognitiv-moralischen Entwicklung stünden und deswegen in die historische Rolle eingetreten seien, die MARX dem Proletariat zugeschrieben hatte. In der DDR wurde das Proletariat durch LENINS Partei neuen Typs, die Kaderpartei, entmündigt.

Diese Menschenbilder enthalten normative Ansprüche an das individuelle Verhalten. Der Arbeitskräftebedarfsansatz mutet den Individuen Fügung in die Berufs- und Schulordnung zu. Für Konformität wird soziale Sicherheit in Aussicht gestellt. Die Humankapitaltheorie empfiehlt dagegen Unternehmertum, individuelle Unabhängigkeit, die Demonstration von Leistungstüchtigkeit und Vertrauen in die eigenen Kräfte. Wer sich als Unternehmer versteht, kann auf Sicherheit nicht rechnen; den Unwägbarkeiten des Marktes kann niemand entgehen. Man kann ihnen nur aktiv entgegentreten.

Auch für diese kulturellen Differenzen lassen sich religiöse Affinitäten nachzeichnen. Sie ergeben sich aus den Formen, in denen sich in den beiden Strömungen der Reformation das Problem der Heilsgewißheit stellt. Der asketische Protestantismus belastet seine Anhänger mit dem Dogma der Prädestination, stürzt sie in peinigende Ungewißheit über ihren Gnadenstand und läßt sie nach Zeichen der Erwähltheit suchen. Als Zeichen gilt aber die Gnadengabe festen Glaubens, und so wird die subjektive Heilsgewißheit zur religiösen Pflicht. Zur Bekämpfung der Selbstzweifel wird weiterhin rastlose Berufsarbeit empfohlen. Die aber beruhigt um so gründlicher, je profitlicher sie ist, denn auch ökonomischer Erfolg gilt als Zeichen der Gnade. So züchtet der Protestantismus selbstgewisse Heilige, die, wie WEBER sagt, in den stahlharten puritanischen Kaufleuten der heroischen Phase des Kapitalismus verkörpert waren. Das Luthertum produziert dagegen demütige Sünder, die Selbstzweifel kultivieren, weil Reue den beeinflußbaren Gott umstimmen kann. Die Demonstration von Erfolgs- und Leistungstüchtigkeit gilt in diesem normativen Kontext als unsoziales Strebertum, Konformität mit der gegebenen Ordnung aber als Ausdruck von Solidität.

LITERATUR

ARBEITSGRUPPE BILDUNGSBERICHT am Max-Planck-Institut für Bildungsforschung (Hrsg.): Das Bildungswesen in der BRD (Neuausgabe), Reinbek 1990.

Arbeitslandschaft bis 2010. Schwerpunktheft 1. In: Mitteilungen aus der Arbeits- und Berufsforschung (Schwerpunktheft) 23 (1990).

ASHBY, E.: Investment in Education: The Report of the Commission on Post-School Certificate and Higher Education in Nigeria. Lagos 1960.

BECKER, G. S.: Human Capital: A Theoretical and Empirical Analysis with Special Reference to Education. New York 1964.

BECKER, H.: Die verwaltete Schule. Stuttgart 1956.

BECKER, H.: Bildungspolitik. In: Benz, W. (Hrsg.): Die Geschichte der BRD. Bd. 1. Frankfurt a. M. 1989, S. 324—353.

BENDIX, R.: Nationbuilding and Citizenship. New York 1964.

BERG, J.: Education and Jobs: The Great Training Robbery. New York 1971.

BOURDIEU, P./PASSERON, J. C.: Die Illusion der Chancengleichheit. Untersuchungen zur Soziologie des Bildungswesens am Beispiel Frankreichs. Stuttgart 1971.

COLLINS, R.: Functional and Conflict Theories of Educational Stratification. In: American Sociological Review 36 (1971), S. 1002—1019.

CRAMER, U.: Probleme bei der Besetzung von offenen Stellen. In: Mitteilungen aus der Arbeitsmarkt- und Berufsforschung 23 (1990), S. 246—258.

DAHRENDORF, R.: Bildung ist Bürgerrecht. Bramsche/Osnabrück 1965.

DEPPE, R./HOSS, D.: Sozialistische Rationalisierung. Forschungsbericht des Instituts für Sozialforschung. Frankfurt a. M. 1980.

FRIEDEBURG, L. VON: Bildungsreform in Deutschland. Frankfurt a. M. 1989.

FUCHS, J.: Übergang auf weiterführende Schulen. In: Recht der Jugend und des Bildungswesens 37 (1989), S. 106—111.

HÜFNER, J./NAUMANN, J./KÖHLER, H./PFEFFER, G.: Hochkonjunktur und Flaute: Bildungspolitik in der BRD. 1967—1980. Stuttgart 1986.

Institut für Arbeitsmarkt- und Berufsforschung und Max-Planck-Institut für Bildungsforschung (Hrsg.): Bedarfsprognostische Forschung in der Diskussion. Probleme, Alternativen und Forschungsnotwendigkeiten aus der Sicht der Arbeitsmarkt-, Berufs- und Bildungsforschung. Frankfurt a. M. 1976.

KLAUDER, W: Ohne Fleiß keinen Preis. Die Arbeitswelt der Zukunft. Zürich 1990.

KNAUER, A./MAIER, H./WOLTER, W. (Hrsg.): Sozialistische Bildungsökonomie. Berlin/DDR 1972.

KÖHLER, H.: Neue Entwicklungen des relativen Schul- und Hochschulbesuchs. Eine Analyse der Daten für 1975—1987. (= Materialien aus der Bildungsforschung. 37) Berlin 1990.

KORN, K./MAIER, H.: Ökonomie und Bildung im Sozialismus. Berlin/DDR 1977.

KRAIS, B.: Qualifikationsstruktur. In: BAETHGE, M./NEVERMANN, K. (Hrsg.): Organisation, Recht und Ökonomie des Bildungswesens. (= Enzyklopädie Erziehungswissenschaft. Hrsg. von LENZEN, D. Bd. 5) Stuttgart 1984, S. 540—546.

LANGE, S.: Verbesserung der Arbeits- und Lebensbedingungen und die Entwicklung des politischen Bewußtseins der Werktätigen. In: Sozialistische Arbeitswissenschaft 16 (1972), S. 267—277.

LENHARDT, G.: Berufliche Qualifikation und Arbeitslosigkeit. In: LENHARDT, G. (Hrsg.): Der hilflose Sozialstaat. Jugendarbeitslosigkeit und Politik. Frankfurt a. M. 1979, S. 360—388.

LENHARDT, G.: Klassenverhältnissse und Staat als Strukturelemente des Professionalisierungsprozesses. In: JÜRGENS, U./NASCHOLD, F. (Hrsg.): Arbeitspolitik. (=Leviathan. Sonderheft 5) 1983, S. 307—323.

LENHARDT, G.: Schule und bürokratische Rationalität. Frankfurt a. M. 1984.

LENHARDT, G.: Berufliche Weiterbildung in der bürokratischen Gesellschaft. (Lehrbrief) Hagen 1989.

LESCHINSKY, A./ROEDER, P. M.: Schule im historischen Prozeß. Stuttgart 1976.

LESCHINSKY, A./ROEDER, P. M.: Didaktik und Unterricht in der Sekundarstufe I seit 1950: Entwicklung der Rahmenbedingungen. In: Max-Planck-Institut für Bildungsforschung, Projektgruppe Bildungsbericht (Hrsg.): Bildung in der BRD. Bd. 1: Daten und Analysen. Reinbek 1980, S. 283—392.

MARX, J.: Die Entwicklung des Gegensatzes von körperlicher und geistiger Arbeit im Kapitalismus und ihre Widerspiegelung in der Entwicklung der Qualifikationsstruktur der Arbeiterklasse. In: Sozialistische Arbeitswissenschaft 17 (1973), S. 720—733.

MARX, K.: Das Kapital. Bd. I. Marx-Engels-Werke. Bd. 23. Berlin 1972.

MAYER, K. U.: Soziale Ungleichheit und die Differenzierung von Lebensverläufen. 25. Deutscher Soziologentag. Frankfurt a. M. 1990.

MERTENS, D. (Hrsg.): Konzepte der Arbeitsmarkt- und Berufsforschung (=Beiträge zur Arbeitsmarkt- und Berufsforschung. 70) Nürnberg [3]1988.

MESSMER, H.: Pädagogische Verfremdung der industriellen Tätigkeit in der produktiven Arbeit der Schüler. Zum Funktionswandel der polytechnischen Erziehung in der DDR 1966—1973. In: Die Deutsche Schule 67 (1975), S. 451—471.

MEYER, J. W.: The Effects of Education as an Institution. In: American Journal of Sociology 83 (1977), S. 55—77.

MEYER, J. W./RAMIREZ, F./RUBINSON, R./BOLI-BENNETT. J.: The World Educational Revolution. In: Sociology of Education 50 (1977), S. 242—258.

MÜLLER, D. K.: Sozialstruktur und Schulsystem, Aspekte zum Strukturwandel des Schulwesens im 19. Jahrhundert. (= Studien zum Wandel von Gesellschaft und Bildung im 19. Jahrhundert. Hrsg. von NEULOH, O./RÜEGG, W. Bd. 7. Forschungsunternehmen „Neunzehntes Jahrhundert" der Fritz Thyssen Stiftung). Göttingen 1977.

MÜLLER, D. K.: Bildungssystem und Generationskonflikt. In: Bildung und Erziehung 38 (1985), S. 231—244.

OEVERMANN, U.: Die falsche Kritik an der kompensatorischen Erziehung. In: Neue Sammlung 14 (1974), S. 537—568.

OFFE, C.: Berufsbildungsreform. Eine Fallstudie über Reformpolitik. Frankfurt a. M. 1975.

PARNES, H. S.: Planning Education for Economic and Social Development. Paris 1963.

PICHT, G.: Die deutsche Bildungskatastrophe. München 1965.

PSACHAROPOULOS, A./WOODHALL, M.: Education for Development. Oxford 1985.

RAMIREZ, F. R./BOLI-BENNETT, J.: Global Patterns of Educational Institutionalization. In: ALTBACH, PH. G./ARNOV, B. F./KELLY, G. P. (Hrsg.): Comparative Education. New York/London 1982, S. 15—38.

REYER, L./SPITZNAGEL, E./KRETSCHMER, G.: Das gesamtwirtschaftliche Stellenangebot. Umfang, Struktur und Besetzungsprobleme. In: Mitteilungen aus der Arbeitsmarkt-und Berufsforschung, 23 (1990), S. 347—363.

ROSENBLADT, B. V.: Fachkräftemangel und Arbeitslosigkeit. In: Mitteilungen aus der Arbeitsmarkt- und Berufsforschung 23 (1990), S. 373—385.

SCHELSKY, H.: Anpassung oder Widerstand? Heidelberg 1963.
SCHMIDT, A.: Die Rolle der Natur in der Lehre von Marx. Frankfurt a. M. 1962.
SCHMIEDE, R./SCHUDLICH, E.: Die Entwicklung der Leistungsentlohnung in Deutschland. Frankfurt a. M. 1976.
SCHULTZ, TH. W.: Investment in Human Capital. In: American Economic Review 51 (1961), S. 1—17.
SPÄTH, L.: Wende in die Zukunft. Die BRD auf dem Weg in die Informationsgesellschaft. Stuttgart 1985.
TAYLOR, F. W.: Die Grundsätze wissenschaftlicher Betriebsführung. München/Berlin 1917.
WEBER, M.: Die protestantische Ethik und der Geist des Kapitalismus. Gesammelte Aufsätze zur Religionssoziologie. Bd. 1. Tübingen [5]1963, S. 17—206 (zuerst 1905).
WEBER, M.: Wirtschaft und Gesellschaft. Tübingen 1972 (zuerst 1921).
WILLIAMS, P.: Planning Teacher Demand and Supply. Paris 1979.
WINGENS, M./WEYMANN, A.: Die Verwendung soziologischen Wissens in der bildungspolitischen Diskussion. (= Bremer soziologische Texte. 1) Bremen 1988.

Dieter Geulen

7. EINFÜHRUNG IN DIE THEORIE DER SOZIALISATION

1. EINLEITUNG

Wenn der Mensch geboren wird, verfügt er zwar über einige Reflexe und instinktive Verhaltensschemata, doch reicht im Unterschied zu den meisten Tieren — wie verschiedene Anthropologen hervorgehoben haben (PORTMANN 1951; GEHLEN 1967) — sein angeborenes Verhaltensrepertoire bei weitem nicht aus, um ihm ein selbständiges Überleben in seiner Umwelt zu ermöglichen. Er ist also darauf angewiesen, die hierzu erforderlichen subjektiven Voraussetzungen erst zu erwerben, d. h. zu lernen. Dem kommt eine andere anthropologische Tatsache durchaus entgegen, nämlich das beim Menschen im Vergleich zu seinen nächsten tierischen Verwandten, den Primaten, außerordentlich weit entwickelte Großhirn mit einer Kapazität zur Aufnahme, Verarbeitung und Speicherung von Informationen, die das durchschnittlich in einem Menschenleben geforderte Maß sogar um ein Vielfaches übersteigt.

Die relative Instinktschwäche des Menschen könnte als ein Defizit, kann aber auch als „Weltoffenheit" (SCHELER), die ihm ungeahnte neue Möglichkeiten bietet, interpretiert werden. Und biologisch gesehen stellt die mit dem menschlichen Gehirn gegebene Lernfähigkeit eine höhere und weit effektivere Form der biologischen Anpassung dar, weil sie es dem Menschen innerhalb einer Generation erlaubt, sich auf sehr verschiedenartige und sich wandelnde Milieus einzustellen, ja seine Umwelt selbst zweckdienlich zu verändern.

Aus diesem Sachverhalt ist mit Recht gefolgert worden, daß der Mensch der Erziehung bedürfe, ja erst durch diese zum Menschen im vollen Wortsinne werde. Allerdings stellte sich später heraus, daß wir nicht nur lernen, wenn wir einer bewußten Erziehung durch andere unterliegen, sondern wir lernen spontan und permanent, wenn wir uns in unserer Umwelt bewegen. Was und wie wir dabei lernen, hängt von dieser Umwelt und der Art unserer tätigen Auseinandersetzung mit ihr ab. Die Gesamtheit dieser Lernprozesse bezeichnen wir mit dem

Begriff *„Sozialisation"*; er läßt sich definieren als die *Entstehung und Bildung der Persönlichkeit aufgrund ihrer Interaktion mit einer spezifischen materiellen, kulturellen und sozialen Umwelt.* Mit dem Begriff „Persönlichkeit" soll hier zum Ausdruck gebracht werden, daß es nicht nur um den Erwerb einzelner Wissensinhalte oder Verhaltensweisen geht, sondern viel weiter um die Bildung der auch unbewußten motivationalen und kognitiven Strukturen, die all unserem Handeln gegenüber der Welt zugrundeliegen. Dieser Begriff ist später noch näher zu bestimmen (s. S. 143ff.).

Wie weit die Persönlichkeitsstruktur durch die gesellschaftliche Umwelt geprägt wird, kann augenfällig an einem Bereich von Verhaltensweisen gezeigt werden, der besonders tief in uns verankert ist und deshalb gelegentlich für angeboren gehalten wird, nämlich geschlechtstypisches Verhalten. Besonders aufschlußreich dazu sind Forschungsergebnisse über das Leben in anderen Kulturen. Ein bekanntes, von der amerikanischen Kulturanthropologin MARGARET MEAD (1970) geschildertes Beispiel sind die Tschambuli, ein Stamm auf Neuguinea, die am Ufer eines großen Sees leben und sich von Fischfang und handwerklichen Produkten, die sie bei anderen Stämmen tauschen, ernähren. Bei den Tschambuli sind die Rollen von Mann und Frau fast genau umgekehrt definiert als in europäischen Gesellschaften. Die produktive Arbeit, vor allem Fischfang und Herstellung von Moskitosäcken, wird von den Frauen geleistet. Zwar führen die Männer den Tausch bei anderen Stämmen durch, aber die Frauen überwachen den Erlös und seine Verwendung. Aller Besitz ist in den Händen der Frauen; Männer müssen ihnen Güter, die sie haben wollen, abschwätzen. Die Hauptbeschäftigung der Männer sind künstlerischer und spielerischer Art. Die meisten beherrschen mehrere Künste, so z. B. Tanz, Malerei, Schnitzerei und Flechterei, und die Männer interessiert nur, wie sie auf der Bühne ihrer Gesellschaft wirken, die Schönheit ihrer Masken, die Geschicklichkeit ihres Flötenspiels, die Vollendung ihrer zeremoniellen Darbietungen usw. Wir müssen annehmen, daß die Prägung der Geschlechtsrollen und auch des Geschlechtsverhältnisses immer gesellschaftlich bestimmt ist. Daher wäre es z. B. auch lohnend, die typische Sozialisation der Geschlechter, insbesondere der Frauen, in beiden deutschen Gesellschaften miteinander zu vergleichen, die sich erheblich voneinander unterscheiden.

Das der Sozialisationstheorie zugrundeliegende Verständnis von der Entstehung der menschlichen Persönlichkeit ist von einigen anderen Auffassungen zu unterscheiden, die auch in der Diskussion der Gegenwart noch eine Rolle spielen. Erstens ist es abzugrenzen von der Auffassung, daß der Wesenskern der menschlichen Person in einem metaphysischen, jenseits aller empirischen Bedingungen und wissenschaftlicher Erkenntnis zugänglichen, geistigen Reich wurzele. Ein solches Menschenbild ist vor allem in der jüdisch-christlichen Tradition bis hin zum Deutschen Idealismus entwickelt worden (GEULEN 1980, 1991). Demgegenüber nimmt die Sozialisationstheorie an, daß die Persönlichkeit und ihre Entstehung von realen Bedingungen abhängig ist, die sich im Prinzip erfahrungswissenschaftlich untersuchen lassen. Das gilt auch für die in der genannten Tradition besonders herausgestellten rationalen und moralischen Charaktereigenschaften des Menschen, deren Bedeutung wir keineswegs unterschlagen wollen.

Zweitens grenzt sich die Sozialisationstheorie ab von der besonders in der älteren deutschen Entwicklungspsychologie vertretenen Auffassung, daß die wesentlichen Persönlichkeitsmerkmale entweder gattungsmäßig oder individuell angeboren seien und sich im Laufe der Ontogenese lediglich „entwickelten", etwa wie die Blätter aus einer Knospe (der Ausdruck „Entwicklung" selbst verweist auf diese Metapher aus der Botanik). Eine solche nativistische Position gilt zwar heute aufgrund der Forschungsergebnisse der Sozialisationsforschung als widerlegt bzw. überholt, doch spielt sie häufig unterschwellig immer noch eine Rolle, z. B. in der Debatte um die Frage, ob Intelligenz eher angeboren oder erworben sei (SKOWRONEK 1973; QUITZOW 1990). Hätte der Nativismus recht, so wären übrigens auch pädagogische Bemühungen um die Bildung der Persönlichkeit im Grunde überflüssig, da nach dieser Auffassung ja alles bereits in den Genen festgelegt wäre. Eine solche Position wirkt daher bildungspolitisch konservativ, da sie einen vermeintlich naturhaft vorgegebenen Zustand unbefragt akzeptiert.

Mit unserer Kritik am Nativismus soll allerdings nicht behauptet werden, daß angeborene Gegebenheiten überhaupt keine Bedeutung für die Ontogenese des Menschen hätten. Der entscheidende Punkt ist vielmehr, daß die reale Ausprägung angeborener Gegebenheiten zu Merkmalen gar nicht ohne Mitwirkung äußerer Umweltbedingungen möglich und daß sie auch qualitativ von diesen abhängig ist. Man kann hier von einer Wechselwirkung (Interaktion) zwischen beiden Faktoren sprechen, was bedeutet, daß die Wirkung des einen Faktors von der des anderen abhängig ist und umgekehrt. Häufig ist es methodisch äußerst schwierig, sie empirisch-analytisch überhaupt zu trennen.

Drittens ist Sozialisation von Erziehung — bzw. Sozialisationstheorie von Pädagogik (Bildungstheorie, Didaktik usw.) — zu unterscheiden. Wie wir dargelegt haben, bezieht sich der Sozialisationsbegriff in erfahrungswissenschaftlicher Einstellung auf die Gesamtheit der Lernprozesse im weitesten Sinne, die die Entstehung und Entwicklung der Persönlichkeit ausmachen, gleichgültig, ob sie bewußt, gewünscht oder geplant sind und wann und wo sie stattfinden. Das pädagogische Verständnis von Erziehung bezieht sich dagegen nur auf einen Ausschnitt dieses Geschehens. „Erziehung" ist ja ein intentionales, normativ orientiertes und geplantes Handeln eines in der Regel professionellen Erziehers gegenüber einem Zögling, findet innerhalb eigener Institutionen (z. B. in der Schule) statt und ist vorrangig auf Vermittlung bzw. Veränderung von Bewußtsein ausgerichtet. Zwischen den beiden Begriffen „Sozialisation" und „Erziehung" besteht also kein Verhältnis der Konkurrenz, sondern der Sozialisationsbegriff ist weiter gefaßt und schließt den der Erziehung ein.

Die Bedeutung der Sozialisationstheorie bzw. -forschung für die Pädagogik wird im folgenden Teil dargelegt: Erstens erweitert sie unser Verständnis vom Menschen, insbesondere von den anthropologischen und psychologischen Voraussetzungen für Lern- und Bildungsprozesse und deren Möglichkeiten. Eine besondere Rolle spielt dieser Gesichtspunkt, wenn es um die spezifischen Lernvoraussetzungen einzelner Individuen oder Gruppen geht, die sich durch ihre vorausgegangene Sozialisation in verschiedenen sozialen bzw. kulturellen Milieus unterscheiden. Ebenso klärt sie unser Verständnis von den äußeren Bedingungen dieser Prozesse und der Struktur der Interaktion zwischen Subjekt und Umwelt bzw. Erzieher. Von einem derart erweiterten Verständnis aus können dann zweitens etablierte pädagogische Theorien kritisch beleuchtet und — wo nötig — revidiert werden. Es ist einsichtig, daß eine Pädagogik, die die Realität der subjektiven und interaktiven Bedingungen von Bildungsprozessen nicht oder falsch sieht, zu fatalen Konsequenzen für ein Kind führen könnte oder im günstigsten Fall folgenlos bliebe. Drittens kann auch die erfahrungswissenschaftlich orientierte Sozialisationsforschung einen Beitrag zur Bestimmung normativer Erziehungsziele in der Pädagogik leisten, sei es bei der Artikulierung neuer oder sei es bei der realistischen Konkretisierung bereits gegebener Ziele. Die Pädagogik kann jedoch in ihrer spezifischen Aufgabenstellung nicht restlos auf Sozialisationstheorie zurückgeführt werden.

2. ZUR ENTWICKLUNG DER SOZIALISATIONSTHEORETISCHEN DISKUSSION

Die Sozialisationsforschung ist eine interdisziplinäre, mehrere Einzelwissenschaften (Soziologie, Psychologie, Erziehungswissenschaft u. a.) berührende Forschungsrichtung. Grundlegende theoretische Gedanken wurden durch verschiedene Autoren im ersten Drittel unseres Jahrhunderts (insbesondere EMILE DURKHEIM, SIGMUND FREUD, GEORGE HERBERT MEAD, JEAN PIAGET) formuliert. Als empirische Forschung hat sie sich zunächst in der amerikanischen Kulturanthropologie entwickelt, ab den 50er Jahren dann auch als Erforschung der in verschiedenen Bevölkerungsgruppen der USA zu beobachtenden familialen Sozialisation. Später wurde die sozialisationstheoretische Sichtweise dann zunehmend auf die Schule, die Hochschule, den Arbeitsplatz und lebenslange Entwicklungsverläufe ausgedehnt (zur Geschichte und Entwicklung der Sozialisationsforschung vgl. GEULEN 1980, 1991; den umfassendsten Überblick über den aktuellen Forschungsstand vermittelt das von HURRELMANN und ULICH herausgegebene Neue Handbuch, 1991).

Unter dem Gesichtspunkt der Theorieentwicklung seien hier besonders zwei Diskussionslinien hervorgehoben:

a. Die *erste Diskussionslinie* betrifft die Auffassung vom sozialisierten Menschen. Die frühen Theoretiker (DURKHEIM, FREUD bis hin zu PARSONS) wurden hauptsächlich von der Frage geleitet, wie denn der Mensch zu einem an die Gesellschaft und ihre jeweiligen Werte, Normen und Rollen wohlangepaßten Wesen werde. Dem lagen die Annahmen zugrunde, daß Sozialisation in diesem Sinne eine notwendige Voraussetzung dafür sei, daß Gesellschaft überhaupt funktionieren könne, und daß die Bildungsprozesse der Subjekte in einer Gesellschaft tatsächlich diesem Ziel folgten.

Die bedeutendste theoretische Leistung jener Zeit ist wohl die Einsicht, daß gesellschaftliche Werte, Normen und Rollen vom Individuum verinnerlicht werden (Internalisierung) und so gleichsam von innen heraus als scheinbar eigene Motive sein Handeln steuern können. Die definitorische Festlegung auf eine bloße Anpassung an die jeweils vorgefundene Gesellschaft wurde jedoch in der Folge als zu eng kritisiert. Erstens würden nach dieser Auffassung die Subjekte nur noch als Ausführende der vorgegebenen gesellschaftlichen Rollen erscheinen. Dies widerspricht jedoch den von jedermann nachvollziehbaren Befunden, daß unsere Motive und Wünsche keineswegs immer mit unseren Rollenverpflichtungen zusammenfallen, daß wir uns zumindest subjektiv von Rollen immer auch distanzieren können, daß wir uns dabei unserer Identität als unverwechselbarer Individuen bewußt sind und daß wir die konkreten Regeln des Rollenhandelns häufig erst mit den Partnern aushandeln (vgl. zu dieser Thematik insgesamt DREITZEL 1968). Außerdem ist darauf hinzuweisen, daß die in einer bestimmten Gesellschaft sozialisierten Subjekte zumindest prinzipiell immer auch in der Lage sind, in ihrem Handeln über eben diese Gesellschaft hinauszugehen bzw. sie zu verändern, eine Tatsache, ohne die sozialer Wandel nicht erklärt werden könnte. Das jüngste einer langen Reihe historischer Beispiele hierfür haben wir 1989 in der DDR erlebt.

Aus dem dargestellten Problem ergeben sich folgende Konsequenzen:

Erstens muß der Zusammenhang zwischen Sozialisation im Sinne der wirklichen subjektiven Bildungsprozesse und den Voraussetzungen für das Funktionieren der Gesellschaft im Auge behalten werden. Ja, in diesem Zusammenhang ist unser auf Sozialisation gerichtetes forschungsleitendes Interesse begründet, da wir davon ausgehen, daß die Menschen „die Subjekte ihrer Geschichte" sind, es also auch von den Bildungsprozessen dieser Subjekte abhängt, wie sie später gesellschaftlich handeln werden.

Zweitens darf dabei kein Bild vom sozialisierten Menschen konstruiert werden, das diesen nur als Ausführenden der bereits vorgefundenen gesellschaftlichen Rollen auffaßt, vielmehr müßten die obengenannten Einwände aufgenommen werden. Genauer gesagt ist der Mensch — und in dieser Richtung konvergiert die Theoriediskussion der letzten 20 Jahre — als „gesellschaftlich handlungsfähiges Subjekt" zu begreifen, das prinzipiell autonom und in vernunftgeleiteter Kommunikation mit anderen zu tätiger Verwirklichung von Zielen befähigt ist (zur Ausarbeitung eines solchen Subjekt-Begriffs vgl. GEULEN 1989, zur Diskussion in der Literatur GEULEN 1991, S. 44—49). Die Forschungsarbeit der letzten Zeit hat sich vornehmlich auf die Entstehung und Entwicklung des moralischen Bewußtseins (KOHLBERG 1974; PORTELE 1978; ECKENSBERGER/SILBEREISEN 1980; EDELSTEIN/NUNNER-WINKLER 1986) sowie der Fähigkeiten zu sprachlicher Kommunikation (Überblick bei MILLER/WEISSENBORN 1991; HABERMAS 1976, 1981) konzentriert.

Drittens darf nicht ohne weiteres unterstellt werden, daß die Sozialisationsprozesse in einer Gesellschaft tatsächlich bereits zu den theoretisch konzipierten bzw. gesellschaftlich wünschenswerten Zielen führten. Dies ist vielmehr eine empirische Frage und muß jeweils erst untersucht werden. Für die *empirische* Sozialisationsforschung können diese Ziele daher nur ein Maßstab sein, an dem sie ihre Ergebnisse — die mehr oder weniger davon abweichen werden — messen kann. Für die Sozialisations*theorie* wiederum ergibt sich die Aufgabe, hypothetisch diejenigen empirischen Bedingungen anzugeben, unter denen die von ihr konzipierten Ziele tatsächlich erreicht werden könnten; an dieser Stelle liegt ein enger Bezug zur pädagogischen Fragestellung.

b. Die zweite Diskussionslinie bezieht sich auf die Frage nach der Struktur der Bedingungen, die der Entstehung und Entwicklung der Persönlichkeit zugrundeliegen. Das Forschungsprogramm der Sozialisationsforschung könnte auf den ersten Blick so verstanden werden, als würde der Mensch eindeutig und gleichsam mit naturgesetzlicher Kausalität von seiner Gesellschaft geprägt. Außerdem erscheint die Gesellschaft leicht als ein einheitlicher Faktor, der — vermittelt über eine mehr oder weniger lange Kausalkette — zu einem einheitlichen Ergebnis führt. Eine solche Position ist in der Frühzeit der Sozialisationsforschung auch vertreten worden, z. B. in Gestalt der These, daß in bürgerlich-kapitalistischen Gesellschaften die Sozialisation notwendig zur Ausprägung eines ganz bestimmten, angepaßten und „autoritären" Persönlichkeitstypus führe (ADORNO u. a. 1968). Auch die in den 50er Jahren gepflegte schichtenspezifische Sozialisationsforschung ging von der Annahme aus, daß sich die kindliche Entwicklung direkt von den Wertvorstellungen und Verhaltensweisen der Eltern und diese wiederum von der Situation am Arbeitsplatz ableiten lasse (vgl. als Überblick zu diesem Gebiet STEINKAMP 1991; zur Kritik BERTRAM 1981).

Eine solche sozialdeterministische Sicht ist jedoch schief. Erstens ist zunehmend deutlich geworden, daß schon das kleine Kind kein passives Objekt für äußere Einflüsse ist, sondern daß es durch seine Tätigkeit wie auch durch die sehr komplexe Weise seiner inneren Verarbeitung von Erfahrungen stets auch aktiv an den Prozessen seiner Sozialisation beteiligt ist. Das bedeutet, daß wir das Verhältnis zwischen dem sich bildenden Subjekt und seiner Umwelt nicht mit dem klassischen Kausalitätsbegriff (eine Ursache führt notwendig zu einer bestimmten Wirkung), sondern unter der komplexeren Kategorie der Wechselwirkung (Interaktion) fassen müssen. Genauer gesagt müssen wir neben den zunächst in die Augen fallenden äußeren Sozialisationsbedingungen auch die im Subjekt selbst liegenden Bedingungen in die Betrachtungen einbeziehen. Dies ist um so schwieriger, als die innersubjektiven Bedingungen ihrerseits schon Ergebnis vorangegangener Sozialisationsprozesse und entsprechend individuell sind. Zweitens hat sich bei der empirischen Erforschung der Sozialisationsbedingungen herausgestellt, daß „die" Umwelt nicht als ein einheitlich wirkender Faktor verstanden werden darf, sondern daß wir es mit einer großen Zahl höchst unterschiedlicher, auch gegensätzlicher Bedingungen zu tun haben, die wiederum miteinander in Wechselwirkung stehen, d. h. deren Effekte davon abhängig sind, welche jeweils anderen Bedingungen vorliegen. Ein einfaches Beispiel für diesen Sachverhalt wäre die Feststellung, daß die Wirkung einer Schule als Sozialisationsinstanz offenbar keineswegs für alle Schüler gleich ist, sondern bei einem bestimmten Schüler davon abhängig ist, in welcher Weise sich seine Eltern zur Schule insgesamt, zu ihren Leistungsanforderungen, zum Lehrer, zu den Hausaufgaben usw. verhalten. Die aus der Kritik an der schichtenspezifischen Sozialisationsforschung hervorgegangene ökologische Sozialisationsforschung hat sich programmatisch das Ziel gesetzt, möglichst alle relevanten Umweltfaktoren in ihren Zusammenhang einzubeziehen (vgl. hierzu BRONFENBRENNER 1976, 1981; WALTER/OERTER 1979).

Wir haben es also nicht mit einer einfachen Kausalkette zu tun, sondern mit einer großen Zahl zunächst voneinander unabhängiger äußerer und innersubjektiver Bedingungen verschiedenster Art, die im Sozialisationsprozeß eines Menschen in komplexe Wechselwirkungen miteinander treten und so schließlich zu einem individuellen Ergebnis führen. Die genaue Erforschung dieser Zusammenhänge ist sehr schwierig und bisher noch keineswegs befriedigend gelungen.

An dieser Stelle ist die Frage zu beantworten, in welchem Verhältnis der in der marxistisch orientierten Psychologie vorherrschende Begriff der „Aneignung" zum Sozialisationsbegriff steht. Dieser von MARX in der Mitte des 19. Jahrhunderts entwickelte philosophische Begriff meint den Sachverhalt, daß das Subjekt in seiner Arbeitstätigkeit in einer dialektischen Beziehung gegenüber der Natur seine Gegenstände bzw. deren Qualitäten verinnerlicht und sich eben dadurch entwickelt (vgl. dazu LEONTJEW 1973; RÖHR 1979). Der Aneignungsbegriff steht dem Sozialisationsbegriff insofern nahe, als auch er eine Veränderung des Subjekts aufgrund seiner tätigen Auseinandersetzung mit der Umwelt meint, deren historischer Charakter ausdrücklich hervorgehoben wird, und als dieser Prozeß ganzheitlich gesehen wird. Die besonders in der DDR-Forschung entwickelte Aneigungstheorie ist insofern zu eng, als sie erstens zu stark auf den MARXschen Arbeitsbegriff abstellt und der Spezifik der sozialen Interaktion mit anderen Subjekten zu wenig Rechnung trägt, eine Dimension, die erst von verschiedenen Theoretikern in der ersten Hälfte des 20. Jahrhunderts weiter erschlossen worden ist (GEULEN 1982, S. 32). Zweitens beachtet sie die von der Psychologie inzwischen herausgearbeitete Spezifik der innerpsychischen Verarbeitung und ihrer Eigendynamik zuwenig, weshalb die Bildung der Subjekte als bloße Widerspiegelung objektiver Gegebenheiten in einem sozialdeterministischen Sinne erscheint. Als sozialisationstheoretische Grundkategorie taugt der Aneignungsbegriff auch deshalb nicht, weil er nicht konsequent genug die Genese des Subjekts als solchen erklärt, sondern das Subjekt als arbeitendes bereits voraussetzt (vgl. zu dieser Problematik KIRCHHÖFER in diesem Band).

3. THEORIEN DER PERSÖNLICHKEITSENTWICKLUNG

Nach diesem Überblick über die allgemeine sozialisationstheoretische Begrifflichkeit wollen wir uns im folgenden zwei besonders wichtigen Ansätzen zuwenden, die die Schnittstelle zwischen der gesellschaftlichen Umwelt und dem sich bildenden Subjekt theoretisch aufzuhellen versuchen, nämlich der psychoanalytischen Theorie der Persönlichkeitsentwicklung und der Theorie der kognitiven und sozialkognitiven Entwicklung.

3.1 Die psychoanalytische Theorie der Persönlichkeitsentwicklung

Die Psychoanalyse ist — auch historisch gesehen — für die Sozialisationsforschung von größter Bedeutung. Sie bezieht sich vor allem auf die frühen Lebensjahre und die Rolle der Familie im Sozialisationsprozeß. Sie wurde von SIGMUND FREUD (geb. 1856, gest. 1939) begründet und seitdem von zahlreichen Autoren weiterentwickelt (zur Einführung vgl. FREUD 1940 sowie BRENNER 1967; zur Weiterentwicklung und Kritik vgl. EICKE 1976, 1977). FREUD war ursprünglich Arzt und an der Frage interessiert, wie bestimmte psychische Erkrankungen (Hysterie, Zwangsneurose u. a.) entstehen und wie sie geheilt werden können. Da die Antworten der Medizin und Psychiatrie seiner Zeit ihn nicht befriedigten, entwickelte er eine völlig neue Methode, die Psychoanalyse. Ihm war aufgefallen, daß die neurotischen Symptome seiner Patienten, übrigens auch Träume und scheinbar belanglose Alltagshandlungen, einen deutbaren Sinn haben können, der den Akteuren selbst nicht bewußt ist. Die weitere Erforschung dieses Tatbestandes brachte FREUD zu der Annahme, daß es in der Psyche Bereiche gibt, die dem Bewußtsein und seiner Kontrolle entzogen sind, aber dennoch das Verhalten bestimmen können. Zweitens stellte sich heraus, daß ein wesentlicher Anteil dieses Unbewußten aus starken Trieben und Wünschen besteht, die sich auf bestimmte Personen richten; später formulierte FREUD dann die Annahme, daß sich alle diese Wünsche letztlich auf einen allgemeinen Trieb sexueller Natur (Libido) sowie auf einen Aggressionstrieb zurückführen ließen.

In unserem Zusammenhang ist eine dritte Einsicht besonders wichtig, nämlich daß in der Formung der Triebwünsche die ersten Bezugspersonen — also in der Regel die Mutter, der Vater, auch die Geschwister — eine entscheidende Rolle spielen, und zwar auf zweifache Weise: Sie sind wichtige Objekte der kindlichen Wünsche, und sie reagieren auf diese. FREUD zeigte, daß die Triebenergie sich in der frühen Kindheit zunächst in einer bestimmten Reihenfolge an bestimmten Körperzonen (Mund, After, Phallus bzw. Clitoris) manifestiert. Wenn die Eltern, wie vor allem in der bürgerlichen Familie der Jahrhundertwende, darauf mit Versagungen, Verboten, Bestrafung usw. reagieren, gerät das Kind in einen tiefgreifenden Konflikt, den es zunächst als Trauma (seelischen Schock) erlebt. Das noch schwache Ich kann dies nur durch die Anwendung sogenannter Abwehrmechanismen bewältigen, insbesondere durch die Verdrängung der Wünsche und ihrer Objekte in das Unbewußte. Von entscheidender Bedeutung in der Entwicklung des Jungen (die des Mädchens hat FREUD weniger ausführlich dargestellt) ist nach FREUD die sogenannte Ödipus-Situation. Sie besteht darin, daß der kleine Junge seine Mutter mit sexuellen Wünschen besetzt und gleichzeitig gewahr wird, daß der Vater dabei sein Rivale und daß er stärker ist und ihn, den kleinen Jungen, bestrafen könnte; insbesondere phantasiert der Junge, daß er kastriert werde. Dieses Trauma wird nun durch einen weiteren Abwehrmechanismus bewältigt; der Junge identifiziert sich mit dem Vater, phantasiert sich gewissermaßen an dessen Stelle, so daß der Vater ihm nichts mehr anhaben kann. Diese Vater-Identifizierung bildet von nun an einen festen Bestandteil seiner Persönlichkeit. Mit ihr hat er gleichzeitig aber auch die väterlichen Gebote und Verbote verinnerlicht, die er nun mit sich herumträgt und die sein Handeln fortan mitbestimmen; FREUD nannte diese Instanz in der Persönlichkeit das „Über-Ich".

Für die sozialisationstheoretische Fragestellung ist diese Theorie offensichtlich von großer Bedeutung. Nimmt man nämlich an, daß die vom Vater durchgesetzten Gebote und Verbote allgemeinere, in der betreffenden Gesellschaft geltende Werte und Normen widerspiegeln, so erklärt die Theorie, wie diese vom Individuum verinnerlicht werden und sein späteres Handeln in der Gesellschaft bestimmen. Die Sozialisationstheorie, insbesondere die im Rahmen der amerikanischen funktionalistischen Soziologie-Tradition bei TALCOTT PARSONS ausgeführte Variante, hat sich denn auch lange auf diesen Zusammenhang berufen. Es zeigte sich jedoch in der weiteren Diskussion, daß die Ableitung zu einfach ist. Zum ersten ergab sich aus anderen Forschungen (s. 3.2), daß die Fähigkeit zu sozialem Handeln noch andere subjektive Bedingungen voraussetzt, die diese Theorie nicht erklärt, und daß selbst die Entstehung der Orientierung an sozialen Normen psychologisch komplexer erklärt werden muß. Die Über-Ich-Theorie neigt zu einem deterministischen Bild vom vergesellschafteten Menschen, das seinen Subjekt-Charakter ausblendet, und sie erklärt nicht, daß und wie neue Normen auch nach der frühen Kindheit angeeignet werden können. Außerdem ist darauf hingewiesen worden, daß sie einen bestimmten, historischen Typ von Familie voraussetzt, also nicht universell gültig sein kann.

Andererseits ist aber auch anzumerken, daß die psychoanalytische Theorie der Persönlichkeitsgenese — unbeschadet der eben genannten Kritik — durchaus noch weitere Aspekte bietet, die für eine Theorie der Sozialisation relevant sind. Wie wir oben dargelegt haben, werden in der Psychoanalyse z. B. die in der Kindheit entstehenden wesentlichen Züge der Charakterstruktur insgesamt als Abwehrformationen aufgefaßt und ihrerseits als Niederschlag der individuellen Verarbeitung von Konflikten des jungen Individuums mit seiner gesellschaftlichen Umwelt erklärt. Dies ist ein sozialisationstheoretischer Erklärungsansatz, der wesentlich weiter reicht. Ein anderer wichtiger Beitrag ist die differenziertere Sicht der Beziehungen zwischen dem Kind und seinen frühen Bezugspersonen. Da sich hieraus auch praktische Konsequenzen ergeben, seien aus der reichhaltigen psychoanalytischen Forschungsliteratur exemplarisch zwei einschlägige Beiträge genannt.

Zum ersten sei auf die sog. Hospitalismus-Forschung hingewiesen, die im wesentlichen von RENÉ SPITZ begründet worden ist. Es geht dabei um die Entwicklung kleiner Kinder, die von ihren Müttern bzw. Familien getrennt in Institutionen aufwachsen. SPITZ (1967) stellte in England während des Zweiten Weltkrieges u. a. fest, daß bei Säuglingen, denen um die Mitte des ersten Lebensjahres bei einer guten Mutter-Kind-Beziehung die Mutter entzogen wird, sich ein von ihm „anaklitische Depression" genanntes Syndrom einstellt, das durch weinerliches Verhalten, Kontaktverweigerung, Starrheit des Gesichtsausdrucks, Schlaflosigkeit, Gewichtsverlust, erhöhte Anfälligkeit für Erkältungen u.ä. gekennzeichnet ist. Kehrt die Mutter nach drei Monaten zurück, so verschwinden diese Symptome wieder. Eine sich verschärfende, von SPITZ „Hospitalismus" genannte Symptomatik war zu beobachten (völlige motorische Passivität, leerer und oft schwachsinniger Gesichtsausdruck, zunehmende Retardierung der geistigen und sprachlichen Entwicklung), wenn die Kinder von ihren Müttern getrennt blieben und aufgrund der in der Institution gegebenen Bedingungen zuwenig soziale und affektive Zuwendung und Stimulierung erhielten. Diese Befunde, die in zahlreichen weiteren Untersuchungen im wesentlichen bestätigt worden sind (BOWLBY 1972; ECKENSBERGER 1971; DÜHRSSEN 1958), können als Beleg dafür interpretiert werden, welche Bedeutung in der frühen Kindheit der engen sozialen und affektiven Beziehung einer Bezugsperson für die psychische Entwicklung zukommt.

Zum zweiten sei die neuere klinische Familienforschung genannt. In den wichtigen Arbeiten HORST EBERHARD RICHTERS wird besonders der Anteil der Eltern in der Entwicklung ihrer Kinder hervorgehoben. RICHTER (1963) machte darauf aufmerksam, daß Eltern aufgrund unbewältigter Konflikte aus ihrer eigenen Kindheit dazu neigen können, ihr Kind unbewußt in eine solche Rolle zu drängen, d. h. mit entsprechenden Erwartungen zu konfrontieren, die ihnen vermeintlich eine Lösung ihrer (der Eltern) neurotischen Probleme ermöglicht. Diese Erwartungen stellen das Kind wiederum vor schwere Probleme und können bei ihm eine neurotische Entwicklung einleiten. Zum Beispiel kann es vorkommen, daß eine in ihrer ehelichen Beziehung enttäuschte Mutter ihren Sohn in die Rolle eines Partnerersatzes drängt, ihn zum Beispiel maßlos verwöhnt und überhöht; dies kann später beim jungen Manne Probleme bei der Emanzipation von der Mutter und beim Aufbau eigener Partnerbeziehungen zur Folge haben. Ein anderes Beispiel wäre ein Vater, der seine eigenen unerfüllten Lebens- und Karrierewünsche auf sein Kind projiziert, ihm unrealistisch hohe Leistungsanforderungen z. B. in der Ausbildung stellt und schließlich, wenn das Kind dem nicht gerecht wird, es als Versager verstößt; hier können schwere Selbstwert- und Identitätsprobleme die spätere Folge sein. Richter hat zahlreiche weitere Beispiele solcher Art analysiert. Eine Forschergruppe um HELM STIERLIN (1982) hat diesen Ansatz weitergeführt und dabei dem Prinzip der Delegation von Rollen eine zentrale Bedeutung gegeben.

Die Weiterentwicklung der Familienanalyse führte dann zu der Einsicht, daß alle Mitglieder in ihren gegenseitigen Beziehungen zu betrachten sind und daß die Familie insgesamt als ein System begriffen werden muß. So stellte sich z. B. bei der Analyse von Krankheitsgeschichten heraus, daß die Erkrankungen etwa eines Kindes in der Familie in bestimmten Fällen verstanden werden kann als die Folge einer unbewußten Konfliktbewältigungsstrategie der ganzen Familie, gewissermaßen als sichtbares Symptom einer psychischen Krankheit der Familie als ganzer (RICHTER 1970, S. 58ff.). Und es gibt Fälle, bei denen alle Familienmitglieder unbewußt zusammenspielen, um zur Lösung ihrer Probleme ein fiktives Arrangement und Bild von ihrer Familie aufrechtzuerhalten, in dem jedem Mitglied eine bestimmte Rolle zugewiesen ist. So entstehen gewisse Familientypen, z. B. die „angstneurotische Familie“, bei der in einer Art Stillhalteabkommen eine offene Austragung von Konflikten unterbunden bleibt, z. B. mit der vorgeblichen Begründung, daß ein Elternteil wegen einer Herzkrankheit geschont werden müsse, oder die „paranoide Familie“, die sich fest gegen einen vermeintlichen äußeren Gegner oder „den Rest der Welt“ zusammenschließt, oder die „hysterische Familie“, die nach außen eine perfekte Show ihrer selbst inszeniert. Allen diesen Formen ist gemeinsam, daß darin aufwachsende Kinder in Rollen gedrängt werden, die ihre individuelle Persönlichkeitsentwicklung zum Teil entscheidend einschränken bzw. sie in eine krankmachende Bahn lenken. Auf eine verwandte Forschungsrichtung, die bei der Analyse der Ursachen von Schizophrenie auf die Bedeutung bestimmter in sich widersprüchlicher sprachlicher Kommunikationsformen (sog. „Doppelbindung“) in Familien gestoßen ist, sei hier nur hingewiesen (vgl. BATESON u. a. 1969).

3.2 Die Theorie der kognitiven und sozial-kognitiven Entwicklung

Ein zweiter, neben der Psychoanalyse nicht weniger wichtiger Theorieansatz ist die im wesentlichen von JEAN PIAGET (geb. 1896 in Neuchâtel/Schweiz, gest. 1980) begründete und ausgearbeitete Theorie der kognitiven Entwicklung, die häufig auch als strukturgenetische Theorie bezeichnet wird (zur Einführung: PIAGET/INHELDER 1972; GINSBURG/OPPER 1975; KESSELRING 1988). PIAGETS wissenschaftlicher Hintergrund ist die Biologie, dann auch die Philosophie, Soziologie und Psychologie. Seine wissenschaftliche Entwicklung wurde entscheidend durch die Erfahrung bestimmt, die er bei der Arbeit auf seiner ersten Stelle am psychologischen Laboratorium ALFRED BINETS in Paris machte, wo er eine französische Version englischsprachiger Intelligenztests standardisieren sollte. Bei solchen Tests gilt die Zahl der richtigen Antworten auf vorgegebene Fragen als Maß für die Intelligenz. PIAGET stellte nun bei der Anwendung auf Kinder fest, daß diese zwar im Sinne der Tests „falsche“ Antworten gaben, daß aber diese Antworten einen nachvollziehbaren Sinn hatten, daß Kinder der gleichen Altersstufe in gleicher Weise antworteten, d. h. die gleichen Fehler machten und daß sich die Antworten in verschiedenen Altersstufen in charakteristischer Weise unterschieden.

PIAGET schloß daraus, daß Kinder nicht einfach falsch, sondern daß sie *anders* denken, bzw. daß sich die bei Erwachsenen zu beobachtende Art zu denken erst in einer Abfolge qualitativ verschiedener Phasen während der Kindheit entwikkelt. Um dies genauer zu untersuchen, erfand PIAGET eine neue Methode, die im wesentlichen darin besteht, einem Kind eine Aufgabe zu stellen und es bei der Lösung zu beobachten bzw. es darüber zu befragen, wobei nicht die Richtigkeit, sondern die Art der Lösung und die dabei implizierte kognitive Struktur analysiert wird (sog. „klinische Methode“).

In jahrzehntelanger Forschungsarbeit, die in zahlreichen Büchern dokumentiert ist, erarbeitete PIAGET dann die mit Abstand gründlichste und breiteste Darstellung der intellektuellen Entwicklung des Kindes bis zur Adoleszenz. Sie wird von ihm in vier große Phasen eingeteilt; diese seien hier nur kurz genannt:

In der ersten Phase, der sog. „sensumotorischen Intelligenz" (ca. 0 bis 1 $^1/_2$ Jahre), ist die Vorstellungswelt des Kindes noch engstens mit seiner motorischen Tätigkeit (z. B. Saugen, Greifen) und den ihm dabei begegnenden realen Gegenständen verknüpft. Das Kind entdeckt unter anderem in der Erfahrung des Entschwindens eines Dinges aus seinem Gesichtsfeld und seinem Wiederfinden die Permanenz der Gegenstände bzw. den Begriff des Gegenstandes als solchen, ferner auch die Phänomene Raum, Zeit und Kausalität. In der zweiten Phase des „anschaulichen und symbolischen Denkens" (ca. 1 $^1/_2$ bis 7 Jahre) entwickelt sich vor allem die subjektive Vorstellungswelt und Phantasie des Kindes, insbesondere seine Fähigkeit, Gegenstände symbolisch zu repräsentieren, wie es z. B. im Spiel deutlich wird. Allerdings bleibt das Denken des Kindes noch dem sinnlichen Augenschein verhaftet, ist noch nicht eigentlich logisch, und unterliegt daher charakteristischen Täuschungen. Zum Beispiel glaubt das Kind in dieser Phase, daß der Mond es auf seinem abendlichen Weg durch die Straßen begleite, weil er scheinbar mitwandert, oder daß eine bestimmte Menge Wasser, die man von einem niedrigeren flachen in ein hohes schmales Gefäß umgießt, größer geworden sei. PIAGET hat zahlreiche originelle Versuche ähnlicher Art beschrieben. In der dritten Phase, der Phase der „konkreten Denkoperationen" (ca. 7 bis 11 Jahre) entwickelt sich dann schrittweise die Fähigkeit, logische bzw. mathematische Begriffe auf reale Gegenstände anzuwenden bzw. diese entsprechend wahrzunehmen, z. B. die Begriffe der Erhaltung (der Menge, des Volumens, des Gewichts, vgl. den obengenannten Versuch), der Bildung einer Systematik von Gegenständen nach einem oder mehreren Kriterien, der hierarchischen Klassifikation usw. In der vierten Phase schließlich, der Phase der „formalen Operationen" (ab ca. 11 Jahren), ist der Intellekt in der Lage, etwa wie ein Naturwissenschaftler Denkoperationen auch mit nicht konkret gegebenen, sondern abstrakten Gegenständen bzw. Symbolen zu vollziehen, insbesondere auch hypothetisch zu denken.

PIAGETS Beschreibung der intellektuellen Entwicklung des Kindes ist für Pädagogen überaus aufschlußreich, dennoch ist an dieser Stelle die von ihm entfaltete genetische Theorie von noch größerer Bedeutung, um so mehr, als sie weder reifungstheoretisch noch milieudeterministisch ist, sondern einen eigenen Typus von sozialisationstheoretischem Ansatz darstellt, der sich als „konstruktivistisch" bezeichnen und kurz so charakterisieren läßt: Die kognitiven (auf begriffliche Erkenntnis bzw. Verarbeitung der Realität bezogenen) Strukturen des Subjekts sind von diesem selbst konstruiert und organisiert, und zwar als Ergebnis seiner tätigen Auseinandersetzung mit seiner Umwelt. Piaget nimmt an, daß die Denkoperationen ihren Ursprung in verinnerlichten Handlungen haben, gegenüber denen sie dann abstrahiert werden und „Schemata" bilden, mittels derer immer weitere Bereiche von Gegenständen erfaßt werden können. Im Laufe der Entwicklung werden sie zunehmend miteinander verknüpft und bilden schließlich ein komplexes, aber einheitliches logisches System. Dabei ist festzuhalten, daß die Umwelt und ihre Gegebenheiten, und zwar über die Tätigkeit des Subjekts, eine notwendige Bedingung der Entwicklung sind.

Doch wie kommt es zum Aufbau eines kognitiven Systems im Subjekt? PIAGET weist darauf hin, daß das Subjekt beim Auftreten neuer Gegenstände in seinem Tätigkeitsfeld zunächst versucht, diese mittels seiner schon vorhandenen Schemata zu begreifen; gelingt dies in befriedigender Weise, so ist der Gegenstand eingeordnet, „assimiliert". Gelingt dies jedoch nicht, etwa weil es sich um eine ganz neue Erfahrung für das Individuum handelt, so muß es seine Schemata bzw. kognitive Struktur so erweitern oder abwandeln, daß sie dem Gegenstand angemessener sind; PIAGET spricht hier von „Akkomodation". Dies ist also der Teil des Vorganges, bei dem die kognitive Entwicklung weiterschreitet. Ein einfaches Beispiel ist die Entwicklung des Greifschemas beim Kleinkind; hatte es zunächst gelernt, einen Gegenstand wie eine Rassel mit einer Hand an sich zu ziehen, so muß es bei einem größeren Ball nun die Erfahrung machen, daß dies nicht mit einer Hand geht, sondern daß man dazu beide Hände in bestimmter Weise koordinieren muß. Man sieht, daß die Entwicklung durch die Erfahrung einer Ungereimtheit bzw. eines Widerspruches weitergetrieben wird, die sich auch auf das Verhältnis zwischen bereits verinnerlichten Strukturen beziehen kann. PIAGET schließt daraus, daß im Subjekt eine Tendenz zur Herstellung von Widerspruchsfreiheit bzw. zu einem „Gleichgewicht" („Äquilibrationstendenz") wirksam ist. Eine solche tritt z. B. auch im wissenschaftlichen Forscherdrang zutage.

PIAGET zeigt, daß die Entwicklung durch die verschiedenen Phasen nur in der genannten — und keiner anderen — Reihenfolge abläuft und daß auch keine Phase übersprungen wird. Dies beruht darauf, daß die vorausgehenden Phasen für die jeweils folgenden logische Voraussetzungen sind. Man kann sich das Prinzip an dem einfachen Beispiel klarmachen, daß die Operation der Multiplikation erst verstanden und beherrscht werden kann, wenn man die der Addition verstanden hat, denn sie ist nichts anderes als deren wiederholte Anwendung. Aus diesen Tatsachen folgt nach PIAGET, daß bei allen Subjekten die intellektuelle Entwicklung denselben Verlauf nimmt und schließlich zum selben Ergebnis führt. Allerdings durchlaufen die Individuen aufgrund der unterschiedlichen äußeren Anregungsbedingungen diesen Weg verschieden schnell, so daß z. B. gleichaltrige Kinder durchaus auf verschiedenen Entwicklungsstufen stehen können. Für den Pädagogen folgt aus alledem der Grundsatz, einem Kind möglichst genau die Anregungen zu geben, die seinem derzeitigen Entwicklungsstand angemessen sind, d. h. die den jeweils nächsten von ihm zu bewältigenden Entwicklungsschritt herausfordern. In der Praxis, insbesondere im schulischen Unterricht, ist dies nicht leicht zu verwirklichen.

PIAGET hat im größten Teil seines Werkes die Entwicklung der logisch-mathematischen Strukturen zur Erfassung der Dingwelt untersucht. Aus sozialisationstheoretischer Sicht sind jedoch seine Untersuchungen zur Entwicklung sozial-kognitiver Operationen und des moralischen Bewußtseins von größerer Bedeutung, da es hierbei ja um subjektive Bedingungen sozialen Handelns gegenüber anderen Menschen geht. Ein theoretisches Bindeglied zwischen beiden Bereichen ist PIAGETS Feststellung, daß kognitive Entwicklung auch in einer Überwindung des kindlichen „Egozentrismus" besteht. Ursprünglich sieht das Kind die Welt nur aus seiner jeweiligen Perspektive und ist noch nicht in der Lage, sie aus der Sicht einer anderen Person bzw. eines neutralen Beobachters wahrzunehmen. Dies wird schon aus dem oben erwähnten Beispiel vom Mond deutlich. In einer speziellen Untersuchung wurden Kinder vor ein Landschaftsmodell mit drei verschiedenen Bergen aus Pappmaché gestellt, und sie sollten sich vorstellen, wie diese Landschaft wohl für einen Betrachter, der auf der anderen Seite steht, aussieht. Erst ältere Kinder waren in der Lage, ihre Wahrnehmung der Landschaft im Kopf so umzustrukturieren, daß sie die Perspektive eines anderen Betrachters rekonstruieren konnten. Diese „Perspektivenübernahme" kann als die sozial-kognitive Operation angesehen werden, die grundlegend für unsere Fähigkeiten ist, andere zu verstehen, mit ihnen zu kommunizieren und zu kooperieren und auch, Konflikte mit anderen auszutragen. Ihre Entwicklung ist inzwischen von vielen Autoren weiter untersucht worden (vgl. GEULEN 1982).

Was die moralische Entwicklung betrifft, so stellte PIAGET (1932) im wesentlichen zwei aufeinanderfolgende Phasen fest. In der ersten Phase der „heteronomen (fremdbestimmten) Moral" — die wir durchaus auch als autoritär bezeichnen können — glaubt das Kind, daß moralische Normen und Gebote von einer höheren Autorität gesetzt sind, objektive Realität haben und unbedingt und unveränderlich gültig, also unantastbar sind. Die Schwere eines Vergehens und die entsprechende Strafe — die als Sühne aufgefaßt wird — werden nur an den äußeren Folgen, also nicht an der subjektiven Absicht, bemessen. Zum Beispiel sagt das Kind, daß es schlimmer sei, wenn ein Junge, der seiner Mutter helfen wollte, aus Versehen fünfzehn Tassen fallen läßt, als wenn bei dem unerlaubten Versuch zu naschen eine Tasse herunterfällt. In der darauffolgenden Phase der „autonomen (selbstbestimmten) Moral" erkennt das Kind, daß moralische Normen ihren Sinn darin haben, Bedingungen für Kooperation und Zusammenleben von Menschen zu sein, daß sie im Respekt vor dem Menschen selbst gegründet sind und daß sie von ihnen geschaffen, also auch veränderbar sind. Zum Beispiel wird in dieser Phase die Lüge als Vertrauensbruch gesehen und nicht mehr — wie in der vorausgehenden Phase — an der objektiven Unwahrscheinlichkeit des behaupteten Sachverhalts gemessen.

Von größter Bedeutung ist PIAGETS sozialisationstheoretische Erklärung, daß diese beiden Typen des moralischen Bewußtseins die sozialen Erfahrungen des Kindes widerspiegeln: Die heteronome Moral entspricht der Wahrnehmung und der Rolle des Kindes gegenüber seinen mächtigeren Eltern, während das Kind später in der Gruppe der gleichaltrigen Spielkameraden (Peer-Gruppe) neue Erfahrungen macht, die zur Entwicklung der autonomen Moral führen. Auch hieraus lassen sich offensichtlich weitreichende pädagogische Konsequenzen ableiten (vgl. OSWALD in diesem Band).

Die Entwicklung des moralischen Bewußtseins ist in neuerer Zeit von LAWRENCE KOHLBERG und zahlreichen ihm dabei folgenden Autoren weiter untersucht worden (KOHLBERG 1974; PORTELE 1978; ECKENSBERGER/SILBEREISEN 1980; EDELSTEIN/NUNNER-WINKLER 1986 u. a.). KOHLBERG, der die moralische Entwicklung bis ins Erwachsenenalter verfolgt, findet drei große Entwicklungsniveaus, die wiederum in jeweils zwei Stufen unterteilt sind: Auf dem ersten, dem vorkonventionellen Niveau ist der Bezugspunkt auf Stufe 1 der materielle Nutzen bzw. Schaden im Sinne von Bedürfnisbefriedung, auf Stufe 2 die für alle optimale Bedürfnisbefriedigung. Auf dem zweiten, dem konventionellen Niveau werden soziale Normen zum Bezugspunkt, zunächst auf Stufe 3 die Erwartungen einer bestimmten Bezugsgruppe, auf Stufe 4 die gegebene soziale Ordnung als solche. Auf dem dritten, dem postkonventionellen Niveau orientiert sich das moralische Bewußtsein an allgemeinen Prinzipien, auf Stufe 5 an dem Gedanken des Vertrages und des konsensuellen Rechts, auf Stufe 6 an universellen ethischen Prinzipien wie z. B. der Würde der menschlichen Person. Sozialisationstheoretisch und praktisch-pädagogisch wichtig sind auch die Untersuchungen über Bedingungen zur Förderung der moralischen Entwicklung, insbesondere in Institutionen wie z. B. der Schule. Entsprechend den Annahmen der Theorie erwies es sich als förderlich, wenn Subjekte in eine diskursive Lösung eines gegebenen moralischen Dilemmas involviert werden und wenigstens ein Beteiligter (z. B. der Lehrer) dabei auf der dem jeweiligen Entwicklungsstand nächsthöheren Stufe argumentiert. Darüber hinaus ist es aber auch notwendig, die Verfahren der Willensbildung innerhalb der Institution selbst konsequent im Sinne des Gerechtigkeitsprinzips umzugestalten.

Die Theorie der kognitiven und sozial-kognitiven Entwicklung füllt eine wichtige, in der psychoanalytischen Theorie offengebliebene Lücke und hat vor allem die subjektiven Bedingungen sozialer Handlungsfähigkeit weiter aufgeklärt, wenn auch noch nicht vollständig. Kritische Einwände gehen unter anderem in die Richtung, daß der Anspruch dieser Theorie auf Universalität, d. h. auf Gültigkeit für im Prinzip alle Menschen, Kulturen, Epochen und Handlungssituationen, überzogen sei. Außerdem ist ungeklärt, wie das in der Theorie im Vordergrund stehende Bewußtsein mit dem wirklichen Handeln zusammenhängt (MOGDIL/MOGDIL 1986).

4. SCHLUSS

Wir haben einige Grundprobleme und den allgemeinen begrifflichen Rahmen einer Theorie der Sozialisation dargelegt sowie die wohl wichtigsten Theorieansätze, nämlich die Psychoanalyse und die Theorie der kognitiven und sozialkognitiven Entwicklung, einführend skizziert. Auch wenn diese Ansätze unterschiedliche Schwerpunkte setzen und sich in gewissem Sinne ergänzen, kann man sie nicht einfach zu einer Theorie zusammenfügen, denn sie sind in Begrifflichkeit und Methode zu unterschiedlich. Wir stehen vielmehr vor der unbefriedigenden Situation, noch nicht über eine umfassende Sozialisationstheorie zu verfügen.

Das wird noch deutlicher, wenn wir abschließend auf die verschiedenen, gut entwickelten Gebiete der empirischen Sozialisationsforschung hinweisen, deren Ergebnisse in einer kurzen Einführung nicht angemessen dargestellt werden können, deren Studium aber erst das Material zur Ausfüllung des theoretischen Rahmens erschließt. Erstens ist auf bestimmte Persönlichkeitsbereiche bzw. -merkmale hinzuweisen, deren Genese in der Forschung ausführlicher untersucht worden ist, in der älteren Literatur besonders Aggressivität, Leistungsmotivation, geschlechtstypisches Verhalten, politisches Verhalten, in neueren Veröffentlichungen Sprache, kognitive Fähigkeiten, moralisches Bewußtsein und soziale Kompetenz. Zweitens sind die ausführlicher erforschten Instanzen bzw. Bedingungen für die Sozialisation zu nennen, allen voran die Familie und das soziale Milieu, aber auch die Schule, Hochschule und der Arbeitsplatz. Drittens zeichnet sich in letzter Zeit zunehmend das Interesse ab, Sozialisation als lebenslangen Prozeß bzw. ganze Biographien unter sozialisationstheoretischer Perspektive zu analysieren. Viertens ist auf den Versuch hinzuweisen, Sozialisationsverläufe in früheren Epochen (z. B. im 19. Jahrhundert; in der Zeit des Nationalsozialismus usw.) zu rekonstruieren (historische Sozialisationsforschung), und nicht zuletzt ist fünftens die vergleichende Sozialisationsforschung in verschiedenen Kulturen zu nennen, die durch die Gastarbeiter- und neuerdings Migrantenproblematik besondere Aktualität genießt. Alle diese Forschungsbereiche, die auch für die Pädagogik von großer Bedeutung sind, sind in den Nachschlagewerken gut dokumentiert (vgl. bes. HURRELMANN/ULICH 1991). Ihre weitere theoretische Integration ist Aufgabe zukünftiger Arbeit.

LITERATUR

ADORNO, TH. W. u. a.: Der Autoritäre Charakter. Amsterdam 1968.

BATESON, G. u. a.: Schizophrenie und Familie. Frankfurt a. M. 1969.

BERTRAM, H.: Sozialstruktur und Sozialisation. Zur mikroanalytischen Analyse von Chancengleichheit. Darmstadt 1981.

BOWLBY, J.: Mutterliebe und kindliche Entwicklung. München/Basel 1972.

BRENNER, CH.: Grundzüge der Psychoanalyse. Frankfurt a. M. 1967.

BRONFENBRENNER, U.: Ökologische Sozialisationsforschung. Stuttgart 1976.

BRONFENBRENNER, U.: Die Ökologie der menschlichen Entwicklung. Natürliche und geplante Experimente. Stuttgart 1981.

DREITZEL, H.-P.: Die gesellschaftlichen Leiden und das Leiden an der Gesellschaft. Stuttgart 1968.

DÜHRSSEN, A.: Heimkinder und Pflegekinder in ihrer Entwicklung. Göttingen 1958.

ECKENSBERGER, D.: Sozialisationsbedingungen der öffentlichen Erziehung. Frankfurt a. M. 1971.

ECKENSBERGER, L. H./SILBEREISEN, R. K. (Hrsg.): Entwicklung sozialer Kognitionen. Stuttgart 1980.

EDELSTEIN, W./NUNNER-WINKLER, G. (Hrsg.): Zur Bestimmung der Moral. Frankfurt a. M. 1986.

EICKE, D. (Hrsg.): Freud und die Folgen. Die Psychologie des 20. Jahrhunderts. Zürich Bd. II 1976, Bd. III 1977.

FREUD, S.: Vorlesungen zur Einführung in die Psychoanalyse. (= Gesammelte Werke in Einzelbänden. Bd. 15). Frankfurt a. M. 81990 (zuerst 1940).
GEHLEN, A.: Der Mensch. Frankfurt a. M. 71962 (zuerst 1940).
GEULEN, D. (Hrsg.): Perspektivenübernahme und soziales Handeln. Frankfurt a. M. 1982.
GEULEN, D.: Das vergesellschaftete Subjekt. Zur Grundlegung der Sozialisationstheorie. Frankfurt a. M. 1989.
GEULEN, D.: Die historische Entwicklung sozialisationstheoretischer Paradigmen. In: HURRELMANN, K./ULICH, D. (Hrsg.): Handbuch der Sozialisationsforschung. Weinheim 1980, S. 15—49.
GINSBURG, H./OPPER, S.: Piagets Theorie der geistigen Entwicklung. Stuttgart 1975.
HABERMAS, J.: Theorie des kommunikativen Handelns. 2 Bde. Frankfurt a. M. 1981.
HABERMAS, J.: Was heißt Universalpragmatik? In: APEL, K.-O. (Hrsg.): Sprachpragmatik und Philosophie. Frankfurt a. M. 1976, S. 174—272.
KESSELRING, TH.: Jean Piaget. München 1988.
KOHLBERG, L.: Zur kognitiven Entwicklung des Kindes. Frankfurt a. M. 1974.
LEONTJEW, A. N.: Probleme der Entwicklung des Psychischen. Berlin/DDR 41973.
MEAD, M.: Mann und Weib. Das Verhältnis der Geschlechter in einer sich verändernden Welt. Gekürzte Sonderausgabe. Reinbek 61970.
MILLER, M./WEISSENBORN, J.: Sprachliche Sozialisation. In: HURRELMANN, K./ULICH, D. (Hrsg.): Neues Handbuch der Sozialisationsforschung. Weinheim 1991, S. 531—549.
MOGDIL, F./MOGDIL, C. (Hrsg.): Lawrence Kohlberg, Consensus and Controversy. Philadelphia 1986.
PIAGET, J./INHELDER, B.: Die Psychologie des Kindes. Olten 1972.
PIAGET, J.: Das moralische Urteil beim Kinde. Frankfurt a. M. 1976 (zuerst 1932).
PORTELE, G. (Hrsg.): Sozialisation und Moral. Weinheim 1978.
PORTMANN, A.: Biologische Fragmente zu einer Lehre vom Menschen. Basel 1951.
QUITZOW, W.: Intelligenz — Erbe oder Umwelt. Wissenschaftliche und politische Kontroversen seit der Jahrhundertwende. Stuttgart 1990.
RICHTER, H.-E.: Eltern, Kind und Neurose. Stuttgart 1963.
RICHTER, H.-E.: Patient Familie. Reinbek 1970.
RÖHR, W.: Aneignung und Persönlichkeit. Berlin/DDR 1979.
SCHELER, M.: Die Stellung des Menschen im Kosmos. Darmstadt 1928.
SKOWRONEK, H.: Umwelt und Begabung. Stuttgart 1973.
SPITZ, R.: Vom Säugling zum Kleinkind. Stuttgart 1967.
STEINKAMP, G.: Sozialstruktur und Sozialisation. In: HURRELMANN, K./ULICH, D. (Hrsg.): Neues Handbuch der Sozialisationsforschung. Weinheim 1991, S. 251—277.
STIERLIN, H.: Delegation und Familie. Frankfurt a. M. 1982.
WALTER, H./OERTER, R. (Hrsg.): Ökologie und Entwicklung. Donauwörth 1979.

GRUNDLEGENDE LITERATUR

GEULEN, D.: Die historische Entwicklung sozialisationstheoretischer Ansätze. In: HURRELMANN, K./ULICH, D. (Hrsg.): Neues Handbuch der Sozialisationsforschung. Weinheim 1991, S. 21—54.
HURRELMANN, K./ULICH, D. (Hrsg.): Neues Handbuch der Sozialisationsforschung. Weinheim 1991.
TILLMANN, K.-J.: Sozialisationstheorien. Reinbek 1989.

Hans Oswald

8. SOZIALISATION IN DER SCHULE

1. EINLEITUNG

Unter dem Thema „Sozialisation in der Schule" wird untersucht, wie sich die kindliche und jugendliche Persönlichkeit in der Schule entwickelt. Die in der Forschung dominierende Blickrichtung bei der Spezifizierung dieser allgemeinen Frage geht von der Schule zum Schüler: Wie wirkt sich Schule auf Schüler aus? Die Bedingungen und Effekte können makrosoziologisch und mikrosoziologisch/psychologisch spezifiziert werden: Wie wirken sich unterschiedliche Schulsysteme, unterschiedliche Schulformen, unterschiedliche Organisationsformen der Lernprozesse, unterschiedliche Lehrstile und Lehrerpersönlichkeiten auf Leistung und Persönlichkeitsentwicklung der Schüler aus? Wie ist die Wirkung auf deren Selbstbild, Selbstvertrauen, Leistung, Leistungsmotivation und gesellschaftliche Integration? Unterscheiden sich diese Schuleffekte bei unterschiedlichen Typen von Schülern?

Spätestens bei der letzten Frage liegt es nahe, die Blickrichtung umzudrehen und die allgemeine Frage aus der Perspektive des Schülers zu spezifizieren: Wie benutzen Schüler die Schule? Wie gehen sie mit den ihnen gesetzten Bedingungen aktiv um? Bei beiden Blickrichtungen ist es zweckmäßig, die Entwicklung des Kindes und Jugendlichen auch außerhalb der Schule mit zu berücksichtigen, weil Prozesse im Elternhaus, in der Gemeinde, in der Gleichaltrigengruppe den Einfluß der Schule ebenso modifizieren wie die individuelle Anpassung des einzelnen Schülers. Erweitert man die Fragestellung in dieser Weise, dann kann sich das mikrosoziologisch oder psychologisch zu bearbeitende Problem der aktiven Verarbeitung schulischen Geschehens durch den Schüler ebenfalls ins Makrosoziologische ausweiten, etwa wenn man nach schichtenspezifischen Bedingungen der im Elternhaus erworbenen Voraussetzungen für die Bewältigung von Schulproblemen fragt.

Es wird immer wieder betont, daß die beiden Blickrichtungen zusammengeführt werden müßten, wofür in Soziologie wie Psychologie gute Argumente zu finden sind. Systembedingungen können sich nur im Miteinander-Handeln von Menschen, in Interaktion, auswirken. Das Schul*system* tritt dem Schüler nur im Handeln seiner Vertreter gegenüber, und dieses Handeln wird durch sein eigenes Handeln mitbeeinflußt. Soweit in dieser Interaktion das Selbst des Schülers geformt wird, ist er also an dieser Formung beteiligt. Soweit in solchen Interaktionen die Bedingungen schulischer Sozialisation bewahrt oder verändert werden, sind die Schüler an dieser Bewahrung oder Veränderung beteiligt. Diese theoretische Vorstellung läßt sich soziologisch unter anderem durch Rückgriff auf GEORGE HERBERT MEAD (1968 [1934]) begründen, nach dem sowohl gesellschaftliche Institutionen als auch die Identitäten der Menschen in Interaktion entstehen (vgl. auch BERGER/LUCKMANN 1969). Auf psychologischer Seite hat PIAGET eine Modellvorstellung plausibel gemacht, nach der die kognitive Entwicklung durch Assimilations- und Akkommodationsleistungen des Kindes, also durch seine Eigenaktivität, vorangetrieben wird (zur Einführung PIAGET/INHELDER 1991 [1966]; vgl. auch GEULEN in diesem Band).

Diese dritte Blickrichtung bei der Spezifizierung der allgemeinen Frage ist also auf die Interaktion gerichtet, in der das Selbst unter seiner Eigenbeteiligung geformt wird, in der es Assimilations- und Akkommodationsleistungen erbringen muß. In den letzten Jahren hat sich diese dritte Betrachtungsweise in den Erziehungswissenschaften unter anderem unter der Überschrift des „produktiv realitätsverarbeitenden Subjekts" (HURRELMANN 1983) in den Vordergrund geschoben (vgl. auch GEULEN in diesem Band). Dennoch ist die Forschungslage noch recht ungünstig, weil diese Spezifizierung der Fragestellung schwierige methodische Probleme aufwirft. Obgleich es aus überzeugenden theoretischen Gründen sinnvoll ist, auf die Interaktionen zu fokussieren, in denen Selbst und Gesellschaft produziert, reproduziert und verändert werden, ist doch nicht zu übersehen, daß wichtige Forschungsprobleme, die in Verfolgung der ersten und zweiten Blickrichtung aufgeworfen werden, so nicht gelöst werden können.

2. FUNKTION UND WIRKUNG DER SCHULE

Für Bildungspolitiker und in der Praxis tätige Pädagogen, mithin auch für Erziehungswissenschaftler, ist die deterministische Blickrichtung vom System zum Schüler, obgleich von der Theorie her angreifbar, naheliegend. Sie verfolgen politische oder erzieherische Zwecke und wollen wissen, mit welchen Mitteln diese zu erreichen. Bildungspolitiker fragen, inwieweit das Bildungswesen so organisiert ist, daß es gesellschaftlichen Ansprüchen genügt, und inwieweit neue politisch-gesellschaftliche Anforderungen und Zielsetzungen eine Veränderung der Organisationsstruktur auf unterschiedlichen Systemebenen erforderlich machen. Erzieher und Lehrer fragen, wie sie ihr alltägliches Handeln einrichten müssen, um vorgegebene und teilweise in Rahmenrichtlinien (Lehrplänen) niedergelegte Ziele zu erreichen. Nach der Wirkung ihres Handelns fragen sie auch dann, wenn sie ihren Ermessensspielraum, den ihnen die mangelnde Präzision von Richtlinien gewährt, für die Verfolgung zusätzlicher Ziele ausnützen oder gar wegen des Fehlens effektiver Kontrollen im Klassenzimmer überschreiten.

2.1 Funktion

Dem entspricht die Sichtweise der Richtungen von Soziologen, die theoretisch nach den gesellschaftlichen Funktionen von Schule fragen und empirisch erforschen, wie diese Funktionen erfüllt werden. Für sie ist Schule eine Institution, in der Sozialisation unter der Kontrolle von Politik und Administration organisiert ist, um eine Fülle von Einzelzielen zu erreichen, die man nach FEND (1980, Kap. 2) drei übergreifenden Funktionen zuordnen kann:

— der Qualifikation, d. h. der Erzeugung der Qualifikationen, die in der arbeitsteiligen Organisation der Berufe benötigt werden, wobei die Schule auf Veränderungen in den Anforderungen reagieren muß;
— der Allokation, d. h. der Verteilung der Menschen auf die horizontal und vertikal differenzierten sozialen Positionen einer Gesellschaft, und
— der Legitimierung der politischen Grundordnung und des Verteilungssystems dieser Gesellschaft, d. h. beispielsweise der in einer Verfassung niedergelegten Wertsetzungen und der Grundprinzipien des Wirtschaftssystems und ihrer Ergänzung durch das Wohlfahrtssystem.

Die Schule ist nach dieser Vorstellung eine Sozialisationsagentur, die die Familie ergänzt, um die Bereitschaften und Fähigkeiten zu erzeugen, die in der Erwachsenengesellschaft, und dort vor allem im beruflichen Sektor, benötigt werden (PARSONS 1968). Zur Qualifikation gehört dabei nicht nur der Erwerb von Wissen und Kenntnissen, sondern auch die Entwicklung von Haltungen und Fertigkeiten wie Unterordnung und „Respekt vor dem Lehrer, Rücksichtnahme und Zusammenarbeit mit den anderen Schülern, (sowie) gute Arbeitsgewohnheiten" (PARSONS 1968, S. 171), wie Pünktlichkeit, Ordentlichkeit, Fleiß, Verläßlichkeit, aber auch Initiative, Entscheidungsfähigkeit, Übernahme von Verantwortung oder Flexibilität. DREEBEN (1980) hat diesen *struktur-funktionalistischen* Ansatz für das Schulsystem der USA in einer Weise detailliert plausibel gemacht, daß diese Sichtweise auch auf westeuropäische Industrienationen im historischen Rückblick sinngemäß abgewandelt auch auf die zentralisierten Staaten des ehemaligen Ostblocks angewendet werden kann.

Entscheidend im Sinne des struktur-funktionalistischen Ansatzes ist die Bereitschaft des einzelnen, etwas zu leisten und sich bei dieser Leistung und ihrer Bewertung an universalistischen Kriterien zu orientieren. Diese Orientierung an für alle Schüler der jeweils gleichen Kategorie geltenden Regeln führt dazu, daß die betroffenen Schüler und Eltern normalerweise die Leistungsbeurteilung akzeptieren können und daß die Auswirkungen der Beurteilung ohne Widerspruch getragen werden. Selektion, z. B. die Zuweisung zu unterschiedlichen Schultypen, erfolgt dann auf der Grundlage akzeptierter Leistungsbeurteilung, auf der Grundlage von Verdienst und Versagen. Die Selektion beeinflußt die Allokation, d. h. die Zuweisung der Schulabsolventen zu unterschiedlich bewerteten Sektoren der Berufswelt und damit zu unterschiedlichem sozialem Status.

Mit all dem werden die Jugendlichen gleichzeitig dazu erzogen, das bestehende Gesellschaftssystem und die Wirtschafts- und Sozialordnung anzuerkennen. Hinzu kommt die explizite Erziehung zum Staatsbürger und zur Anerkennung der zentralen gesellschaftlichen Werte.

Die Grenzen dieser struktur-funktionalistischen Betrachtungsweise liegen in der Unklarheit darüber, in welchem Ausmaß die Funktionen durch existierende Schulsysteme tatsächlich erfüllt werden. Daß Funktionen nur bis zu einem gewissen Grad oder auch gar nicht erfüllt werden — unter anderem weil die vollständige Systemkonformität der Lehrerschaft nirgends gegeben ist und weil jedes intentionale Handeln im System auch unintendierte „dysfunktionale“ Folgen zeitigen kann — geht aus zahlreichen empirischen Befunden hervor, die im weiteren Verlauf dieses Kapitels thematisiert werden.

2.2 Schulkritik

Die Wirklichkeit des Schulsystems wie auch die theoretische Begründung ihrer Funktionalität forderte seit den 60er Jahren neben theoretischer auch vehemente bildungspolitische Kritik heraus. Dabei mischt sich eine grundsätzliche Kritik am kapitalistischen System, zu dessen Reproduktion und Stabilisierung die Schule beitrage, mit einer vielfältigen Kritik an Ungerechtigkeiten des Schulsystems und an negativen Folgen des Schulbesuchs insgesamt oder für bestimmte Gruppen von Schülern. Die grundsätzliche marxistische Kritik kann hier nicht behandelt werden. Auf die Kritik an Ungerechtigkeit und negativen Folgen von Schule und Unterricht soll aber zumindest kurz Bezug genommen werden, weil diese Diskussionen zu gravierenden bildungspolitischen Folgerungen führten und nach wie vor aktuell sind (zur historischen Dimension dieser Kritik: D. K. MÜLLER, Kap. 12).

2.2.1 Ungleichheit der Bildungschancen

Die folgenreichste Kritik bezog sich darauf, daß Kinder aus unteren Bevölkerungsschichten und bestimmten ländlichen Regionen sowie generell Mädchen nicht nur durchschnittlich geringere Bildungs*abschlüsse* hätten, sondern geringere Bildungs*chancen*. Diese Kritik war insofern gravierend, weil sie die Diskrepanz aufdeckte zwischen dem universalistischen Anspruch demokratischer, hochindustrialisierter Gesellschaften einerseits, daß für die Allokation nur die

Leistung zähle und daß jeder Schüler bis an die Grenze seiner Leistungsfähigkeit gehen könne, und der Tatsache andererseits, daß die Unterrepräsentierung bestimmter Bevölkerungsgruppen im höheren Bildungssystem nicht durch Begabungsunterschiede im Sinne angeborener Fähigkeiten erklärt werden konnte. Diese Kritik und die Forderung, das „Bürgerrecht auf Bildung" (DAHRENDORF 1965) zu verwirklichen und allen Kindern die optimale Entfaltung ihrer Fähigkeiten zu ermöglichen, führte in der Bundesrepublik vor allem wegen des gestiegenen Bedarfs des Beschäftigungssystems an höheren Qualifikationen seit den 60er Jahren zu Reformen auf verschiedenen Ebenen, die die Benachteiligung der Mädchen in höheren Bildungswesen völlig[1], die der Arbeiterkinder teilweise beseitigte.

Dennoch kann auch heute noch festgestellt werden, daß Arbeiterkinder nach wie vor deutlich benachteiligt sind, daß in der Allokation durch das Schulsystem Kinder aus mittleren und höheren Schichten wesentlich bessere Chancen haben (KÖHLER 1992). Die in der Forschung wieder neu zu stellende Frage besteht deshalb darin, ob dies an Bedingungen außerhalb der Schule, wie etwa an der Erziehung in der Familie (STEINKAMP/STIEF 1978), am Sprachverhalten oder an den Arbeitsplatzbedingungen der Eltern (KOHN 1969) liegt, ob die Schule also lediglich versäumt, die gesellschaftliche Benachteiligung auszugleichen, oder ob die Schule einen eigenen Beitrag zur Benachteiligung der Kinder aus unteren Schichten leistet.

Trotz der Kritik, die die Forschung zur schichtenspezifischen Sozialisation im einzelnen zu Recht gefunden hat (STEINKAMP 1991), erscheint es mir auch in bezug auf die neuen Bundesländer und die Aufarbeitung der DDR-Vergangenheit äußerst wichtig zu sein, die sozialstrukturelle Sozialisationsforschung fortzuführen. Auch wenn die üblichen Indikatoren für soziale Schichtung wie Einkommen, Beruf und Ausbildung keineswegs die Identifikation von sozialen Schichten mit eigenen Subkulturen und Sozialcharakteren erlauben, ist es aus Gründen der Forschungsökonomie wie der internationalen Vergleichbarkeit (und wissenschaftlichen Konkurrenzfähigkeit) unverzichtbar, bei dieser Fortführung auf solche Indikatoren für den sozial-ökonomischen Status zurückzugreifen (vgl. ROLFF 1980ff.).

2.2.2 Der „heimliche Lehrplan"

„Boris hatte Schwierigkeiten, $^{12}/_{16}$ so weit wie möglich zu kürzen und kam nur bis $^{6}/_{8}$. Die Lehrerin fragte ihn ruhig, ob dies der kleinste Nenner sei. Sie schlug ihm vor, darüber ‚nachzudenken'. Viel Fingergeknipse und viele hochgestreckte Arme bei den anderen Schülern. Alle begierig, ihn zu korrigieren. Boris ziemlich unglücklich. Vermutlich intellek-

1 Gemessen an den Anteilen und an den erreichten Abschlüssen sind Mädchen nicht mehr nur in der Realschule, sondern auch am Gymnasium seit den 80er Jahren überrepräsentiert (KÖHLER/ZYMEK 1981). Diese Tendenz setzt sich allerdings an Universitäten nicht fort und findet bislang im Anteil der Frauen an hohen Berufspositionen keine Entsprechung.

tuell gesperrt. Die Lehrerin ruhig, geduldig, übersieht die anderen und richtet Blick und Stimme ganz auf Boris. Sie fragt: Gibt es eine Zahl, die größer als zwei ist, mit der du beide Seiten des Bruchs teilen kannst? Nach ein oder zwei Minuten beginnt sie zu drängen, aber von Boris kommt nichts. Darauf wendet sie sich der Klasse zu und fragt: Na gut, wer kann Boris sagen, welche Zahl es ist? Fast alle melden sich. Die Lehrerin ruft Gretchen auf. Gretchen erklärt, daß vier die Zahl sei, durch die sich Zähler und Nenner teilen lassen. Das Versagen von Boris hat Gretchen also den Erfolg ermöglicht; seine Niedergeschlagenheit ist der Preis für ihre blendende Laune; sein Elend der Anlaß zu ihrer Freude. Solche Szenen kennzeichnen die amerikanische Grundschule. Und wegen solcher Szenen gibt es uns schon einen Stich ins Herz, wenn im Garten eines anderen, den wir ansonst gar nicht kennen, nun die Kartoffeln gut stehen. Denn zu häufig erkauft sich ein anderer den Erfolg auf unsere Kosten.“ (HENRY 1973, S. 26).

Während offizielle Curricula die Erziehung zu individueller Leistung und die Erziehung zu Gemeinschaft und Kooperation für vereinbar halten, will der Autor mit der oben abgedruckten Darstellung einer Unterrichtsszene an einer amerikanischen Grundschule belegen, daß die Organisation der Leistungserbringung und -bewertung im Schulsystem zu Konkurrenz- und Dominanzverhalten führe. Der „heimliche Lehrplan“ entspreche den gesellschaftlichen Verhältnissen, er unterdrücke Solidarität unter den Schülern, verhindere Hilfe und Kooperation, erzeuge Konkurrenzhaltung und den Wunsch nach Erfolg auf Kosten der anderen.

Der Verallgemeinerung, „Schüler-Schüler-Beziehungen sind gerade heute vom Leistungs- und *Konkurrenz*prinzip bestimmt“ (ULICH 1991, S. 384), kann in dieser Kraßheit sicherlich nicht zugestimmt werden, wie ich unten noch zeigen werde (vgl. unten Abschnitt 3.1). Richtig ist aber, daß Schule, wie alle gesellschaftlichen Institutionen, neben den intendierten Folgen und Funktionen auch nichtintendierte aufweist. Die Kritik am Konkurrenz- und Leistungsprinzip der Schule hat einerseits eine Fülle von Innovationen bestärkt, wie etwa die Betonung sozialen Lernens, Bestrebungen zur Abschaffung des Frontalunterrichts, zu Partner- und Gruppenarbeit, Peer-Tutoring u. ä., andererseits hat sie die Aufmerksamkeit der Wirkungsforschung auf mögliche negative Folgen der Organisation des gesamten Schulsystems wie auch der einzelnen Lernprozesse für die Entwicklung der Schülerpersönlichkeit gelenkt.

2.3 Ausgewählte Aspekte zur Wirkung von Schule und Unterricht

Für das Gesamtschulsystem der USA stellten JENCKS und seine Mitarbeiter (1973) aufgrund einer Reanalyse zahlreicher empirischer Untersuchungen die These auf, daß die Schule nur eine geringe Wirkung für das Ausmaß an Ungleichheit unter Erwachsenen habe. Eine ihrer Quellen war der COLEMAN-Report (1966), der unter anderem zu dem Ergebnis kam, daß die materielle Ausstattung der Schule einschließlich der Klassengrößen keine nachweisbaren Effekte auf das Handeln, den Erfolg und die Zukunftsaussichten der Schüler hat. Die für alle Reformbemühungen desillusionierende Erkenntnis, „schools don’t make a difference“, löste vielfältige Forschungsaktivitäten zum Schulklima aus, die zeigten, daß Schule doch einen Unterschied macht.

So zeigte sich in einer großangelegten und vorbildhaften Studie über englische Gesamtschulen zunächst ebenfalls, daß materielle Ressourcen einschließlich der Gebäude keine Effekte hatten (RUTTER u. a. 1980). Wohl aber standen andere Merkmale der Schule, die die Autoren als „Schulethos“ zusammenfaßten, in einem deutlichen Zusammenhang mit Anwesenheit im Unterricht, Disziplinverhalten, Lernerfolg und Delinquenz der Schüler[2]. Zu den wirkungsvollen Aspekten des Schulethos gehörten die Leistungsorientierung der Lehrer (von der Häufigkeit und Kontrolle der Hausaufgaben bis zur koordinierten Curriculumplanung), „das Lehrerverhalten im Unterricht, die Verteilung von Belobigungen und Strafen, Arbeitsbedingungen der Schüler und die Bereitschaft zur Übertragung von Verantwortlichkeit an die Schüler“ (RUTTER u. a. 1980, S. 210). Diese Zusammenhänge werden überzeugend kausal dargelegt. Auch die entsprechenden Untersuchungen von FEND (1977) in der Bundesrepublik zeigen, „daß es möglicherweise erzieherische Wirkungen gibt, die nur durch Zusammenarbeit und gemeinsame Orientierungen in einem Kollegium erreicht werden können“ (FEND 1988, S. 542), und daß Resignation keineswegs am Platz ist. Für die immer wieder geforderte Senkung der Klassengröße findet sich allerdings, was die Wirkung auf die Schüler anbelangt, auch bei RUTTER kein Argument. Es scheint sogar so zu sein, daß größere Klassen günstiger sind. Sicher ist jedenfalls, daß die materielle Ausstattung einer Schule weniger wichtig ist als die Art der Leitung und der Zusammenarbeit im Kollegium, das Arbeitsethos der Lehrerschaft sowie deren pädagogische Zielsetzung. In all diesen Punkten gibt es aber gravierende Unterschiede zwischen den einzelnen Schulen mit entsprechenden Folgen für die Schüler, ihre Leistungsmotivation und erbrachte Leistung.

Für das mehrgliedrige Schulsystem der Bundesrepublik stellt sich die Aufgabe der Wirkungsforschung zusätzlich in anderer Weise, weil im Unterschied zum amerikanischen und englischen Gesamtschulsystem die Zugehörigkeit zu einem Schultyp bereits eine wichtige Vorentscheidung dafür ist, welche Positionen im Berufsleben erreicht werden können. Die Wahl des weiterführenden Schultyps hat in Deutschland Auswirkungen auf den später erreichbaren Sozialstatus — trotz der inzwischen erreichten Durchlässigkeit zwischen den Schultypen. Die Wirkungsforschung in Deutschland kann am Beispiel des großangelegten Konstanzer Forschungsprogramms dargestellt werden. Für die Wahl der weiterführenden Schule ist die soziale Herkunft von entscheidender Bedeutung, und zwar nicht nur, weil von Eltern aus höheren Schichten zu einem größeren Anteil höhere Abschlüsse angestrebt werden, sondern weil diese Aspiration auch bei schlechten Schulleistungen durchgesetzt wird, wohingegen Eltern aus unteren Schichten die schulische Begabungsbeurteilung eher akzeptieren. Fend

2 Die unterschiedliche Zusammensetzung der Schülerschaft, die einen eigenen starken Effekt auf diese abhängigen Variablen hat, wurde für die obige Aussage statistisch kontrolliert, was in der Kritik von ULICH (1991, S. 382) nicht beachtet wird (vgl. auch ENTWISLE 1990).

hält dies für den „zentrale(n) Vermittlungsmechanismus zwischen der sozialen Herkunft und der Stellung in der schulischen Allokationsstruktur" (FEND 1991 a, S. 23). Für die Wirkung des mehrgliedrigen Schulsystems auf die Einstellungen und Verhaltensweisen der Schüler zeigte sich hingegen, daß unvorteilhaftere Positionen in der schulischen Allokationsstruktur (v. a. Hauptschule) keineswegs zu den erwarteten negativen Einstellungen gegenüber Leistung, Lehrern und Schulsystem führen (FEND u. a. 1976). Die Schüler treten nach der Grundschule vielmehr in verschiedene Welten ein, in denen unterschiedliche Werte gelten und unterschiedliche Erfahrungen gemacht werden. Sie orientieren sich an dieser Welt, und dieser Bezugsgruppeneffekt (Hauptschüler vergleichen sich mit anderen Hauptschülern und nicht mit Gymnasiasten) verhindert die erwarteten Effekte. So wurden Lerntugenden und Pflichteifer vor allem in den unteren Schulzweigen gepflegt. Besonders günstig schnitten ländliche Hauptschulen ab: Hier äußerten die Schüler auch die meiste Schulfreude und das größte Wohlbefinden. Am meisten gearbeitet wurde in der aufstiegsorientierten Realschule.

Im Gymnasium spielte dagegen Konformität mit schulischen Erwartungen eine geringere Rolle, gepflegt wurde vielmehr die Entfaltung intellektueller Fähigkeiten und selbständiges Denken. Hauptschüler hielten zudem das leistungsorientierte schulische Verteilungssystem, von dem sie am wenigsten profitierten, am häufigsten für gerecht, die Gewinner auf dem Gymnasium äußerten die meiste Kritik. Für Schulangst, somatische Belastungen und das Selbstwertgefühl gab es keine ausgeprägten Unterschiede zwischen den Schultypen. FEND ließ seine hier paraphrasierte Zusammenfassung in folgende These münden: „Die für die soziale Reproduktion wichtigen Persönlichkeitsmerkmale wurden in den unteren Bereichen des Bildungswesens maximiert, die die individuelle Profilierung ansprechenden in den oberen. Für die erste Gruppe standen die Aspekte der Disziplinierung, der Einordnung, der Akzeptanz leistungsorientierter Verteilersysteme im Vordergrund, für die zweite die Ausschöpfung der Möglichkeiten zur individuellen Selbstentfaltung" (FEND 1991 a, S. 22). In den Gesamtschulen entsprach dagegen Selbsteinschätzung, Lernmotivation, Schulfreude und Leistungsangst stärker dem jeweiligen Leistungsstand, und die Wertorientierung war homogener (FEND 1982)[3].

Neben der Wirkung der Qualität oder des Klimas einzelner Schulen und der Wirkung unterschiedlicher Schulformen und Schulsysteme werden in einer für Pädagogen wichtigen Forschung die Ursachen und Wirkungen der Schulleistung, die in der Lehrer-Schüler-Interaktion vorbereitet, erbracht und bewertet wird, untersucht. Auf die umfangreiche Literatur zu Determinanten der Schul-

3 Auf die Frage, ob die Gesamtschulen die in sie gesetzten Erwartungen erfüllten und wie sie im Vergleich mit den anderen Schulformen abschneiden, kann ich hier nicht eingehen. Die Ergebnisse fallen je nach gewähltem Kriterium, nach den Operationalisierungen und den Werthaltungen der Forscher sehr unterschiedlich aus. Insgeamt dürften die Unterschiede zwischen einzelnen Gesamtschulen größer sein als zwischen Gesamtschule und dreigliedrigem Schulsystem (z. B. HAENISCH/LUKESCH 1980).

leistung und der „Fragwürdigkeit der Zensurengebung" (INGENKAMP 1971) kann hier nicht eingegangen werden. Ich möchte aber kurz auf drei wichtige Forschungsfelder hinweisen:

2.3.1 Unterricht und Persönlichkeitsentwicklung

In psychologischer Forschung an der Grenzlinie zwischen Entwicklungspsychologie und Pädagogischer Psychologie wird ohne schulkritische Attitüde nüchtern nach den Folgen von Schule und Unterricht auf die Persönlichkeitsentwicklung gefragt. In einer Übersicht (PEKRUN/HELMKE 1991) werden die Ergebnisse dahingehend zusammengefaßt, daß in den ersten Grundschuljahren durchschnittlich Fähigkeitsselbstkonzept, Aufgabenmotivation, in geringerem Ausmaß das allgemeine Selbstkonzept absinken, während die Prüfungsangst ansteigt. Dabei korrelieren die ersten drei Konstrukte mit Schulleistung positiv, d. h. Schüler mit guten Leistungen weisen häufiger eine hohe Aufgabenmotivation auf und können ein höheres Fähigkeitsselbstkonzept und ein höheres allgemeines Selbstkonzept aufrechterhalten als Schüler mit schlechten Leistungen. Die Prüfungsangst steigt bei schlechten Schülern stärker an als bei guten Schülern. Die Autoren warnen davor, dies in einer Richtung kausal zu erklären, da vermutlich Wechselwirkungen vorliegen. Das Problem der Kausalität kann nur in Längsschnittuntersuchungen geklärt werden, zu den Chancen und Schwierigkeiten derartiger Studien liegt ein neuer Sammelband vor (PEKRUN/FEND 1991).

2.3.2 Etikettierung und Stigmatisierung

In ihrer klassischen und im empirischen Teil wohl kaum überholten Studie über den schlechten Schüler zeigte ELFRIEDE HÖHN (1967), daß Lehrer dazu neigen, schlechte Schulleistungen mit anderen schlechten Eigenschaften zu assoziieren, und daß die anderen Schüler dazu neigen, sich diesem stereotypen Lehrerurteil anzuschließen. Dieser sog. Halo-Effekt auf Lehrerseite ist vielfach nachgewiesen, und die Reaktion der anderen Schüler zeigt sich auch darin, daß schlechte Schüler soziometrisch niedrigere Ränge in der Klasse einnehmen als gute (FEND 1991 b). Die komplexen Zusammenhänge, die zwischen Lehrerurteil, Sozialerfahrungen der Schüler mit den Lehrern, sozialem Status in der Schulklasse auf der einen und Schulerfolg, Selbstbild, Aggression und Regression auf der anderen Seite bestehen (PETILLON 1982; HURRELMANN/WOLF 1986), wird gelegentlich zu der These vereinfacht, daß die schlechte Voreinstellung des Lehrers das Schulversagen erst herbeiführt und daß der Schüler die ihm entgegengebrachte schlechte Meinung, das „Etikett" des Lehrers, in sein Selbstbild übernimmt. Die bisherigen empirisch-statistischen Versuche, einen solchen „Pygmalioneffekt" im Klassenzimmer nachzuweisen, sind nicht überzeugend, auch theoretisch ist die deterministische Hypothese, daß der Lehrer dem Schüler sein Etikett und damit Selbstbild aufzwingt, kaum aufrechtzuerhalten, da sie die Möglichkeiten der Schüler zur Selbsttätigkeit außer acht läßt.

Dennoch ist die „Etikettierungstheorie", nachdem sie in der deutschen Erziehungswissenschaft der 70er Jahre zunächst enthusiastisch adaptiert wurde, zu Unrecht in Vergessenheit geraten. Die streng deterministische Variante dieses „labeling approach" ist zwar nicht zu halten, wohl aber zeigen qualitative Forschungen zur Stigmatisierung (GOFFMAN 1967), daß ein negatives Etikett seinen Träger vor große Probleme stellt. Die Annahme des Stigmas und der Verzicht auf jeden Versuch, ein besserer Schüler zu werden, stellt jedoch nur eine Möglichkeit dar, dieses Problem zu bewältigen. Eine andere oft ergriffene Möglichkeit besteht darin, daß der Stigmatisierte die Fremddefinition zwar ablehnt, aber zu anderen abweichenden Verhaltenweisen greift (sekundäre Devianz), um sich und andere von seinem Wert und von seiner Stärke als abweichende, nonkonformistische, den Lehrern Schwierigkeiten bereitende Person, die seine Umwelt unter Kontrolle hat, zu überzeugen. Klassenclownerie, Aggressionen, Drogengebrauch, Delinquenz, aber auch Depression sind unterschiedliche Lösungsmöglichkeiten aktiver Individuen, die sich mit der ihnen zugedachten Rolle nicht abfinden mögen. Eine solche gemäßigte, die Selbsttätigkeit des Individuums in Rechnung stellenden Version der Etikettierungstheorie, wie sie etwa von HARGREAVES u. a. (1981) empirisch umgesetzt wurde, sollte schon deshalb weiterverfolgt werden, weil sich hieraus wichtige pädagogische Einsichten und Folgerungen ergeben. Ein Bielefelder Forschungsprogramm, das in der Etikettierungstheorie wurzelt, ohne deren Beschränkung zu teilen, beschäftigt sich etwa mit der umfassenderen Fragestellung nach der Belastung von Jugendlichen durch die Schule (HURRELMANN u. a. 1984) bis hin zu den Folgen für die Gesundheit (HOLLER/HURRELMANN 1991).

2.3.3 Schulversagen und Delinquenz

Der Zusammenhang zwischen aggressivem Verhalten, Schulversagen und späteren Formen der Unangepaßtheit wie Kriminalität oder psychischen Schwierigkeiten dürfte gesichert sein (z. B. FARRINGTON 1986). Außerdem ist aggressives Verhalten zeitlich recht stabil, Aggressivität im Kindesalter korreliert statistisch mit Aggressivität im Jugendalter (OLWEUS 1984). Weniger klar ist, durch welche Mechanismen es zu diesen korrelativen Zusammenhängen kommt.

Den wohl aufwendigsten, in Deutschland indessen kaum rezipierten Versuch, Ursachen und Folgen aggressiven Verhaltens in der Schule zu untersuchen und präventiv dagegen vorzugehen, wurde nach Vorstudien in Schweden von DAN OLWEUS flächendeckend in Norwegen durchgeführt (1981). Dabei scheinen nicht die schlechten Noten die Aggression, sondern eher die Aggression die schlechten Noten zu verursachen (OLWEUS 1983). Aber auch hier handelt es sich vermutlich nicht um einfache Zusammenhänge. Vielmehr dürften die Ursachen sowohl schlechter Schulleistungen als auch aggressiven Verhaltens im Elternhaus und in bis in die früheste Kindheit zurückreichenden Erfahrungen liegen.

Im Rahmen der Bindungstheorie (GROSSMANN u. a. 1989) wird beispielsweise gezeigt, daß im ersten Lebensjahr unsicher gebundene Kinder bereits im Kindergarten in ihrem Sozialverhalten Auffälligkeiten zeigen (SROUFE/FLEESON 1986). In diese Richtung weisen auch Versuche mit Befragungsinstrumenten, mit denen die frühkindliche Bindung noch bei Schulkindern, Jugendlichen und Erwachsenen rekonstruiert werden kann (z. B. KOBACK/SCEERY 1988).

Weiter zeigen sich korrelative Zusammenhänge zwischen aggressivem Verhalten in der Schule und Sozialschichtzugehörigkeit, Scheidung, körperlicher Strafpraxis, negativen Einstellungen der Mutter zum Kind und Nachlässigkeit der elterlichen Aufsicht (MC CORD 1990). Auch das Leben mit einem Elternteil und Wiederverheiratung kann sich negativ auf Schulleistung auswirken (ENTWISLE 1990). Ob sich Scheidung und Wiederverheiratung allerdings negativ auswirkt oder nicht, dürfte von den Umständen der Scheidung (FURSTENBERG/CHERLIN 1993) und vom Alter der Kinder (HETHERINGTON/CLINGEMPEEL 1992) abhängen. Der seit BAUMRIND (1978) autoritativ genannte Erziehungsstil, der eine emotional warme Beziehung und Akzeptierung des Kindes und seiner Selbständigkeit und Eigenverantwortung mit Anforderungen und Grenzensetzen verbindet, scheint dagegen im Unterschied zu autoritärem und permissivem Erziehungsstil günstig zu sein für Schulerfolg, psychische Reife, geringe Aggressivität und geringe Delinquenz (STEINBERG 1990).

Das Aufzeigen von Ursachen in der Familie bedeutet indessen für die Schule keine Entwarnung, denn sie scheint zu verstärken, was sie vermindern könnte und sollte. Hierfür sprechen auch einige dem Etikettierungsansatz verpflichtete deutsche Studien, die allerdings zu stark im Deskriptiven steckenbleiben und insofern den Beitrag der Schule zwar kritisch illustrieren, aber im Gegenatz zu OLWEUS' Analysen wenig Erklärungskraft haben (z. B. HOLTAPPELS 1987).

3. DIE KLIENTEL

Statt eine Darstellung der umfangreichen Forschung über die Sicht der Schüler auf Schule und Lehrer, zu der eine umfassende neuere Darstellung vorliegt (PETILLON 1987), auf allzu knappem Raum zu versuchen, möchte ich auf einen anderen Aspekt ausführlicher eingehen, nämlich die Beziehung der Schüler und Schülerinnen zueinander. Eine verbreitete pädagogische Meinung besagt, daß diese Beziehungen unter Kontrolle zu halten sind, weil in ihnen nur allzuviel Ungutes ausgeheckt wird. Wie an anderer Stelle ausführlicher dargestellt (OSWALD, im Druck), hat PIAGET (1986 [1932]) die gegenteilige Ansicht vertreten, indem er zeigte, daß Kinder in Beziehungen zu Erwachsenen eine heteronome, in Beziehungen zu Gleichaltrigen hingegen eine autonome Moral entwikkeln. Das Aufnehmen dieses Gedankens durch die moderne Forschung hat in der vergangenen Dekade zu einer Fülle von Forschungsergebnissen geführt, die zeigen, wie wichtig die Beziehungen zu Gleichaltrigen, zu „peers“, sind (KRAPPMANN 1991).

3.1 Die Bedeutung der Beziehungen zu Gleichaltrigen im Kindesalter

Im Unterschied zu der komplementär reziproken Beziehung zu Erwachsenen (z. B. Machtgefälle, Wissensvorsprung, Unausweichbarkeit) ermöglicht die symmetrisch reziproke Beziehung zu Gleichaltrigen (auf Gleichheit angelegt und kündbar) die gemeinsame Konstruktion von Wissen, wodurch die Entwicklung sozialer und kognitiver Kompetenzen vorangetrieben wird (YOUNISS 1982). Dabei scheinen unterschiedliche Typen von Gleichaltrigenbeziehungen unterschiedliche Funktionen für die Entwicklung von Kindern zu haben (HARTUP 1989). Insbesondere in engen vertrauensvollen Freundschaften entwickeln Kinder die Fähigkeiten zu Kooperation und Kompromiß.

Eigene Forschungen haben gezeigt, daß sich Kinder im Rahmen der Schulklasse Beziehungsgeflechte und dyadische Beziehungen schaffen, in denen Anforderungen bestehen, deren Bewältigung die Entwicklung der Kinder vorantreibt (OSWALD/KRAPPMANN 1991). In der Schule geraten Kinder in Konflikte, die sie *ohne Hilfe der Lehrer* austragen, hier lernen sie die schwierigen bei Kooperation und Hilfe auftauchenden Probleme *unter sich* zu lösen (KRAPPMANN/OSWALD 1985, 1988). Dabei zeigt sich nach unserer Interpretation, daß das durch die Schule oktroyierte Konkurrenzprinzip nur bei oberflächlicher Betrachtung die Schülerbeziehungen beherrscht (vgl. oben Abschnitt 2.2.2). In der Kritik am „heimlichen Lehrplan" wird meist übersehen, daß eine Konkurrenzhaltung, die darin besteht, nur um des Gewinnens willen um jeden Preis auf Kosten des anderen gewinnen zu wollen, zu unterscheiden ist von Wetteifer im Wettbewerb. Letzteren wollen und brauchen Kinder, um ihre Fähigkeiten zu entwickeln und zu erproben, um sich ihrer Fähigkeiten bewußt zu werden. MEAD hielt das „game", den Wettkampf, für ein entscheidendes Mittel, in der Kindheit die innere Instanz des „Generalisierten Anderen", d. h. die Verpflichtung auf gesellschaftliche Regeln und Werte aufzubauen. PIAGET zeigte am Murmelspiel, wie sich in diesem Wettkampf Heteronomie zu Autonomie, Zwang zu Kooperation, Unterordnung zu Gleichheit, Gehorsam zum Anerkennen von Ansprüchen wandelt (1986, Kap. 1 [1932]). Viele Schwierigkeiten, die nach unseren Beobachtungen beim Kooperieren in der Schule auftauchen, beziehen sich darauf, daß die Kinder versuchen, gleiche Ausgangsbedingungen für faires Wetteifern zu schaffen. Dies gelingt leichter unter befreundeten Kindern, was Folgerungen für Sitzordnung und Unterrichtsgestaltung nahelegt. Auch die bei Hilfestellungen untereinander auftauchenden Probleme lassen sich nicht auf schulische Leistungs- und Konkurrenzsituationen zurückführen, sondern darauf, daß die Hilfesituation strukturell eine Situation der Ungleichheit ist, die Kinder erst lernen müssen, im Sinne von ausgeglichener Gegenseitigkeit zu bewältigen. Auch dies gelingt zunehmend vor allem unter Freunden.

3.2 Die Bedeutung von Gleichaltrigen und Eltern in der Jugendphase

Für das Grundschulalter ist die positive Bedeutung der „peer group" innerhalb der Pädagogik nicht kontrovers, sondern allenfalls unbeachtet. Anders wird die

Diskussion für das Jugendalter geführt. Seit COLEMANS These von der „Adolescent Society" (1961) schien der empirische Beweis dafür vorzuliegen, daß Gruppen und schulische Führungscliquen gegen die Intentionen der Eltern und der Bildungseinrichtungen gerichtet, insofern dysfunktional und pädagogisch zu neutralisieren sind. Diese Position bedarf der Differenzierung.

Bereits EISENSTADT (1966 [1956]) und PARSONS (1968) haben auf die positiven Funktionen der peer group in der Oberschule verwiesen, die nur unter bestimmten Bedingungen zum Ort abweichenden Verhaltens wird (besondere Problembelastung von Jugendlichen z. B. in Slums), die aber die Funktion hat, Verantwortungsübernahme außerhalb des Einflusses von Erwachsenen unter formal Gleichen zu üben, die Erwachsenenwelt zu explorieren, die Ablösung vom Elternhaus voranzutreiben und Spannungen zu erleichtern, die durch das Leistungssystem Schule entstehen.

Die COLEMAN-These löste eine Fülle von Untersuchungen zur Thematik Eltern- versus Peereinfluß aus. Die Ergebnisse weisen zusammengefaßt darauf hin, daß die Jugendlichen keine abgeschottete Gesellschaft bilden, sondern daß Eltern die ganze Jugendzeit hindurch einflußreich bleiben und daß der Einfluß der Gleichaltrigen oft in die gleiche Richtung geht wie der elterliche. Dies ist etwa für die Entscheidungen, die Schule weiterzubesuchen oder zur Universität zu gehen, gut belegt (BROWN 1990). Die im Jugendalter anstehenden Entwicklungsaufgaben[4] können besser gelöst werden, wenn man gute Beziehungen sowohl zu Eltern als auch zu Gleichaltrigen hat, als wenn man sich nur an einer dieser Bezugsgruppen orientiert (PALMONARI u. a. 1991). In bezug auf Werte und Lebensstil resümiert KANDEL (1986) die Forschungsergebnisse dahingehend, daß diese beiden Einflußquellen nicht exklusiv, sondern bereichsspezifisch wirksam werden. So haben etwa die Eltern in den Bereichen von Weltanschauung, Religion, Politik, Zukunftsentscheidungen, die Gleichaltrigen bei Fragen des Lebensstils und bei gegenwärtigen Problemen größeren Einfluß. Nach einer holländischen Untersuchung dienen Mütter in bezug auf Sozialbeziehungen, Väter in bezug auf Schule und Freunde in bezug auf die Freizeit als erste Ansprechpartner (MEEUS 1989).

Ein wachsender Anteil der Jugendlichen fühlt sich inzwischen auch in der Bundesrepublik einer Clique zugehörig (ALLERBECK/HOAG 1985), aber gleichzeitig hat die überwältigende Mehrheit der Jugendlichen ein gutes emotionales Verhältnis zu den Eltern, so daß die These formuliert werden kann, daß der vielbeschworene Generationenkonflikt auf der Ebene der Familie nicht weit verbreitet ist. Die Gleichaltrigen gewinnen zwar mit zunehmendem Alter an Bedeutung, und die feststellbaren Alltagskonflikte mit Eltern befördern die not-

---

4 Auch wenn heute die These, das Jugendalter sei generell eine Zeit heftiger Krisen, nicht mehr vertreten wird, müssen Jugendliche doch mit zahlreichen Problemen fertig werden und brauchbare Aufgabenlösungen in ihre Persönlichkeit integrieren (OERTER 1987). HAVIGHURST hat erstmals eine Liste derartiger Entwicklungsaufgaben für die Erziehungswissenschaft aufgestellt (1972).

wendige Ablösung von den Eltern, aber die meisten Jugendlichen und Eltern können dennoch eine harmonische Beziehung aufrechterhalten, indem diese zunehmend symmetrisch gestaltet wird (YOUNISS/SMOLLAR 1985) und den Jugendlichen immer mehr Selbständigkeit zugestanden wird (STEINBERG 1990). Dabei gelingt es den Mädchen noch häufiger als den Jungen, gute Beziehungen zu den Eltern mit guten Beziehungen zu Freunden und Cliquen zu verbinden (OSWALD/BOLL 1992).

Hervorzuheben ist, daß auch Schwierigkeiten in der Schule das Verhältnis zu den Eltern meist nicht mehr nachhaltig trüben, daß diese vielmehr helfen und unterstützen, wobei die Väter eher bei den Hausaufgaben einspringen, die Mütter eher die Verbindung zur Schule halten. Bedenkenswert sind Versuche, die Zusammenarbeit von Eltern und Schule in bezug auf bessere Schulleistungen gezielt zu fördern (EPSTEIN 1990), solange es nicht zu Eltern-Lehrer-Koalitionen kommt, die die Eigentätigkeit der Jugendlichen untereinander einschränkt, was im Sinne der Theorie PIAGETS ungünstig wäre (zur historischen Dimension dieses Zusammenhangs vgl. D. K. MÜLLER in diesem Band).

3.3 Synergistische Effekte: Das Zusammenwirken von Clique, Elternhaus und Schule

Nicht jeder Kontext von Gleichaltrigen ist günstig. Eine Minderheit von Mädchen und Jungen schließt sich Gruppen an, die allzu früh Erwachsenenprivilegien wie Rauchen und Trinken mit negativen Folgen auf die Schulleistung für sich in Anspruch nehmen (FEND 1990) oder in denen Drogenkonsum und andere Formen abweichenden Verhaltens praktiziert werden. Auch wenn in diesen Gruppen negativer Einfluß ausgeübt wird, ist die Alltagsmeinung, daß solche Gruppen die Ursachen für Abweichung seien, kaum zu halten (BROWN 1990, MC CORD 1990). Man kommt nicht aus Zufall in schlechte Gesellschaft, sondern man wählt sich Freunde, die einem ähnlich sind (EPSTEIN 1989) oder die einem vermeintlich in der eigenen Problemlage, die in anderen Kontexten erzeugt wird (Elternhaus, Schule), helfen. So konnte etwa gezeigt werden, daß Cliquen sich nur dann negativ auswirken, wenn die Beziehung zu den Eltern nachhaltig gestört ist, was nur für eine kleine Minderheit unter den Jugendlichen zutrifft (OSWALD 1992). Auf den Zusammenhang zwischen Elternhaus, Schule, Aggression und Delinquenz wurde oben (Abschnitt 2.3.3) bereits verwiesen.

Diese und andere Forschungsergebnisse lassen es als aussichtsreich erscheinen, das Zusammenspiel der drei Kontexte Eltern, Gleichaltrige und Schule im Sinne der Modellvorstellung synergistischer Effekte in Mesosystemen von BRONFENBRENNER (1990) zu untersuchen. Danach können die Einflüsse eines Kontextes durch Bedingungen in anderen Kontexten verändert werden. Wie zwei beispielhafte Längsschnittstudien zeigen, wirken Bedingungen in der Schule mit Bedingungen in der Familie in bezug auf Drogenkonsum von Schülern ebenso zusammen (SILBEREISEN u. a. 1991) wie in bezug auf das Entstehen psychosomatischer Krankheitsbilder (HOLLER/HURRELMANN 1991). In bezug auf abweichendes Verhalten von Jugendlichen wurde in dem Bielefelder Forschungsprogramm ein Zusammenwirken von Faktoren in den drei Kontexten Schule, Elternhaus und Gleichaltrigengruppe festgestellt, wobei in letzterem der soziale Status unter den Klassenkameraden wichtig war (ENGEL/HURRELMANN 1989).

3.4 Schlecht integrierte Schüler

Wie das letzte Ergebnis zeigt, ist der Gleichaltrigenkontext innerhalb der Schulklasse auch deshalb von Bedeutung, weil die Jugendlichen hier der Bewertung durch die Mitschüler ausgesetzt sind, ohne sich entziehen zu können (COIE u. a. 1982). Die Anerkennung durch Mitschüler ist einer der Mechanismen, durch die in der Welt der Gleichaltrigen Konformität erzeugt wird, was gelegentlich problematisch sein kann, obgleich COLEMANS (1961) generelle Sicht, wie oben angeführt, heute nicht mehr vertreten wird. Das größere pädagogische Problem besteht in bezug auf die nichtintegrierten Schüler, weil die Ablehnung durch Mitschüler langfristig negative Folgen wie spätere psychische Schwierigkeiten und Delinquenz hat (PARKER/ASHER 1987) — wenn auch vermutlich wieder nur in Interaktion mit Bedingungen im Elternhaus (vgl. oben 2.3.3).

Obgleich das Problem des Akzeptiertwerdens und des Außenseitertums in der Klasse in der deutschen Schulpädagogik große Aufmerksamkeit fand und etwa in der Konzeption des „sozialen Lernens" berücksichtigt wurde, scheint in der Praxis wenig getan zu werden, um unbeachteten und zurückgestoßenen Kindern zu helfen. Es scheint sogar eher so zu sein, daß Lehrer wegen ihrer Orientierung an Leistung und Konformität und wegen ihrer Tendenz zu Etikettierung und Stigmatisierung (vgl. oben 2.3.2) die Situation dieser Kinder verschlechtern. Im Unterschied zu dieser faktischen Vernachlässigung des Problems in Deutschland richtet sich das Forschungsinteresse in den USA auch auf Intervention. Auf der Grundlage der Forschung über Interaktionen zwischen Gleichaltrigen werden Programme zu „social skills training" (FURMAN/GAVIN 1989) und anderen Methoden der Integration isolierter Kinder (PRICE/DODGE 1989) entwickelt und in ihrer Wirkung getestet. Dies wird in Deutschland aus schwer verständlichen Gründen für nicht akzeptabel gehalten. Eher dürften von Kindertherapeuten Techniken akzeptiert werden wie die Therapie von Paaren von Gleichaltrigen, in der die Fähigkeit, Freundschaft zu schließen, verbessert werden soll (SELMAN/SCHULTZ 1990) und die ebenfalls auf genauer Analyse der Beziehungen und Interaktionen zwischen Gleichaltrigen beruhen (SELMAN 1984).

Die Widerstände gegen die Bewegung „antiautoritäre Erziehung" haben in den letzten Jahren dazu geführt, daß lehrreiche Versuche, das Entwicklungspotential, das in Aushandlungsprozessen unter Kindern und Jugendlichen liegt, pädagogisch zu nutzen, aus der erziehungswissenschaftlichen Diskussion verschwunden sind. Demgegenüber halte ich es für lohnend, die zwischenzeitlich erzielten Fortschritte in der Erforschung der Gleichaltrigenbeziehungen schulpädagogisch nutzbar zu machen.

LITERATUR

ALLERBECK, K./HOAG, W. J.: Jugend ohne Zukunft? München/Zürich [2]1985.

BAUMRIND, D.: Parental disciplinary patterns and social competence in children. In: Youth and Society 9 (1978), S. 239—276.

BERGER, P./LUCKMANN, TH.: Die gesellschaftliche Konstruktion der Wirklichkeit. Frankfurt a. M. 1969.

BRONFENBRENNER, U.: Ökologische Modelle in der Jugendforschung: Anspruch und Wirklichkeit. In: MELZER, W./FERCHHOFF, W./NEUBAUER, G. (Hrsg.): Jugend in Israel und in der Bundesrepublik. Weinheim/München 1990, S. 33—54.

BROWN, B. B.: Peer groups and peer cultures. In: FELDMAN, S. S./ELLIOTT, G. (Hrsg.): At the threshold: The developing adolescent. Cambridge/MA 1990, S. 171—196.

COIE, J. D./DODGE, K. A./COPPETELLI, H.: Dimensions and Types of Social Status. A Cross-age perspective. In: Developmental Psychology 18 (1982), S. 4, 557—570.

COLEMAN, J. S.: The adolescent society. New York 1961.

COLEMAN, J. S. u. a.: Equality of educational opportunity. Washington 1966.

DAHRENDORF, R.: Bürgerrecht auf Bildung. Plädoyer für eine aktive Bildungspolitik. Hamburg 1965.

DREEBEN, R.: Was wir in der Schule lernen. Frankfurt a. M. 1980.

EISENSTADT, S. N.: Von Generation zu Generation. München 1966 (zuerst 1956).

ENTWISLE, D. R.: Schools and the adolescent. In: FELDMAN, S. S./ELLIOTT, G. R. (Hrsg.): At the threshold: The developing adolescent. Cambridge/MA 1990, S. 197—224.

ENGEL, U./HURRELMANN, K.: Psychosoziale Belastungen im Jugendalter. Berlin/New York 1989.

EPSTEIN, J. L.: The selection of friends. In: BERNDT, T. J./LADD, G.: Peer relationships in child development. New York 1989, S. 158—187.

EPSTEIN, J. L.: School and family connections: Theory, research, and implications for integrating sociologies of education and family. In: UNGER, D. G./SUSSMAN, M. B.: Families in community settings: Interdisciplinary perspectives. New York 1990, S. 99—126.

FARRINGTON, D. P.: Stepping stones to adult criminal career. In: OLWEUS, D./BLOCK, J./YARROW, M. R. (Hrsg.): Development of antisocial and prosocial behavior. New York 1986, S. 359—384.

FEND, H.: Schulklima: Soziale Einflußprozesse in der Schule. (= Soziologie der Schule II). Weinheim/Basel 1977.

FEND, H.: Theorie der Schule. München 1980.

FEND, H.: Gesamtschule im Vergleich. Weinheim/Basel 1982.

FEND, H.: Schulqualität. In: Neue Sammlung 28 (1988), S. 537—547.

FEND, H.: Vom Kind zum Jugendlichen. Der Übergang und seine Risiken. Bd. 1. Bern 1990.

FEND, H.: Schule und Persönlichkeit: Eine Bilanz der Konstanzer Forschungen zur „Sozialisation in Bildungsinstitutionen". In: PEKRUN, R./FEND, H. (Hrsg.): Schule und Persönlichkeitsentwicklung — Ein Resümee der Längsschnittforschung. Stuttgart 1991 a, S. 9—32.

FEND, H.: „Soziale Erfolge" im Bildungswesen — die Bedeutung der sozialen Stellung in der Schulklasse. In: PEKRUN, R./FEND, H. (Hrsg.): Schule und Persönlichkeitsentwicklung — Ein Resümee der Längsschnittforschung. Stuttgart 1991 b, S. 217—240.

FEND, H./KNÖRZER, W. u. a.: Sozialisationseffekte der Schule. (= Soziologie der Schule I). Weinheim/Basel 1976.

FURMAN, W./GAVIN, L. A.: Peers' influence on adjustment and development: A view from the intervention literature. In: BERNDT, T. J./LADD, G. (Hrsg.): Peer relationships in child development. New York 1989, S. 319—340.

FURSTENBERG, F. F./CHERLIN, A. J.: Geteilte Familien. Stuttgart 1993.

GOFFMAN, E.: Stigma. Über Techniken der Bewältigung beschädigter Identität. Frankfurt a. M. 1967.
GROSSMANN, K. u. a.: Die Bindungstheorie: Modell und entwicklungspsychologische Forschung. In: KELLER, H. (Hrsg.): Handbuch der Kleinkindforschung. Berlin/Heidelberg 1989, S. 31—55.
HAENISCH, H./LUKESCH, H.: Ist die Gesamtschule besser? München 1980.
HARGREAVES, D. H./HESTER, S. K./MELLOR, F. J.: Abweichendes Verhalten im Unterricht. Weinheim/Basel 1981.
HARTUP, W. W.: Behavioral Manifestations of Children's Friendships. In: BERNDT, T. J./LADD, G. (Hrsg.): Peer Relationships in Child Development. New York 1989, S. 46—70.
HAVIGHURST, R. J.: Developmental task and education. New York [3]1972.
HENRY, J.: Der erlebte Alptraum. In: Betrifft: Erziehung 5 (1973), S. 23—26.
HETHERINGTON, E. M./CLINGEMPEEL, W. G.: Coping with marital transitions. Monographs of the Society for Research in Child Development. Bd. 52. o. O. 1992.
HÖHN, E.: Der schlechte Schüler. München 1967.
HOLLER, B./HURRELMANN, K.: Die psychosozialen Kosten hoher Bildungserwartungen. In: PEKRUN, R./FEND, H. (Hrsg.): Schule und Persönlichkeitsentwicklung. Stuttgart 1991, S. 254—271.
HOLTAPPELS, H. G.: Schulprobleme und abweichendes Verhalten aus der Schülerperspektive. Bochum 1987.
HURRELMANN, K.: Das Modell des produktiv realitätsverarbeitenden Subjekts in der Sozialisationsforschung. In: Zeitschrift für Sozialisationsforschung und Erziehungssoziologie 3 (1983), S. 91—104.
HURRELMANN, K./ROSEWITZ, B./WOLF, H.: Die Belastung von Jugendlichen durch die Schule. Die Deutsche Schule 76 (1984), S. 381—391.
HURRELMANN, K./WOLF, H.: Schulerfolg und Schulversagen im Jugendalter. Weinheim 1986.
INGENKAMP, K. (Hrsg.): Die Fragwürdigkeit der Zensurengebung. Weinheim 1971.
JENCKS, CHR. u. a.: Chancengleichheit. Reinbek 1973.
KANDEL, D. B.: Processes of peer influences in adolescence. In: SILBEREISEN, R. K./EYFERTH, K./RUDINGER, G. (Hrsg.): Development as action in context. Berlin 1986, S. 203—228.
KOBACK, R. R./SCEERY, A.: Attachment in late adolescence: Working models, affect regulation, and representation of self and others. In: Child Development 59 (1988), S. 135—146.
KÖHLER, H.: Bildungsbeteiligung und Sozialstruktur in der Bundesrepublik. (= Max-Planck-Institut für Bildungsforschung. Studien und Berichte. Bd. 53.) Berlin 1992.
KÖHLER, H./ZYMEK, B.: Chancengleichheit für Frauen durch Bildungsvorteile. In: Die Deutsche Schule 73 (1981), S. 50—63.
KOHN, M. L.: Class and conformity. A study in values. Homewood 1969.
KRAPPMANN, L./OSWALD, H.: Schulisches Lernen in Interaktionen mit Gleichaltrigen. In: Zeitschrift für Pädagogik 31 (1985), S. 321—337.
KRAPPMANN, L.: Sozialisation in der Gruppe der Gleichaltrigen. In: HURRELMANN, K./ULICH, D. (Hrsg.): Neues Handbuch der Sozialisationsforschung. Weinheim/Basel [4]1991, S. 355—376.
KRAPPMANN, L./OSWALD, H.: Probleme des Helfens unter Kindern. In: BIERHOFF, H. W./MONTADA, L. (Hrsg.): Altruismus — Bedingungen der Hilfsbereitschaft. Göttingen 1988, S. 206—223.
MC CORD, J.: Problem behaviors. In: FELDMAN, S./ELLIOTT, G. R. (Hrsg.): At the threshold: The developing adolescent. Cambridge/MA 1990, S. 414—430.
MEAD, G. H.: Geist, Identität und Gesellschaft. Frankfurt a. M. 1968 (zuerst 1934).
MEEUS, W.: Parental and peer support in adolescence. In: HURRELMANN, K./ENGEL, U. (Hrsg.): The social world of adolescents. Berlin/New York 1989, S. 167—183.

MÜLLER, D. K.: Sozialstruktur und Schulsystem. Aspekte zum Strukturwandel des Schulwesens im 19. Jahrhundert, Göttingen 1977; T.B. 1981.

OLWEUS, D.: Child-to-child violence: Bullying among school-boys. In: CANTWELL, N. (Hrsg.): Children and violence. Stockholm 1981, S. 97—131.

OLWEUS, D.: Low school achievement and aggressive behavior in adolescent boys. In: MAGNUSSON, D./ALLEN, V. L. (Hrsg.): Human Development. An interactional perspective. New York 1983, S. 353—365.

OLWEUS, D.: Development of stable aggressive reaction patterns in males. In: BLANCHARD, R./BLANCHARD, C. (Hrsg.): Advances in aggression research. Bd. 1. New York 1984, S. 103—137.

OERTER, R.: Jugendalter. In: OERTER, R./MONTADA, L.: Entwicklungspsychologie. München ²1987.

OSWALD, H.: Beziehungen zu Gleichaltrigen. In: Jugendwerk der Deutschen Shell: Jugend '92. Bd. 2. Opladen 1992, S. 319—332.

OSWALD, H.: Sozialisation, Entwicklung, Erziehung im Kindesalter. In: Zeitschrift für Pädagogik (im Druck).

OSWALD, H./BOLL, W.: Das Ende des Generationenkonflikts? Zum Verhältnis von Jugendlichen zu ihren Eltern. In: Zeitschrift für Sozialisationsforschung und Erziehungssoziologie 12 (1992), S. 30—51.

OSWALD, H./KRAPPMANN, L.: Der Beitrag der Gleichaltrigen zur sozialen Entwicklung von Kindern in der Grundschule. In: PEKRUN, R./FEND, H. (Hrsg.): Schule und Persönlichkeitsentwicklung — Ein Resümee der Längsschnittforschung. Stuttgart 1991, S. 201—216.

PALMONARI, A./KÜCHLER, E./POMBENI, M. L.: Differential effects of identification with family and peers on coping with developmental tasks in adolescence. In: European Journal of Social Psychology 21 (1991), S. 381—402.

PARKER, J. G./ASHER, S. R.: Peer relations and later personal adjustment. Are low accepted children at risk? In: Psychological Bulletin 102 (1987), S. 357—389.

PARSONS, T.: Die Schulklasse als soziales System. In: PARSONS, T.: Sozialstruktur und Persönlichkeit. Frankfurt a. M. 1968, S. 161—193.

PEKRUN, R./FEND, H. (Hrsg.): Schule und Persönlichkeitsentwicklung — Ein Resümee der Längsschnittforschung. Stuttgart 1991.

PEKRUN, R./HELMKE, A.: Schule und Persönlichkeitsentwicklung: Theoretische Perspektiven und Forschungsstand. In: PEKRUN, R./FEND, H. (Hrsg.): Schule und Persönlichkeitsentwicklung — Ein Resümee der Längsschnittforschung. Stuttgart 1991, S. 33—56.

PETILLON, H.: Soziale Beziehungen zwischen Lehrern, Schülern und Schülergruppen. Weinheim 1982.

PETILLON, H.: Der Schüler. Rekonstruktion der Schule aus der Perspektive von Kindern und Jugendlichen. Darmstadt 1987.

PIAGET, J.: Das moralische Urteil beim Kinde. München 1986 (zuerst 1932).

PIAGET, J./INHELDER, B.: Die Psychologie des Kindes. München ⁴1991 (zuerst 1966).

PRICE, J. M./DODGE, K. A.: Peers' contribution to children's social maladjustment: Description and intervention. In: BERNDT, T. J./LADD, G. (Hrsg.): Peer relationships in child development. New York 1989, S. 341—370.

ROLFF, H. G./KLEMM, K. u. a. (Hrsg.): Jahrbuch der Schulentwicklung. Daten, Beispiele und Perspektiven. Bd. 1—7. Weinheim/München 1980—1992.

RUTTER, M./MAUGHAM, B./MERTIMER, P./OUSTON, J.: Fünfzehntausend Stunden — Schulen und ihre Wirkung auf Kinder. Weinheim/Basel 1980.

SELMAN, R.: Die Entwicklung des sozialen Verstehens. Frankfurt a. M. 1984 (engl. Original 1980).

SELMAN, R./SCHULTZ, L. H.: Making a friend in youth — Developmental theory and pair therapy. Chicago 1990.

SILBEREISEN, R. K./BOENKE, K./CROCKETT, L.: Zum Einfluß von Schulmilieu und elterlicher Erziehungshaltung auf Rauchen und Trinken im mittleren Jugendalter. In: PEKRUN, R./FEND, H. (Hrsg.): Schule und Persönlichkeitsentwicklung — Ein Resümee der Längsschnittforschung. Stuttgart 1991, S. 272—293.

SROUFE, L. A./FLEESON, J.: Attachment and the construction of relationships. In: HARTUP, W. W./RUBIN, L. (Hrsg.): Relationships and development. Hillsdale 1986, S. 51—72.

STEINBERG, L.: Autonomy, conflict, and harmony in the family relationship. In: FELDMAN, S. S./ELLIOTT, G. R. (Hrsg.): At the threshold: The developing adolescent. Cambridge/MA 1990, S. 255—276.

STEINKAMP, G.: Sozialstruktur und Sozialisation. In: HURRELMANN, K./ULICH, D. (Hrsg.): Neues Handbuch der Sozialisationsforschung. Weinheim/Basel [4]1991, S. 251—278.

STEINKAMP, G./STIEF, W. H.: Lebensbedingungen und Sozialisation. Opladen 1978.

ULICH, K.: Schulische Sozialisation. In: HURRELMANN, K./ULICH, D. (Hrsg.): Neues Handbuch der Sozialisationsforschung. Weinheim/Basel [4]1991, S. 377—398.

YOUNISS, J.: Die Entwicklung und Funktion von Freundschaftsbeziehungen. In: EDELSTEIN, W./KELLER, M. (Hrsg.): Perspektivität und Interpretation. Frankfurt a. M. 1982, S. 78—109.

YOUNISS, J./SMOLLAR, J.: Adolescent relations with fathers, mothers, and friends. Chicago 1985.

III. PÄDAGOGIK UND BILDUNG ALS FELDER INTERDISZIPLINÄRER FORSCHUNG: BILDUNGSSOZIOLOGIE; SOZIAL- UND KULTURGESCHICHTE

Artur Meier

9. ERZIEHUNGSWISSENSCHAFT UND SOZIALWISSENSCHAFTEN

1. EINLEITUNG

Der heutige Lehrer bedarf für seine Berufspraxis der Wissenschaft, nicht nur der modernen Pädagogik, sondern auch der Erkenntnisse aus den der Erziehungswissenschaft benachbarten Disziplinen. Psychologie, Soziologie, Rechtskenntnisse und vieles mehr gehören zu seiner Ausbildung. Die Professionalisierung seiner Tätigkeit hat auch zur Verwissenschaftlichung seines Handelns in Unterricht und Erziehung beigetragen.

Trotzdem vermögen weder die Erziehungswissenschaft noch die sozialwissenschaftlichen Disziplinen, mit denen sie in einem interdisziplinären Austauschverhältnis steht, den Lehrer zu lehren, was er konkret zu tun und zu lassen habe. Ein technizistisches Verständnis der Lehrerrolle und der schulischen Aufgaben führt zu bedenklichen Irrtürmern, was die wissenschaftliche Planbarkeit und Machbarkeit von Bildung und Erziehung angeht. Wo man nämlich glaubte, mit der Autorität dieser oder jener Wissenschaft, Bildungsziele definieren oder Bildungsinhalte und -mittel festschreiben zu können, und somit pädagogisches Handeln im Namen der Wissenschaft zu standardisieren suchte, waren regelmäßig Enttäuschungen und Fehlschläge die Folge. Das Scheitern der DDR-Pädagogik, die einem solchen vordergründigen Zweck-Mittel-Schema verhaftet war (vgl. dazu auch KIRCHHÖFER in diesem Band), ist unter anderem eines der jüngsten Beispiele für eine Sackgasse, in die eine sozialtechnische „Verwissenschaftlichung" führt. Exakte operative Vorgaben für den Arbeitsplatz des Lehrers kann keine Wissenschaft bereitstellen.

Heißt das nun, daß die Beschäftigung mit der Soziologie, Psychologie oder anderen den Erziehungswissenschaften nahestehenden Disziplinen „für die Praxis nichts bringt"?

Die Antwort auf diese Frage darf nicht grobschlächtig negativ ausfallen, wenn der wissenschaftliche Fortschritt, der im Bereich des Pädagogischen gerade in den letzten Jahrzehnten erreicht worden ist, nicht ignoriert werden soll. Was nämlich gerade die Verbindung der Erziehungswissenschaft mit bestimmten Nachbardisziplinen, heute insbesondere mit der Soziologie, dem praktizierenden Lehrer zu geben vermag, ist ein deutliches Mehr an Reflexionswissen. Ein modernes pädagogisches Selbstverständnis, das sich an der Autonomie der im Bildungs- und Erziehungsgeschehen handelnden Subjekte orientiert, bedarf in der Tat kompetenten Sachverstand — zwar nicht in der Form vorgegebenen rezeptartigen Handlungswissens, wohl aber der wissenschaftlich angeleiteten, kritischen Reflexion. Will der bewußt und nicht einfach intuitiv oder emotional handelnde Lehrer seine Praxis und deren Bedingungen kritisch durchdringen, braucht er ein umfassendes Orientierungswissen, zu dem mehrere Wissenschaften etwas Substanzielles beizutragen vermögen. Insofern ähnelt er dem Mediziner. Auch der Arzt stützt sich bei der Diagnose und dem eingeschlagenen therapeutischen Weg auf Kenntnisse aus mehreren Wissensgebieten, die er im Medizinstudium im allgemeinen in getrennten Fächern erworben hat. Ohne daß er planmäßig-rational wie etwa ein Biologe oder Chemiker bei fachwissenschaftlicher Forschung vorgehen könnte, muß er als wissenschaftlich gebildeter Mediziner eine Fülle von diversen wissenschaftlichen Kenntnissen als Hintergrund- und Orientierungswissen haben, um den Patienten richtig behandeln zu können. Hier ist ein fallspezifisches Vorgehen angesagt, das sich nicht in Formeln und Schemata pressen und sich nur sehr begrenzt technisch rationalisieren läßt. Dennoch darf ein derartiges Handeln nicht der Beliebigkeit ausgesetzt werden, sondern bedarf — im Gegenteil — umfassender wissenschaftlicher Orientierungsleistungen.

Der Lehrer hat es in ähnlicher Weise mit komplexen Situationen zu tun. Ihm darf seine pädagogische Freiheit nicht durch tausenderlei Handlungsvorschriften — auch nicht mit der Autorität von bestimmten Wissenschaften — beschnitten werden, soll er mit der Flexibilität, Situationsgebundenheit und prinzipiellen Unplanbarkeit seiner Praxis fertigwerden. Es ist also gerade die Komplexität des Pädagogischen, die einerseits die subjektive Autonomie des Lehrers in seinem Handlungsfeld wie andererseits seinen wissenschaftlichen Überblick über die strukturellen Voraussetzungen, die psychischen und sozialen Bedingungen seines Tuns erfordern.

Die moderne Erziehungswissenschaft und ihre Nachbardisziplinen halten heute demgemäß Theorie- oder vorsichtiger: Reflexionsangebote bereit, die es dem Lehrer erleichtern, sein Handeln im jeweiligen sozialen Kontext besser zu verstehen. Je komplexer nun die einzelnen Wissenschaften ihren Gegenstand definieren, desto mehr verzweigen sie sich nicht nur „nach innen" in zahlreiche Subdisziplinen, sondern stellen auch „nach außen" mannigfaltig Wechselbeziehungen zu anderen Wissenschaften her. Bedenkt man die schon erwähnte Variationsbreite der pädagogischen bzw. erziehungswissenschaftlichen Gegenstandsbestimmungen, dann wird schnell verständlich, daß die Beziehungen zu den Nachbardisziplinen durch die jeweils vorherrschende Auffassung geprägt sein müssen. Es macht dann beispielsweise einen Unterschied, ob die pädagogische Disziplin eher erfahrungswissenschaftlich oder geisteswissenschaftlich verfaßt erscheint und ob man sie mehr als normative oder interpretative Wissenschaft versteht (zu den verschiedenen Auffassungen von Pädagogik bzw. Erziehungswissenschaft vgl. z. B. ROEDER u. LENZEN in diesem Band). Unstrittig aber ist es, daß die Erziehungswissenschaft heute auf eine Reihe anderer Wissenschaftsdisziplinen — wie es scheint: vor allem die Psychologie und die Soziologie — angewiesen ist. Das gilt inzwischen für die wissenschaftliche Forschung ebenso wie für das besagte praktische Handeln der Lehrer (Psychologie und Soziologie im Studium der Erziehungswissenschaft 1965; STIEGLITZ 1970).

Die Tendenz zur Annäherung und Integration unter den heutigen Wissensgebieten stellt jedoch die Erziehungswissenschaft vor die nicht leichte Aufgabe, sich gegen die anderen Wissenschaften an ihrer Seite zu behaupten; denn erst die Eigenständigkeit einer Disziplin macht sie zu wirklich interdisziplinärem Austausch fähig. Deshalb fehlt es auch gelegentlich nicht an Stimmen aus den Reihen der Pädagogen, die vor einem Psychologismus oder Soziologismus warnen. Wenn nämlich Bildung und Erziehung längst nicht mehr die unangefochtene Domäne der Pädagogik allein sind, sondern sich auch andere Wissenschaften auf diesem Feld bewegen, dann folgt daraus, daß sich die einzelnen Disziplinen nicht nach ihren Objekten unterscheiden lassen, sondern nach ihrem über das jeweilige Erkenntnisinteresse bestimmten (theoretischen) Gegenstand. Keine Wissenschaft kann es demzufolge den Pädagogen abnehmen, sich stets erneut ihres eigenständigen Zugangs zu dem Phänomen der Bildung und Erziehung, der Definition ihres spezifischen Gegenstandes wie gleichermaßen ihrer Methoden und Anwendungsbezüge zu versichern. Dabei geht es nicht um vordergründige praktische Applikation und schon gar nicht um wissenschaftstheoretische Abgrenzungsprobleme als vielmehr um ein gründliches Studium von Erkenntnissen aus verschiedenen Disziplinen, so daß ein kritisches Reflexionswissen erzeugt werden kann.

Es mag heutzutage hilfreich sein, daß die einstmaligen Mauern zwischen den Wissensgebieten schwinden oder zumindest überbrückt werden. An den Nahtstellen zwischen den einzelnen Wissenschaften bilden sich „Bindestrichdisziplinen“, die diese Brückenfunktion wahrnehmen und zur Integration ursprünglich getrennt gewonnener und existierender Erkenntnisse und Methoden beitragen.

Am Beispiel der Bildungssoziologie soll im folgenden das Verhältnis der Erziehungswissenschaft zu einer ihrer entwickelten Nachbardisziplinen, hier also der Soziologie, veranschaulicht werden. Damit gelangt die Ausdifferenzierung neuer Disziplinen, die mit der Bildung und Erziehung befaßt sind, ebenso ins Bild wie die Integration von Wissensgebieten im Interesse der praktisch oder auch theoretisch tätigen Pädagogen.

Unser Beispiel nachbarwissenschaftlicher Beziehungen auf dem Wege zur Interdisziplinarität in Theorie und Praxis ist insofern auch geeignet, als es gerade in Deutschland schon seit langem eine Art soziologischer Theoriebildung in der Pädagogik selbst gibt. Während es in der Bundesrepublik dann etwa in den 60er und 70er Jahren mit einer gewissen Folgerichtigkeit geradezu fast zu einer „Soziologisierung“ der Pädagogik, jedenfalls zu einer engen Beziehung zwischen Soziologie und Erziehungswissenschaft kam, blieb in der ehemaligen DDR die sich entwickelnde Soziologie ebenso wie ihre Spezialdisziplin, die Bildungssoziologie, den Pädagogen vorenthalten. Offenbar erschien es dem Staat zu gefährlich, seine Lehrer zur kritischen Reflexion der gesellschaftlichen Bedingungen ihres Tuns Gelegenheit zu geben.

2. ZUR ENTWICKLUNG DER BILDUNGSSOZIOLOGIE

Am Anfang des Jahrhunderts waren es einzelne Soziologen zum einen oder Pädagogen zum anderen, nicht selten mit philosophischem Impetus, die die Gesellschaftlichkeit von Bildung und Erziehung problematisierten und theoretisch zu bestimmen suchten. In den USA standen z. B. der Soziologe LESTER WARD (1883) und der Pädagoge und Sozialphilosoph JOHN DEWEY (1900) am Beginn einer Entwicklung, die zu einer starken Verschränkung des Pädagogischen mit der soziologischen Sichtweise führte. Der erstere begriff Erziehung als Instrument des sozialen Fortschritts, der letztere verstand die Organisation der Schule als ein mächtiges Mittel, um junge Menschen zu produktiven Mitgliedern der Gesellschaft heranzubilden. Als Disziplin begann die amerikanische „Soziologie der Erziehung" mit einem Werk auf der Grenze zu Psychologie und Pädagogik: WILLIAM WALLERS „The Sociology of Teaching" (1932), in dessen Mittelpunkt das Schulleben und das Lehrer-Schüler-Verhältnis stehen.

In Deutschland haben in den ersten Jahrzehnten unseres Jahrhunderts der große Soziologe MAX WEBER (1980 [1964]) ebenso wie eine Reihe von Pädagogen, die zu Sozialwissenschaftlern wurden, Bildung und Erziehung in gesellschaftlichen Wirkungszusammenhängen erörtert, so daß noch in den 20er Jahren — ähnlich wie in anderen Ländern (z. B. auch in Polen: FLORIAN ZNANIECKI 1973 [1928], und die Poznaner Schule) eine „Pädagogische Soziologie" bzw. „Soziologie der Erziehung" entstand. Max Weber hat unter bürokratietheoretischen Gesichtspunkten insbesondere die Rolle der Universitäten bei der Vermittlung von Fachqualifikationen und der sozialen Statuszuweisung analysiert. Er fand heraus, daß die Ausgestaltung der Universitäten, technischen und Handelshochschulen nicht einem plötzlich erwachenden Bildungsdrang entsprang, sondern dem Streben nach „Bildungspatenten", die, über Prüfungen erworben, den Zugang zu einer privilegierten Schicht in Büro und Kontor gewährleisteten. Der seinerzeitige Berliner Volkshochschulleiter und nachmalige Soziologieprofessor THEODOR GEIGER stellte dann systematisch die Erziehung als soziale Erscheinung in ihren Vergesellschaftsformen dar (GEIGER 1930), um bald darauf die erste Schichtanalyse des deutschen Volkes vorzulegen. Sie basierte auf einem Stratifikationsmodell, in dem der Bildung und Qualifikation der Gesellschaftsmitglieder bei den sozialen Schichtungskriterien eine Bedeutung zugemessen wurde (GEIGER 1972 [1932]). Parallel dazu entwickelte sich in Deutschland eine von der Soziologie beeinflußte pädagogische Geschichtsschreibung (BARTH 1911) und Sozialpädagogik, die auch betont als „Soziologische Pädagogik" firmierte (KAWERAU 1924). Die Schulklasse wurde als formelle und informelle soziale Gruppe entdeckt (SCHROEDER 1928; zur Begrifflichkeit siehe SCHNEIDER 1985).

Pädagogik und Soziologie flossen indes wohl am stärksten im Werk eines Franzosen zusammen, der wie MAX WEBER zu den wenigen Klassikern der Soziologie gezählt wird: EMILE DURKHEIM. Wie kein anderer hat der einstmalige Lehrer und Pädagogikdozent in Bordeaux und später berühmte Inhaber des Lehrstuhls für Soziologie an der Pariser Sorbonne das soziologische Denken über Erziehung und Bildung befruchtet. Die Erziehung hielt er für eine unverzichtbare gesellschaftliche Funktion, mittels derer die einzelnen das Wertesystem einer Gesellschaft erlernen, um ihre Handlungen daran im Interesse gesellschaftlicher Stabilität und Ordnung auszurichten. Den Vorgang des Erlernens einer moralischen Ordnung nannte EMILE DURKHEIM *„Sozialisation"*. Lehrer und Eltern fungierten in seinen Auffassungen als Vertreter des sozialen Milieus, unter dessen Druck die Heranwachsenden sozialisiert würden (zur derzeitigen Verwendung des Begriffes „Sozialisation" in Pädagogik und Sozialisationsforschung vgl. GEULEN in diesem Band). Nach seinem Tode erschien eine systematische Darstellung seiner Auffassungen zu „Education et Sociologie" (DURKHEIM 1922, dt.: 1972).

Die Pädagogische Soziologie der Zwischenkriegszeit war eine Vorstufe zur Bildungssoziologie, die erst nach dem 2. Weltkrieg, ausgehend von den USA, eine weite Verbreitung erfuhr und besonders in den 60er Jahren zur am stärksten expandierenden soziologischen Zweigdisziplin wurde. Während die einstmalige Pädagogische Soziologie im großen Ganzen auf erzieherische Phänomene appliziertes soziologisches Wissen mit zumeist programmatischem Anspruch war, entwickelte sich die moderne Bildungssoziologie (Sociology of Education) als professionelle soziologische Subdisziplin auf stark empirischer Basis. Es versteht sich, daß vornehmlich eine empirisch vorgehende Erziehungswissenschaft von ihr theoretisch und methodisch wesentliche Anstöße und Unterstützung erfuhr. Aber auch andere Strömungen der Pädagogik, die ja allemal mit dem Verhältnis von Individuum und Gesellschaft zu tun haben, profitieren heute von der soziologischen Denkweise.

3. GEGENSTAND UND ERGEBNISSE MODERNER BILDUNGSSOZIOLOGIE

Man kann die Bildungssoziologie als Scharnier zwischen Pädagogik bzw. Erziehungswissenschaft und Soziologie verstehen. Ihr Gegenstand sind die wechselseitigen Zusammenhänge zwischen der Bildung (Erziehung) und der Gesellschaftstruktur sowie deren Reproduktion und Veränderung. Da soziale Strukturen nicht losgelöst, sondern im Handeln sozialer Akteure existieren und auch nur deshalb reproduziert oder gar verändert werden können, konzentriert sich die bildungssoziologische Analyse auf die Handlungen und die Beziehungen der sozialen Gruppen, die mit Bildung und Erziehung befaßt oder von ihr betroffen sind, auf die gesellschaftliche Prägung derselben wie auf deren Wirkungen.

In Schulen und anderen Bildungseinrichtungen ist dieser Typ sozialen Handelns und dementsprechender Beziehungen in Gestalt formeller sozialer Organisationen, die eigens und speziell der Bildung und Erziehung dienen sollen, zusammengefaßt. Demzufolge interessieren empirisch und theoretisch seit langem besonders die Interdependenzen zwischen den Bildungssystemen und der jeweiligen Gesellschaftsstruktur im sozialen Wandel.

Schon bevor die Bildungssoziologie mit ihrem spezifischen Erkenntnisinteresse in systematischer Weise an die vielfältigen Phänomene von Sozialisation, Erziehung und Bildung herantrat, hatten die Pioniere einer engen Verbindung von Pädagogik und Soziologie eigentlich die wichtigsten Fragen schon gestellt: die nach den gesellschaftlichen Funktionen der Bildung und Erziehung (z. B. DURKHEIM), die nach den Zusammenhängen zwischen Bildungslaufbahnen und bürokratischen Abschlüssen und der sozialen Statuszuweisung sowie Schichtzugehörigkeit (z. B. WEBER und GEIGER), die nach der Schule als sozialer Organisation (z. B. DEWEY und WARD) und die nach den sozialen Rollen und der Interaktion von Lehrern und Schülern (z. B. WALLER und SCHROEDER).

Die Analyse von Bildung und Erziehung kann demnach auf der Ebene der Makro-, der Meso- und der Mikrosoziologie vorgenommen werden, je nachdem, ob der gesamtgesellschaftliche, der organisatorisch-institutionelle oder der kleingruppenhafte-interaktionistische Zugang zu den dementsprechenden Phänomen bevorzugt wird. Alle drei Ebenen soziologischer Analyse sind theoretisch und methodisch legitim und vermitteln auch pädagogische Einsichten.

3.1 Das Phänomen der Bildung und Erziehung auf makrosoziologischer Ebene

Das Problem der gesellschaftlichen Funktionen der Bildung bzw. des Bildungssystems läuft im Prinzip auf die Frage nach dem Beitrag derselben zum Erhalt und zum graduellen Wandel des gesellschaftlichen Ganzen hinaus. Es ist also vornehmlich eine makrosoziologische Fragestellung. Aus einer systemtheoretischen oder auch strukturfunktionalen Perspektive, wie sie heute in der Soziologie und der Erziehungswissenschaft ziemlich verbreitet sind, wurde unter diesem Aspekt eine Reihe von Theorien entwickelt, die die Wirkungen der Bildung für den Bestand und das Funktionieren des gesellschaftlichen Systems im allgemeinen und seiner wesentlichen Subsysteme im besonderen hervorheben (HEINTZ 1966; DREEBEN 1968, dt.: 1980; MEIER 1974; LESCHINSKY/ROEDER 1981; LANGE 1986).

Von der *Bildungsökonomie* beeinflußt ist eine wissenschaftliche und politische Debatte – gestützt auf Humankapital-Theorien, Manpoweransätzen und Qualifikationsanalysen – über die funktionellen Zusammenhänge zwischen dem Bildungs- und Beschäftigungssystem entstanden (SCHULTZ 1961; BECKER 1964; EDDING 1973). Während zunächst massiv die Forderung nach einem Ausbau des Bildungssystems erhoben wurde, hat sich die Diskussion nach der beträchtlichen Expansion desselben auf die Wirtschaft verlagert, bei der nun gefragt wird, in welchem Maße sie die gegebenen Qualifikationen, repräsentiert in den Bildungszertifikaten, überhaupt absorbieren könne. Die ökonomische Funktion der Bildung wurde von vielen Sozialwissenschaftlern anfangs besonders mit dem Argument betont, daß der technische Fortschritt kategorisch den Bildungsfortschritt verlange. Das Wirtschaftswachstum habe die Bildungsexpansion zur Voraussetzung. Angesichts der heutigen gewaltigen Diskrepanzen zwischen dem Beschäfigungssystem und dem Bildungssystem haben derartige Theorien an Glanz verloren. Auch schon zuvor gab es eine scharfe Kritik, durch die eine planmäßige Abstimmung von Bildung und Beschäftigung grundsätzlich infragegestellt wurde (OFFE 1975; zur Kritik vgl. auch LENHARDT in diesem Band). Unter namhaften soziologischen Systemtheoretikern in der Bildungssoziologie hat in deutlicher Abgrenzung zum konventionellen Strukturfunktionalismus eine Rückbesinnung auf die relative Autonomie und eigenständige Dynamik der Bildungssysteme eingesetzt (z. B. ARCHER 1982). Es ist heute sehr verbreitet, Bildung und Erziehung systemtheoretisch zu analysieren (LANGE 1986).

Trotzdem ist die Frage, welche Anforderungen gerade heute die Neuen Technologien an die Bildung stellen, in der kontrovers geführten Qualifikationsdebatte (BRAVERMAN 1974; KERN/SCHUMANN 1984) vehement gestellt worden, so daß Pädagogen, Soziologen und Wirtschaftswissenschaftler erneut über die ökonomische Funktion moderner Bildung nachzudenken haben, freilich ohne die einstige Planungseuphorie. Eine planbürokratische Abstimmung zwischen Bildung und Erwerbsarbeit hat sich überall als unrealisierbar erwiesen; denn das Bildungssystem kann nicht auf eine ökonomische Zuliefererfunktion an Qualifikationen reduziert werden. Das zeigt sich heute besonders deutlich an der expandierenden Weiterbildung, deren Möglichkeiten leicht überschätzt werden (FRIEBEL u. a. 1993; MEIER/RABE-KLEBERG 1993).

Weniger strittig erscheint demgegenüber die *kulturelle Funktion* der Bildung. Sie besagt, daß vor allem die Heranwachsenden in die Kultur, d. h. in erster Linie in das Werte- und Normensystem einer Gesellschaft eingeführt werden müssen, wobei den in der Schule organisierten, zielgerichteten Sozialisationsprozessen eine bedeutende Rolle zugeschrieben wird. Ohne daß vermittels formeller Bildung und deren sozialer Organisation bei den Gesellschaftsmitgliedern ein gemeinsamer Wertekonsens zustandekommt, so wird angenommen, geriete die Gesellschaft in Gefahr, auseinanderzufallen. Infolgedessen erfülle die Schule eine Art Integrations- und Bestandsfunktion für das gesellschaftliche Ganze, ungeachtet dessen, daß es im gesellschaftlichen Leben divergierende Gruppen mit ihren je verschiedenen Interessen, Werten und Bedürfnissen gibt. Die sozialisierende Einführung in eine gemeinsame Kultur wird diesen Theorien zufolge vermittels Bildung und Erziehung in Schulen und weiteren Bildungseinrichtungen dergestalt zustandegebracht, daß aus einem überkommenen kulturellen Erbe all das ausgewählt wird, was als wertvoll für die nachfolgenden Generationen angesehen wird. Bildung ist somit auch funktional im Sinne des Kulturtransfers über die Generationen hinweg (DURKHEIM 1922, dt.: 1972; PARSONS 1964, dt.: 1968; SCHARMANN 1974).

Von Strukturfunktionalisten und Systemtheoretikern der Bildung und Erziehung wird die *politische Funktion* der Schule und anderer Bildungsinstitutionen überraschend selten expliziert, wiewohl Erwartungen an sie in vielen theoretischen Ansätzen implizit deutlich enthalten sind (DREEBEN 1980). Wenn nämlich auf bestimmte Wertehaltungen und ein normgemäßes Verhalten, das den geltenden Standards entspricht, sowie auf eine ganze Reihe von überfachlichen Qualifikationen vermittels der Bildung in der Schule und anderswo in staatlichen Bildungseinrichtungen abgezielt wird und dementsprechende Effekte, selbst mit einigen Abstrichen, erreicht werden, kann zweifelsohne von einer politischen Funktion gesprochen werden, z. B. für die Loyalität gegenüber einem bestimmten Gemeinwesen. Funktioniert dieser Prozeß nicht, so riskiert der Staat beispielsweise einen Legitimationsverlust vornehmlich bei der jüngeren Generation. Das Scheitern der sozialistischen Erziehungskonzeption angesichts des politischen und kulturellen Mentalitätswandel der DDR-Jugend ist dafür ein typisches Beispiel (FRIEDRICH 1990).

Gegen funktionalistische Theorien über Erziehung und Bildung ist frühzeitig heftiger Widerspruch erhoben worden. Jener kam aus einem Lager, das man als Entgegensetzung zum Funktionalismus und zur systemtheoretischen Betrachtung verstehen kann: dem der Konflikttheoretiker. Anders als Theorien, die stillschweigend eine Kongruenz von gesellschaftlichen Strukturen und Bildungsstrukturen voraussetzen, werden in Konflikttheorien die sozialen Widersprüche im Verhältnis beider herausgearbeitet. Probleme und Fragestellungen, die Funktionalismus und Systemtheorie vernachlässigt oder sogar verfehlt haben, werden einer konflikttheoretischen Analyse unterworfen. Auf der gesellschaftlichen Makroebene werden vor allem zwei Themenkreise in den Vordergrund gerückt: *Bildung als Herrschaftsmittel und die soziale Ungleichheit der Bildungschancen.*

Die Schule erscheint in diesem Licht als bürokratischer Mechanismus, dessen Leistungen zwar auf eine Anpassung an die gegebenen ökonomischen, sozialen und politischen Verhältnisse hin konzipiert sind, tatsächlich aber in mehrfacher Hinsicht eher dysfunktional ausfallen. Es wurde gezeigt, daß die Schule den Widerspruch zwischen Individuum und Gesellschaft — etwa auf dem Wege zielgerichteter (vor-)beruflicher, politischer und kultureller Sozialisation — nicht aufhebt, sondern eher verschärft. Nicht planmäßig, sondern naturwüchsig folge die Schule einem Ordnungsprinzip, dem heute alle gesellschaftlichen Strukturen unterworfen seien: dem der bürokratischen Rationalität (LENHARDT 1984). In neomarxistischen Analysen erschien aus bildungsökonomischer Sicht das Bildungssystem als ein Mechanismus, durch den infolge eines „Korrespondenzprinzips“ die hierarchische gesellschaftliche Arbeitsteilung als Basis der kapitalistischen Klassen- und Herrschaftsverhältnisse reproduziert werde (BOWLES/GINTIS 1975) oder unter ideologiekritischem Gesichtswinkel als einer der „ideologischen Staatsapparate“ (ALTHUSSER 1972), die die gegebene Herrschaft zu legitimieren bestrebt sind.

Der Funktionalisierung der Bildung wurde demonstrativ der „social demand"-Ansatz eines Bürgerrechtes auf Bildung entgegengestellt (DAHRENDORF 1965). Die Diskussion um die gesellschaftliche Bedeutung von Bildung lenkte die Aufmerksamkeit der wissenschaftlichen und politischen Öffentlichkeit wieder auf das fast schon „klassische" Problem der Chancengleichheit. Besonders in den 60er und 70er Jahren wurde in einer Vielzahl von empirischen Studien die schichtenspezifische Ungleichheit der Bildungsvoraussetzungen, -verläufe und -erfolge nachgewiesen. Zwischen der sozialen Herkunft, dem Schulerfolg, der Wahl weiterführender Bildungsstufen und der erlangten Berufsposition wurden signifikante Zusammenhänge aufgedeckt, so daß die dementsprechende ungleiche Statuszuweisung und somit Allokation in der sozialen Schichtenpyramide — insbesondere durch soziale Selektion in der Schule — klar zutage trat. Jede stratifizierte Gesellschaft, so wurde klar, wie einheitlich oder differenziert ihr Bildungssystem auch sein mag, läßt demnach stets nur eine geschichtete Bildung, Erziehung und Sozialisation zu. Auch für das einheitliche Bildungssystem der DDR wurde das Fortbestehen ungleicher Bildungschancen in empirischen bildungssoziologischen Untersuchungen nachgewiesen, konnte jedoch kaum publik gemacht werden (MEIER u. a. 1980; vgl. dazu auch UHLIG/WIEGMANN in diesem Band).

Dem Bildungswesen wurde in einigen Theorien eine dominante Rolle bei der Reproduktion der gegebenen Sozialordnung zugeschrieben und die Vorstellung einer angeblichen Chancengleichheit als Illusion und Legitimationsideologie bloßgelegt (ROLFF 1967; BOURDIEU/PASSERON 1971; JENCKS 1973; MAYER/MÜLLER 1976; MEIER 1981). Mit beachtlichem empirischen Aufwand und unter Zuhilfenahme vornehmlich soziologischer und psychologischer Theoriestücke, z. B. aus der Soziolinguistik (BERNSTEIN 1972), wurden nach und nach minutiös die Bildungsbarrieren für benachteiligte, „unterprivilegierte" Schichten dargestellt, woraus sich dann nicht selten Forderungen nach veränderter pädagogischer Zielstellung, z. B. im Sinne von mehr individueller Förderung, oder der Ruf nach bildungspolitischen Maßnahmen, z. B. durch Strukturveränderungen im Bildungssystem, ergaben (NUNNER-WINKLER 1971; ROLFF 1980).

Die Problem- und Fragestellung auf der makrosoziologischen Ebene haben ohnehin nicht nur die erziehungswissenschaftliche Theorie und Praxis beeinflußt, sondern zu bestimmten Zeiten vor allem auch die politischen Reformbestrebungen im Hinblick auf das Bildungssystem. Der anfängliche Optimismus jedoch, durch breit angelegte wissenschaftliche Untersuchungen Entscheidungshilfen für die Praxis, namentlich die Politik, beisteuern zu können, ist heute eher bescheideneren Auffassungen gewichen, die in ihrer pessimistischen Variante annehmen, daß die Politik jeweils ihrer eigenen Logik folgt und die Wissenschaften nur insoweit in Anspruch nimmt, als sie zu ihrer Legitimation von Nutzen sein können. Im Extremfall wird dann das Scheitern der eigenen Vorstellungen und Vorschläge mit dem Ausbleiben von Reformen gleichgesetzt (FRIEDEBURG 1989, vgl. auch P. DREWEKS Beitrag in diesem Band (= Kap. VII)).

3.2 Das Phänomen der Bildung auf Meso- und Mikroebene

Schon in den 70er Jahren, erst recht jedoch im vergangenen Jahrzehnt, gab es eine theoretische Wende, durch die sich der wissenschaftliche Fokus der Analyse der Bildung im gesellschaftlichen Wirkungszusammenhang stark auf die Probleme der Individuen und ihrer Beziehungen zu ihrer unmittelbaren Lebenswelt verlagerte. Die Verschiebung des Erkenntnisinteresses kann als Reaktion auf die Begrenztheit der bisher dominierenden Theorien verstanden werden; denn mit dem Perspektivenwechsel wechselte auch die Analyseebene: von der Makro- über die Meso- mehr zur Mikroebene. Dies hatte für die Erziehungswissenschaft den Vorteil, daß wieder stärker das Innenleben der Schule, die unmittelbare Interaktion zwischen Lehrern und Schülern und die mit Bildungs- und Erziehungsvorgängen verbundenen Alltagserfahrungen problematisiert wurden.

Auf der Mesoebene sozialwissenschaftlicher Analysen wurde die Schule als soziale Organisation konzeptualisiert (BIDWELL 1965; FÜRSTENAU 1973; MEIER 1974; LESCHINSKY 1976). In dieser Perspektive traten die institutionellen Strukturen der Schulorganisation hervor: die schulischen Rollenstrukturen, die Gruppenstrukturen und die Entscheidungs- und Verwaltungsstrukturen. Bildungseinrichtungen erschienen zunächst analog zu anderen sozialen Institutionen als moderne Zweckorganisationen, die eine eigene soziale Gliederung von formalisierten Beziehungen besitzen und bestimmte Aufgaben in der Gesellschaft wahrnehmen, also auch in geregelte Wechselbeziehungen mit ihrer sozialen Umwelt treten. Alsbald jedoch wich das Modell der Formalorganisation von Schule, das der WEBERschen Bürokratietheorie angelehnt war, unter dem Einfluß neuerer organisationssoziologischer Ansätze mehr differenzierten Auffassungen, die das informelle schulische Leben „unter der Decke" formalisierter Bildungsinhalte und Beziehungen analytisch einzubeziehen wußten und zugleich die Zweckrationalität der Schule als sozialer Organisation infragestellten (MEYER/ROWAN 1977). Radikalisiert entstand dann das Bild von erzieherischen Organisationen als Anarchien (TURNER 1977) oder, etwas abgeschwächter, als nur schwach verkoppelter Netzwerke (WEICK 1985). Heutige Bestrebungen gehen dahin, sowohl mechanistische als auch anarchistische Vorstellungen zugunsten eines Bildes von Organisation zu überwinden, welches ein zielorientiert-rationalistisches und interaktiv-kommunikatives Organisationsverständnis verbindet. Damit werden auch auf Organisationsebene durch die Aufnahme der Unplanbarkeit, Situationsgebundenheit und Flexibilität der pädagogischen Reflexion neue Möglichkeiten eröffnet (TERHART 1986; dort auch ein erläuternder Überblick über die genannten Ansätze).

Einseitigen funktionalistischen und formal-organisatorischen Analysen der Schule wurden insgesamt auf der Mikroebene interaktionistische Ansätze entgegengehalten, die ausdrücklich beim Handeln der Individuen, der Schüler, Lehrer, Eltern zumal, ansetzten und Bildung, Erziehung und Unterricht als situative und personenbezogene soziale Kommunikation interpretierten (MOL-

LENHAUER 1972; KRAPPMANN 1975; OEVERMANN 1976). Infolgedessen entstanden nunmehr eine Vielzahl von Untersuchungen im Raume der Schulklasse, sozialer Lernprozesse in den schulischen und anderen Lebenswelten, der über Symbole vermittelten Lehrer-Schüler-Interaktion und ihrer Problemfelder, sowie der kommunikativen Strukturen von Schule überhaupt. Das Schulklima wurde einer systematischen Analyse unterworfen (z. B. von FEND 1977; vgl. dazu auch OSWALD in diesem Band). Der Widerspruch zwischen den Alltagserfahrungen von Schülern und dem nach rational-bürokratischen Erfordernissen vorgegebenen Lehrplanwissen wurde theoretisch aufgeklärt, wobei er in der DDR besonders kraß zutage trat (MEIER u. a. 1983; STEINER u. a. 1987). Wertvolle neue Einsichten wurden vor allem zu Fragen gewonnen, wie die am Bildungsprozeß Beteiligten ihr Handeln wahrnehmen und interpretieren sowie sie dementsprechend typische Alltagssituationen definieren und aushandeln (LUCKMANN 1990). Im Kern geht es bei den interaktionistischen und lebensweltlichen Zugängen zu Problemen der Bildung, Erziehung und Sozialisation um die Frage, welche Interpretations-, Ermessens- und Handlungsspielräume die Individuen auch in einer von sozialen Großorganisationen beherrschten Welt trotz alledem haben und wie sie unter solchen Umständen soziale und personale Identität auszubilden imstande sind.

4. AUF DEM WEGE ZU EINEM INTERDISZIPLINÄREN VERSTÄNDNIS

Die bei den Individuen ansetzenden Fragestellungen und Theorien müssen nicht notwendigerweise den Gesellschaftsanalysen von Bildung entgegengesetzt sein oder gar absolut widersprechen. Es erscheint hingegen sinnvoller, die einen wie die anderen als zwei Pole eines breiten Theoriespektrums aufzufassen, das als Ganzes ein Kontinuum von mehreren Analyseebenen ergibt, die sich zu ergänzen vermögen. Generell erweist sich die Grundfrage nach dem Verhältnis von Gesellschaft, Bildung und Individuum als ein fächerübergreifendes wissenschaftliches und praktisches Problem. Deshalb bedarf ihre Bearbeitung — wie die anderen zu Beginn erwähnten Grundprobleme — eines Herangehens, das weit über die Erziehungswissenschaft hinausgeht, also im Prinzip multi-, ja interdisziplinär erfolgt. Seitdem die Erziehungswissenschaft die Grenzen der „pädagogischen Provinz“ überschritten hat und sich des hohen Grades ihrer gesellschaftlichen Vermittlung bewußt geworden ist, muß sie die kooperativen Arbeitszusammenhänge mit anderen Disziplinen, besonders den Sozialwissenschaften, theoretisch und praktisch umsetzen. Es bedeutet also keinen Modetrend, wenn sie heute immer mehr ihre Problemkreise im Bündnis mit relevanten Nachbardisziplinen sowohl in der Forschung als auch im Anwendungsbereich abzudecken bestrebt ist. Thematische Überschneidungen werden dabei nicht nur einfach in Kauf zu nehmen sein, sondern erscheinen unter diesem interdisziplinären Aspekt eher erwünscht. Das gilt auch für die Lehrerbildung und das gesamte Studium der Erziehungswissenschaft. Angesichts der Komplexität der Bildungsphänome ist es überall geboten, die auftretenden theoretischen und praktischen Probleme sowohl im Lichte der Erziehungswissenschaft selbst zu sehen als auch zwingend den sinnvollen Bezug zu Nachbarwissenschaften mit analogen Objektbereichen herzustellen. Wenn die Wissenschaften, die dem Lehrer zur Verfügung stehen, auch nicht ein Repertoire für sozialtechnische Eingriffe offerieren können, geschweige denn: es sollten, so vermögen sie jedoch seine berufliche Handlungskompetenz ganz erheblich durch gesichertes Orientierungswissen und wissenschaftliche Reflexionsangebote über die Bedingungen seiner Arbeit im gesellschaftlichen wie im schulischen Rahmen ausbilden zu helfen.

LITERATUR

ALTHUSSER, L.: Ideology and Ideological State Apparatuses. In: COSIN, B. R. (Hrsg.): Education: Structure and Society. Harmondsworth 1972, S. 240—280.

ARCHER, M. (Hrsg.): The Sociology of Educational Expansion. Beverly Hills/London 1982.

BARTH, P.: Die Geschichte der Erziehung in soziologischer und geistesgeschichtlicher Beleuchtung. Leipzig 1911.

BECKER, G. S.: Human Capital — A Theoretical and Empirical Analyses with References to Education. New York 1964.

BERNSTEIN, B.: Studien zur sprachlichen Sozialisation. Düsseldorf 1972.

BIDWELL, CH.: The School as a Formal Organisation. In: MARCH, J. G. (Hrsg.): Handbook of Organisations. Chicago 1965, S. 972—1022.

BOURDIEU, P./PASSERON, J.-C.: Die Illusion der Chancengleichheit. Untersuchungen zur Soziologie des Bildungswesens am Beispiel Frankreichs. Stuttgart 1971.

BOWLES, S./GINTIS, H.: Schooling in Capitalist America. New York/London 1975.

BRAVERMAN, H.: Labor and Monopoly Capital. New York/London 1974 (dt.: BRAVERMANN, H: Die Arbeit im modernen Produktionsprozeß. Frankfurt a. M. 1977).

BRIM, O. G.: Soziologie des Erziehungswesens. Heidelberg 1963.

DAHRENDORF, R.: Bildung ist Bürgerrecht. Osnabrück 1965.

DEWEY, J.: The School and Society. Chicago 1900.

DREEBEN, R.: On What is Learned in School, Reading/M. 1968 (dt.: DREEBEN, R.: Was wir in der Schule lernen. Frankfurt a. M. 1980).

DURKHEIM, E.: Education et Sociologie. Paris 1922 (dt.: DURKHEIM, E.: Erziehung und Soziologie. Düsseldorf 1972).

EDDING, F. u. a.: Über die Zukunft des europäischen Bildungswesens. Frankfurt a. M. 1973.

FEND, H.: Schulklima. Weinheim/Basel 1977.

FRIEBEL, H. u. a.: Weiterbildungsmarkt und Lebenszusammenhang. Heilbrunn 1993.

FRIEDEBURG, L. VON: Bildungsreform in Deutschland. Frankfurt a. M. 1989.

FRIEDRICH, W.: Mentalitätswandel der Jugend in der DDR. In: Aus Politik und Zeitgeschichte. Beilage zur Wochenzeitschrift Das Parlament. Nr. B 16/17, 1990, S. 25—37.

FÜRSTENAU, P.: Neuere Entwicklungen in der Bürokratieforschung und das Schulwesen. In: HARFIELD, G./HOLM, K. (Hrsg.): Bildung und Erziehung in der Industriegesellschaft. Opladen 1973, S. 336—352.

GEIGER, TH.: Erziehung als Gegenstand der Soziologie. In: Erziehung. Monatsschrift. 5. Jg. Leipzig 1929/1930, S. 405—427.

GEIGER, TH.: Die soziale Schichtung des deutschen Volkes. Darmstadt 1972 (zuerst 1932).

HEINTZ, P. (Hrsg.): Soziologie der Schule (= Sonderheft der Kölner Zeitschrift für Soziologie und Sozialpsychologie). Opladen 1966.

JENCKS, CH.: Chancengleichheit. Reinbek 1973.
KAWERAU, S.: Soziologische Pädagogik. Leipzig 1924.
KERN, E./SCHUMANN, M.: Das Ende der Arbeitsteilung? München 1984.
KRAPPMANN, L.: Soziologische Dimensionen der Identität. Stuttgart 1975.
LANGE, E.: Soziologie des Erziehungswesens. Stuttgart 1986.
LENHARDT, G.: Schule und bürokratische Rationalität. Frankfurt a. M. 1984.
LESCHINSKY, A.: Überlegungen zur organisationssoziologischen Analyse der Schule. In: Neue Sammlung 16 (1976), S. 309—321.
LESCHINSKY, A./ROEDER, P. M.: Gesellschaftliche Funktionen der Schule. In: TWELLMANN, W. (Hrsg.): Handbuch für Schule und Unterricht. Bd. 3: Historische, gesellschaftliche, juristische und wissenschaftliche Einflußfaktoren auf Schule und Unterricht. Düsseldorf 1981, S. 107—154.
LUCKMANN, TH.: Lebenswelt — Modebegriff oder Forschungsprogramm? In: Grundlagen der Weiterbildung 1 (1990), S. 9—13.
MAYER, K. U./MÜLLER, W.: Soziale Ungleichheit. Prozesse der Statuszuweisung und Legitimitätsglaube. In: HÖRNING, K. H. (Hrsg.): Soziale Ungleichheit. Darmstadt/Neuwied 1976, S. 108—134.
MEIER, A.: Soziologie des Bildungswesens. Berlin/DDR /Köln 1974.
MEIER, A.: Bildung im Prozeß der sozialen Annäherung und Reproduktion von Klassen und Schichten. In: Jahrbuch für Soziologie und Sozialpolitik. Berlin/DDR 1981.
MEIER, A. u. a.: Soziologische Probleme des Nachwuchses der Arbeiterklasse. Forschungsbericht. 3. Bde. (Manuskriptdruck). Berlin/DDR 1980.
MEIER, A. u. a.: Soziale Erfahrungen von älteren Schülern. Forschungsbericht (Manuskriptdruck). Berlin/DDR 1983.
MEYER, A./RABE-KLEBERG, U. (Hrsg.): Weiterbildung, Lebenslauf, sozialer Wandel. Neuwied 1993.
MEYER, H. W./ROWAN, B.: Institutionalized Organisations. Formal Structure as Myth and Ceremony. In: American Journal of Sociology 83 (1977), S. 340—366.
MOLLENHAUER, K.: Theorien zum Erziehungsprozeß. München 1972.
NUNNER-WINKLER, G.: Chancengleichheit und individuelle Förderung. Stuttgart 1971.
OFFE, C.: Bildungssystem, Beschäftigungssystem und Bildungspolitik. In: ROTH, H./FRIEDRICH, D. (Hrsg.): Bildungsforschung. Teil 1. Stuttgart 1975, S. 217—252.
OEVERMANN, U. u. a.: Die sozialstrukturelle Einbettung von Sozialisationsprozessen. In: Zeitschrift für Soziologie 5 (1976), S. 167—199.
PARSONS, T.: Social Structure and Personality. Glencoe 1964 (dt.: PARSONS, T.: Sozialstruktur und Persönlichkeit. Frankfurt a. M. 1968).
Psychologie und Soziologie im Studium der Erziehungswissenschaft (= 6. Beiheft der Zeitschrift für Pädagogik). Weinheim 1965.
ROEDER, P. M u. a.: Überlegungen zur Schulforschung. Stuttgart 1977.
ROLFF, H. G.: Sozialisation und Auslese durch die Schule. Weinheim/Basel 1967.
ROLFF, H. G.: Soziologie und Schulreform. Weinheim/Basel 1980.
SCHARMANN, TH. (Hrsg.): Schule und Beruf als Sozialisationsfaktoren. Stuttgart 1974.
SCHNEIDER, H.-D.: Kleingruppenforschung. Stuttgart 1985.
SCHROEDER, H.: Soziologie der Volksschulklasse. Halle 1928.
SCHULTZ, TH.: Investment in Human Capital. In: American Economic Review 51 (1961), S. 1—17.
STEINER, I. u. a.: Der Übergang von der Schule in die berufliche Ausbildung. Forschungsbericht (Manuskriptdruck). Berlin 1987.
STIEGLITZ, H.: Soziologie und Erziehungswissenschaft. Stuttgart 1970.
TERHART, E.: Organisation und Erziehung. Neue Zugangsweisen zu einem alten Dilemma. In: Zeitschrift für Pädagogik 32 (1986), S. 205—223.

TURNER, C.: Organizing Educational Institutions as Anarchies. In: Educational Administration 5 (1977), S. 6—12.
WALLER, W.: The Sociology of Teaching. New York 1932.
WARD, L.: Dynamic Sociology. New York 1883.
WEBER, M.: Wirtschaft und Gesellschaft. Grundriß der verstehenden Soziologie. Studienausgabe. Tübingen 1980 [1964].
WEICK, K. E.: Der Prozeß des Organisierens. Frankfurt a. M. 1985.
ZNANIECKI, F.: Soziologie und Erziehung. Bd. 1 u. 2. Warschau 1973 (zuerst 1928).

Detlef K. Müller

10. SCHULKRITIK UND JUGENDBEWEGUNG IM KAISERREICH (eine Fallstudie)

„Aus eigener Bestimmung, vor eigener Verantwortung, mit innerer Wahrhaftigkeit“
(Hoher Meißner 1913)

1. VORBEMERKUNG

Das deutsche Kaiserreich, d. h. die historische Zeitphase von der Gründung des Reiches im Jahre 1871 bis zum Ende des 1. Weltkrieges 1918 ist einer der Brennpunkte im wissenschaftlichen und politischen Streit über die deutsche Vergangenheit. War es Obrigkeitsstaat, Untertan- und Klassengesellschaft, war es untergehender Restbestand einer traditionellen Gesellschaft oder war es im Aufbruch zur Modernität, zur demokratischen Bürgergesellschaft dieses Jahrhunderts? War das Kaiserreich in der Sackgasse, nicht mehr entwicklungsfähig ohne Krieg und Revolution oder lief es — wie die übrigen westeuropäischen Staaten — auf zivilere, liberalere und demokratische Formen zu? War es mehr Vorgeschichte vor 1933 oder mehr von Weimar und der Bundesrepublik? Oder, wenn es beides zugleich war, wie sind seine jeweiligen Auswirkungen zu gewichten? (vgl. NIPPERDEY 1990, 1992)

In der wissenschaftlichen Diskussion um das Deutsche Kaiserreich spielt die Beurteilung des Bildungssystems eine wichtige Rolle. Zogen die Volksschulen und Gymnasien zur Erhaltung der bestehenden politischen und sozialen Strukturen angepaßte Untertanen heran?

1912 veröffentlichte der Schriftsteller ALFRED GRAF unter dem Titel *Schülerjahre* kurz vorher erhobene Urteile „namhafter Zeitgenossen" über ihre Schulzeit. ALFRED KERR, der berühmteste Literaturkritiker seiner Zeit, 1867 in Breslau geboren, Schüler und Abiturient des Breslauer Elisabeth-Gymnasiums, gab eine kurze, aber zugleich alle schulischen Bereiche umfassende Stellungnahme: „Drei Dinge: 1. das Verhältnis zu dem Lehrer, 2. das Verhältnis zu den Mitschülern, 3. der Geruch in den Räumlichkeiten lassen sich in das eine Wort zusammendrängen: scheußlich." (GRAF 1912, S. 201)

Ein großer Teil der Veröffentlichungen nach 1945 zum Thema Kindheit, Jugend- und Schulzeit im 19. Jahrhundert folgt dieser Einschätzung. Aber war der Teil ihrer Kindheit und Jugend, den die Deutschen im 19. Jahrhundert in den Schulen verbringen mußten, wirklich „scheußlich"?

Sind die „scheußlichen Verhältnisse", durch die im Kaiserreich — nach den Berichten zahlreicher Zeitzeugen — Kindheit und Jugend bestimmt gewesen sein sollen, die Konsequenz von Erziehungswerten und Bildungszielen, die man — hier dem Bielefelder Historiker HANS ULRICH WEHLER folgend — unter die Matrix einer „autoritären Gesellschaft" stellen kann? Oder sind diese Aussagen nicht vielmehr in einen sozialhistorischen Kontext und zugleich zeitspezifischen Diskurszusammenhang zu stellen und dadurch bezüglich ihres Dokumentationswertes zu überprüfen und zu gewichten? Müssen nicht alte und trotzdem in der pädagogischen Literatur immer noch populäre Interpretationsmuster angesichts neuer Erkenntnisse der Sozial- und Kulturgeschichte und der Sozialisationsforschung aufgegeben werden?

Der Bielefelder Historiker HANS-ULRICH WEHLER hatte 1973 mit seiner Veröffentlichung „Das Deutsche Kaiserreich" der Vielzahl der seit Ende der 60er Jahre erschienenen Verurteilungen des deutschen Schulsystems und seiner Geschichte eine neue Aktualität verliehen. (Vgl. dazu i. bes. das Kapitel „Die Matrix der autoritären Gesellschaft: Sozialisationsprozesse und ihre Kontrolle".) Eine schon ca. zehn Jahre zuvor erschienene Sammlung von Vorlesungen des DDR-Bildungshistorikers HELMUT KÖNIG, der Antikommunismus, Kaiserreich und „imperialistische BRD" miteinander verbunden hatte (KÖNIG 1962), und eine 1973 erschienene Einführung der marxistischen Erziehungswissenschaftler HEINZ JOACHIM HEYDORN und GERHARD GERNOT KONEFFKE (zum Zeitpunkt der Veröffentlichung ihrer Arbeit Professoren an den Universitäten Frankfurt a. M. bzw. Darmstadt) zu den Schulkonferenzen von 1890 und 1900 unter dem Titel „Zur Bildungsgeschichte des deutschen Imperialismus" gaben der WEHLERschen Analyse zugleich einen völlig unangemessenen und die WEHLERsche Argumentation total verzerrenden Rahmen (HEYDORN/KONEFFKE 1973). Zwar hatte WEHLER kritisch und unmißverständlich Partei ergriffen, aber zugleich war jedes Argument in der Komplexität, Ambivalenz und Widersprüchlichkeit der historischen Entwicklung belassen worden. WEHLER hatte nicht — wie ihm diejenigen oft unterstellten, die ihn für ihre radikale Schulkritik beanspruchen — behauptet: Es besteht eine gleichsam lineare Beziehung zwischen autoritärer Familie und autoritärer Politik, sondern lediglich geschrieben: „Im Hinblick auf die primäre Sozialisation in der Kleinfamilie wird öfters die Auffassung vertreten, es gebe eine gleichsam lineare Beziehung" und dabei sofort die Feststellung angeschlossen, daß dies „noch eine offene Frage" sei. Nach WEHLER belegt der nationale Vergleich, daß eine „autoritäre Familienstruktur" sich „mit sehr unterschiedlichen ‚politischen Kulturen' vereinbaren läßt: ‚Der Spätpuritaner in Massachusetts, der viktorianische Engländer, der republikanische Franzose wurden von der wilhelminischen Vaterfigur schwerlich an Härte übertroffen.'" (WEHLER 6. A. 1988, S. 123, 124)

Offensichtlich selbst überrascht von der Aufnahme seiner Thesen verbat sich WEHLER bereits anläßlich der 3. Auflage seines „Kaiserreichs" in der Historischen Zeitschrift 1977 die Verwendung seiner Thesen „für Gebetsmühlen gleich welcher Observanz". Nur vor dem Hintergrund „der älteren Historiographie mit ihrem Interpretationskanon", der ständig vorausgesetzt werde, sei seine „Stoßrichtung" zu rechtfertigen, für die er im gleichen Aufsatz zugleich das Recht auf Perspektivenwechsel in Anspruch nahm. (WEHLER 1977, bes. S. 350)

WEHLER hat — auf der Grundlage umfassendster Forschungsarbeiten der letzten Jahrzehnte — sein fünfbändiges Werk „Deutsche Gesellschaftsgeschichte" begonnen (WEHLER 1987), dessen 3. Band für den Zeitraum 1849—1918 leider noch nicht vorliegt. Die Darlegungen der ersten beiden Bände lassen aber gegenüber WEHLERS „Kaiserreich" einen völlig neuen Interpretationsansatz erwarten. Der Münchner Historiker THOMAS NIPPERDEY hat mit seinem großen dreibändigen Werk „Deutsche Geschichte" (NIPPERDEY 1983, 1990, 1992) Interpretations- und Darlegungsmaßstäbe gesetzt, an denen sich in Zukunft auch diejenigen bildungsgeschichtlichen Arbeiten werden messen lassen müssen, die mit ihrer undifferenzierten Radikalkritik für sich bisher einen „pädagogischen Schonraum" beansprucht haben (vgl. als Beispiele dieser „pädagogischen" Veröffentlichungen: U. HERRMANN 1991; M. KRAUL 1988).

Anmerkung 1: In der 1994 erschienenen Biographie WERNER SOMBARTS (von mir hier als einer der neuesten Belege historischer Forschungsarbeiten beansprucht) von dem Tübinger Historiker FRIEDRICH LENGER vermerkt der Autor bezogen auf KRAUL und HERRMANN: Nimmt man die Ergebnisse neuerer bildungshistorischer Untersuchungen zum Ausgangspunkt, dann „erscheinen ‚Patriotismus, Religiosität und Idealität als Säulen des gymnasialen Schulsystems'", kennzeichnet eine starke Autoritätshörigkeit die Absolventen der Schulen. „Nichts von alldem findet sich im Briefwechsel WERNER SOMBARTS mit seinen Altersgenossen". (LENGER 1994, S. 30 und S. 394, Anmerkung 25).
Wie forschungsirrelevant die Arbeiten des „pädagogischen Schonraums" sind, belegt die auf 16 Bände angelegte HERRMANNsche Ausgabe Sämtlicher Werke SIEGFRIED BERNFELDS. Trotz jahrelanger intensiver Förderung durch die DFG legt HERRMANN keine kritische Ausgabe der Schriften und damit keine für die Geschichts- oder Literaturwissenschaft verwendbare Ausgabe vor (man vergleiche als Gegensatz die von W. MOMMSEN und anderen herausgegebene neue Max-Weber-Ausgabe). Bereits im ersten Band der Sämtlichen Werke („Theorie des Jugendalters", 1991) sind in der wiedergegebenen Dissertation BERNFELDS über den „Begriff der Jugend" (1914/15), die für jeden Studierenden leicht zugänglich in der Wiener Universitätsbibliothek einsehbar ist, sinnentstellende Fehler enthalten.

2. „ERINNERUNGEN" AN DIE SCHULZEIT

„Ein Kind lebt in den Tag hinein; wer älter wird, darf sich erinnern. (. . .) Der Öffentlichkeit mag er erzählen; aber Beichte oder Selbstverurteilung kann sie ihm nicht abverlangen. Erinnerungen dienen dem Historiker, der die Menschendinge und Lebensläufe studiert. Im Weltgericht selbst hat er seinen Sitz nicht." (FLITNER 1986, S. 212) Der neunzigjährige Erziehungswissenschaftler WILHELM FLITNER (geb. 1889 in Berka bei Weimar, gest. 1991 in Tübingen; Professor für Pädagogik an den Universitäten Kiel seit 1926 und Hamburg seit 1929) verwehrt dem Historiker in seinen 1986 erschienenen „Erinnerungen" das abschließende Urteil, nicht das Studium der Lebensakte. Aber — wenn Beichte und Selbstverurteilung zurecht nicht zu erwarten sind — welche Beweisfähigkeit haben dann Tatsachenfestellungen und deren Erklärungen? Wird sich der gute als der glückliche, der schlechte als der lernunwillige Schüler offenbaren? Welche Schüler ermöglichen überhaupt den Einblick in ihr Leben? Wann und warum beginnt ein Älterer über sein Leben nachzudenken? Welche autobiographischen Veröffentlichungen, Tagebuchaufzeichnungen, Briefe, Schülerarbeiten bleiben erhalten und stehen dem Historiker zur Verfügung? Lebenserinnerungen sollen nach WILHELM FLITNER helfen zu begreifen, was geschehen ist und was es bedeuten soll, dieses „ich bin". Das Begreifen der Erfahrungen und Zusammenhänge ist selektiv. FLITNER erklärt das Erinnern mit dem griechischen Mythos vom Strom Lethe. „Die Toten trinken dort Vergessen, ehe sie in Charons Nachen steigen, der sie ins Reich der Schatten führt." FLITNER läßt auch die Lebenden am Ufer des Stromes stehen und Lethe trinken. „Ganze Bestände des Erlebten werden sehr schnell, andere allmählich vergessen, Menschen, Szenerien, Taten und Leiden (. . .). Doch bleiben andere Lebnisse zu unserem Leidwesen oder unserer Freude dauernd im Gedächtnis (. . .) und verlassen uns erst mit unserem Geist. Und wieder anderes, das uns begegnete, das Treibgut des Bewußtseins, (. . .) begleitet uns auf der ganzen Reise", wird aber nach FLITNER erst wieder deutlicher „durch die Spiegelungen des heutigen Tages [hindurch] hinunter in die Abgründe des Geistes". (FLITNER 1986, S. 11)

Erinnerungen an die Schulzeit gehören zum Treibgut des Bewußtseins, werden immer dann aktualisiert, wenn sich Erwachsene durch die pädagogischen Tagesprobleme hindurch erinnern müssen: Eltern, Großeltern, Lehrer, Politiker, Schriftsteller, Wissenschaftler. Die Tagesprobleme selektieren zugleich die Inhalte und deren positive oder negative Einschätzung. Als WILHELM FLITNER 1968 die „Ideengeschichtliche Einführung" in die Dokumentation eines mehrbändigen Werkes zur Jugendbewegung schrieb, charakterisierte er die Schule im Kaiserreich auf der Grundlage seiner damaligen weltanschaulich-pädagogischen Position und nicht auf der Basis historischer Forschung. „Vor allem war der Stil der Schule veraltet: es herrschte eine mechanische Disziplin, es gab keinen natürlichen Umgangston zwischen Lehrern und Schülern (. . .). (. . .) Das Schulleben war nur dürftig entwickelt (. . .). (. . .) Dreizehn Jahre lang saßen Kinder, Jugendliche und junge Erwachsene auf den gleichen unbeweglichen

Schulbänken, in kasernenartigen Gebäuden, in undurchlässige Schulklassen eingeteilt." Nach FLITNER ließ sich so der „Durchschnitt charakterisieren". Er schließt den Abschnitt allerdings mit der Feststellung ab: „zahlreiche Ausnahmen und traditionell gute Schulen gab es selbstverständlich auch". (FLITNER 1986, S. 13f.) Bereits die Formulierung „zahlreich" hätten die Bildungshistoriker, die FLITNERS Ausführungen für ihre Kritik der öffentlichen Schulen im Kaiserreich beanspruchten, verunsichern müssen: Durchschnitt und trotzdem die Ausnahmen zahlreich? Gab es zahlreiche schlechte und zahlreiche gute Schulen? Darf man einen Durchschnitt bilden? Die Schule, die FLITNER besucht hat, muß in dessen Kategorie „zahlreich" gefallen sein. Ostern 1900 trat der zehnjährige WILHELM FLITNER nach vierjährigem Besuch der Ersten Bürgerschule der Stadt Weimar in die Sexta des Weimarer Realgymnasiums ein. Der über neunzigjährige WILHELM FLITNER erinnert sich an die Faszination des Lateinunterrichts in der Sexta: „Die Vokabeln lernte ich leicht und genoß es, daß sie mit einer Aura von Poesie umgeben schienen. In kurzen Sätzchen brachten sie eine ferne Phantasielandschaft auf meine Bühne. Auf einmal war der Bauer zum „Landmann" geworden — agricola arat et plantat. Er hatte Mägde zur Verfügung — ancilla gallinas vocat; und idyllisches Gerät — mensa in casa est. (...) Um das Sextanerlateinbuch, den „Meurer" (...) war eine Landschaft mit Zypressen, Lorbeer und Zitronen, Brunnen und Wasserfällen und buntem Volk, das mit großartigen Gesten lebhaft herumstolzierte und fröhlich plauderte (...). (...) unsere Lateinlehrer in den Kinderjahren waren heitere Menschen, noch junge Leute, die offensichtlich gern unterrichteten!" (FLITNER 1986, S. 54f.) Schien der Lateinunterricht in vielen Erinnerungen prominenter Zeitzeugen geradezu als Paradigma sturen Einpaukens und als Symbol der stumpfen Schulrealität im Kaiserreich, so zeichnet FLITNER, seiner eigenen früheren Einschätzung der Schule zuwiderlaufend, hier das Bild eines Unterrichts, der von einer durch einen interessierten Lehrer vermittelten Faszination am Gegenstand geprägt ist. Es zeigt sich, daß bereits in der Darstellung eines einzigen Zeitzeugen ein durchaus widersprüchliches Bild der Schule gezeichnet wird, das nicht mehr unter der Formel von der autoritären Lehr- und Lernatmosphäre subsumiert werden kann. Tertianerjahre waren „Rüpeljahre", mit der Versetzung nach Untersekunda (nach moderner Bezeichnung nach Klasse 10) begann nach FLITNER das Erwachsenwerden: Die Lehrer sprachen die Schüler mit Sie an, die Schüler trugen lange Hosen; „es war aus mit dem Despotismus der Rauhbeine, wir lebten untereinander als Gleichberechtigte" (FLITNER 1986, S. 75). (Als ein Klassenkamerad FLITNERS, der eine Zeitlang in dem Landerziehungsheim Haubinda war, von dem kameradschaftlichen Ton dieser Anstalt berichtete, waren einige Mitschüler empört „sie duzen sich? — das ist ja entsetzlich!"; FLITNER 1986, S. 85.)

Anders als die Schüler der Landerziehungsheime, deren Ideologie geprägt war durch den vorgeblich kameradschaftlichen Umgang zwischen Lehrenden und Lernenden und einen zum Mythos erhobenen Kult um die angebliche Reinheit des Jugendlichen, die es zu bewahren galt, verwahrten sich die Schüler der öffentlichen höheren Schulen in FLITNERS Darstellung gegen eine erneute Verjugendlichung und waren stolz auf ihren Erwachsenenstatus in der „Oberstufe". Der Umgang zwischen Schülern und Lehrern besaß ab der Untersekunda den Charakter einer Lerngemeinschaft von Erwachsenen, die auf das Lernmilieu an den Universitäten vorbereiten sollte. Die Schüler verließen das Gymnasium in dem Bewußtsein, gebildete Erwachsene zu sein, deren Zukunft in Studium und Beruf durch das auf dem Gymnasium Erlernte vorbereitet und gesichert erschien.

Im Bewußtsein der Schüler — mußte man „Leistungen erbringen", „(...) durfte [man] weder lernunwillig noch lernunfähig sein". WILHELM FLITNER beschreibt die Oberstufenatmosphäre mit der so prägnanten und zugleich so einfühlsamen pädagogischen Formulierung: „es herrschte Lernstimmung". „(...) wir hatten das Bewußtsein geistigen Wachsens und umfassender Information, glaubten ästhetische Maßstäbe zu besitzen, ironisierten alle spießbürgerlichen und altmodischen Gesinnungen und verfügten über eine gute Portion geistigen Hochmuts. (...) So ironisch jeder festliegende geistige Standort betrachtet wurde, so deutlich wußten wir auch, daß wir eine klare geistige Position nicht besaßen." WILHELM FLITNER erinnert sich an die Tage nach dem Bestehen der schriftlichen und mündlichen Abiturprüfung: „Nach einem Winter voller Musik, Schlittschuhlauf, Freude an Horaz, Virgil, Goethe, voll innerer Unruhe und Hoffnung, kam der Tag der Abiturentlassung. Der Primus verlas seinen Aufsatz, der Direktor sprach die Abschiedsworte, und der Chor sang uns das jährlich wiederkehrende Lied „Nun hinaus", das wir achtmal in Jahresabstand für ältere hatten singen hören und das nun uns galt. Mit einem Sprung, der auch zur Tradition gehörte, übersprangen wir die fünf Stufen vor der Schultür und hielten uns für freie Leute." (FLITNER 1986, S. 79, 80, 95, 97)

3. SCHULISCHE SOZIALISATION IN „DICHTUNG UND WAHRHEIT" BERÜHMT GEWORDENER AUTOREN

1892 veröffentlichten die Brüder GEORGE und WEEDON GROSSMITH die Satire „The Diary of a Nobody", das imaginäre Tagebuch eines kleinen Angestellten in einem Londoner Vorort. Die Mehrheit der Schüler deutscher Volksschulen, Realschulen und Gymnasien am Ende des 19. Jahrhunderts kann den Personen zugerechnet werden, von denen als „nobodies" nur literarische Rekonstruktionen ihres Lebens möglich wären. Läßt sich die schulische Sozialisation nun aber allein durch die auswertbaren Überlieferungen der zu historischen Personen aufgestiegenen Schüler erschließen? Die in der historischen Sozialisationsforschung in Anlehnung an die Biographie- und Lebenslaufforschung versuchte Erschließung der ungewöhnlichen Lebensverläufe, der alternativen oder als abweichend definierten Lebens- und Verhaltensformen muß da an ihre Grenze stoßen, wo sie versucht, aus diesen individuellen Erfahrungen zum Beispiel die Normalität des schulischen Alltags abzuleiten. Welchen Erkenntnisfortschritt erreicht man, wenn man die individuellen Entwicklungsprozesse als Resultate der ihnen übergeordneten Sozialisationsbedingungen beschreibt, die Kenntnisse dieser Bedingungen aber vor allem aus den subjektiven Erfahrungsberichten einzelner Personen gewinnt? Lehrplanvorgaben sind keine Unterrichtsbeschreibungen, Rektorenreden, Aufsatzthemen und Sedansfeiern keine ausreichenden Belege für die Schüler- und Lehrermentalität, Kaiserreden mit bildungspolitischen Aspekten keine Zielkataloge. Selbst wenn eine gesamtgesellschaftlich formulierte Zielvorgabe für das Bildungswesen im Kaiserreich bestanden hätte — z. B. ein schulisches „Nationalisierungs- und Militarisierungsprogramm" -, wären Rückschlüsse auf deren faktische Realisierung nicht möglich. Will der Bildungshistoriker nicht zum voreingenommenen Staatsanwalt werden, der Schuldbekenntnisse und Schuldzuweisungen ungeprüft übernimmt oder zu einem Richter, der seine Urteile bereits auf der Grundlage der ersten Vernehmungsprotokolle und routinemäßig erlangten Tatsachenfeststellungen fällt, muß er sich der Komplexität der Fragen stellen und deren mögliche Nichtbeantwortung nicht ausschließen. Damit mutet er den Geschworenen zu, ihre Ansprüche auf Geschlossenheit und der Erzählqualität der Darlegungen einzuschränken. (BLANKERTZ 1983, S. 1ff.)

In der Rekonstruktion historischer Bildungsprozesse bedient sich der Historiker allzu bereitwillig der Erinnerungen äußerst untypischer Repräsentanten der höheren Schulen: Schüler, die aus unterschiedlichen Gründen nur mit großen Schwierigkeiten den Abschluß erreichten oder scheiterten, aber eine oder zwei Generationen später als Schriftsteller über ihre Werke in die Schule zurückkehrten. In seiner Vorstellungsrede „On myself" vor Professoren der Universität Berkeley im Jahre 1940 sprach THOMAS MANN begeistert von seiner Kindheit in der Familie, von der Schule erwähnte er nur das „Verlassen des Gymnasiums" und das anschließende Leben in München „als eine Art Student". Wie sein 1871 geborener Bruder Heinrich erreichte der vier Jahre jüngere THOMAS MANN nur mit größter Mühe und einige Jahre über dem Durchschnittsalter seiner Klassenkameraden liegend die Einjährigenberechtigung. HEINRICH MANN verließ das Lübecker Gymnasium im 20. Lebensjahr aus der Unterprima, THOMAS MANN im 19. Lebensjahr aus der Obersekunda. Beiden ermöglichte die Einjährigenberechtigung einen Gasthörerstatus an der Universität Berlin (HEINRICH MANN 1890—1892) bzw. der TH München (THOMAS MANN 1895 und 1896). Beide haben durch ihre Veröffentlichungen ein Bild der deutschen Schule im Kaiserreich gezeichnet, das deren Realität verzerrt, aber durch die herausragende Bedeutung der beiden Brüder einen fast zur Dokumentation hochstilisierten Wert erhielt.

Der in der Schule scheiternde Hanno Buddenbrook wurde zum Typ des sensiblen Gymnasiasten (obwohl er im Roman „Real-Untersekundaner" ist), der Direktor seiner Schule Wulicke zum Typ des autoritären preußischen Gymnasialdirektors, Professor Rath (mit seinem Spitznamen Unrat) zum Typ eines Oberlehrers, Dr. Diederich Heßling („Der Untertan") zum Typ des gezähmten Abiturienten.

Die Perspektive, mit der die beiden Söhne aus der großbürgerlichen Familie des Senators Mann ihre Schulzeit wahrgenommen haben, kann durch zwei ihrer frühen Novellen charakterisiert werden: In seiner Novelle „Der Bajazzo“ gibt THOMAS MANN ein farbenfrohes Bild einer — mit seiner eigenen Schülerexistenz vergleichbaren — Biographie: „Fest steht, daß ich ein ungeheuer munterer Junge war, der bei seinen Mitschülern durch bevorzugte Herkunft, durch mustergültige Nachahmung der Lehrer, durch tausend Schauspielerstückchen und durch eine Art überlegener Redensarten sich Respekt und Beliebtheit zu verschaffen wußte. Beim Unterricht aber erging es mir übel, denn ich war zu tief beschäftigt damit, die Komik aus den Bewegungen der Lehrer herauszufinden, als daß ich auf das übrige hätte aufmerksam sein können, und zu Hause war mir der Kopf zu voll von Opernstoffen, Versen und buntem Unsinn, als daß ich ernstlich imstande gewesen wäre zu arbeiten.“ Der Vater dieses Schülers nennt diese Mentalität eine „Bajazzobegabung“, verbunden mit einer Lebensperspektive, die der 20jährige Held der Novelle — inzwischen Lehrling in einem Holzgeschäft — wie folgt definiert: „irgendwo in der Welt meinen Neigungen“ nachgehen, „gute und feingeschriebene Romane (. . .) lesen, ins Theater (. . .) gehen, ein wenig Musik (. . .) machen“. (MANN, TH. o. J., S. 78f., 81, 84)

HEINRICH MANN gelingt die Eigencharakterisierung in seiner Novelle „Haltlos“, geschrieben 1890, wenige Monate nach seinem Abgang vom Gymnasium: „Er war der Sohn eines vermögenden Hauses; er kannte nicht die Not, kaum die Arbeit. Zum Studium ursprünglich bestimmt, hatte er dieses Ziel infolge fortgesetzten Bummelns auf dem Gymnasium aufgeben müssen.“ Die „Erfahrung eines öden, abwechslungslosen Alltagslebens [als Buchhändlerlehrling] vernichtete den letzten schwächlichen Keim von Lebensfreudigkeit, den er aus seiner Kindheit herüberverpflanzt“ hatte. „Die schwarze Flut von Nörgelei und Verachtung, in die schon der Knabe geraten durch fortwährende Selbstbespiegelung, Zerlegung des eigenen Innern und Schlüsse auf die Außenwelt, schlug über seinem Kopfe zusammen, jede Hoffnung begrabend.“ (MANN, H. 1982, S. 21f.)

Als THOMAS MANN 1931 anläßlich der 400-Jahr-Feier des Lübecker Gymnasiums (des Katharineums) die Festrede hielt, wurden die Besucher der Schulfeier in einer Ausstellung der Schule mit dem Klassenbuch der Untersekunda konfrontiert, die er besucht hatte und auf dessen aufgeschlagener Seite folgender Tadel eingetragen worden war. „Mann sieht Mumm ins Heft und wird darum getadelt“. THOMAS MANN war über diese Indiskretion — die ihn doch eher an Felix Krull hätte erinnern sollen — empört. Sein schulisches Scheitern war für ihn immer noch ein Makel. Um so verständlicher werden dann seine Versuche, Schule und Lehrern die Schuld zuzuweisen.

Die Wahrnehmung schulischer Sozialisationsprozesse durch die Dichtung, deren fiktionaler Charakter den Blick auf mögliche Schulwirklichkeit zusätzlich verstellt, bedarf der doppelten Reflexion. Die Erfassung der jeweiligen Schulbiographie der Autoren ermöglicht und erfordert eine Relativierung des Wahrheitsgehaltes der Beschreibung der Schule in den Werken der Autoren. Gleichzeitig steht die Beschreibung der Schule in der Dichtung in einem Diskurszusammenhang, der hier nur angedeutet werden kann. Um die Jahrhundertwende wurde es in den Avantgardezirkeln der Literaten geradezu Mode, eine autoritäre Schule als Sinnbild einer repressiven Gesellschaft, die das Individuum nicht zu freier Entfaltung kommen läßt, zu beschreiben. Werke wie HERMANN HESSES „Unterm Rad“ und RAINER MARIA RILKES „Die Turnstunde“ können dafür beispielhaft genannt werden. Sie zeigen nicht den selbst erlebten Schulalltag im Kaiserreich, sondern vielmehr eine spezifische Ausformung genereller Gesellschaftskritik, wie sie um die Jahrhundertwende von unzähligen bürgerlichen Reformgruppen und Intellektuellenzirkeln formuliert wurde. Gleichzeitig spiegelt die Dichtung die gesellschaftliche Durchschlagskraft des Kindheits- und Jugendkults des Bürgertums, dessen ideologische Versatzstücke in die Literatur übernommen und durch sie mitgeprägt wurden. Die literarischen Darstellungen der Schule sind daher eher als spezifische Zeitwahrnehmungen und Interpretationen zu registrieren und in einen größeren sozialen Bezugsrahmen zu stellen und nicht als Dokumente der Schulrealität zu fassen.

4. GENERATIONSLAGEN UND BERUFSCHANCEN

1865 klagt der junge Student FRIEDRICH NIETZSCHE in einem Brief an einen Freund: „Aber wir sind schuld daran, wir sind um 20, 30 Jahre zu spät in die Welt gekommen“. 1865: zu spät — nicht wegen einer zu befürchtenden Aussichtslosigkeit akademischer Karrierepläne, sondern umgekehrt — zu spät, wegen des Überangebots akademischer Berufschancen und des daraus folgenden Überdrusses am Beruf überhaupt. Für NIETZSCHE reduzierte sich ein an Berufsaussichten orientiertes Studium auf ein „Berufsstudium“, gab es keine größere Zukunftsangst, als ein „Berufstier“ zu werden. Bereits vier Jahre später — 1869 — erhält der 25jährige Student ohne Promotion oder einen vergleichbaren Studienabschluß einen Ruf auf den Lehrstuhl für Griechische Sprache und Literatur an der Universität Basel. (JANZ 1978, S. 164)

NIETZSCHES Aussagen können kaum als repräsentativ für das Bewußtsein seiner Generation gelten, deren Mehrzahl den sicheren Übergang vom Studium in einen Beruf als Chance für einen möglichen sozialen Aufstieg und eine gesicherte Existenz begriff. Als Außenseiter seiner Generation formuliert NIETZSCHE negativ die beruflichen Möglichkeiten der zwischen 1830 und 1850 Geborenen: sich auf einem relativ offenen Berufsmarkt realisieren und die Karriere konkret planen und verwirklichen zu können.

Seit den 60er Jahren des 19. Jahrhunderts erhält der Begriff „Generation“ neben der traditional biologischen Ausfüllung eine soziale Erweiterung und zugleich inhaltliche Begrenzung. DILTHEY verleiht ihm 1875 eine ordnende Funktion in der Analyse „der Geschichte der moralisch politischen Wissenschaften“. „Dem Zeitinbegriff des Menschenlebens ist (. . .) eine zweite abmessende Vorstellung eingeordnet, die der *Generation.* (. . .) Diejenigen, welche in den Jahren der Empfänglichkeit dieselben leitenden Einwirkungen erfahren, machen zusammen eine Generation aus.“ DILTHEY zerlegt die „unzähligen Bedingungen“, die „auf die intellektuellen Leistungen einer Generation wirken, in zwei Gruppen": erstens den „Besitzstand der intellektuellen Kultur", zweitens die Bedingungen des „umgebenden Lebens, gesellschaftlicher, politischer, mannigfach unterschiedener Kulturzustände". (DILTHEY 1924, S. 36f.)

KARL MANNHEIM leitet in seinem 1928 erschienenen Aufsatz „Das Problem der Generationen" von dem Begriff der Klassenlage den der „generationsmäßigen Lagerung" ab. Voraussetzung ist „eine potentielle Partizipation an gemeinsam verbindenden Ereignissen und Erlebnisgehalten". (MANNHEIM 1964 [1928], S. 536) Die Generationslagerung bestimmt den Generationszusammenhang.

Weder DILTHEY noch MANNHEIM beziehen bei ihren komplexen Analysen der Generationsproblematik die institutionellen Bedingungen des Bildungs- und Beschäftigungssystems ein.

15 Jahre nach DILTHEYS Definition der „Generation" und fast zur gleichen Zeit wie MANNHEIMS präzise Abgrenzungen der jeweils einzubeziehenden Altersgruppen entwickelten sich — wie in unserer unmittelbaren Gegenwart generationsspezifische Lagerungen, die besonders durch die tendenzielle Aufhebung von Berufschancen für die Absolventen von höheren Schulen und Universitäten geprägt waren. Klagte die preußische Regierung noch 1875 über einen kaum behebbar erscheinenden Mangel an Kandidaten für das höhere Lehramt und für andere mit Akademikern zu besetzende Positionen im Staatsdienst, führte die gewaltige Expansion der höheren Schulen in den 70er Jahren bereits am Beginn der 80er Jahre des 19. Jahrhunderts zu einem dramatischen Überangebot hochqualifizierter Arbeitskräfte. Der Begriff des akademischen Proletariats wurde in dieser Zeit geprägt.

Das Überangebot von Universitäts- und Gymnasialabsolventen führte für die betroffene Generation — auf dem Hintergrund der sozialen Mobilitätsdynamik der 70er Jahre des 19. Jahrhunderts — zu einer Diskrepanz zwischen den ihnen durch ihre Qualifikationsperspektiven zunächst unproblematisch erscheinenden Berechtigungsansprüchen und Berufskarrieren und den realen Arbeitsmarktchancen nach Ablegung ihrer Examina. Dieser erzwungene Perspektivenwechsel, der in der Bildungsforschung mit dem Begriff der „Qualifikationskrise" gekennzeichnet wurde, konnte von den Regierungen und unterschiedlichen politischen Gruppierungen vereinnahmt und zur Durchsetzung der jeweiligen Handlungsstrategien ausgenutzt werden. Die Qualifikationskrise der 80er Jahre des 19. Jahrhunderts, die einen Erklärungsrahmen für die konservative und sozialprotektionistische Schulpolitik der preußischen Regierung dieser Zeit liefern kann und sowohl die Diskussionen und Beschlüsse der Schulkonferenz von 1890 als die politischen Entscheidungen zur Entwicklung des Mädchenschulwesens in ihren politischen und sozialen Intentionen transparenter werden läßt, diente in ihrer bisherigen Gewichtung innerhalb der Forschung aber eher zum Nachweis einer determinierten Teilfunktion des Bildungswesens innerhalb der Gesamtgesellschaft als zum Aufweis einer möglichen Autonomie und Eigengesetzlichkeit desselben. Die Qualifikationskrise der 80er Jahre des 19. Jahrhunderts wurde mit den voraus- oder parallellaufenden wirtschaftlichen Konjunkturkrisen verbunden und sowohl durch deren Entwicklungsprozesse als die gegen sie eingeleitete Maßnahmen erklärt. Bildungsforscher wurden — durch ihr Quellenmaterial bedingt — teilweise selbst Opfer der vordergründigen Wahrnehmung dieser Qualifikationskrise während ihres Verlaufs. Die Qualifikationskrise im 19. Jahrhundert entstand — wie die nachfolgenden Krisen in den 20er und 70er Jahren des 20. Jahrhunderts — aus einer Strukturgesetzlichkeit des deutschen Bildungssystems: der Verzahnung seiner höhere Abschlüsse verleihenden Teile mit dem Beschäftigungssystem, im besonderen mit dem öffentlichen Dienst. Die Synonymität von höherer Schulbildung und Berufsausübung enthielt in sich generationsspezifische Bevorzugungen oder Benachteiligungslagen. Die Qualifikationskrise war und ist ein fundamentaler systemimmanenter Bestandteil der bis zur bundesrepublikanischen Gegenwart bestehenden Struktur des Bildungssystems. Ohne — vom System und der Tradition her fast ausgeschlossene — steuernde Eingriffe in die Übergangs- und Abschlußquoten der höheren Schulen und Universitäten, einer radikalen Neuregelung der Besetzungsmodalitäten und Besetzungsdauer der Stellen im öffentlichen Dienst oder einer radikalen Reform der Beschäftigungsverhältnisse und Laufbahnstrukturen des öffentlichen Dienstes wurden und werden sich die periodisch auftretenden Diskrepanzen immer nur auf Kosten der gerade betroffenen Absolventenjahrgänge ausgleichen lassen.

Die Generationsproblematik entstand und entsteht durch die unterschiedlichen Zeitphasen für den bildungsspezifischen Qualifikationsprozeß und die berufliche Realisierung der erworbenen Berechtigungen. Unabhängig von allen weiteren Faktoren führte in den 80er Jahren des 19. Jahrhunderts allein diese Diskrepanz zu unterschiedlichen generationsspezifischen Berufschancen. Nach einem Schul- und Hochschulbesuch von durchschnittlich 17 bis 18 Jahren und einer durchschnittlich 2jährigen Referendarzeit lag — unter Einberechnung der 1jährigen Wehrdienstzeit für männliche Kandidaten — das durchschnittliche Alter bei der Übernahme der Eintrittsämter des höheren Dienstes zwischen 26 und 28 Jahren. Bis zur Pensionierung im durchschnittlich 71. Lebensjahr blieb der einmal ins Beamtenverhältnis übernommene Hochschulabsolvent über 30 Jahre auf der Planstelle. Schließt man ein vorzeitiges Ausscheiden durch Invalidität, Tod, vorgezogene Pensionierung oder Berufsaufgabe aus, entstand eine durch die Stellen bedingte Nachfrage (Ersatznachfrage) erst nach über 30 Jahren. Da die Planstellen darüber hinaus in den zeitlich begrenzten Expansionsphasen der 60er und 70er Jahre des 19. Jahrhunderts errichtet worden waren und sich diese Stellenvermehrung auf große Teile des öffentlichen Bereichs bezogen hatte, hatte diese neue Nachfrage für die gerade zur Anstellung anstehenden Hochschulabsolventen zu optimalen Voraussetzungen, für die Jahrgänge der 80er und 90er Jahre jedoch zu einer zunehmenden Verengung ihrer Berufschancen geführt. (MÜLLER 1977, bes. Kap. 12; 1981 bes. Kap. 8)

Einmal eingerichtete und voll ausgebaute höhere Schulen eröffneten und eröffnen ein regelmäßiges Angebot von Absolventen. Der mit den Qualifikationen verbundene Arbeitsmarkt aber wurde und wird durch die Lebensarbeitszeit der Positionsinhaber und nicht durch den Nachfragedruck der Schul- und Universitätsabsolventen bestimmt. Die Konjukturkrisen in den 70er und 80er Jahren des 19. Jahrhunderts haben diesen Zustand verschärft, indem mögliche Ersatzarbeitsmärkte zusätzlich eingeschränkt wurden und ein noch größerer Teil von Schülern zur höheren Qualifikation gedrängt wurde, weil in der Konkurrenz um Arbeitsplätze ein höherwertiger Abschluß — größtenteils ohne jegliche Koppelung an die Arbeitsplatzanforderungen — dem niedrigeren vorgezogen wurde.

Die Qualifikationskrise des 19. Jahrhunderts führte bei der betroffenen Generation eher zur globalen Verweigerung und fundamentalistischen Opposition als zur politischen Aktion. Die Erklärungen, die der französische Soziologe PIERRE BOURDIEU zur Erklärung eines vergleichbaren Generationskonflikts der 70er Jahre des 20. Jahrhunderts versuchte, erlauben auch ein differenzierteres Verständnis der Jugend und der Jugendbewegung am Ende des 19. Jahrhunderts: „In ihrer sozialen Identität, in ihrem Selbstbild zutiefst infrage gestellt durch ein Schulsystem und eine Gesellschaft, von diesen mit leeren Worten abgespeist, bleibt [der ‚geprellten Generation'] (...) zur Wiederherstellung ihrer persönlichen und sozialen Integrität kein anderer Ausweg, als jenen Verdikten ihre globale Verweigerung entgegenzusetzen. (...) Die strukturelle Dequalifizierung, von der alle Angehörigen der Generation getroffen werden und in deren Folge sich alle mit dem Gedanken vertraut machen müssen, für ihre Bildungstitel weniger zu erhalten als ihre Vorgänger-Generation, ist Grund jener kollektiven Desillusion, durch die diese geprellte und frustrierte Generation dazu gebracht wird, ihre mit Ressentiment geladene und vom Schulsystem genährte Revolte auf alle Institutionen auszudehnen." (BOURDIEU 1982, S. 243)

„Verständlich wird auch, daß [diese Generation] (...), wie die Künstler, voller Eifer und Geschäftigkeit den ästhetischen wie ethischen Moden und Modellen der Jugend huldigen, dokumentiert sich darin doch, für sie selbst wie für die anderen, daß man noch nicht fertig, noch nicht festgelegt, noch nicht am Ende seiner Entwicklung angelangt ist. An die Stelle abrupter Zäsuren und Einschnitte des Alles oder Nichts zwischen Studium und Beruf, Beruf und Pensionierung, treten unmerkliche, sacht gleitende Übergänge (...). *Alles hat den Anschein,* als ob die neue Logik des Bildungs- und des Wirtschaftssystems dazu ermutigte, solange wie möglich jenen Zeitpunkt hinauszuzögern, an dem einmal doch Schluß ist, jenen Augenblick, auf den hin sich alle winzig kleinen Veränderungen zubewegen: die Schlußbilanz nämlich, die nicht selten genug die Gestalt einer ‚persönlichen Krise' annimmt." (BOURDIEU 1982, S. 259f.)

BOURDIEU bezieht seine Thesen auf die Gegenwart, zu fragen ist nach den Zusammenhängen von Generationslagen und Bewußtseinsbildung am Ende des 19. Jahrhunderts. Ist die Jugendbewegung — vergleichbar mit der modernen Alternativmentalität — eine Konsequenz der Qualifikationskrise der 80er Jahre des 19. Jahrhunderts?

5. SCHULKRITIK UND SCHULREFORM

In seinem 1862 erschienenen Roman „Väter und Söhne" hatte der russische Dichter TURGENJEW mit der Romanfigur des Studenten Basarow den Idealtyp eines Nihilisten entworfen. Basarow besuchte mit seinem adeligen Studienfreund — Petrowitsch — dessen Vater, der ein großes Gut besaß. In einer Diskussion mit den Mitgliedern der Familie Petrowitsch erklärte Basarow auf die Festellung „Sie glauben demnach nur an die Wissenschaft?": „Ich habe Ihnen bereits gesagt, daß ich an nichts glaube; und was ist das, die Wissenschaft — die Wissenschaft überhaupt? Es gibt Wissenschaften, wie es Handwerke und Berufe gibt, doch eine Wissenschaft überhaupt existiert nicht. (...) Wir handeln nach dem, was wir für nützlich halten. (...) In der heutigen Zeit ist die Verneinung besonders nützlich — so verneinen wir eben." (TURGENJEW 1964, S. 323, 344)
Die nihilistische Haltung Basarows — Sohn eines kleinen Landarztes — steht im Roman in Zusammenhang mit einem Generationskonflikt, in dem die jungen Studenten für sich selbst eine weltanschauliche Position suchen, die sich vehement von dem patriarchalischen Weltbild der adeligen Familie Petrowitsch unterscheiden soll. Großstadterfahrung und revolutionäre Studentenzirkel bilden den Hintergrund für den provokativen Nihilismus Basarows und seines weniger überzeugten Freundes Arkadij Petrowitsch, dessen Weltbild stärker durch die adelig — patriarchalische Umwelt seiner Kindheit und Jugend geprägt ist. Verläuft Arkadijs Leben dann auch später in den vorgegebenen Bahnen seiner sozialen Schicht, so stirbt Basarow und wird vom Autor symbolisch als Revolutionär zu Tode gebracht und damit zugleich seine den Umsturz aller Werte verheißende Weltanschauung. Im Roman wird die alte Ordnung durch die revolutionäre Jugend nicht beseitigt, letztlich nicht einmal erschüttert. Turgenjews Roman zeigt weniger eine auf gesellschaftliche Veränderungen rückführbare Jugendrevolte als einen Konflikt, der sich nach des Autors Meinung generell zwischen Erwachsenengeneration und Jugend abspielt. Die Einordnung in vorgegebene gesellschaftliche Zusammenhänge bei gleichzeitiger Suche nach einem eigenen weltanschaulichen Standpunkt in der jugendlichen Orientierungsphase vollzieht sich im Roman allgemein gegen die von der etablierten Erwachsenengeneration vertretene Weltanschauung und findet ihre Position zuallererst in der radikalen Negation und Provokation der vorgefundenen Weltanschauungsangebote.

Seit Ende der 70er Jahre des 19. Jahrhunderts wurde es in Deutschland unter der Jugend der höheren Schulen und Universitäten Mode, einer Art dandyhaftem Nihilismus zu huldigen, der während der Krise am akademischen Arbeitsmarkt seit Mitte der 80er Jahre auf Schulen und Universitäten als Institutionen gelenkt wurde, ab Ende der 90er Jahre, sich vor allem gegen die Lehrer der höheren Schulen und gegen die Professoren der Universitäten wandte. (MÜLLER 1977, bes. Kap. 12) Übersehen wird von den Bildungshistorikern, die diese Zeitströmung als Beleg für ihre Analysen beanspruchen, wie es WEDEKIND 1891 in seinem Lustspiel „Kinder und Narren" darstellt, die modische Sucht der damaligen Zeit nach dramatischen Effekten und nihilistischen Wertungen. WEDEKINDS Held findet sich nach Berichten aus seiner Jugendzeit, die er einem naturalistischen Dichter mitgeteilt hatte, der ihn; wie er leibt und lebt, „im öffentlichen Druck“ erscheinen lassen wollte, völlig falsch wiedergegeben: „Aber denke Dir, mit welcher Art Empfindung ich all die kleinen Züge, die Meier [der Dichter] dank meiner Offenheit über meine Eltern aufgeschnappt [hat], auf einen Troddel von Vater, auf eine Schlappsare von Mutter verwendet sehe, die man nicht mit der Zange anfassen möchte. Dabei behauptet er [der Dichter], das seien Originalfiguren. Daß meine Eltern anständige gebildete Leute waren, hätte sich nach den Fortschritten der letzten zehn Jahre poetisch nicht mehr verwerten lassen“. (KUTSCHER 1922, S. 217f.)

WEDEKINDS sarkastische Desavouierung der Mechanismen des literarischen Marktes sollte jeden Historiker vorsichtig werden lassen in der Beanspruchung literarischer Zeugnisse für soziale und mentalitäre Veränderungen. Was WEDEKINDS Stellungnahme belegt, ist die generelle Aufnahmebereitschaft eines primär bürgerlichen Publikums für eine kitschig-tragödienhafte Darstellung bürgerlicher und proletarischer Familienverhältnisse, die einerseits eine Reaktion auf die bürgerliche Sensibilisierung für die Psyche und Entwicklung des Kindes, andererseits einen Rückzug auf „private“ Themen in Reaktion auf unkontrollierbar erscheinende gesellschaftliche Veränderungsprozesse darstellt.

1885 versuchte LAGARDE die Klage zu widerlegen, „daß der deutschen Jugend der Idealismus fehle“, indem er sich in einem Aufsatz zu der Behauptung hinreißen ließ, daß der Jugend nur die nihilistische Alternative übrigbleibe, weil „das meiste, mittelst dessen die Jugend jetzt gebildet werden soll, (. . .) tot“ sei „und darum der Jugend ein Greuel“. „Das Ideal läßt sich“ nach LAGARDE „nicht inventarisieren, wie es in dem Unterrichtsplane der königlich preußischen und infolge davon aller deutschen Schulen inventarisiert ist“. (LAGARDE 1924, S. 435) In „Der Wille zur Macht“ beschrieb NIETZSCHE ein Jahr später den „Nihilismus als psychologische(n) Zustand“, als das „Bewußtwerden der langen Vergeudung von Kraft, die Qual des ‚Umsonst‘“. (NIETZSCHE 1921, S. 14) HUGO VON HOFMANNSTHAL gab in seinem Chandos-Brief von 1902 diesem Zeitgefühl eine prägnante Fassung: „Mein Fall ist, in Kürze, dieser: Es ist mir völlig die Fähigkeit abhanden gekommen, über irgend etwas zusammenhängend zu denken oder zu sprechen.“ (zit. nach KILLY 1967, S. 315; HOFMANNSTHAL 1902) Das wie ein Meteor eingeschlagene Buch „Rembrandt als Erzieher. Von einem Deutschen“, von dem promovierten Kunsthistoriker AUGUST JULIUS LANGBEHN 1890 veröffentlicht, erreichte innerhalb von dreißig Jahren die 50. Auflage: eine Sammlung von verworrenen Phrasen, die aus dem Zusammenhang herausgelöst allerdings eine Schlagkraft erreichten, die Leser und Hörer überwältigten und besonders den zur Dramatik hin neigenden Jargon der Jugendlichen entgegenkam: „Man ist einigermaßen übersättigt von Induktion; man durstet nach Synthese. (. . .) Drei Aufgaben sind es, welche jetzt der Deutschen harren; nämlich ihren Geist erstens: zu individualisieren und zweitens: zu konsolidieren und drittens: zu monumentalisieren.“ (LANGBEHN 1922, S. 46, 48)

Zeigt sich bei HOFMANNSTHAL ein bereits durch die geschliffene Form problematisches Kokettieren mit der Sprachkritik und dem Fin-de-Siècle-Gefühl der Intellektuellen um die Jahrhundertwende, so hat LAGARDE die Tendenz, das von der bürgerlichen Jugend und ihren erwachsenen Sprechern und Anwälten formulierte nihilistische Bewußtsein zu einer — von gesellschaftlichen Veränderungsprozessen unabhängigen — Aussage zu stilisieren, um schließlich ein neues integratives Ideal einzufordern, das der Jugend den Sinn des Lebens erschließen könne. In diesem Sinne argumentiert auch LANGBEHN, dessen Ruf nach einer globalen Synthese in der Aufforderung zur Aufgabe rationalen Denkens gipfelt.

Aus der Abwehr intellektuellen Denkens wurde ein neues Ideal, das zusammenfiel mit der Verherrlichung der Kindheit. 1902 wurde ein 1900 veröffentlichtes Buch der schwedischen Schriftstellerin ELLEN KEY unter dem Titel „Das Jahrhundert des Kindes" — von der Autorin „Allen Eltern, die hoffen, im neuen Jahrhundert den neuen Menschen zu bilden" gewidmet — ins Deutsche übersetzt und durch eine geschickte Verlags- und Pressepolitik zum Gesprächsthema des 1. Jahrzehnts des 20. Jahrhunderts (1911, 15. Auflage).

„Kindheit" wurde im 1904 erschienenen „Mahnwort" des Schriftstellers PETER HILLE zum „Kundschafter, den die ratlose Menschheit voraussendet, um einen sicheren Lebensgrund zu erspähen". Kinder „in ihrer ahnend tiefen Lebensvermutung, in ihrem lebenswarmen, frischen Irrtum" erfassen nach HILLE „die Dinge so viel besser (...) [als] manche trockene Wahrheit". (HILLE 1904, S. 103) Dem Schriftsteller gelang mit seiner Beschreibung die präzise Erfassung des antischulischen, d. h. antirationalen Denkens, dessen Grundlage kaum mehr war als der „lebenswarme, frische Irrtum" der Kinder, ausgewiesen als Erkenntnis und Heilserwartung der Erwachsenen. „Lebensinstinkt" und „Lebensvermutung" sollten Erziehung und Bildung ersetzen. „Werthers Leiden in Sexta", WOLZOGENS 1886 erschienene Erzählung, charakterisiert sowohl die Literaturfähigkeit der Thematik als auch den Modetrend der damaligen Zeit. (WOLZOGEN 1886) Sowenig aber eine Analyse des englischen Flaneurs am Ende des 19. Jahrhunderts, der als Ausdruck seines Überdrusses an der Gesellschaft eine Schildkröte an der Leine spazieren führte, Aufschlüsse über die englische Oberschicht dieser Zeit erlaubt, so wenig eröffnet diese Literaturgattung einen Zugang in die Klassenzimmer der Schulen und in das Bewußtsein der Schüler. Wer allerdings seine Thesen über das „Leiden" in Sexta bis Prima literarisch „verifizieren" wollte, könnte sich am Blütenmeer der Schulkritik berauschen. „Man bekam", vermerkte SCHNITZLER am Ende des 19. Jahrhunderts, „eine neue Zärtlichkeit für seine eigene Neurose" (JUGEND IN WIEN 1974, S. 104). Lebensreformerische, kunsterzieherische und ökologische Bewegungen (Naturheilkunde, Ernährungsreform, Siedlungsbewegung, Freikörperkultur), Jugendbewegung und Reformpädagogik verloren sich in irrationalen Manifesten und okkulten Weihestunden. Unterschieden in den Tendenzen: reaktionär, antisemitisch oder sozialdemokratisch, pazifistisch fanden sie ihr gemeinsames Verständnis im Haß gegen vernunftgeleitetes Handeln und damit gegen die „Lern-,

Stoff- und Buchschulen", in denen der Einzelne zum rationalen Denken befähigt werden sollte. Die Agitatoren der „freien Schulen" und der „reformierten" Erziehung redeten, wie es HEGEL in der Rechtsphilosophie bereits für seine Zeit beschrieben hatte, der Jugend „zum Munde". „Die Jugend hat es sich denn auch wohl gesagt sein lassen. *Den Seinen gibt Er's schlafend,* ist auf [Bildung und] (...) Wissenschaft abgewendet worden, und damit hat jeder Schlafende sich zu den *Seinen* gezählt". (HEGEL 1982 [1821], S. 18)

Ein Teil der Schüler wurde Opfer dieser Mentalität und entzog sich den Bildungsmöglichkeiten der höheren Schulen und der Kommunikation mit den Lehrern. Mit Stolz berichtete KARL JASPERS von seiner Verachtung des Direktors und der Lehrer seines Gymnasiums: „Ich habe kaum einen anderen Menschen so verachtet wie ihn [den Direktor des Gymnasiums], obgleich ich ihm für die Art seines Unterrichts noch immer dankbar bin, denn er war ein kenntnisreicher und didaktisch begabter Mann. Ich habe viel bei ihm gelernt. (...) Ich habe nun allerdings den Direktor von meiner Seite aus bis aufs Blut gepeinigt." (JASPERS 1966, S. 20) Die Schule wurde für viele Schüler zum „Struggle for Life". In dem Roman einer Schülertragödie, veröffentlicht von EMIL STRAUSS 1905 unter dem Titel „Freund Hein", erklärt ein Unterprimaner seinem Klassenkameraden Heiner — dem tragischen Helden des Romans — „DARWIN behauptet, die Tiere hätten im Laufe der Zeit durch Auslese und durch Anpassung an ihre Lebensbedingungen ihren Form- und Farbencharakter so entwickelt, daß sie ihren Feinden am ehesten entgehen und den Kampf um's Dasein bestehen könnten: (...) Diese Schlauheit heißt man Mimikry. Es lebe die Mimikry! Darum hocke ich still und harmlos in der Klasse, bewege mich nicht mehr als das andere Gehölz (...). (...) nicht eine Stunde, nicht einen Gedanken *mehr,* geb ich für diese Schule her, als unbedingt nötig ist. Ich werde zu Hause nie auch nur die geringste Schularbeit thun; was ich nicht in den Pausen oder heimlich nebenher in den Stunden machen kann, mach ich einfach nicht. Wie ich durchkomme, ist gänzlich Wurscht und Schnuppe; *daß* ich durchkomme, ist gewiß." (STRAUSS 1905, S. 220f.)

Der Protest gegen die Schule („Schulfabrik", „Schulkaserne") erweiterte sich zur Kritik an denjenigen Eltern, die ihren Kindern durch die Anerkennung der in der Schule vermittelten Bildung und der Durchsetzung der in ihr gestellten Leistungsanforderungen als „Erwachsene" gegenübertraten. Bereits 1883, im gleichen Jahr, in dem C. F. MEYER „Das Leiden eines Knaben" veröffentlicht hatte, sprach WILDENBRUCH in seinen Erzählungen „Kindertränen" diesen Erwachsenen das Recht ab, „Menschen" zu sein. (WILDENBRUCH 1913)

„Jeder hat einen Beruf und der Beruf, das wird seine Natur (...) das Kind [aber] das ist die Menschpflanze, wie sie aus der Erde kommt, das hat noch gar nichts anderes als seine angeborene Natur, das ist der Mensch". Für GUSTAV WYNEKEN war 1913 „Jugendkultur" das Recht, nicht „Erwachsensein" müssen: „Erziehung ist (...) Vernichtung der Kindlichkeit, ist Geltendmachung der Überlegenheit des Erwachsenen, ist Alt- und Erwachsenmachen." (WYNEKEN 1919 a [1913], S. 33)

Im Entwurf zu einer Karikatur der künstlerisch-reformerischen Subkultur dieser Zeit ließ OSKAR A. H. SCHMITZ eine — in seiner geplanten Handlung vorkommende — Schriftstellerin einen Roman veröffentlichen, den diese mit folgendem Buchtitel versehen hatte:

„Das neue Weib.
Roman in drei Teilen
Von Anne-Marie Hösgen
Erster Teil: Fluch der Familie
Erstes Kapitel.
Qualen der Kindheit.“ (SCHMITZ 1913, S. 238)

Im Schlußakt von WALTER HASENCLEVERS 1913 geschriebenen Drama „Der Sohn“ verkündet der Freund, der die in dem Drama behandelte Rebellion des Sohnes gegen den Vater angestiftet und manipuliert hatte, als Ziel des Aufstandes: „Die Tyrannei der Familie zerstören, dies mittelalterliche Blutgeschwür (...). (...) Denn bedenke, daß der Kampf gegen den Vater das gleiche ist, was vor hundert Jahren die Rache an den Fürsten war. (...) Heute singen wir die Marseillaise!“ (HASENCLEVER 1917, S. 98)

1907 hatte der Berliner Philosophieprofessor und Bildungshistoriker FRIEDRICH PAULSEN als Titel seiner Stellungnahme zu der damaligen Schulkritik bewußt den Titel des Romans von TURGENJEW „Väter und Söhne“ gewählt: „Es gibt in Deutschland zurzeit für Bücher und Zeitschriften, für Romane und Dramen kein beliebteres Thema als die Unterdrückung und Mißhandlung hochstrebender Söhne und Töchter durch eigensinnige, engherzige und unverständige Väter und Mütter, die Niederhaltung und Abmarterung hochbegabter, zur Selbständigkeit des Denkens emporstrebender Jünglinge durch verständnislose, pedantische, herrschsüchtige, blind am Alten hangende Schulmeister. Auf Versammlungen und allgemeinen Erziehungstagen werden die Schrecken dieses grausamen Regiments dargestellt, wie alle tüchtigsten und selbständigsten Geister bis zur Erschöpfung gehetzt und geplagt werden, bis sie endlich ‚unterm Rad‘ liegen oder als ‚Schülerleichen‘ aus dem Wasser gezogen werden. Wer Deutschland bloß aus der Literatur kennt, das Ausland, muß zu dem Glauben kommen, daß es nie ein Zeitalter gegeben habe, wo mit der Jugend so unbarmherzig umgegangen worden sei (...). (...) Seltsam, wer in der wirklichen Welt lebt, nicht in jener papiernen, dem werden diese Schilderungen und Anklagen etwas befremdlich vorkommen. In der Schule begegnet man überall Bemühungen, die Schullast nach Möglichkeit zu erleichtern; die Zahl der Stunden wird beschränkt, die Pausen werden verlängert, die Prüfungen werden erleichtert, die Forderungen an den Hausfleiß überwacht und ermäßigt, Spiel und Turnen gepflegt; überall sucht man nach verbesserten Methoden, die dem Lehrer zwar vermehrten Aufwand an Kraft und Arbeit auflegen, aber dem Schüler das Lernen erleichtern. Überall wird den Lehrern Individualisierung und Differenzierung in der Behandlung der Schüler nach Neigung und Begabung zur Pflicht gemacht, und vielfach wird dieser Forderung mit Lust und Liebe entsprochen. (...) Und in der häuslichen Erziehung steht es nicht anders: sie ist in dem halben Jahrhundert, das ich übersehe, sicherlich nicht straffer und härter geworden. Im Gegenteil, an die Stelle strenger Forderungen und entschiedener Durchführung ist wohl nicht selten allzu weichliche Nachgiebigkeit und schweigende Nachsicht getreten.“ (PAULSEN 1912, S. 497f.)

Formuliert PAULSEN aus der Sicht des beamteten Professors seine Interpretation der Schulrealität, so zeichnen sich die literarisch — weltanschaulichen Beschwörungen kindlichen Leidens in der Schule vor allem durch die Idealisierung des ungebildeten, d. h. unverdorbenen Kindes bzw. Jugendlichen aus. Die Masse dieser Beschwörungen seit den 1880er Jahren — von der hier nur eine kleine Auswahl zitiert wurde — läßt vermuten, daß die zunehmende Aussichtslosigkeit der bürgerlichen Jugend, ähnlich problemlos wie ihre Väter in akademische Berufe einsteigen zu können, einen erheblichen Anteil an der „Jugendkonjunktur“ in Belletristik und weltanschaulichen Pamphleten hatte. Nicht nur eröffnete sich in einer aufnahmebereiten Jugend eine neue Leser- und Käuferschicht bzw. eine reformbereite Klientel, sondern Künstler und Intellektuelle fanden nun ein Publikum vor, dessen Bedürfnis nach weltanschaulichen Sinnangeboten ideal mit dem eigenen Wunsch nach gesellschaftlicher Einflußnahme korrespondierte. PIERRE BOURDIEUS oben vorgestellte Thesen zum Generationskonflikt der 70er Jahre des 20. Jahrhunderts treffen daher den Kern des Generationskonflikts um 1900: der Jugendkult wird Teil der persönlichen und sozialen Identität der „geprellten Generation“, der die kollektive Desillusion auffängt und kanalisiert.

Gleichzeitig bleibt festzuhalten, daß die generelle Gesellschaftskritik, die über die Schulkritik transportiert wurde, einen Hintergrund hat, der bis jetzt kaum wahrgenommen wurde: Durch das Sozialistengesetz von seinem Erlaß 1878 bis zu seinem Erlöschen 1890 war es den Sozialdemokraten verboten, politisch zu agitieren. Die Reichstagsfraktion und die Teilnahme am Wahlkampf waren davon ausgenommen, das aktive und passive Wahlrecht blieben erhalten; eine der Ersatzmöglichkeiten der darüber hinausgehenden öffentlichen Argumentationen war die Verbergung der gesamtgesellschaftlichen Kritik innerhalb literarischer und bildungspolitischer Veröffentlichungen, gleichsam in Fortsetzung einer von WILHELM LIEBKNECHT mit seiner zum Stiftungsfest des Dresdner Bildungsvereins 1872 gehaltenen Rede „Wissen ist Macht, Macht ist Wissen“ (bei der Entlassung aus dem Untersuchungsgefängnis, in das AUGUST BEBEL, WILHELM LIEBKNECHT und ein weiterer Parteigenosse 1870 wegen Verdachts des „Hoch- und Landesverrats“ geraten waren, mußten sie sich verpflichten, bis zum Prozeßbeginn auf „politische Aktivitäten“ zu verzichten). Bildungskritik als Gesellschaftskritik eröffnete eine Argumentationsebene, deren Möglichkeiten sich auch bürgerliche Reformgruppen zunutze machen konnten, wenn auch mit ganz anderen Absichten als die Sozialdemokratie.

6. SCHÜLERVERBINDUNGEN UND SCHÜLERVEREINE, WANDERVOGEL UND JUGENDKULTUR

Ende des Jahres 1905 wurde in einem vornehmen Theater Berlins „Traumulus“ von ARNO HOLZ und OSKAR JERSCHKE mit großem Erfolg aufgeführt. Das 1903 erschienene Stück ist eine „tragische Komödie" der gymnasialen Oberstufe. Sein Held, Prof. Dr. Niemeyer, ist der Direktor eines Provinzgymnasiums, den seine Schüler „Traumulus" nennen, weil sie ihn ohne große Anstrengung täuschen und hintergehen können: in der Charakterisierung durch einen Richter am Landgericht des gleichen Ortes, ausgezeichnet durch „konziliantes Wesen, humane Ansichten", nach der Wertung des Landrats ein „Pädagoge!" Die Schüler seiner Oberstufe treffen sich wöchentlich in der „Mehlkiste" — einem versteckten Kellerraum in dem Haus eines Bäckers — als Mitglieder einer verbotenen Schülerverbindung, der „ehrenfesten und freien Blutsverbindung Antityrannia". Nach der Regieanweisung der Autoren soll vor allem die verschwörerische Atmosphäre der Zusammenkünfte herausgestellt werden: „alter Bäckerkeller; duster und grauslich (...) Im Vordergrund links (...) eine mächtige, außer Dienst gesetzte Mehlkiste. (...) In der Mitte der Bühne, auf breitem Kreuzgestell, ein massiver Knettisch mit Holzschemeln. (...) Um den Tisch, in roten Mützen mit schwarzrotgoldenen Bändern, die ‚Aktiven' " der Verbindung. „Das Getränk ist ‚schäumender Met' in Holzkrügen." Alle Aktiven rauchen aus „langen Befreiungspfeifen Revolutionsknaster". „Stimmengewirr; allgemeines Zutrinken: 'Vercingetorix, Heil!' 'Heil Dir, Mucius Scávola!' ‚Sempronius Grachus! In tyrannos!' (...) ‚Die Freiheit, Widukind!' ‚Harmodios, die — Liebe!' ‚Die Liabe, Aristogeiton! Die Liabe!' " (HOLZ/JERSCHKE o. J., S. 12, 21—23, 81f.)

Ostern 1901 bestand KARL JASPERS am Gymnasium in Oldenburg sein Abitur. Eine Photographie aus dem Jahr 1900 — das obligatorische Klassenbild der Prima mit dem Direktor der Schule — zeigt ihn im Kreis seiner Klassenkameraden. JASPERS hat auf dem Rand des Bildes die einzelnen Schüler den damals an seinem Gymnasium bestehenden drei Schülerverbindungen zugeordnet: „Obscura", „Prima", „Saxonia". Auf seine Person — in der zweiten Reihe, am linken Rand stehend — bezieht sich die Angabe „In keiner Vereinigung". In seinen autobiographischen Schriften „Elternhaus und Kindheit", geschrieben 1938, und „Ein Selbstportrait" (1966/67) erinnert sich JASPERS daran, daß sich die Primaner in drei „von dem Direktor ausdrücklich erlaubten Verbindungen [trafen], die in Nachahmung der Studentenverbindungen kneipten, Wanderungen machten, eine Überlieferung und alte Herren hatten und ein ungemein wichtig genommenes Zeremoniell befolgten". Nach JASPERS waren die Verbindungen durch die soziale Herkunft ihrer Mitglieder in sich abgestuft: Der „Obscura" gehörten die Söhne der höheren Beamten, der Offiziere und „des Reichtums" an, der „Prima" die Söhne „der Lehrer, Geistlichen und Teile des Mittelstandes" [1966: „der mehr geistigen Leute, wie Lehrer, Pfarrer"], der „Saxonia", die „Söhne der kleinen Bauern, der Handwerker und des übrigen Mittelstandes" (JASPERS 1938, S. 66f.). „Mein Entschluß war:" schreibt JASPERS, „‚ich trete keiner Verbindung bei, ich will nicht dazugehören.' Daß ich das sagte, war für den Direktor eine Beleidigung, denn er hatte die Verbindungen nicht nur erlaubt, er wünschte sie." In den Pausen standen die drei Verbindungen nach JASPERS in getrennten Gruppen an bestimmten Plätzen des Schulhofes zusammen, JASPERS allein für sich. „Ich erklärte: ‚Ausgangspunkt sind soziale Rangordnungen, an denen ich kein Teil habe' ". (JASPERS 1966, S. 19) Es ist nicht mehr zu klären, ob der Sohn des „Reichtums" — JASPERS' Vater gehörte als Bankdirektor, Aufsichtsratsvorsitzender eines großen Unternehmens in Oldenburg, Gutsbesitzer, Landtagsabgeordneter und Stadtratsvorsitzender zur Spitze der Oldenburger Gesellschaft — in seiner gymnasialen Oberstufenzeit eine Sensibilität für soziale Diskriminierungen entwickelt hatte, nachweisbar ist, daß seine Erinnerung an die von den Lehrern tolerierte, ja vom Direktor von den Schülern fast erzwungene Mitgliedschaft in einer Verbindung, falsch ist. Vier Jahre nach JASPERS' Abitur druckte der „Kirchliche Anzeiger für Stadt und Land Oldenburg" einen Appell des Direktors und des Lehrerkollegiums des Gymnasiums an Eltern und Kostgeber der Schüler ab, in dem von den drei verbotenen Verbindungen am Gymnasium berichtet wurde und in dem die Eltern mit allen Nachdruck aufgefordert wurden, die Teilnahme ihrer Söhne an diesen Verbindungen zu verhindern. Im gleichen Jahr, in dem „Traumulus" zu einer Theatersensation wurde, versuchten Primaner des Realgymnasiums zu Weimar, die wegen Mitgliedschaft in einer Schülerverbindung von der Anstalt verwiesen worden waren, vergeblich in die Prima einer anderen höheren Schule in Deutschland aufgenommen zu werden. (NATH 1906, S. 10)

Seit der 5. Pommerschen Direktoren-Versammlung im Jahre 1873 befaßten sich bis etwa 1910 fast jährlich Direktorenversammlungen der verschiedenen preußischen Provinzen mit dem Problem der Schülerverbindungen (KILLMANN 1890; VERHANDLUNGEN 1879—1910). 1878 gab der Gymnasialdirektor Dr. DUDEN vor der 5. Generalversammlung des Vereins von Lehrern an den höheren Unterrichtsanstalten der Provinz Hessen-Nassau und des Fürstentums Waldeck eine dramatische Zustandsbeschreibung dieser Verbindungen, die er für ein Übel fast aller Gymnasien hielt. Nach dem Vorbild studentischer Korporationen würden sie sich — unter dem Begriff „Konstitution" — Satzungen geben, die als unverletzlich betrachtet würden und auf welche die Neueintretenden feierlich verpflichtet würden. Auch die Schüler, die über die Tyrannei der Schule klagen würden, würden sich freiwillig und stolz der Herrschaft durch die älteren Mitglieder und zunächst einer äußerst unwürdigen Behandlung durch dieselben unterwerfen. (NATH 1906, S. 13) Nach einer Veröffentlichung des Gymnasialdirektors Dr. PILGER aus dem Jahr 1880 würde dem eintretenden Fuchs mit dem Herrn Fuchs— major eine „infallible Autorität" gegenüber stehen, die ihm unbegrenzte Befehle und Anweisungen geben könne; über der gesamten Verbindung throne der „Erste", der „hohe, wohlweise C. C.", dessen Aussprüchen „ewige Wahrheit" zugebilligt würde. PILGER gab eine detaillierte Darlegung des Unwesens der Schülerverbindungen, ihrer Strategien gegen Eltern und Lehrer, ihrer Trinkgelage und Ausschweifungen. (PILGER 1880) Bereits in der 2. Auflage der 1886 erschienenen SCHMIDschen Enzyklopädie wurde der Begriff „Schülerverbindung" aufgenommen. Der Autor des Artikels, DITTMAR, behandelte die Schülerverbindungen („Pennalkorps") als „eine Krankheitserscheinung an dem Organismus unserer höheren Lehranstalten, (...) die, früher nicht gekannt oder nicht beachtet, nun plötzlich aller Orten" sich zeige und „in verderblichster Weise“ wirke, sich in den letzten drei Jahrzehnten zu einem Übel entwickelt habe, „das wie ein Krebsschaden am Organismus der Schule“ fresse „und das Leben der Jugend im innersten Kern zu vergiften“ drohe. DITTMAR zitierte — als Beleg für seine dramatischen Thesen — aus der Konstitution eines 1877 gegründeten Verbandes mehrerer „Pennal-Couleure“ einer Region: „Drohender als je erhebt die Lüge, die Tyrannei ihre mächtigen Waffen gegen uns. Die Saat der Freiheit soll zertreten, die frohe, edle Jugendlust, der unverfälschte deutsche Sinn im Herzen der Jugend erstickt werden. (. . .) wer weiß, ob uns nicht drohend der Tag bevorsteht, wo die letzte Hand ermattet sinkt, die das Schwert der Freiheit geschwungen (. . .) denn unsere Feinde sind verbündet und haben mächtige Waffen zu ihrer Verfügung, während unsere Kräfte zersplittert sind.“ DITTMAR erklärte nach diesem Zitat: „*Diese* Freiheit ist die Auflehnung gegen das Gesetz und die Zucht der Schule, die eine arbeitsame, gottesfürchtige, gehorsame, gesetzes- und königstreue Jugend erziehen möchte und im Notfall zu Strafen (. . .) zu greifen gezwungen ist. Gegen diese Zucht der Schule rottet sich die Jugend zusammen (. . .). Ist das nicht ein Abbild jenes Parteiwesens in unserem politischen und Kulturleben, welches sich in bewußtem Widerstand gegen die von Gott geordnete Obrigkeit gesetzt hat?“ (DITTMAR 1886, S. 166ff.) Die Verbindungen würden die Zeit der Schüler in großem Umfang beanspruchen. Um ihnen die fehlende Zeit für die Schularbeiten zu ersetzen, würden unerlaubte Hilfsmittel für den Unterricht „systematisch organisiert“, würden Vereinsarchive angelegt, in die jedes Mitglied die von ihm angefertigten und vom Lehrer korrigierten deutschen und lateinischen Aufsätze abliefern müsse, welche dann, ebenso wie die angeschafften Klassikerübersetzungen, allen Mitgliedern zur Verfügung ständen. Eine besondere Gefahr sahen alle das Problem behandelnden Veröffentlichungen und Vorträge in der Verbindungsmitgliedschaft von Frühabgängern der jeweiligen Anstalten, die mit ihrem Einkommen die Biergelage finanzieren würden und dafür an der sozialen Ehre der gymnasialen Oberschüler partizipieren könnten: „Das größte Übel jedoch [neben der Mitgliedschaft älterer Akademiker], das wie ein Filzgewebe von Pilzfäden unausrottbar den Bemühungen der Schule spottet, bilden diejenigen Leute, die als Kommis, als Justiz- und Postlaufbahnsanwärter, als Volontäre oder Lehrlinge in kaufmännischen Geschäften u. dergl. m. am Orte leben und als Schüler einst der Verbindung angehört haben. Sie hängen an deren Fortbestehen mit einer Zähigkeit und einem Enthusiasmus, die etwas Verwunderliches, man könnte beinahe sagen, etwas Rührendes haben. (. . .) Frei von allen Fesseln, die die Zucht der Schule ihren Zöglingen auflegt, mit Geldmitteln versehen, die bei aller Geringfügigkeit doch ein Vielfaches des Taschengeldes ausmachen, das dem Durchschnittsprimaner zu Gebote steht, sind sie es, die die Höhe der Aufwendungen für die Verbindung, die die Zügellosigkeit bei den Gelagen steigern. Und die Dürftigkeit der Bildung, die Enge des geistigen Interesses (. . .), sie bestimmen nun das Niveau des geistigen Lebens in der Verbindung. Sie sind der eigentliche Sauerteig, der alles Niedrige, Ekle, Schlechte, das im Keime vorhanden ist, aufgehen, wachsen und zu üppiger Blüte gedeihen läßt." (NATH 1906, S. 19) Seit 1880 verfügte der Kultusminister, daß über jedes Mitglied einer Schülerverbindung „außer einer schweren Carcerstrafe das consilium abeundi" zu verhängen sei, eine den Schülern und Eltern schriftlich zuzustellende Erklärung, in welcher der Schüler darauf hingewiesen wurde, daß er bei der nächsten Verletzung der Schulordnung — unabhängig mit dem Zusammenhang der Abmahnung — von der Anstalt verwiesen würde. „Schüler, welche aus diesem Grund [Mitgliedschaft in einer Schülerverbindung] von einer Schule entfernt worden sind", bedurften nach diesem Erlaß für die Wahl der Anstalt, an welcher sie aufgenommen zu werden wünschten, die Genehmigung des betreffenden Provinzial Schulkollegiums (PSK). (ZENTRALBLATT 1880, S. 576)

1906 sah der Direktor des Realgymnasiums zu Nordhausen im Harz, Dr. NATH, in seiner Abhandlung „Schülerverbindungen und Schülervereine. Erfahrungen, Studien und Gedanken", zwischen „der Erziehungsschule" und den Schülerverbindungen einen „Kampf auf Tod und Leben" toben. Die Schule könne aber „nur mit den differenziertesten Mitteln" eingreifen, müsse versuchen, „mit gutartiger Lymphe unsere Jugend immun zu machen gegen fernere Ansteckung". (NATH 1906, S. IIIf.) Da Gerichte und Polizei die Lehrer in ihrem Versuch, die Schülerverbindungen aufzudecken, nicht genügend unterstützen würden, müßten die Lehrerkollegien subtilere Strategien entwickeln. Als ein besonders wirksames Rezept gegen die „Pest der Schülerverbindungen" beschrieb NATH von der Schule einzurichtende und zu kontrollierende Schülervereinigungen. — Bereits auf der ersten schlesischen Direktorenversammlung war 1867 ein Direktor für die Einrichtung von Schülerkränzchen unter der Leitung von Lehrern eingetreten. Nach anfänglichen Widerständen der Verwaltung und des Ministeriums wurde auf der Schulkonferenz von 1900 direkt zur Errichtung von Schülervereinigungen aufgefordert, um „dem Übelstande der geheimen Verbindungen und dem Kneipenwesen entgegenzuwirken, (...) Zucht und Gemeinsinn zu stärken und (...) Selbständigkeit und Verantwortlichkeitsgefühl zu fördern". (VERHANDLUNGEN 1901, S. 397) Die Vereine sollten als *„Sicherheitsventile"* verwandt werden. In einer Veröffentlichung von 1904 zum Thema „Schülervereine, Erfahrungen und Grundsätze" verglich der Rektor der Franckischen Stiftungen zu Halle, Dr. A. RAUSCH, unter Bezug auf die Ausführungen des Psychologen W. WUNDTS, die Schülervereine in ihren Beziehungen zu den Klassenverbänden mit dem Verhältnis der Vereine zu den sozialen Klassen der Gesellschaft. (RAUSCH 1904, S. 11, 68) Der Beschränkung der Freiheit durch die Zugehörigkeit zu den sozialen Klassen stünde die größere Handlungsfreiheit in den Vereinen gegenüber. „Wer diesen sozialen Trieb mit Gewalt hintenanhalten oder unterdrücken" wolle, „würde das Leben des Volkes und das Leben unserer Jugend nicht verstehen, er würde es vergewaltigen und müßte erfahren, daß die unterdrückte Neigung zum Vereinsleben sich in geheimen und unerlaubten Verbindungen Befriedigung" suche. Aus diesem ‚Naturrecht der Jugend' folgte für Rausch die eigenständige Leitung der Vereine, „weil bei der Leitung durch einen Lehrer der eigenartige Wert freier Selbstentfaltung in

Wegfall“ komme und sich „ein fremder Leiter“ zwischen Schüler und Lehrer „eindrängeln würde“. (RAUSCH 1904, S. 11, 45) Neben Turn- und Gesangsvereinen, Ruder- und Fechtclubs und literarischen Zirkeln wurden seit den 90er Jahren besonders die stenographischen Vereine gefördert. Nach einem Bericht auf der siebten rheinischen Direktorenversammlung von 1899 bestanden in diesem Jahr an den Gymnasien der Provinz: 25 Vereine für Turnen und Turnspiele, 3 für Rudern, 1 für Fechten, 8 für Literatur, 13 für Musik, 2 für Bibelkränzchen und 8 für Stenographie. (VERHANDLUNGEN 1899, S. 180) Aufgrund der Vereinsmode konnte der Kultusminister bereits 1905 die Direktoren der höheren Schulen zu einer liberaleren Handhabung der Schulbestimmungen ermuntern: „Von allen Anstalten wird den älteren Schülern im Leben außerhalb der Schule eine freiere Bewegung eingeräumt. So ist innerhalb gewisser Grenzen der Besuch von Wirtshäusern gestattet; mit Zustimmung der Direktoren bestehen Vereine zu löblichen Zwecken, und wenn es sich hie und da um besondere Vergnüglichkeiten handelt, legt die Schule, falls es sich mit ihrer Arbeit vereinigen läßt, kein Hindernis in den Weg.“ (ZENTRALBLATT 1905, S. 274)

Der Ursprung des Wandervogels lag — im Gegensatz zu seinem Selbstverständnis und der ihm zugestandenen Interpretation als Protestbewegung — in dem dargelegten Versuch der Schulbehörde und der Direktoren einzelner Gymnasien, die Schülerverbindungen durch von der Schule kontrollierte Vereine zu ersetzen und die außerschulischen Aktivitäten der Mittel- und Oberstufenschüler aufzufangen und zu kanalisieren. Er war Teil der auf der Schulkonferenz von 1900 bereits als „Sicherheitsventil“ angepriesenen Vereinsgründungen. Der Wandervogel bedeutete — im Gegensatz zu dem beispielsweise von WYNEKEN ausgedrückten Selbstverständnis (WYNEKEN 1914) — weder ein „beispielloses Aufatmen und Erwachen der Jugend“ noch regte er „die jungen Menschen zu einem eigenen Lebens- und Gestaltungswillen an“. Weder zum Wandern noch zur Artikulation jugendlichen Protestes hätte es des Wandervogels und der Gruppen der deutschen Jugendbewegung bedurft. Während des gesamten 19. Jahrhunderts war Wandern sowohl ein Bestandteil des offiziellen Schulangebots wie der jugendlichen Subkultur.

Dennoch entwickelte die Jugendbewegung eine Eigendynamik, die nur zu erklären ist aus dem Zusammenwirken aller Faktoren, die im vorausgehenden Text dargestellt worden sind. Die auffallende „Verjugendlichung“ der Bevölkerung des Kaiserreichs durch abnehmende Sterblichkeitsraten und höhere Geburtenzahlen seit 1870, die vor allem in den Großstädten sichtbar wurde, die Berufsproblematik der bürgerlichen Jugend, die wechselseitige Beeinflussung von Autoren und Publikum in bezug auf den Jugendkult, die Ermöglichung von reformpädagogischen Alternativschulen durch ein reformbereites Publikum und die starke Resonanz des Bürgertums auf weltanschauliche Alternativen zum bestehenden Gesellschaftssystem, dies alles erzeugte eine Mentalität, die aus der Kanalisierung des Freizeitverhaltens aufsässiger Oberstufenschüler eine Bewegung machte, die sich einer Kontrolle des Staates nun weitgehend entzog und eine Dynamik entfaltete, die weite Kreise der bürgerlichen Jugend in ihren

Bann schlug. Die Ideale der Jugendbewegung, die 1913 in der MEISSNER-Formel ihren Ausdruck fanden „Die Freideutsche Jugend will aus eigener Bestimmung, vor eigener Verantwortung, mit innerer Wahrhaftigkeit ihr Leben gestalten" waren so formuliert, daß sich jede reformbereite, nach neuen Lebenskonzepten suchende Gruppierung darin wiederfinden konnte. Gleichzeitig führte die offene Formulierung der angestrebten Ziele zu verschiedenen Interpretationen und unterschiedlichen Konkretisierungen, so daß die Geschichte der Jugendbewegung durch permanente Gruppenabspaltungen und -neuformierungen gekennzeichnet ist. Wenn die Jugendbewegung in ihrer weiteren Entwicklung auch keine gesteuerte Bewegung war, so kam sie doch den Intentionen des Staates entgegen, ganze Geburtenkohorten für die „strukturelle Dequalifizierung" (BOURDIEU 1982, S. 243) wenn nicht zu entschädigen, so doch in ihrem revolutionären Potential weltanschaulich umzulenken auf idealistisch — gesellschaftsferne Gemeinschaftsmodelle, die im Kaiserreich noch keinerlei gesellschaftsverändernde Intentionen aufwiesen. Große Teile der etablierten Erwachsenengeneration begleiteten und unterstützten daher die Jugendbewegung mit Sympathie und Engagement. (Zur Ergänzung meiner — hier nur kurz gefaßten Darlegung — vgl. besonders die Arbeit von JÜRGEN OELKERS, 1989 und den Aufsatz von HEINZ-ELMAR TENORTH „Reformpädagogik — erneuter Versuch, ein erstaunliches Phänomen zu verstehen", in: ZfP, Jg. 40, Heft 4, S. 585—604.)

7. DIE LANDERZIEHUNGSHEIME

1897 veröffentlichte HERMANN LIETZ die Programmschrift „Emlohstobba. Roman oder Wirklichkeit. Bilder aus dem Schulleben der Vergangenheit, Gegenwart oder Zukunft?" LIETZ, der nach einem Studium der Theologie und Philologie 1892 die Prüfung als Oberlehrer bestanden hatte und nach erfolgloser Tätigkeit an privaten Progymnasien einige Monate an dem englischen Internat Abbotsholme tätig war, schilderte in diesem Roman (sich selbst unter dem Anagramm seines Vornamens: Namreh verkörpernd) den Traum einer neuen Schule — Emlohstobba — als Anagramm von Abbotsholme: „Namreh sieht im Traum [mit Begeisterung], wie Millionen von Kindern lautjubelnd" einen großen Scheiterhaufen umtanzen auf dem ihre Schulbücher verbrennen. „Zornig sucht eine Schar meist bebrillter, ziemlich grämlich dreinschauender Leute, sie in ihrem Freudenfeste zu stören. (. . .) Es sind die ‚Altphilologen'. Namreh vernimmt ihren Klagegesang über das Hereinbrechen der Barbarei und des Obskurantismus, über den Weltuntergang der Wissenschaft." (LIETZ 1897, S. 68f.)

LIETZ, 1868 auf der Insel Rügen als Sohn eines Gutsbesitzers geboren, besuchte — als auswärtiger Schüler in der Familie eines ortsansässigen Lehrers lebend („Pensionsschüler") — die Gymnasien in Greifswald und Stralsund, legte 1888 das Abitur ab und studierte in Halle und Jena Philosophie, Deutsch, Religion und Hebräisch zum Erwerb der Lehrbefähigung für die höheren Schulen. Auf Empfehlung REINS nahm er 1896 für ein Jahr eine Stelle als Lehrer an dem englischen Internat Abbotsholme an. Nach einem halbjährigen Ergänzungsstudium der Chemie, des Zeichnens und Turnens in Berlin gründete er 1898 ein Internat in Ilsenburg im Harz. Abbotsholme war 1889 von dem englischen Schulreformer Dr. REDDIE als Reforminternat gegründet worden und in Abhebung von den übrigen englischen Internatsschulen, den public schools als „New School" bezeichnet worden. (LIETZ 1922, bes. S. 102ff.)

LIETZ übertrug seine Erfahrungen — ebenso wie der zur gleichen Zeit in Abbotsholme tätig gewesene Franzose DEMOLINS auf das eigene nationale Schulwesen, vermied aber — im Gegensatz zu DEMOLINS' „Ecole nouvelle" — die Übernahme der englischen Benennung und wählte den Namen „Landerziehungsheim".

Sowohl die Idee wie der Name waren von LIETZ in einem günstigen historischen Moment in die öffentliche Diskussion eingeführt worden. In Erwartung einer völligen Gleichstellung der drei Typen der höheren Schulen hatte sich das Interesse der Öffentlichkeit seit den Lehrplanerlassen von 1892 von der äußeren Schulorganisation wieder den Problemen der Erziehung und inneren Schulreform zugewandt, gefördert durch unzählige Veröffentlichungen zu Fragen der Schulhygiene, der Sexualerziehung (u. a. der Gefahren der Syphilis und Onanie), zum Alkoholmißbrauch und den Mißständen der Großstädte.

In den vielen Kleinstädten, deren Bewohner und Gymnasien von den zahlreichen Schülern abhängig waren, die als auswärtige Schüler in „Pension" lebten, hatten sich diese Schüler ein Verhalten angemaßt, daß die Öffentlichkeit zunehmend beunruhigte und die Eltern, die als Großgrundbesitzer oder als auf dem Lande lebende Rentiers auf diese Pensionen angewiesen waren, verunsichert. In den Großstädten befürchteten immer mehr Eltern den Verlust ihrer Kontrolle und die Ausschweifungen ihrer Kinder. Die Internate, in Frankreich und England der Regelfall, waren zu einem zeittypischen Bedarf geworden. LIETZ, aus eigener Erfahrung mit den Problemen eines auswärtigen Schülers vertraut, an die Lebensverhältnisse einer kinderreichen Gutsbesitzerfamilie gewöhnt, an gleichmäßiger Lehrtätigkeit uninteressiert und bereits bei der ersten normalen Amtstätigkeit nach weniger als einem Jahr (1896) gescheitert, fanatischer Antialkoholiker und romantischer Bewunderer der „in sich abgeschlossene(n), einfache(n), schlichte(n) (...) doch so unendlich reichen Welt" der Insel Rügen, entdeckte *die* Marktlücke für einen Schulreformer. (LIETZ 1922, S. 4)

Fern von dem unruhigen Treiben der Großstadt, den staubigen und ungesunden Straßen mit den bedrohlichen — moralischen — Gefahren sollten seine Schüler in einer Umgebung unterrichtet werden, die dem Ambiente der von ihm umworbenen Eltern entsprach: den Großgrundbesitzern und Unternehmern, Großkaufleuten und Rentiers.

Durchstößt man den Nebel des verworrenen Reformjargons und nähert sich der Realität der Heime bleibt nicht mehr viel übrig als die Verbindung des Unterrichts einer normalen städtischen Halbtagsschule mit der Freiheit eines Schülers in einer normalen bürgerlichen Familie außerhalb der Schulzeit. Der Lehrplan entsprach dem der Oberrealschule des Landes, in dem ein Heim eingerichtet wurde, Latein und Griechisch wurden fakultativ angeboten, Studien- und Einjährigenberechtigung konnte nur durch Prüfungen an staatlichen oder staatlich anerkannten höheren Schulen erworben werden. Die den Eltern vierteljährlich mitgeteilten Zeugnisse bezogen sich auf die Ebene: „Leibliches Ergebnis und äußere Führung", „Sittlich religiöses Ergebnis" und „Geistiges Ergebnis" und wurden mit den Noten I (dem Können stets und völlig entsprechend), II (dem Können meist und ziemlich entsprechend), III (dem Können selten und wenig entsprechend) und IV (dem Können nie entsprechend) bewertet.

Neben der sozialen Abschottung seiner Schüler (der Pensionspreis lag bei 1200 bis 2000 Mark jährlich) — die in keiner öffentlichen Schule der deutschen Staaten zu keinem Zeitpunkt auch eine annähernde Tendenz erreicht hatte — trennte LIETZ zur einfacheren Handhabung der Disziplin auch die Altersgruppen und wies sie getrennten, weit von einander liegenden Anstalten zu: Ilsenburg im Harz (gegründet 1898) für die Unterstufe, Haubinda in Sachsen-Meiningen (gegründet 1901) für die Mittelstufe und Bieberstein bei Fulda (gegründet 1904) für die Oberstufe.

Gegenüber der absoluten Achtung der familiaren Vertrautheit durch die Lehrer der öffentlichen höheren Schulen unterwarf LIETZ die Eltern und Schüler seiner Anstalten inquisitorischen Befragungen und Kontrollen. Bereits bei der Anmeldung ihrer Kinder mußten die Eltern ein vierseitiges „Formular" ausfüllen, dessen Fragen sich auf die intimsten Bereiche bezogen. Erstmals in der Geschichte der deutschen Schule im 19. Jahrhundert wurde neben der „Religion und Konfession" nach der „Abstammung" gefragt und die mögliche Antwort in „indogermanische?" und „semitische?" vorgegeben, erstmals mußten sich die Eltern in einem Fragebogen die Antwort zumuten, ob ihr Sohn „seine Gliedmaßen in seiner Gewalt" habe (für begriffsstutzige Eltern war der Begriff „Selbstbefleckung" in Klammern als Erklärung beigefügt). In den Ratschlägen zur Ausfüllung des Fragebogens wurde deutlich hervorgehoben, daß das „Verschweigen von irgendetwas Bemerkenswertem" zwecklos sei, da man es von den Kindern selbst erfahren werde. (Vgl. LIETZ 1922, S. 187ff.)

Die häufigen und intensiven Auseinandersetzungen zwischen LIETZ und seinen Lehrern führten immer wieder zu Trennungen („Sezessionen") und zum Teil eigenen Heimgründungen durch die Ausgeschiedenen: so durch MARSEILLE, und durch GEHEEB und WYNEKEN, die zunächst gemeinsam die „Freie Schulgemeinde" in Wickersdorf gründeten.

Für GUSTAV WYNEKEN, der den Wandervogel erst durch BLÜHERS Geschichte des Wandervogels wahrnahm, waren dessen Aktivitäten zu schülerhaft und romantisch, eher Ausdruck ‚geistiger Unterernährung' als politischem Engagement. ‚Wandern' sollte die Jugend ‚auf geistigem Gebiete', das Ziel sollte „eine Idee, eine Aufgabe, ein Ideal sein", die Idee sollte die „Jugend" als „neue Selbstentfaltung des Lebens" sein, die Realisierung dieser Ideen sollte die „neue Schule, die freie Schulgemeinde" gewährleisten. Die „neue Schule" sollte durch die Selbstbestimmung der Jugend geprägt sein, eine „emanzipierte Jugend" sollte ihr eigentliches Ziel sein. Weil sich Jugend aber ohne von Erwachsenen darauf vorbereitet zu werden, allein durch sich selbst bestimmen sollte, konnte WYNEKEN ihr als „eigenste Aufgabe" nur das Ziel nennen: „jung zu sein", d. h. sich eine „durch das Leben noch nicht gebrochene und verbogene Glaubens- und Begeisterungfähigkeit", ein Bedürfnis „nach letzten und unbedingten Werten" zu bewahren. „Jung sein" war nach Wyneken „das einzige, durch nichts ersetzbare Gut, daß sie [die Jugend] der Menschheit liefern kann". (WYNEKEN 1914)

Wie unterschiedlich auch die Bewertung des Programms und der Realität der freien Schulgemeinden ausfallen mag, unbestreitbar bleibt, daß die schulische Organisation der WYNEKENschen Anstalt immer wieder durch WYNEKEN selbst in ein unbeschreibliches Chaos verwandelt wurde und daß WYNEKEN wegen sexueller Belästigung minderjähriger Schüler seiner „Freien Schulgemeinde" 1921 von einem Gericht zu einer Freiheitsstrafe verurteilt wurde. Den späteren Versuch der Anhänger WYNEKENS, diese Verurteilung in eine politische Intrige zu verwandeln, hat WYNEKEN durch seine eindeutige Kommentierung dieser Vorgänge in seiner Schrift „Eros" jegliche Berechtigung entzogen. (WYNEKEN 1922)

8. SCHLUSSBEMERKUNG

Mit der BLÜHERschen Geschichte des Wandervogels begann durch dessen eigenwillige Interpretation der Vorgänge zugleich die Idealisierung und Verherrlichung des Wandervogels und seiner Nachfolgegruppen zu einer — die Verbindungsmentalität überwindende — jugendlichen Protestbewegung, die sich nahezu bruchlos mit der WYNEKENschen „Jugendkultur" (WYNEKEN 1919 b) verbinden ließ und der HERMAN NOHL nach dem Ersten Weltkrieg die pädagogische Weihe verlieh: „Das Ideal der Väter war demgegenüber bürgerlich, ängstlich auf das Fortkommen und das sichere Leben bedacht, immer bereit, den Pflock des Ideals ein Loch zurückzustecken, wenn die Anstellung in Frage stand, und mit einer Schätzung von äußerem Rang und wirtschaftlichem Erfolg, für die diese Jugend kein Verständnis mehr hatte. Ihr schien die Welt nicht des Lebens wert zu sein, wenn ihr Sinn nur Verdienen, Kleider und Titel und schließlich der individuelle Genuß sein sollte. (. . .) die junge Generation fühlte sich bewußt als in einer Bewegung, deren letzter Sinn war: ‚aus eigener Bestimmung, vor eigener Verantwortung, mit innerer Wahrhaftigkeit ihr Leben zu gestalten'. (‚Meißnerformel', [. . .]). (. . .) Und bald erschien hinter all diesem ein neuer Lebenstypus und ein neuer Lebensstil als der tiefere Sinn jener ersten Erscheinungen: das Öffnen des engen Lebensraumes der bürgerlichen Welt in eine neue metaphysische Unendlichkeit". (NOHL 1963 [1933], S. 15f.)

Gemessen an dem NOHLschen Anspruch hat die Mehrheit der Jugendlichen versagt. Statt einem Entgleiten in die „neue metaphysische Unendlichkeit" verblieben sie in den traditionellen Protestformen der höheren Schüler, d. h. nach NOHL im „engen Lebensraum der bürgerlichen Welt". Diese bürgerliche Welt hatte gerade im Kaiserreich einen so komplexen und sowohl politisch wie sozial und kulturell so vielseitigen „Lebensraum“ eröffnet, daß sie der Mehrheit der Schüler die neue reale Endlichkeit die vielfältigsten Lebensperspektiven und Handlungsalternativen eröffnete.

WALTER BENJAMIN verglich noch 1911 — damals Schüler der Prima eines Berliner Vorortgymnasiums — in der Schülerzeitschrift „Der Anfang“ die Schüler der Oberstufen der höheren Schulen mit dem „Dornröschen, das schläft und den Prinzen nicht ahnt, der naht, es zu befreien“. (BENJAMIN 1991, S. 9) Die Gymnasiasten benötigten am Beginn des 20. Jahrhunderts nicht den Kuß der Jugendbewegung, um sich als eigenständige und handlungsfähige Personen zu realisieren. Sie waren in ihrer Mehrzahl gebildet, aber nicht gelehrt, sie waren kritisch, aber nicht revolutionär. Sie hätten zu den verschiedenen Zeitpunkten ihres Lebens mit MAX PLANCK — 1874 Abiturient eines Münchner Gymnasiums — übereingestimmt: „Ich grüße das Geschick, das mir eine humanistische Bildung hat zu Teil werden lassen. Die griechischen und römischen Klassiker würde ich nicht um die Welt aus meiner Erinnerung entfernt wissen wollen.“ (HERMANN 1977, S. 7) Sie werden in der Mehrzahl zwar nicht die Begeisterung des Oberrealschülers OTTO HAHN entwickelt haben, der, nachdem er 1897 sein Abitur abgelegt hatte, noch begann Griechisch zu lernen und seine Gesprächspartner bis ins hohe Alter durch das Zitieren langer Passagen aus Homers „Ilias“ verblüffte, aber sie erwarben zugleich durch die Teilnahme am altsprachlichen Unterricht ein Persönlichkeitsbewußtsein, das OTTO HAHN trotz seiner Genialität und seiner herausragenden Leistungen versagt geblieben war. Noch 1950; als Präsident der Max-Planck-Gesellschaft; hatte er den damaligen Bundespräsidenten HEUSS gegenüber seine Unsicherheit zur Wahrnehmung dieser Position angedeutet, da er nur Oberrealschüler gewesen sei. (BERNINGER 1969, bes. S. 92)

Die Schüler aller Typen der höheren Schulen wurden von Lehrern unterrichtet, die, wenn sie den Unterricht in den jeweiligen Oberstufen übernahmen, besonders für ihre Lehrfächer durch wissenschaftliche Kompetenzen ausgewiesen waren. Die Institutionalisierung des akademischen Lehramts am Beginn des 19. Jahrhunderts und die damit ermöglichte Aufwertung der philosophischen Fakultät hatte durch das Studentenpotential den jeweiligen Ausbau und Differenzierungsprozeß der philosophischen Fakultäten im Verlauf des 19. Jahrhunderts ermöglicht. Die sich immer stärker verzweigenden Disziplinen innerhalb der philosophischen Fakultäten, deren fachspezifische Ansprüche die Ausrichtung auf das Lehramt immer mehr zurückgedrängt hatten, hatten das Lehramt gerade durch die Distanz zur Schule auf ein hohes wissenschaftliches Niveau gestellt. In den umfangreichen „Special Reports on Educational Subjects“, die vom englischen Parlament auf der Grundlage umfangreicher Untersuchungen herausgegeben wurden, analysiert im dritten Band M. E. SADLER „Problems in Prussian Secondary Education for Boys, with special reference to similar questions in England“ (1898). Im Vergleich mit den Lehrern an den englischen Schulen stellt SADLER für die preußischen Schulen fest: „One of the most pleasing traits in German books about education is the hearty and almost affectionate acknowledgement which is always made of the self-devotion of the teachers. And the foreign student who visits their schools well knows how unfailing is their courtesy, how wide and exact their knowledge of the conditions of their work, how ready they are at all times and even at the cost of much inconvenience to explain and illustrate their methods, to compare and analyse their results. The German secondary schoolmaster believes, and rightly believes, that his country leads the world in thoroughness and precision of thought on a certain range of educational problems. He lives in an atmosphere of inquiry into the scientific aspects of his work. He is not an amateur. He is conscious of being a member of a learned profession. He knows that there lies round him a body of precise and formulated knowledge as to the conditions of teaching. To this body of knowledge he is ever seeking to make some contribution, to add a stone to the edifice which has been building for generations. He knows the limits of originality. He is warned off by recorded failures from entering upon paths which may look attractive, but have been proved to be no thoroughfares. He does not over-value desultory and disconnected experiments. (. . .) He knows that his work will be subjected to expert criticism, and he prefers to have it so." (SADLER 1898, S. 182)

Die Schüler der öffentlichen höheren Schulen wurden sowohl von der Willkür alleinerziehender und unterrichtender Eltern als auch von den „Originalen" in den Privatschulen verschont.

LITERATUR

BARBIZON, G./BERNFELD, S. (Hrsg.): Der Anfang. Zeitschrift der Jugend. Erstes Jahr Berlin/Wien, H. 1. Mai 1913 bis 2. Jahr Berlin/Wien, H. 2/3. Juni 1914.

BENJAMIN, W.: Dornröschen. In: BENJAMIN, W.: Gesammelte Schriften. Bd. II,1: Aufsätze, Essays, Vorträge. Werkausgabe. Hrsg. von TIEDMANN, R./-SCHWEPPENHÄUSER, H. Frankfurt a. M. 1991, S. 9—12.

BERNFELD, S.: Über den Begriff der Jugend. In: BERNFELD, S.: Sämtliche Werke in 16 Bänden. Hrsg. von ULRICH HERRMANN. Bd. 1: Theorie des Jugendalters. Weinheim/Basel 1992, S. 43—137.

BERNINGER, E.: Otto Hahn — Eine Bilddokumentation. Persönlichkeit, wissenschaftliche Leistung, öffentliches Wirken. München 1969.

BLANKERTZ, H.: Geschichte der Pädagogik und Narrativität. In: Zeitschrift für Pädagogik 29 (1983,1), S. 1—9.

BLÜHER, H.: Wandervogel. Geschichte einer Jugendbewegung. Berlin 1. Teil 1912, 2. Teil 1913.

BOURDIEU, P.: Die feinen Unterschiede. Kritik der gesellschaftlichen Urteilskraft. Frankfurt a. M. 1982.

DILTHEY, W.: Über das Studium der Geschichte der Wissenschaften vom Menschen, der Gesellschaft und dem Staat (1875). In: DILTHEY, W.: Gesammelte Schriften. Bd. 5. Stuttgart [4]1964, S. 31—73.

DITTMAR: Schülerverbindungen. In: Schmid, K. A.: Enzyklopädie 1886. Bd. 7, Teil 2, S. 166—178.

DUDEN: Über Schülerverbindungen. In: Protokoll der 5. Generalversammlung des Vereins von Lehrern an den höheren Unterrichtsanstalten der Provinz Hessen-Nassau und des Fürstentums Waldeck 1878. Fulda 1879, S. 13—33.

FLITNER, W.: Erinnerungen 1889—1945. Wilhelm Flitner Gesammelte Schriften. Bd. 11. Hrsg. von ERLINGHAGEN, K./FLITNER, A./HERRMANN, U. Paderborn/München u. a. 1986.
GRAF, A.: Schülerjahre. Erlebnisse und Urteile namhafter Zeitgenossen. Berlin 1912.
GROSSMITH, G./GROSSMITH, W.: The Diary of a Nobody. Bristol 1892.
HASENCLEVER, W.: Der Sohn. Ein Drama in fünf Akten. Leipzig 1917.
HEGEL, G. W. F.: Grundlinien der Philosophie des Rechts oder Naturrecht und Staatswissenschaft im Grundrisse. Mit Hegels eigenhändigen Notizen und den mündlichen Zusätzen. Werke in zwanzig Bänden. Theorie Werkausgabe. Bd. 7. Frankfurt a. M. ²1982 (zuerst 1821).
HERMANN, A.: Max Planck in Selbstzeugnissen und Bilddokumenten. Reinbek ²1977.
HERRMANN, U.: Über „Bildung" im Gymnasium des wilhelminischen Kaiserreichs. In: KOSELLEK, R. (Hrsg.): Bildungsgüter und Bildungswissen. Stuttgart 1990, S. 197—219.
HERRMANN, U.: Pädagogisches Denken und Anfänge der deutschen Bildungsgeschichte. In: BERG, CH. (Hrsg.): Handbuch der deutschen Bildungsgeschichte. Bd. 4. München 1991, S. 147—178.
HEYDORN, H.-J./KONEFFKE, G.: Zur Bildungsgeschichte des deutschen Imperialismus. Die Schulkonferenzen von 1890, 1900 und 1920. In: HEYDORN, H.-J./KONEFFKE, G.: Studien zur Sozalgeschichte und Philosophie der Bildung II: Aspekte des 19. Jahrhunderts in Deutschland. München 1973, S. 179—280.
HILLE, P.: Das Recht der Kindheit. Ein Mahnwort. In: HILLE, P.: Gesammelte Werke. Hrsg. von seinen Freunden. 2. Bd.: Gestalten und Aphorismen. Berlin/Leipzig 1904, S. 103f.
HOFMANNSTHAL, H. VON.: Ein Brief. In: „Der Tag", Berlin 18. und 19. 10. 1902. In: KILLY, W. (Hrsg.): Die Deutsche Literatur. Texte und Zeugnisse. Bd. 7: Zwanzigstes Jahrhundert 1880—1933. München 1967, S. 312—321.
HOLZ, A./JERSCHKE, O.: Traumulus. Tragische Komödie. In: HOLZ, A./JERSCHKE, O.: Deutsche Bühnenspiele. Dresden o. J.
JANZ, C. P.: Friedrich Nietzsche Biographie. Bd. 1: Kindheit und Jugend. Die zehn Baseler Jahre. München/Wien 1978.
JASPERS, K.: Elternhaus und Kindheit (1938). In: SANER, H. (Hrsg.): Karl Jaspers. Schicksal und Wille. Autobiographische Schriften. München 1967, S. 39—108.
JASPERS, K.: Ein Selbstportrait (1966/67). In: SANER, H. (Hrsg.): Karl Jaspers. Schicksal und Wille. Autobiographische Schriften. München 1967, S. 15—38.
JUGEND IN WIEN. Literatur um 1900. Sonderausstellungen des Schiller-Nationalmuseums. Katalog Nr. 24. Hrsg. von ZELLER, B. Ausstellung und Katalog: GREVE, L./VOLKE, W. Stuttgart 1974.
KEY, E.: Das Jahrhundert des Kindes. Berlin ¹⁵1911.
KILLMANN, M.: Die Direktoren-Versammlungen des Königreichs Preußen von 1860 bis 1889. Die Meinungsäußerungen, Wünsche, Anträge und Beschlüsse der Mehrheiten nebst einzelnen Berichten und Verhandlungen in Auszügen oder wörtlicher Wiedergabe. Berlin 1890.
KILLY, W. (Hrsg.): Die Deutsche Literatur. Texte und Zeugnisse. Bd. 7: Zwanzigstes Jahrhundert 1880—1933. München 1967.
KINDT, W. (Hrsg.): Die Wandervogelzeit. Quellenschriften zur deutschen Jugendbewegung 1896—1919. Dokumentation der Jugendbewegung, II. Düsseldorf/Köln 1968.
KÖNIG, H.: Imperialistische und militaristische Erziehung in den Hörsälen und Schulstuben Deutschlands 1870 bis 1960. Vorlesungen. Berlin/DDR 1962.
KRAUL, M.: Bildung und Bürgerlichkeit. In: KOCKA, J. (Hrsg.): Bürgertum im 19. Jahrhundert. Deutschland im europäischen Vergleich. Bd. 3. München 1988, S. 45—73.
KUTSCHER, A.: Frank Wedekind. Sein Leben und seine Werke. Bd. 1. München 1922, S. 205—230.
LAGARDE, P. DE: Über die Klage, daß der deutschen Jugend der Idealismus fehle. In: LAGARDE, P. DE: Schriften für das deutsche Volk. Bd.1: Deutsche Schriften. München 1924, S. 430—442.

LANGBEHN, A. J.: Rembrandt als Erzieher. Von einem Deutschen. Leipzig [50]1922.

LIEBKNECHT, K.: Die proletarische Jugend in der Revolution. In: LIEBKNECHT, K.: Gesammelte Reden und Schriften. Bd. IX: Mai 1916–15. Januar 1919. Berlin/DDR 1968, S. 626–629.

LIETZ, H.: Emlohstobba. Roman oder Wirklichkeit. Bilder aus dem Schulleben der Vergangenheit, Gegenwart oder Zukunft? Berlin 1897.

LIETZ, H.: Lebenserinnerungen. Von Leben und Arbeit eines deutschen Erziehers. Beckenstedt a. Harz [3]1922.

MANN, H.: Haltlos. In: MANN, H.: Das Gute im Menschen. Novellen 2. Düsseldorf/Berlin 1982, S. 7–57.

MANN, H.: Der Untertan. In: MANN, H.: Werkauswahl in 10 Bänden. Bd. 1. Düsseldorf 1976.

MANN, TH.: Buddenbrooks. Verfall einer Familie. In: MANN, TH.: Gesammelte Werke in zwölf Bänden. Bd. 1. Frankfurt a. M. 1960.

MANN, TH.: Der Bajazzo. In: MANN, TH.: Der kleine Herr Friedemann und andere Novellen. Berlin 88 o. J., S. 73–114.

MANN, TH.: On Myself. In: MANN, TH.: Gesammelte Werke in dreizehn Bänden. Bd. XIII. Frankfurt a. M. 1974, S. 127–169.

MANNHEIM, K.: Das Problem der Generationen. In: MANNHEIM, K.: Wissenssoziologie. Neuwied/Berlin 1964, S. 509–565 (zuerst 1928).

MEYER, C. F.: Das Leiden eines Knaben. In: MEYER, C. F.: Sämtliche Werke. In vier Bänden. Bd. 3: Novellen. Berlin o. J., S. 295–350.

MÜLLER, D.-K.: Sozialstruktur und Schulsystem. Aspekte zum Strukturwandel des Schulwesens im 19. Jahrhundert. Göttingen 1977.

MÜLLER, D.-K.: Sozialstruktur und Schulsystem. Aspekte zum Strukturwandel des Schulwesens im 19. Jahrhundert. Göttingen 1981.

NATH, M.: Schülerverbindungen und Schülervereine. Erfahrungen, Studien und Gedanken. Leipzig/Berlin 1906.

NIETZSCHE, F.: Der Wille zur Macht. Versuch einer Umwerthung aller Werthe. Aus dem Nachlaß 1884/88. Nietzsches Werke. Bd. IX. Stuttgart 1921.

NIPPERDEY, TH.: Deutsche Geschichte 1866–1918. Bd. 1: Arbeitswelt und Bürgergeist. München 1990.

NIPPERDEY, TH.: Deutsche Geschichte 1866–1918. Bd. 2: Machtstaat vor der Demokratie. München 1992.

NOHL, H.: Die pädagogische Bewegung in Deutschland und ihre Theorie. Frankfurt a. M. [6]1963 (zuerst 1933).

OELKERS, J.: Reformpädagogik. Eine kritische Dogmengeschichte. Weinheim/München 1989.

PAULSEN, F.: Väter und Söhne. In: PAULSEN, F.: Gesammelte pädagogische Abhandlungen. Hrsg. von E. SPRANGER. Stuttgart 1912 a, S. 497–516.

PILGER, R.: Über das Verbindungswesen auf norddeutschen Gymnasien. Berlin 1880.

RAUSCH, A.: Schülervereine, Erfahrungen und Grundsätze. Halle a. S. 1904.

SADLER, M. E.: Problems in Prussian Secondary Education for Boys, with Special Reference to Similar Questions in England. In: Education Department Special Reports on Educational Subjects. Vol. 3. London 1898, S. 83–252.

SCHMID, K. A. (Hrsg.): Enzyklopädie des gesamten Erziehungs- und Unterrichtswesens. Gotha, Bd. 1 (1859) bis Bd. 11 (1887).

SCHMID, K. A. (Hrsg.): Enzyklopädie des gesamten Erziehungs- und Unterrichtswesens. Bd. 7. Leipzig [2]1886.

SCHMITZ, O. A. H.: „Wenn wir Frauen erwachen ...". Ein Sittenroman aus dem neuen Deutschland. München/Leipzig 1913.

STRAUSS, E.: Freund Hein. Eine Lebensgeschichte. Berlin [11]1905

TENORTH, H.-W.: „Reformpädagogik" – erneuter Versuch, ein erstaunliches Phänomen zu verstehen. In: Zeitschrift für Pädagogik 40 (1994), S. 585–625.

TROMMLER, F.: Mission ohne Ziel. Über den Kult der Jugend im modernen Deutschland. In: KOEBNER, TH., JANZ, R.-P., TROMMLER, F. (Hrsg.): „Mit zieht die neue Zeit." Der Mythos Jugend. Frankfurt am Main 1985, S. 14—49.

TURGENJEW, I. S.: Väter und Söhne. In: TURGENJEW, I. S.: Romane. München 1964, S. 301—492.

VERHANDLUNGEN der Direktoren-Versammlungen in den Provinzen des Königreichs Preußen seit dem Jahre 1879. Berlin. Bd. 1 (1879) bis Bd. 96 (1928).

VERHANDLUNGEN über Fragen des höheren Unterrichts. Berlin 6.—8. Juni 1900. Hrsg. im Auftrage des Ministers der geistlichen, Unterrichts- und Medizinal-Angelegenheiten. Halle a. S. 1901.

WEDEKIND, F.: Kinder und Narren. Lustspiel in vier Aufzügen. München 1891. (Neufassung und Titel: Die junge Welt. Comödie mit drei Aufzügen und einem Vorspiel. Berlin 1897). In: KUTSCHER, A.: Frank Wedekind. Sein Leben und seine Werke. Bd. 1. München 1922, S. 205—230.

WEHLER, H.-U.: Kritik und kritische Antikritik. In: Historische Zeitschrift 225 (1977), S. 347—384.

WEHLER, H.-U.: Das deutsche Kaiserreich 1871—1918. Göttingen. 6. bibliographisch erneuerte Auflage, 1988.

WEHLER, H.-U.: Deutsche Gesellschaftsgeschichte. 2 Bde. 1. Bd.: Vom Feudalismus des Alten Reiches bis zur Defensiven Modernisierung der Reformära 1700—1815; 2. Bd.: Von der Reformära bis zur industriellen und politischen „Deutschen Doppelrevolution" 1815—1845/49. München 1987.

WILDENBRUCH, E. VON: Kindertränen. In: Gesammelte Werke. Bd. 6. Hrsg. von LITZMANN, B. Berlin 191913, S. 1—53.

WOLZOGEN, E. VON: Werthers Leiden in Sexta. In: Heiteres und Weiteres. Kleine Geschichten. Stuttgart 1868.

WYNEKEN, G.: Was ist „Jugendkultur"? Öffentlicher Vortrag gehalten am 30. Oktober 1913 in der Pädagogischen Abteilung der Münchner Freien Studentenschaft. Schriften der Münchner Freien Studentenschaft. Heft 1. München ^{3}1914.

WYNEKEN, G.: Schule und Jugendkultur. Jena 1919 a, S. 33—43 (zuerst 1913).

WYNEKEN, G.: Jugendkultur. In: WYNEKEN, G.: Der Kampf für die Jugend. Gesammelte Schriften. Jena 1919 b, S. 122—127.

WYNEKEN, G.: Eros. Lauenburg/Elbe 1922.

ZENTRALBLATT für die gesamte Unterrichtsverwaltung in Preußen. Hrsg. in dem Ministerium der geistlichen, Unterrichts- und Medizinal-Angelegenheiten. Berlin 1880, S. 576.

ZENTRALBLATT für die gesamte Unterrichtsverwaltung in Preußen. Hrsg. in dem Ministerium der geistlichen, Unterrichts- und Medizinal-Angelegenheiten. Berlin 1905, S. 274f.

IV. DAS BILDUNGSWESEN IN DEUTSCHLAND; STRUKTURWANDEL DES ÖFFENTLICHEN SCHULSYSTEMS

Peter Drewek

11. EINFÜHRUNG IN DEN THEMENSCHWERPUNKT: „BILDUNGSWESEN" UND SCHULSYSTEM IN DEUTSCHLAND

Aspekte der Begriffstradition und Grundzüge des institutionellen Strukturwandels im 19. und 20. Jahrhundert

Führt die traditionsreiche Geschichte des deutschen Bildungsbegriffs auf die herausragenden neuhumanistischen Konzeptionen des frühen 19. Jahrhunderts zurück, wird der Bildungsbegriff erst etwa einhundert Jahre später, am Beginn des 20. Jahrhunderts, durch den jetzt im allgemeinen Sprachgebrauch auftretenden Begriff des „Bildungswesens" nicht nur auf die Gesamtheit der öffentlichen Erziehungs- und Unterrichtsinstitutionen, sondern auch auf außerschulische Bereiche übertragen. Durch den Terminus „Bildungswesen" wird die Idee einer mehr oder weniger geschlossenen organischen Einheit der nach ihrer jeweiligen historischen Entstehung, sozialen Bedeutung und Zielsetzung voneinander unterschiedenen institutionellen und außerinstitutionellen Felder der Bildung betont. Der Bildungshistoriker FRIEDRICH PAULSEN schreibt 1906 unter dem Titel „Das Bildungswesen und seine Faktoren":

„Träger des Bildungswesen im allgemeinen Sinne des Wortes ist die Gesellschaft. Die Gesellschaft als Kulturgemeinschaft ist die Inhaberin des Kulturbesitzes, um dessen Erhaltung und Steigerung durch Einbildung in die folgende Generation es sich bei aller Bildung handelt. In letzter Absicht ist es die Menschheit selbst, die alle ihr neu zuwachsenden Glieder in die große Gemeinschaft ihres geistig-geschichtlichen Lebens hinein erzieht: ist doch kein Volk, was es ist, allein aus sich selbst geworden, sondern hat in tausendfältiger Berührung mit seiner geschichtlichen Umgebung seinen Lebensinhalt geschaffen. Die beiden großen Formationen, worin die Gesellschaft die Aufgabe der Erziehung und Bildung des Nachwuchses löst, sind die *Familie* und die *Schule.* Es sind nicht die einzigen: außer durch die häusliche Erziehung und den schulmäßigen Unterricht wirkt die Gesellschaft durch tausend Mittel und Wege formend und bildend auf das sich entwickelnde Leben der Jugend ein. Straße und Spielplatz, Werkstatt und Wirtshaus, Zeitungen und Bücher, Theater und Schaustellungen, Gesellschaften und Vereine, Kirche und Predigt, alles was auf die öffentliche Meinung und durch sie wirkt, formt von frühester Jugend an die Empfindung und das Urteil, die Anschauungen und den Willen. Und zuletzt übt noch die Erziehung der männlichen Jugend für das Heer und durch das Heer einen höchst bedeutsamen Einfluß. Indessen finden alle diese Einwirkungen, abgesehen von der militärischen Erziehung, die aber wieder, wenigstens in unseren Verhältnissen, außerhalb des Rahmens der eigentlichen Jugendbildung liegt, mehr zufällig und gelegentlich statt. Und so bleiben die eigentlichen Träger der Erziehung das Haus und die Schule" (PAULSEN 1906, S. 57f.).

Als Konsequenz seiner Auffassung, die „Aufgabe der Erziehung und Bildung des Nachwuchses" als „Erhaltung und Steigerung" des „Kulturbesitzes" der Gesellschaft — als kulturelle Reproduktion — zu begreifen, definiert Paulsen zwar noch „Haus" und „Schule" als die „eigentlichen Träger der Erziehung". Es gelingt ihm mit dieser Definition aber — angesichts der „tausend Mittel und Wege", durch die die Gesellschaft „formend und bildend auf das sich entwikkelnde Leben der Jugend einwirkt" — nicht mehr, die genauen Grenzen des Bildungswesens zu bestimmen. Als der Begriff des Bildungswesens in seiner historischen Entwicklung in den öffentlichen Sprachgebrauch eintritt, entspricht ihm kein fest umrissenes Terrain bestimmter Einrichtungen; er umfaßt vielmehr die Gesamtheit von Bildungsinstitutionen und -prozessen unter einem eher kulturell integrierend als sozial differenzierend benutzten Begriff von Bildung. Nicht zufällig wird die ungenaue und weiter ausgreifende Bezeichnung der „Faktoren" statt der weitaus präziseren der Institutionen des Bildungswesens gewählt. Während mit dem Begriff des Bildungswesens die universelle Gegenwart von Bildungsvorgängen im Prozeß der Aneignung des gesellschaftlichen Kulturbesitzes in den Vordergrund gestellt wird, verhindert gerade dieser Akzent die distinkte Fassung der sozialen Organisationsformen der Bildung. In einer für das frühe 20. Jahrhundert nicht untypischen Überhöhung des Bildungsbegriffs werden in den zeitgenössischen Darstellungen des Bildungswesens gerade auch die Schulen neben Museen, Ausstellungen, Theater, Musik, Buch etc. als „Bildungsmittel" gefaßt.

Diese Definition geht über die zuvor geläufigen funktionsorientierten Bezeichnungen der Schule weit hinaus. Bildungsbegriff und schulische Institutionen werden im Verlauf des 19. Jahrhunderts sprachlich klar voneinander unterschieden. Die Bildungstheorie des frühen 19. Jahrhunderts spricht vom „Schulwesen", von „Elementarunterricht", „Schulunterricht" und „Universitätsunterricht" und bezeichnet ihren Zusammenhang als „Organisation der Schulen" (HUMBOLDT), die Erziehungstheorie redet in gleicher Terminologie von der „Organisation der Erziehungseinrichtungen" (für „das Knabenalter") und bezeichnet diese als „Volksschule", „Bürgerschule" und „Gelehrtenschule" (SCHLEIERMACHER). Beide verwenden aber nicht den integrierenden Begriff des Bildungswesens. Erziehung und Bildung sind im frühen 19. Jahrhundert Zentralbegriffe der theoretischen Reflexion. Sie werden konstruktiv wie problematisierend, aber keineswegs positiv etikettierend auf das öffentliche Schul- und Hochschulwesen übertragen. Das Bewußtsein einer noch konstruktiv zu nutzenden Differenz zwischen wissenschaftlicher Theoriebildung und den jeweils existierenden Organisationsformen von Erziehung und Unterricht dokumentiert ein Sprachgebrauch, in dem die Gesamtheit derjenigen Institutionen, die zu Beginn des 20. Jahrhunderts als „Faktoren" des Bildungswesens und „wichtigste Bildungsmittel" gelten, nüchtern als Unterrichtseinrichtungen bezeichnet werden. Obwohl die programmatische Bedeutung des Bildungsbegriffs während des 19. Jahrhunderts wenn auch nicht aufgegeben, so doch schwächer geworden und relativiert worden ist und es gegen Ende des Jahrhunderts immer häufiger zu

Wortkombinationen mit dem Begriff Bildung kommt, fehlt — von wenigen Ausnahmen wie L. v. Stein abgesehen — im wissenschaftlichen wie im allgemeinen öffentlichen Sprachgebrauch — so z. B. durchgängig in den großen Konversationslexika des 19. Jahrhunderts — der Terminus „Bildungswesen".

Während der Begriff des Bildungswesens am Beginn des 20. Jahrhunderts mit dem Akzent der kulturellen Einheit faktisch völlig heterogener, ja disparater Institutionen wie etwa dem Volksschulwesen und den Universitäten eine idealisierende und verbindende Funktion erhält, löst die in der Weimarer Republik etablierte Universitätspädagogik gerade diesen Vermittlungsversuch zwischen Bildung und Institutionen wieder auf. Im ersten Band des für die Pädagogik dieser Zeit repräsentativen „Handbuch(s) der Pädagogik" mit dem Titel „Die Theorie und die Entwicklung des Bildungswesens" von 1933 werden drei Hauptabschnitte unterschieden: „Die Theorie der Bildung", „Die Geschichte der Bildung und ihrer Theorie" und „Die Entwicklung der Bildungsorganisation und ihr gegenwärtiger Zustand in Deutschland". Nur der letzte, fast als Anhang zu verstehende Abschnitt betrifft unter der schon abwertend zu verstehenden Bezeichnung der „Bildungs*organisation*" (Hervorhebung v. Verf.) die Schulentwicklung. Während außerhalb der Pädagogik der Begriff des Bildungswesens im weiteren Verlauf des 20. Jahrhunderts — von den Nationalsozialisten gemieden, die die Schule als „Teil der nationalsozialistischen Erziehungsordnung" verstanden — weiter fortbestand, wurde er innerhalb der philosophischen und wissenschaftlichen Traditionen einer Kulturpädagogik, aus denen er unmittelbar zu Beginn des 20. Jahrhunderts zunächst hervorgegangen war, bald darauf fallengelassen.

Der ursprünglich eher pathetisch formulierte — und deshalb zugleich fragile wie ideologieanfällige — konzeptionelle Gehalt des Begriffes „Bildungswesen" wurde in der deutschen Pädagogik weder rational gefüllt noch thematisch durchgehalten. Gleichzeitig sind diejenigen Institutionen, die in diesem Begriff zusammengehalten werden sollen — vor allem Familie und Schule — in jeweils eigener historisch-sozialer Dynamik im Verlauf des 20. Jahrhunderts auseinandergefallen. Während schon zu Paulsens Zeit die Verteilung des sozialen Gewichts von Haus (Familie) und Schule als den beiden wichtigsten Faktoren des Bildungswesens sich aufgrund ihrer Bedeutung für Berufszugang und -karriere bereits eindeutig zugunsten der Schule entwickelt hatte, nimmt diese Diskrepanz in der weiteren Entwicklung eher noch zu. Breite Strömungen der deutschen Pädagogik beziehen sich gegenüber diesen grundlegenden Veränderungen des sozialen Stellenwerts der Schule indessen auf z. T. diffus erscheinende Reformbewegungen, die eine häufig nur vordergründig reflektierte Institutionenkritik, oft auch eine allgemeine antiinstitutionelle Ausrichtung charakterisiert. Unabhängig von diesen besonderen Rezeptions- und Verarbeitungsformen des historisch-sozialen Wandels der institutionellen Konstellation von Familie und Schule ist das breite Spektrum der „Faktoren" des Bildungswesens im Verlauf des 20. Jahrhunderts kontinuierlich weiter im Sinne einer wachsenden Bedeutung der öffentlichen Erziehungs- und Unterrichtsinstitutionen umstrukturiert worden. In diesem Rahmen haben die Schulen und Hochschulen ein gesellschaftliches Gewicht erhalten, das die übrigen Bereiche des Bildungswesens zunehmend relativiert hat. So werden im „Strukturplan für das Bildungswesen“ des Deutschen Bildungsrates von 1970 „neben der Schule die Familie und Freundschaften, Vereine und Gruppen (...) Fernsehen, Funk, Film und Presse, Volkshochschulen und vielleicht auch noch (...) (der) private Unterricht“ als Bereiche des Bildungswesens wohl mitgenannt, ohne indessen in ihrer spezifischen Bedeutung reflektiert oder strukturell gewichtet zu werden. (DEUTSCHER BILDUNGSRAT, S. 26ff.) Besonders die gerade zu Beginn des 20. Jahrhunderts im Begriff des Bildungswesens hervorgehobene — und problematisierte — Rolle des „Hauses“, der Familie, spielt heute keine oder nur noch eine untergeordnete Rolle. Gerade nach der idealisierenden Explikation des Begriffs des Bildungswesens zu Beginn dieses Jahrhunderts hat sich gezeigt, daß die Entwicklung der Schulen und Hochschulen weniger aus einer verklärenden Instrumentalisierung als „Bildungsmittel“ im Prozeß der kulturellen Reproduktion zu verstehen, sondern nur im Kontext ihrer sozialen Voraussetzungen und Funktionen zu erklären ist. Diese Perspektive wird heute mit dem Begriff des *Bildungssystems* eingeholt, der — gegenüber dem des *Bildungswesens* und seinen *Faktoren* — in erster Linie die innere Systematik der *Institutionen* und ihre Organisationsprinzipien in den Vordergrund rückt.

Die in ihrer modernen Gestalt auf die Wende vom 18. zum 19. Jahrhundert zurückgehende äußere Organisationsform der deutschen Schule kennzeichnet zunächst — und darin weitgehend übereinstimmend mit den anderen westeuropäischen Gesellschaften — die Dualität von niederem und höherem Schulwesen. Wenngleich in weitreichenden Plänen einer umfassenden Gesellschafts- und Bildungsreform, wie sie vor allem Wilhelm von Humboldt während der preußischen Reformära am Beginn des 19. Jahrhunderts konzipierte, eine nach horizontalen Stufen gegliederte allgemein- (und nicht berufs-)bildende Schule für alle Schüler entworfen worden war, blieben die strukturellen Unterschiede zwischen elementarer Schulerziehung und gelehrtem Unterricht bis weit in das 20. Jahrhundert hinein — wenn auch in abgewandelten Formen — für die deutsche Schulentwicklung bestimmend. Auf seiten der Volksschule ist das 19. Jahrhundert durch die zunehmende Durchsetzung der noch auf das vorausgehende Jahrhundert zurückgehenden Schulpflichtbestimmungen, die Ausbildung ihrer inneren Strukturen (Entstehung mehrklassiger Systeme, Entwicklung und Normierung von Lehrplänen, partielle Verbesserung der Unterrichtsmethoden) sowie die wachsende Professionalisierung der Lehrerschaft charakterisiert. Diese Entwicklungen können jedoch kaum darüber hinwegtäuschen, daß die Volksschule trotz solcher strukturellen und dabei auch qualitativen Verbesserungen stets — meist gegensätzlichen — politischen Ansprüchen von Monarchie, Kirchen, Parteien und nicht zuletzt der Lehrerverbände selbst ausgesetzt gewesen war. Wäre es auch vorschnell, von diesen in der Regel eindeutig formulierten Ansprüchen auf einen entsprechend hohen Grad ihrer tatsächlichen Wirksamkeit zu schließen, dokumentieren sie doch zumindest die geringe soziale Autonomie der Volksschule des 19. Jahrhunderts.

Es sind zwei Kriterien, durch die das Elementarschulwesen scharf von den höheren Unterrichtsanstalten unterschieden ist. Einmal ist dies deren wissenschaftsorientiertes, zunächst durchgängig altsprachlich geprägtes Curriculum der in der ersten Hälfte des 19. Jahrhunderts noch unter ganz unterschiedlichen Bezeichnungen wie Lateinschule, Gelehrtenschule, Gymnasium auftretenden Schulen für die männlichen Jugendlichen mit einer über die amtlichen Schulpflichtbestimmungen hinausreichenden Kursdauer. Zum anderen vermitteln diese Schulen Zertifikate, die zum Eintritt in höherwertige Berufslaufbahnen des öffentlichen Dienstes sowie in vergleichbare Berufskarrieren im privaten Handel und Gewerbe, schließlich insbesondere zur Zulassung zum Hochschulstudium berechtigen. Dieses zweite Kriterium trifft jedoch zunächst keineswegs auf alle Institutionen der höheren Bildung zu. Mit den (preußischen) Abituredikten aus dem ersten Drittel des 19. Jahrhunderts, deren Anforderungen auf den gymnasialen Lehrplan standardisierend zurückwirken, beginnt sich ein Teil der höheren Schulen vom Gros der übrigen Latein- und Gelehrtenschulen abzuheben und eigenständig zu profilieren. Trotz dieser Differenzierungen muß das höhere Schulwesen jedoch bis weit über die Mitte des 19. Jahrhunderts hinaus als „Konglomerat" höherer Lehranstalten beschrieben werden, das erst im Verlauf des letzten Jahrhundertdrittels zu einem *System* höherer Schulen ausgeformt wird.

Dieser *Systembildungsprozeß* folgt keineswegs primär pädagogischen Gesichtspunkten. Vielmehr spielt dabei die soziale Wertigkeit der von den höheren Anstalten vermittelten Abschlüsse und Berechtigungen eine entscheidende Rolle. Hatte sich das preußische Gymnasium bereits in der ersten Jahrhunderthälfte als die dominierende Schulform unter den höheren Lehranstalten durchgesetzt, sind es in der zweiten Jahrhunderthälfte vor allem die in ihrem Lehrplan an den „Realien" naturwissenschaftlicher und neusprachlicher Stoffe orientierten Anstalten, von denen die Forderung nach gleichberechtigter Anerkennung neben den humanistischen Schulen erhoben wurde. Diese Frage der Anerkennung konzentriert sich auf die Zulassung der Abiturienten dieser realistisch geprägten höheren Schulen zum Universitätsstudium. Die Bildungsgeschichte des 19. Jahrhunderts und besonders ihre Entwicklung im Verlauf seiner beiden letzten Jahrzehnte ist häufig als „Kampf" zwischen „Humanismus" und „Realismus" als differenter Bildungsprinzipien stilisiert worden (vgl. z. B. ALBISETTI 1983). Tatsächlich handelt es sich aber nur vordergründig um eine im engeren Sinn bildungstheoretische Kontroverse. Dahinter standen vielmehr Probleme der sozialen Integration im Verlauf des 19. Jahrhunderts z. T. neu entstandener sozialer Gruppen in die karriererelevanten Sektoren des öffentlichen höheren Schulwesens. In einer stark typisierenden Interpretation der Bildungsgeschichte des 19. Jahrhunderts ist betont worden, daß die höheren Unterrichtsanstalten bis weit über die Jahrhundertmitte hinaus als Schulen mit sozial heterogener Klientel zu bewerten sind, die — entgegen späteren Ideologien — keineswegs als Eliteanstalten sozialen Aufstieg verhindert, sondern ihn im Gegenteil über lange Zeiträume hinweg strukturell ermöglicht haben. Hierzu trugen teils flexible, der Leistungsfähigkeit der Schüler entsprechende Formen der Unterrichtsorganisation, teils der lange Zeit übliche Frühabgang vor Erreichen des Abiturs bei, der hier noch nicht als Schulversagen stigmatisiert wurde und zum Aufstieg in mittlere und gehobene Berufspositionen führte. Im Zuge der Reform des höheren Schulwesens im Verlauf des letzten Drittels des 19. Jahrhunderts treten diese Strukturmerkmale (sozial heterogenes Klientel; flexible Unterrichtsorganisation; Förderung gesellschaftlichen Aufstiegs) im Kontext des jetzt konstituierten höheren Schulsystems zurück (MÜLLER 1977). Dieses kennzeichnet jene dreigliedrig vertikale Struktur typendifferenzierter höherer Schulen, die in der alten Bundesrepublik erst mit der Enttypisierung der gymnasialen Oberstufe 1972 reformiert worden ist. Zu den seit Beginn der 20. Jahrhunderts nunmehr weitgehend gleichberechtigten höheren Unterrichtsanstalten zählen das (altsprachliche) Gymnasium, das (neusprachliche) Realgymnasium und die (mathematisch-naturwissenschaftliche) Oberrealschule. Die Gleichstellung dieser drei nun allgemein zum Universitätsstudium berechtigenden Anstalten ist jedoch insofern relativ, als die verschiedenen Sprachenfolgen (und damit der zeitliche Kursumfang der verschiedenen alten Sprachen) die unterschiedlichen Abiturientengruppen der einzelnen Schultypen nicht zu jedem Fakultätsstudium berechtigen (MÜLLER/ZYMEK 1987). Das 20. Jahrhundert kennt einen fortgesetzten äußeren Differenzierungsprozeß des höheren Schulsystems, der immer wieder in einer schwer zu überschauenden Fülle von Schultypen mündet.

Im Unterschied zu den vergleichsweise offeneren Strukturen des Schulwesens des 19. Jahrhunderts ist die sozial-reproduktive, Mobilität erschwerende Funktion des Bildungssystems seit dem beginnenden 20. Jahrhundert hervorgehoben worden, dessen Schülerpopulation insbesondere in den altsprachlichen Traditionsanstalten zudem zunehmend an sozialer Homogenität gewonnen hat. Erscheint die Reform des höheren Schulwesens im ausgehenden 19. und frühen 20. Jahrhundert so vor allem als Stabilisierung der Bildungsinteressen der traditionell privilegierten akademischen Berufsgruppen, die durch die Gleichstellung der durch ihr geringeres Prestige wie ihre eingeschränkten Berechtigungen nachgeordneten neuen Gymnasialtypen realisiert worden ist, bedeutet dies für die folgenden Entwicklungsschritte jedoch keineswegs eine Unterbrechung der historisch expansiven Dynamik des Bildungssystems. Die auf Geburtenwachstum beruhende Expansion der Schülerzahlen insgesamt überlagert auch im Verlauf des 20. Jahrhunderts die Tendenz, anstelle der Volks- als Pflichtschule Laufbahnen in weiterführenden Schulen wahrzunehmen. Nicht allein der demographische, sondern vor allem der soziale Druck auf höherwertige Bildungskarrieren, wie er durch die nun noch stärker verfestigte Verzahnung zwischen Bildungs- und Beschäftigungssystem zum Ausdruck kommt, wird durch Modifikationen der in ihrem Kern nicht nur weiter erhaltenen, sondern sogar stabilisierten vertikalen Struktur des deutschen Bildungssystems aufgefangen. Diese Modifikationen betreffen die Einführung der für alle Schüler gemeinsamen Grundschule, die weitere Ergänzung der Sekundarschulen durch Einführung neuer „mittlerer“ Typen — beides in der Weimarer Republik —, die noch im

Kaiserreich erfolgte Institutionalisierung des höheren Mädchenschulwesens, schließlich die Etablierung des Berufsschulwesens in den dreißiger Jahren.

Politische Zäsuren haben im Verlauf des 20. Jahrhunderts zwar nachdrücklichen Einfluß auf die expliziten Sozialisations- und Unterrichtsziele der Schulen, auf die Organisation des Schullebens und die Praktiken des Schulalltags gehabt — die vertikal differenzierte Struktur des deutschen Bildungssystems blieb demgegenüber jedoch im Prinzip erhalten. So wäre es verfehlt, den Einfluß der nationalsozialistischen Schulpolitik auf die verwirrende Differenziertheit des höheren Schulsystems am Ende der Weimarer Republik zu überschätzen. Statt zu der hier beanspruchten Vereinheitlichung kommt es während der dreißiger Jahre lediglich zu einer Strukturreform, mit der die Bezeichnungen hochdifferenzierter Organisationsformen unter dem Begriff der Deutschen Oberschule zusammengefaßt werden, ohne in die faktisch bestehenden Strukturen effektiv einzugreifen. Die nationalsozialistische Erziehungspolitik, die auch die Existenz des altsprachlichen Gymnasiums nicht grundsätzlich in Frage gestellt hat, suchte für ihre irrationalen Zielsetzungen ihre Wirkungsbereiche mit der Hitlerjugend (HJ) und dem Bund Deutscher Mädchen (BDM) gerade außerhalb der schulischen Institutionen. — Die für die erste Hälfte des 20. Jahrhunderts sowie für die alte Bundesrepublik charakteristische Entwicklung des Bildungssystems betrifft damit weniger die immer wieder geforderten einschneidenden Strukturreformen als eine — von demographischen Faktoren und Entwicklungen innerhalb des Beschäftigungssystems nicht unbeeinflußte — weitgehend kontinuierliche Zunahme der Schülerzahlen an weiterführenden Schulen sowie — besonders nach 1960/70 — der Studenten an wissenschaftlichen Hochschulen.

Vor dem Hintergrund dieses die verschiedenen politischen Systeme übergreifenden Strukturwandels des deutschen Bildungssystems im 20. Jahrhundert erscheint seine Geschichte in den Westzonen und in der alten Bundesrepublik als Schlußphase einer langfristigen Gesamtentwicklung, deren Anfänge in das 19. Jahrhundert zurückreichen. Innerhalb der dualen Struktur des deutschen Schulwesens hatten sich zuerst die höheren Unterrichtsanstalten zu einem festen, hierarchisch strukturierten System ausgebildet. An diese auch für das 20. Jahrhundert bestimmend gebliebene vertikale Grundstruktur des Sekundarunterrichts (Volksschule, Mittelschule, Gymnasium) schließt sich die Schulentwicklung in Westdeutschland nach 1945 wieder an. Entgegen den bildungspolitisch restaurativen Intentionen der Nachkriegszeit gelingt es jedoch nicht, den zunehmend eigendynamischen Expansionstrend bei den weiterführenden Schulen einzuschränken. Im Unterschied zur Geschichte des öffentlichen Schulsystems in der alten Bundesrepublik folgt die Schulentwicklung der DDR den ebenfalls teils auf das 19. Jahrhundert, vor allem aber auf die Weimarer Republik zurückgehenden Einheitsschulkonzeptionen. Doch auch hier kommt es — spätestens in den fünfziger Jahren — zu Verzerrungen und Verfestigungen sowie zur Entstehung neuer sozialer Eliten innerhalb und durch ein offenbar nur vermeintliches Einheitsschulsystem.

Rationalisierung, Bürokratisierung und Verrechtlichung des Schulsystems, wie sie sich in geradezu zwangsläufiger Konsequenz aus seiner engen Verzahnung mit dem Berufs- und Beschäftigungssystem ergeben (und in der Pädagogik nicht selten durchaus überzogen beschrieben worden sind), haben seit dem ausgehenden 19. Jahrhundert immer wieder zu pädagogischen Gegen- und Reformbewegungen geführt, von denen alternative Schulmodelle entwickelt wurden. So wirken auch hier Traditionen des ersten Drittels des 20. Jahrhunderts bis zur Gegenwart nach. Stellenwert und Einfluß der Alternativschulmodelle sind in der deutschen Bildungsgeschichte nicht zu unterschätzen. Im Zuge der Bildungsexpansion und -reform nach dem Zweiten Weltkrieg hat sich die in Deutschland traditionell starre Beziehung zwischen sozialer und beruflicher Hierarchie und einer auf ihre Reproduktion bezogenen vertikalen Schulstruktur grundlegend verändert. Durch die Demokratisierung der höheren Bildungsinstitutionen scheint das Bildungssystem als Ganzes aus seinen engen sozialstrukturellen Bindungen herausgelöst worden zu sein. Dieses historische Resultat der Schulentwicklung wird heute oft als Gewinn und Chance einer nun möglich gewordenen pädagogischen Autonomie der Schule verstanden. Dabei sind jedoch Tendenzen nicht zu übersehen, durch die mit der Demokratisierung des Gymnasiums und der Hochschulen als Institutionen zugleich diejenigen Prinzipien in Frage gestellt worden sind, die das deutsche Bildungssystem im Spektrum des internationalen Vergleichs seit dem 19. Jahrhundert positiv ausgezeichnet haben. Es sind dies sein wissenschaftsorientierter Fachunterricht, der ein auf Universitätsniveau qualifiziertes Lehrpersonal vorausgesetzt hat, und die hohe formale Bedeutung von Bildungsprozessen und -abschlüssen für die beruflich-soziale Karriere der Absolventen des Bildungssystems. Als Konsequenz der nicht nur in den alternativen Strömungen akzeptierten Relativierung dieser basalen Strukturmerkmale läßt sich eine zunehmende Peripherisierung des Bildungssystems innerhalb bestehender gesellschaftlicher Institutionen und sozialer Systeme absehen, die den sozialen Ansprüchen und Erwartungen leistungsorientierter Eltern und Schüler an professionellen Schulunterricht konfliktreich zuwiderlaufen kann.

LITERATUR

ALBISETTI, J. C.: Secondary School Reform in Imperial Germany. Princeton 1983.

DEUTSCHER BILDUNGSRAT (Hrsg.): Empfehlungen der Bildungskommission. Strukturplan für das Bildungswesen. Stuttgart ²1970.

MÜLLER, D. K.: Sozialstruktur und Schulsystem. Aspekte zum Strukturwandel des Schulwesens im 19. Jahrhundert. Göttingen 1977.

MÜLLER, D. K./ZYMEK, B. (unter Mitarbeit von U. G. HERRMANN): Sozialgeschichte und Statistik des Schulsystems in den Staaten des deutschen Reiches, 1800—1945 (=Datenhandbuch zur deutschen Bildungsgeschichte. Bd. II: Höhere und mittlere Schulen. 1. Teil). Göttingen 1987.

NOHL, H./PALLAT, L. (Hrsg.): Handbuch der Pädagogik. 1. Bd.: Die Theorie und Entwicklung des Bildungswesens. Langensalza/Berlin/Leipzig 1933.

PAULSEN, F.: Das moderne Bildungswesen. In: LEXIS, W. u. a.: Die allgemeinen Grundlagen der Kultur der Gegenwart (= Die Kultur der Gegenwart. Ihre Entwicklung und Ziele. Teil I, Abt. 1. Hrsg. von P. HINNEBERG). Leipzig/Berlin 1906, S. 54—86.

STEIN, L. VON: Die Verwaltungslehre 5. Teil. Die Innere Verwaltung, 2. Hauptgebiet. Das Bildungswesen, 3 Teile. 2. neu bearb. Aufl. Stuttgart 1883/84.

Peter Drewek

12. DIE ENTWICKLUNG DES BILDUNGSSYSTEMS IN DEN WESTZONEN UND IN DER BUNDESREPUBLIK VON 1945/49 BIS 1990

Strukturelle Kontinuität und Reformen, Bildungsexpansion und Systemprobleme

1. SCHULSTRUKTUR UND GESELLSCHAFT IN DEUTSCHLAND IM 20. JAHRHUNDERT: FUNKTIONALE ZUSAMMENHÄNGE, LEGITIMATIONSPROBLEME UND ENTWICKLUNGSTENDENZEN

Im Spätsommer 1946 besuchte eine zehnköpfige Kommission führender Vertreter amerikanischer Schulen, Hochschulen, kirchlicher und gewerkschaftlicher Bildungseinrichtungen unter Leitung des Vorsitzenden des American Council on Education, GEORGE F. ZOOK, mehrere Wochen lang die Länder der amerikanischen Zone in Deutschland, um einen Bericht über die Ergebnisse der amerikanischen Umerziehungspolitik nach der Kapitulation vom 8. Mai 1945 zu erstellen. In einem Begleitschreiben zu diesem Bericht wird betont, daß es das Ziel dieser Politik sein müsse, „das Kastensystem zu zerbrechen, das das deutsche Schulsystem durchzieht" (zit. nach BUNGENSTAB 1970, S. 48). Die für das 19. Jahrhundert historisch nachvollziehbare Unterscheidung zwischen Volksschulen und höheren Schulen gilt in der unmittelbaren Nachkriegszeit nicht nur aus amerikanischer Perspektive als wesentliches Hindernis der gesellschaftlichen Modernisierung und politischen Demokratisierung, das den Nationalsozialismus begünstigt, wenn nicht gefördert hat. EDUARD SPRANGER, einer der führenden deutschen Pädagogen des 20. Jahrhunderts, bezweifelt in seinem damals sehr beachteten Plädoyer für eine „Innere Schulreform" von 1949, daß der traditionellen vertikalen Gliederung des deutschen Schulsystems derartige politische Auswirkungen zugeschrieben werden können. „Sicher aber ist, daß gerade der Nationalsozialismus nach dem Reifezeugnis überhaupt nicht gefragt hat. Und niemand wird behaupten, an den maßgebenden Stellen der Partei hätten nur Oberschulabiturienten gesessen, die deshalb versagt hätten, weil sie aus ‚vornehmen' Kreisen, nicht aus dem Arbeiter- und Bauernstande kamen. Vielmehr ist zu fragen, ob nicht Bürgertum, Bauern und Arbeiter vor und während der Hitlerzeit gleichmäßig falsch erzogen worden seien" (SPRANGER 1949, S. 182).

Die Frage der Schulreform ist in der unmittelbaren Nachkriegszeit von der Diskussion über die politische Bedeutung der Schulorganisation nicht zu lösen. Setzten sich während der schulpolitischen Kontroversen in den Westzonen bzw. den späteren Ländern der alten Bundesrepublik zwischen 1945 und dem Beginn der fünfziger Jahre zumindest teilweise den amerikanischen Vorstellungen nahekommende horizontale Modelle der Schulgliederung durch, wurden sie in der Folgezeit wieder zurückgenommen und die Reform auf eine Erneuerung der Lehrpläne und Unterrichtsinhalte beschränkt (LESCHINSKY/ROEDER 1980). Auch die zwanzig Jahre später erneut auf die äußere Struktur des deutschen Schul- und Hochschulsystems bezogene Bildungsreform der sechziger und siebziger Jahre brachte zwar entscheidende curriculare Angleichungen zwischen den verschiedenen Schulformen mit sich — verglichen mit den Plänen zu einer umfassenden Gesamtreform stagniert die Entwicklung seit der zweiten Hälfte der siebziger Jahre jedoch auf dem Niveau struktureller Teilreformen eines nunmehr in Primar-, Sekundar- und Tertiär„bereiche" gegliederten Bildungssystems.

Damit ist die äußere Form des deutschen Bildungssystems in der Tradition der seit dem Kaiserreich und der Weimarer Republik bestehenden Strukturen prinzipiell erhalten geblieben (MÜLLER 1977; DREWEK 1982; ZYMEK 1989). Aufgrund dieser erstaunlichen Kontinuität über völlig unterschiedliche gesellschaftliche und politische Systeme hinweg kann die Geschichte dieses Bildungssystems nicht aus ihren übergreifenden sozialgeschichtlichen Zusammenhängen herausgelöst und seine Entwicklung ausschließlich aus dem vergleichsweise kurzen Zeitraum der letzten fünf Jahrzehnte heraus dargestellt werden. Es scheint zu den Besonderheiten der Geschichte des deutschen Bildungssystems zu gehören, daß sein Strukturwandel in erster Linie einer relativ stabilen sozialen Logik folgt, die politisch nur in einem geringen Maß zu beeinflussen gewesen war.

Zu den im internationalen Vergleich sicher auffälligsten gemeinsamen Eigenschaften und Entwicklungstendenzen der Schulsysteme der westlichen Industriegesellschaften zählen seit dem ausgehenden 19. Jahrhundert die sich im einzelnen mehr oder weniger stark ausprägende äußere Differenzierung des Sekundarunterrichts in unterschiedliche Schularten sowie die langfristige, in der Zeit nach dem Zweiten Weltkrieg allerdings stark beschleunigte Expansion des (höheren) Sekundarschul- und damit verbunden des Hochschulbesuchs. Im

Spektrum dieser Differenzierungsformen nimmt das deutsche Schulsystem eine spezifische Stellung ein. In den einzelnen Staaten des Deutschen Reichs bzw. ihrer Vorläufer entsteht — insbesondere in Preußen — als Abschluß einer langfristigen, das ganze 19. Jahrhundert umfassenden Entwicklung zu Beginn des 20. Jahrhunderts ein Schulsystem, das wenigstens in drei Aspekten konsequenzreich von der Schulorganisation vergleichbarer Länder abweicht.

Erstens handelt es sich um einen Schulaufbau, der alle wesentlichen Formen der Schule von den unteren Klassen der damaligen Volks- und heutigen Grundschule über die weiterführenden Sekundarschulen einschließlich der Mädchen- und der Berufsbildung bis hin zu den Hochschulen in einer weitgehend zusammengeschlossenen Struktur *öffentlicher* Bildungseinrichtungen umfaßt. Ihre verschiedenen Teilbereiche sind durch Eintritts-, Übergangs- und Abgangsregelungen eng aufeinander bezogen (MÜLLER 1977, 1981). Zweitens kennzeichnet den Kernbereich dieses Systems, die Sekundarschulen, neben einem auffallend hohen Grad der äußeren Differenzierung in verschiedene Schulformen und -typen traditionell ein besonders früher, nämlich nach dem vierten Schuljahr gelegener Übergangszeitpunkt in die Sekundarschulen. Schüler, die nicht in mittlere und höhere Schulen wechseln, müssen für die Dauer der Schulpflicht die frühere Volksschuloberstufe und heutige Hauptschule besuchen. Drittens schließlich sind die unterschiedlichen Schulformen der Sekundarschule zwar einerseits durch verschiedene inhaltliche Zielsetzungen und entsprechende Fächerprofile — durch ihr Curriculum — charakterisiert, andererseits aber stärker noch durch die mit ihren jeweiligen Abschlußmöglichkeiten verbundenen beruflichen Karriereaussichten im öffentlichen Dienst und auf dem privaten Arbeitsmarkt voneinander unterschieden. Bildungs- und Beschäftigungssystem (und dadurch die soziale Struktur insgesamt) sind in Deutschland traditionell überaus eng miteinander verzahnt; beide gesellschaftliche Subsysteme sind durch die „Berechtigungen" der Schulabschlüsse und die auf sie bezogenenen Eintrittsvoraussetzungen im Beschäftigungssystem miteinander „verkoppelt". Dadurch hat das deutsche Bildungssystem eine in dieser Form in anderen Ländern nicht bekannte Bedeutung im Prozeß des historischen Wandels der hierarchisch gestuften sozialen Klassen- und Schichtenstruktur erhalten. Hinter den verschiedenen Curricula und der unterschiedlichen Kursdauer der vertikal nebeneinander aufgebauten Sekundarschulen steht die hierarchische Abstufung ihrer beruflich und damit auch sozial karriererelevanten Berechtigungen als Spiegel und — so die Kritik — als Stabilisator der sozialen Hierarchie.

Diese Schulstruktur ist bereits von ihrem Entstehungszeitraum im ausgehenden 19. Jahrhundert an aus den unterschiedlichsten Perspektiven heraus grundsätzlich infrage gestellt worden. Das vertikal differenzierte Sekundarschulsystem wurde vor allem aus politischer Sicht als ein Institutionengefüge begriffen, das in erster Linie den sozialen Statuserhalt der mittleren und höheren Sozialschichten garantieren soll und dabei die Mehrheit der Schüler vom Besuch der weiterführenden Schulformen ausschließt. Aus der Sicht der Kritiker steht die „Vererbung" sozialer Privilegien für die Kinder akademisch vorgebildeter und ökonomisch besser gestellter Berufsgruppen der Entfaltung des tatsächlich vorhandenen Begabungspotentials ebenso wie einer demokratischen Ausgestaltung des Bildungssystems entgegen. Diese immer wiederkehrende Argumentationsfigur beschreibt den Kern einer insbesondere im Verlauf der politischen Umbruchphasen nach 1918 und 1945 massiven politischen Legitimationsproblematik des deutschen Bildungssystems im 20. Jahrhundert und gibt gleichzeitig die Richtung an, durch die diese Problematik aufzuheben ist. An die Stelle eines differenzierten Sekundarschulsystems soll eine Einheitsschule treten, in der die Schullaufbahn eher von individueller Leistung als von gesellschaftlicher Herkunft abhängt. Historisch hat sich hingegen weder das Konzept der horizontalen Integration noch das der vertikalen Differenzierung durchsetzen bzw. halten können. Seit der Weimarer Republik wurde die Dreigliedrigkeit der Sekundarschulen (Volksschuloberstufe, Mittelschule, höhere Schule) zunehmend weiter aufgefächert (LESCHINSKY 1978; ZYMEK 1989). Innerhalb des höheren Schulsystems und im Bereich zwischen Volksschuloberstufe und höheren Schulen, d. h. im Anschluß an die Volksschule und im Gymnasialbereich selbst, entstanden eine Reihe neuer Schultypen als Alternativen zum Besuch des Gymnasiums. Durch diese Reform als Ergänzung der beibehaltenen Grundstruktur ist bei expandierenden Schülerzahlen einerseits das traditionelle Gymnasium erhalten geblieben, andererseits wurde die starre Dreigliedrigkeit der Sekundarschulen — zeitweise jedoch bis zur Unübersichtlichkeit — in sich aufgelockert. Bildungsreform und Bildungsexpansion nach 1960 und 1970 haben zu einschneidenden Veränderungen geführt. Obwohl — oder weil — die vertikale Differenzierung der Sekundarschulen erhalten geblieben ist, hat sich eine völlige Verschiebung der Schülerverteilung ergeben. Bei verlängertem Schulbesuch frequentiert heute die Mehrheit der schulpflichtigen Schüler Realschulen und Gymnasien. Diese veränderte Schülerverteilung hat einerseits eine relative Entwertung auf der Zertifikatsebene mit sich gebracht, andererseits die Situation der Haupt- als Pflichtschule grundlegend geändert (vgl. den Beitrag von LESCHINSKY in diesem Band; ARBEITSGRUPPE BILDUNGSBERICHT am Max-Planck-Institut für Bildungsforschung 1990). Gleichzeitig sind die traditionellen Legitimationsprobleme des vertikalen Schulsystems zurückgegangen.

2. DIE REORGANISATION DES BILDUNGSSYSTEMS ALS RESTAURATION SEINER TRADITIONELLEN STRUKTUREN NACH 1945 BIS ZUM BEGINN DER FÜNFZIGER JAHRE

Während der ersten Jahre der unmittelbaren Nachkriegszeit stellt sich die Entwicklung des deutschen Schulsystems in den Westzonen in keiner Weise gleichmäßig und in geordneten Grundzügen dar, sondern im Gegenteil heterogen und diskontinuierlich.

Als sicherlich zentraler, den Gesamtprozeß entscheidend beeinflussender Aspekt wirkt sich die in den ersten Nachkriegsjahren vollzogene politische Blockbildung als Ausdruck des Zerfalls der Anti-Hitler-Koalition und der

Beginn des Kalten Krieges aus, in deren Rahmen die programmatisch zunächst weit reichende Erziehungspolitik der westlichen Besatzungsmächte, besonders die amerikanische Umerziehungs-(„Re-education-")Politik, mehr und mehr zugunsten davon abweichender und zunehmend selbständig wirksamer deutscher Konzeptionen zurückgenommen worden ist (BUNGENSTAB 1970; ERDMANN 1976). Uneinheitlich ist die Entwicklung der Jahre 1945 bis 1949 aber nicht nur aufgrund der sich verändernden Deutschlandpolitik der westlichen Besatzungsmächte, sondern auch wegen der schon vorher zu beobachtenden Unterschiede der Erziehungspolitik in der amerikanischen, englischen und französischen Besatzungszone, später dann zwischen den Ländern der alten Bundesrepublik, die erst zu Beginn der fünfziger Jahre wieder abgebaut wurden. Nachdem während der Zeit der nationalsozialistischen Herrschaft das Bildungssystem zentralstaatlich organisiert worden war (ZYMEK 1989), entstehen in der vorkonstitutionellen Phase der alten Bundesrepublik wieder — wie zuvor bereits im Kaiserreich und in der Weimarer Republik — länderspezifische Schulsysteme. So kann nach 1945 von einem rechtlich homogenen deutschen Schulsystem im Sinne bundeseinheitlicher Normierungen keineswegs die Rede sein. Schließlich befindet sich das Bildungssystem aufgrund der Kriegsfolgen in einem heute nur noch schwer vorstellbaren Zustand beinahe vollständiger Desorganisation. Der Zerstörungsgrad der Schulgebäude, der Mangel an auch nur einfachsten Unterrichtsmitteln schaffen in den ausgehenden vierziger Jahren bei einer explosiven Zunahme der Schülerzahlen und unter Bedingungen eines dramatischen Lehrermangels eine heute nur noch schwer vorstellbare Situation vielfach chaotischer Unterrichtsbedingungen (HILKER 1954; KLAFKI 1985).

Die Notwendigkeit einer baldigen Neueröffnung der Schulen war auf seiten der Alliierten bereits in den letzten Kriegsmonaten betont worden. In einem Papier des amerikanischen State Department vom Januar 1945 für die Jalta-Konferenz heißt es, das Department „believes it urgent to reopen the schools as promptly as possible in order that the younger children can be looked after and the youth can be kept from the streets and subject to discipline which may be otherwise lacking because of the break-up of families and the dissolution of the Nazi youth organizations" (zit. nach BUNGENSTAB 1970, S. 171). Eine neue Ausrichtung der Erziehung mit neuen positiven Inhalten, so die weitergehende strategische Konzeption, „will necessarily be the work of German educators and the victors can do little more than encourage the adoption of a set of beliefs and objectives to take place the perverted concepts now being inculcated" (zit. nach BUNGENSTAB 1970, S. 171). Als Ergebnis der Dreimächtekonferenz formulieren die Alliierten im Potsdamer Abkommen vom 2. August 1945 in nur wenigen Zeilen bestimmt und unbestimmt zugleich, das deutsche Erziehungswesen sei so zu überwachen, „daß die nazistischen und militaristischen Lehren völlig entfernt und eine erfolgreiche Entwicklung der demokratischen Ideen möglich gemacht" werde (zit. nach DEUTSCHLAND nach dem Zusammenbruch 1945, 1952, S. 30).

Diese Formulierung gestattete ein breites Spektrum unterschiedlicher Entwicklungsmöglichkeiten, wobei den Deutschen in den Westzonen — so etwa im

Konzept der amerikanischen Re-education-Politik — zunächst nicht unerhebliche eigene Gestaltungsmöglichkeiten überlassen waren. In einer Anweisung an die amerikanischen Militärregierungsoffiziere hieß es im Frühjahr 1947, es sollten „keine Versuche unternommen werden, neue Schultypen einzuführen ... Es sei denn, die zuständigen deutschen Behörden beginnen solche Vorhaben" (zit. nach BUNGENSTAB 1970, S. 87).

Auf deutscher Seite bestand hingegen wenig Interesse daran, die äußere Schulorganisation prinzipiell zu verändern; im Ergebnis wurde weitgehend auf die Tradition der Weimarer Reichsverfassung von 1919 zurückgegriffen. Dort war in den Artikeln 145 und 146 eine achtjährige Schulpflicht mit anschließender Teilzeitberufsschulpflicht bis zum 18. Lebensjahr sowie die Unentgeltlichkeit des Unterrichts und der Lernmittel in diesen Schulen festgelegt worden (Art. 145). Der gesamte Schulaufbau sollte „organisch" ausgestaltet werden, auf „einer für alle gemeinsamen Grundschule baut sich das mittlere und höhere Schulwesen auf"; dieser Aufbau wurde mit der „Mannigfaltigkeit der Lebensberufe" begründet, die Schulaufnahme sollte von der „Anlage und Neigung" der Kinder, nicht von der „wirtschaftliche(n) und gesellschaftliche(n) Stellung" oder dem „Religionsbekenntnis" ihrer Eltern abhängig sein (Art. 146) (zit. nach GIESE 1961, S. 240). Abgesehen von der Festlegung der Dauer der Schulpflicht, die in den Länderverfassungen nach 1945 zwar nicht wieder aufgenommen, faktisch hingegen auf der Grundlage der späteren Schulgesetze aber vergleichbar praktiziert wurde, stimmen deren Regelungen inhaltlich mit denen der Weimarer Reichsverfassung weitgehend überein. Die Schulartikel der Länderverfassungen fordern eine von der gesellschaftlichen Herkunft der Kinder unabhängige, ihre Begabungen fördernde Bildungsmöglichkeit, legen die Unentgeltlichkeit des Unterrichts in den Pflichtschulen fest, ermöglichen Privatschulen, stärken das Elternrecht und führen — abgesehen von Bremen — den Religionsunterricht wieder als ordentliches Unterrichtsfach ein (ERDMANN 1976).

Zum äußeren Aufbau des Schulwesens treffen die Verfassungen indessen keine Aussagen. Faktisch waren teils unmittelbar nach 1945 — so in der zur englischen Besatzungszone gehörigen Nord-Rheinprovinz im Oktober 1945 bereits ein Jahr vor der Bildung des Landes Nordrhein-Westfalen — mit der Wiedereröffnung der höheren Schulen die vorherigen gegliederten Schulstrukturen wiederhergestellt worden (DREWEK 1982). Anders als im Bericht der eingangs zitierten ZOOK-Kommission standen in der zeitgenössischen deutschen Diskussion Probleme der inneren Schulreform im Vordergrund; konservative Philosophen versuchten mit Rückgriffen auf die von den Nationalsozialisten verschüttete „abendländische Ordnung" des deutschen Bildungswesens die Berechtigung der höheren Schulen unter den veränderten politischen Verhältnissen neu zu begründen (WEINSTOCK 1947). Diese Entwicklungen während der beiden ersten Nachkriegsjahre wurden in dem Bericht der ZOOK-Kommission außerordentlich kritisch bilanziert. Wesentliche Punkte dieser Kritik gingen in die bekannte Kontrollratsdirektive Nr. 54 vom 25. Juni 1947 ein. Hier heißt es: „Schools for the compulsary periods should form a comprehensive educational system. The terms ‚elementary education' and ‚secondary education' should mean two consecutive levels of instruction, not two types or qualities of instruction which overlap" (zit. nach BUNGENSTAB 1970, S. 184). Obwohl diese zum Teil auf heftigen Widerstand vor allem in der katholischen Kirche, beim Philologenverband und der bayerischen Landesregierung stoßende Direktive die Errichtung eines ungegliederten Sekundarschulsystems nahelegte, blieben die in der differenzierten Form zu diesem Zeitpunkt bereits errichteten Sekundarschulen weiter erhalten. Anders als die Amerikaner versuchten die Franzosen und Engländer die historisch gewachsene deutsche Schulstruktur zwar in einzelnen Aspekten zu korrigieren, nicht aber, sie grundlegend zu verändern und dabei das in ihren Ländern bestehende System auf die deutschen Verhältnisse zu übertragen. Bei einer stärkeren Berücksichtigung von Mathematik und Naturwissenschaften im Gymnasium wurde in der französischen Zone zur Erleichterung eines späteren Übergangs der Beginn des Lateinunterrichts auf die achte Jahrgangsstufe verlegt. Wie in Frankreich üblich, wurde in der französischen Zone auch das Zentralabitur eingeführt. Das gegliederte Sekundarschulwesen blieb jedoch insgesamt ebenso unangetastet wie in der englischen Besatzungszone. Mit dem Educational Act von 1944 war in England eine umfassende Schulreform eingeleitet worden, die nach einer gemeinsamen Grundschule einen ebenfalls differenzierten, dem deutschen Schulsystem nicht unähnlichen, hier jedoch stärker an einer Begabungsauslese geknüpften Schulaufbau der Sekundarschulen vorsah (ERDMANN 1976). Spätestens Ende 1948 schwenkte schließlich auch die amerikanische Umerziehungspolitik von der Forderung, die äußeren Schulstrukturen zu verändern, auf eine Politik zur inneren Umgestaltung der Schule um. Auf der Berchtesgadener Konferenz der Mitarbeiter der Education and Cultural Relations Division betont deren Vorsitzender ALONZO GRACE, „daß Organisation und Struktur der Schule gar nicht so wichtig seien. Vielmehr komme es auf die Art und den Inhalt der Stoffvermittlung und auf den Lehrer an" (BUNGENSTAB 1970, S. 97).

Waren mit dieser Wende der amerikanischen Erziehungspolitik die ohnehin auf den heftigen Widerstand konservativer Gruppierungen gestoßenen Planungen zur Institutionalisierung einer horizontalen Schulstruktur noch vor der Gründung der alten Bundesrepublik auch aussichtslos geworden, unterschieden sich die Schulstrukturen in den einzelnen Bundesländern in der darauffolgenden Zeit der ausgehenden vierziger und frühen fünfziger Jahre zum Teil dennoch erheblich. In den mit sozialdemokratischen Mehrheiten regierten Stadtstaaten Hamburg und Bremen, in Schleswig-Holstein und in Berlin wurde die Grundschuldauer von vier auf sechs, in Berlin mit dem Großberliner Schulgesetz von 1947, das dann aufgrund der Teilung der Stadt 1948 nicht mehr realisiert wurde, sogar auf acht Jahre verlängert. Aufgrund veränderter, nunmehr christdemokratisch dominierter Koalitionsregierungen wurde die Verlängerung der gemeinsamen Grundschulzeit jedoch im Verlauf der fünfziger Jahre wieder auf vier Jahre, in Berlin auf sechs Jahre reduziert (ERDMANN 1976; KLEWITZ 1971).

Die nach 1945 wiederaufgenommene, auf das Kaiserreich und die Weimarer Republik zurückreichende Tradition des gegliederten deutschen Schulsystems ist bis zur Gegenwart historisch immer wieder als „versäumter Neubeginn“ (FRIEDEBURG 1989, S. 281) interpretiert worden. Derartige — auch in der Pädagogik weit verbreitete — bildungspolitische Urteile, die sich auf die Einflüsse des „konservativen Blocks“ (HERRLITZ/HOPF/TITZE 1981, S. 145) von Kirchen, Parteien und Verbänden in der westdeutschen Gesellschaft der Nachkriegszeit fixieren, scheinen jedoch die Reformmöglichkeiten des Bildungssystems in der unmittelbaren Nachkriegssituation zu überschätzen und das Programm der gut zwei Jahrzehnte später einsetzenden Bildungsreform als auf die Zeit unmittelbar nach 1945 übertragbar anzunehmen. Angesichts der ökonomisch, sozial und politisch schwer zu überschauenden Lage der ersten Nachkriegszeit, der zu Beginn der fünfziger Jahre eine Phase hoher Jugendarbeitslosigkeit folgte, dürfte den rückblickend kritisierten Interessen konservativer Kräfte am Wiederaufbau eines gegliederten Schulsystems mit grundständigen Gymnasien jedoch der Wunsch vieler im Verlauf des Krieges um ihren Besitz gebrachter (Flüchtlings-) Familien entsprochen haben, ihren entsprechend motivierten Kindern durch den Besuch höherer Schulen einigermaßen stabile Zukunftschancen zu sichern. Entgegen dem häufig erweckten Eindruck, das im wesentlichen schon vor 1949 „restaurierte“ dreigliedrige Schulsystem sichere von dieser Zeit an weitgehend problemlos die sozialen Interessen der akademischen Berufsgruppen, zeugen die zeitgenössischen Quellen von einem in der unmittelbaren Nachkriegszeit geradezu dramatisch steigenden — und sich damit gegen die Interessen dieser Gruppen richtenden — Schulbesuch an höheren Schulen, dem die Schulverwaltungen mit z. T. drastischen Empfehlungen zur Schülerauslese zu begegnen versuchen (RUNDERLASS des Kultusministers des Landes Nordrhein-Westfalen vom 13. 11. 1946). Als deutliches Symptom dieser erheblichen Schwierigkeiten, die angestrebte soziale Selektion im gegliederten Sekundarschulsystem durchzusetzen wie zu legitimieren, dürfen die bis weit in die fünfziger Jahre hinein vor allem in den konservativ regierten Bundesländern durchgeführten psychologischen und soziologischen Untersuchungen zur begabungspsychologischen Rechtfertigung der Schulstruktur interpretiert werden (DREWEK 1989).

3. PROBLEME DER KONSOLIDIERUNG UND DIE VEREINHEITLICHUNG DES DIFFERENZIERTEN SCHULSYSTEMS WÄHREND DER FÜNFZIGER JAHRE

1967 erscheint in einem der renommiertesten englischsprachigen Periodika der vergleichenden Erziehungswissenschaft, der Comparative Education Review, ein Beitrag zweier bekannter deutscher Pädagogen unter dem plakativen Titel „Two Decades of Non-Reform in West German Education“ (ROBINSOHN/KUHLMANN 1967). Dieser Artikel dürfte nicht nur im Ausland ein eher statisches Bild des deutschen Schulsystems in der Nachkriegszeit vermittelt haben. Das in seinem Titel provokativ ausgedrückte Urteil trifft jedoch nur vordergründig zu und verstellt den Blick auf die innere Dynamik einer Schulentwicklung in der alten Bundesrepublik, die während der fünfziger Jahre zwar fraglos keine sprunghaften Strukturreformen kannte, deren bildungspolitische Konzeption und Legitimation jedoch, was wichtiger scheint, sowohl in der öffentlichen Diskussion als auch durch die Entwicklung der Schüler- und Studentenzahlen zunehmend fragwürdiger wurden.

Ansätze zur (Weiter-)Entwicklung des Schulsystems während der fünfziger und frühen sechziger Jahre sind auf ganz unterschiedlichen Ebenen zu beobachten. Teils gehören Versuche dazu, mit denen entweder schulpädagogisch an die Reformtraditionen der Weimarer Zeit, aber auch an die internationale, insbesondere die westliche wissenschaftliche Diskussion (wieder) Anschluß gesucht wurde. Teils wurden — letztlich jedoch partikular gebliebene — Ansätze zur Reform der Schulstruktur trotz der restaurativ wirksamen Kräfte realisiert (KLAFKI 1985, S. 150f.; ERDMANN 1976, S. 223). Im Rahmen des kooperativen Föderalismus der Länder kam es zu Vereinfachungen und Vereinheitlichungen der Schulorganisation (RASCHERT 1980). Zu den Entwicklungstendenzen des Schulsystems im Verlauf der fünfziger Jahre zählt aber auch die schon hier — trotz seiner selektiv angelegten Struktur — einsetzende und in den späteren Diskussionen häufig verdrängte Expansion des Besuchs weiterführender Schulen (DREWEK 1984; KÖHLER 1978).

Zu den Innovationen in der Schulpädagogik gehören eine Reihe zunächst verstreut erschienener Arbeiten des pädagogischen Psychologen HEINRICH ROTH (1961, 1967), zu Beginn der sechziger Jahre dann MARTIN WAGENSCHEINS Konzeption des exemplarischen Lernens zur Überwindung der Stoffülle (WAGENSCHEIN 1962). ROTH bringt hier erstmalig in breitem Rahmen die Forschungsergebnisse der amerikanischen Psychologie in die deutsche Intelligenz- und Begabungsdiskussion ein. Diese Ansätze werden indessen in der gegenüber empirischer Forschung traditionell skeptischen „geisteswissenschaftlichen" deutschen Pädagogik, die noch wenige Jahre zuvor ihr Erziehungsideal von dem des „systemgebundenen Menschen" (SPRANGER 1955, S. 462) in der DDR und in der Sowjetunion abzusetzen sucht, kaum aufgegriffen. Das gleiche gilt für Schulreformansätze wie sie punktuell beispielsweise in der Odenwaldschule, in größerem regionalen Maßstab mit dem später eher unbeachtet gebliebenen Konzept der differenzierten Mittelstufe in Niedersachsen zur Verbesserung der Volksschuloberstufe und zur Erleichterung des späteren Übergangs zum Gymnasium während der ausgehenden vierziger und in den fünfziger Jahren mit wissenschaftlichen Begleituntersuchungen durchgeführt worden sind (HILKER 1954; KLAFKI 1985). Diese sicher marginalen oder — wie in Hessen, wo eine zu ihrer Zeit außerordentlich kontrovers diskutierte förderstufenähnliche Konzeption des CDU-Kultusministers ERWIN STEIN Ende der vierziger Jahre scheiterte — frühzeitig abgebrochenen Ansätze werden schulpolitisch und -geschichtlich von Konsolidierungsprozessen und der Vereinheitlichung der Bildungssysteme der Länder durch das „Düsseldorfer Abkommen" überlagert.

Die Konsolidierung des Schulwesens während der fünfziger Jahre betrifft die Schaffung funktionsfähiger Verwaltungen und gesetzlich geregelter Grundlagen des Schulwesens, nicht zuletzt den Wiederaufbau des expandierenden Schulwesens durch Neubauprogramme. Durch die Kriegsumstände und -folgen kam es zu zunächst drastisch steigenden, dann wieder stark rückläufigen Schülerzahlen. Die Schulentwicklung stabilisiert sich zuerst wieder im Grundschulbereich. Mit der Flüchtlingswelle und den hohen Geburtenzahlen der ausgehenden dreißiger Jahre waren im Vor- und Nachkriegsvergleich etwa in Bayern die Schülerzahlen zunächst um knapp 60%, in Schleswig-Holstein sogar um über 130% gestiegen (ERDMANN 1976, S. 216). Gab es 1950 in der Wohnbevölkerung der alten Bundesrepublik noch etwa 720 000 Kinder im Alter von 6 und 7 Jahren, sinkt diese Zahl durch den kriegsbedingten Geburtenrückgang unmittelbar darauf kurzfristig auf 530 000 ab und erreicht erst Mitte der fünfziger Jahre wieder den in der Folgezeit allerdings stetig ansteigenden Ausgangswert. Entsprechend zeitversetzt sinkt die — zunächst durch die starken Geburtenjahrgänge der Vorkriegszeit bedingte hohe — Zahl der 13- und 14jährigen Kinder von knapp 980 000 (1953) fünf Jahre darauf auf ihren Tiefstwert von 558 000, die Zahl der Jugendlichen im Alter von 18 und 19 Jahren von 1 025 000 (1958) auf 576 000 im Jahr 1963 (KÖHLER 1978, S. 163). Im Zuge dieses noch lange Zeit nachwirkenden turbulenten Wechselspiels kurzfristig ebenso rasch steigender wie wieder sinkender Schülerzahlen unterliegen die Schulformen der verschiedenen Schulstufen oft zur gleichen Zeit völlig unterschiedlichen quantitativen Bedingungen mit z. T. gegenläufiger Entwicklungstendenz. Während sich z. B. ab Mitte der fünfziger Jahre die Situation in den Eingangsklassen der Volksschule mit nur leicht ansteigender Schülerzahl wieder stabilisiert zu haben scheint, halbiert sich kurz darauf innerhalb von nur fünf Jahren die Zahl der auf die gymnasiale Oberstufe und die Berufsschulen zukommenden Jugendlichen. Fortbestehende Raumnot, Schichtunterricht und vor allem wenig gegliederte Volksschulen mit lediglich zwei oder drei Klassen dokumentieren — wenngleich mit rückläufiger Tendenz — teilweise bis in die sechziger Jahre hinein (LESCHINSKY/ROEDER 1980, S. 326), daß trotz einer Verbesserung der materiellen Bedingungen der Schule von einer Konsolidierung des Systems selbst noch keineswegs die Rede sein kann.

Die Lage der Schule in der Restaurationsperiode der Adenauer-Ära bliebe schließlich unzureichend charakterisiert, würde nicht auf entscheidende Veränderungen der schulischen „Umwelt" in Wirtschaft und Politik hingewiesen. So geht die anfangs dramatische Jugendarbeitslosigkeit durch den einsetzenden Wirtschaftsaufschwung (bei gleichzeitig demographisch bedingt sinkender Zahl der Schulabgänger) zurück. Wichtiger noch scheint, daß die in der Konzeptualisierungsphase des Bildungssystems während der ersten Nachkriegsjahre äußerst kontroversen schulpolitischen Diskussionen fast zum Stillstand kommen. Weder von der SPD noch von den Gewerkschaften werden in den fünfziger Jahren umfassende Programme für eine alternative Schulentwicklung vorgelegt (KLAFKI 1985, S. 151; FRIEDEBURG 1989).

Im Kontext dieser Situation vereinbaren die Ministerpräsidenten der Länder mit dem von den Kultusministern vorbereiteten „Düsseldorfer Abkommen“ von 1955 „zur Vereinheitlichung auf dem Gebiet des Schulwesens“ im Rahmen auch technischer Angleichungen der bestehenden Schulstrukturen der einzelnen Bundesländer in erster Linie die neuerliche Festschreibung der an der Wende vom 19. zum 20. Jahrhundert entstandenen Typenstrukturen des Gymnasiums. Anhand der Sprachenfolge werden hier als neunjährige Langformen der altsprachliche, neusprachliche und mathematisch-naturwissenschaftliche Typ definiert, neben denen siebenjährige Aufbauformen (Kurzformen) zugelassen werden. Mit dem Düsseldorfer Abkommen fielen einerseits die traditionell bestehenden, nicht ausgebauten und deshalb nicht zum Abitur führenden höheren Schulen (Rektoratsschulen und Proanstalten, „Zubringeschulen“, etc.) sowie die in der Weimarer Republik entstandene und von den Nationalsozialisten verändert fortgeführte Deutsche Oberschule aus den Schulsystemen der Länder endgültig heraus. Andererseits enthielten die Regelungen des Abkommens keinerlei Weiterentwicklungsperspektiven. Es hieß im Gegenteil, wenn „aus pädagogischen Gründen ausnahmsweise Versuche im Rahmen dieser Schultypen“ unternommen würden, „so muß die wesentliche Eigenart dieser Schultypen erhalten bleiben“ (zit. nach RASCHERT 1980, S. 108).

Es wäre allerdings verfehlt, Wirkung und Bestandsfähigkeit des ersten schulpolitischen Länderabkommens in der Bundesrepublik zu überschätzen. Abgesehen von seinen durchaus klärenden schulstrukturellen Vereinheitlichungen wurde der Versuch, das dreigliedrige System vom Gymnasium ausgehend zu festigen, der tatsächlichen Dynamik der Bildungsbeteiligung schon in den fünfziger Jahren nicht mehr gerecht. Der relative Schulbesuch der 13jährigen an weiterführenden Schulen, d. h. der jeweilige prozentuale Anteil der Schüler dieser Altersklasse an den verschiedenen Schulformen, nimmt im Bundesdurchschnitt seit Beginn der fünfziger Jahre offensichtlich unabhängig von der restriktiven Schulpolitik dieser Zeit — mit allerdings unterschiedlich hohen jährlichen Zuwachsraten — der Tendenz nach kontinuierlich zu. Bei den Realschulen betragen die Werte 1952 zunächst 5.8%, zehn Jahre darauf bereits mehr als das Doppelte (1962: 11.8%). Bei den Gymnasien zeigt sich sogar bundesweit innerhalb von nur fünf Jahren ein Anstieg von 11.7% (1952) auf 16.3% (1957), ein Wert, der nach einer leicht rückläufigen Tendenz erst in der zweiten Hälfte der sechziger Jahre wieder überschritten wurde. Zwanzig Jahre nach dem „Düsseldorfer Abkommen“ besucht im Rahmen dieses globalen, von nun an bis fast zur Gegenwart nahezu stetigen, sich erst in den letzten Jahren abflachenden Expansionstrends fast jeder vierte 13jährige im Bundesdurchschnitt ein Gymnasium (1975: 23,7%) (KÖHLER 1978, S. 169).

Für den Übergang der Bildungspolitik der fünfziger zu den sechziger und siebziger Jahren ist es vielleicht am bezeichnendsten, daß sie zunehmend auf der planungs- und damit zukunftsbezogenen Analyse des Bildungssystems zu basieren beginnt und sich dabei im gleichen Maß von historisch-dogmatisch eingesetzten Modellvorgaben, wie sie das erste Nachkriegsjahrzehnt noch durchgängig kennt, löst. Die Instrumente einer länderübergreifenden Bildungspolitik waren in den fünfziger Jahren — nicht zuletzt als Ausdruck ihres gegenüber der Wirtschaftspolitik geringeren Stellenwerts — ihrer Zahl und ihren Möglichkeiten zufolge allerdings bescheiden (RASCHERT 1980).

Die 1949, zwei Jahre nach den ersten Koordinierungstreffen der für das Erziehungswesen verantwortlichen Politiker begründete „Ständige Konferenz der Kultusminister der Länder in der Bundesrepublik Deutschland" (KMK) mit einem Sekretariat in Bonn hatte von vornherein nur begrenzte Entscheidungs- und Planungsmöglichkeiten. Ihre nur einstimmig zu fassenden Empfehlungen bedurften und bedürfen zu ihrer Realisierung der Übernahme durch entsprechende Beschlüsse der Länderregierungen und -parlamente, die — so in Bayern — beispielsweise bei dem Versuch der Vereinheitlichung des Schuljahresbeginns auf das Frühjahr überhaupt nicht, hinsichtlich der Einführung des 9. Schuljahres erst mit zehnjähriger Verzögerung 1969 herbeigeführt wurden. Neben der KMK bestand zwischen 1953 und 1965 der teils aus Experten, teils aus Vertretern verschiedener gesellschaftlicher Gruppen als Laien zusammengesetzte Deutsche Ausschuß für das Erziehungs- und Bildungswesen. Seine in einer Serie von Gutachten dokumentierte Arbeit stand von Anfang an unter der Problematik eines zu ungenau formulierten Auftrages (die „Entwicklung des deutschen Erziehungs- und Bildungswesens zu beobachten und durch Rat und Tat zu fördern" (zit. nach RASCHERT 1980, S. 147), eines hohen Maßes an Unverbindlichkeit (seine Gutachten waren in keinerlei Hinsicht für irgendeine politische Instanz bindend), schließlich formeller und informeller Kommunikationsprobleme mit seinen primären Adressaten, der Kultusministerkonferenz und dem damals für die Kulturpolitik des Bundes mit zuständigen Bundesinnenministerium, das sein Mandat — im Unterschied zur KMK — bereits 1961 nicht mehr verlängern wollte. Gleichwohl kann eine lange vorbereitete Konzeption des Deutschen Ausschusses, der „Rahmenplan zur Umgestaltung und Vereinheitlichung des allgemeinbildenden öffentlichen Schulwesens" von 1959 (DEUTSCHER AUSSCHUSS FÜR DAS ERZIEHUNGS- UND BILDUNGSWESEN 1959), als das die bildungspolitische Ära der fünfziger Jahre beendende Dokument angesehen werden. Der Deutsche Ausschuß schlägt darin vor, eine Förderstufe im 5. und 6. Schuljahr einzurichten, für die Hauptschule zunächst eine 9., später eine 10. Klasse vorzusehen und das Gymnasium in eine mit dem 7. Schuljahr beginnende sprachlich und naturwissenschaftlich differenzierte Form sowie eine mit dem 5. Schuljahr einsetzende (altsprachliche) Studienschule aufzuteilen. Gut zehn Jahre nach der von weitreichenden amerikanischen Vorstellungen einer horizontalen Schulstruktur geprägten Kontrollratsdirektive Nr. 54 löste vor allem der Vorschlag einer zweijährigen Förderstufe, also einer vergleichsweise deutlich geringfügigeren Reform, die erste bundesweite bildungspolitische Kontroverse der Nachkriegszeit aus (DEUTSCHER AUSSCHUSS FÜR DAS ERZIEHUNGS- UND BILDUNGSWESEN 1960). Ein Jahr später, 1960, ging der sogenannte „Bremer Plan" der Arbeitsgemeinschaft der deutschen Lehrer- und Lehrerinnenverbände (BUNGARDT 1962), einem Zusammenschluß der Gewerkschaft

Erziehung und Wissenschaft mit dem bayerischen Lehrerverband, mit der Forderung nach einer generellen Förderstufe sogar noch einen Schritt weiter als der Deutsche Ausschuß. Mit den Debatten um den „Rahmenplan“ und den „Bremer Plan“, an denen sich neben den Parteien und den verschiedenen gesellschaftlichen Gruppierungen auch führende Wissenschaftler beteiligten, gerieten Bildungspolitik und Bildungssystem in ein weit über Detailfragen hinausgehendes Diskussionsstadium über die Modernisierungsstrategien des dreigliedrigen Schulsystems (PICHT 1964, S. 101ff.).

4. BILDUNGSREFORM UND BILDUNGSEXPANSION IN DEN SECHZIGER UND SIEBZIGER JAHREN

„Der Aufstieg Deutschlands in den Kreis der großen Kulturnationen wurde im neunzehnten Jahrhundert durch den Ausbau der Universitäten und der Schulen begründet. Bis zum Ersten Weltkrieg beruhten die politische Stellung Deutschlands, seine wirtschaftliche Blüte und die Entfaltung seiner Industrie auf seinem damals modernen Schulsystem und auf den Leistungen einer Wissenschaft, die Weltgeltung erlangt hatte. Wir zehren bis heute von diesem Kapital. Die wirtschaftliche und politische Führungsschicht, die das sogenannte Wirtschaftswunder ermöglicht hat, ist vor dem Ersten Weltkrieg in die Schule gegangen; die Kräfte, die heute Wirtschaft und Gesellschaft tragen, verdanken ihre geistige Formung den Schulen und Universitäten der Weimarer Zeit. Jetzt aber ist dieses Kapital verbraucht: Die Bundesrepublik steht in der vergleichenden Schulstatistik am untersten Ende der europäischen Länder neben Jugoslawien, Irland und Portugal.“ (PICHT 1964, S. 16)

Mit diesen Sätzen eröffnet der Theologe GEORG PICHT Anfang 1964 eine mit dem Titel „Die deutsche Bildungskatastrophe“ überschriebene Artikelserie in der Zeitschrift „Christ und Welt“. Im Zentrum seiner Argumentation steht die Diagnose eines im internationalen Vergleich nahezu hoffnungslosen strukturellen, in erster Linie aber quantitativ-vergleichend sichtbaren Modernitätsrückstandes des deutschen Bildungssystems. Frankreich werde demnächst „trotz kleinerer Bevölkerungszahl“ für eine „noch nicht abzusehende Reihe von Jahren fast dreimal so viel Abiturienten ausbilden“ (PICHT 1964, S. 26) wie die Bundesrepublik. PICHTS Artikelserie reiht sich als der sicher am bekanntesten gewordene Beitrag in eine seit den ausgehenden fünfziger Jahren wachsende Zahl von neuen Definitionsversuchen des Bildungssystems ein, in denen besonders die Bedeutung des — in der Bundesrepublik als zu gering erachteten — Anteils höherer formaler Schulabschlüsse für das nationale Wirtschaftswachstum hervorgehoben wird (vgl. z. B. auch DRUCKER 1958). Erstmals liegen diesen im übrigen noch kaum mit wissenschaftlicher Methodik entwickelten bildungsökonomischen Überlegungen auch komplexer aufgearbeitete schulstatistische Daten zugrunde, wie sie in den fünfziger Jahren so gut wie nicht zur Verfügung standen (CARNAP/EDDING 1962). In dem jetzt folgenden Jahrzehnt der Bildungsreform zwischen Mitte der sechziger und Mitte der siebziger Jahre kommt es zu den im 20. Jahrhundert sicher einschneidendsten bildungspolitischen Reformversuchen, deren historischer Anspruch noch am ehesten mit der Reform des höheren Schulwesens als Kernstück des allgemeinbildenden deutschen Schulsystems im ausgehenden 19. Jahrhundert verglichen werden kann. Die sechziger Jahre „markieren die Schwelle, über die das Bildungswesen aus der *Traditionsverhaftung* an das 19. Jahrhundert heraustrat und Anschluß an *moderne, sozialstaatliche Entwicklungstendenzen* gewann“ (TITZE 1987, S. 17).

Dieser Anschluß mündete indessen nicht in den von den Reformkräften in Politik und Wissenschaft erhofften Erfolgen. Auf die nur kurze „Hochkonjunktur“ der Reformpolitik in den beginnenden siebziger Jahren folgte aus dieser Perspektive eine bis zur Gegenwart andauernde „Flaute“ (HÜFNER u. a. 1986). Auch wenn sich in derartigen, keineswegs singulären Urteilen eine heute weit verbreitete Enttäuschung über den nicht voll gelungenen Reformprozeß, an dessen Ausgangsprogrammatik gelegentlich indessen allzu starr festgehalten zu werden scheint, vermittelt, trifft es prinzipiell zu, daß dem nach den Umgestaltungsversuchen des Bildungssystems zwischen 1945 und 1948 zweiten, nunmehr großangelegten Versuch, die Tradition des differenzierten Schulsystems zu überwinden, grundsätzlich kein Erfolg beschieden war. Im Ergebnis sind die „Niveaueffekte“ der Expansion und Reform des Bildungssystems in den sechziger und siebziger Jahren als signifikanter, heute nicht mehr umkehrbarer Anstieg des prozentualen Anteils von Kindern und Jugendlichen in Realschulen, vor allem aber in Gymnasien und in Hochschulen größer als die ursprünglich angestrebten „Struktureffekte“ (ARBEITSGRUPPE BILDUNGSBERICHT am Max-Planck-Institut für Bildungsforschung 1990, S. 151) im Sinne einer Auflösung des vertikalen Schulaufbaus — wobei, wie sich in den achtziger Jahren zeigen sollte, der gestiegene Anteil von Gymnasiasten und Studenten wiederum keineswegs ohne eigene Rückwirkungen auf die Strukturentwicklung des Bildungssystems, besonders auf die Hauptschulen und die Gymnasien, geblieben ist (KLEMM/ROLFF 1988). Der Reformverlauf deutet schließlich darauf hin, daß politische Eingriffe in die Grundstruktur des deutschen Bildungssystems nicht nur mit dem außerordentlich erbitterten Widerstand konservativer Parteien und Gruppierungen zu rechnen haben, sondern ebenso mit einer Reihe nicht zu unterschätzender, im Bildungssystem selbst angelegter Faktoren, die sich sachlich und zeitlich offenbar nur schwer oder gar nicht auf eine einzige übergreifende Wirkung — strukturelle Gesamtreform — hin bündeln lassen (HÜFNER u. a. 1986).

Eine länderübergreifende Bildungspolitik war infolge der grundgesetzlichen Regelungen von 1949, die, von gewissen Ausnahmen abgesehen, die Kulturhoheit der Länder sicherstellte, bis in die zweite Hälfte der sechziger Jahre nur sehr eingeschränkt möglich gewesen. Neben der Kultusministerkonferenz, deren Beschlüsse unter starkem Konsenszwang standen und die, um tatsächlich wirksam zu werden, von den einzelnen Landesregierungen und -parlamenten erst übernommen werden mußten, sowie dem erwähnten Deutschen Ausschuß bestand als einzige Institution auf Bundesebene seit 1957 der bis heute existierende Wissenschaftsrat. In den sechziger und siebziger Jahren wurden die Zahl koordinativer und kooperativer Einrichtungen und ihre Möglichkeiten zu einer wirkungsvollen länderübergreifenden Bildungspolitik erheblich erweitert (RASCHERT 1980; HÜFNER u. a. 1986). Zur KMK und zum Wissenschaftsrat traten der Deutsche Bildungsrat (1965—1974/75), der den Deutschen Ausschuß ablöste, hinzu, seit 1969 das Bundesbildungsministerium und von 1970 an die Bund-Länder-Kommission für Bildungsplanung (BLK). Die rechtlichen Grundlagen für die verstärkte Beteiligung des Bundes an Bildungsfragen bildeten im wesentlichen die Ergänzungen des Grundgesetzparagraphen 91 zu den Gemeinschaftsaufgaben von Bund und Ländern. Der § 91 a regelt u. a. die Beteiligung des Bundes am Aus- und Neubau der Hochschulen, der § 91 b ermöglicht Bund und Ländern im Rahmen von Verwaltungsvereinbarungen hinsichtlich der Bildungsplanung und der Förderung wissenschaftlicher Forschung zu kooperieren. Auf Vorschlag des Kabinettsausschusses für Bildung und Wissenschaft der sozialliberalen Koalition wurde 1970 ein solches Verwaltungsabkommen geschlossen, das die „Errichtung einer gemeinsamen Kommission für Bildungsplanung" von Bund und Ländern, der bis heute bestehenden BLK, herbeiführte.

Ebenfalls auf ein jedoch bereits früher, 1965, geschlossenes Abkommen zwischen Bund und Ländern geht die Einrichtung des „Deutschen Bildungsrates" als des sicher wichtigsten Politikberatungsgremiums der Reformära zurück. Der Bildungsrat gliederte sich in zwei Kammern, der aus Experten bestehenden Bildungskommission (mit wichtigen Unterausschüssen) und der mit Vertretern der Bundes- und der Länderregierungen besetzten Regierungskommission, die die Lücke des beim Deutschen Ausschuß erkennbar fehlenden Scharniers zu den politischen Entscheidungsinstanzen füllen sollte. Mit einem jeweils fünfjährigen Mandat ausgestattet arbeitete der erste Bildungsrat bis 1970, der zweite dann ohne weitere Mandatsverlängerung bis 1974/75. Neben zahlreichen Gutachten der Bildungskommission, darunter dem wissenschaftlich und bildungspolitisch bahnbrechenden, von HEINRICH ROTH herausgegebenen Band über „Begabung und Lernen" (ROTH 1976), gilt der „Strukturplan" (DEUTSCHER BILDUNGSRAT 1970) des Bildungsrates von 1970 als das wichtigste und wohl zugleich auch prominenteste der von ihm vorgelegten Planungsdokumente. Hier wird neben der Orientierungsstufe — ein Wiederaufgreifen des Förderstufenkonzepts des Deutschen Ausschusses — ein gestufter Aufbau des Bildungssystems empfohlen. Die unterschiedlichen Schulformen der Sekundarstufen sollten weniger organisatorisch als vor allem curricular aneinander angeglichen werden, das Prinzip der Wissenschaftsorientiertheit des Unterrichts sollte für alle Schulformen einschließlich der Hauptschule gelten. Dieser Plan lag dem „Bildungsbericht '70" (BUNDESMINISTER für Bildung und Wissenschaft 1970) der Bundesregierung zugrunde und fungierte auch als Vorarbeit für den Bildungsgesamtplan der Bund-Länder-Kommission von 1973 (BUND-LÄNDER-KOMMISSION 1973). Es ist immer wieder als ein Mangel diskutiert worden, daß der mit bedarfsorientierten Strukturplanungen beauftragte Bildungsrat sich gerade diesen Aspekt nicht zu eigen gemacht hat, sondern in seinen Überlegungen primär von

Nachfragegesichtspunkten ausgegangen ist (RASCHERT 1980, S. 167). Bildungspolitisch ging es in den Planungen nicht um die unmittelbare Auflösung, sondern um die schrittweise über das Curriculum zu vollziehende Annäherung der drei Sekundarschulformen. Dazu wurde 1969 eine Vereinheitlichung der Abschlüsse vorgeschlagen, die am Ende der Sekundarstufe I das Abitur I, am Ende der Sekundarstufe II das Abitur II vorsah; im gleichen Jahr wurde die folgenreiche Empfehlung „Zur Einrichtung von Schulversuchen mit Gesamtschulen" verabschiedet. Die Arbeit des zweiten Bildungsrats wich insofern von der des ersten ab, als von der Bildungskommission nunmehr sehr konkrete Veränderungen ins Auge gefaßt wurden. Dadurch kam es mit der Regierungskommission, dann auch innerhalb der Bildungskommission selbst zu unauflösbaren Konflikten. So stieß 1973 besonders die Empfehlung „Zur Reform von Organisation und Verwaltung im Bildungswesen. Teil I. Verstärkte Selbständigkeit der Schule und Partizipation der Lehrer, Schüler und Eltern" sowohl in den CDU-aber auch in einigen SPD-regierten Ländern auf erheblichen Widerstand. Die Empfehlung führte zu klar ablehnenden Stellungnahmen einzelner Länder und leitete die Auflösung des Bildungsrates mit ein. Der ebenfalls als Empfehlung vorgesehene Teil II „Zur Reform von Organisation und Verwaltung im Bildungswesen" konnte aufgrund von Kontroversen innerhalb der Bildungskommission nur noch als Bericht verabschiedet werden. Nach einer einjährigen Verlängerung des 1974 ausgelaufenen Mandats des Bildungsrates blieben Versuche einer Neukonstruktion und stärkeren Aufgabenbindung durch Bund und Länder ohne Erfolg und führten 1975 zur Auflösung dieser Institution (RASCHERT 1980, S. 185ff). Der „Bericht '75" (DEUTSCHER BILDUNGSRAT 1975) beschließt die Arbeit des Bildungsrates mit einer Bestandsaufnahme der Entwicklung des Bildungssytems zu Beginn der siebziger Jahre.

Obwohl die Bund-Länder-Kommission für Bildungsplanung (BLK) ihre Arbeit nicht, wie 1975 der Bildungsrat, einstellen mußte, kam es auch hier zu einer deutlichen Einschränkung ihrer ursprünglich weit ausgreifenden, gesamtstaatlich orientierten Planungsperspektive in der Bildungspolitik. Im programmatischen Umfeld des „Strukturplanes" des Bildungsrats und des „Bildungsberichts '70" der sozialliberalen Bundesregierung arbeitete die BLK mit ihren vier Kommissionen für den Bildungsgesamtplan, für das Bildungsbudget, für Innovationen im Bildungswesen und für Forschungsförderung seit 1970 an ebenso umfassenden wie zugleich langfristigen Konzeptionen einer länderübergreifenden Bildungspolitik. Die Beratungen der BLK führten jedoch schon 1971 in eine Krise, weil sich die am „Bildungsbericht '70" der Bundesregierung orientierten sozialliberal oder sozialdemokratisch regierten sogenannten A-Länder gegenüber den konservativ regierten sogenannten B-Ländern mit ihrer durch den Bund gegebenen Stimmenmehrheit bei der Konzeption des Bildungsgesamtplans durchzusetzen versuchten (HÜFNER u. a. 1986, S. 164ff.). Die B-Länder lehnten vor allem die schulformunabhängige Orientierungsstufe, die Gesamtschule und die Gesamthochschule, die Konzeption des Stufenlehrers sowie die Integration der Sekundarstufe II als Bestandteile einer länderübergreifenden

Bildungsplanung ab. Wenn auch diese Krise zunächst überwunden werden und der fünfte Entwurf des Bildungsgesamtplans als gemeinsamer Zwischenbericht der BLK 1971 erscheinen konnte, bestanden die bildungspolitischen Kontroversen zwischen A-und B-Ländern unverändert weiter. Der dann 1973 verabschiedete erste, bis 1985 reichende Bildungsgesamtplan entsprach in seinem langfristigen Finanzbedarf darüber hinaus aber bereits nicht mehr den vom Finanzplanungsrat von Bund, Ländern und Gemeinden abdeckbaren langfristigen Zuwachsraten. Nachdem auch der zweite Bildungsgesamtplan 1982 von den Finanzministern nicht mitgetragen wurde, stand vorübergehend die Existenz der BLK insgesamt infrage. Die politischen Kontroversen zwischen A- und B-Ländern sowie die sichtbar gewordenen Schwierigkeiten, Bildungs- und Finanzplanungen langfristig aufeinander abzustimmen, reduzierten die Aufgabe der BLK nun auf die eines „ständigen Gesprächsforums für alle Bund und Länder gemeinsam berührenden Fragen des Bildungswesens und der Forschungsförderung" (zit. nach HÜFNER u. a. 1986, S. 170). 1983 wurde die BLK von vier auf zwei für Bildungs- und Forschungsförderungsfragen zuständige Ausschüsse verkleinert, ihr Aufgabenbereich statt auf langfristige Planungen auf die Lösung aktueller Probleme etwa in Berufsbildungsfragen eingeschränkt.

Hinter dem Scheitern einer länderübergreifenden Strukturreform des Bildungssystems, wie sie Anfang der siebziger Jahre vom Bildungsrat, von der sozialliberalen Bundesregierung und den A-Ländern in der BLK ins Auge gefaßt worden war, und dem Scheitern der langfristigen Bildungsgesamtplanung durch die BLK sind die tatsächlichen Strukturveränderungen des Bildungssystems jedoch häufig verdeckt geblieben. Dieser Strukturwandel geht weitgehend auf Empfehlungen und Beschlüsse der KMK seit den ausgehenden fünfziger Jahren zurück, die nach dem nicht verlängerten Auftrag des Bildungsrates und der veränderten Aufgabenstellung der BLK wieder zunehmend an bildungspolitischem Gewicht zu gewinnen scheint. Zu diesen Empfehlungen und Beschlüssen zählen die Saarbrücker Rahmenvereinbarung von 1960 und die Stuttgarter Empfehlungen von 1961, durch die das Fächerspektrum der gymnasialen Oberstufe verringert und erstmalig bestimmte Wahlmöglichkeiten für die Oberstufenschüler eingeführt worden sind. Das Hamburger Abkommen der Ministerpräsidenten von 1964, das das Düsseldorfer Abkommen von 1955 ablöste, lockerte die zuvor eingeengte Sprachenfolge in den Gymnasien auf und gestattete in der Kursdauer verkürzte gymnasiale Aufbauformen zur Erlangung einer fachgebundenen Hochschulreife. Weiterhin wurde im 5. und 6. Schuljahr eine Förder- und Beobachtungsstufe ermöglicht sowie die Trennung zwischen vierjähriger Grundschule und fünfjähriger Hauptschule bei nunmehr neunjähriger Schulpflicht vorgesehen. Eine weitere Verlängerung der Schulpflicht auf zehn Jahre wurde zugelassen. Zu den in der Geschichte des deutschen Gymnasiums im 20. Jahrhundert sicher einschneidendsten Veränderungen gehört die Bonner Vereinbarung der KMK von 1972, durch die die gymnasiale Oberstufe enttypisiert, die Oberstufenfächer in einer — später korrigierten — Form spezifisch gewichtet und die Fächerwahl individualisiert worden ist. 1982 vereinbarte die KMK nach langen Kontroversen über die vor allem in Bayern und Baden-Württemberg schulpolitisch wenig geförderte Gesamtschule Regelungen zur bundesweiten Anerkennung der Abschlüsse dieser Schulform. Zu den jüngsten Entscheidungen der KMK gehört die im Oktober 1991 in Dresden getroffene Vereinbarung, erst 1994 über die in den neuen Bundesländern zwölfjährige Schulzeit bis zum Abitur — gegenüber dreizehn Jahren in den alten Ländern — endgültig zu entscheiden.

5. BILDUNGSEXPANSION UND SYSTEMPROBLEME DES BILDUNGSSYSTEMS SEIT DEN ACHTZIGER JAHREN

Nicht selten wird in Diskussionen über den Verlauf der Bildungsreform der Eindruck vermittelt, daß sich das Bildungssystem aufgrund der nicht in ihrer ganzen Breite verwirklichten Reform- und Planungsprogrammatik weitgehend außerhalb der Integrationsforderungen der sechziger und siebziger Jahre entwickelt hat. Diese Einschätzung wird aber den tatsächlichen Entwicklungen kaum gerecht. Schulstrukturell ist es in den letzten drei Jahrzehnten vielmehr zu einer Vermischung des Differenzierungs- und Integrationskonzeptes unter fortbestehender äußerer Differenzierung nach Schulformen gekommen; das ursprünglich relativ starre und in seinem Gesamtaufbau selektionsorientierte, vertikal differenzierte Sekundarschulsystem erscheint heute dadurch in mehrfacher Hinsicht flexibler und „weicher" geworden zu sein. So wurden beispielsweise die zuvor durch Aufnahmeprüfungen geregelten Übergänge in das Gymnasium abgeschwächt. Grundschulempfehlungen und eine meist schulformabhängige Orientierungsstufe in den Jahrgangsstufen 5 und 6 sind an ihre Stelle getreten (HANSEN/RÖSNER/WEISSBACH 1986). Weiterhin sind in den Schulformen der Sekundarstufe I neben den Pflicht- Wahlbereiche geschaffen worden, die den Neigungen und Begabungen der Schüler entgegenkommen sollen. Darüber hinaus sind Angleichungen bei den Stundentafeln und den Richtlinien bzw. Rahmenplänen für die Unterrichtsinhalte der verschiedenen Schularten erfolgt. Die Verlängerung der Schulpflicht auf neun bzw. zehn Jahre ermöglicht gegenwärtig fast überall formal, das gesamte Spektrum der Sekundarstufen I — Abschlüsse in allen ihren unterschiedlichen Schulformen zu erwerben, zu denen mittlerweile auch die Gesamtschule als Regelschule zählt. Durch die Reform der gymnasialen Oberstufe wurden schließlich die alten Typenstrukturen des Gymnasiums (altsprachliches, neusprachliches und mathematisch-naturwissenschaftliches Gymnasium) aufgelöst (ARBEITSGRUPPE BILDUNGSBERICHT am Max-Planck-Institut für Bildungsforschung 1990).

Wenn die traditionelle, vertikal gegliederte Schulstruktur dennoch im Prinzip erhalten geblieben ist, geht dies allerdings nicht allein auf den Erfolg des politischen Widerstands ihrer Anhänger und Verteidiger in den politischen Parteien, in der Wissenschaft und in den einschlägig engagierten Verbänden zurück als auf einen Prozeß, der sich beinahe unabhängig von den jeweils dominierenden bildungspolitischen Konzepten vollzogen hat: die in langfristiger Sicht durchaus kontinuierliche Expansion der Gymnasien während des 20. Jahrhunderts (MÜLLER/ZYMEK 1987).

Mit diesem Expansionsprozeß, der sich nicht zuletzt als Folge von Kriegsereignissen, vor allem aber sozialer sowie demographischer und ökonomischer Entwicklungen bereits gegen Ende des 19. Jahrhunderts, in den ausgehenden zwanziger Jahren, dann besonders Ende der vierziger und in den frühen fünfziger Jahren gezeigt, schließlich in breitem Maßstab nach 1960 beschleunigt hat, ist zwar nicht die äußere Struktur des deutschen Bildungssystems wohl aber die Schülerverteilung innerhalb dieser Struktur grundlegend verändert worden. Mehr als die Hälfte aller Schüler im Sekundarbereich I besuchen heute eine Realschule oder ein Gymnasium. Die noch bis in die Nachkriegszeit hinein von drei Vierteln der Schüler frequentierte frühere Volks- und heutige Hauptschule hat gegenwärtig besonders in städtischen Regionen meist nur noch einen Anteil von deutlich weniger als der Hälfte aller schulpflichtigen Schüler. Mit diesen gewaltigen quantitativen Verschiebungen der Schülerverteilung in den Sekundarschulen ist die einst als gesellschaftlich elitär heftig angegriffene Position des Gymnasiums zunehmend stabilisiert worden; die jahrzehntelange bildungspolitische Legitimationsproblematik einer sozial reproduktiven, die gesellschaftliche Dynamik und die soziale Mobilität weniger fördernden als blockierenden Schulstruktur scheint mit dem enormen Wandel des Gymnasiums überholt zu sein. Gleichzeitig werden jedoch im selben Verhältnis zum Wachstum des nun kaum noch exklusiven Gymnasial- und Hochschulbesuchs Folgeprobleme sichtbar, für die als Entwertung des Abiturs und der Hochschulabschlüsse — hier sicher nach Fächern differenziert — beim Zugang zu höheren Berufen auf der einen und der zunehmend problematischeren Lage der kleiner werdenden Haupt- (als Pflicht-)schule auf der anderen Seite politisch und wissenschaftlich bislang keineswegs hinreichende Antworten formuliert worden sind (vgl. den Beitrag von LESCHINSKY im vorliegenden Band).

Das Resultat dieses Expansionsprozesses erscheint so in mehrfacher Hinsicht uneinheitlich und divergent. Seine Folgen stellen sich in den letzten Jahren für Gymnasiasten, Studenten und Hochschulabsolventen teils paradox, im Blick auf die Schulstruktur nicht ohne — gemessen am Reformprogramm — kontraproduktive Folgen dar. Zu den Paradoxien dürfte der Umstand rechnen, daß der in breitem Maßstab individuell erhoffte soziale Aufstieg für Kinder aus nicht akademisch vorgebildeten Schichten nur auf wenige Alterskohorten begrenzt im Rahmen des in den siebziger Jahren abgeschlossenen Eigenausbaus des Bildungssystems, das in dieser Zeit vorübergehend selbst zu einem attraktiven expandierenden Arbeitsmarkt geworden war, eingetreten ist. Die traditionell enge Verzahnung von Bildungssystem und Beschäftigungssystem ist in der anschließenden Entwicklung unter den neuen quantitativen Verhältnissen der Massenhochschulen deutlich lockerer geworden. Dennoch wird nicht zu verkennen sein, daß die zu Beginn des Jahrhunderts schichtenspezifisch deutlich begrenzte höhere Bildung des Gymnasiums und sein auch heute zu Recht mit dem Begriff der „Reflexionskultur" (ARBEITSGRUPPE BILDUNGSBERICHT am

Max-Planck-Institut für Bildungsforschung 1990, S. 295) beschriebener Unterricht, aus dieser Bindung gelöst und — bei weitgehender historischer Stabilität des wissenschaftlich orientierten Unterrichts dieser Schulform — breitere soziale Gruppen erreicht hat. Die Kosten dieses langfristigen, eher eigendynamischen und politisch ja keineswegs bewußt positiv gesteuerten Trends zur gymnasialen Allgemeinbildung zeichnen sich dagegen seit längerem im zunehmend entleerten Pflichtschulbereich, bei der Hauptschule, ab. Ein beachtlicher Teil ihrer insgesamt freilich vor dem Hintergrund der auch hier mittlerweile differenzierten Abschlußstruktur zu betrachtenden Absolventen hat auf dem Arbeitsmarkt, insbesondere in städtischen Bereichen, deutlich schlechtere Aussichten als die der Gymnasien, Real- und Gesamtschulen. Während sich nur schwer übersehen läßt, wieweit diese Problematik — wie in einigen neuen Bundesländern praktiziert — zugunsten einer weniger gegliederten Sekundarstufe gelöst werden wird, in der die Hauptschule etwa mit Real- oder Gesamtschulen verbunden werden könnte, zeichnet sich bei den weiter hoch frequentierten Gymnasien eine Entwicklung zu stärkeren Profilbildungen einzelner Schulen ab, die hier zu einer neuen Differenzierung führen könnte. In der Konkurrenz um neu eintretende Schüler aus den Grundschulen, die im Zusammenhang mit der in den siebziger Jahren gesunkenen Geburtenrate zu sehen ist, suchen sich einzelne Gymnasien durch besondere — auch außerunterrichtliche — Angebote vom Gros der übrigen Anstalten zu unterscheiden und dabei an pädagogischer Attraktivität und auch (wieder) an sozialem Prestige zu gewinnen. Diese in ihren Auswirkungen insgesamt noch nicht abzusehenden schulstrukturellen Veränderungen im „unteren" und „oberen" Bereich der Sekundarschulen bleiben heute — verglichen mit der intensiven bildungspolitischen Diskussion der Reformära — aber ein (noch) weitgehend unbeachteter Gegenstand regionalspezifischer Entwicklungen, die meist in der Fachliteratur diskutiert werden. In der öffentlichen bildungspolitischen Diskussion dominieren in den letzten Jahren als Strukturfragen dagegen andere Themen, die sich etwa mit der Integration behinderter Schüler in Regelschulen, in den letzten Jahren vielleicht am publizitätswirksamsten mit dem Problem des Berufsübergangs der — als Konsequenz ihrer Integration in die weiterführenden Sekundarschulen — inzwischen in breitem Maßstab höher qualifizierten Frauen in entsprechende Positionen des Beschäftigungssystems auseinandersetzen. In der Pädagogik scheinen nach einer auf Bildungsreform und -planung konzentrierten quantitativ und makrosoziologisch ausgerichteten Diskussion vor allem der siebziger Jahre, die weit in das nachfolgende Jahrzehnt ausgestrahlt hat, wieder stärker qualitative Aspekte der Schule zur Geltung zu kommen. In den Rückblicken der pädagogischen Protagonisten der Bildungsreform der sechziger und siebziger Jahre sind die damaligen Reformmaßnahmen „nicht weit genug gegangen" (HENTIG 1979, S. 30); die Nachkriegsgeschichte wird aus dieser Sicht in die Phasen „Restauration — Reform — Resignation" (WINKEL 1988) unterteilt. Derartige Positionen scheinen nicht nur die mit komplexen Problemen behaftete langfristige Demokratisierung des höheren Sekundarschul- und des Hochschulwesens zu verkennen, sondern ebenso Gefahr zu laufen, die Reflexions- und Handlungsfähigkeit der Erziehungswissenschaft an ein statisches, in seiner Wiederholung zunehmender Erstarrung ausgesetztes Reformprogramm zu binden, das der historischen Dynamik des Bildungssystems und ihren Folgeproblemen etwa in Form einer neuen, desintegrativ wirksamen Dualität des Sekundarschulsystems — nicht nur zu Lasten der Hauptschüler — nicht mehr gerecht wird.

LITERATUR

ADORNO, TH. W.: Erziehung nach Auschwitz. In: ADORNO, TH. W.: Stichworte. Kritische Modelle 2. Frankfurt a. M. 1969, S. 85—101.

ARBEITSGRUPPE BILDUNGSBERICHT am Max-Planck-Institut für Bildungsforschung: Das Bildungswesen in der Bundesrepublik Deutschland. Ein Überblick für Eltern, Lehrer, Schüler. Reinbek 1990.

BAUMERT, J./RASCHERT, J. (in Zusammenarbeit mit HOPF, D./NAUMANN, J./THOMAS, H.): Vom Experiment zur Regelschule. Schulplanung, Curriculumentwicklung und Lehrerfortbildung in Zusammenarbeit von Lehrern und Verwaltung bei der Expansion der Berliner Gesamtschule. Stuttgart 1978.

BENNER, D./LENZEN, D. (Hrsg.): Erziehung, Bildung, Normativität. Versuch einer deutsch-deutschen Annäherung. Weinheim/München 1991.

BLÄTTNER, F.: Das Gymnasium. Aufgaben der höheren Schule in Geschichte und Gegenwart. Heidelberg 1960.

BLÄTTNER, F.: Geschichte der Pädagogik. 14. Aufl., durchges. u. erw. von H.-G. HERRLITZ. Heidelberg 1973.

BÖHM, W./TENORTH, H.-E. (Hrsg.): Deutsche Pädagogische Zeitgeschichte 1960—1973. Von der Diskussion um den Rahmenplan zum Bildungsgesamtplan. Kastellaun 1977.

BUND-LÄNDER-KOMMISSION für Bildungsplanung: Bildungsgesamtplan. Bd. I und II. Stuttgart 1973.

BUNGARDT, K. (Hrsg.): Der „Bremer Plan" im Streit der Meinungen. Eine Dokumentation. Frankfurt a. M. 1962.

BUNGENSTAB, K.-E.: Umerziehung zur Demokratie? Re-education-Politik im Bildungswesen der US-Zone 1945—1949. Düsseldorf 1970.

CARNAP, R. v./EDDING, F.: Der relative Schulbesuch in den Ländern der Bundesrepublik 1952—1960. Frankfurt a. M. 1962.

DER BUNDESMINISTER für Bildung und Wissenschaft: Arbeiterkinder im Bildungssystem. Bad Honnef 1981.

DER BUNDESMINISTER für Bildung und Wissenschaft: Bericht der Bundesregierung über die strukturellen Probleme des föderativen Bildungssystems (= Deutscher Bundestag. 8. Wahlperiode, Drucksache 8/1551, 23. 2. 1978) o. O., o. J.

DER BUNDESMINISTER für Bildung und Wissenschaft: Bildungsbericht '70. Die bildungspolitische Konzeption der Bundesregierung. Bonn 1970.

DEUTSCHE GESELLSCHAFT für Bildungsverwaltung: Das Bildungswesen im künftigen Deutschland. Eine Herausforderung für Bildungspolitik und Bildungsverwaltung. Dokumentation der 11. DGBV-Jahrestagung vom 13. bis 15. September 1990 in Nürnberg. Frankfurt a. M./Bochum 1991.

DEUTSCHER AUSSCHUSS FÜR DAS ERZIEHUNGS- UND BILDUNGSWESEN: Rahmenplan zur Umgestaltung und Vereinheitlichung des allgemeinbildenden öffentlichen Schulwesens (= Empfehlungen und Gutachten. Folge 3). Stuttgart 1959.

DEUTSCHER AUSSCHUSS FÜR DAS ERZIEHUNGS- UND BILDUNGSWESEN: Zur Diskussion des Rahmenplans — Kritik und Antwort (= Empfehlungen und Gutachten. Folge 5). Stuttgart 1960.

DEUTSCHER BILDUNGSRAT. Die Bildungskommission: Bericht '75. Entwicklungen im Bildungswesen. Stuttgart 1975.

DEUTSCHER BILDUNGSRAT: Strukturplan für das Bildungswesen (= Empfehlungen der Bildungskommission). Stuttgart 1970.

DEUTSCHLAND nach dem Zusammenbruch 1945. Urkunden und Aktenstücke zur Neuordnung von Staat und Verwaltung sowie Kultur, Wirtschaft und Recht (= HOHLFELD, J. [Hrsg.]: Dokumente der Deutschen Politik und Geschichte von 1848 bis zur Gegenwart. VI. Bd. Bearb. von HOHLFELD, K.). Berlin 1952.

DREWEK, P./HARNEY, K.: Beteiligung und Ausschluß. Zur Sozialgeschichte von Bildungssystem und Karriere. In: TENORTH, H.-E. (Hrsg.): Allgemeine Bildung. Analysen zu ihrer Wirklichkeit, Versuche über ihre Zukunft. Weinheim/München 1986, S. 138—153.

DREWEK, P.: Aspekte der Schulentwicklung zwischen 1945 und 1960. In: Zeitschrift für Sozialisationsforschung und Erziehungssoziologie 4 (1984), S. 65—77.

DREWEK, P.: Die Begabungsuntersuchungen Albert Huths und Karl Valentin Müllers nach 1945. Zur wissenschaftsgeschichtlichen Bedeutung des konservativen Begabungsbegriffs in der Nachkriegszeit. In: Zeitschrift für Pädagogik 35 (1989), S. 197—217.

DREWEK, P.: Zum Strukturwandel des nordrhein-westfälischen Bildungssystems 1946 bis 1982. In: DÜWELL, K./KÖLLMANN, W. (Hrsg.): Zur Geschichte von Wissenschaft, Kunst und Bildung an Rhein und Ruhr (nebst Resümees der Historiker- und Kunsthistoriker-Tagung in Essen vom Juni 1982) (= Rheinland-Westfalen im Industriezeitalter. Bd. 4). Wuppertal 1982, S. 181—208.

DRUCKER, P. F.: Das Fundament für morgen. Die neuen Wirklichkeiten in Wirtschaft, Wissenschaft und Politik. Düsseldorf 1958.

EIGLER, H./HANSEN, R./KLEMM, K.: Quantitative Entwicklung: Wem hat die Bildungsexpansion genutzt? In: ROLFF, H.-G. u. a. (Hrsg.): Jahrbuch der Schulentwicklung. Bd. 1. Weinheim/Basel 1980, S. 45—71.

ERDMANN, K. D.: Überblick über die Entwicklung der Schule in Deutschland 1945—1949. In: Neue Sammlung 16 (1976), S. 215—234.

ERZIEHUNG wozu? Eine Vortragsreihe mit Beiträgen von O. F. BOLLNOW u. a. Stuttgart 1956.

FEND, H.: Gesamtschule im Vergleich. Bilanz der Ergebnisse des Gesamtschulversuchs. Weinheim/Basel 1982.

FLITNER, A.: Die Verrechtlichung des Schulwesens — Kennzeichen eines neuen Abschnitts der Bildungspolitik. In: DERBOLAV, J. (Hrsg.): Grundlagen und Probleme der Bildungspolitik. München/Zürich 1977, S. 269—282.

FRIEDEBURG, L. VON: Bilanz der Bildungspolitik. In: Zeitschrift für Pädagogik 24 (1978), S. 207—220.

FRIEDEBURG, L. VON: Bildungsreform in Deutschland. Geschichte und gesellschaftlicher Widerspruch. Frankfurt a. M. 1989.

FÜHR, CHR. (Hrsg.) (unter Mitwirkung von G. ULRICH): Zur Bildungsreform in der Bundesrepublik Deutschland. Impulse und Tendenzen. Bericht und Dokumentation über eine Tagung im Unesco-Institut für Pädagogik in Hamburg vom 18. bis 21. Juni 1968. Weinheim/Berlin/Basel 1969.

FÜHR, CHR.: Das Bildungswesen in der Bundesrepublik Deutschland. Ein Überblick. Weinheim/Basel 1979.

GIESE, G.: Quellen zur deutschen Schulgeschichte seit 1800. Göttingen/Berlin/Frankfurt a. M. 1961.

HALBRITTER, M.: Schulreformpolitik in der britischen Zone von 1945 bis 1949. Weinheim/Basel 1979.

HANSEN, R./ROLFF, H.-G.: Abgeschwächte Auslese und verschärfter Wettbewerb — Neuere Entwicklungen in den Sekundarschulen. In: ROLFF, H.-G./BAUER, K.-O./-KLEMM, K./PFEIFFER, H. (Hrsg.): Jahrbuch der Schulentwicklung. Daten, Beispiele und Perspektiven. Bd. 6. Weinheim/München 1990, S. 45—79.

HANSEN, R./RÖSNER, E./WEISSBACH; B.: Der Übergang in die Sekundarstufe I. In: ROLFF, H.-G./KLEMM, K./TILLMANN, K.-J. (Hrsg.): Jahrbuch der Schulentwicklung. Daten, Beispiele und Perspektiven. Bd. 4. Weinheim/Basel 1986, S. 70—101.

HECKEL, H.: Zahlen zum Schulwesen in den Ländern des Bundesgebietes. Dokumentation Nr. 5/1959. Darmstadt 1959.

HEINTZ, P. (Hrsg.): Soziologie der Schule (= Kölner Zeitschrift für Soziologie und Sozialpsychologie. Sonderheft 4). Opladen 1959.

HENNINGSEN, J.: Meilen-, Grenz- und Grabsteine. 15 Jahre Erziehungswissenschaft in der Bundesrepublik. Persönliche Randbemerkungen. In: LENZEN, D. (Hrsg.): Erziehungswissenschaft im Übergang — verlorene Einheit, Selbstteilung und Alternativen (= Jahrbuch für Erziehungswissenschaft 4, 1980—1982) Stuttgart 1982.

HENTIG, H. VON: Die Reform der Schule war nicht radikal genug. In: betrifft: erziehung 12 (1979) 10, S. 38—44 und (1979) 11, S. 30—37.

HERRLITZ, H.-G./HOPF, W./TITZE, H.: Deutsche Schulgeschichte von 1800 bis zur Gegenwart. Königstein 1981.

HILKER, F.: Die Schulen in Deutschland (Bundesrepublik und West-Berlin). Bad Nauheim 1954.

HÜFNER, K./NAUMANN, J./KÖHLER, H./PFEFFER, G.: Hochkonjunktur und Flaute: Bildungspolitik in der Bundesrepublik Deutschland 1967—1980. Stuttgart 1986.

HÜFNER, K./NAUMANN, J.: Konjunkturen der Bildungspolitik in der Bundesrepublik Deutschland. Bd. I: Der Aufschwung (1960—1967). Stuttgart 1977.

ILLICH, I.: Entschulung der Gesellschaft. Mit einem Vorwort von H. V. HENTIG. München 1972.

KANZ, H. (Hrsg.): Deutsche Pädagogische Zeitgeschichte 1945—1959. Von der Bildungspolitik der Alliierten bis zum Rahmenplan des Deutschen Ausschusses. Lernkritische Quellensammlung für ein erziehungswissenschaftliches Grundstudium. Ratingen-Kastellaun 1975.

KLAFKI, W.: Die fünfziger Jahre — eine Phase schulorganisatorischer Restauration. Zur Schulpolitik und Schulentwicklung im ersten Jahrzehnt der Bundesrepublik. In: BÄNSCH, D. (Hrsg.): Die fünfziger Jahre. Beiträge zu Politik und Kultur. Tübingen 1985, S. 131—162.

KLEMM, K./ROLFF, H.-G./TILLMANN, K.-J.: Bildung für das Jahr 2000. Bilanz der Reform, Zukunft der Schule. Hrsg. von der Max-Traeger-Stiftung. Reinbek 1985.

KLEMM, K./ROLFF, H.-G.: Der heimliche Umbau der Sekundarschule. In: ROLFF, H.-G./KLEMM, K./PFEIFFER, H./RÖSNER, E. (Hrsg.): Jahrbuch der Schulentwicklung. Daten, Beispiele und Perspektiven. Bd. 5. Weinheim/München 1988, S. 75—101.

KLEMM, K.: Was 1985 hätte sein sollen — Zielwerte des Bildungsgesamtplans von 1973 im Vergleich zur realen Schulentwicklung. In: ROLFF, H.-G./KLEMM, K./TILLMANN, K.-J. (Hrsg.): Jahrbuch der Schulentwicklung. Daten, Beispiele und Perspektiven. Bd. 4. Weinheim/Basel 1986, S. 50—69.

KLEWITZ; M.: Berliner Einheitsschule 1945—1951. Berlin 1971.

KNOLL, J. H.: Bildung und Wissenschaft in der Bundesrepublik Deutschland. Bildungspolitik/Schulen/Hochschulen/Erwachsenenbildung/Bildungsforschung. Ein Handbuch. München/Wien 1977.

KÖHLER, H.: Neue Entwicklungen des relativen Schul- und Hochschulbesuchs. Eine Analyse der Daten für 1975—1987. Berlin 1990.

KÖHLER, H.: Der relative Schul- und Hochschulbesuch in der Bundesrepublik Deutschland 1952—1975. Ein Indikator für die Entwicklung des Bildungswesens. Berlin 1978.

KUHLMANN, C.: Schulreform und Gesellschaft in der Bundesrepublik Deutschland 1946—1966. Die Differenzierung der Bildungswege als Problem der westdeutschen Schulpolitik. Mit einer Einführung von S. B. ROBINSOHN. Stuttgart 1970.

LANDESINSTITUT für Schule und Weiterbildung (Hrsg.): Begabung — Lernen — Schulqualität. Soester Symposion 1987. Vorträge, Diskussionen und Materialien (Bearb. von SCHIRP, H./NEVERMANN, K./LEHFELDT, CHR./-HAENISCH, H.) Soest 1987.

LESCHINSKY, A./ROEDER, P. M.: Entwicklung der Rahmenbedingungen. In: Projektgruppe Bildungsbericht (Max-Planck-Institut für Bildungsforschung): Bildung in der Bundesrepublik Deutschland. Daten und Analysen. Bd. 1: Entwicklungen seit 1950. Reinbek 1980, Kapitel IV: Didaktik und Unterricht in der Sekundarstufe I seit 1950, S. 283—391.

LESCHINSKY, A.: Sekundarstufe I oder Volksschuloberstufe ? — Zur Diskussion um den Mittelbau des Schulwesens am Ende der Weimarer Zeit. In: Neue Sammlung 18 (1978), S. 404—430.

MÜLLER, D. K.: Der Prozeß der Systembildung im Schulwesen Preußens während der zweiten Hälfte des 19. Jahrhunderts. In: Zeitschrift für Pädagogik 27 (1981), S. 245—269.

MÜLLER, D. K./ZYMEK, B. (unter Mitarbeit von U. HERRMANN): Sozialgeschichte und Statistik des Schulsystems in den Staaten des Deutschen Reiches, 1800—1945 (= Datenhandbuch zur deutschen Bildungsgeschichte. Bd. II: Höhere und mittlere Schulen. 1. Teil) Göttingen 1987.

MÜLLER, D. K.: Sozialstruktur und Schulsystem. Aspekte zum Strukturwandel des Schulwesens im 19. Jahrhundert. Göttingen 1977.

PICHT, G.: Die deutsche Bildungskatastrophe. Analysen und Dokumentation. Olten/Freiburg i. Br. 1964.

PROJEKTGRUPPE Bildungsbericht (Max-Planck-Institut für Bildungsforschung): Bildung in der Bundesrepublik Deutschland. Daten und Analysen. Bd. 1: Entwicklungen seit 1950. Bd. 2: Gegenwärtige Probleme. Reinbek 1980.

RASCHERT, J.: Bildungspolitik im kooperativen Föderalismus. In: Projektgruppe Bildungsbericht (Max-Planck-Institut für Bildungsforschung): Bildung in der Bundesrepublik Deutschland. Daten und Analysen. Bd. 1: Entwicklungen seit 1950. Reinbek 1980, S. 103—215.

ROBINSOHN, S. B./KUHLMANN, J. C.: Two Decades of Non-Reform in West German Education. In: Comparative Education Review. Vol. XI. No. 3. October 1967, S. 311—330.

RODAX, K. (Hrsg.): Strukturwandel der Bildungsbeteiligung 1950—1985. Eine Bestandsaufnahme im Spiegel der amtlichen Bildungsstatistik. Darmstadt 1989.

ROTH, H.: Jugend und Schule zwischen Reform und Restauration. Berlin/Hannover/Darmstadt 1961.

ROTH, H.: Erziehungswissenschaft, Erziehungsfeld und Lehrerbildung. Gesammelte Abhandlungen 1957—1967. Hannover 1967.

ROTH, H. (Hrsg.): Begabung und Lernen. Ergebnisse und Folgerungen neuer Forschungen. Stuttgart 10. Aufl. 1976.

RUNDERLASS DES KULTUSMINISTERS (Nordrhein-Westfalen) vom 13. 11. 1946 — IV/2,3. Schülerauslese. In: Amtsblatt des Kultusministeriums. 2. Beilage. Düsseldorf o.J.

SCHEUERL, H.: Die Gliederung des deutschen Schulwesens. Analytische Darstellung und Gesichtspunkte zu seiner weiteren Entwicklung (= Deutscher Bildungsrat. Gutachten und Studien der Bildungskommission. Bd. 2). Stuttgart ²1970.

SCHULTZE, W./FÜHR, CH.: Das Schulwesen in der Bundesrepublik Deutschland. Weinheim 1966.

SPRANGER, E.: Diskussionsbeitrag. In: HILKER, F. (Hrsg.): Die Veränderungen des pädagogischen Denkens und der pädagogischen Wirklichkeit in den letzten 50 Jahren. Vorträge und Aussprachen der Britisch-Deutschen Pädagogen-Konferenz in Königswinter vom 12. bis 17. März 1955 (= Bildung und Erziehung, H. 8/9, 1955).

SPRANGER, E.: Innere Schulreform. (1949) In: SPRANGER, E.: Schule und Lehrer. Hrsg. von ENGLERT, L. (= SPRANGER, E.: Gesammelte Schriften. Bd. III). Heidelberg 1970, S. 177—187.

TITZE, H.: Das Hochschulstudium in Preußen und Deutschland 1820–1944 (= Datenhandbuch zur deutschen Bildungsgeschichte, Band I. Hochschulen, 1. Teil) Göttingen 1987.

WAGENSCHEIN, M.: Die pädagogische Dimension der Physik. Braunschweig 1962.

WEINSTOCK, H.: Die abendländische Ordnung der deutschen Bildungsanstalten. Stuttgart 1947.

WINKEL, R.: 7. Epoche: Die zeitgenössische Pädagogik. — Restauration, Reform, Resignation — Die zweite Hälfte des 20. Jahrhunderts. In: WINKEL, R. (Hrsg.): Pädagogische Epochen. Von der Antike bis zur Gegenwart. Düsseldorf 1988.

ZYMEK, B.: Schulen. In: LANGEWIESCHE, D./TENORTH, H.-E. (Hrsg.): Handbuch der deutschen Bildungsgeschichte. Bd. V. 1918—1945. Die Weimarer Republik und die nationalsozialistische Diktatur. München 1989, S. 155—208.

Christa Uhlig/Ulrich Wiegmann

13. STRUKTUR- UND FUNKTIONSWANDEL DES SCHULWESENS IN DER DDR*

1. VORBEMERKUNG

Seit dem Ende der DDR steht die historisch-pädagogische Forschung zu deren Schul- und Erziehungsgeschichte vor einer grundlegend geänderten Situation. Zum einen erschweren der Zusammenbruch eines bildungspolitischen und pädagogischen Paradigmas (vgl. dazu auch KIRCHHÖFER in diesem Band) und die daraus resultierenden Verunsicherungen derzeit die kritische Analyse und Bewertung des Schulsystems in der DDR. Zum anderen verlangt und eröffnet das Scheitern des Versuchs einer Alternative zum traditionellen deutschen Bildungswesen eine ideologiefreie historisch-kritische Sicht auf die Schulentwicklung in der Sowjetischen Besatzungszone (SBZ) 1945 bis 1949 und in der Deutschen Demokratischen Republik (DDR) 1949 bis 1990. Der seither weitgehend uneingeschränkte Zugang zu den schriftlichen Quellen und die allmählich zunehmende Bereitschaft, sich auch öffentlich zu erinnern, führten zu einer Verbreiterung der Materialbasis, die zugleich neue Forschungsvoraussetzungen bietet.

---

* Der Beitrag wurde 1990 erarbeitet und spiegelt den damaligen Stand der Forschung und und Quellenerschließung wider. Neuere Literatur konnte nur bis zum Erscheinungsjahr 1991/92 berücksichtigt werden. Zur ergänzenden Lektüre werden u. a. empfohlen: CLOER, ERNST: Bildungspolitik und Bildungssysteme in der SBZ und DDR. Ausgewählte Aspekte der Entwicklung 1945–1989. In: HERRLITZ, HANS-GEORG/HOPF, WULF/TITZE, HARTMUT: Deutsche Schulgeschichte von 1800 bis zur Gegenwart. Eine Einführung. Weinheim und München 1993, S. 173–201; CLOER, ERNST/WERNSTEDT, ROLF (Hrsg.): Pädagogik in der DDR. Eröffnung einer notwendigen Bilanz. Weinheim 1994; FISCHER, ANDREAS: Das Bildungssystem der DDR. Entwicklung, Umbruch und Neugestaltung seit 1989. Darmstadt 1992; STEINHÖFEL, WOLFGANG (Hrsg.): Spuren der DDR-Pädagogik. Weinheim 1993.

Diskussionen und Darstellungsversuche zur Schulentwicklung in der SBZ/DDR sind spätestens seit dem Herbst 1989 allgemein von der Offenlegung der real-sozialistischen Schulentwicklung hinsichtlich ihrer primär „politisch-ideologischen" Funktion geleitet. Diese Konzentration von Untersuchungen auf die weltanschaulich-politische Indienstnahme der Schule sowie auf die entsprechenden Funktions- und Wirkungszusammenhänge bleibt durch das in der DDR herrschende Verständnis über den Zusammenhang von Erziehung und Gesellschaft und die von daher beanspruchte unmittelbare Führung des Schulwesens durch die Staatspartei legitim. Vernachlässigt wurden bis jetzt Forschungen zum Alltag der Schule, d. h. auch zu ihren systemunabhängigen Funktionen bei der Gestaltung des Generationenverhältnisses in der SBZ/DDR, ihrer realen Verwurzelung im traditionellen Bildungsdenken in Deutschland sowie zu Orientierungs- und Anpassungsstrukturen, die sich in der Bevölkerung zur Befriedigung von Bildungsbedürfnissen entwickelt haben. Sie erst würden die Realität von Bildung und Erziehung über die autoritative weltanschaulich-politische Zielsetzung hinaus in ihrer Eigendynamik, in ihrer latenten Funktion und in ihrer Widersprüchlichkeit deutlich werden lassen. Diese Seite ist bislang im wesentlichen nur durch das allgemeine und gruppenspezifische Bildungsverhalten der DDR-Bevölkerung, auf dem Umweg über die Resultate von Bildung und Erziehung, durch literarische und künstlerische Gestaltung, durch die Erinnerung von Lehrerinnen und Lehrern an vorhandene und genutzte erzieherische Freiräume sowie über die subjektive Erfahrung der Beteiligten erfaßbar. Künftige Forschungen werden mit dem Mangel an wissenschaftlichen Analysen der Erziehungspraxis in der DDR rechnen müssen. Sozialgeschichtlich orientierte Untersuchungen fehlen beinahe ganz.

Der im folgenden versuchte Überblick über den Struktur- und Funktionswandel des Schulwesens der SBZ/DDR stützt sich, soweit möglich, auf neuere Forschungsergebnisse, bleibt aber im ganzen notwendig an bisherigen Darstellungen und Quellendokumentationen orientiert. Er geht den noch ausstehenden komplexen historisch-pädagogischen Forschungen zur Schulgeschichte der SBZ/DDR *voraus.* Auch die an sich erforderliche Einbindung der Schulentwicklung in allgemeinhistorische Prozesse kann hier nicht umfänglich geleistet werden. Sie beträfe im besonderen die politische und soziale Ausgangslage für das Schulwesen am Ende des Zweiten Weltkrieges, weltpolitische Auseinandersetzungen, Auswirkungen des Ost-West-Verhältnisses, die Genese des deutsch-deutschen Verhältnisses auf der einen und die Beziehungen der DDR zu den real-sozialistischen Staaten auf der anderen Seite sowie DDR-spezifische Entwicklungen. Gleiches gilt für die Erziehungswissenschaft in der DDR, ihre Beziehungen zu anderen Wissenschaften, ihre Funktion im Verhältnis von Wissenschaft, Politik und Praxis. Der Überblick ist auf Schule konzentriert. Weitere Bildungs- und Sozialisationsbereiche, wie Vorschulerziehung, Sonderschulen, Fach- und Hochschulen, Berufs- und Erwachsenenbildung, Freizeit und Familie bleiben weitgehend unberücksichtigt.

2. ZUR ZIEL- UND FUNKTIONSBESTIMMUNG DES SCHULWESENS IN DER SBZ/DDR

Die durch den Sieg der Alliierten über den Nationalsozialismus gegebene Chance für einen gesellschaftlichen Neubeginn in Deutschland bedeutete für die SBZ die Entscheidung zugunsten eines radikalen Systemwechsels, der die grundlegende Veränderung des Schulwesens von Anfang an einschloß. Zu deren bestimmenden Faktoren zählten *erstens* der Anspruch, in Deutschland die politischen, sozialen und geistigen Grundlagen für Faschismus zu überwinden. Angestrebt wurde ein antifaschistisches Staatswesen von sozialer Gerechtigkeit, Demokratie, Humanismus und Antimilitarismus. Der antifaschistische Anspruch, der die Schule unmittelbar berührte, wurde im Osten Deutschlands konsequenter als im Westen artikuliert und motivierte die antifaschistisch-demokratische Umgestaltung maßgeblich. *Zweitens* verfügte die Sowjetische Militäradministration (SMAD) über die Regierungsgewalt, — im Bereich von Kultur, Wissenschaft und Schule durch die sowjetischen Bildungsoffiziere realisiert, — und sicherte von Anfang an die SBZ als Einfluß- und Interessensphäre des in der UdSSR bis dahin durchgesetzten Gesellschaftstyps. *Drittens* ging die an der Spitze der Umgestaltung stehende SED-Führung, in ihrer kommunistischen Linie mehrheitlich aus sowjetischer Emigration kommend und bereits seit den 20er Jahren stalinistischen Einflüssen ausgesetzt, davon aus, als politische Kraft die Lehren aus der deutschen Geschichte am konsequentesten gezogen zu haben und nach progressiven, humanistischen Traditionen der Geschichte zu handeln. Die generellen Ziele der proletarischen Emanzipationsbewegung sollten nunmehr verwirklicht werden, implizit das gleiche Recht auf Bildung durch Einheitlichkeit und Staatlichkeit der Schule, Trennung von Schule und Kirche sowie der Wissenschaftlichkeit der Bildung.

Unter diesen Prämissen wurde, beginnend mit den Ländergesetzen zur Demokratisierung der deutschen Schule von 1946 (QUELLEN 1980, S. 518ff.) ein nahezu ausschließlich staatliches Schulwesen geschaffen. Pädagogisch war es an der Idee allseitiger, harmonischer Persönlichkeitsentwicklung aller orientiert. Bildungspolitisch und strukturell folgte es dem Prinzip der Einheitlichkeit (bezogen auf Lernziele, Lehrpläne, Lehrbücher, Abschlüsse, Koedukation u. a.) sowie der horizontalen Gliederung der Schulstufen (Durchlässigkeit von unten nach oben; Einheitsschule).

Bis Anfang der 60er Jahre wurde dieses Schulmodell in seinem Wesen als Alternative zur Restauration traditioneller Schulstrukturen (vertikale Gliederung der Schulstufen) in Westdeutschland und als Vorbild für das Schulwesen in einem wiedervereinigten Deutschland verstanden. In den 50er Jahren suchten unter der Losung „Deutsche an einem Tisch!“ neben anderen auch verschiedene Initiativen von Lehrerinnen und Lehrern aus beiden Teilen Deutschlands, wie der Schwelmer Kreis oder die Ostertagungen deutscher Pädagogen, die bildungspolitische und pädagogische Diskussion um den Weg der deutschen Schule offen zu halten. Ihre Wirkungen blieben jedoch unter den Bedingungen des Kalten Krieges in West wie Ost gering (HELLING 1958, S. 40ff.).

Funktion, Struktur und Inhalt der Schule in der DDR wurden im Rahmen der gesetzten Prämissen zwischen 1945 und 1990 der Entwicklung des Gesellschaftssystems entsprechend angepaßt. Dennoch stand die Schule mehr oder weniger in allen Phasen ihrer Entwicklung zwischen Reformdrang und Restriktion, zwischen Innovation und Restauration, zwischen Legitimationssucht und latentem Funktionalismus, reproduzierte diese gleichsam systemimmanenten Widersprüche immer wieder neu. Infolgedessen brachte sie einerseits ein vergleichsweise hohes Leistungsniveau und durchaus aufgeklärte, kritische Absolventinnen und Absolventen hervor. Andererseits erzeugte die lineare Abhängigkeit des Bildungswesens von Politik, Ökonomie und Staatsideologie in allen Entwicklungsabschnitten einen Gesinnungsdruck, der letztlich zu der negativen Beurteilung des Erziehungssystems in der „Wende" 1989 führte und die Beseitigung des „einheitlichen Bildungssystems" sowie politische Vorbehalte gegenüber der Lehrerschaft der DDR nach sich zog.

Für das Verständnis der Entwicklung von Schule und Pädagogik in der DDR kommt der antifaschistisch-demokratischen Schulreform (1945 bis 1948/49) eine besondere Rolle zu. Sie wurde durch den bildungspolitischen und pädagogischen Veränderungswillen verschiedener politischer Kräfte getragen, die angesichts der materiellen und geistigen Zerstörungen im Schulwesen durch Krieg und Nationalsozialismus im materiellen Wiederaufbau, in der Entnazifizierung, in der Orientierung an demokratischen und humanistischen Werten und der sozialen Öffnung aller Bildungsbereiche zunächst einen gemeinsamen Konsens fanden. In den ostdeutschen Ländern waren zwischen 20 und 40 Prozent der Schulgebäude zerstört oder beschädigt (GÜNTHER/UHLIG 1974, S. 30f.). Eine große Zahl von Kindern lebte in schwierigen familiären Verhältnissen, viele ohne Väter. Es mangelte an Nahrung, Kleidung, Heizung und einfachsten Unterrichtsmitteln. Lehrbücher und Lehrmittel aus der Nazizeit konnten und sollten keine Verwendung finden. Ersatz war zunächst so gut wie nicht vorhanden. Etwa 70 Prozent der Lehrerinnen und Lehrer auf dem Territorium der SBZ waren ehemals nationalsozialistisch organisiert. Trotz akuten Lehrermangels wurde die Mehrzahl dieser Lehrerinnen und Lehrer aus dem Schuldienst entlassen und durch sogenannte Neulehrer ersetzt, eine für die Schulentwicklung in der DDR spezifische und nachhaltig prägende Maßnahme. Die Neulehrer nahmen zunächst ohne bzw. nach einer nur kurzzeitigen pädagogischen und fachlichen Ausbildung für den Lehrerberuf (nachträgliche Qualifikationen durch spezifische Neulehrerkurse und Fernstudium) eine Tätigkeit an den Schulen auf.

Am 1. Oktober 1945 wurden, trotz dieser komplizierten Problemlage, die Schulen nach dem Befehl Nr. 40 der SMAD vom 25. August 1945 wieder eröffnet (QUELLEN 1980, S. 514ff.). Am 18. Oktober 1945 boten die beiden politisch bestimmenden Parteien in der SBZ, SPD und KPD, in einem gemeinsamen Aufruf ein bildungspolitisches Aufbauprogramm an, das sich in seinen wesentlichen Inhalten in den Schulgesetzen von 1946 wiederfindet: Erziehung „im Geiste einer kämpferischen Demokratie, der Freundschaft unter den friedliebenden Völkern, zum selbstständigen, aufrechten, freiheitlichen und fortschrittlichen

Denken und Handeln"; „Säuberung des gesamten Lehr- und Verwaltungspersonals von allen nazistischen und militaristischen Elementen und die Besetzung aller Schulrats- und Leiterstellen mit bewährten Antifaschisten"; „Schaffung eines einheitlichen Schulsystems ..."; Förderung der demokratischen Einheit der Nation; Trennung von Kirche und Schule bei „voller Anerkennung der Glaubens- und Gewissensfreiheit"; Unterricht als Aufgabe des öffentlichen Schulwesens; Reform der Lehrerausbildung; grundsätzliche Umstellung der Lehrpläne und Lehrbücher (für die Übergangszeit sollten Lehrmaterialien aus der Zeit von vor 1933 verwendet werden); Reform des Hochschul- und Universitätswesens (QUELLEN 1980, S. 516f.).

Diese Perspektive war für viele Lehrerinnen und Lehrer zunächst annehmbar. Erst die autoritär-dogmatische Interpretation dieser Grundsätze für die Schulreform löste Zweifel und Unsicherheiten aus, die 1948 in eine erste größere Fluchtbewegung aus dem Lehrerberuf mündeten. Es ist anzunehmen, daß sich diese Selektion eines gewissen „Widerspruchspotentials" nachhaltig negativ auf die Schulentwicklung in der DDR ausgewirkt hat.

Begünstigt durch Überalterung der nach 1945 im Schuldienst verbliebenen Lehrerinnen und Lehrer (1946 lag der Durchschnitt bei 57 Jahren) existierte etwa 1949 eine völlig neue, in ihrer Mehrheit politisch geprägte, zukunftsorientierte junge Lehrergeneration. Beinahe 50 Prozent der Lehrerinnen und Lehrer waren damals in der SED organisiert, die in der politischen Interessenlage ihrer Mitglieder keineswegs homogen war. Aus dieser Generation kamen nachfolgend nicht nur das Gros der Erziehungswissenschaftlerinnen und -wissenschaftler in der DDR, sondern auch die meisten bildungspolitischen Funktionsträgerinnen und -träger bis in die späten 80er Jahre hinein.

Diese Ausgangslage hatte zugleich maßgeblichen Einfluß auf die Konstituierung der Erziehungswissenschaften in der DDR. Einerseits entwickelte sie sich ihrem Selbstverständnis nach zur marxistisch-leninistischen Wissenschaft in einem engen, geistigen Pluralismus ausschließenden Paradigma, andererseits hatte sie nach 1945 eine weitgehend demokratische, politisch pluralistisch orientierte Basis, die nachhaltig positiv empfunden wurde.

Ein bestimmendes Moment in der anfänglichen erziehungswissenschaftlichen Diskussion lag in der konstruktiven Rezeption reformpädagogischer Auffassungen aus der Zeit vor 1933, insbesondere der Arbeitsschulbewegung, der Schülerselbstverwaltung, verschiedener Differenzierungsmodelle im Rahmen der Einheitsschule (z. B. Kern- und Kursunterricht), pädagogischer Konzepte für eine kindgemäße, Aktivität, Subjektivität und Individualität fördernde Schule, der pädagogischen Arbeit progressiver Lehrervereine und von Reformschulen. Diesen Traditionen entstammende Pädagoginnen und Pädagogen (R. ALT, H. DEITERS, M. KREUZIGER, P. OESTREICH u. a.) hatten nicht nur ihre Renitenz gegenüber faschistischem Gedankengut bewiesen, sondern standen gleichsam für einen neuen Anspruch an Schule, Erziehung und Pädagogik. Sie belebten die bildungspolitischen Auseinandersetzungen aus der Weimarer Republik, insbesondere mit der geisteswissenschaftlichen bzw. traditionellen Universitätspädagogik (GEISSLER 1991 a u. b) und beförderten ein Klima, in dem zunächst selbst reformpädagogische Schulen eine Fortexistenz hatten (z. B. die Petersen-Schule in Jena, eine Waldorf-Schule in Dresden, die Humboldt-Schule in Chemnitz). So blieb das Verhältnis zur Reformpädagogik bis 1989 ambivalent (GÜNTHER/UHLIG, CH. 1988 a u. b; LOST 1991; PEHNKE 1991). Es pendelte zwischen Annahme und Sympathie auf der einen sowie Abgrenzung und Abwehr auf der anderen Seite und wurde vor allem in bildungspolitischen Konflikt-und Entscheidungssituationen thematisiert, im besonderen 1948/49 mit der Umorientierung auf eine sozialistische Schulentwicklung, Mitte der 50er Jahre im Zusammenhang mit erneuten Demokratisierungsversuchen, Ende der 80er Jahre mit der Erkenntnis der Wirkungslosigkeit praktizierter pädagogischer Konzepte und unter dem Einfluß der Perestroika. Mit den in der DDR rezipierten reformpädagogischen Auffassungen standen der etablierten Schule und Erziehungswissenschaft stets zugleich demokratische Herausforderungen gegenüber, die aus der eigenen Geschichte kamen und nicht ohne weiteres hinter die Mauer verbannt werden konnten.

Die Ende der 40er/Anfang der 50er Jahre beginnende und sich realisierende Umorientierung auf eine sozialistische Gesellschaftsstrategie analog der Sowjetunion betraf gleichermaßen das Schulwesen, das nunmehr merklich, wie andere staatliche Bereiche auch, in seinem demokratischen Entfaltungsspielraum beschränkt wurde. In Anlehnung an die in der Politik und Theorie der deutschen Arbeiterbewegung vertretene Auffassung, daß fortschrittliches Denken nur von aufsteigenden Gesellschaftsklassen erzeugt werden könne, wurde auch für den Bildungsbereich ein Traditionsverständnis aufgebaut, das einerseits erstmals die Erschließung bestimmter historischer Themen ermöglichte, andererseits den produktiven Umgang mit der gesamten Geschichte einengte. Als Quellen der Schule wurden, prononciert auf dem 4. Pädagogischen Kongreß 1949, die klassische bürgerliche Pädagogik, die Bildungspolitik und Pädagogik der revolutionären deutschen Arbeiterbewegung und vor allem die in den 30er und 40er Jahren etablierte Schule und Pädagogik der Sowjetunion festgeschrieben (4. PÄDAGOGISCHER KONGRESS, S. 120f.) Ein Rückgriff auf die Reformpädagogik war damit kaum noch, auf die Vielfalt deutscher Bildungstradition nur selektiv möglich.

An der Wende zu den fünfziger Jahren war eine grundlegend veränderte Situation entstanden: die Aufgaben der antifaschistisch-demokratischen Schulreform wurden als erfüllt erklärt. Bedingt nicht zuletzt durch die politische Konfrontation des Kalten Krieges wurde das Bildungswesen insgesamt für die Systemauseinandersetzung funktionalisiert. Durch eine nach sowjetischem Muster straff und einheitlich organisierte, auf Leistung und sozialistische Erziehung orientierte Schule glaubte man, die sozialistische Gesellschaftsentwicklung maßgeblich beeinflussen und Defizite in der materiellen Bedürfnisbefriedigung kompensieren zu können.

Daraus resultierte nicht allein die Unterstellung der Schule und Pädagogik unter die Politik, sondern zugleich ein gewisser bildungspolitischer und pädagogischer Pragmatismus, die Reduktion wissenschaftlicher Arbeit auf das Machbare und das für unbedingt notwendig Erachtete sowie ein weitgehender Verzicht auf freie Forschung. Die Orientierung an der sowjetischen Pädagogik, deren demokratische und innovative Ansätze seit Ende der 20er Jahre durch stalinistische Deformationen in den Hintergrund geraten waren, sowie die ideologisch befangene Sicht auf Schule und Erziehungswissenschaften im Westen mußten zwangsläufig Eindimensionalität und dogmatische Verengungen in der pädagogischen Theoriebildung nach sich ziehen und die offene, schöpferische Gestaltung des Schulwesens hemmen.

Die Installation zentralistischer Leitungs- und Kontrollstrukturen, die Durchsetzung der oben genannten Ziele über zentrale Lehrpläne und Lehrplaninterpretationen, ideologische Dogmen, der selektive Umgang mit der sowjetischen und der eigenen geschichtlichen Pädagogik, das unbewältigte Verhältnis von Theorie und Praxis, Ausgrenzung von Kritikern, auch die vorschnelle Orientierung auf eine Zehnklassenschule und den polytechnischen Unterricht u. a.m. hielten das Schulwesen in den 50er Jahren in permanenter Spannung und lösten 1955 und 1958 eine offene, kontroverse Debatte um den weiteren Weg der Schule aus. Eine Umfrage aus dem Jahre 1956 zu Erwartungen an die Schule erbrachte insbesondere Wünsche nach stärkerer Psychologisierung, Individualisierung und Kindgemäßheit, nach ästhetischer Erziehung, nach gediegenen Kenntnissen statt „Buchstabenwissen“, nach „Wiedererweckung des Elans von 1945“, nach offener pädagogischer Diskussion (vgl. UNSERE UMFRAGE . . . 1956). Später als *„Revisionismusdiskussion“* abgewertet, war sie Bestandteil jener gesellschaftlichen Diskussion in der DDR und in anderen sozialistischen Ländern (Offenlegung des Personenkultes auf dem XX. Parteitag der KPdSU im Februar 1956, Ungarn 1956, liberalisierende Tendenzen), in der die Frage der Verbindung von Demokratie und Sozialismus erneut diskutiert und zu ungunsten der Demokratie entschieden wurde. Im Bereich der Volksbildung war sie die letzte öffentlich kontrovers geführte Auseinandersetzung überhaupt.

Entzündet hatte sie sich vor allem an der Funktion, am Inhalt und der Differenzierung von Allgemeinbildung und ihrer Wirkung auf die künftige Schulstruktur, deren Mittelpunkt eine zehnklassige Pflichtschule bilden sollte. In diesem Zusammenhang wurde erneut das Verhältnis zur Reformpädagogik (ALT 1975), zur Sowjetpädagogik und zu den deutschen Bildungstradionen (GRUNDPROBLEME . . . 1956), zu internationalen pädagogischen und bildungspolitischen Entwicklungen sowie zu deutschlandpolitischen Perspektiven thematisiert. Es standen sich Konzepte gegenüber, die einerseits den Übergang von der Pflichtschule zur Oberschule bereits nach der 6. oder 7. Klasse vorsahen, und Pläne zum Aufbau einer auf zehn Jahre verlängerten und für alle Kinder verbindlichen allgemeinbildenden Schule andererseits, wobei einige führende Pädagogen in Anlehnung an die Schulgesetzgebung von 1946 erneut eine innere Differenzierung durch Kern- und Kursunterricht vorschlugen.

Mit dem Vorwurf des „Revisionismus“ an die Gegner eines starren Einheitsschulmodells wurde die Diskussion schließlich 1958 als sozialismusfeindlich stigmatisiert und abgebrochen. Vertreter liberaler Strukturkonzepte wurden aus leitenden Positionen gedrängt und durch Befürworter der von der SED-Führung bildungspolitisch priviligierten undifferenzierten Einheitsschule ausgetauscht. Mehr als 40 Mitarbeiter des Deutschen Pädagogischen Zentralinstituts (DPZI), aus dem 1970 die Akademie der Pädagogischen Wissenschaften (APW) hervorging, wurden in den Schuldienst zurückversetzt.

Die Erfahrung dieser Machtdemonstration disziplinierte die Pädagogenschaft in der DDR nachhaltig (GEISSLER 1992). Differenzierung blieb seitdem als ein zwar pädagogisches, nicht aber schulstrukturell lösbares Problem anerkannt. Der Abbruch der vorsichtigen Liberalisierungstendenzen rief zugleich eine neue Fluchtwelle von Lehrern in die Bundesrepublik hervor. 1957 wurden 1490 „republikflüchtige" Lehrerinnen und Lehrer in einer vertraulichen Statistik erfaßt. Darunter waren rund 10 Prozent Schulfunktionäre (105 Direktoren und 32 Stellvertreter). Immerhin gehörten 41 Prozent dieser in die Bundesrepublik umgesiedelten Lehrerinnen und Lehrer der SED an, fast 47 Prozent waren parteilos (KASPER 1991, S. 171).

Die zu Beginn der 50er Jahre eingeschlagene Schulentwicklung wurde im „Gesetz über die sozialistische Entwicklung des Schulwesens in der DDR" vom 2. Dezember 1959 (DOKUMENTE 1969, S. 315ff.) und in entsprechenden Beschlüssen der SED und der Blockparteien festgeschrieben. Alternativen schieden fortan aus. Dennoch war die Einrichtung einer zehnjährigen allgemeinbildenden Pflichtschule zu jenem Zeitpunkt, wenngleich ihre inneren Gestaltungsmöglichkeiten begrenzt blieben, ein bemerkenswertes Ergebnis in der deutschen Bildungsgeschichte, ebenso wie die mit der Konzipierung dieses Schultyps verbundene Einführung der polytechnischen Bildung als Bestandteil von Allgemeinbildung.

Nach dem Bau der Berliner Mauer 1961 wurde die Schule ausschließlich für eine vermeintlich unumkehrbare sozialistische Perspektive in der DDR konzipiert. Das betraf sowohl den Leistungs- als auch den Erziehungsaspekt. Einerseits sollte die Schule noch stärker als ein Faktor bei der Intensivierung ökonomischer Bedingungen profiliert werden, andererseits geriet sie in unmittelbare Konfrontation mit den durch die nunmehr „geschlossene Gesellschaft" entstehenden Defiziten in der Persönlichkeitsentwicklung der Heranwachsenden. Beides begründet die rasche Orientierung auf eine neue, komplexe, alle Bildungsbereiche umfassende Bildungsgesetzgebung, realisiert mit dem „Gesetz über das einheitliche sozialistische Bildungssystem" vom 25. Februar 1965 (DOKUMENTE 1969, S. 569ff). Es stellt den Versuch dar, alle Bildungsbereiche vom Kindergarten bis zur Erwachsenenbildung in einen funktionalen Zusammenhang und in weitestgehend einheitliche Leitungsstrukturen zu bringen (BILDUNGSWESEN 1983; Abb. 1).

Diese integrative Sicht auf alle Bildungsbereiche entsprach durchaus modernen internationalen Tendenzen. Grundfragen der Schulentwicklung wurden erneut, wenn auch kaum noch öffentlich und politisch weit mehr kontrolliert, sowohl im Vorfeld als auch in der Realisierungsphase des Gesetzes erörtert:

Abb. 1: Das Bildungswesen in der DDR
(Quelle: Geschichte der Erziehung. 1987, S. 720)

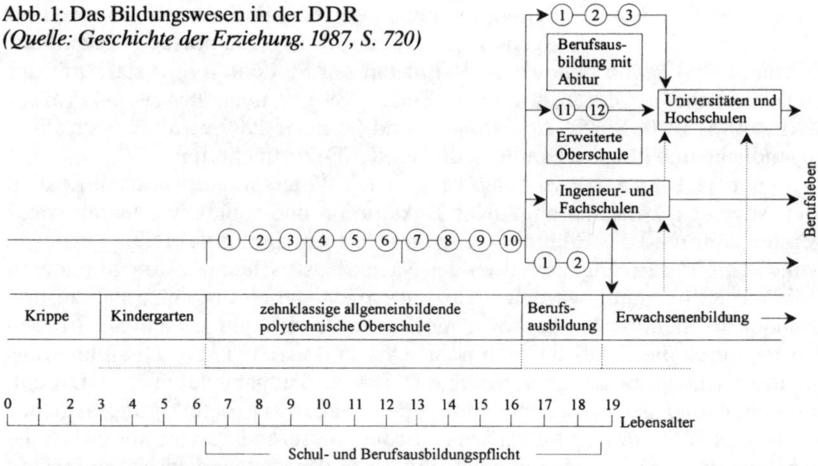

wiederum die Problematik von Einheitlichkeit und Differenzierung, Wesen und Funktion sozialistischer Allgemeinbildung, Begabungsförderung, das Verhältnis von allgemeiner und beruflicher Bildung, Polytechnik als Unterrichtsgegenstand und Unterrichtsprinzip, persönlichkeitstheoretische Fragen u. a. Für die Pädagogik wird hinsichtlich der 60er Jahre eine *„persönlichkeitstheoretische"* Wende konstatiert (NEUNER 1991, S. 284).

Während es bis 1990 keine weiteren maßgeblichen Strukturveränderungen des Bildungssystems gab, wurde die sogenannte „innere Ausgestaltung" der Schule mehrfach modifiziert, insbesondere durch Neu- bzw. Weiterentwicklung der Lehrplanwerke auf der Basis sozialistischer Allgemeinbildungstheorien, durch die Bestimmung des Unterrichts als Hauptfeld der Erziehung, durch Diskussionen um „kommunistische" oder „sozialistische" Erziehung, durch Experimente zur polytechnischen Bildung, durch partielle Möglichkeiten für innere Differenzierung und Begabtenentwicklung, durch den Verzicht auf formale Förderung von Arbeiter- und Bauernkindern, durch den artikulierten Anspruch auf Individualitätsentwicklung, durch Entwicklungen in den Unterrichtsmethodiken, durch die umstrittene Verkürzung der Abiturstufe auf zwei Jahre, durch die Verlängerung und inhaltliche Profilierung der universitären Lehrerbildung u. a. Gab es einerseits seit den 60er Jahren erneut Ansätze für bildungspolitische und pädagogische Um- und Neuorientierungen, versperrte andererseits die Fixierung auf „Stabilität" und „Kontinuität" in der offiziellen Bildungspolitik, auch bezogen auf die personelle Besetzung von Macht- und Entscheidungspositionen, die Sensibilität für notwendige Erneuerungen, für gesellschaftliche Konflikte und Widersprüche. Restaurative Bestrebungen konnten sich gegenüber dem Drang nach Reformen durchsetzen. Verbunden damit waren ein zunehmender Realitätsverlust sowie ein starker Verdrängungsprozeß gegenüber den

Wirkungsdefiziten im Erziehungsbereich, den Mentalitätsveränderungen und Identitätsproblemen bei Jugendlichen. Während sich 1975 noch 57 Prozent der Lehrlinge und Facharbeiter bzw. 66 Prozent der Studenten sehr stark mit der DDR verbunden fühlten, waren es Ende 1988 nur noch 18 bzw. 34 Prozent (FRIEDRICH 1990, S. 25). Im Frühjahr und Sommer 1989 waren es vor allem Jugendliche und jüngere Familien, die aus der DDR flüchteten.

Immer stärker war das Bildungswesen in die Widersprüche zwischen Realität und Anspruch, zwischen objektiver Deklaration und subjektiv erlebter Praxis geraten. Während das Bildungswesen im Selbstverständnis des DDR-Staates zu den wichtigsten Errungenschaften der Nachkriegsgeschichte zählte und außerhalb von Kritik stand, wurden sogar seine pädagogisch und inhaltlich ansprechenden Momente sowie der sozial motivierte Verzicht auf seine duale Strukturierung durch die Erfahrung von politischer und ideologischer Disziplinierung im öffentlichen Bewußtsein verdrängt. Die rasche Aufgabe des in der DDR entstandenen und gewachsenen Schulmodells zugunsten einer grundsätzlichen Adaption der bundesrepublikanischen Schulstrukturen ist somit wesentlich das Ergebnis der ungelösten, bildungspolitisch und propagandistisch verdeckten und sich zugleich zuspitzenden Widersprüche des real-sozialistischen Gesellschaftssystems in der DDR, einschließlich seiner Schule, selbst.

3. RECHTLICHE GRUNDLAGEN UND VERWALTUNGSSTRUKTUREN

Das Schulwesen der DDR wurde in seiner Entwicklung in erheblichem Maße durch seine Einbindung in das historisch gewachsene Rechtsverständis des Staates sowie die daraus abgeleiteten Verwaltungsstrukturen beeinflußt. Politische und rechtliche Grundlagen ergaben sich aus der engen Verflochtenheit von „führender Partei" (SED), „Blockparteien" (CDU, LDPD, NDPD, DBD), Staatsmacht, Gewerkschaft (FDGB), Jugendorganisationen (FDJ) und Volksvertretungen (Volkskammer, Bezirks-, Kreistag, Gemeinderat), die jeweils nach dem Prinzip des demokratischen Zentralismus (Leitung von oben nach unten, Einzelleitung und persönliche Verantwortung auf allen Ebenen des Bildungswesens, Einbeziehung der Pädagoginnen und Pädagogen, Eltern und gesellschaftlicher Kräfte) organisiert waren. Da der demokratische Zentralismus Gewaltenteilung und parlamentarische wie außerparlamentarische Opposition nicht kennt, fehlte in der DDR gegenüber dieser Machtkonzentration jegliches Korrektiv.

Neben den drei Bildungsgesetzen 1946, 1959 und 1965 und der Verankerung des Rechts auf Bildung und freie Persönlichkeitsentwicklung in den Verfassungen der DDR (1949, 1968) wurde die Entwicklung des Bildungswesens de facto maßgeblich durch Beschlüsse und Richtlinien der SED bestimmt, denen keineswegs immer gesetzliche Regelungen folgen mußten. Die seit den 60er Jahren häufig anzutreffende personelle Kongruenz von Partei und Staat beeinflußte nachhaltig Rechtsbewußtsein und Rechtsverständnis im Bildungsbereich und hinterließ vielfach Unsicherheiten bei der Wahrnehmung und Einklage von Verfassungs- und

Gesetzesrechten, relevant vor allem in solchen Konfliktbereichen wie die Zulassung zur Erweiterten Oberschule und die Religionsfreiheit. Möglichkeiten zum Widerspruch wurden durch das Eingaberecht der DDR reguliert, wonach Eingaben an alle öffentlichen Einrichtungen und gesellschaftlichen Organe (Parteien, Volksvertretungen, Gewerkschaften u. a.) gerichtet werden konnten.

Vor Gründung der DDR regelten in Übereinkunft mit dem Potsdamer Abkommen vom 2. August 1946 vor allem die Befehle der SMAD, die von den deutschen Behörden in Kommunikation mit sowjetischen Bildungsoffizieren ausgearbeitet und durchgesetzt wurden, alle Belange des Bildungswesens. Bereits zu dieser Zeit wurde auch im Schulwesen eine zentralistische Verwaltungsstruktur etabliert, die das ursprünglich mit der Existenz der Länder noch vorhandene föderalistische Prinzip ablöste. Über die Deutsche Verwaltung für Volksbildung (1945—1949), das Ministerium für Volksbildung (1949—1989) und das Ministerium für Bildung (1989—3. 10. 1990) sowie über die entsprechenden territorialen Verwaltungsebenen erfolgte die Integration des Bildungswesens in das staatliche Leitungs- und Verwaltungssystem der DDR (vgl. Abb. 2).

Im einzelnen verteilte sich die Leitung auf das Ministerium für Gesundheitswesen (Kinderkrippen), das Ministerium für Volksbildung (Kindergarten, allgemeinbildende Schule, Volkshochschulen, Einrichtungen der Jugendhilfe, pädagogische Schulen für Kindergärtnerinnen, Institute für Lehrerbildung für Unterstufen-/heute Grundschullehrerinnen und -lehrer, Pädagogische Hochschulen), das Staatssekretariat für Berufsbildung; das Ministerium für Hoch- und Fachschulwesen sowie bei bestimmten Ingenieur- und Fachschulen als auch bei der beruflichen Aus- und Weiterbildung auf die entsprechenden Fachministerien (BILDUNGSWESEN 1983, S. 23). Bildungspolitische Zentralisation und Rechtsverständnis schränkten die Mitsprache-, Entscheidungs- und Handlungskompetenz territorialer Organe bis hin zur Schuldirektion und zu den Klassenleiterinnen und -leitern ein und begünstigten zentrale Reglementierung, Subjektivismus und Willkür (beispielsweise im Bereich der Eingabenbearbeitung) ebenso wie berufliche Passivität und Anpassungsverhalten. Die zentrale Steuerung erzeugte zugleich einen hohen Legitimations- und Interpretationsbedarf von oben nach unten, was vor allem die gesellschaftliche Bedeutung der insgesamt neun Pädagogischen Kongresse sowie zentraler bildungspolitischer Konferenzen erklärt. Da an jeder Bildungseinrichtung außerdem SED, Gewerkschaft und FDJ nach gleichem Organisationsmuster etabliert waren, existierte in der Praxis formal eine mehrfache, gleichgerichtete Leitung und Kontrolle.

Trotz dieser Strukturen blieben in der Bildungspraxis Freiräume und Nischen für kreative pädagogische Arbeit, die von den Pädagoginnen und Pädagogen ausgeschöpft werden konnten. Selbst innerhalb der Parteien und Organisationen gab es zum Teil erhebliche Auffassungsunterschiede zu bildungspolitischen Vorgaben und eine hohe Kritikbereitschaft. In Abhängigkeit vom jeweiligen konkreten politischen und kollegialen Klima an den Schulen lagen Verantwortung und Kompetenz für die konkrete pädagogische Arbeit letztlich bei den Lehrerinnen und Lehrern vor Ort.

Abb. 2: Die territoriale Unterstellung
(nach: Zur Ökonomie und Planung . . . 1985, 1, S. 53)

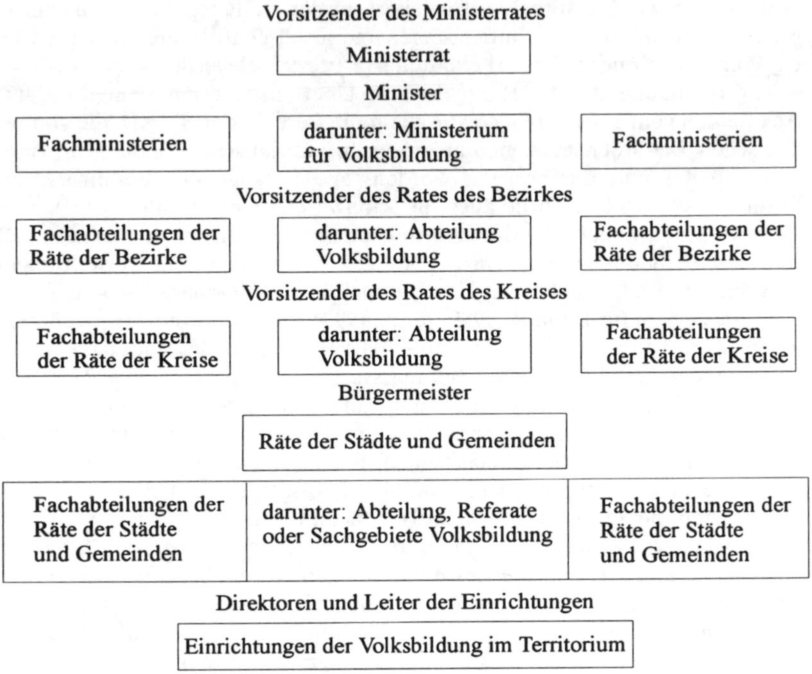

4. SOZIALSTRUKTUR UND SCHULWESEN

Im Rahmen der ursprünglich radikal auf soziale Gerechtigkeit orientierten Gesellschaftsstrategie bekam das Bildungswesen eine entscheidende Regulierungsfunktion.

Zum einen sollten Bildungschancen, vornehmlich der Zugang zu höherer Bildung, entsprechend der sozialen Struktur der Gesellschaft eröffnet und garantiert werden. Um die traditionelle Benachteiligung der Kinder unterer Schichten zu überwinden, wurden vor allem in den 40er und 50er Jahren Arbeiter- und Bauernkinder bildungspolitisch besonders gefördert. In die Förderung eingeschlossen waren auch sogenannte Umsiedlerkinder, angesichts der vergleichsweise hohen Umsiedleranteile an der Gesamtbevölkerung im Osten Deutschlands ein spezifisch zu berücksichtigendes Problem. (Im Oktober 1946 befanden sich 40,2 Prozent der Umsiedler auf dem Territorium der SBZ. 1949 betrug der Anteil an der Gesamtbevölkerung 24,2 Prozent in der SBZ, 18,1 Prozent im amerikanischen Sektor, 15,9 Prozent im britischen Sektor und 3,0 Prozent im französischen Sektor; MEINICKE 1988, S. 868.)

Da die Zugänge zu höherer Bildung (Abiturbildung und Hochschulen) über schichtenspezifische Quotierungen reguliert wurden, mußten nichtproletarische Bevölkerungsschichten Benachteiligungen hinnehmen. Dennoch rekrutierte sich nach wie vor aus diesen Schichten im besonderen der Nachwuchs für spezielle, meist traditionelle akademische Berufe. Bis 1961 hatte es die DDR überdies mit einer bedenklichen Reduktion des akademischen Arbeitskräftepotentials durch die „Flucht in den Westen" zu tun. Insgesamt wurde in der DDR bis zum Ende der 50er Jahre ein Bevölkerungsverlust von etwa 2,2 Prozent registriert, davon gehörten etwa 6 Prozent der Intelligenz an. 1960 betrug dieser Anteil sogar 12,6 Prozent. Nach Berechnungen hat die Bundesrepublik damit mehr als eine Milliarde Dollar Ausbildungskosten eingespart (PROKOP 1988, S. 307). Das Bildungswesen der DDR mußte diese Verluste jeweils mit hohem Aufwand auszugleichen versuchen.

Zum anderen sollte über die kontinuierliche Erhöhung des allgemeinen Bildungsniveaus die überkommene soziale Schichtung der Gesellschaft überwunden und in der fernen Perspektive eine Annäherung der Klassen und Schichten verwirklicht werden. Auch dieses Ziel lag der Erweiterung der allgemeinen Pflichtschule auf 10 Jahre, der Einführung des polytechnischen Unterrichts und der Konzentration auf neue Allgemeinbildungskonzepte zugrunde. Obwohl die Realisierung dieser hochgesetzten Ansprüche in der Praxis durch formalistische, dogmatische und eher politisch als pädagogisch motivierte Handlungsstrategien auf erhebliche Widersprüche und Widerstände stieß, schlug sich dieses Bildungskonzept in einem vergleichsweise hohen Qualifikationsniveau der Bevölkerung der DDR und in den materiellen und sozialen Bedingungen des Volksbildungswesens nieder (Tab. 1—5).

Tabelle 1: Qualifikationsstruktur der wirtschaftlich Tätigen in der DDR 1946 bis 1990 (in Prozent)
(nach: Zur Ökonomie und Planung . . . 1985, 1, S. 20)

Jahr	**Hochschulabschluß**	**Fachschulabschluß**	**Facharbeiter**	**Teilausbildung, Angelernte, ohne Abschluß**
1946	0,6	1,3	44,1	54,0
1971	4,0	7,0	55,0	34,0
1980	6,0	13,0	58,0	23,0
1990 (Prognose)	10,0	15,0	65,0	10,0

Tabelle 2: Anzahl und Struktur der Schulabgänger 1988/89 nach Schulbildungsabschluß

Abschluß	**Abgänge (absolut)**	**Abgänge (Prozent)**
ohne Abschluß 8. Klasse bzw. vorher	3.102	1,8
8. Klasse	9.051	5,3
9. und 10. Klasse vorzeitig	4.323	2,5
10. Klasse	154.744	90,4
Gesamt	**171.220**	**100,0**

1989 waren 70,7% der vorzeitigen Schulabgänger Jungen.
Die Abschlußprüfung der 10. Klasse legten 1.832 Schüler von Kinder- und Jugendsportschulen sowie 2.580 von Spezialschulen bzw. Schulen mit Spezialklassen ab.
Von den Absolventen der 10. Klasse gingen 18,8% in Abiturklassen (EOS 12,6%, Berufsausbildung mit Abitur 6,2%) über, 70,1% nahmen eine Facharbeiterausbildung und 10,4% ein Fachschulstudium auf. 19.852 Schüler legten 1989 das Abitur ab, von denen 29,1% für das Studienjahr 1989/90 und 51,9% für spätere Studienjahre zugelassen wurden. 4,6% nahmen ein Fachschulstudium auf. Die Verbleibenden begründeten ein Arbeitsrechtsverhältnis, z. T. mit Facharbeiterausbildung bzw. Qualifizierungsvertrag. *(nach: Sozialreport '90, S. 52)*

Tabelle 3: Ausgaben des Staatshaushaltes für das Bildungswesen (Millionen Mark)
(nach: Sozialreport '90, S. 47)

Position	**1980**	**1988**
Volksbildung	7.261,0	10.417,5
Hoch- und Fachschulwesen	2.542,5	3.736,0
Berufsausbildung	809,9	1.159,6
Einrichtungen d. Erwachsenenqualifizierung	103,7	148,4

Tabelle 4: Betreuungsgrad der Kinder in Einrichtungen der Vorschulerziehung (Kindergärten u. ä.) einschließlich des Vorschulwesens der Sonderschulen bis zu 6 Jahren (je 1000 Kinder im Kindergartenalter), 1988, 1989
(nach: Sozialreport '90, S. 51)

Bezirk	**Betreuungsgrad**	
	1988	**1989**
DDR-Durchschnitt	940	951
Berlin	967	959
Cottbus	935	941
Dresden	949	970
Erfurt	951	965
Frankfurt/O.	951	950
Gera	934	945
Halle	942	951

Bezirk	**Betreuungsgrad**	
	1988	**1989**
Karl-Marx-Stadt	910	928
Leipzig	942	959
Magdeburg	928	947
Neubrandenburg	928	933
Potsdam	949	952
Rostock	924	937
Schwerin	939	956
Suhl	945	959

Tabelle 5: Zunahme der Unterrichtsräume der allgemeinbildenden Schulen im Zeitraum von 1946 bis 1983 und Beseitigung der einklassigen Schulen
(zusammengestellt nach: Zur Ökonomie und Planung ... 1985, S. 64 und Günther/Uhlig, G. 1974, S. 121)

Jahr	**Anzahl der Unterrichtsräume**	**Jahr**	**Anzahl der einklassigen Landschulen**
1946	58.850*	1945/46	4.114
1955	66.904	1947/48	1.874
1965	81.128	1949/50	668
1970	89.594	1951/52	236
1975	108.710	1953/54	136
1980	116.168	1955/56	54
1983	117.980	1957/58	23
		1959/60	2
		1960/61	–

* im Jahre 1948

Die relativ hohen finanziellen staatlichen Aufwendungen für Volksbildung entlasteten die von den Familien zu erbringenden Leistungen in erheblichen Maße und rückten Bildung und Bildungserwerb in den Bereich selbstverständlicher, kaum noch wahrgenommener, vom Staat zu garantierender sozialer Subventionen und Werte. Dies, sowie eine zunehmende Verfestigung der Sozialstruktur, abklingendes Sozialprestige akademischer Berufe und subjektiv erlebte bzw. empfundene Abhängigkeit der Bildungszugänge von Staats- und Partei-

Tabelle 6: Studierende an Universitäten und Hochschulen in der DDR nach sozialer Herkunft 1979 und 1982 (Direktstudium) (in %)

	Intelligenz	**Vater mit Hochschulabschluß**	**andere Schichten (Arbeiter, Angestellte, Selbständige, Sonstige)**	**Arbeiter (einschließl. Meister)**
1979 (meist 2. Studienjahr)	59	33	41	(19)*
1982 (Studienanfänger)	69	39	31	(15)*

* Schätzung auf der Basis der Daten für Direktstudenten des Jahres 1967 (1967 kamen 80% der Direktstudenten aus anderen Schichten neben der Intelligenz, von diesen 80% waren 47,5% Arbeiterkinder).
(nach Geißler 1990, S. 105)

loyalität bzw. persönlichen Beziehungen begünstigten jedoch zugleich einen gewissen Verfall des Wertes Bildung, nicht zuletzt als einem der wesentlichen Ideale der proletarischen Emanzipationsbewegung.

Hatte die Förderung der Arbeiter- und Bauernkinder, z. B. über die 1946 gegründeten Arbeiter- und Bauernfakultäten an den Universitäten, in den 40er und 50er Jahren noch zu einer sozialen Umschichtung der Gesellschaft, insbesondere zur Entstehung einer neuen Intelligenz, beigetragen (PROKOP 1988), begannen sich später die sozialen Schichten vornehmlich wieder aus sich selbst heraus zu reproduzieren, ohne daß die Schule wesentlichen Einfluß auf diesen Prozeß zu nehmen vermochte (Tab. 6—7).

Tabelle 7: Studienanfänger im Direktstudium nach Bildungsabschluß der Eltern 1982 (DDR) Stichprobe (N = 4.300)

mit Fach- oder Hochschulabschluß	**in v. H. der Studienanfänger**
mindestens ein Elternteil nicht	65
beide Elternteile	35
mindestens ein Elternteil	69
kein Elternteil	31

(nach: Köhler/Schreier 1990, S. 139)

Nadelöhr und markantestes Konfliktfeld der Bildungswegentwicklung blieb die Zulassung zur Erweiterten Oberschule, dem direkten Weg zum Abitur und damit zum Hochschulstudium. Zentrale berufliche Bedarfsplanung sowie das Verfassungsrecht auf Arbeit, das Arbeitsplatzgarantie nach dem Studium einschloß, machten generell den numerus clausus im Hochschulstudium und vorgelagert in der Abiturbildung erforderlich. Da die Zahl derer, die trotz des Prestigeverlustes höherer Bildung den Erwerb des Abiturs wünschten, weit höher lag als die jährlichen Quotierungen (Tab. 8), entstand ein immenser, pädagogisch fragwürdiger Wettbewerbsdruck, der sich nicht allein auf das Leistungsverhalten der Schülerinnen und Schüler, sondern auch auf ihre politische Anpassungsbereitschaft auswirkte und den sich anbahnenden Mentalitätswandel unter den Heranwachsenden begünstigte. In der Schulpraxis wurden Zulassungsverfahren für die Erweiterte Oberschule häufig als politische Reglementierung und Ausgrenzung unliebsamer Bevölkerungskreise (Oppositionelle, religiös Gebundene) reflektiert (KLIER 1990; ANGEPASST ... 1990). Inwieweit diese Zulassungspolitik in den letzten Jahrzehnten bewußt für die Reproduktion der politischen Führungselite angelegt war, wäre zu erforschen.

Tabelle 8: Abiturienten und Studienanfänger 1960–1987 (DDR)

Jahr	Abiturienten absolut	in % (Jgg.)	Studienanfänger insg. absolut	in % (Jgg.)*	davon Direkt-studenten	in % (Jgg.)*
1960	18.048	7,6	30.081	10,1	20.699	7,0
1965	23.417	13,7	24.735	17,1	16.360	11,3
1970	32.812	12,5	43.975	17,1	30.786	12,0
1975	32.940	12,8	34.390	13,0	27.783	10,5
1980	32.146	11,2	31.949	11,2	26.761	9,4
1985	32.500+	12,8	31.583	11,9	26.474	9,9
1987	31.300+	13,5	30.864	12,6	25.351	10,4

* Bezogen auf den Durchschnittsjahrgang der 19- bis unter 21jährigen
+ Schätzung der Absolventen der EOS und der Abiturklassen in der Berufsausbildung
(nach: Köhler/Schreier 1990, S. 135)

5. DAS EINHEITSSCHULSYSTEM ALS GRUNDLEGENDE ORGANISATIONSSTRUKTUR

Der ursprüngliche Entwurf eines antifaschistisch-demokratischen Bildungssystems zielte sowohl auf Entnazifizierung als auch auf die organisatorische, inhaltliche und methodische Aufhebung der Gegensätze zwischen Gemeinschaftserziehung und Individualisierung, zwischen allseitiger Persönlichkeitsentwicklung und Massenbildung, zwischen dem Anspruch einer hohen Bildung für alle und Begabtenförderung sowie zwischen Bescitigung bisheriger Bildungsprivilegien und besonderer Förderung von Kindern bis dahin benachteiligter sozialer Schichten.

Von der Idee einer demokratischen Einheitsschule wurde das gesamte Bildungswesen, angefangen vom Kindergarten als Einrichtung der Vorschulerziehung bis zur Berufs-, Hochschul- und Erwachsenenbildung, erfaßt. Die daher als antifaschistisch-demokratische Schulreform bezeichnete Umgestaltung des gesamten Bildungswesens hatte ihre Grundlage in der Reform der Pflichtschule. Die bis zum 12. Juni 1946 verabschiedeten Schulgesetze in den Ländern schrieben eine obligatorische allgemeine achtklassige und ab dem fünften Schuljahr eine außer im Kernunterricht nach fakultativen Kursen differenzierte Grundschule als Voraussetzung für alle weiteren Bildungswege fest (QUELLEN 1980, S. 518ff.) Der so schulgesetzlich verankerte Gedanke der flexiblen Einheitsschule kollidierte jedoch mit dem bildungspolitisch seit 1948/49 immer deutlicher bevorzugten Modell einer undifferenzierten, starren Einheitsschule, sowie, diese Tendenz begleitend, mit den sich in der Praxis spontan behauptenden Nachwirkungen des früheren Bildungsprivilegs sozial oder hinsichtlich ihres Bildungsniveaus herausgehobener Bevölkerungsschichten.

Dieser Umstand wie auch die außerordentlich komplizierten materiell-technischen wie personellen Bedingungen für die Umgestaltung des Bildungswesens im Nachkriegsdeutschland führten zu einer zunächst nur praktischen, schließlich entgegen der schulgesetzlichen Vorgaben auch zu einer konzeptionellen, prinzipiellen Absage an die differenzierte Einheitsschule. Außerdem war das Kurssystem weniger nach den Bedürfnissen der mehrheitlich künftigen Berufsschülerinnen und -schüler, sondern deutlich mit Rücksicht auf die nach Zweigen gegliederte „Oberstufe" (Oberschule) als Hauptweg zur Erlangung der Hochschulreife konzipiert worden. Andere Wege, die die Durchlässigkeit des Systems gewährleisten sollten, führten jeweils über eine abgeschlossene Berufsausbildung und die Volkshochschule bzw. über die Fachschule zur Universität oder Hochschule. Die nach dem Vorbild der sowjetischen Arbeiterfakultäten zusätzlich eingerichteten Vorstudienanstalten für sogenannte Arbeiterstudenten, die 1949 in Arbeiter- und Bauernfakultäten umgewandelt wurden, blieben bei allmählichem Bedeutungsverlust bis in die 60er Jahre Bestandteil des Bildungssystems.

Mit der Etablierung der unflexiblen Einheitsgrundschule verlor das 1946 konzipierte Bildungssystem seinen pädagogisch und bildungspolitisch innovativsten Bestandteil. Die zum Ausgleich unterschiedlicher sozialer Voraussetzungen propagierte besondere Förderung von Arbeiter- und Bauernkindern gelang pädagogisch kaum und wurde im wesentlichen politisch durchgesetzt.

Ohne die 1946 geschaffenen schulgesetzlichen Grundlagen zu ändern, drängte die SED-Führung seit Beginn der 50er Jahre darauf, mit der Zehnklassenschule einen weiteren Schultyp in das Einheitsschulsystem zu integrieren. Ihre Forderung nach Errichtung von Zehnklassenschulen zur erweiterten allgemeinbildenden Vorbereitung auf ein Studium an Fach- und Ingenieurschulen wurde zum einen aus dem wachsenden ökonomischen Bedarf an hochspezialisierten Fachkräften abgeleitet. Indem die Zehnklassenschule Arbeiter- und Bauernkindern vorbehalten werden sollte, war sie auch als Maßnahme zur politischen Stärkung der „Arbeiter- und Bauernmacht" gedacht. Zum anderen kam eine zehnklassige Allgemeinbildung eher als die Grundschule dem in der proletarischen Bewegung des 20. Jahrhunderts gewachsenen bildungspolitischen Ideal ebenso wie internationalen Tendenzen der Schulentwicklung nahe. Allerdings stieß dieser Plan auf mannigfaltige Vorbehalte. Zunächst im Aufbau gebremst, wurde beispielsweise 1953 im Ministerium für Volksbildung versucht, die Zehnklassenschule über eine ministeriell angeordnete „Reorganisation" der Oberschule auszuschalten und nach sowjetischen Muster eine einheitliche elfklassige Oberschule einzurichten (vgl. THESEN 1989, S. 483). Auch nach der baldigen Zurücknahme dieser Verordnung blieben bis Mitte der fünfziger Jahre erhebliche Unsicherheiten über die aktuelle und perspektivische Funktion der Zehnklassenschule bestehen. Durch einen Ministeratsbeschluß von 1956 wurde sie schließlich als künftige Pflichtschule avisiert und nach nachfolgenden mehrjährigen Auseinandersetzungen über ihr konkretes Profil im „Gesetz über die sozialistische Entwicklung des Schulwesens" vom 2. Dezember 1959 als allgemeinbildende zehnklassige polytechnische Oberschule festgeschrieben. (DOKUMENTE 1969, S. 23ff., 315ff.).

In zum Teil kurzschlüssiger Anlehnung an das MARXsche Verständnis von der Rolle der Arbeit für die Persönlichkeitsentwicklung setzten sich nachfolgend gesetzliche Festlegungen durch, die darauf zielten, die Erlangung der Hochschulreife über eine Integration von erweiterter Oberschulbildung und Berufsbildung zu profilieren. Favorisierte Variante der Verbindung von allgemeiner und professioneller Bildung wurde die Berufsausbildung mit Abitur. Sie schloß aufbauend auf der zehnklassigen Oberschule nach drei Jahren sowohl mit dem Abitur als auch einer Facharbeiterqualifikation ab. Die daneben auch weiterhin vorgesehene zwölfjährige (Erweiterte) Oberschule behauptete allerdings in der Praxis gegen die Intention des Gesetzgebers ihren traditionellen Rang als wichtigste und bevorzugte hochschulvorbereitende Einrichtung. Im Bildungsgesetz von 1965 (DOKUMENTE 1969, S. 569ff.) wurde zwar die Überbewertung der Produktion für die allseitige sozialistische Persönlichkeitsentwicklung zurückgenommen. Die Verbindung von Berufsausbildung und erweiterter Allgemeinbildung blieb trotzdem bis zum Ende der DDR eine allgemein anerkannte Variante für den Erwerb des Abiturs. Obwohl als Vorbereitung auf bestimmte Studienrichtungen gedacht, hatte der erlernte Beruf in der Praxis keinen nennenswerten Einfluß auf das Studienwahlverhalten der Abiturientinnen und Abiturienten. Eine in den sechziger Jahren nur kurzzeitig versuchte umgekehrte Integration der Berufsbildung in den vierjährigen Bildungsgang der Erweiterten Oberschule zeitigte sehr schnell einen erheblichen Niveauverlust sowohl in der erweiterten allgemeinen als auch in der beruflichen Bildung.

Die in der Bezeichnung Oberschule ausgedrückte Illusion über die hochschulvorbereitende Funktion der allgemeinen zehnjährigen Pflichtschule widerspiegelte sich konzentriert im „Gesetz über das einheitliche sozialistische Bildungssystem“ von 1965 (DOKUMENTE 1969, S. 569ff.). Während die Erweiterte Oberschule nach dem Schulgesetz von 1959 wie vordem auf dem achten Schuljahr der Pflichtschule aufbaute, wurde nunmehr festgelegt, in der Perspektive und in Abhängigkeit von der Niveauentwicklung der Pflichtschule die Abiturvorbereitung auf zwei Jahre zu verkürzen und unmittelbar auf dem Abschluß der zehnklassigen Oberschule aufzubauen. Ende der 60er Jahre wurden in einem ersten Schritt sogenannte Vorbereitungsklassen an den Erweiterten Oberschulen eingerichtet und damit das neunte und zehnte Schuljahr strukturell von der direkt hochschulvorbereitenden Einrichtung abgetrennt. Seit den achtziger Jahren schließlich wurde die zweijährige Erweiterte Oberschule durchgesetzt und bildungspolitisch behauptet. Diese Entscheidung blieb bis zuletzt unter Eltern, Lehrerinnen und Lehrern, Wissenschaftlerinnen und Wissenschaftlern umstritten.

Als langfristiger und schwieriger als geplant erwies sich ab 1959 die praktische Durchsetzung der obligatorischen zehnjährigen Oberschulbildung. Vorgesehen war, sie bis 1965 zu realisieren (DOKUMENTE 1969, S. 317f.). Tatsächlich gingen zu diesem Zeitpunkt rund 72 Prozent der Schülerinnen und Schüler der achten

Klasse in die neunte Klasse der Allgemeinbildenden Polytechnischen Oberschule bwz. der Erweiterten Oberschule über. Seit Anfang der achtziger Jahre galt die Oberschulpflicht mit einer Quote von über 90 Prozent als verwirklicht.

Die von hohen materiellen und personellen Aufwendungen begleitete bildungspolitische Konzentration auf die Verwirklichung einer hohen Allgemeinbildung für alle Kinder war in allen Entwicklungsabschnitten des Schulwesens in der SBZ und DDR mit Entscheidungen über die schulstrukturelle Einflußnahme auf die Gestaltung des pädagogischen Grundverhältnisses von allseitiger Persönlichkeitsentwicklung als generellem Ziel einerseits und den individuell differenzierten Voraussetzungen für die Aneignung von Bildung andererseits verbunden. Vor allem deshalb wurde das Verhältnis von Einheitlichkeit und Differenzierung als Gegenstand bildungspolitischer Auseinandersetzungen permanent thematisiert. Obgleich in seinem dialektischen Charakter akzeptiert, wurde bis auf die Konzipierungsphase der achtjährigen Grundschule von 1946 stets das Einheitsprinzip deutlich priviligiert und dies vor allem mit der beabsichtigten Aufhebung des „Bildungsmonopols der ehemals Herrschenden" legitimiert. Die bildungspolitische Durchsetzung und Manifestierung des Typs der undifferenzierten Einheitsschule als Pflichtschule zog die wissenschaftliche Beschäftigung mit Problemen der didaktischen bzw. inneren Differenzierung ebenso nach sich wie das wachsende Interesse an Begabtenförderung und Formen elitärer Bildung.

Außer den Erkenntnissen über das Verhältnis von Sozialisation und Individuation und der daraus resultierenden Abwendung von mechanistischen Konzepten der Persönlichkeitsentwicklung drängten insbesondere die Bedürfnisse des geplanten intensiven ökonomischen Wachstums auf eine effektive Gestaltung des Verhältnisses von Einheitlichkeit und Differenzierung über didaktische Konzeptionen hinaus.

Zunächst wurden zusätzliche außerunterrichtliche und außerschulische Maßnahmen und Einrichtungen für die besondere Förderung differenzierter Begabungsrichtungen unterstützt (z. B. Arbeitsgemeinschaften, Pionier- und Freizeithäuser, Stationen junger Techniker, Schülerakademien, Wettbewerbe, Olympiaden). Seit den 70er Jahren setzte sich schrittweise mit den sogenannten Arbeitsgemeinschaften nach Rahmenprogrammen eine eingeschränkte und zögerliche Variante des fakultativen Unterrichts mit dem vorrangigen Ziel durch, flexibler und kurzfristiger auf neue Anforderungen wissenschaftlicher und technischer Entwicklungen reagieren zu können. Bis dahin hatte sich ohne eine nennenswerte selektive Funktion im Hinblick auf den weiteren Bildungsgang lediglich der fakultative Unterricht in einer zweiten Fremdsprache, in der Regel ab Klasse sieben, behauptet.

Um die vom Begriff der differenzierten Begabung abgehobenen „besonderen", d. h. herausragenden Begabungen zu entwickeln, wurden neben der Einheitsschule Spezialschulen und -klassen eingerichtet. Einen gewissen staatspolitisch motivierten Vorrang gegenüber den eher wenigen Schulen zur Förderung der naturwissenschaftlichen und mathematischen Begabungsrichtungen und den verbreiteten Spezialmusikschulen sowie den Schulen mit verstärktem fremdsprachlichen Unterricht, in der Regel Russisch, genossen die Kinder- und Jugendsportschulen. Insgesamt blieben die Spezialschulen ebenso wie die Sonderschulen für Kinder mit physischen und psychischen Behinderungen in der offiziellen bildungspolitischen Aufmerksamkeit eher im peripheren Bereich des Bildungssystems (Tab. 9).

Tabelle 9: Anzahl der allgemeinbildenden Schulen und Verteilung der Schüler nach Schularten (Stichtag: 15. 9. 1990)
(nach: Material zur Struktur und Netzentwicklung . . ., 1990, S. 1,18)

Schulen gesamt:	**5.928**	**Schüler:**	**2.089.544**
davon: Oberschulen (POS):	5.191		1.970.981 (94,3%)
Erw. Oberschulen:	204		33.657 (1,6%)
Spezialschulen:	29		11.249 (0,6%)
Kinder- und Jugendsportschulen:	25		10.053 (0,5%)
Sonderschulen:	479		16.614 (3,0%)

6. LERNZIELE, CURRICULUMDISKUSSION UND LEHRPLÄNE

Der im engeren Sinne bildende und erzieherische Funktionszusammenhang der Schule in der DDR widerspiegelte sich im Grundverständnis sozialistischer Allgemeinbildung als Vermittler der Einheit von Wissenschaft und Ideologie (NEUNER 1989, S. 90). Es tradierte die in der deutschen Bildungsgeschichte spätestens seit HERBART praktisch ungebrochen relevante Auffassung über den „erziehenden Unterricht" und war im Neuaufbau des Schulwesens in der SBZ nach 1945, wenn auch noch nicht auf eine bestimmte Parteiprogrammatik fixiert, angelegt. Die Überzeugung von der bildenden wie erzieherischen Potenz der Allgemeinbildung begründete auch deren angestrebtes hohes Niveau bzw. im Selbstverständnis synonym deren unbedingte Wissenschaftlichkeit in allen Entwicklungsetappen des Schulwesens in der SBZ und DDR sowie auf allen Stufen des jeweils konzipierten Bildungssystems. Auch deshalb fiel 1945/46 die Entscheidung gegen die herkömmliche Dreigliedrigkeit des Schulwesens und für die achtklassige Grundschule als allgemeiner Pflichtschule, die Momente aus allen herkömmlichen Schultypen zu integrieren versuchte.

In den Oberklassen der Grundschule wurde Fachunterricht, einschließlich einer Fremdsprache, erteilt. Entsprechend der vollzogenen Trennung von Staat und Kirche wurde im „Gesetz zur Demokratisierung der deutschen Schule" Religion zur „Angelegenheit der Religionsgemeinschaften" erklärt und aus dem

Fächerkanon herausgenommen (QUELLEN 1980, S. 518). In den Proportionen der Bildungsbereiche vollzog sich gegenüber der Volksschule in der Weimarer Republik die auffälligste Veränderung durch die Integration des obligatorischen Fremdsprachenunterrichts auf Kosten des Umfangs gesellschaftskundlicher Fächer. Im übrigen lehnten sich die ersten Stundentafeln für die Grundschule an die in der deutschen Volksschule traditionellen Proportionen der Bildungsbereiche, allerdings schon mit einer deutlich größeren Wochenstundenzahl, an. Entscheidende Veränderungen brachten die neuen Lehrpläne ab 1951. Mit ihrer Hilfe wurde versucht, auf den mit der Gründung der DDR einsetzenden und mit dem „Aufbau der Grundlagen des Sozialismus" planmäßig betriebenen gesellschaftlichen Umbau zu reagieren.

Die Konsequenzen betrafen sowohl das Niveau der obligatorischen allgemeinen Bildung als auch die Ziele der staatsbürgerlichen Erziehung. Der Gesamtanteil des mathematisch-naturwissenschaftlichen Unterrichts in der Grundschule wurde um fünf Prozent auf fast 30 Prozent erhöht, wobei allein die

Tabelle 10: Vergleich von Bildungsproportionen DDR (in Prozent)
(DDR-Gebiet)

	1946 Klassen 1 bis 8	**1951/52 Klassen 1 bis 8**	**1959/60 Klassen 1 bis 10**	**1970/71 Klassen 1 bis 10**	**1987/88 Klassen 1 bis 10**
Muttersprache (mit Literatur und Heimatkunde)	32,7	33,2	27,5	27,4	27,5
mathematische Bildung	19,4	20,3	18,5	18,4	18,5
naturwissenschaftliche Bildung	5,5	9,6	13,6	11,9	11,6
Arbeitsunterricht (mit techn. Zeichnen, Informatik)	(siehe künstler. Bildung	2,8 (Nadelarbeit)	9,9	10,4	10,4
gesellschaftswiss. Bildung (mit Geographie, ohne Heimatkunde)	8,3	12,0	8,3	9,2	9,2
künstlerische Bildung (ohne Literatur)	16,6*	7,4	6,4	7,1	7,2
fremdsprachliche Bildung	10,1	8,2	7,9	7,8	7,8
Körpererziehung	7,4	6,5	7,9	7,9	7,8
fakultative und wahlweise obligatorische Bildung (im Verhältn. zum Gesamtkanon)	-	-	4,4	4,2	5,5

* einschließlich Arbeitsunterricht, z.B. in AG
(nach: Neuner 1989, S. 162f.)

naturwissenschaftlichen Fächer einen anteiligen Zuwachs von 4,1 Prozent auf 9,6 Prozent verzeichneten. Gravierend gekürzt wurde hingegen der Anteil der musischen und praktischen Bildung von 16,6 Prozent auf nur noch 7,4 Prozent (zusammen mit Nadelarbeit 10,2 Prozent). Die Kürzung ging vor allem zu Lasten des Arbeitsunterrichts. Werken wurde in der Folge einer zunehmend radikalen Abgrenzung gegenüber der Reformpädagogik abgeschafft und erst als Bestandteil des Systems der polytechnischen Bildung 1956/57 allgemein verbindlich wieder eingeführt (Tab. 10).
Der mit den Lehrplänen von 1951 erneut angezielte allgemeine Niveauzuwachs der Allgemeinbildung wurde mit der Tendenz zur Optimierung der Lernschule vor dem Hintergrund des bis dahin ungelösten Widerspruchs zwischen dem definierten Abschlußniveau und der realen Ergebnislage konzipiert. Bei den erstmals 1949 durchgeführten Prüfungen hatten immerhin 40 Prozent der Grundschulabsolventinnen und -absolventen das Lernziel nicht erreicht. Die dessen ungeachtet geforderte weitere Leistungssteigerung der Grundschule wurde allgemein mit den als objektiv verstandenen höheren Anforderungen des sozialistischen Aufbaus begründet. Die dadurch noch verschärfte Differenz zwischen den Lehrplanzielen und ihrer Realisierbarkeit zwang in der Folgezeit zu wiederholten Korrekturen. Zusammen mit der etwa zeitgleich einsetzenden und seit der Mitte des Jahrzehnts forcierten Suche nach einer der Idee des Sozialismus verpflichteten und dem sich entwickelnden real-sozialistischen Gesellschaftssystem adäquaten Schule charakterisieren die kurz aufeinander folgenden Lehrplanänderungen die fünfziger Jahre wesentlich als die für die DDR-Schulentwicklung entscheidende curriculare Experimentierphase (vgl. ANWEILER 1990, S. 18 hinsichtlich der Organisation des Schulsystems).

Anknüpfend an MARX, der die Verbindung von produktiver Arbeit mit Unterricht und Gymnastik als „einzige Methode zur Produktion vollseitig entwickelter Menschen" (MARX 1962, S. 508) bezeichnet hatte, richteten sich die Bemühungen zunächst darauf, die polytechnische Bildung als inhaltlichen Bestandteil der sozialistischen Allgemeinbildung zu definieren und davon ausgehend Varianten ihrer schulpraktischen Durchsetzung zu erproben. Typisch für die Schulentwicklung am Ausgang der fünfziger Jahre war schließlich, daß der polytechnische Unterricht mit der produktiven Arbeit der Schüler als dessen Kern am 1. September 1958 auf der Grundlage eines SED-Beschlusses obligatorisch eingeführt wurde.

Die 1959 für die neu konzipierte obligatorische Oberschule gewählte Charakterisierung als polytechnische Schule verwies auf eine gegenüber den anfänglichen Intentionen hinausgehende Relevanz der Polytechnik für das Profil der Allgemeinbildung in der DDR. Polytechnik wurde als Bestandteil und zugleich prägender Grundzug sozialistischer Allgemeinbildung begriffen und zielte auf eine lebensverbundene Qualität allgemeiner Bildung ebenso wie auf die Herausbildung von Charaktereigenschaften und Überzeugungen.

Im Verhältnis zur Berufsbildung setzte sich anders als in der Sowjetunion das bereits ursprüngliche Verständnis über die allgemeinbildende Funktion der

Polytechnik gegenüber Versuchen durch, den polytechnischen Unterricht zur beruflichen Bildung umzuprofilieren. Dennoch blieb in der Praxis die Integration der polytechnischen Bildung in die Allgemeinbildung wegen häufig formalistischer Handhabung ein permanentes Konfliktfeld zwischen Schule, Betrieben, Eltern, Schülerinnen und Schülern, obwohl das Fach Produktionsarbeit, vermutlich als Pendant zum überwiegend stoff- und lernzentrierten übrigen Unterricht, in der Beliebtheitsskala der Fächer unter Schülerinnen und Schülern einen oberen Platz einnahm (Tab. 11).

Tabelle 11: Beliebtheit der Unterrichtsfächer (1973) (Rangreihen nach fünfstufiger Bewertungsskala, vergleichbar mit der Zensurskala)*

	Gesamtergebnis	**8. Klasse**	**9. Klasse**	**10. Klasse**
1.	PA 1,64	Bio. 1,63	PA 1,60	Sport 1,70
2.	Sp. 1,69	Sp. 1,76	Sp. 1,66	PA 1,79
3.	Bio. 1,89	PA 1,74	Bio 2,00	Deu. 2,05
4.	Stb. 2,08	Ch. 1,87	Deu. 2,01	Bio. 2,06
5.	Zei. 2,09	Geo. 2,02	Stb. 2,06	Ge. 2,09
6.	Ge. 2,10	Stb. 2,05	Ge. 2,06	Ast. 2,11
7.	Ast. 2,11+	Zei. 2,06	Ma. 2,08	Mu. 2,14
8.	Ch. 2,12	Ge. 2,14	Zei. 2,12	Stb. 2,15
9.	Deu. 2,13	Mu. 2,16	Geo. 2,18	Ma. 2,17
10.	Mu. 2,15	TZ 2,26	Ch. 2,20	Ph. 2,20
11.	Ma. 2,19	Deu. 2,32	Mu. 2,20	Ch. 2,33
12.	Geo. 2,19	Ma. 2,32	Ph. 2,22	Geo. 2,40
13.	TZ 2,26#	ESP 2,39	Ru. 2,50	Ru. 2,49
14.	Ph. 2,30	Ph. 2,45	ESP 2,56	ESP 2,79
15.	Ru. 2,54	Ru. 2,62		
16.	ESP 2,56			

* Die Untersuchung erfolgte in drei Klassen aus drei verschiedenen Bezirken an je vier Schulen und erfaßte zwanzig 8. Klassen, zwanzig 9. Klassen und siebzehn 10. Klassen.
+ nur Klasse 10 # nur Klasse 8

(nach: Adam/ Eichler 1990, S. 54)

In dem 1959 eingeführten Lehrplanwerk der zehnklassigen polytechnischen Oberschule drückt sich das veränderte Profil der Allgemeinbildung kaum in einer anteiligen Umverteilung der Bildungsbereiche aus. Die Tendenz weist bis hin zum Lehrplanwerk von 1988 eher in Richtung auf ein Zurückgehen zu den traditionellen Proportionen der Bildungsbereiche als auf ein Anknüpfen an die 1951 angelegte Entwicklung (Tab. 10, 12, 13).

Tabelle 12: Vergleich von Bildungsproportionen (in Prozent)
(nach: Neuner 1989, S. 164)

	DDR-Pflichtschule (POS 1987/88)	Volksschule Thüringen (1926)	Preußisches Gymnasium (1931)
Muttersprache (mit Literatur und Heimatkunde)	27,5	26,5	11,1
mathematische Bildung	18,5	18,0	11,9
naturwiss. Bildung	11,6	8,0	6,6
Arbeitsunterricht	10,4	4,5	–
gesellschaftl. Bildung mit Geographie; 1926 und 1931 mit Religion	9,2	25,5	18,0
künstlerische Bildung	7,2	11,0	7,3
fremdsprachliche Bildung	7,8	–	37,4
Körpererziehung	7,8	6,0	7,4

Tabelle 13: Bildungsproportionen DDR – Erweiterte Oberschule (1988/89) (in Prozent)
(nach: Neuner 1989, S. 166)

Deutsche Sprache, Literatur	9,8
mathematische Bildung	15,2
naturwissenschaftliche Bildung	24,3
Arbeitsunterricht (polytechn. Bildung)	7,6
gesellschaftliche Bildung	12,9
künstlerische Bildung	3,0
fremdsprachliche Bildung	21,2
Körpererziehung	6,0

Allgemeinbildungskonzept und Lehrplantheorie entwickelten sich zu keiner Zeit unumstritten. Gegenstand permanenter Auseinandersetzungen als Ausdruck differenzierter Bedürfnis- und Interessenstrukturen waren vor allem die Proportionen der Allgemeinbildung, wobei häufig Defizite im Bereich der musischen Bildung und der Könnensentwicklung konstatiert wurden, die hohe stoffliche Belastung sowie die generell hohe Inanspruchnahme der Schüler durch die Schule. Die DDR stand sowohl mit der Zahl der Unterrichtstage pro Jahr als auch mit dem obligatorischen Unterrichtsstundenvolumen an erster Stelle in Osteuropa. Hinzu kamen eine relativ hohe Hausaufgabenbelastung und von den Schülerinnen und Schülern in großem Umfang genutzte außerunterrichtliche und außerschulische Betätigungsmöglichkeiten (Tab. 14—16).

Tabelle 14: Rangreihe nach den Stundenzahlen für den obligatorischen Unterricht in 10 Schuljahren (1978)
(Adam/Eichler 1990, S. 24)

DDR	10.200
VR Polen	9.992
SR Rumänien	9.126
VR Ungarn	9.735
UdSSR	8.960
CSSR	8.932

Tabelle 15: Anteil der Hausaufgaben und Freizeit am Gesamtzeitfonds der Schüler und Schülerinnen (1978)
(nach: Adam/Eichler 1990, S. 81)

Leistungsstufe	**Anteil der Hausaufgaben am Gesamtzeitfonds in Prozent**	**Anteil der Freizeit am Gesamtzeitfonds in Prozent**
I (gut)	4,3	20,2
II (mittel)	3,7	21,6
III (schwach)	3,1	22,1

Wie hinsichtlich des Inhalts der allgemeinen Bildung liegt auch für den Charakter der Erziehung im engeren Sinne die entscheidende Zäsur an der Wende von den 40er zu den 50er Jahren. Mit der Annahme der „Schulpolitischen Richtlinien" der SED vom 24. August 1949 auf dem gleichzeitig stattfindenden 4. Pädagogischen Kongreß wurde die Ablösung des antifaschistisch-demokratischen

Tabelle 16: Beteiligung der Schüler und Schülerinnen an verschiedenen gesellschaftlich organisierten Freizeittätigkeiten (in Prozent) (1978)
(nach: Adam/Eichler 1990, S. 94)

	Klasse 4 n = 120	Klasse 7 n = 130	Klasse 10 n = 110
politische Tätigkeit	92	95	86
gesellschaftlich nützliche Tätigkeit	49	54	34
Sport	63	48	55
künstlerische Tätigkeit	92	96	92
geistige Bildung	9	22	40

Erziehungsziels durch ein sozialistisches eingeleitet (DOKUMENTE 1970, S. 338ff.). Anfang 1951 forderte die SED, in allen Fächern auf der Basis des Marxismus-Leninismus zu unterrichten. 1952 schließlich stellte sie der Schule offiziell ein sozialistisches Erziehungsziel, das dann in den folgenden Jahrzehnten der jeweils geltenden Partei- und Staatsprogrammatik angepaßt wurde.

Die Ablösung des antifaschistisch-demokratischen Erziehungsziels wurde „revolutionstheoretisch" mit dem Übergang von der antiimperialistisch-demokratischen zur sozialistischen Revolution begründet und als gesetzmäßig definiert. Mit der daraus folgenden Indienststellung der Schule für die politisch-ideologischen und weltanschaulichen Erziehungsinteressen der SED war eine zunehmende Abkehr vom ursprünglichen antifaschistisch-demokratischen Umerziehungsauftrag der Schule verbunden, der sowohl pädagogisch als auch sozial-ökonomisch als gelöst angesehen und fortan kaum noch problematisiert und thematisiert wurde. Das bis zum gesellschaftlichen Systemzusammenbruch im Herbst 1989 im Wesen gleiche, im Erscheinungsbild und den Formulierungen modifizierte Erziehungsziel ging an den realen Lebensbedingungen, den materiell-technischen, sozialen und politischen Möglichkeiten und den tatsächlichen Bedürfnisstrukturen der Gesellschaft zunehmend vorbei.

7. STRUKTURWANDEL DER SCHULE ZWISCHEN „WENDE" IN DER DDR UND BEITRITT ZUR BUNDESREPUBLIK

In der oppositionellen Bewegung zum Sturz des in der DDR bis zum Herbst bestehenden Herrschaftssystems gehörte von Anbeginn an die Kritik an Schule und Erziehungssystem zu den maßgeblichen Themen. Noch Ende des Jahres 1989, nach dem Rücktritt der seit 1961 amtierenden Ministerin für Volksbildung M. HONECKER, erlebte das Schulwesen inhaltliche und strukturelle Veränderungen: Aufhebung der Staatsbürgerkunde, inhaltliche Modifizierung sogenannter Ideologiefächer wie Geschichte, Deutsch, Geographie, die Abschaffung der Wehrkunde, die Herauslösung der Pionier- und FDJ-Organisation aus dem

Schulleben, später die Auflösung bzw. Umprofilierung dieser Organisationen, die Abschaffung des Sonnabendunterrichts, die generelle Öffnung der Abiturstufe, großzügige Handhabung von Elternwünschen nach vorzeitigem Verlassen der zehnjährigen Pflichtschule, demokratische Mitspracherechte von Eltern, Lehrerinnen und Lehrern, Schülerinnen und Schülern. Erste, bis dahin verweigerte Kontakte mit Kirchenvertretern kamen zustande.

Grundlegende bildungspolitische und pädagogische Ziele der rasch entstandenen, breiten und inhaltlich vielfältigen basisdemokratischen Bewegung zur selbstbestimmten Reform des Bildungswesens bündelten sich in den Forderungen nach

— flexibler, differenzierter und kindorientierter Gestaltung der zehnjährigen (bzw. bis zum Abitur führenden) staatlichen Regelschule, Aufbau von Gesamtschulen
— Öffnung für reformpädagogische Alternativen und Schulen in freier Trägerschaft (u. a. Waldorf-, Montessori-, Freinetschulen)
— Abbau der Dominanz staatlicher Lehrpläne und methodischer Vorgaben zugunsten von Rahmenprogrammen und pädagogischen Gestaltungsfreiräumen für die Lehrer
— weltanschauungsoffene, freie Erziehung im Sinne humanistischer und demokratischer Ziele und Werte
— Abbau staatlicher Reglementierungen, demokratische Mitspracherechte für Eltern, Lehrerinnen und Lehrer, Schülerinnen und Schüler, Schülerselbstverwaltung, kollegiale Schulleitung und demokratische Wahl der Direktorinnen und Direktoren.

Charakteristisch für die *erste* Phase war eine breite öffentliche Kritik am Bildungswesen. Dabei spielte der Rückgriff auf reformpädagogische Vorstellungen als Korrektiv zur realsozialistisch erlebten Bildungspolitik und Pädagogik eine besondere Rolle. Während das Schulsystem, einschließlich des Kindergartens und der Berufsbildung im ganzen Akzeptanz behielt, richtete sich Kritik auf seine dogmatische innere Gestaltung und auf das System ideologischer Reglementierung und Vormundschaft.

Die *zweite* Phase der Umgestaltung des Bildungswesens setzte bereits Anfang 1990 mit der beginnenden Orientierung auf die deutsche Einheit ein und rückte die föderalistische Gestaltung der Schulstrukturen unter gesamtdeutschen Bedingungen in den Mittelpunkt. Vielgestaltige Kontakte zwischen Pädagoginnen und Pädagogen beider deutscher Staaten lösten Schulreformdiskussionen aus, die ebenso wie bildungspolitische Verlautbarungen von Parteien, Lehrerverbänden und Gewerkschaften die Hoffnung auf einen souveränen Annäherungsprozeß beider Bildungssysteme unter Prüfung ihrer spezifischen Erfahrungen und Möglichkeiten, auf wechselseitige Impulse und Zusammenarbeit und auf die Chance einer gesamtdeutschen, europaorientierten Bildungsdiskussion nährte. Der Zentrale Runde Tisch hatte am 15. März 1990 entsprechende Angebote zum Thema Bildung, Erziehung und Jugend gemacht, die sinngemäß in der Erklärung der am 18. März 1990 demokratisch gewählten Regierung aufgegriffen wurden (HOFMANN 1990, S. 64ff.). Ansätze für einen derart kritisch-konstruktiven Dialog über den Weg der deutschen Schule hatten allerdings nur eine kurze Perspektive.

Mit dem Beitritt der DDR zur Bundesrepublik am 3. Oktober 1990 begann in der *dritten* Phase die Angleichung des in der DDR historisch gewachsenen und seit der Wende in einem demokratischen Reformprozeß befindlichen einheitlichen Schulsystems an die Schulstrukturen in der Bundesrepublik. So sieht die

Tabelle 17: Vergleich BRD–DDR
(zusammengestellt nach:
Material zur Schulstruktur und Netzentwicklung . . . 1990)

Schüler je Lehrer*

BRD	15,0	DDR	12,5
(Bandbreite in den Bundesländern	12,9 - 16,0)	(Bandbreite in den künftigen Ländern auf DDR-Gebiet	11,8 - 12,9)

*Die 1990 durch das Ministerium für Bildung der DDR angestellten Berechnungen dienten der Vorbereitung der strukturellen und finanziellen Angleichung des Bildungssystems der DDR an das der Bundesrepublik.

Lehrer je Klasse (Primarbereich)

BRD	1,07 (0,95 - 1,27)	DDR	1,66 (einschl. Horterzieher)

Schüler je Klasse

BRD		DDR	
Primarbereich	21,7 (19,3 - 23,1)	Kl. 1 - 4	21,3
Sekundarbereich I	23,5 (16,9 - 27,0)	Kl. 5 - 10	20,0

Pflichtstundensoll der Lehrer

BRD		DDR	
Grundschule	26 - 28	Lehrer Kl. 1 - 8	23 - 25
Hauptschule	25 - 26	Lehrer Kl. 9 - 12	22 - 24
Realschule	24 - 27		
Gymnasium	23 - 25		

Verhältnis der Lohnfondssummen

	BRD		DDR
Verhältnis der Lohnfondssumme je Lehrer und Monat	2,2	:	1,0
Je Schüler eingesetzte Lohnfondssumme für Lehrer an allgemeinbildenden Schulen	1,63	:	1,0

Schulgesetzgebung in den neuen Bundesländern in der Regel nach einer vier- bzw. sechsjährigen Grundschule die Aufspaltung in Gymnasium und neun- bzw. zehnjährige Regelschule vor, wobei in jenen Ländern, in denen öffentlicher Widerstand der Eltern die Einrichtung von Hauptschulen verhindert hat, deren Funktion innerhalb der Regelschulen wahrgenommen wird. Bis auf das Land Brandenburg konnten sich die von vielen Lehrerinnen, Lehrern und Eltern favorisierten Gesamtschulen in den Schulgesetzen nicht durchsetzen. Auch die im Herbst 1989 projizierten alternativen Konzepte für Schulen in freier Trägerschaft blieben in den schulpolitischen Entscheidungen eher am Rande.

Neben der Reproduktion der dreigliedrigen Schulstruktur, verbunden mit einem Prozeß der fachlichen und politischen Selektion der Lehrerinnen und Lehrer der DDR entsprechend der neuen Anforderungen, wurden die finanziellen und materiellen Bedingungen der Schulen dem Niveau der alten Bundesländer angepaßt. Daraus resultierten Wegfall von Subventionen, Haushaltskürzungen, Erhöhung von Klassenfrequenzen und Lehrerpflichtstunden, die letztlich zu einem scheinbaren Lehrerüberschuß und zu erheblichen Lehrerentlassungen führten (Tab. 17—19). Insbesondere der Subventionsabbau im Bildungswesen belastet die privaten Haushalte in einem bis dahin nicht gekannten Maße.

Tabelle 18: Im Hort angemeldete Schüler je Klassenstufe (1990)
(nach: Material zur Schulstruktur und Netzentwicklung . . . 1990)

Klassenstufe 1	93% der Schüler der Stufe
Klassenstufe 2	76% der Schüler der Stufe
Klassenstufe 3	74% der Schüler der Stufe
Klassenstufe 4	57% der Schüler der Stufe

Tabelle 19: Entwicklungsstand: Aufnahme in den Hort
(nach: Material zur Schulstruktur und Netzentwicklung . . . 1990)

Jahr	**im Schulhort angemeldete Schüler in Tausend**	**Index**
1989	758	100
1990	736	97
1995	681	90
2000	560	74

Diese Angleichungsstrategie birgt in vielerlei Hinsicht Konfliktstoff. Der radikale Umwandlungsprozeß stellt in der Praxis Lehrerinnen und Lehrer, Schülerinnen und Schüler, Eltern und Kommunen vor schwerwiegende Probleme, auf die die Mehrzahl der Betroffenen weitgehend unvorbereitet war. Soziale Ängste, erneuter Anpassungsdruck sowie der Einflußverlust der basisdemokratischen pädagogischen Bewegungen und damit eigener Reformvorstellungen sind die Folge. Diese Situation erschwert die Verarbeitung der individuellen wie der kollektiven Vergangenheit und damit einen für die Gestaltung des deutschen Bildungswesens produktiven Diskurs.

LITERATUR

ADAM, H./EICHLER, W.: Versäumnisse und Chancen. Alte und neue Versuche zur Strukturierung der Bildungsinhalte der DDR-Schule. Braunschweiger Arbeiten zur Schulpädagogik. Bd. 7. Hrsg. von HOOF, D., Braunschweig 1990.

Angepaßt oder mündig? Briefe an Christa Wolf im Herbst 1989. Hrsg. von GRUNER, P., Berlin/DDR 1990.

ALT, R.: Erziehung und Gesellschaft. Pädagogische Schriften. Ausgew. und eingel. von K.-H. GÜNTHER/H. KÖNIG/R. SCHULZ. Berlin 1975.

ANWEILER, O.: Grundzüge der Bildungspolitik und der Entwicklung des Bildungswesens seit 1945. In: Vergleich von Bildung und Erziehung in der Bundesrepublik Deutschland und in der Deutschen Demokratischen Republik. Wissenschaftliche Kommission: ANWEILER, O. (Leitung) u. a. (= Materialien zur Lage der Nation. Hrsg. vom Bundesministerium für innerdeutsche Beziehungen). Köln 1990, S. 11—18.

Das Bildungswesen der Deutschen Demokratischen Republik. Autorenkollektiv unter Leitung von K.-H. GÜNTHER. Berlin/DDR [2]1983.

BULLETIN des IX. Pädagogischen Kongresses vom 12. bis 16. Juni 1989. (Manuskriptdruck). Berlin/DDR 1989.

DOKUMENTE zur Geschichte des Schulwesens in der DDR (1956—1967/68). Ausgew. u. eingel. von K.-H. GÜNTHER unter Mitarbeit von C. LOST. (Monumenta Paedagogica. Bd. VII). Berlin/DDR 1969.

DOKUMENTE zur Geschichte des Schulwesens in der DDR (1945—1955). Ausgew. von G. UHLIG. (Monumenta Paedagogica. Bd. VI). Berlin/DDR 1970.

DOKUMENTE zur Geschichte des Schulwesens in der DDR. Ausgew. u. eingel. von K.-H. GÜNTHER/C. LOST. (Monumenta Paedagogica: Bd. XVI/1, 1968—1973/74, 1. Halbband; Bd. XVI/2, 1968—1972/73, 2. Halbband; Bd. XXIV, 1973—1980/81). Berlin/DDR 1974, 1975, 1986.

FRIEDRICH, W.: Mentalitätswandlungen der Jugend in der DDR. In: Aus Politik und Zeitgeschichte. Beilage zur Wochenzeitung Das Parlament. B 16—17 (1990), S. 25—37.

GEISSLER, G.: Zur Schulreform und zu den Erziehungszielen in der Sowjetischen Besatzungszone 1945—1947. In: Pädagogik und Schullalltag 46 (1991 a), S. 410—422.

GEISSLER, G.: Zur bildungspolitischen Tendenzwende in der SBZ 1947 bis 1949. In: Pädagogik und Schulalltag (1991 b), S. 529—542.

GEISSLER, G.: Zur pädagogischen Diskussion in der DDR 1955—1958. In: Zeitschrift für Pädagogik 38 (1992), S. 913—940.

GEISSLER, R.: Entwicklung der Sozialstruktur und Bildungswesen. In: Vergleich von Bildung und Erziehung in der Bundesrepublik Deutschland und in der Deutschen Demokratischen Republik. Wissenschaftliche Kommission: ANWEILER, O. (Leitung) u. a. (Materialien zur Lage der Nation. Hrsg. vom Bundesministerium für innerdeutsche Beziehungen) Köln 1990, S. 83—111.

Geschichte der Erziehung. Hrsg. von GÜNTHER, K.-H. (Leiter) u. a., Berlin/DDR [15]1987.

GLÄSER, L./LOST, C.: Zur Entwicklung des Volksbildungswesens in der DDR in den Jahren 1956—1958. (= Monumenta Paedagogica. Bd. XIX). Berlin/DDR 1981.

Grundprobleme der deutschen Pädagogik. Pädagogik 1. Beiheft 1956.

GÜNTHER, K.-H./UHLIG, CH.: Zur Rezeption der Reformpädagogik durch die Pädagogik der DDR. In: Pädagogik 43 (1988 a), S. 718—727.

GÜNTHER, K.-H./UHLIG, CH.: Die Reformpädagogik im Bild der pädagogischen Tradition der DDR. In: Pädagogik (1988 b), S. 794—801.

GÜNTHER, K.-H./UHLIG, G.: Geschichte der Schule in der DDR 1945—1971. Berlin/DDR 1974.

HELLING, F.: Schulreform in der Zeitenwende. Eine Auswahl aus Reden und Aufsätzen aus der Zeit von 1926 bis 1958. Schwelm 1958.

HOFMANN, H.-G.: Zu den programmatischen Erklärungen politisch handlungsfähiger Kräfte zur Bildungsreform in der DDR. (Bildungswesen aktuell, 15/1990). Berlin/DDR 1990.

KASPER, C.: Politische Bildung und Erziehung an den allgemeinen Pflichtschulen der DDR im Zeitraum von 1945 bis zur Mitte der 50er Jahre. Diss. Humboldt-Universität Berlin/DDR 1991.

KLIER, F.: Lüg Vaterland. Erziehung in der DDR. München 1990.

KÖHLER, H./SCHREIER, G.: Statistische Grunddaten zum Bildungswesen. In: Vergleich von Bildung und Erziehung in der Bundesrepublik Deutschland und der Deutschen Demokratischen Republik. Wissenschaftliche Kommission: ANWEILER, O. (Leiter) u. a. (= Materialien zur Lage der Nation. Hrsg. vom Bundesministerium für innerdeutsche Beziehungen). Köln 1990, S. 112—155.

LOST, C.: Zum Umgang mit Reformpädagogik in der DDR 1945 bis 1989 als Fallbeispiel für das Problem Hinwendung zum Kind. In: Dem Kinde zugewandt. Überlegungen und Vorschläge zur Erneuerung des Bildungswesens. Hrsg. von SCHMIDT, H.-D., Hohengehren 1991, S. 58—67.

MARX, K.: Das Kapital. Kritik der politischen Ökonomie. Bd. I. Marx-Engels- Werke. Bd. 23. Berlin/DDR 1962.

MATERIAL zur Schulstruktur und Netzentwicklung, zur Klassenbildung und zum pädagogischen Arbeitsvermögen. Vergleich DDR—BRD. Ministerium für Bildung. Berlin/DDR 1990.

MEINICKE, W.: Zur Integration der Umsiedler in die Gesellschaft 1945—1952. In: Zeitschrift für Geschichtswissenschaft 36 (1988) Bd. 2, S. 867—878.

NEUNER, G.: Allgemeinbildung. Konzeption-Inhalt-Prozeß. Berlin/DDR 1989.

NEUNER, G.: Pädagogische Wissenschaft in der DDR. Ein Rückblick auf Positionen und Restriktionen. In: Die Deutsche Schule 83 (1991), S. 280—295.

PEHNKE, A.: Über den Umgang mit Reformpädagogik. In: Pädagogik und Schule in Ost und West 39 (1991), S. 76—83.

PROKOP, S.: Klassen und Schichten in der Endphase der Übergangsperiode vom Kapitalismus zum Sozialismus. In: Zeitschrift für Geschichtswissenschaft 36 (1988) Bd.1, S. 304—306.

QUELLEN zur Geschichte der Erziehung. Ausgewählt von GÜNTHER, K.-H. u. a., Berlin/DDR [9]1980.

Die SCHULE in der DDR. Hrsg. im Auftrag des Ministeriums für Volksbildung der DDR. Berlin/DDR 1959.

SOZIALREPORT '90. Daten und Fakten zur sozialen Lage in der DDR. Hrsg. von WINKLER, G., Berlin/DDR 1990.

THESEN zur Geschichte der zehnklassigen allgemeinbildenden polytechnischen Oberschule in der Deutschen Demokratischen Republik. Diskussionsmaterial. Autorenkollektiv unter Leitung von E. MEUMANN. In: Pädagogik 44 (1989), S. 449—537.

UHLIG, G.: Der Beginn der antifaschistisch-demokratischen Schulreform (1945 bis 1946). (= Monumenta Paedagogica. Bd. II). Berlin/DDR 1965.

UNSERE UMFRAGE: Was erwarten Sie vom V. Pädagogischen Kongreß? In: Pädagogik 11 (1956), S. 432—450.

VERGLEICH von Bildung und Erziehung in der Bundesrepublik Deutschland und in der Deutschen Demokratischen Republik. Wiss. Kommission: ANWEILER, O. (Leitung) u. a. (= Materialien zur Lage der Nation. Hrsg. vom Bundesministerium für innerdeutsche Beziehungen) Köln 1990.

4. PÄDAGOGISCHER KONGRESS. Berlin/Leipzig 1949

WATERKAMP, D.: Das Einheitsprinzip im Bildungswesen der DDR. Köln/Wien 1988.

Zur Entwicklung des Volksbildungswesens auf dem Gebiet der DDR (1946—1949). Autorenkollektiv u. Leitung von K.-H. GÜNTHER u. G. UHLIG. (= Monumenta Pädagogica. Bd. III). Berlin/DDR 1968.

Zur Entwicklung des Volksbildungswesens in der DDR in den Jahren 1949—1956. Autorenkollektiv unter Leitung von G. UHLIG. (= Monumenta Paedagogica. Bd. XIV). Berlin/DDR 1974.

Zur Ökonomie und Planung des Volksbildungswesens. 4 Hefte. Autorenkollektiv unter Leitung von K. KORN. Berlin/DDR 1985.

V. TEILDISZIPLINEN DER ERZIEHUNGSWISSENSCHAFT

Peter Drewek

14. SCHULPÄDAGOGIK UND SCHULENTWICKLUNG

Zur Divergenz und Dynamik von Reflexions- und Organisationsformen der modernen Schule

1. SCHULPÄDAGOGIK ALS TEILGEBIET UND FORSCHUNGSPROBLEM DER ERZIEHUNGSWISSENSCHAFT

Der Begriff „Schulpädagogik“ bezeichnet im gängigen Sprachgebrauch mit ineinander übergehenden Bedeutungen sowohl den thematischen Gegenstand eines breit ausgefächerten Diskurses wie ein nach seinem Selbstverständnis kontinuierlich kontroverses und zugleich außerordentlich heterogen präsentiertes Teilgebiet der Erziehungswissenschaft. Während der Terminus „Schulpädagogik“ in den großen Handbüchern der Pädagogik im ausgehenden 19. und zu Beginn des 20. Jahrhunderts (REIN 1895ff.; NOHL/PALLAT 1927ff.) noch nicht mit eigenständigen Beiträgen ausgewiesen ist, obwohl der Schulpädagogik zuzurechnende Gebiete wie Didaktik, Lehrplan und Unterricht ausführlich behandelt werden, wird das Stichwort „Schulpädagogik“ im Register der in den achtziger Jahren erschienenen Enzyklopädie Erziehungswissenschaft neben einem Querverweis auf den Begriff „Grundschule“ durch den Zusatz „alternative“ (LENZEN 1986) bereits spezifiziert und eingeschränkt.

Eine originäre Orientierung liefern meist in den siebziger Jahren erschienene „Einführungen“ in die Schulpädagogik, die von kürzeren und entsprechend anspruchslosen Beschreibungen bis hin zu komplexen Darstellungen reichen (EINSIEDLER 1974; MUTH 1978; STEINDORF 1972). In den wenigen wissenschaftlich-systematischen, nicht unmittelbar zu Lehrzwecken verfaßten Beiträgen in pädagogischen Sammel- und Nachschlagewerken (z. B. EINSIEDLER 1991; RAUSCHENBERGER 1979; RIEDEL 1989) der letzten anderthalb Jahrzehnte wird die Schulpädagogik als ein Gebiet mit historisch weit zurückreichenden, in der

Regel ideengeschichtlich reflektierten Traditionen beschrieben, deren bis heute im Kern uneingelöste, auf den einzelnen gerichtete Bildungsansprüche gegenüber den als zuwiderlaufend beschriebenen Mechanismen der Schule als bürokratischer Institution durchzusetzen sind (RIEDEL 1989).

Im Unterschied zu diesen tiefer dimensionierten Systematisierungsversuchen hält die in erstaunlich großer Zahl vorliegenden trivialisierenden „Einführungen" und „Grundlegungen", Handbücher, Lexika und Wörterbücher der Schulpädagogik (z. B. APEL 1990; ASCHERSLEBEN/HOHMANN 1979; NICKLIS 1975; ODENBACH 1974) weniger ein wissenschaftlicher Konsens über ihre Grundlagen, Methoden und Forschungsaufgaben zusammen als der nahezu durchgängige Versuch einer oft mühevollen didaktischen Aufbereitung äußerst heterogener Wissensbestände. In den allgemeinen enzyklopädischen Lexika wird die Schulpädagogik in disziplingeschichtlicher Perspektive als „ein Lehr-und Forschungsgebiet, das sich im Zusammenhang mit der Akademisierung der Lehrerbildung neben der allgemeinen Pädagogik entwickelt hat" (SCHULPÄDAGOGIK 1979, S. 312), beschrieben und von hier aus lediglich als „schulpraktisch orientierte Disziplin der Erziehungswiss." (SCHULPÄDAGOGIK 1992, S. 557) ausgewiesen, die sich für viele Lehramtsstudenten und Lehrer auf die unmittelbare Einführung in die Praxis des Lehramtes einschränkt. Nach diesem Verständnis ist Schulpädagogik „eine Anwendung allgemeinpädagogischen Denkens auf dem Gebiet des Schulunterrichts". Die Studierenden bzw. Lehrenden erfahren hier in unspezifischen, globalen Formulierungen, daß „Erziehen" eine „Hilfe zu persönlicher Entwicklung für eine noch unmündige Person durch eine erwachsene Person" bedeute, „pädagogisches Handeln" auf „Fach-, Sozial-, Methoden- und Individualkompetenz" beruhe und eine *„weitgehend lernbare Qualifikation"* sei (APEL 1990, S. 9, 62, 71, 75).

In einem von diesem Verständnis abzugrenzenden, eher problemorientierten und forschungsbezogenen Zugriff sind im Begriff der Schulpädagogik zwei Bedeutungsdimensionen analytisch scharf voneinander zu unterscheiden und in kritischer Dimension aufeinander zu beziehen. Es sind dies, erstens, „Schulpädagogik" als die faktische, sich historisch wandelnde Organisation von Erziehung und Unterricht in Form spezifischer Arrangements von Sozialisations- und Lehr-/Lernbedingungen in der Schule. In dieser distanzierenden Bedeutungsdimension ist die Ebene der je gegebenen Situation im Schulwesen zu verschiedenen Phasen der Entwicklung des Schulwesens gemeint. Formen und historischer Wandel dieser je gegebenen Situationen im Schulwesen sind in ihren Grundzügen in Deutschland ganz maßgeblich von der äußeren Differenzierung des Schulsystems in unterschiedliche Schularten und von dem historischen Strukturwandel dieses Schulsystems bestimmt. Zweitens ist unter „Schulpädagogik" die von diesen historisch-empirischen Arrangements abzuhebende Reflexion im Sinne des schulpädagogischen Diskurses zu verstehen. Auch auf dieser Ebene ist von einer bestimmten historischen Dynamik mit unterschiedlichen Entwicklungsphasen auszugehen, die sich indessen nicht synchron zu der tatsächlichen Schulentwicklung verhalten. Sie umfassen zunächst das Stadium eines wissenschaftlich noch nicht institutionalisierten schulpädagogischen Diskurses seit dem 19. Jahrhundert bis etwa zu Beginn der Weimarer Republik. Darauf folgt die in den zwanziger Jahren begonnene und in der Nachkriegszeit fortgesetzte Institutionalisierung dieser Reflexion im Kontext der Pädagogik bzw. Erziehungswissenschaft als akademischer Disziplin. Diese zweite Phase läßt sich losgelöst von der Geschichte und den Formen der Institutionalisierung der Pädagogik an Hochschulen und Universitäten nicht adäquat thematisieren.

Der vorliegende Beitrag nutzt die skizzierte Differenzierung des Begriffs Schulpädagogik in den Bedeutungen von historisch-empirischen Arrangements im Sinne von Lehr-/Lernbedingungen in der Schule auf der einen und schulpädagogischem Diskurs auf der anderen Seite mit einer dreifachen Zielsetzung. Erstens sollen mit Hilfe dieser doppelten Bedeutung von Schulpädagogik die Wechselbeziehungen zwischen System- und Diskursentwicklung, Organisations- und Reflexionsformen im 19. und 20. Jahrhundert sowohl in ihren Grundzügen dargestellt und problematisiert (Kap. 2) wie anhand des historischen Konzeptwandels der Schulpädagogik näher konkretisiert werden (Kap. 3). Zweitens wird die angesprochene Bedeutungsdifferenzierung auf die gegenwärtige Situation von Schulentwicklung und schulpädagogischem Diskurs angewandt (Kap. 4). Schließlich zielt der Beitrag, drittens, darauf ab, im Kontext der in jüngerer Zeit wieder aufgenommenen schultheoretischen Diskussion in der Erziehungswissenschaft einen historisch und soziologisch differenzierten Schulbegriff zur Geltung zu bringen, der Stellenwert und Grenzen des traditionellen schulpädagogischen Diskurses problematisiert (Kap. 5).

Entsprechend seiner leitenden Disposition versucht der Beitrag, historisch rückzuvermittelnde Formen der Schulpädagogik unter den Aspekten ihrer traditionellen Instabilität und ideologischen Anfälligkeit vorzustellen, die sich bis in die Gegenwart hinein fortzusetzen scheinen. Die auf Vermittlungen erziehungswissenschaftlichen Wissens ausgerichtete Struktur der Schulpädagogik tendiert dazu, das Wissen in seiner eigenen Präsentation selbst noch einmal durch pädagogisierende Vermittlungsabsichten zu überformen. Im Unterschied dazu dürften die Untersuchungen der empirisch-historischen, -soziologischen und -psychologischen Schulforschung diejenigen Mittel bereitstellen, die für die Anschlußfähigkeit des schulpädagogischen Diskurses an die Theorie- und Forschungsansätze der Erziehungswissenschaft mittel- und langfristig die aussichtsreichere Gewähr bieten. So hat sich neben der didaktischen Tradition ein Verständnis von Schulpädagogik herausgebildet, das Analysen zur Eigendynamik und ungeplanten Entwicklungstrends im Schulwesen als wesentliche Rahmenbedingung pädagogischen Handelns in der Schule in den Mittelpunkt des Interesses rückt. Seit dem Ende der siebziger Jahre haben sich mit dem Institut für Schulentwicklungsforschung der Universität Dortmund und der Arbeitsgruppe Bildungsbericht am Max-Planck-Institut für Bildungsforschung in Berlin zwei Zentren derartiger Schulentwicklungsforschung herausgebildet, die auf der Grundlage einer kontinuierlichen Berichterstattung über Entwicklungstrends der verschiedenen Teilbereiche des Schulwesens die Analyse jeweils aktueller

Tendenzen und Probleme der inneren und äußeren Schulentwicklung mit einer systematischen Einordnung in langfristige Entwicklungslinien zu verbinden suchen (ARBEITSGRUPPE BILDUNGSBERICHT 1990; ROLFF/KLEMM u. a. 1980ff.; KLEMM/ROLFF/TILLMANN 1985).

2. WECHSELBEZIEHUNGEN ZWISCHEN SCHULENTWICKLUNG UND SCHULPÄDAGOGIK IM 19. UND 20. JAHRHUNDERT

Innerhalb des Modernisierungsprozesses der europäischen Gesellschaften seit dem 18. Jahrhundert kommt neben Erziehungsprogrammen und -philosophie der Herausbildung moderner Erziehungssysteme als institutionalisierte Organisationsformen eine herausragende historische Bedeutung zu. Entgegen den in umfassenden Reformkonzepten formulierten Perspektiven zu einer einheitlichen „allgemeinbildenden" Organisation des Erziehungswesens kennzeichnet dessen äußere Form jedoch bis weit in das 20. Jahrhundert hinein jene duale Struktur von höheren und elementaren Unterrichtsanstalten, durch die noch am sichtbarsten im 19. Jahrhundert soziale Privilegierung und politische Integration vermittelt werden. Während die höheren Schulen mit ihrer bildungstheoretisch neu begründeten Orientierung an Latein und Griechisch im Ergebnis vormoderne Traditionen einer sozial separierten und separierenden Vermittlung von Sonderwissen fortführen, geht die Einrichtung des Elementarschulwesens auf jüngere, erst im 18. Jahrhundert — wiederholt — festgelegte Schulpflichtregelungen zurück, die dann im Verlauf des 19. Jahrhunderts nach und nach auch realisiert werden. Fungieren die höheren Unterrichtsanstalten während des 19. Jahrhunderts zunächst zur Herausbildung, später zunehmend zur sozialen Stabilisierung und Reproduktion der bürgerlichen Eliten, insbesondere der akademischen Berufsgruppen, intendieren die niederen Schulen in erster Linie die politische und soziale Integration der Landbevölkerung bzw. — seit der zweiten Jahrhunderthälfte — des neu entstehenden städtischen Proletariats. Die Dualität des nach Traditionen, Formen und sozialen Funktionen unterschiedenen höheren und niederen Schulwesens drückt sich schließlich in unterschiedlichen Zielsetzungen und Unterrichtsgegenständen, in einer getrennt organisierten Vorbildung des Lehrpersonals sowie gerade bei den Elementarschulen in einer politisch legitimierten Einschränkung pädagogischer Handlungsspielräume aus. Von der — kurzen — Phase einer reformorientierten Politik in der Lehrerausbildung abgesehen, ist der Zustand des niederen Schulwesens während der ersten Hälfte des 19. Jahrhunderts in vielfacher Hinsicht defizitär. Seine Probleme betreffen neben der mangelhaften Schulausstattung, nur rudimentär bestehenden Lehrplänen und fehlenden Unterrichtsmitteln vor allem ein in den Lehrerseminaren nur unzureichend vermitteltes, nicht-indoktrinierendes Wissen über die komplexen Voraussetzungen, unterschiedlichen Formen und differenten Methoden des Unterrichts, der vorrangig dogmatisch zu präsentierenden christlichen Erziehungsnormen folgt. Die Differenz zwischen der Schulpädagogik im Sinne der faktisch gegebenen Arrangements von schulischen Sozialisations- und Lehr-/Lernbedingungen und Schulpädagogik im Sinne diskursiver Reflexion dieser Bedingungen ist um die Mitte des 19. Jahrhunderts allgemein gering. Schulpädagogik im zuletzt genannten Verständnis stellt sich in dieser Zeit als eklektizistische und explizit rein lehrorientiert verfaßte Sammlung unterschiedlicher erziehungskundlicher Wissensfragmente dar und tendiert dabei ebenso zu einem nur aus der historischen Konstellation heraus nachvollziehbaren Professionalisierungsersatz bei der Ausbildung der Elementarlehrer wie zu ihrer Identifikation mit dem vorherrschenden sozial konservativen Erziehungsauftrag der Schule. Zur Zeit des frühesten historischen Belegs des Terminus „Schulpädagogik" vermittelt sich in ihrem Begriff eine in erster Linie mit politisch disziplinierender Tendenz umgesetzte Didaktik eines noch weitgehend lückenhaften Erziehungswissens.

Weiterführende Versuche im Ausgang des 19. und zu Beginn des 20. Jahrhunderts, mit der Professionalisierung der Elementarlehrer die Volksschule zu „heben", konfligieren mit der zu dieser Zeit systemförmig durchgesetzten und im Prinzip bis heute erhaltenen vertikalen Organisationsform der deutschen Schule. Trug der Urbanisierungsprozeß und mit ihm verbunden eine komplexer gewordene Sozialstruktur der Arbeiter- und der neu entstehenden Angestelltenschichten zwar einerseits zum Ausbau eines differenzierten (städtischen) Volksschulwesens bei, lag die Grenze seiner pädagogischen Verbesserung in dem hierarchischen sozialen Gefüge der Schulabschlußberechtigungen, das bei einer inhaltlichen Annäherung der Niveaus der Wissensvermittlung in den unterschiedlichen Schultypen nicht mehr hinreichend zu legitimieren gewesen wäre. Dieser Zusammenhang wird in der um die Jahrhundertwende aufkommenden reformorientierten schulpädagogischen Forschung weitgehend außer acht gelassen. An der Analyse individueller Entwicklungsfähigkeiten und ihrer Förderbarkeit ausgerichtet, werden hier im Gegenteil die sozialen Reproduktionsfunktionen des Schulsystems auf der Ebene ihrer Forschungskonzepte in Frage gestellt. Gleichzeitig wird die Ausbildung der Volkschullehrer auf Universitätsniveau gefordert; die an der Schwelle ihrer akademischen Institutionalisierung stehende Erziehungswissenschaft wird primär als eine mit empirischen Methoden arbeitende Disziplin begründet. Nach der vormaligen Affinität von Schulpädagogik als faktisch gegebenen Sozialisations- und Lehr-/Lernarrangements in der Schule und ihrer undifferenzierten, legitimatorisch ausgerichteten Reflexion in der Schulpädagogik treten Diskurs und Schulrealität in dieser Entwicklungsphase kritisch auseinander.

In Abgrenzung zu dem sich hier entwickelnden Wissenschaftsverständnis von Pädagogik und den damit von den Reformvertretern erwarteten institutionellen Konsequenzen sowohl für die Lehrerausbildung wie für den stärker begabungsorientiert einzurichtenden Aufbau des Schulwesens setzen sich im Verlauf der ersten drei Jahrzehnte des 20. Jahrhunderts solche Paradigmen in der deutschen Pädagogik durch, die statt der institutionalisierten Erziehungsrealität vorwiegend Fragen der kulturellen Reproduktion der Gesellschaft, der Vermittlung von Wertestrukturen, des nationalen Bildungsideals und der außerschulischen (reform-)pädagogischen Bewegung ihrer Zeit thematisieren. Ungeachtet der beachtlichen erziehungsphilosophischen Anstrengungen dieser später sogenannten „geisteswissenschaftlichen“ Pädagogik kommen ihre Beiträge in der Schulpädagogik über Idealisierungen der Lehrerrolle und eine gewisse kulturphilosophische Skepsis gegenüber dem fortlaufenden Ausbau des Schulsystems nur selten hinaus. Resultiert der enorme quantitative Ausbau in einem mit wachsender Unübersichtlichkeit ausgefächerten mittleren und höheren Schulwesen, in zahllosen Schulversuchen zur Flexibilisierung der Zugangsmechanismen, der Lehrpläne und zur Definition begabungsgerechter Leistungsanforderungen in der Schule sowie dramatischen „Qualifikationskrisen“ im Verhältnis zwischen Bildungs- und Beschäftigungssystem, stagnieren weite Teile des pädagogischen Diskurses der Weimarer Republik in oft abstrakt bleibenden Debatten über Möglichkeiten und Grenzen der Gesellschafts- durch Erziehungsreform.

Als die Pädagogik in Deutschland nach 1945 an ihre Weimarer Traditionen teils auch in personeller Kontinuität zunächst wieder anknüpft, nimmt die schon zuvor bestehende Diskrepanz zwischen empirisch gegebener Schulentwicklung und schulpädagogischem Diskurs insofern weiter zu, als den fortbestehenden geisteswissenschaftlichen Zugriffsweisen auf die Schule ein enormer sozialer Druck auf die höheren Unterrichtsanstalten und — in der Folge — eine Umschichtung der schulpflichtigen Schülerpopulation in einem historisch ungekannten Ausmaß zugunsten der höheren Schulen gegenüberstehen. Erst mit der „realistischen Wendung“ in der erziehungswissenschaftlichen Forschung zu Beginn der sechziger Jahre, einer stärker sozialwissenschaftlichen Ausrichtung der Pädagogik unter Berücksichtigung vor allem anglo-amerikanischer Forschungen sowie im Zuge der später folgenden Integration der Lehrerausbildung in die Universitäten wird die auch in der Schulpädagogik durchgehaltene geisteswissenschaftliche Tradition in Frage gestellt und — vorübergehend — beinahe gänzlich zurückgedrängt.

Expansion und Reform des Schulsystems in den sechziger und siebziger Jahren führen zu beispiellosen quantitativen und qualitativen Veränderungen bzw. Verbesserungen, die jedoch selbst wiederum anscheinend nicht ohne Folgeprobleme auf ganz unterschiedlichen Ebenen erreicht werden konnten. So scheint auf der einen Seite die sozial elitäre Sonderstellung des Gymnasiums unwiderruflich gebrochen zu sein; zugleich wurden der traditionelle Kanon der Unterrichtsfächer entscheidend erweitert und die Unterrichtsgegenstände und -formen im Zuge der Curriculumreform inhaltlich modernisiert. Die Handlungsspielräume des Lehrers sowie die Partizipationsmöglichkeiten von Schülern und Eltern wurden — verglichen etwa mit dem ersten anderthalb Nachkriegsjahrzehnten — in erstaunlichem Umfang erweitert. Scheinen sich damit zentrale traditionelle Reformforderungen in breitem Umfang erfüllt zu haben, liegt auf der anderen Seite der Preis insbesondere der Expansion des Gymnasiums und der Universitäten in der Krise der zunehmend unattraktiveren nicht-gymnasialen Schulformen sowie im Bereich eines sich keineswegs mehr verzögerungsfrei und niveauentsprechend vollziehenden Übergangs höher qualifizierter Schul- und Hochschulabsolventen in Positionen des Beschäftigungssystems. Mit den Sättigungseffekten im Bereich der selektiv angelegten Schuleinrichtungen gehen gravierende Strukturprobleme im Sinne neuer äußerer Differenzierungserfordernisse einher.

Parallel dazu hat die Bildungsexpansion der beiden letzten Jahrzehnte mit der äußeren ebenso die innere Form der Schule folgenreich und auch hier auf nicht vorhergesehene Weise verändert. Dies betrifft sowohl die innerhalb der Tendenz zu fortschreitender Individualisierung vergrößerten Entscheidungsspielräume für die Schüler und die teils rechtlich vorgenommene, mehr wohl noch faktisch eingetretene Nivellierung vormals autoritärer Kommunikations- und Interaktionsstrukturen in der Schule wie aber auch eine radikale Kritik an der Wissenschaftsorientiertheit des Unterrichts und gestiegene Schulunlust. Unabhängig vom empirischen Ausmaß und der tatsächlichen Intensität von Schulkritik und Motivationsproblemen von Schülern und Lehrern beherrschen beide Themen oft in Verbindung mit allgemeinen gesellschaftlichen Fragestellungen wie der Friedens-, Umwelt- und interkulturellen Erziehung, der sozialen Benachteilung etwa von Mädchen und Frauen, ethnischen Minderheiten oder Behinderten den schulpädagogischen Diskurs der Gegenwart. In dabei nicht zu übersehender Tendenz richten sich breite Stränge seiner Argumentation auf eine weiter zunehmende formale und inhaltliche Öffnung vor allem der öffentlich getragenen Schule. Im Zentrum der einschlägigen Diskussionen stehen qualitative Zielsetzungen wie die Verbesserung der Schulkultur oder die Deinstitutionalisierung von Lehr-/Lernprozessen.

Werden diese neueren Reformziele vor dem Hintergrund des skizzierten historischen Erfolgs schulisch institutionalisierten Lernens gelesen, erscheinen sie sowohl paradox wie ambivalent. So richten sie sich einerseits gerade gegen jene Lehr- und Lernformen, die innerhalb des historischen Entwicklungskontiuums ihre unmittelbaren Voraussetzungen darstellen und sich nicht zuletzt auch unter international vergleichenden Gesichtspunkten eindrucksvoll bewährt haben und orientieren sich zugleich andererseits an vormodernen, geringer standardisierenden Vorbildern des Lernens bzw. nur schwer vergleichbaren Unterrichtsmodellen industriell weniger entwickelter Gesellschaften. Wird die Notwendigkeit einer neuen „inneren Schulreform“ nicht selten mit Zerrbildern der gegenwärtigen Schulrealität legitimiert, spiegeln die entsprechenden Diskussionen die Illusion einer gewachsenen pädagogischen Autonomie der Schule. Ergebnisse der empirischen Schulentwicklungsforschung weisen im Gegensatz dazu darauf hin, daß die sozial selektiven Funktionen des Schulsystems trotz, vielleicht sogar wegen der Bildungsexpansion erhalten geblieben sind.

3. ASPEKTE DES HISTORISCHEN KONZEPTIONSWANDELS DER SCHULPÄDAGOGIK

3.1 Schulpädagogik als Professionalisierungshilfe: Zum historischen Diskurs Mitte des 19. Jahrhunderts

Der Beginn der Geschichte des schulpädagogischen Denkens wird auf „früheste Ansätze" im 15. Jahrhundert datiert, die sich „angeregt durch Quintilian (...) auf Einzelfragen von Schule und Unterricht" beziehen. Sodann gelten neben den Schulordnungen des 16. und 17. Jahrhunderts im Kontext allgemeiner pädagogischer Reflexionen die „impliziten Schulpädagogiken" als Belege schulpädagogischen Denkens in der frühen Neuzeit (TWELLMANN 1981, S. 74, 75).

Vernachlässigt man die vor allem ideengeschichtlich bedeutsamen schultheoretischen und -praktischen Überlegungen von COMENIUS über PESTALOZZI bis HERBART, tritt der Terminus „Schul-Pädagogik" zum ersten Mal 1839 als Titel eines „Handbuch(s) zur Orientierung für angehende Lehrer, und zur freundlichen Beachtung für junge Theologen, als künftige Schul-Revisoren" auf, das CARL BARTHEL, Seminardirektor im Großherzogtum Posen, zusammengestellt hat (BARTHEL 1839). Das Handbuch sei „zunächst für Seminaristen bestimmt" und solle „der Text sein, zu welchem der Vortrag des Lehrers den Commentar liefert", darum sei das Buch auch „in der Elementar-Lehrweise verfaßt", gehe dabei vom Besonderen aus und ende beim Allgemeinen. BARTHEL setzt sich explizit vom Anspruch einer wissenschaftlichen Darstellung der Pädagogik ab. Würden andere Lehrbücher mit dem Begriff der Pädagogik einsetzen, behandele er diesen erst zum Schluß seines Buches. „Der Begriff einer Wissenschaft" sei „nämlich die Wissenschaft selber". Damit wird die bis zur Gegenwart in der Schulpädagogik fortwirkende Tradition als Lehrgebiet bereits zum Zeitpunkt ihres frühesten terminologischen Belegs in der ersten Hälfte des 19. Jahrhunderts begründet. BARTHEL geht es darum, daß das Handbuch „in möglichst geringem Umfange möglichst viel bietet, daß es sorgfältig Alles ausgeschieden hat, was nicht in der nächsten Beziehung zur Elementarschule steht; daß es nicht die Pädagogik als Wissenschaft weiter fördern, sondern vielmehr die herrlichen Resultate derselben in möglichst weitem Kreise verbreiten möchte, daß es endlich eklektisch (wählig) verfährt", indem es in seinen verschiedenen Teilen unterschiedlichen Bezugsliteraturen und -autoren folgt und sich damit „auf der Höhe des neunzehnten Jahrhunderts zu halten sucht" (BARTHEL 1839, S. 5, 7).

Die Gliederung des Handbuchs unterscheidet mit „Schulunterricht", „Schul-Erziehung" und „Schulkunde" insgesamt drei Teile, setzt mit Paragraphen über „Die äußern Körpertheile" und „Die innern Körpertheile" ein und endet nach einem Abschnitt über die „Nebenämter des Lehrers: Das Organisten- und Küsteramt. Das Amt des Geschichtsschreibers" mit „Schlußermahnungen" und dem „Rückblick auf das Ganze. Begriff von Pädagogik". Die elementarisierende Absicht seines Handbuches hält BARTHEL bis hin zur Erläuterung des Begriffs der Elementarschule durch. „Das, was Jeder im Volke braucht, nämlich geübte Sinne, erregte Aufmerksamkeit, (...) Gefühl für Recht und Ordnung, Gewandtheit, sich in den Verhältnissen des Lebens zurecht zu finden (...): diese Elemente soll die Volksschule durch zweckmäßige Betreibung der entsprechenden Unterrichtsgegenstände den Kindern zu verschaffen suchen, weswegen sie den Namen Elementarschule führt". Diese sei „eine christliche: sie soll in den Kindern das göttliche Leben hervorrufen" (BARTHEL 1839, S. 186).

BARTHELS Schulpädagogik erfährt 1845 und 1856 ihre zweite und dritte Auflage, in denen die in Form eines Ratgebers gehaltene Erziehungskunde nunmehr der Unterrichts- und Schulkunde vorangestellt wird. Neben Ausführungen zum Erkenntnisvermögen stehen Paragraphen zur „Stärkung des Gedächtnisses", „Veredlung des Gemüthes" („Glaube", „Hoffnung und Liebe"), Empfehlungen zur „Gewöhnung zum Gehorsam", zur „Höflichkeit und Bescheidenheit", schließlich die Abschnitte „Erweckung der Vaterlandsliebe" und „Pflege des kirchlichen Sinnes" (BARTHEL 1845). Schulpädagogik, so schließt die Erläuterung des Begriffes 1856, sei *„diejenige Wissenschaft, welche uns auf die Unmündigen im schulpflichtigen Alter absichtlich und gemäß der vom heil. Geist erleuchteten Vernunft also einwirken lehrt, daß sie nach dem Evangelium und im Sinne und Geiste Jesu Christi leben, dem Heilande allezeit treu nachfolgen, ihm immer ähnlicher werden"* (BARTHEL 1856, S. 3). BARTHEL warnt nach der 1848er Revolution insbesondere die Theologen, die „eines besonderen kirchlichen Aufschwunges in der Gegenwart sich getrösten zu dürfen vermeinen", doch „zu bedenken, daß die große Masse des Volkes noch lange nicht in denselben hineingezogen ist" (1856, S. VIII).

Derartige Interessen konfligierten jedoch mit der bis weit über die Mitte des 19. Jahrhunderts hinaus problematischen Situation der Volksschule. Untersuchungen über den Prozeß der Durchsetzung der Schulpflicht, die Etablierung von Lehrplänen, die Schul- und Unterrichtsrealität verweisen auf den lange Zeit geringen Institutionalisierungs- und Standardisierungsgrad der Volksschule (FRIEDRICH 1987), die die Volksschullehrer mit ihrer bekannten Tivoli-Entschließung in Berlin von 1848 besonders im Hinblick auf eine verbesserte eigene Ausbildung („die Lehrerbildung ist ein Zweig der Universität") zu „heben" versuchten (KITTEL 1957, S. 17). Ebenso bekannt ist die knapp ein Jahr darauf gehaltene Rede FRIEDRICH WILHELM IV., in der er den Seminarlehrern vorhielt: „All' das Elend, das im verflossenen Jahre über Preußen hereingebrochen, ist Ihre, einzig Ihre Schuld, die Schuld der Afterbildung, der irreligiösen Menschenweisheit, die Sie als echte Weisheit verbreiten, mit der Sie den Glauben und die Treue in dem Gemüthe Meiner Unterthanen ausgerottet und deren Herzen mir abgewandt haben" (zit. nach KITTEL 1957, S. 18).

Im Zusammenhang mit der Revolution von 1848 sowie mit dem Kampf gegen sozialistische Bestrebungen gegen Ende des 19. Jahrhunderts zeigen sich wiederholt manifeste Versuche, die Volksschule politisch zu instrumentalisieren. Trotz zunehmender Durchsetzung der Schulpflicht sowie der Ausbildung differenzierter innerer Strukturen (Entstehung mehrklassiger Systeme, Entwicklung und Normierung von Lehrplänen, partielle Verbesserung der Unterrichtsmethoden) wurden die Volksschulen als Ausdruck der politisch und sozial noch nicht integrierten industriellen Klassengesellschaft gänzlich unabhängig von den höheren Schulen organisiert. Den gesellschaftlichen Abstand zwischen Gymnasium und Volksschule symbolisieren bis weit in das 20. Jahrhundert hinein vollkommen divergierende Curricula und dementsprechend unterschiedliche institutionelle Formen der Lehrerbildung in Präparandenanstalten und Seminaren für die Volksschullehrer, auf Universitäten und später in Studienseminaren für die Gymnasiallehrer. Verglichen mit der immer engeren Verkopplung der höheren Sekundarschulen mit der Berufs- und Sozialstruktur blieb die angedeutete innere Modernisierung der berechtigungslosen Pflichtschulen jedoch weit hinter der Entwicklung der höheren Schulen zurück. Zur Veränderung dieser Situation forderten die Volksschullehrer zu Beginn des 20. Jahrhunderts ihre professionelle Autonomie durch die Institutionalisierung ihrer Ausbildung an den Universitäten.

3.2 Schulpädagogik als empirische Forschung

Die Erziehungstheorie des 19. Jahrhunderts hat insbesondere in der Reformphase an seinem unmittelbaren Beginn die Möglichkeiten der gesellschaftlichen Modernisierung und sozialen Mobilisierung mit Hilfe der Strukturen der Bildungseinrichtungen zu einem zentralen Thema unterschiedlich weitreichender und bereits in ihrem Entstehungszeitraum heftig umstrittener Konzeptionen gemacht. Diese Bildungskonzeptionen wurden jedoch mit der Einfügung des Bildungssystems in soziale Reproduktionsprozesse während des 19. Jahrhunderts in wachsendem Maß obsolet und schließlich zu einer nur noch schwer überzeugenden Legitimation der Bildungsstrukturen transformiert. Zugleich entstanden innerhalb des erziehungswissenschaftlichen Diskurses zahllose (teils rein programmatische, teils stärker theorieförmige) Versuche, Bildungs-, Erziehungs- und Unterrichtsprozesse auf unterschiedlichen Ebenen zu analysieren und Lösungsstrategien zu vermitteln. Die ganz heterogenen Inhalte und Formen des dabei in zahllosen Einzelversuchen entstandenen Wissens schienen zu Beginn des 20. Jahrhunderts im Kontext erfolgreicher Selbstorganisationsformen und in Verbindung mit einem auf empirisch-psychologische Entwicklungsforschung ausgelegten Selbstverständnis von Erziehungswissenschaft deren Institutionalisierung als Universitätsdisziplin weitreichend zu fördern. Dennoch konnte dieser Prozeß nicht ungehindert verlaufen, weil er die spezifische Balance zwischen den historisch gegebenen institutionellen Strukturen des Bildungssystems und seinen sozialen Funktionen auf der einen und den an sie kaum mehr legitimatorisch rückgebundenen Wissensformen und -dynamiken einer unabhängigen empirisch-forschungsorientierten Pädagogik auf der anderen Seite insofern mit gravierenden Konsequenzen gestört hätte, als die an individuellen intellektuellen und psychologischen Entwicklungsfähigkeiten orientierten Ansätze die klassen- und schichtspezifischen Formen des Bildungssystems zu ignorieren tendierten (DREWEK 1995).

Unter der Bezeichnung Experimentelle Pädagogik hatte ERNST MEUMANN, ein Schüler des Psychologen WILHELM WUNDT, versucht, die Forschungsmethoden der WUNDTschen Psychologie auf die Pädagogik zu übertragen. MEUMANN beanspruchte mit rein psychologisch-empirischen Forschungen eine völlig neue Grundlegung der Pädagogik als Wissenschaft und strebte ihre Etablierung als selbständige Universitätsdisziplin an. Seine Arbeiten wurden gegen Ende des ersten Jahrzehnts des 20. Jahrhunderts jedoch von den führenden Vertretern der Universitätsphilosophie wissenschaftlich in Frage gestellt und zugleich nicht in der erwarteten Weise anerkannt. Dagegen sahen die nicht zuletzt auch aus standespolitischen Motiven für eine Universitätsqualifikation eintretenden Volksschullehrer in der Experimentellen Pädagogik die ausstehende wissenschaftliche Basis für ihre mit immer größerem Nachdruck vertretene Forderung der Aufnahme in die Universitäten. In der „künftigen Pädagogik" sah MEUMANN „mehr eine Wissenschaft vom Lernenden als vom Lehrenden" (MEUMANN 1901, S. 285) und forderte als führender Vertreter der experimentellen Richtung und Herausgeber angesehener pädagogischer und psychologischer Zeitschriften 1911 mit Blick auf die Volksschullehrer, Theoretiker und Praktiker der Schulreform sollten „getrennt marschieren und vereint schlagen" (MEUMANN 1911, S. 1). Die Aufnahme der Volksschullehrerausbildung in die Universitäten hätte jedoch nicht nur zu einer quantitativ völlig veränderten Gewichtung der Fächer in der Philosophischen Fakultät geführt, sondern vor allem deren dezidiert praxisfernes Selbst- und Wissenschaftsverständnis herausgefordert. Die Auswirkungen der Experimentellen Pädagogik sollten überdies nicht allein auf die Lehrerbildung beschränkt bleiben. So wurde gezeigt, daß ein nicht unbeträchtlicher Anteil der Volksschüler auch für den Besuch der Gymnasien hinreichend begabt ist; soziale Selektion sollte durch eine an individueller Begabung orientierte Auslese ersetzt werden.

MEUMANNS Konzeption zur Modernisierung der an HERBART ausgerichteten Pädagogik schließt an die schon 1888 von WILHELM DILTHEY formulierte Kritik ihrer wissenschaftliche Rückständigkeit an (DILTHEY 1971 [1888]). Diese Rückständigkeit soll vor allem in methodischer Hinsicht verbessert werden. MEUMANN schreibt dazu 1901: „Die heutige Pädagogik behilft sich vielfach noch mit einem Material von psychologischen Begriffen, das die Psychologie selbst schon längst als unbrauchbar verworfen hat." Sie verzichte „auf die besten Forschungsmittel der Gegenwart, auf systematische Beobachtung anderer Menschen, Experiment und Statistik. Man kann sogar behaupten, daß alle großen Fortschritte, welche die gesamten Geisteswissenschaften seit etwa 40 Jahren (...) durch die Anwendung experimenteller und psychologisch-statistischer Methoden auf die Tatsachen des geistigen Lebens gemacht haben, an der großen Masse der pädagogischen Literatur fast spurlos vorübergegangen sind". Er erwartet „eine völlige Umgestaltung der systematischen Pädagogik" von seinem Programm einer „Experimentalpädagogik als selbständiger und einheitlicher Forschung". (MEUMANN 1901, S. 65, 285, 66) Allerdings wurde die dabei stets mitgedachte Veränderbarkeit der historisch gewachsenen Struktur des Bildungssystems in MEUMANNS Überlegungen überschätzt.

Im Anschluß an die mit der Reichsgründung und den Modernisierungsproblemen der deutschen Gesellschaft um 1900 einsetzenden bzw. verbundenen Kulturkritik kommt es demgegenüber zu jener besonderen geisteswissenschaftlichen Vermittlungsform der deutschen Pädagogik, die mit dem Problem der kulturellen Funktionen von Bildung, Erziehung und Unterricht die wissenschaftlichen Fokussierungen der empirischen Pädagogik wirkungsvoll marginalisiert. „Kultur“ und „Bildung“ werden zu Termini ausgeformt, die die politische Bedeutung und die realen Vermittlungsformen zwischen institutionellen Strukturen des Bildungssystems und der Gesellschaft ebenso überdecken wie mit ihnen die Profession des Lehrers im Medium eines überhöhten Berufsethos, vor allem jenseits eines auf bloßer „Erziehungstechnik“ gegründeten Begriffs, zu definieren versucht wird (DREWEK 1995).

„In der Geschichte der Erziehung“, schreibt der Philosoph und Pädagoge EDUARD SPRANGER 1910, „läßt sich die Entwicklung der Theorien nicht von der der Einrichtungen trennen. Beide bilden eine große organische Kultureinheit: das geistige Leben schafft sich äußere Formen, und aus den Formen wieder entstehen neue Richtungen des Lebens. Aber das eigentlich Schöpferische spiegelt sich doch immer zuerst in der Theorie, denn sie schaut über das Gegebene hinaus und entwirft das Bild einer besseren Zukunft, unbekümmert um die kleinen Hemmnisse und die oft zufällige Kräfteverteilung der Wirklichkeit“ (SPRANGER 1960, S. 1). Im Unterschied zu SPRANGERS naiv-harmonisierender Bestimmung kennzeichnet die Entwicklung des Verhältnisses von Erziehungstheorie und -institutionen jedoch eine — im Verlauf des 20. Jahrhunderts noch weiter zunehmende — Divergenz. Anstelle der von SPRANGER propagierten Einheit von Erziehungstheorie und Erziehungseinrichtungen bestimmt sich ihre Beziehung im Verlauf des 20. Jahrhunderts eher prekär als harmonisch. Im gleichen Verhältnis, in der das Bildungssystem durch seinen säkularen Expansionsprozeß und eine unumkehrbare, durch Abschlüsse und Zertifikate vermittelte Verzahnung mit dem Berechtigungswesen beim Zugang zu weiterführenden Laufbahnen im Hochschul- und Berufssystem an sozialer Bedeutung gewinnt, mehren sich auf Seiten der geisteswissenschaftlichen Pädagogik schon seit der Weimarer Republik die Klagen über die „Verschulung“ und den Funktionsverlust anderer Sozialisationsinstanzen wie etwa der Familie.

3.3 Schulpädagogik als „Mittleres Gebiet“

Historisch folgt auf die Reorganisation und Reform der höheren Schulen zu Beginn des 19. Jahrhunderts der Prozeß einer nach und nach alle anderen Schuleinrichtungen einbeziehenden Systembildung. Er mündet zu Beginn des 20. Jahrhunderts in der Herausbildung jenes ausdifferenzierten dreigliedrigen Schulsystems, dessen Grundstruktur bis zur Gegenwart prinzipiell erhalten geblieben ist (MÜLLER 1981). Dieser Ausdifferenzierungsprozeß des Bildungssystems verläuft im Rahmen langfristiger komplexer Wechselwirkungen zwischen Gesellschaft, Schule und Politik. Die Institutionalisierung der Pädagogik als Universitätsdisziplin während der Weimarer Republik erfolgt demgegenüber erst nach der Ausdifferenzierung der Bildungseinrichtungen im Verlauf des 19. Jahrhunderts (ZEDLER/KÖNIG 1989).

Vor diesem Hintergrund einer Ungleichzeitigkeit der Institutionalisierungsprozesse im Bildungssystem und in der Pädagogik als wissenschaftlicher Disziplin kommt es zu spezifischen Spannungen innerhalb des pädagogischen Denkens des 20. Jahrhunderts, die auf die Formen und Inhalte pädagogischen Wissens zurückwirken, bis in die Gegenwart ausstrahlen und sich offenbar nur schwer auflösen lassen. In ihrer eigenen Programmatik und in ihren unterschiedlichen Analyseansätzen gegenüber dem Bildungssystem wird in der erziehungswissenschaftlichen Forschung einerseits auf — uneingelöste — Reformkonzepte des ausgehenden 18. und frühen 19. Jahrhunderts zurückgegriffen, die in ihrem Verhältnis zur historisch weit davon abweichenden Dynamik des Bildungssystems im 19. und 20. Jahrhundert das Bewußtsein substanzieller Theoriedefizite erzeugen, zugleich aber auch als Maßstab zur Analyse und Beurteilung des Bildungssystems weiterentwickelt werden. Auf der anderen Seite werden Ziele, innere und äußere Struktur der Bildungseinrichtungen sowie ihre Entwicklung in der Lehre — insbesondere im Bereich der Lehrerausbildung — im Medium einer weitgehend eklektizistischen und didaktisch präsentierten Wissensform kommentiert, deren Tradition gleichermaßen auf das 19. Jahrhundert zurückgeht und auch heute noch in der Regel nur schwach mit der aktuellen theoretischen und empirischen Bildungsforschung vermittelt ist. Die Tendenzen zur Feststellung weitreichender Theoriedefizite und zur didaktischen Selbstpräsentation fallen in der Ordnung der schulpädagogischen Literatur des 20. Jahrhunderts am sichtbarsten zusammen.

Der Anfang 1914 von Berlin nach Straßburg berufene Philosoph und Soziologe GEORG SIMMEL hält im Wintersemester 1915/16 seine erste pädagogisch ausgerichtete Vorlesung mit dem Titel „Grundzüge der Pädagogik“, die ein Schüler, KARL HAUTER, nach SIMMELS Tod 1918 in dessen Auftrag auf der Basis des Vorlesungsmanuskriptes 1922 herausgibt (SIMMEL 1922). Die Vorlesungen „sollten ausschließlich auf die prinzipielle Gesinnung wirken, mit der die junge Lehrergeneration an ihre Aufgabe heranzutreten hätte“ (HAUTER 1922, S. IV). Durch die Kriegsumstände bestand SIMMELS Publikum indessen „weniger aus Studenten als aus Freunden der Philosophie (. . .) zum Teil aus älteren Leuten“, die sich für Simmel als Philosophen interessierten (HAUTER 1958, S. 252).

SIMMELS Bestimmung und Aufgliederung der Schulpädagogik ist von derjenigen BARTHELS — sieht man von dessen Betonung christlicher Inhalte ab — keineswegs radikal verschieden. Das in zehn Kapitel untergliederte Buch wird mit einer Abhandlung über „Das grundsätzliche Verhältnis zwischen Erziehung und Unterricht“ eröffnet und behandelt mit Themen wie „Aufmerksamkeit und Lernen“, „Vom Fragen“, „Von der Beurteilung“, „Vom deutschen Aufsatz“, schließlich der „sittlichen Erziehung“ und (im Anhang) der „sexuelle(n) Aufklärung“ Gegenstände, die — grob gesehen — auf ähnliche Weise auch in BARTHELS Handbuch erscheinen. SIMMEL geht es im Unterschied zu BARTHELS christlich-dogmatischer Definition darum, den Gegenstand der Schulpädagogik eher pragmatisch zu bestimmen. In diesem Zusammmenhang räumt er zugleich den „Defensiv-Charakter" seiner einleitenden Überlegungen zum Stellenwert der Pädagogik ein. Der Gegenstand einer Wissenschaft sei nicht selbst Wissenschaft. Aber selbst dann, wenn Pädagogik eine Kunst und nicht Wissenschaft sei, gebe es „doch keine Kunst, die nicht ein Wissen brauchte". „Und zwar nicht nur eines im technischen Sinne, das in der Einübung der Handgriffe bestünde, ein Wissen um das Material, um Ausdehnung und Grenzen der Aufgaben, um jenes ganze Gebiet von Prinzipien und Maximen, das zwischen den letzten, nur durch das Talent oder Genie entschiedenen Formgebungen und dem Handwerklich-Technischen steht und das letztere dem ersteren fügsam macht und es in dieses überführt". SIMMEL versucht zu vermeiden, „zum tausendsten Male" die Frage der Selbständigkeit der Pädagogik, ihrer Begründung durch andere Disziplinen wie Ethik oder Psychologie zu diskutieren oder „ihre letzten Ziele" zu verhandeln, wie dies „in der pädagogischen Literatur der Gegenwart in ganz übertriebenem Maße" geschähe. SIMMELS Schulpädagogik setzt sich, darin wieder durchaus vergleichbar mit BARTHEL, von der Erörterung von „Prinzipienfragen" betont ab. Es sei ohne weiteres vorauszusetzen, daß jeder Gebildete ungefähr wisse, was Pädagogik sei. Er ziele darauf ab, sich auf „einem *mittleren* Gebiet zu bewegen", das *„zwischen* dem höchsten Prinzip, welches es auch sei, und den ganz singulären Vornahmen, den rein technischen Betriebsmethoden" läge. Viele der pädagogischen Einzeluntersuchungen „gehen uns hier nichts an". Wichtig sei vielmehr, die *„pädagogische Einstellung des Geistes überhaupt"* zu erreichen (SIMMEL 1922, S. 2f.).

SIMMELS Kritik an jenem Vakuum zwischen pädagogischer Theoriebildung („Prinzipienfragen") und einem Verständnis von Pädagogik als purer Technik, durch das eine Praxisorientierung im Sinne der zu erzeugenden pädagogischen Einstellung des Geistes erschwert würde, wird von THEODOR LITT zehn Jahre darauf weiter radikalisiert (LITT 1927). Dem Aufschwung der Pädagogik seit Beginn der Weimarer Republik solle „die Besonnenheit einer neuen Konsolidierung" folgen. Hinter der *„Pädagogisierung des Staates"* und der *„Pädagogisierung der Wissenschaft"* verberge sich ein „pädagogische(r) Allmachtsschwindel", der das alltägliche pädagogische Handwerk entwerte. Unterricht und Erziehung würden gegeneinander ausgespielt, man glaube „die Schule, wie sie war, nicht härter treffen zu können, als man sie als ‚Unterrichtsschule' bezeichnet" (LITT 1927, S. 3, 4, 6, 7). LITTS Warnungen vor einem abgehobenen, abstrakt-idealistischen Begriff der Pädagogik sind nicht zuletzt pragmatisch begründet. Es gelte, „diejenigen Gegenstände und Verfahrensweisen auszulesen, die auch dann noch gewisse Aussichten auf pädagogische Auswertung bieten, wenn sie in die Hände von mäßig qualifizierten Persönlichkeiten geraten". Pädagogik sei nicht bloß der „Rausch eines inspiratorischen Schaffens", sondern auch ein „Regelwerk erlernbarer Praktiken" (LITT 1927, S. 6, 9), zu denen die pädagogischen Diskussionen seiner Zeit die Beziehung verloren hätten.

Unter dem Titel „Die Verschulung Deutschlands" beklagt kurz darauf SPRANGER über die von LITT kritisierte Tendenz zunehmend abstrakterer Diskussionen der zeitgenössischen Pädagogik hinausgehend den Prozeß des Bedeutungszuwachses eines sich insgesamt verselbständigenden Schulsystems (SPRANGER 1970). „Was einen Menschen wohlgefällig macht, kann ihm auch zum Verhängnis werden. Stil artet aus in Manier, Klugheit in Spitzfindigkeit, Kraft wird zu Übermut, Bescheidenheit zu Selbstunterschätzung, und Grazie endet oft in Ziererei" (1970, S. 90). Diesen Gedanken überträgt SPRANGER auf die Situation von Schule und Pädagogik gegen Ende der zwanziger Jahre. Die Schule stünde gewöhnlich vor dem Leben oder auch neben ihm, sie könne aber auch, wie es in SPRANGERS Augen für die Gegenwart zutrifft, über ihm stehen. Die Expansion des Schulsystems führe zu einer Verlängerung des durchschnittlichen Schulbesuchs, die Orientierung auf das Abitur zu einer „Verhochschulung". Entscheidend sei jedoch, „daß die allgemeine Verschulung die erziehlichen Kräfte des Volkes herabsetzt, nicht sie stärkt". Die Familie gebe ihre Erziehungsaufgaben mehr und mehr an die Schule ab. Die Schule „habe sich ja bereit erklärt, die Erziehung zu übernehmen. Man bringt die Mittel auf, man kauft die Bücher, liest wohl auch die Zeugnisse. Aber die deutsche Schule ist so gut, daß die Familie fürchten müßte, dilettantische Nebenarbeit zu treiben, wenn sie ernstlich nach einer eigenen Wirkung strebte. Und wann sollte das auch geschehen? Die Schule macht die Spaziergänge, die Schule veranstaltet die Geselligkeiten, die Schule führt ins Theater, auf den Sportplatz, auf die Wanderfahrt." (SPRANGER 1970, S. 93f.)

Während die (Volks-)Schulpädagogik des 19. Jahrhunderts durch Tendenzen der politischen Instrumentalisierung der Volksschule wissenschaftlich unterdeterminiert war, und die danach folgende empirische Pädagogik der Jahrhundertwende den Stellenwert der Schulpädagogik über die im Rahmen der allgemeinen, philosophisch orientierten Pädagogik verfolgten Fragestellungen hinauszuheben schien, erwachsen ihre Probleme im Ausgang der Weimarer Republik aus ihrer Überdetermination durch reformpädagogische Programme, die die sozialen Perspektiven und Einflußmöglichkeiten der Pädagogik nahezu vollkommen zu entgrenzen scheinen.

Am Vorabend der nationalsozialistischen Ära beschreibt der Philosoph KARL JASPERS in seiner pessimistischen Diagnose der „geistige(n) Situation der Zeit" das „Symptom der Unruhe unserer Zeit", das sich in der „Intensität pädagogischen Bemühens ohne Einheit einer Idee, die unabsehbare jährliche Literatur, die Steigerung didaktischer Kunst" ausdrücke (JASPERS 1947, S. 90f.). Das individuelle Engagement der Lehrer sei in einem so nie gekannten Maß zu beobachten und „doch, weil nicht getragen von einem Ganzen, wie ohnmächtig". „Kurzatmig" würden „Inhalte, Ziele, Methoden gewechselt". „Ein Zeitalter, das sich selbst nicht vertraut, kümmert sich um Erziehung, als ob hier aus dem Nichts wieder etwas werden könnte". Dies manifestiere sich in der Idealisierung der Jugend. „Von ihr wird geradezu erwartet, was in der Welt schon verloren ist. Sie darf sich als Ursprung fühlen. (...) Es ist, als ob an die Jugend der Anspruch gehe, von sich aus zu schaffen, was die Lehrer nicht mehr besitzen. Wie die Staatsschulden kommenden Generationen aufgebürdet werden, so die Vergeudung geistigen Gutes, das sie sich von neuem erwerben sollen" (JASPERS 1947, S. 90f.). Angesichts der dramatischen politischen und ökonomischen Entwicklung, aber auch im kulturellen Bereich als krisenhaft empfundenen Prozesse der Weimarer Republik konstatiert auch SPRANGER wenige Jahre zuvor: „Könnten wir als Staat und Volk durch pädagogische Reden und Kongresse gerettet werden, wir müßten längst herrlich dastehen" (SPRANGER 1970, S. 98).

Auch wenn man das in wenigen Jahren gleich vierzehn Mal aufgelegte Buch KARSTÄDTS über „Methodische Strömungen der Gegenwart" (KARSTÄDT 1926) oder den allerdings erst 1930 erschienenen Band über „Allgemeine Didaktik und Erziehungslehre" des Handbuchs der Pädagogik von NOHL und PALLAT einbezieht (NOHL/PALLAT 1930), gilt neben der ohnehin bereits skeptisch gesehenen Reformprogrammatik der Pädagogik der Weimarer Zeit BUSEMANNS Urteil von „der Geringschätzung der Empirie in den Kreisen theoretischer Pädagogen", hier bezogen auf die Frage der Koedukation und die Möglichkeit von Versuchsschulen (BUSEMANN 1927, S. 176). Etwa zur gleichen Zeit kritisiert der Soziologe KARL MANNHEIM die „unsoziologische Pädagogik" der Weimarer Republik, die, „anstatt Menschen für einen bestimmten sozialen Raum zu erziehen ‚Menschen überhaupt' erzieht". Sie bete „eine leere Abstraktheit an, deren Ergebnis nur sein kann, daß der von ihr erzogene Mensch, wenn er die ihm mitgeteilten, in der konkreten Umwelt prinzipiell unvollziehbaren geistigen Gehalte und Normen in ihrer abstrakten Erhabenheit ernst nehmen will, im Leben scheitert." (. . .) Diese Pädagogik sei „schon in ihrem Ansatz so angelegt, daß sie ein ‚unglückliches Bewußtsein' zu züchten prädestiniert ist; ein Bewußtsein, das deshalb unglücklich ist, weil der zu hohe, zu abstrakte Ansatz, den ihm die künstliche Erziehung beibringt, seinen Träger unfähig macht, den konkreten Konfliktstoff des Lebensraumes, in den er gerade gestellt ist, zu bewältigen, so daß er sich schließlich nur in der Sphäre der Möglichkeiten wohlfühlt und eine jede Wirklichkeit a priori als eine ‚schlechte Wirklichkeit' abtut" (MANNHEIM 1930, S. 452).

4. GEGENWÄRTIGE PROBLEMSTELLUNGEN

Die Konzeption der geisteswissenschaftlichen Pädagogik scheint in der Zeit nach dem Zweiten Weltkrieg den sich nun stärker beschleunigenden Expansionstendenzen des Bildungssystems in wachsendem Maß nicht mehr gerecht zu werden. Bildungsreform und -expansion seit den sechziger und siebziger Jahren führen zu einschneidenden Rückwirkungen sowohl auf die erziehungswissenschaftliche Theoriebildung wie auf die institutionelle Struktur der Schul- und Hochschuleinrichtungen, die auch in der Schulpädagogik und für die Lehrerbildung gravierende Veränderungen zur Folge haben.

In Verbindung mit der „realistischen Wendung in der pädagogischen Forschung" (ROTH 1962) Anfang der sechziger Jahre und dem unter dem spektakulären Begriff der „Bildungskatastrophe“ prognostizierten dramatischen Mangel an qualifizierten Absolventen von höheren Schulen und Hochschulen kommt es in den drei folgenden Jahrzehnten zu einem beispiellosen Ausbau des Bildungssystems in der alten Bundesrepublik. In seinem Verlauf werden die in der Weimarer Zeit als Bildnerhochschulen konzipierten pädagogischen Akademien für die Lehrerbildung sukzessive in die Universitäten integriert; unter Vervielfachung ihres Personalbestandes differenziert sich die Erziehungswissenschaft zu einer modernen Sozialwissenschaft mit einem breiten Spektrum von Teildisziplinen aus.

Verändert sich grundsätzlich auch nicht — wie in der Anfangsphase der Bildungsreform von breiten Kreisen der bildungspolitischen Öffentlichkeit und vor allem auch in der Erziehungswissenschaft erhofft — die vertikale Grundstruktur des dreigliedrigen Schulsystems, sind an den Nahtstellen des Übergangs vom Primar- zum Sekundarbereich, hinsichtlich der erweiterten Abschlußangebote der verschiedenen Schulformen sowie im Bereich der Curriculumreform und der Didaktik Innovationen zu verzeichnen, die einen systemweiten Modernisierungsschub für die deutsche Schule bedeuten. Der Ertrag der Bildungsreform, die in der rückblickenden Sicht eines beträchtlichen Teils von Erziehungswissenschaftlern nicht weit genug gegangen ist, wird innerhalb der verschiedenen sozialwissenschaftlichen Disziplinen jedoch außerordentlich kontrovers diskutiert.

Nach der Auflösung des Deutschen Bildungsrates Mitte der siebziger Jahre gilt die Kritik vieler Erziehungswissenschaftler und Schulpädagogen nicht länger den komplexen — und deshalb differenziert zu reflektierenden — Zusammenhängen von Schul- und Gesellschaftsreform, sondern weitet sich pauschal auf die Schule überhaupt aus. So heißt es in einem Wörterbuch der Pädagogik: „Wichtiger als die stets neu auftretende Kritik an schulpolit. Einzelentscheidungen ist die Kritik an der *Schule als Institution.* Diese wird seit dem 17. Jh. geübt. Die wachsende Verbreitung und Radikalität der S. (Schulkritik, P.D.) in jüngerer Zeit korrespondiert mit der allgemeinen Zunahme kritischer Orientierungen in der Erziehungswissenschaft und der fortschreitenden Einsicht in die gesellschaftlichen Aspekte organisierter Erziehung“ (RAMSEGER 1977, S. 114). Hätte zunächst die Kritik an den Unterrichtsgegenständen im Mittelpunkt der Schulkritik gestanden, „wendet sie sich in jüngerer Zeit vermehrt deren *Vermittlungsformen zu.* (. . .) Generell wird die vollständige Preisgabe des päd. Auftrags der Schule zugunsten ihrer polit. Funktion (soziale Auslese, Gewöhnung der jungen Generation an die bestehende Gesellschaftsform) beklagt. Die weitgehend uniforme ‚Zwangsbelehrung‘ läßt für individuelle Bedürfnisse der Schüler keinen Raum und wird für Entfremdungserscheinungen (Langeweile, Vandalismus usw.) verantwortlich gemacht. (. . .) Indem die S. die unerfreuliche Wirkung und widersprüchliche Organisation der bestehenden Schulsysteme herausarbeitet, ruft sie dazu auf, die notwendigen Reformen radikal genug zu machen“ (RAMSEGER 1977, S. 115). Die in der Erziehungswissenschaft heute keineswegs randständige radikale Schulkritik mit Forderungen wie „Macht die Schule auf, laßt das Leben rein“ (ZIMMER/NIGGEMEYER 1986) unterstützen auch die Medien etwa mit Berichten über den „Horrorjob Lehrer“ (Lehrer: mangelhaft 1993). Auf der Basis von Zerrbildern, die die tatsächlichen Spielräume der öffentlichen Schule (ROEDER 1987) verzeichnen, tendiert die Schulkritik jedoch dazu, die „prekäre Balance“ bei der „pädagogischen Funktionsbestimmung der Schule“ zugunsten vormoderner Konzeptionen zu verlieren (ROEDER 1984, S. 289).

Der Schulforscher FEND verweist im Gegensatz dazu historisch-vergleichend auf die Erfolgsbilanz institutionalisierten Lehrens und Lernens: „Die Entstehung eines öffentlichen, allen Kindern und Jugendlichen zugänglichen Bildungswesens gehört nach übereinstimmender Ansicht von Soziologen und Sozialhistorikern zu einem der wichtigsten Teilbereiche der Entwicklung moderner Gesellschaften. Dieser in der Geschichte der menschlichen Gattung einmalige historische Vorgang ist Teil des ‚Projekts der Moderne‘. Vergleicht man in dieser Langzeitperspektive die Bildungsmöglichkeiten von Kindern unseres Kulturkreises mit den Lebens- und Lernbedingungen der Masse von Kindern in der alteuropäischen traditionalen Gesellschaft, dann tritt die Perspektive der einmaligen historischen Chancen der heute heranwachsenden Menschen in den Vordergrund. (. . .) Anders als noch am Beginn unseres Jahrhunderts prägt heute der Schulbesuch über mindestens neun Vollzeit-Schuljahre und mehrere Teilzeit-Schuljahre, damit mit einem Zeitvolumen von mindestens 20 000 Unterrichtsstunden, die Lebensphase der Kindheit und Jugendzeit“. Selbst in der jüngeren Vergangenheit haben „sich noch einmal ausgeprägte Verschiebungen vom Arbeitsplatz als Erfahrungsfeld der Jugendzeit hin zur Schule ergeben“. Waren zu Beginn der fünfziger Jahre noch fast drei Viertel aller 15—17jährigen Jugendlichen berufstätig, sind dies Mitte der achtziger nur noch ein Fünftel (FEND 1991, S. 9).

Im historischen Prozeß des Bildungssystems im Verlauf des 20. Jahrhunderts ist eine fortlaufende Expansion und äußere Differenzierung des (mittleren und höheren) Schul- und Hochschulsystems zu beobachten, in deren Verlauf mit zunächst noch langsamer Kontinuität, seit den sechziger und siebziger Jahren jedoch mit starker Beschleunigung, nicht-akademische Bevölkerungsgruppen in den Besuch weiterführender Schulen und Hochschulen einbezogen werden (MÜLLER 1981). Die Expansion der Gymnasien und Hochschulen begleiten Folgewirkungen im Sinne der relativen Entwertung ihrer Zertifikate und einhergehender Friktionen im Verhältnis zwischen Bildungs- und Beschäftigungssystem. In jüngster Zeit vorgelegte Vorschläge zu einer neuen äußeren Gliederung der Sekundarschulen sowie zu einer an das amerikanische System angelehnten individuellen Profilbildung der Universitäten können als Versuche der Redifferenzierung dieser Einrichtungen verstanden werden, um ihre verlorengegangenen historischen Konturen auf neue Weise zurückzugewinnen. Hat die Entwicklung der beiden letzten Jahrzehnte unter quantitativen Gesichtspunkten auch zu einer völligen Umstrukturierung des Sekundarschulsystems geführt, scheint dieser Expansionsprozeß die soziale Reproduktion durch das Bildungssystem jedoch nur partiell aufgehoben und massive neue Strukturprobleme in den Sekundarbereichen und im tertiären Sektor hervorgerufen zu haben. Wurde das Bildungssystem im Zuge der Entwicklung des 20. Jahrhunderts aus seiner offensichtlichen Beziehung zur Berufs- und Sozialstruktur teilweise gelöst und traditionell bestehende schichten-, geschlechts-, konfessions- und regionalspezifische Ungleichheiten mit unterschiedlichem Erfolg auch aufgehoben, sind seine sozialen Mechanismen und Funktionen heute zugleich subtiler wie unzugänglicher geworden.

Hatten die sozial exklusiven Funktionen der Gymnasien und Universitäten während des 20. Jahrhunderts einen permanenten politischen und wissenschaftlichen Legitimationsdruck hervorgerufen, kommt dem Ausbau dieser Einrichtungen gerade (und vielleicht nur) hier eine allgemeine entlastende Funktion zu. Bei einer Vervielfachung der Zahlen höherer Schüler und Studenten geraten die zur Zeit des Reformbeginns während der sechziger Jahre in den Sozialwissenschaften und der bildungspolitischen Öffentlichkeit mit großem Engagement geführten Diskussionen über die Möglichkeiten sozialer (Aufstiegs-) Mobilisierung durch strukturelle Reformen des Schul- und Hochschulsystems mehr und mehr in den Hintergrund. Einschlägige Untersuchungen belegen aber zum einen, daß der Abbau struktureller Benachteiligung unterer bzw. der Privilegierung mittlerer und höherer Sozialschichten durch das Bildungssystem keineswegs mit dem Grad der Expansion des höheren Schulbesuchs konvergiert. Zum andern wurde gezeigt, daß der Faktor des Schulabschlusses der Eltern verglichen mit dem ihrer beruflichen Stellung hinsichtlich der Bildungsbeteiligung der Kinder an Gewicht tendenziell zunimmt (KÖHLER 1992, S. 122ff.). Wieweit damit bereits aktuell wie auch zukünftig ein faktischer Autonomiegewinn des Bildungssystems zu diagnostizieren bzw. zu prognostizieren ist, erscheint jedoch insofern fragwürdig, als beide Trends dafür sprechen, bereits existierende Privilegienstrukturen eher zu verfestigen als aufzulösen.

Der Schein einer größeren pädagogischen Autonomie der Schule vermittelt sich gegenwärtig vor allem aufgrund des Überhangs höher qualifizierter Schul- und Hochschulabsolventen besonders der geistes- und sozialwissenschaftlichen Fakultäten. TILLMANN hat in den achtziger Jahren die Rückwirkungen von Bildungsexpansion und einhergehender Beschäftigungskrise auf die heutige Schule im Vergleich zu den beiden ersten Nachkriegsjahrzehnten u. a. auf der Basis früherer und aktueller Befragungsergebnisse von Jugendlichen dargestellt und diskutiert (TILLMANN 1986). Seine Argumentation kann als eines der wenigen Beispiele in der Schulpädagogik gelten, in denen Aspekte der übergreifenden strukturellen Krise des Bildungssystems hinsichtlich ihrer qualitativen Auswirkungen auf die Schule systematisch vermittelt werden. Mit Rückgriff auf jugendsoziologische Untersuchungen geht TILLMANN von einer langfristigen Nivellierung schichtenspezifisch geprägter (bürgerlicher bzw. proletarischer) Jugendformen seit den sechziger Jahren bei einer gleichzeitigen Verlängerung der Jugendphase aus. Beide Phänomene korrelieren sowohl mit überlagernden teils ökonomischen, teils bildungssystemspezifischen Entwicklungen und wirken wiederum auch umgekehrt auf die gegenwärtige Situation der Schule zurück. So führt der heute frühere Beginn der Jugendzeit dazu, daß die in „Adoleszenzkrisen (...) eingelagerten Autoritätskonflikte, Identitätsprobleme und Verhaltenserprobungen (...) häufiger und längerdauernd während der Schulzeit" stattfinden: „Jugendspezifische Probleme dringen früher in die Schule ein, sie dürften den schulischen Sozialisationsprozeß inzwischen spätestens vom 7. Schuljahr an überlagern" (TILLMANN 1986, S. 133). Gleichzeitig hat die orientierende Funktion der Schullaufbahn innerhalb des Lebenslaufs und im Zusammenhang möglicher Lebensplanungen mit der Entwertung schulischer Abschlußzertifikate für berufliche Karrieren erheblich an seiner vormals hohen Bedeutung verloren. In der Folge dieses Entwertungsprozesses während der beiden letzten Jahrzehnte ist es in zunehmendem Maß erforderlich geworden, Abitur und Hochschulabschlüsse als wenn auch nicht immer automatisch hinreichende so doch in der bestehenden Schulabschlußhierarchie noch am aussichtsreichsten erscheinende Zertifikate für den Zugang selbst zu mittleren Berufskarrieren anzustreben. In Verbindung mit dem nicht zuletzt dadurch gestiegenen Besuch höherer Bildungseinrichtungen verlängert sich für einen immer größeren Teil der Jugend die Dauer des Schulbesuchs. Jugend- und Schulzeit werden mehr und mehr miteinander identisch.

Wie diese „strukturelle(n) Verschiebungen zwischen Jugendzeit und Schulzeit" nahezu ungebrochen aus den inneren Mechanismen und institutionellen Wirkungszusammenhängen der verschiedenen Teilbereiche und Ebenen des Schul- und Hochschulsystems abgeleitet werden können, wirkt auch die krisenhafte Entwicklung im Verhältnis zwischen Bildungs- und Beschäftigungssystem beinahe unmittelbar auf die Schule ein. In Verbindung mit verlängerten Übergangszeiten von Schule und Hochschule in materiell keineswegs immer attraktive Positionen innerhalb des Beschäftigungssystems konnte sich — insbesondere in den Städten — eine postadoleszente Jugendkultur entwickeln, von der TILLMANN annimmt, daß sie ihrerseits die Mentalitätsstrukturen und konkreten sozialen Orientierungen höherer Schüler und Studenten direkt wie indirekt beeinflußt (TILLMANN 1986).

So kommt es auf einer ersten Ebene im Rahmen der Krise von Bildungs- und Beschäftigungssystem zu einer oft das ganze dritte Lebensjahrzehnt ausfüllenden „Nach-Jugendphase", die zunehmend als eigenständige „Lebensform (...) mit dem langjährigen Besuch von Universitäten oder anderen privilegierten Ausbildungseinrichtungen verbunden" ist, „ihr typischer Ort ist die studentische Wohngemeinschaft" mit einer zwar nicht mehr jugend-, aber auch nicht erwachsenenspezifisch bezeichnenbaren eigenständigen Kultur und (häufig alternativen) Wertorientierungen. TILLMANN geht davon aus, daß Formen und Inhalte der Postadoleszenz direkt — bei den älteren Schülerjahrgängen — wie indirekt — bei den „Orientierungsmuster(n) der 14- bis 17jährigen" — weitreichenden Einfluß haben. „Die Lebensform des Erwachsenen ist nicht länger der einzige ‚Ausgang' der Jugendzeit, vielmehr erscheint vielen die Unabhängigkeit der ‚Post-Adoleszenz' erheblich attraktiver." Mit Blick auf die durch die kritische

Beschäftigungssituation oft erheblich eingeschränkten lebens- und berufsperspektivischen Entscheidungsmöglichkeiten der Schüler hält er jedoch zugleich fest, daß der Eintritt in die Post-Adoleszenz keineswegs nur „erwünscht", sondern zugleich „für viele Heranwachsende erzwungen" ist (TILLMANN 1986, S. 136).

Auf einer zweiten Ebene können die Auswirkungen makrosozialer Veränderungen im Bereich des Bildungssystems im Verhältnis zur Bedeutung, Akzeptanz und Realisierung des Unterrichtsauftrages der Schule problematisiert werden. „Schulische Lernanforderungen haben da den größten Legitimitätsverlust erlitten, wo sie sich auf berufliche Verwertung und berufliche Chancen beziehen. (...) Angesichts immer schärfer werdender Konkurrenz sind alle ‚Tauschwert'-Versprechen der schulischen Zertifikate zweifelhafter denn je; genauso unsicher ist, ob man die erlernten Fähigkeiten jemals wird im Beruf ‚gebrauchen' können. Insbesondere für die Jugendlichen, die sich bereits perspektivisch auf die Schulentlassung einstellten, gerät mit dem funktionalen Bezug zwischen Schulleistung und Berufseintritt eine zwar extrinsische, aber dennoch zentrale Motivationsstütze ins Wanken." Unter diesen Voraussetzungen entsteht besonders für Haupt- und Realschüler jene „paradoxe Situation", in der die „objektiv immer wertloseren Zensuren und Abschlüsse für sie subjektiv immer höhere Bedeutung gewinnen; denn wer keinen oder nur einen geringwertigen Abschluß erwirbt, hat von vornherein keine Chancen". Viele Schüler — und nicht nur die der Haupt- und Realschulen — reagieren auf diese Situation „mit Strategien individueller Chancenverbesserung". „Der Gebrauchswert der schulischen Inhalte für die eigene Bildung und das eigene Leben tritt zurück hinter die Jagd nach Noten und Punkten, um sich bei wachsender Konkurrenz optimale Ausgangsbedingungen zu sichern." Die „schulische Lernsituation" erscheint den so agierenden Jugendlichen dabei „als extrem entfremdet" (TILLMANN 1986, S. 146). Positive Ansätze des schulstrukturellen Wandels der beiden letzten Jahrzehnte, mit denen die Entscheidungsmöglichkeiten des einzelnen innerhalb eines starren Gerüsts von Schullaufbahnen und Leistungsanforderungen gestärkt werden sollten, verkehren sich unter diesen Bedingungen in ihr Gegenteil. Hatte die Bildungsreform im historischen Vergleich mit der Situation etwa der fünfziger Jahre Entscheidungen über Bildungs- und Studiengänge zu einem gewissen Grad individualisiert und in erhöhtem Maß durch Wahlmöglichkeiten auf Eltern, insbesondere aber die Schüler selbst bzw. die Studierenden übertragen, wird diese ursprünglich positiv angelegte Eigenverantwortlichkeit im Kontext formal erweiterter Freiheitsspielräume vor dem Hintergrund der skizzierten Krise des Verhältnisses zwischen Bildungs- und Beschäftigungssystem pervertiert. Die zuvor in ihren Möglichkeiten begrenzte, naive Rolle des Schülers transformiert sich der Tendenz nach in eine strategische. Der erfolgreich geplante Besuch weiterführender Schulen setzt unter gegenwärtigen Bedingungen mehr als unmittelbares Lernen und isolierte Fachkenntnisse voraus. Er erfordert zugleich darüber hinaus — am sichtbarsten in der gymnasialen Oberstufe — ein regel- und verfahrensspezifisches Wissen um Stellenwert und Gewichtungsmöglichkeiten unterschiedlicher Fächer, ihre Kombinationsvarianten, schulspezifische Abschlußarten, damit verbunden individuell unterschiedliche Benotungspraktiken der Lehrer, kurz: äußere, gelegentlich sogar rechtliche Kenntnisse der formalen Schullaufbahn-, Prüfungs- und Zulassungsstrukturen über Entscheidungskompetenzen schulischer Gremien bis hin zu informellen Rollenverständnissen seitens der Lehrer. Über formale Partizipationsrechte und -möglichkeiten der Schüler am Schulleben hinaus resultiert die im Kontext der Bildungsreform eingerichtete Individualisierung der Schullaufbahnen in einem heute kaum zufällig verteilten Wissen über Entscheidungskompetenzen und -zwänge, durch die der Schüler sich nicht mehr allein in der traditionellen Rolle des schlichten Rezipienten von fachunterrichtlich vermitteltem Wissen begreifen kann, sondern — darüber weit hinausgehend — sich selbst in gewisser Weise fremd und vor dem Hintergrund der skizzierten gegenwärtigen Voraussetzungen mitunter wohl auch zynisch aus der Perspektive der Institution Schule zu sehen gelernt hat.

Unter den Bedingungen des bis an die in seinen Traditionen vermittelten Grenzen ausgebauten modernen Bildungssystems tendieren Schulen und Hochschulen zu einer Scheinautonomie, durch die ihre herkömmlichen historisch-sozialen Funktionen einerseits legitimatorisch wesentlich entlastet realisiert werden können. Andererseits gehen mit dem Systemausbau politisch zunehmend schwerer zu steuernde Überfüllungskrisen höherer Berufe einher, die sich schließlich in neuen, nur der Illusion ihrer Protagonisten nach autonom entstandenen post-adoleszenten Subkulturen manifestieren. Mit ihnen kommt eine auch in Erziehungswissenschaft und Schulpädagogik mitgetragene radikale Kritik der Schule als Institution zur Geltung, die sich von ihren eigenen strukturellen Zusammenhängen und Hintergründen ebenso wie von denen ihres Gegenstandes unreflektiert löst und die Schule historisch-abstrakt als „Organisation", „Apparat" oder „formale(s), unpersönliche(s) Regelsystem" (ZIEHE zit. n. TILLMANN 1986, S. 149) bekämpft. Können die Ausweitung der Jugendphase, verlängerter Schulbesuch oder neue mentale Orientierungen der Schüler bis hin zu Motivationsproblemen auch zu einem hohen Grad mit Funktions- und Anpassungsproblemen der Schule als soziales Teilsystem plausibel vermittelt werden, sucht sich die Schulpädagogik an „dem intensiven Bedürfnis vieler Schüler nach ‚Nähe und Wärme, nach Kontakt und Geborgenheit'" (GIDEON zit. n. TILLMANN 1986, S. 149) zu orientieren. Wo es darum geht, „die pädagogischen Dimensionen" zu benennen, „die im schulischen Alltag (zurück)gewonnen werden müssen: Praxisbezug, einsehbarer Sinn von Handeln und Lernen, Herstellung auch subjektiv gefärbter Beziehungen durch kooperative Tätigkeit" (TILLMANN 1986, S. 149), erscheint das Engagement zugunsten dieser Ziele jedoch solange als Sisyphusarbeit wie die Funktionskrise der Schule als sozial differenziertem, zertifikats- und damit berufsorientiertem System weiterexistiert. Strategien zur Bewältigung dieser Krise allein auf der Ebene ihrer Folgeerscheinungen bleiben zirkulär.

5. ANSÄTZE UND FRAGESTELLUNGEN DER SCHULTHEORIE

Abgesehen von Außenseiterpositionen wie etwa derjenigen BERNFELDS (1967 [1925]) gehören die seit der Weimarer Republik entstandenen Konzeptionen einer Theorie der Schule nahezu durchgängig der geisteswissenschaftlichen Denktradition in der deutschen Pädagogik an (GEBHARD 1923; REICHWEIN 1925; HÖRDT 1933). KRAMP, der u. a. diese Ansätze in seine Analysen schultheoretischer Ansätze Anfang der siebziger Jahre einbezieht, kommt in „kritischer Betrachtung" der „pädagogische(n) Beiträge zur Schultheorie" zu polemischen Bezeichnungen wie „schulpädagogische Pseudotheorien" und „quasitheoretische Entwürfe" (KRAMP 1970).

Derartige Interpretationen erfolgen auf dem Höhepunkt der wissenschaftlichen Konjunktur der Schulpädagogik in den siebziger Jahren, nachdem sich das Fach im Zuge der Reorganisation der Lehrerbildung an den Pädagogischen Hochschulen in der Nachkriegszeit zu einer zunehmend der allgemeinen Pädagogik gleichgestellten Disziplin weiterentwickelt hatte. Parallel zu diesem in den sechziger Jahren stattgefundenen Prozeß werden Lehrstühle für Praktische Pädagogik umbenannt in Lehrstühle für Schulpädagogik. Nach der Expansion des Faches Erziehungswissenschaft in den sechziger und siebziger Jahren werden Ende der achtziger Jahre etwa 600 Hochschullehrer im Fachgebiet „Allgemeine und Vergleichende Pädagogik" und — allerdings unter Einschluß der Erwachsenenbildung — etwa 430 Hochschullehrer im Fachgebiet „Pädagogik der Erziehung/Schulpädagogik" gezählt (RIEDEL 1989, S. 1343, 1347f.).

Mit der Vervielfachung des wissenschaftlichen Personalbestandes auch der Schulpädagogik geraten Fragen der Identität des Faches innerhalb der Fachsystematik der Erziehungswissenschaft (KLINK 1966) sowie — im Anschluß an KRAMPS Kritik — neuerlich Versuche einer pädagogischen Theorie der Schule in das traditionell an der Schulpraxis orientierte Themenspektrum der Schulpädagogik (ADL-AMINI 1976, 1985; GEISSLER 1984; JURINEK-STINNER 1981; KEMPER 1985 a u. b).

BENNER hat in einem Beitrag unter dem Titel „Was ist Schulpädagogik?" innerhalb der einschlägigen Literatur eine didaktische, eine lehrplantheoretische und eine schultheoretische Antwort unterschieden und betont, sie alle müßten „von der Frage ausgehen, ob die Schule als Institution überhaupt pädagogisch legitimierbar ist oder nicht" (BENNER 1977, S. 91). Im didaktischen Zusammenhang präsentiere sich Schulpädagogik als Lehre von der Analyse und Planung des Unterrichts unter gegebenen institutionellen Rahmenbedingungen. Dort, wo eingeschränkte Fragestellungen der Umsetzung von Inhalten und Methoden im Unterricht weiterführend unter Aspekten ihrer wissenschaftlichen Begründung bzw. Reform gesehen werden, gehe die didaktische in die curriculum- oder lehrplantheoretische Dimension der Schulpädagogik über. Didaktik und Lehrplantheorie verweisen implizit aufeinander und entwickeln sowohl auf der Ebene der inneren wie der äußeren Schulreform alternative Konzeptionen. Die Schultheorie als dritte Dimension der Schulpädagogik setze an jener Grenze ein, an der nicht mehr nur die jeweils konkrete historische Gestalt und Organisationsform des Schulwesens behandelt werden, sondern die Schule als gesellschaftliche Institution „pädagogisch untersucht wird“. BENNER geht es bei dieser Systematik aber nicht um ihren zunächst „vielleicht harmonisierenden Charakter“ (1977, S. 89, 91); er verfolgt jenseits möglicher normativer Antworten auf die Frage nach der pädagogischen Legitimation der Schule ihre maßgeblichen historischen Bedingungen und Funktionen. Am Beispiel der Positionen HEGELS und HERBARTS zu Beginn des 19. Jahrhunderts sucht er die Konsequenzen zweier konträrer schultheoretischer Positionen zu bestimmen und Aufgaben für die Schultheorie der Gegenwart abzuleiten.

Indem HEGEL die Schule aus den gesellschaftlichen Anforderungen heraus konzipiert, denen die Familie allein nicht gerecht zu werden vermag, erhält sie bei ihm eine vermittelnde Funktion zwischen den beiden Kreisen der bürgerlichen Gesellschaft und der Familie. Die Schule wird als gesellschaftlich notwendiger institutioneller Ausdruck einer nicht ausschließlich von der Familie realisierbaren Integrationsleistung gefaßt, „welche die nachwachsende Generation schrittweise dem unmittelbaren Einflußbereich der Familie entzieht und auf den Existenzkampf in der bürgerlichen Gesellschaft vorbereitet“ (BENNER 1977, S. 93). Die Schule ist nach HEGEL jene „Mittel-Sphäre, welche den Menschen aus dem Familienkreise in die Welt herüberführt, aus dem Naturverhältnisse der Empfindung und Neigung in das Element der Sache“ (zit. nach BENNER 1977, S. 95). In der Schule lerne das Kind, „sein Tun nach einem Zweck und Regeln bestimmen; es hört auf, um seiner unmittelbaren Person willen, und beginnt nach dem zu gelten, was es leistet, und sich ein Verdienst zu erwerben“ (zit. nach BENNER 1977, S. 95). Für HEGEL hat die Schule eine „allgemeine Staatseinrichtung (zu, P.D.) sein“ (BENNER 1977, S. 97).

Dagegen ist es für HERBART „keineswegs die rechte Art (...), das Bedürfnis und die Möglichkeit der Erziehung zu erforschen“, wenn man „vom Staate aus auf die Schule hinunterschaut“ (zit. nach BENNER 1977, S. 100f.). Pädagogik und Politik stünden in keinem wechselseitigen Instrumentalisierungsverhältnis. „In der *Vernachlässigung des Einzelindividuums* als Subjekt und Adressat erzieherischer Praxis liegt für HERBART das pädagogische Übel des öffentlichen Schulwesens, welches die Heranwachsenden als bloße Schüler behandelt und den schulischen Unterricht zur vermeintlichen Erziehungsstätte schlechthin hypostasiert.“ In der Schule werden Schüler und Lehrer auf begrenzte Rollen reduziert, der Unterricht auf Kenntnisvermittlung, die Zucht auf Disziplinierung „verkürzt“ (BENNER 1977, S. 104, 106).

Der bei BENNER durchgeführte Vergleich zwischen HEGELS und HERBARTS als „geradezu klassisch und den zentralen Konflikt herausarbeitend“ geltenden schultheoretischen Positionen ist in schulpädagogischer Sicht jedoch „bis heute“ ohne „überzeugende Konzepte zur Überwindung dieser Widersprüche“ geblieben (RIEDEL 1989, S. 1344). BENNER ist der Auffassung, pädagogische Schulkritik könne „die Defizite einer ihrer institutionellen Voraussetzungen und Folgewirkungen nicht reflektierenden Didaktik und Curriculumtheorie

(...) nur *bewußt machen*" und warnt davor, daß sich die unterschiedlichen Ansätze von Didaktik und Lehrplantheorie „naiv zur Schule als Institution verhalten" könnten. „Kritische Schulpädagogik" hätte „die durch die Institution Schule gesetzte Trennung zwischen inner- und außerschulischen Erfahrungen und Lernprozessen" zu durchbrechen und „Fragestellungen *einer umfassenden Sozialpädagogik*" in sich aufzunehmen, wozu es allerdings nötig sei, *„pädagogische Experimente* zu institutionalisieren" (BENNER 1977, S. 111).

Derartigen Fragestellungen ist Roeder in seinen „Gedanken zur Schultheorie" (1984) anhand der „umstrittene(n) Modernisierung der Schule" im Verlauf der drei letzten Jahrzehnte differenzierter nachgegangen und hat sich in diesem Zusammenhang auch ausführlich mit der Schulkritik und der von ihr gebotenen Alternativen auseinandergesetzt. ROEDER greift insbesondere die Kritik an dem „Programm der Wissenschaftsorientierung des Unterrichts" auf, die er auf vier Ebenen ansetzen sieht. Wissenschaftsorientierung in der Schule nivelliere „das notwendige eigene Profil der Schularten", überfordere die Mehrheit der Schüler, strukturiere den Unterricht „von der Systematik der Wissenschaft her statt von Erfahrung und Erlebnis der Schüler" und steigere und verfestige schließlich „die ohnehin hypertrophe Orientierung der Schule auf kognitive Leistung im engen Sinne und die damit einhergehende Vernachlässigung der emotionalen und sozialen Dimension der Entwicklung von Kindern und Jugendlichen". Soweit sich diese Kritik über den „Ansporn für eine methodisch-didaktische Umsetzung des Prinzips" wissenschaftsorientierten Unterrichts hinaus in pädagogischen Modellen alternativer Schulen manifestiert, wird jedoch skeptisch auf die Grenzen ihrer Übertragbarkeit in ein „hochentwickelte(s) Massenschulwesen" hingewiesen, die dort zu „Funktions- und Profilverlust anstelle der erhofften Erweiterung pädagogischer Aufgaben, Delegitimierung im Bewußtsein der Beteiligten wie der sozialen Umwelt, Destabilisierung der Institution" (ROEDER 1984, S. 282f.) führen.

In einer systematisch weiter ausgreifenden Perspektive versteht ROEDER die Schule „als eine soziale Institution zur Enkulturation der nachwachsenden Generation neben anderen (Familie, Berufslehre, Institutionen der Jugendarbeit etc.), gegenüber denen sie spezifische Ziele verfolgt, wenngleich die Grenzziehung zwischen den Aufgaben der verschiedenen am Sozialisationsprozeß beteiligten Institutionen nicht scharf und eindeutig sein kann". Der Enkulturationsprozeß setze einen „wie immer umstrittenen Konsens über tradierungswürdige Bestandteile einer Kultur (Inhalte, Fähigkeiten, Einstellungen, Werte)" voraus, „die nicht schon durch die bloße Teilnahme am sozialen Leben von der heranwachsenden Generation aufgenommen werden" und erfordere, „die Aufgabe der Vermittlung kultureller Gehalte als spezifische soziale Rolle zu definieren, wenngleich wiederum mit unscharfen Grenzen gegenüber anderen sozialen Rollen". Schließlich müsse es gelingen, „den Lernenden zu motivieren, seinerseits aktiv an diesem Enkulturationsprozeß zu arbeiten". Der Vermittlungsprozeß selbst wird zugleich als ein „Prozeß der *Universalisierung* eines grundlegenden Kanons kultureller Gehalte, der *Integration* einer Gesellschaft über gemeinsame Wissensbestände und Überzeugungen, der *Differenzierung* in der Vorbereitung auf unterschiedliche soziale Rollen“ definiert, innerhalb dessen dem Schulsystem eine ebenso herausragende wie aber auch spezifisch begrenzte Rolle zukommt, deren Relativierung zu ungeplanten (Fehl-)Entwicklungen führen kann (ROEDER 1984, S. 283f., 286, 289). So tendiert beispielsweise die „relative Öffentlichkeit der sozialen Situation“ in der Schule „eher zum Ausschluß solcher sozialen Erfahrungen und Lernprozesse, die die Intimität kleiner Gruppen voraussetzen. Versuche, das Schulleben nach dem Vorbild anderer, intimerer und spontanerer Gruppierungsformen umzustrukturieren, stoßen deshalb nicht nur häufig auf die Reserve der Beteiligten, vor allem älterer Schüler, sondern, was als Öffnung der Schule, als Entritualisierung und Abbau rigider Rollenerwartungen gedacht war, wird unter den Bedingungen der Institution zu einem besonders künstlichen Arrangement, nämlich zur Verschulung und Bürokratisierung von Lebensbereichen und -äußerungen, die sich in anderen Sozialformen freier und angemessener entfalten können.“ Gegenüber den Verschleierungstendenzen solcher Reformansätze wird festgehalten, „daß Lernen in der Schule auch Arbeit ist“ und der „spezifische Beitrag des Schulunterrichts eher im Einüben sachbezogener Zusammenarbeit“ liegt (ROEDER 1984, S. 287f.).

Schließlich weist ROEDER auf die in diesem Beitrag durchgängig problematisierte Diskrepanz zwischen der historischen Dynamik und den sozialen Erfolgen des Bildungssystems auf der einen und den — anläßlich der oben skizzierten Strukturprobleme dahinter zugleich wieder zurückfallenden — pädagogischen Konzeptionen auf der anderen Seite hin. Ist mit der Entwicklung der letzten Jahrzehnte „das Potential des Bildungswesens, die genannten Funktionen (Universalisierung, Integration, Differenzierung, P.D.) zu erfüllen, (...) zweifellos gewachsen“, wurden angesichts der damit verbundenen Probleme „riskante Auswege“ nahegelegt und auch gewählt: „so der Rückzug auf die Erziehungsfunktion und soziales Lernen, wo die Schüler dem Anspruch einer Universalisierung eines gemeinsamen, kognitiv anspruchsvollen Kanons von Wissen und Fähigkeiten nicht gewachsen erschienen.“ Auch im Blick auf die Problematik der Differenzierung der Schule dränge sich „die scheinpädagogische Lösung des Verzichts auf Differenzierung — statt sie in pädagogisch verantwortbare Bahnen zu lenken —“ auf „mit der Gefahr, daß Differenzierung sich ungesteuert im Schulwesen oder außerhalb durchsetzt“ (ROEDER 1984, S. 289).

Wieweit in der Schulpädagogik und -theorie eine „pädagogische Funktionsbestimmung der Schule“ möglich ist, dürfte letztlich in der Tat davon abhängen, wieweit die „prekäre Balance“ zwischen divergierenden, teils widersprüchlichen sozialen und individuellen Erwartungen an die Schule gewahrt und ein Ausgleich zwischen ihren „grundlegenden Funktionen der Universalisierung, Integration und Differenzierung“ (ROEDER 1984, S. 289) erreicht wird.

6. LITERATUR

ADL-AMINI, B.: Schultheorie — Geschichte, Gegenstand und Grenzen. Weinheim 1976.

ADL-AMINI, B.: Grundriß einer pädagogischen Schultheorie. In: TWELLMANN, W. (Hrsg.): Handbuch Schule und Unterricht. Bd. 7.1.: Dokumentation. Schule und Unterricht als Feld gegenwärtiger pädagogisch-personeller und institutionell-organisatorischer Forschung. Düsseldorf 1985, S. 63—93.

APEL, H. J.: Schulpädagogik. Eine Grundlegung. Köln/Wien 1990.

ARBEITSGRUPPE BILDUNGSBERICHT am Max-Planck-Institut für Bildungsforschung: Das Bildungswesen in der Bundesrepublik Deutschland. Ein Überblick für Eltern, Lehrer und Schüler. Reinbek 1990.

ASCHERSLEBEN, K./HOHMANN, M.: Handlexikon der Schulpädagogik. Stuttgart/Berlin/Köln/Mainz 1979.

BARTHEL, C.: Schul-Pädagogik. Ein Handbuch für angehende Schullehrer und zur freundlichen Beachtung für junge Theologen, als künftige Schul-Revisoren. Lissa/Leipzig 1839. (2. Aufl. Lissa/Gnesen 1845, 3. Aufl. Lissa 1856).

BENNER, D.: Was ist Schulpädagogik? In: DERBOLAV, J. (Hrsg.): Grundlagen und Probleme der Bildungspolitik. München 1977, S. 88—111.

BERNFELD, S.: Sisyphos oder die Grenzen der Erziehung [1925]. Frankfurt a. M. 1967.

BITTNER, G. u. a.: Schulpädagogisches Blockpraktikum. Materialien. Augsburg 1986.

BUSEMANN, A.: Pädagogische Milieukunde. Einführung in die Allgemeine Milieukunde und in die Pädagogische Milieutypologie. Halle 1927.

DILTHEY, W.: Über die Möglichkeiten einer allgemeingültigen pädagogischen Wissenschaft [1888]. In: DILTHEY, W.: Schriften zur Pädagogik (bes. v. H.-H. GROOTHOFF und U. HERRMANN). Paderborn 1971, S. 83—107.

DREWEK, P.: Bildungsbegriff und Bildungssystem. Zur Reflexion ihres Verhältnisses bei Nietzsche, Willmann, Paulsen, Meumann und Spranger. Köln/Weimar/Wien 1995 (i.V.).

DUNCKER, L.: Kulturfragen der Schulpädagogik. Anstöße zur Überwindung des schultheoretischen Funktionalismus. In: Neue Sammlung 32 (1992), S. 17—33.

EINSIEDLER, W.: Schulpädagogischer Grundkurs. Donauwörth 1974.

EINSIEDLER, W.: Schulpädagogik — Unterricht und Erziehung in der Schule. In: ROTH, L. (Hrsg.): Pädagogik. Handbuch für Studium und Praxis. München 1991, S. 649—657

FEND, H.: Theorie der Schule. München 1981.

FEND, H.: Schule und Persönlichkeit: Eine Bilanz der Konstanzer Forschungen zur „Sozialisation in Bildungsinstitutionen". In: PEKRUN, R./FEND, H. (Hrsg.): Schule und Persönlichkeitsentwicklung. Ein Resümee der Längsschnittforschung. Stuttgart 1991, S. 9—32.

FRIEDERICH, G.: Das niedere Schulwesen. In: JEISMANN, K.-E./LUNDGREEN, P. (Hrsg.): Handbuch der deutschen Bildungsgeschichte. Bd. III. 1800—1870. München 1987, S. 123—152.

FÜRSTENAU, P.: Neuere Entwicklungen der Bürokratieforschung und das Schulwesen. In: Neue Sammlung 7 (1967), S. 511—525.

GEBHARD, J.: Der Sinn der Schule. In: Nohl, H. (Hrsg.): Göttinger Studien zur Pädagogik. H. 1. Göttingen 1923, S. 3—38.

GEISSLER, E. E.: Die Schule — Theorien, Modelle, Kritik. Stuttgart 1984.

GOLDSCHMIDT, D./HÄNDLE, CHR.: Der Wandel der Pädagogik in der Auseinandersetzung mit der Soziologie. In: GOLDSCHMIDT, D. u. a.: Erziehungswissenschaft als Gesellschaftswissenschaft. Probleme und Ansätze. Heidelberg 1969, S. 9—44.

HAUTER, K.: Vorrede des Herausgebers. In: SIMMEL, G.: Schulpädagogik. Vorlesungen, gehalten an der Universität Strassburg. Osterwieck 1922, S. III—IV.

HAUTER, K.: (ohne Titel). In: GASSEN, K./LANDMANN, M. (Hrsg.): Buch des Dankes an Georg Simmel. Briefe, Erinnerungen, Bibliographie. Berlin 1958, S. 251—257.

HEITGER, M. (Hrsg.): Umgang mit der Schulkritik. Münster 1984.

HILLEBRANDT, E./WALTRUP, A. (Hrsg.): Die Region im Unterricht. Ein Lesebuch zur Öffnung von Schule. Bielefeld 1989.

HÖRDT, PH.: Theorie der Schule. Frankfurt a. M. 1933.

ILLICH, I.: Entschulung der Gesellschaft. München 1972.

JASPERS, K.: Die geistige Situation der Zeit [1931]. Berlin [5]1947.

JURINEK-STINNER, A.: Schultheorie in der Krise. Thesen zu einer soziohistorisch-kritischen Gegenstandsbestimmung des Theorie-Praxis-Verhältnisses. Weinheim/Basel 1981.

KARSTÄDT, O. (Hrsg.): Methodische Strömungen der Gegenwart. Langensalza [15]1926.

KEMPER, H.: Theorie pädagogischer Institutionen. In: TWELLMANN, W. (Hrsg.): Handbuch Schule und Unterricht. Bd. 7.1.: Dokumentation. Schule und Unterricht als Feld gegenwärtiger pädagogisch-personeller und institutionell-organisatorischer Forschung. Düsseldorf 1985 a, S. 293—303.

KEMPER, H.: Zur gegenwärtigen Situation der schultheoretischen Diskussion. In: TWELLMANN, W. (Hrsg.): Handbuch Schule und Unterricht. Bd. 7.1.: Dokumentation. Schule und Unterricht als Feld gegenwärtiger pädagogisch- personeller und institutionell-organisatorischer Forschung. Düsseldorf 1985 b, S. 45—62.

KITTEL, H.: Die Entwicklung der Pädagogischen Hochschulen 1926—1932. Berlin/Hannover/Darmstadt 1957.

KLEMM, K.: Jugendliche ohne Ausbildung — Die „Kellerkinder" der Bildungsexpansion. In: Zeitschrift für Pädagogik 37 (1991), S. 887—898.

KLEMM, K./ROLFF, H.-G./TILLMANN, J.: Bildung für das Jahr 2000. Bilanz der Reform, Zukunft der Schule. Hrsg. von d. Max-Traeger-Stiftung. Reinbek 1985.

KLINK, J.-G.: Ort und Inhalt der Schulpädagogik. In: Lebendige Schule 21 (1966), S. 1—8.

KÖHLER, H.: Bildungsbeteiligung und Sozialstruktur in der Bundesrepublik. Zu Stabilität und Wandel der Ungleichheit von Bildungschancen. Berlin 1992.

KRAMP, W.: Theorie der Schule. In: SPECK, J./WEHLE, G. (Hrsg.): Handbuch pädagogischer Grundbegriffe. München 1970, S. 529—589.

KRAMP, W.: Studien zur Theorie der Schule. München 1973.

KUHLEMANN, G.: Schulpädagogische Literatur. Ein Schlüssel zu 2600 aktuellen Fachbüchern. Freiburg/Basel/Wien 1977.

LEHRER: MANGELHAFT. In: Der Spiegel. 47. Jg. Nr. 24. Juni 1993, S. 34—53.

LENZEN, D. (Hrsg.): Enzyklopädie Erziehungswissenschaft. Handbuch und Lexikon der Erziehung in 11 Bden. und einem Registerband. Bd. 12: Gesamtregister. Bearbeitet von Sigmar Stopinski. Stuttgart 1986.

LESCHINSKY, A.: Lehrerindividualismus und Schulverfassung. In: Zeitschrift für Pädagogik 32 (1986), S. 225—246.

LESCHINSKY, A.: Schultheorie und Schulverfassung. In: FÜSSEL, H.-P./- LESCHINSKY, A. (Hrsg.): Reform der Schulverfassung. Wieviel Freiheit braucht die Schule? Wieviel Freiheit verträgt die Schule? Berlin (Max-Planck-Institut für Bildungsforschung) 1991.

LESCHINSKY, A./ROEDER, P. M.: Gesellschaftliche Funktionen der Schule. In: TWELLMANN, W. (Hrsg.): Handbuch Schule und Unterricht. Bd. 3. Historische, gesellschaftliche, juristische und wissenschaftliche Einflußfaktoren auf Schule und Unterricht. Düsseldorf 1981, S. 107—154.

LITT, TH.: Die gegenwärtige pädagogische Lage und ihre Forderungen. In: RIED, G. (Hrsg.): Die moderne Kultur und das Bildungsgut der deutschen Schule. Bericht über den Pädagogischen Kongreß des Deutschen Ausschusses für Erziehung und Unterricht (Weimar 7.—9. Oktober 1926). Leipzig 1927, S. 1—11.

MANNHEIM, K.: Über das Wesen und die Bedeutung des wirtschaftlichen Erfolgsstrebens. In: Archiv für Sozialwissenschaft und Sozialpolitik. 63. Bd. 1930, S. 449—512.

MEUMANN, E.: Entstehung und Ziele der experimentellen Pädagogik. In: Die Deutsche Schule V (1901), S. 65—92, 139—153, 213—223 und 272—288.

MEUMANN, E.: Experimentelle Pädagogik und Schulreform. In: Zeitschrift für Pädagogische Psychologie XV (1911), S. 1—13.
MÜLLER, D. K.: Der Prozeß der Systembildung im Schulwesen Preußens während der zweiten Hälfte des 19. Jahrhunderts. In: Zeitschrift für Pädagogik 27 (1981), S. 245—269.
MUTH, J.: Schulpädagogik. Einführung in ihre aktuellen Fragestellungen. Essen 1978.
NICKLIS, W. S.: Handwörterbuch der Schulpädagogik. Bad Heilbrunn/Obb. (2., durchges. Aufl.) 1975.
NOHL, H./PALLAT, L. (Hrsg.): Handbuch der Pädagogik. Langensalza 1927ff.
NOHL, H./PALLAT, L. (Hrsg.): Allgemeine Didaktik und Erziehungslehre. (= Handbuch der Pädagogik. Bd. 3) Langensalza 1930.
ODENBACH, K.: Lexikon der Schulpädagogik. Begriffe von A—Z. Braunschweig 1974.
PETRAT, G.: Schulerziehung. Ihre Sozialgeschichte in Deutschland bis 1945. München 1987.
RAMSEGER, J.: Schulkritik. In: Wörterbuch der Pädagogik. Hrsg. v. Willmann- Institut München-Wien. 3. Bd. Freiburg 1977, S. 114—115.
RAUSCHENBERGER, H.: Schulpädagogik. In: GROOTHOFF, H.-H. (Hrsg.): Die Handlungs-und Forschungsfelder der Pädagogik. Differentielle Pädagogik. Teil 1. Königstein/Ts. 1979, S. 71—122.
REICHWEIN, G.: Grundlinien einer Theorie der Schule [1925]. In: OELKERS, J./-ADL-AMINI B. (Hrsg.): Pädagogik, Bildung und Wissenschaft. Zur Grundlegung der geisteswissenschaftlichen Pädagogik. Bern/Stuttgart 1982, S. 277—294.
REIN, W. (Hrsg.): Enzyklopädisches Handbuch der Pädagogik. Langensalza 1895ff.
REIN, W.: Pädagogik in systematischer Darstellung. 1. Bd. Die Lehre vom Bildungswesen. Langensalza 1902.
RIEDEL, K.: Schulpädagogik. In: LENZEN, D. (Hrsg.): Pädagogische Grundbegriffe. Bd. 2. Reinbek 1989, S. 1342—1356.
ROEDER, P. M.: Gedanken zur Schultheorie. In: WINKEL, R. (Hrsg.): Deutsche Pädagogen der Gegenwart. Ihre Erziehungs-, Schul- und Bildungskonzeptionen. Bd. 1. Düsseldorf 1984, S. 275—299.
ROEDER, P. M.: Spielräume im Schulalltag — Initiativen an der Basis. Berlin 1987.
ROEDER, P. M.: Innere und äußere Schulreform. In: Innere und äußere Schulreform. Carl Ludwig Furck zum 3. November 1988. Zusammengestellt von U. SCHWÄNKE. Hamburg 1989, S. 29—46.
ROLFF, H.-G./KLEMM, K. u. a. (Hrsg.): Jahrbuch der Schulentwicklung. Daten, Beispiele und Perspektiven. Weinheim/Basel 1980ff.
ROTH, H.: Die realistische Wendung in der Pädagogischen Forschung. In: Neue Sammlung 2 (1962), S. 481—490.
ROTH, H./BLUMENTHAL, A. (Hrsg.): Auswahl. Grundlegende Aufsätze aus der Zeitschrift „Die Deutsche Schule". Hannover/Berlin/Darmstadt/Dortmund 1969.
Schulpädagogik. In: Meyers Enzyklopädisches Wörterbuch. Bd. 21. 1979, S. 312.
Schulpädagogik. In: Brockhaus Enzyklopädie. Bd. XIX. 1992, S. 557.
SIMMEL, G.: Schulpädagogik. Vorlesungen, gehalten an der Universität Straßburg. Hrsg. von HAUTER, K. Osterwieck 1922.
SPRANGER, E.: Wilhelm von Humboldt und die Reform des Bildungswesens (1910) (unv. Neuausg. mit Nachträgen) Tübingen 1960.
SPRANGER, E.: Die Verschulung Deutschlands. In: SPRANGER, E.: Schule und Lehrer. Hrsg. von ENGLERT, L. (= Gesammelte Schriften. Bd. III). Heidelberg 1970, S. 90—101.
STEINDORF, G.: Einführung in die Schulpädagogik. Bad Heilbrunn/Obb. 1972.
TERHART, E.: Der Stand der Lehr-Lernforschung. In: HALLER, H.-D./MAYER, H. (Hrsg.): Ziele und Inhalte der Erziehung und des Unterrichts (= Enzyklopädie Erziehungswissenschaft. Hrsg. von LENZEN, D. Bd. 3). Stuttgart 1986, S. 63—79.
TERHART, E.: Organisation und Erziehung. Neue Zugangsweisen zu einem alten Dilemma. In: Zeitschrift für Pädagogik 32 (1986), S. 205—223.

TERHART, E.: Sozialwissenschaftliche Theorie- und Forschungsansätze zum Beruf des Lehrers: 1970—1990. In: Zeitschrift für Sozialisationsforschung und Erziehungssoziologie 10 (1990), S. 235—254.

TERHART, E. (Hrsg.): Unterrichten als Beruf. Neuere amerikanische und englische Arbeiten zur Berufskultur und Berufsbiographie von Lehrern und Lehrerinnen. Köln/Wien 1991.

TILLMANN, K.-J.: Schulzeit und Jugendalter — zum Wandel von Sozialisationsprozessen seit 1960. In: ROLFF, H.-G. u. a. (Hrsg.): Jahrbuch der Schulentwicklung. Bd. 4. Weinheim/Basel 1986, S. 125—151.

TILLMANN, K.-J. (Hrsg.): Schultheorien. Hamburg 1987 a.

TILLMANN, K.-J.: Theorie der Schule — eine Einführung. In: TILLMANN, K.-J. (Hrsg.): Schultheorien. Hamburg 1987 b.

TWELLMANN, W. (Hrsg.): Handbuch Schule und Unterricht. Düsseldorf 1981ff.

TWELLMANN, W.: Zur Geschichte der Schulpädagogik. In: TWELLMANN, W. (Hrsg.): Handbuch Schule und Unterricht. Bd. 3: Historische, gesellschaftliche, juristische und wissenschaftliche Einflußfaktoren auf Schule und Unterricht. Düsseldorf 1981, S. 74—94.

ZEDLER, P./KÖNIG, E. (Hrsg.): Rekonstruktionen pädagogischer Wissenschaftsgeschichte. Fallstudien, Ansätze, Perspektiven. Weinheim 1989.

ZIMMER, J./NIGGEMEYER, E.: Macht die Schule auf, laßt das Leben rein. Von der Schule zur Nachbarschaftsschule. Weinheim/Basel 1986.

Wolfgang Steinhöfel/Klaus Reichold

15. DIDAKTIK – REFLEXIONEN ZU IHRER THEORIE UND PRAXIS IN DER DDR

1. EINLEITUNG

Seitdem es Menschen gibt, sind diese letzlich auch unterrichtet worden. Gleichwohl hat man noch keinen bestimmten, allgemein angenommenen Begriff von der Theorie des Unterrichts. Fast jeder, der darüber nachdenkt, es niederschreibt, gibt seine eigene selbstverfaßte Vorstellung wieder. Was also ist Didaktik?

Eine umfassende „Lehrkunst“, eine „Allgemeine Kunst, allen alles zu lehren“ (nach COMENIUS)? Eine Wissenschaft, die auf Problemkreise der Ziele, Inhalte, Methoden und Organisationsformen des Lehrens und Lernens im Unterricht gerichtet ist (seit NIEMEYER mit der Betrachtung der Ziel-Inhalt-Methoden-Bedingungs-Relation verbunden)? Eine Wissenschaft vom Unterricht (u. a. HEBER, STÖCKER, BOROWSKI, KLINGBERG, TOMASCHEWSKY)? Eine Theorie der Bildungsinhalte, ihrer Struktur und Auswahl (u. a. WENIGER, KLAFKI, SCHEUERL)? Eine Theorie der Bildungsinhalte und des Lehrplanes (u. a. ROBINSOHN)? Ein pädagogischer Entwurf des Menschentums auf die Zukunft hin? Eine Wissenschaft von der Verhaltensänderung (u. a. FRANK, VON CUBE, MÖLLER)?

Betrachtet man diese möglichen Definitionen, so fällt auf, daß für die Didaktik kein einheitliches Gegenstandsverständnis vorliegt, daß breitere und engere Grenzziehungen über die unter dem Titel der Didaktik zu fassenden Themen und Forschungsprobleme existieren. (Einen Eindruck hinsichtlich der Quantität didaktischer Ansätze bietet die Auflistung in der Abb. 1.)

Auch wenn sich in den alten Bundesländern konkurrierende Ansätze und Modelle unter einigen Gesichtspunkten einander angeglichen haben oder in manchen Aspekten als einander ergänzend betrachtet werden können — ADL-

* Einleitung (=Kap. 1) und die Kap. 2 und 3 wurden von Steinhöfel; Kap. 4 von Reichold verfaßt.

Abb. 1: „Überblick über die gegenwärtigen Richtungen, Perspektiven oder Ansätze einer Didaktik (Auswahl)"
(vgl. Kron 1989, S. 313)

1. Bildungstheoretische Didaktik (Klafki 1967)
2. Kritisch-konstruktive Didaktik (Klafki 1980)
3. Unterrichts- (Lehr- und Lerntheoretische) Didaktik (Heimenn/Otto/Schulz - "Berliner" Schule - 1972)
4. Lerntheoretische Didaktik (Schulz - "Hamburger" Schule - 1980); (Chr. Möller - "Curriculare Didaktik" 1980)
5. Realistische Didaktik (Beckmann/Billder 1978)
6. Kommunikative (und emanzipatorische) Didaktik (Schäfer/Schaller 1976)
7. Kritisch-kommunikative Didaktik (Winkel 1973)
8. Strukturale Didaktik (Lenzen 1973)
9. Kybernetisch-informationstheoretische Didaktik (von Cube 1980)
10. Systemtheoretische Didaktik (König/Riedel 1973)
11. Interaktionstheoretische Didaktik (Biermann 1978, Rumpf 1976)
12. Beziehungstheoretische Didaktik (Bosch/Buschmann/Fischer 1981)
13. Aktivitäts- und Erfahrungsdidaktik (Schröter 1981)

AMINI (1980) spricht von „partieller Integration" und BLANKERTZ (1969) von „Didaktikansätzen als Aspektverschiedenheit" — so sind doch keineswegs alle Streitpunkte erledigt. Kontrovers ist z. B. weiterhin, inwieweit es zum Aufgabenbereich allgemeiner Didaktik gehört, Lehr- und Lernziele auszuwählen und zu begründen, oder aber, ob sie lediglich zur Bereitstellung eines „Arsenals optimaler Techniken zur Erreichung unbefragter Ziele" mit dem Anspruch wertfreierer Forschung zuständig ist. Strittig ist, wie weit oder eng die „Handlungshilfen", die eine Wissenschaft vom Unterricht den Lehrenden geben kann oder soll, sein müssen oder dürfen. Korrespondierend mit heterogenen Leitvorstellungen über Unterricht ist weiterhin kontrovers, ob sich die Didaktik lediglich mit Prozessen der Wissensvermittlung oder mit umfassenden Prozessen der Persönlichkeitsbildung zu befassen hat.

Die Ursachen für die Auffassungsvielfalt über die Gegenstände der Didaktik sind vielfältig und vielschichtig. Eine Ursache liegt sicherlich in der Eigenart des unterrichtlichen Handlungsfeldes und der darin liegenden Möglichkeitspalette theoretischer Auflösungen.

Die ganze Lebendigkeit des real statthabenden didaktischen Prozesses kann ohnehin nicht allein wissenschaftlich, d. h. auch in einer die Einzelerscheinungen negierenden Abstraktion, erfaßt werden. Wieviel pädagogische Auffassungen und wissenschaftlich nicht vorher Beschreibbares sich im Unterricht offenbart, geht aus einer nachfolgenden Schilderung zur Veranschaulichung des „freien Unterrichtsgesprächs" von SCHEIBNER, einem prononcierten Vertreter der Reformpädagogik, hervor.

„Vom Lehrer ist das Thema der Stunde angegeben worden. Sofort setzen die Schülerinnen mit munteren Eigenbewegungen ein. Da hat eins zu fragen, ein anderes versteht darauf zu antworten. Jemand weist auf eine beachtenswerte Richtung der Gedankenbewegung hin; die Klasse prüft den Vorschlag, nimmt an oder lehnt ab. Immer ist es gestattet, Erinnerungen an früher Gelerntes und Erfahrenes einzugliedern. Ein logischer Kopf legt einen schnell entworfenen Plan vor; Einwände oder Zustimmungen werden daraufhin laut. Stets ist die Kritik der ablaufenden Gedankenbewegungen erlaubt. Unbesonnene Arbeiter weist man zurecht, abschweifende werden zurückgeholt. An gelegenem Orte ergeben sich Zusammenfassung, Rückschau, Formulierung. Und der Lehrer? Er ist der fröhlich mitarbeitende, sich aber möglichst zurückhaltende Leiter, nicht der Dozent einer Wissenschaft, sondern der Organisator der kindlichen Produktion.“ (SCHEIBNER 1928, S. 31f.)

Zu den Hauptursachen der verschiedenen Auffassungen vom Gegenstandsbereich und Aufgaben der Didaktik zählen zudem vor allem auch konkurrierende wissenschaftstheoretische Positionen, bzw. unterschiedliche Vorstellungen und Konzepte einer Erziehungswissenschaft im allgemeinen (vgl. LENZEN in diesem Band) und damit auch der Didaktik im besonderen, und der Einfluß bzw. die Übernahme von Denkansätzen flankierender — ihrerseits wiederum durch die Pluralität und Konkurrenz von Theorien gekennzeichneter — Nachbarwissenschaften (z. B. der verschiedenen Fachdidaktiken, der Anthropologie, der Sozialwissenschaft und der Psychologie).

So hat die folgende Aussage, mit der MESSNER 1971 die Situation charakterisiert, auch heute noch nicht an Berechtigung verloren.

„Was jemand als ‚Didaktik‘ bezeichnet, bzw. was er als nicht zur ‚Didaktik‘ gehörig betrachtet, geht auf grundlegende Akzentuierungen des Nachdenkens über “Unterricht„ sowie auf unterschiedliche Auffassungen über die geeigneten methodologischen Zugriffe zu seiner Erforschung zurück.“ (MESSNER 1971, S. 269)

Anders ausgedrückt: Didaktik hat es zu tun mit Unterricht und den ihn konstituierenden Elementen, Faktoren und Determinanten, wie z. B. den agierenden Menschen, den Zielen, den Inhalten, den Methoden, den Organisationsformen, den Mitteln und Bedingungen, deren inneren Wechselwirkungen in der Balance eines komplexen Wirkungsfeldes und deren Beziehungen im einzelnen und im Systemzusammenhang, wobei sich die verschiedenen Ansätze nicht nur in der Gewichtung und der Auswahl der behandelten Elemente und unterrichtsbestimmenden Faktoren, sondern auch in der Art ihrer Behandlung unterscheiden. Verdeutlicht wird der Problemkomplex der Didaktik häufig in der Vorstellung des sogenannten didaktischen Dreiecks — Lehrer, Schüler, Stoff — oder aber des didaktischen Vierecks — Gesellschaft, Lehrer, Schüler, Stoff —, wobei die zweite Variante schon eine folgenträchtige Ausweitung des Gegenstandsbereichs der Didaktik beinhaltet. Aus all dem folgt: „Wenn jemand von Didaktik spricht und verstanden werden will, dann muß er den spezifischen Sinn näher erläutern, in dem dies geschieht.“ (MESSNER 1971, S. 261)

Es ist allerdings nicht Ziel dieses Aufsatzes, einen vollständigen Überblick über die derzeit bestehenden Richtungen und Modelle zu geben (siehe hierzu: KLAFKI u. a. 1991). Wir werden ein zentrales Thema herausgreifen und es unter Einbezug der Forschungsergebnisse zur Didaktik, wie sie in der DDR entwickelt wurden, diskutieren: Wie können Theorie und Praxis des Lehrens in einer für Theoretiker und Praktiker gleichermaßen akzeptablen Form einander angenähert werden?

2. ZUR DIDAKTIK DER DDR

Die „DDR-Didaktik" hatte einen relativ hohen Stellenwert innerhalb der vorhandenen pädagogischen Handlungsfelder. Dies lag einfach an dem Umstand, daß sich die Pädagogik insgesamt vorwiegend als *eine Art „Berufswissenschaft"* für Lehrer verstand. Insofern wurde Didaktik mit allen bildungspolitischen Forderungen, erzieherischen Intentionen, gesellschaftlichen Rahmenbedingungen und mit „berufspädagogischen" Anforderungen in der Lehrerbildung sowie mit solchen von in der Praxis tätigen Lehrern konfrontiert. Wie DDR-Pädagogik ist „DDR-Didaktik" folgerichtig nur im Kontext ihrer historischen Entwicklung und jeweils konkreten gesellschaftlichen Eingebundenheit voll erfaßbar. Verständnis also wird nur möglich bei gleichzeitiger Reflexion dessen, daß „DDR-Didaktik" sowohl an der progressiven Schulreform 1945 partizipierte und im auf und ab der gesellschaftlichen Veränderungen der DDR stand, als auch sich einheitlich (relativ geschlossen) wie differenziert bemühte, im Miteinander mit allen anderen vor allem gesellschaftswissenschaftlichen Disziplinen, wissenschaftliche Beiträge zur Realisierung anstehender oder „dirigierender Fragen" der Unterrichtsgestaltung zu leisten. (In der „Direktive für die Vorbereitung und Ausarbeitung des Planes der Pädagogischen Forschung 1986 bis 1990" wurde unter anderem gefordert, daß das Zusammenwirken zwischen der Didaktik und den anderen Disziplinen der Unterrichtsforschung vor allem auf 10 „dirigierende Fragen" eines wissenschaftlichen, parteilichen und lebensverbundenen Unterrichts konzentriert werden muß; z. B.: „(1) Bestimmung der *Anforderungen an die Persönlichkeitsentwicklung der Schüler* aus der Sicht gesellschaftlicher Erfordernisse und deren Realisierung im Rahmen von Ziel, Inhalt und didaktisch-methodischer Konzeption der *Allgemeinbildung*". (Vgl. INFORMATION 1985)

Didaktik in der DDR hatte kategorial und substantiell gesehen sowie bezogen auf ihre Reflexionen über die Konstituenten und Determinanten des Unterrichts — gemessen an anderen Didaktikmodellen — eine besondere Nähe zu „dirigistischen" Varianten bürgerlicher Pädagogik (vgl. GRUSCHKA 1992, S. 580, der die These vertritt, „daß in der DDR und mit der DDR letztlich nicht [. . .] eine sozialistische", sondern gerade diese Ausrichtung „bürgerlicher Pädagogik" gescheitert ist.)

Aber auch die Didaktik in der DDR befaßte sich mit den allgemeinen Zielen, Inhalten, Methoden und Bedingungen des Unterrichts, mit dem Verhältnis von Lehren und Lernen im Unterricht, mit Fragen der Differenzierung, mit Tätigkeitsarten und Tätigkeitsqualitäten wie Selbständigkeit, Schöpfertum, Aktivität, Bewußtheit etc., mit Unterrichtsmethoden, -prinzipien, -formen, -mitteln etc. und immer auch zu dem Zweck, den Unterrichtsprozeß in seiner Ganzheit — dialektischen Komplexität — wissenschaftlich zu erfassen. (Zum Stellenwert dialektischen Denkens in der Pädagogik der DDR vgl. KIRCHHÖFER in diesem Band.)

Unter der bleibenden bildungspolitischen Forderung, die „Machbarkeit" des sozialistischen Menschen besonders durch und im Unterricht zu ermöglichen,

blieb „DDR-Didaktik" aber über umfangreiche Praxisanalysen, viele Formen der Zusammenarbeit mit Praktikern und durch damit verbundene Konzentration auf „Kernfragen" (in der DDR-Terminologie auch „Kettenglieder" genannt), permanent bemüht, die Ergebnisse des Unterrichts effektiver und – bezogen auf die Persönlichkeitsentwicklung der Schüler – erfolgsorientierter und systemimmanenter zu gestalten. So wurden z. B. zu Beginn des Forschungsplanes 1981 bis 1985 (vgl. WECK 1982) alle Didaktikforschungsgruppen auf Probleme der Erhöhung der Schüleraktivität im Unterricht und in der „Produktiven Arbeit" orientiert. Nahezu alleiniger Bewertungsmaßstab für wissenschaftliche Arbeit war der häufig allzu unmittelbar aufgefaßte Verwertungsaspekt. Im Mittelpunkt gewürdigter Forschungsergebnisse standen Unterrichtshilfen, Unterrichtsempfehlungen, Ratschläge für Lehrer etc., d. h. von der wissenschaftlichen Arbeit wurden vor allem Ergebnisse für die Schulpraxis erwartet. Dies allerdings führte zu einem beklagenswerten Mangel an notwendiger Synthese von Einzelergebnissen (zum Theorie-Praxis-Verständnis in der DDR vgl. auch KIRCHHÖFER in diesem Band).
Trotzdem, wie vielfältig war Didaktik in der DDR?

Seit KLINGBERG verstand man in der DDR unter „. . . Didaktik Unterrichtslehre oder Theorie des Unterrichts" (KLINGBERG 1974, S. 38); denn „die Didaktik fragt nach den gesetzmäßigen Zusammenhängen zwischen dem Lehren und dem Lernen und ist insofern stärker mit dem Prozeß der Bildung verbunden" (KLINGBERG 1974, S. 40). Die Darstellung der „DDR-Didaktik" in der Lehre (Lehrerbildung) wie in Gesamtwerken (vgl.: KLEIN/ PATZWALL/SCHÖNFISCH/ TOMASCHEWSKY 1959; KLINGBERG/PAUL/WENGE/WINKE 1965; KLINGBERG 1974; LIIMETS/NAUMANN 1982) *ging* von relativ invarianten *Positionen* (zurückverfolgbar bis zur Schulreform 1945 in Ostdeutschland) *aus,* wie:
— Verbindung von Schule und Leben,
— Einheitlichkeit der Schule; Sicherung einer hohen Bildung für alle Kinder des Volkes,
— Entwicklung der Schule als „allgemeinbildende polytechnische Oberschule"; Verbindung von Unterricht, produktiver Arbeit und Gymnastik (MARX, S. 508),
— Einheit von Wissenschaftlichkeit und Parteilichkeit; von Bildung und Erziehung,
— Einbindung aller gesellschaftlichen Kräfte in die Bildung und Erziehung der jungen Generation.

Weiterhin *versuchte* die DDR-Didaktik die *konstitutiven Elemente* (Momente, Komponenten, Faktoren) *des Unterrichts,* wie
— Unterrichtsziele,
— Unterrichtsstoffe,
— Schüler und Schülerkollektive und ihre Tätigkeiten,
— konkrete Bedingungen, unter denen der Unterricht jeweils verläuft,
— Lehrer und seine Tätigkeit,
— Unterrichtsergebnisse

zu deskriptieren sowie die zwischen ihnen *bestehenden Interdependenzen abzubilden.* So forderte KLINGBERG die Erfassung von *Gesetzmäßigkeiten:* „Gesetzmäßige didaktische Zusammenhänge bestehen unter anderem zwischen folgenden Phänomenen des Unterrichts:

— Ziel-Inhalt-Methode (Bedingungen — Resultat),
— Einheit von Erkenntnisgewinnung, ideologischer Erziehung und Fähigkeitsentwicklung,
— Einheit von Theorie und Praxis — Verbindung von Unterricht und produktiver Arbeit,
— dialektisches Verhältnis von didaktischer Führung und Selbsttätigkeit — Einheit von Lehren und Lernen,
— Zusammenhänge zwischen Erkenntnis- und Übungsprozessen,
— Verhältnis von weiterführenden und konsolidierenden Unterrichtsprozessen,
— Verhältnis von Einheitlichkeit und Differenzierung,
— Einheit von unterrichtlichen und außerunterrichtlichen Lernprozessen“

(KLINGBERG 1974, S. 231f.). DREWS suchte Interdependenzen in Form von Prinzipien, denen bei der Unterrichtsgestaltung Rechnung zu tragen sei, auszudrücken:

„— Prinzip der Einheit von Wissenschaftlichkeit, Parteilichkeit und Lebensverbundenheit,
— Prinzip der Systematik des Unterrichts,
— Prinzip der Aktivierung der Schüler,
— Prinzip der Verbindung von Theorie und Praxis im Unterricht,
— Prinzip der Einheit von Konkretem und Abstraktem,
— Prinzip der Entwicklung des Schülerkollektivs und der Nutzung seiner persönlichkeitsbildenden Potenzen,
— Prinzip der Einheitlichkeit und Differenzierung,
— Prinzip der Faßlichkeit,
— Prinzip der Sicherung fester und dauerhafter Bildungs- und Erziehungsergebnisse,
— Prinzip der schöpferischen Nutzung und Gestaltung der konkreten Bedingungen“ (DREWS 1976, S. 68f.) oder „Didaktische Prinzipien, geordnet nach den konstitutiven Elementen des Unterrichtsprozesses . . .,
— Prinzip der Orientierung an den Unterrichtszielen,
— Prinzip der Orientierung am Unterrichtsstoff,
— Prinzip der Orientierung an Position, Tätigkeit und Entwicklung der Schüler im Unterrichtsprozeß,
— Prinzip der Orientierung an den konkreten Bedingungen im Unterrichtsprozeß und ihrer schöpferischen Nutzung,
— Prinzip der Sicherung eines der sozialistischen Gesellschaft gemäßen Auftretens und Verhaltens des Lehrers“ (DREWS 1976, S. 171).

Dies erfolgte, um daraus Erklärungs- und Interventionswissen für die Planung, Durchführung und Evaluierung von Unterricht zu gewinnen und zu repräsentieren, bei gleichzeitiger Nutzung und Förderung von:

— *didaktischen Funktionen* —
wie die Einführung und Stimulierung, Erstvermittlung und Verarbeitung, Festigung und Beherrschung, Kontrolle und Bewertung;

— *Organisationsformen* —
wie z. B.: frontaler Unterricht, Einzellernen, kooperative Arbeitsformen in Gestalt von Partnerlernen, Patenschaften, Gruppenarbeit und Schülerkonferenzen (siehe hierzu auch LIIMETS/NAUMANN 1982, S. 130);

— *Unterrichtsmethoden* —
tragfähige Varianten dazu: Klassifizierung nach den verschiedenen Zielbereichen sozialistischer Persönlichkeitsentwicklung wie z. B.: Methoden der Herausbildung von allgemeinen und speziellen Fähigkeiten und sicheren Fertigkeiten; Klassifizierung nach den zur Zielerreichung notwendigcn Schülertätigkeiten wie z. B.: Methoden der aufnehmenden oder wiedergebenden oder anwendenden oder schöpferischen Tätigkeit; Klassifizierung nach Stoffschwerpunkten wie z. B.: Methoden der Begriffsbildung (siehe hierzu FUHRMANN/WECK 1976);

— *Unterrichtsmitteln* —
— *vorliegenden Erfahrungen sowie insbesondere Erkenntnissen aus tangierenden Wissenschaften* –
(Anthropologie; Entwicklungs-, Persönlichkeits- und Lernpsychologie; Disziplinen der Pädagogik und Didaktik).

Die „DDR-Didaktik" war unseres Erachtens
— quantitativ und qualitativ gesehen eigenständig gut entwickelt, da die Erziehungswissenschaft der DDR vor allem „didaktische Berufslehre" der Lehrerausbildung war und so auch wesentliche wissenschaftliche und praktische Kompetenzen vereinte;
— im Sinne einer postulierten „Einheit" von Theorie und Praxis darauf aus, Unterricht als Praxisprozeß theoretisch zu reflektieren und zu orientieren;
— mit geschlossenen Werken ebenso wie mit erfolgversprechenden Konzeptionen, Praxisanalysen, Experimenten, Einzelbeiträgen und Theorien Inspirator für viele didaktische Innovationen und Reformideen. So seien nur genannt die problemhafte Unterrichtsgestaltung, der sogenannte Komponentenansatz, der Unterricht als Aufgabenfolge, das Konzept der typischen Unterrichtssituationen, eine optimale Förderung aller Schüler durch ein flexibles Anforderungsangebot, Kooperation und Kommunikation, Verhältnisbestimmung von Einheitlichkeit und Differenzierung u. a. m.;
— über Forschungskooperationen und ein vielseitiges wissenschaftliches Leben zunehmend darauf orientiert, die allgemeine Unterrichtstheorie nach Erkenntnistiefe, Geschlossenheit und gegenstandsadäquater Abbildung weiter auszuformen;
— aber auch Förderer und Kritiker zugleich für das Schaffen, Modifizieren und Verlassen von Unterrichtsgestaltungsempfehlungen, die maßgeblich DDR-

Schulunterricht vereinheitlichten und damit auch uniformierten und zuweilen die schöpferischen Kräfte der Lehrer behinderten;
- verbunden mit den Traditionen deutscher und europäischer Didaktik — so den Erkenntnissen der klassischen bürgerlichen Didaktik (COMENIUS, RATKE, HERBART, DIESTERWEG), wie ebenso den zeitweise ideologisch diskreditierten Strömungen der Reformpädagogik (GAUDIG, SCHEIBNER, PETERSEN u. a.);
- in ihrer Entwicklung stark theoriebestimmenden Einflüssen der Sowjetpädagogik und -psychologie ausgesetzt, denen sie andererseits wesentliche und eigenständige Innovationen verdankt. Hier sei nur an die „Algorithmentheorie" von LANDA, die „Theorie der etappenweisen Ausbildung geistiger Handlungen" von WYGOTSKI, GALPERIN, LEONTJEW, TALYSINA etc., die „Theorie des Aufsteigens vom Abstrakten zum Konkreten" von DAWYDOW, die „Theorie der Allgemeinbildung" von LERNER und KRAJEWSKI, die „Didaktiken" von DANILOW und SKATKIN sowie die Arbeiten zur „Optimierung des Unterrichts" von BABANSKI erinnert;
- dem Anspruch verhaftet, von marxistisch methodologischen Prämissen auszugehen. Dabei blieb nicht aus, daß mit als sozialistisch apostrophierten Positionen vielfach unterrichtliche Realprozesse theoretisch reflektiert und in einen mehr oder weniger überzeugenden Systemzusammenhang gebracht wurden;
- bemüht, auch wenn sie dies als „Auseinandersetzung mit bürgerlichen Auffassungen" apostrophiert hat, den Rezeptionsbogen zu westlichen Didaktikmodellen nicht zu verlieren.

Obgleich in der DDR seit 1965 über 75% aller „Unterrichtsdidaktiker" der Universitäten, Pädagogischen Hochschulen und der Akademie der Pädagogischen Wissenschaften in die zentrale Forschungsplanung einbezogen waren, existierten doch mehrere „didaktische Schulen", die sich nicht nur durch ihr forschungsbezogenes Schwerpunktthema, sondern auch durch ihr jeweils besonderes Didaktikverständnis wohl unterschieden. Dies kann so auch in den Schriftenreihen „Pädagogische Beiträge" und „Ratschläge für Lehrer" nachvollzogen werden. Zu nennen sind hierzu solche Denkansätze mit theoretischen wie praktischen Konsequenzen wie:
- die didaktische Auflösung der Ziel-Inhalt-Methoden-Bedingungen-Relation (Autorenkollektiv von DDR-Pädagogen unter Leitung von NEUNER 1972),
- die Auffassung von Unterricht als Aufgabenfolge (TOMASCHEWSKY 1965 u. a.),
- die deskriptive Didaktik KLINGBERGS (1974 u. a.),
- die rationelle Unterrichtsgestaltung von DREFENSTEDT (1965),
- die Untersuchungen zur Schülertätigkeit im Unterricht (FAUST 1974),
- Reflexionen zum dialektischen Charakter des Unterrichtsprozesses (DREWS 1983),

— die theoretische Fokussierung didaktischer Erkenntnisse auf didaktische Funktionen durch LIIMETS und NAUMANN (1982),
— die Grundstruktur eines lehrertätigkeitsorientierten Modells vom Unterrichtsprozeß über das Aufsteigen vom einfachen zum entfalteten Modell des Unterrichtsprozesses (WECK 1982, siehe Abb.2),
— die differenzierte Betrachtung von Unterricht vermittels typischer Unterrichtssituationen (STEINHÖFEL 1976 u. a.).

Auch Detailuntersuchungen zur Kommunikation, Differenzierung, Individualisierung, um nur einige zu nennen, haben bei aller feststellbarer Trennung von

Abb. 2: Der „einfache Unterrichtsprozeß" in Abstraktion

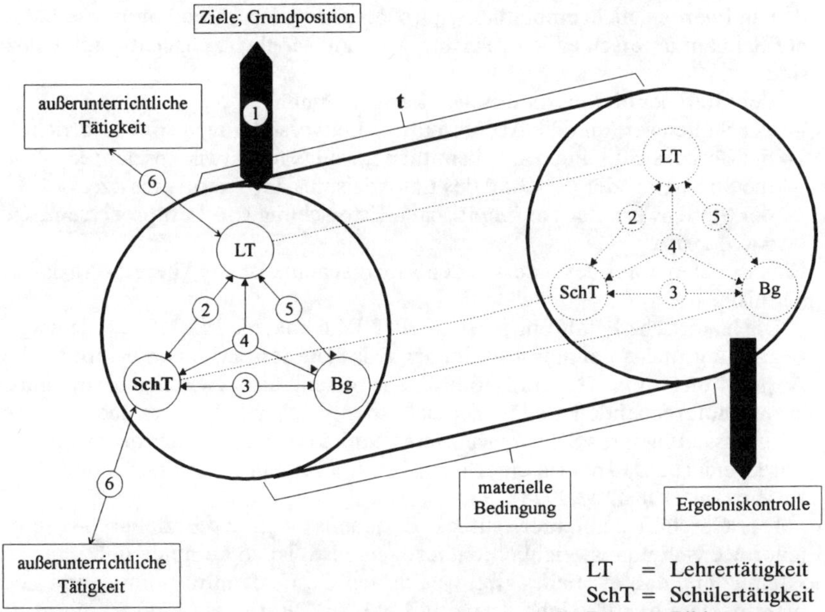

LT = Lehrertätigkeit
SchT = Schülertätigkeit
Bg = Bildungsgut
t = Zeit

Wechselwirkung zwischen

1. den gesellschaftlichen Anforderungen, der Qualität und Effektivität des Systems „Unterrichtsprozeß" und der gesellschaftlichen Kontrolle;
2. Lehrer und Schüler, der Art und Weise ihrer Kommunikation und Kooperation;
3. Schülertätigkeit und Bildungsgut; der Art und Weise der Lerntätigkeit der Schüler;
4. Lehrertätigkeit, Bildungsgut und Schülertätigkeit, der Art und Weise der Führung des Aneignungsprozesses durch den Lehrer;
5. Lehrertätigkeit und Bildungsgut;
6. unterrichtliche und außerunterrichtliche Tätigkeit von Schülern und Lehrern.

Inhalts- und Methodendidaktik stets den Artikulationskreis hin zur Selbstverwirklichung der Schüler und Lehrer kritisch offen gelassen.

Es kann nicht unbeachtet bleiben, daß viele Erziehungswissenschaftler und insbesondere Didaktiker der DDR sich einem Berufsverständnis verpflichtet fühlten, welches auf Progression von Unterricht und Unterrichtstheorie voll im Anspruch humanistischer Kriterien gerichtet war.

3. ZUM SPEZIELLEN ANLIEGEN, THEORIE UND PRAXIS ZU VERMITTELN

Mit der Vielzahl didaktischer Richtungen und Schulen korrespondiert, daß auch die Kriterien, die zur Beurteilung didaktischer Ansätze herangezogen wurden und werden, nicht einheitlich sind, sondern von Repräsentanten verschiedener Schulen unterschiedlich gewichtet werden. Mögliche Gesichtspunkte dazu sind:

— der Grad der bildungspolitischen Vereinnahmung,
— der Stellenwert und die Art normativer Leitvorstellungen von Unterricht,
— die Berücksichtigung von Erkenntnissen von Nachbarwissenschaften,
— die Stringenz oder der Grad des Eklektizismus der Theorieansätze,
— der Stellenwert, der der empirischen Erforschung von Lernprozessen zugewiesen wird.

Ein Aspekt, der uns besonders bedeutsam erscheint, ist das Theorie-Praxis-Verhältnis.

Die historische Erfahrung lehrt uns, daß Didaktik, die Einfluß auf die jeweilige Bildungspraxis nehmen will, immer zwischen der Scylla von erforderlichen Abstraktions- und Generalisationsbedürfnissen, also zwischen dem immer erneut aufbrechenden Bedürfnis nach szientifischer Selbstverständigung und Vergewisserung ihres Selbstbewußtseins, und der Charybdis der unabweisbaren Forderung stand, Theorie einer nach eigenen Regeln funktionierenden Praxis zu sein (vgl. HOFMANN 1978).

Das Geschäft des Unterrichtens, Erziehens — ja des Erziehers —, in das jeder Mensch unausweichlich einbezogen wird, ist so komplex und daher so kompliziert, daß es nichts gibt, was dieses Geschäft mitbestimmt und noch nicht beklagt wurde (siehe Kritik an Lehrern, Eltern, Kindern, Schülern, Jugendlichen, an Methoden, Mitteln, Zielen und Inhalten). Trotz der wechselseitigen oder einseitigen Anklage der Theorie und/oder Praxis ist unübersehbar, daß Unterricht auch das didaktisch vermittelte Produkt theoretischer didaktischer Konzepte ist.

In besonders überzeugender Art und Weise trug wohl SCHLEIERMACHER zum sinnvollen Verständnis der Gegensätzlichkeit von Theorie und Praxis bei:

„Die Praxis ist viel älter als die Theorie, so daß man nicht einmal sagen kann, die Praxis bekomme ihren bestimmten Charakter erst mit der Theorie; die Praxis wird nur mit der Theorie eine bewußtere. Aber die Theorie beherrscht an und für sich nicht die Praxis, die Theorie ist immer später. Die Theorie muß sich erst Raum schaffen, wenn die Praxis schon begründet ist. Verschafft sie sich diesen Raum durch ihre eigenen Kräfte und gewinnt sie unter denen, welche die Praxis handhaben, allmählich freie Anerkennung, so wird Theorie und Praxis sich einigen, die Praxis sich von selbst ändern. Das ist die einzig richtige Form. Wird aber durch die Autorität des Staates auf plötzliche Weise die Theorie durch die Praxis festgeknüpft, so ist nur Versteinerung möglich oder eine Reihe gewaltsamer Reaktionen" (SCHLEIERMACHER 1965).

Schleiermachers Aussagen legen nahe,
- daß der Gedanke der Dignität — die hohe Würde des Verhaltens — der Praxis ein hervorragender Gesichtspunkt für das Verständnis der Gegensätzlichkeit von Theorie und Praxis ist,
- daß Theorie auf irgendeine treffliche Weise vermittelt werden, sich Raum schaffen, freie Anerkennung finden muß, damit Praxis eine bewußtere wird bzw. praktische Handlungen legitimierbar werden,
- daß Theorie selbst existent sein, weiterentwickelt werden und sich mit der Praxis einigen muß,
- daß dies alles zusammen in Wechselbeziehung zu einer bestimmten Gesellschaftlichkeit steht.

Auch das Denken und Handeln von DDR-Didaktikern wurde von solchen Leitgedanken stark beeinflußt. Dennoch bleibt heute unverkennbar, daß in „geschlossenen Gesellschaften" bedingt durch die Hierarchisierung menschlicher Praxisformen unter der alles beherrschenden politischen Praxis und einer damit einhergehenden ideologischen Indoktrination die Dignität (vgl. SCHLEIERMACHER oben) pädagogischer Praxis doch mehr oder minder verkommt.

Aber Unterricht als ein Feld sozialer Praxis existiert relativ unabhängig davon, ob und inwieweit Theorie sich ihrer „bemächtigt", adäquat oder weniger adäquat reflektiert, wirksam oder weniger wirksam beeinflußt. Hieraus ergibt sich als folgenreichste Konsequenz für das komplexe Verhältnis von Theorie und Praxis überhaupt die sogenannte „praktische" oder „pädagogische Differenz", die andeuten will, daß die Vermittlung von handlungswissenschaftlicher Theorie und handlungstheoretisch orientiertem Handeln nur durch die Praxis selbst — über die Motivation und Tat der Erziehenden — gesichert werden kann.

Vielfältig kann man in pädagogischen Publikationen diese Erkenntnis wiederfinden:
- wenn von Lehrgeschick, pädagogischem Geist oder erzieherischer Haltung oder pädagogischem Gewissen gesprochen wird,
- wenn KANT in seiner „Kritik der reinen Vernunft" von der nötigen „Urteilskraft" spricht, die man sich eben in der Hinaufarbeitung an den Gegenständen seines Faches sozusagen als Abfallprodukt erwirbt,
- wenn die klassische Pädagogik (DIESTERWEG, SALZMANN, NIEMEYER) in Richtung der Lehrerbildung betont, daß wissenschaftliche Lehrerbildung zwar den *berufsfähigen,* nicht aber den *berufsfertigen* Lehrer hervorbringen kann,

— in dem *„pädagogischen* Takt" von HERBART, von dem angenommen wird, daß er sich jeder Planung entziehe. (Der Erziehungswissenschaftler BENNER reflektiert darüber wie folgt: „Es schiebt sich bei jedem noch so guten Theoretiker, wenn er seine Theorie ausübt, zwischen die Theorie und Praxis ganz unwillkürlich ein Mittelglied ein, ein gewisser Takt nämlich, eine schnelle Beurteilung und Entscheidung" (vgl. BENNER 1986)),
— wenn man versuchte, die Gesamtkomplexität des Unterrichtsphänomens gewissermaßen zu „reduzieren" (so u. a. genial gelöst bei SCHEIBNER mit seinen „Stilarten der Unterrichtsgestaltung"; siehe Abb. 3).

Abb. 3: Stilarten der Unterrichtsgestaltung
(nach: Scheibner 1928, S. 395)

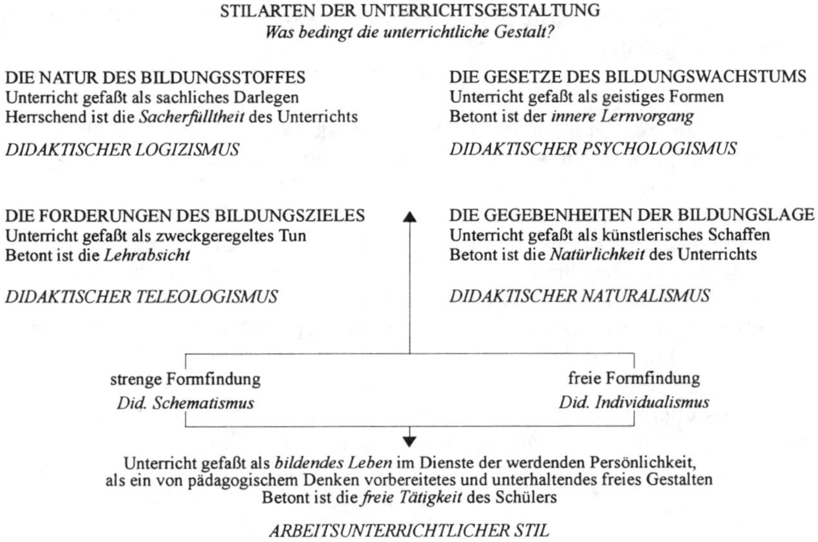

Von großer Bedeutung ist das Problem der Darstellung pädagogischer Theorie für die Vermittlung der Theorie in der akademischen Lehre und in anderen Vermittlungsinstanzen. Jeder Hochschullehrer erlebt immer wieder, wie unerhört schwer dieses Problem zu lösen ist. Didaktik-Lehre ist ein wichtiges Vermittlungsglied in der Theorie-Praxis-Kette. Wieder auf DDR-Didaktik bezogen bewegte sich dabei die akademische Vermittlung auch als Gratwanderung zwischen
— den theoretischen Ausbildungsbestandteilen selbst, man denke an die Allgemeine und Fach-Didaktik, sowie den theoretischen und praktischen Ausbildungsbestandteilen, man denke an einphasige oder zweiphasige Lehrerbildung;

— der „realen Praxis“, der über die Lehre vermittelten „idealen Praxis“ und der Theorie;
— dem anzustrebenden Theoriebewußtsein und dem aktuell abgeforderten Praktizieren;
— der Grundorientierung für ein „ganzes Lehrerleben“ und solchen zur Erfüllung von Tagesaufgaben;
— der systematisch geordneten Sache und der ausbildungsbezogenen Legitimation von Pragmatik;
— dem angebotenen theoretisch begründeten Handlungskonzept und der Fähigkeit, eigene Handlungskonzepte theoretisch begründet zu entwickeln;
— Theorieverständnis und Rezeptologie;
— Theoriedarstellung, Theorierezeption und Theorieproduktion.

Gewissermaßen in Anmahnung des fehlenden übergreifenden erzieherischen „Gestaltungsprinzips“, welches häufig im zusammenhanglosen Vielerlei einer auf Einzel-Lernziele hin instrumentalisierten Pädagogik nicht mehr auszumachen ist, und in Kritik daran, daß im Anspruch mancher Konzepte von Allgemeiner und Fach-Didaktik theoretische Konzepte in Mißachtung der grundsätzlichen Differenz zwischen Theorie und Praxis für unmittelbar praktisch anwendbar gehalten werden, wird für die „Pädagogik-Lehre“ als wesentlich erachtet:

1. anzuerkennen, daß Theorie und Praxis nicht ideal konvergieren und daß dies weder die „Schuld“ der Theorie ist, deren Streben nach Abstraktion und Generalisation legitim ist, noch die „Schuld“ der Praxis, deren Dignität ja den Gedanken verbietet, in ihr ein bloßes Anwendungsfeld der Theorie zu sehen;
2. mehr Wert darauf zu legen, den „pädagogischen Takt“, das eigene pädagogische Urteilsvermögen, die pädagogische Kultur, eine Theoriesensibilisierung auszubilden als pädagogisch determinierende Handlungsvorschriften zu entwickeln — aber dabei auch HERBARTS Warnung nicht zu vergessen, daß der pädagogische Takt als unmittelbarer Regent der Praxis ein gehorsamer Diener der Theorie sein soll.

Die von vielen immer wieder geforderte Gestaltung einer relativ geschlossenen schulpädagogischen Theorievermittlung in enger Kooperation mit schulpraktisch orientierten Praktika könnte realiter ein günstiger Beitrag zu einer ganzheitlichen Didaktik sein, aus der heraus die Gestaltung unterrichtlicher Konzepte selbstverantwortlich entwerfbar und umsetzbar erscheinen und sie könnte alle beklagten Trennungen zwischen Allgemeiner Didaktik und einer „Erziehungstheorie“ zugleich überwinden helfen und dem Menschen in seiner Ganzheit von Kopf, Herz und Hand Beachtung schenken.

Diese Überlegungen waren für die Autoren dieses Beitrages seinerzeit wesentliche Anregungen in ihrer wissenschaftlichen Arbeit, den Weg über sogenannte „typische Unterrichtssituationen“ zu versuchen, die gegenüber den allgemeinen Modellen von Bildung und Unterricht stärker handlungsorientierend für die konkrete Planung und Gestaltung von Unterricht sind, die aber gegenüber konkreten Unterrichtsverläufen hinreichend verallgemeinern, weil sie Handlungsorientierungen für gewisse Klassen konkreter Unterrichtsverläufe bieten (vgl. STEINHÖFEL 1976). Im folgenden eine kurze Darstellung dazu.

4. BETRACHTUNGEN ZU TYPISCHEN UNTERRICHTSSITUATIONEN

Die DDR-Didaktik entwickelte in den siebziger Jahren den Begriff „typische Unterrichtssituationen" (mitunter findet sich dafür auch die vielleicht noch etwas zutreffendere Bezeichnung „typische Unterrichtsabläufe").

Dabei verstand man unter einer „typischen Unterrichtssituation" die „Klasse (Abstraktionsklasse) aller derjenigen realen Situationen im Unterricht eines bestimmten Faches oder mehreren Fächern . . ., die Ähnlichkeit hinsichtlich bestimmter wesentlicher Parameter des Unterrichts besitzen, insbesondere hinsichtlich der Ziel-Stoff-Struktur, und daher ein ähnliches Vorgehen bei der Anwendung einer bestimmten Führungsstrategie und des organisatorisch-methodischen Instrumentariums gestatten" (FUHRMANN 1972).

Wir werden zunächst am Beispiel der Mathematikdidaktik deutlich machen, wie eine solche Betrachtung typischer Situation aussehen kann. Dabei wurden hier — stärker als in anderen Fachdidaktiken — Situationen vom Fachinhalt, von den inhaltlichen Kategorien des Faches bestimmt. Man müßte also genauer von typischen Unterrichtssituationen sprechen, die primär vom Fachinhalt bestimmt sind (bezogen auf andere Klassifizierungen vgl. FUHRMANN/WECK 1976, S. 87ff.). Eine rein fachinhaltliche Betrachtung der Mathematik würde auf Situationen führen, die von den Kategorien „Begriffe", „Sätze" und „Verfahren/Kalküle" bestimmt sind. Unter Berücksichtigung von Verfahren der Erkenntnisgewinnung für die unterrichtliche Darbietung von Mathematik sowie dem breiten Anwendungsbereich der Mathematik wurden folgende fünf Situationen als typisch für Mathematikunterricht angesehen:

— die Behandlung mathematischer Begriffe;
— die Behandlung mathematischer Sätze und ihrer Beweise;
— die Behandlung von Sach- und Anwendungsaufgaben („Textaufgaben");
— die Behandlung geometrischer Konstruktionen;
— die Behandlung formaler (algorithmischer) Rechen- und Lösungsverfahren.

Die Art des Herangehens ließe auch andere Einteilungen zu (z. B. stärkere Zusammenfassungen unter Berücksichtigung typischer Wege der Erkenntnisfindung oder stärkere Aufgliederung durch besondere Eigenarten der Stoffgebiete). Die hier verwendete Einteilung hat sich in einer Reihe von uns durchgeführten Untersuchungen als geeignet erwiesen, wesentliche Aneignungsprozesse, die vom Lehrer zu leiten sind, strukturiert zu erfassen. Bezüglich der so gekennzeichneten typischen Situationen für den Mathematikunterricht wurden nun handlungsanleitende Beschreibungen gesucht, die dem Lehrer (vor allem aber auch dem auszubildenden Lehrer) eine Groborientierung über die wesentlichen Aspekte der Gestaltung entsprechender konkreter Unterrichtssituationen zu bieten vermag. Die Abbildungen 4 und 5 zeigen als Beispiel für eine solche Grobübersicht eine schematische Übersicht für das Behandeln von mathematischen Sätzen und ihren Beweisen (für den Fall, daß die Gewinnung/ Hinführung zum Satz auf reduktivem Weg erfolgt).

Abb. 4: Schematische Übersicht zum Behandeln mathematischer Sätze und ihrer Beweise/Satzfindung

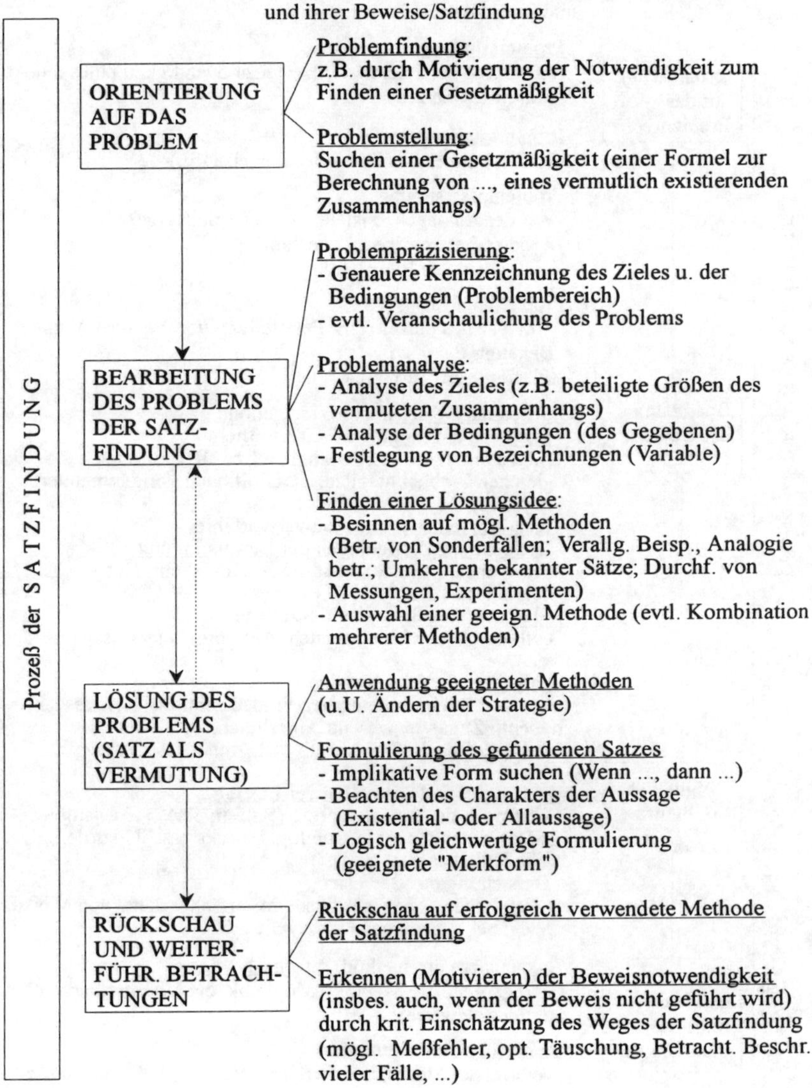

Vordergründiger Strukturaspekt ist dabei ein Schema des Verlaufs von Problembearbeitungen (detailliertere Angaben dazu bei STEINHÖFEL/REICHOLD/FRENZEL 1984, S. 11 u. S. 61–62). Diese Art der Darstellung bietet durch den gewählten Grad der Verallgemeinerung lediglich eine grobe Orientierung für

Abb. 5: Schematische Übersicht zur Behandlung mathematischer Sätze und ihrer Beweise/Beweisfindung

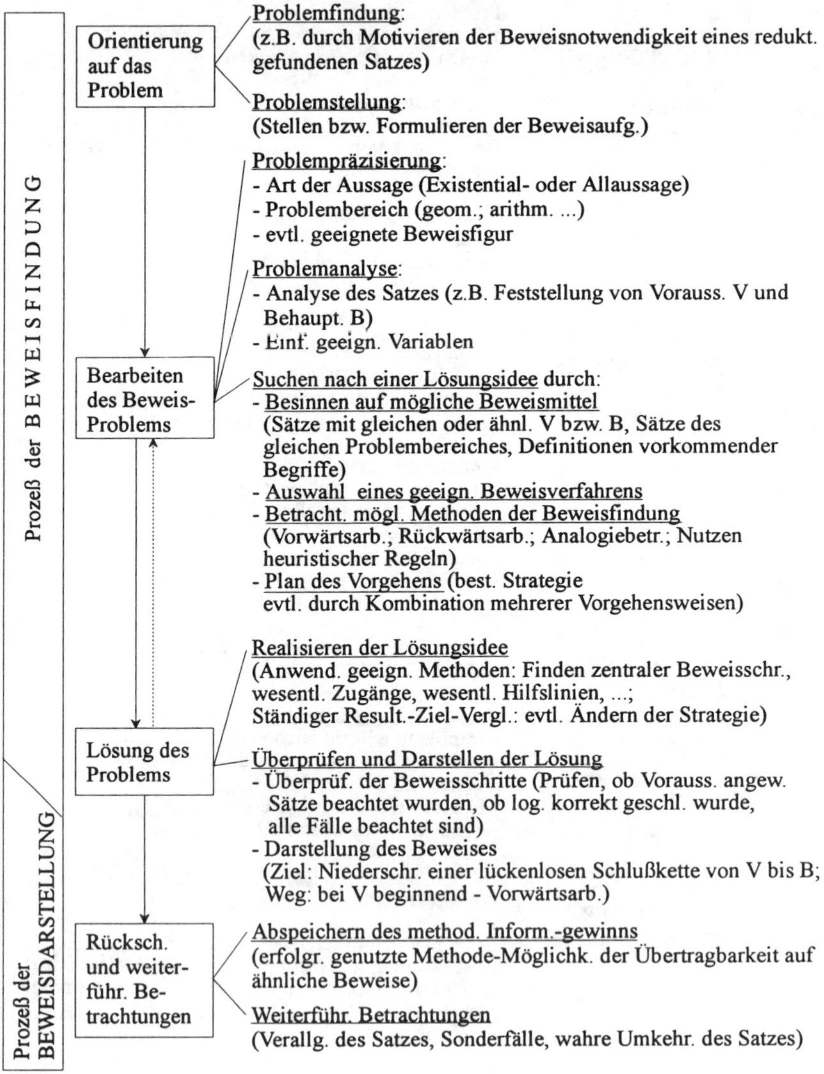

die bei der Unterrichtsgestaltung für die Behandlung konkreter Sätze zu bedenkenden Gestaltungsaspekte, die im konkreten Fall unter den dabei beabsichtigten Zielstellungen mehr oder weniger entfaltet zu berücksichtigen sind und die natürlich teilweise auch einfach entfallen. Die Autoren haben die Erfahrung gemacht, daß mit Schemata dieser Art — bei allen Gefahren einer formalen Anwendung — für einen Großteil der lernenden Lehrerstudenten eine recht günstige Orientierungshilfe für die selbständige Gestaltung von Unterrichtsprozessen gegeben wird.

Ein gewisser Überblick über die deutschsprachige mathematik-didaktische Literatur läßt erkennen, daß manche der hier verwendeten Gedanken aufgegriffen und weiterverarbeitet wurden (ZECH 1989) und daß andere Autoren aus anderen Gesichtspunkten heraus zu ähnlichen Einteilungen gekommen sind, um Schwerpunktaspekte mathematikdidaktischen Denkens zu verdeutlichen. Modelle dieser Art bilden dahinter stehende pädagogische Prozesse selbstverständlich nie vollständig ab. Das Modell repräsentiert nichtsdestoweniger wesentliche Aspekte der ganzen Komplexität des Unterrichts, insbesondere solche

— der Motivation,
— der logischen Stoffanordnung,
— der fachlichen Korrektheit,
— der methodischen Bildung der Lernenden,
— der Kreativität, insbesondere dabei der heuristischen Schulung,
— der Handlungsorientiertheit.

Die hier speziell für die Mathematikdidaktik erörterte Problematik, eine gewisse Typik des Fachinhaltes zum Ausgangspunkt didaktischer Betrachtungen werden zu lassen, findet man auch in anderen Unterrichtsdisziplinen (vgl. z. B. Begriffsbildungen wie „typische Erkenntnissituationen“ für den Physikunterricht, GÖBEL 1978; oder „typische Unterrichsabläufe“ im berufstheoretischen Unterricht, ROSE/THOMAS 1986; BÜHRDEL/REIBETANZ/TÖLLE 1988). Alle diese Arbeitsrichtungen verfolgen übereinstimmend das Ziel, das Typische des fachdidaktischen Vorgehens von gewissen Klassenbildungen des Inhalts (der Ziel-Stoff-Struktur) her zu begreifen, zu untersuchen und zu beschreiben. Dabei wird das Typische — wie in unserer Abbildung am Beispiel des Mathematikunterrichts verdeutlicht — vor allem durch eine bestimmte Aufeinanderfolge von Phasen des methodischen Vorgehens beschrieben, die ihrerseits vor allem aus sachlogischen, erkenntnistheoretischen, didaktischen bzw. lerntheoretischen Betrachtungen gefolgert werden. Verfolgen wir dies noch durch die Betrachtung einer didaktischen Verallgemeinerung für das Behandeln von Gesetzmäßigkeiten, die zumindest für den mathematisch-naturwissenschaftlichen und technischen Bereich gelten. Sie ist in Abbildung 6 zu finden.

Es kann davon ausgegangen werden, daß das in Abb. 6 verdeutlichte Vorgehen zumindest in dem gekennzeichneten Bereich, vermutlich aber auch darüber hinaus anwendbar ist, wobei sich fachspezifische Unterschiede vor allem hinsichtlich der zu Lösungen führenden Methoden bemerkbar machen. Einige wichtige solcher Methoden sind:

Abb. 6: Übersicht zum Behandeln von Gesetzesaussagen

PROBLEM-STELLUNG (Motivierung, Zielorientierung)	- Schaffen einer Problemsituation: Stellen von mit vorliegenden Mitteln nicht zu bewältigenden Anforderungen; Verdeutlichung eines Widerspruchs; Demonstration bisher nicht bekannter (erklärbarer) Phänomene; Aufzeigen einer Lücke im Aussagensystem; Verdeutlichung der Uneffektivität eines Lösungsprinzips; Aufzeigen gesellschaftlicher Bedürfnisse (auch aus historischer Sicht) - Problemstellung (Formulierung): Finden einer Gesetzesaussage über (einen Zusammenhang zwischen) ..., um ... zu erklären, zu konstruieren, ...
PROBLEM-ANALYSE	- Problempräzisierung: Forderungen, die an gesuchte Aussage gestellt werden; genauere Bestimmung des Objekts (Systems), über das eine Aussage gesucht wird; Kennzeichnung des Sachgebiets (des Problembereichs) - Analyse des Zieles, der Bedingungen, der Voraussetzungen (evtl. Veranschaulichen des Sachverhalts)
HYPOTHESEN-FORMIERUNG	- Aufstellen erster Vermutungen zur Lösung des Problems: Vermutung über Größen, zwischen denen gesetzmäßige Abhängigkeiten bestehen; Versuch, eine Gesetzesaussage, eine Erklärung des Widerspruchs ... zu formulieren; Aufstellung mehrerer Hypothesen - Vermutungen über mögliche Lösungswege (Verfahren!)
SUCHEN NACH LÖSUNGS-WEGEN	- Besinnung auf geeignete Mittel: Gesetzesaussagen, Begriffe, Modelle des gleichen oder eines ähnlichen Problembereiches - Methodenbesinnung: Erinnern an: (Durchmustern von) Methoden, Regeln, Prinzipien hinsichtlich ihrer Eignung ⟶ Lösungsidee, Lösungsplan
PROBLEM-LÖSUNG	- Ausführen des Lösungsplans: Verfolgen der Lösungsidee; Anwendungen von Methoden; ständiger Resultat-Ziel-Vergleich und evtl. erneute Analyse und Suche von Wegen - Bestätigen (Widerlegen) von Hypothesen - Exakte Formulierung der Gesetzesaussage
RÜCKSCHAUENDE UND WEITERFÜHRENDE BETRACHTUNGEN	- Auflösen der Problemstellung - Verdeutlichen ("Abheben") der mit Erfolg angewendeten Vorgehensweise (Übertragbarkeit auf ähnl.?) - Anwendung der Aussage (Sonderfälle; Lösung von Aufgaben, Folgerungen; ...) - Weiterführende Fragestellungen

— Verallgemeinern der Ergebnisse des Beobachtens und Beschreibens der ins Blickfeld gerückten Erscheinungen bei Objekten (Systemen) in Natur und Technik!
— Experimentelle Ermittlung des Zusammenhangs mehrerer Größen und Verallgemeinern aus einer oder aus mehreren Meßreihen (Finden geeigneter experimenteller Anordnungen; Durchführen der Experimente und Messen entsprechender Größen; Erkennen der durch die Meßreihen sichtbar werdenden Gesetzesaussage);
— Gewinnung von Gesetzesaussagen über Analogiebetrachtungen, über Betrachtungen an Modellen bzw. über die Umkehrung bekannter Gesetzesaussagen (Umkehrung mathematischer Sätze, Vertauschen von Ursache und Wirkung);
— Gewinnen von neuen Gesetzesaussagen durch Verallgemeinerung bereits vorliegender;
— Herleitung von bereits bekannten Aussagen durch deduktives Schließen;
— Gewinnung von Gesetzmäßigkeiten durch induktives Schließen aus untersuchten Sonderfällen (z. B. Gewinnung allgemeiner Aussagen in Zahlbereichen durch Untersuchung konkreter Zahlenkonstellationen).

Durch ein wirksames Ausprägen und Nutzen solcher allgemeiner und fachspezifischer Methoden des Suchens nach Gesetzesaussagen sind viele Zugänge zur Aktivierung der Lernenden möglich. Ansätze für eine effektive Aneignung der Methoden liegen — vor allem aus lernpsychologischer Sicht — in folgenden Schritten:

— Abheben (Verdeutlichen, evtl. Vorgeben) erfolgreich genutzter (bzw. nutzbarer) Methoden im Sinne des Schaffens von Orientierungshilfen;
— Nutzen der entsprechenden Methoden beim Suchen nach Gesetzesaussagen, wobei die Orientierungshilfen als Hilfsmittel im Prozeß der Aneignung zu betrachten sind;
— Anwenden der so angeeigneten Methoden innerhalb komplexer Anforderungen.

Es scheint günstig, für bestimmte Unterrichtsstrecken schwerpunktmäßig ausgewählte Methoden ins Zentrum der Schülertätigkeit zu setzen und an ihnen zu arbeiten.

Betrachten wir einen weiteren Zugang, von der Typik des Stoffes her didaktisch zu denken. Innerhalb der Kennzeichnung von typischen Situationen wurde der Versuch unternommen, eine Beschreibung für eine — möglichst lernpsychologisch begründbare — Strategie der Gestaltung von Aneignungsprozessen der Schüler vorzunehmen. Dies soll am Beispiel der Aneignung von Objektbegriffen erläutert werden, wobei hier die unter starker Nutzung der Erkenntnisse von PIAGET entwickelte Lernkonzeption von GALPERIN und TALYSINA zugrunde gelegt wird (GALPERIN 1967; GALPERIN/TALYSINA 1966). Wie bei allen lernpsychologischen Konzeptionen gibt es natürlich auch hier manche Einseitigkeiten und an eine durchgängige Anwendung ist nicht zu denken. Die GALPERINsche Konzeption liefert allerdings für einige Lernvorgänge eine gut operationalisierte Struktur und hat besonders im Bereich des Erlernens von Begriffen Erfolge aufzuweisen. So läßt sich eine ganz bestimmte, zweckmäßige Aneignungsstrategie für Begriffe ableiten, die sich durch Aufweisen einzelner Merkmale angeben lassen. Die allgemeine Vorgehensweise wird in Abbildung 7 durch ein Beispiel

Abb. 7: Übersicht zur Aneignung des Begriffes „Trapez"

<table>
<tr><th>Elemente des allgemeinen Vorgehens</th><th>Konkrete Hinweise im Falle des Begriffes "Trapez"</th></tr>
<tr><td><u>Ausgangspunkt</u>:
Merkmalsystem des Begriffes als Orientierungshilfe für die Schüler (als ein Hilfsmittel, daß sich die Schüler eine geeignete Orientierungsgrundlage zum Handeln schaffen)</td><td>Merkmale eines Trapezes:
1. Es ist ein Viereck
2. Das Viereck ist konvex
3. Es gibt mindestens ein Paar parallele Seiten</td></tr>
<tr><td><u>Formieren einer geeigneten Aneignungstätigkeit</u>
Identifizierung vorliegender Objekte als zum Begriff zugehörig/nicht zugehörig.</td><td>Feststellen, ob vorgelegte Objekte Trapeze sind oder nicht.</td></tr>
<tr><td><u>Etappenweise Handlungsausprägung</u>
<u>1. Etappe: materialisierte Handlung</u>
Schüler orientieren sich an schriftlich vorliegender Orientierungshilfe - als materielle Stütze - und manifestieren das Ergebnis der Merkmalsüberprüfung (s. Tabelle)</td><td>Schüler nutzen obiges Merkmalsystem (als schriftliche Vorlage), stellen das Vorliegen der Merkmale an konkreten Figuren (a, b, c, ...) fest und notieren die Ergebnisse in einer Tabelle:<table>
<tr><th>Figur</th><th colspan="3">Merkmal</th><th>Trapez</th><th>Begründung</th></tr>
<tr><th></th><th>1</th><th>2</th><th>3</th><th>ja/nein</th><th></th></tr>
<tr><td>a</td><td>x</td><td>x</td><td>x</td><td>ja</td><td>alle Merkmale treffen zu</td></tr>
<tr><td>b</td><td>x</td><td>x</td><td>-</td><td>nein</td><td>Merkmal 3 trifft nicht zu (es gibt kein Paar parallele Seiten)</td></tr>
</table>...
(Vorgabe der Objekte erfolgt durch Skizzen oder durch verbale Beschreibung, wobei alle Möglichkeiten der Merkmalskombination zu beachten sind, u.a. auch extreme Fälle und Sonderfälle)</td></tr>
<tr><td><u>2. Etappe: lautsprachliche Handlung</u>
Die Handlungsausführung wird durch lautsprachliches Kommentieren manifestiert. Die schriftlich vorgegebene Orientierungshilfe wird nach und nach weggelegt.</td><td>Das Feststellen, ob Objekte Trapeze sind, wird vor allem durch lautsprachliches Erklären des Vorliegens/Nichtvorliegens der einzelnen Merkmale vorgenommen.</td></tr>
<tr><td colspan="2"><u>3. Etappe: geistige Handlung</u>
Hier kann nur noch das Ergebnis festgestellt werden und die Schüler können - falls genügend lange auf den vorhergehenden Etappen gearbeitet wurde - sofort entscheiden, ob Trapeze vorliegen (Handlungsablauf ist verkürzt, Inhalt des Begriffes - Merkmalsystem - und Identifizierungshandlung sind weitgehend angeeignet).</td></tr>
</table>

(Begriff „Trapez") illustriert, wobei an einen Unterrichtsablauf gedacht ist, dem die Hinarbeit (die Einführung) des Begriffes bis hin zur Formulierung der Definition vorangegangen ist (Einzelheiten hierzu s. STEINHÖFEL/REICHOLD/FRENZEL 1984, S. 49—50). Die Vorzüge diese Vorgehens liegen zunächst darin, daß der schrittweisen aktiven Auseinandersetzung der Schüler mit dem anzueignenden Begriff viel Raum eingeräumt wird, was sicher auch die nachweisbaren Lernerfolge begründet. Die Lernenden eignen sich hierbei nicht nur den Begriffsinhalt, sondern auch das Vorgehen, das für das Erlernen weiterer Begriffe angewendet werden kann, an. Die gekennzeichnete Strategie ist dabei natürlich nicht auf den Mathematikunterricht beschränkt, sondern ist generell auf Begriffe anwendbar, die sich durch Aufweisen abgrenzbarer Merkmale definieren lassen. Hierin liegt die didaktische Verallgemeinerung des Vorgehens.

Es sind zwei Wege denkbar, wie die bisher beschriebene Vorgehensweise auch für andere Unterrichtsfächer fruchtbar gemacht werden kann. Dem einen liegt die Annahme zugrunde, daß die verschiedenen wissenschaftlichen Disziplinen gemeinsame Hauptbestandteile aufweisen, die zum Ausgangspunkt didaktischer Analysen gemacht werden können. In dieser Richtung liegen die Arbeiten von Zimmer, der ausgehend von Hauptbestandteilen der Wissenschaft Aneignungsgegenstände auf ihre „natürlichen Fuktionen" hin untersucht. Er unterscheidet dabei u. a. zwischen

— Aneignungsgegenständen deskriptiven Charakters (Begriffe, Aussagen, Hypothesen, Theorien . . .) und
— Aneignungsgegenständen regulativen Charakters (Regeln, Prinzipien, Methoden, Pläne, Algorithmen . . .).

Für jede Gruppe lassen sich z. B. bestimmte Aktivitätsmöglichkeiten nutzen. Die zweite Möglichkeit besteht darin, stärker bei den einzelnen Fächern und Wissenschaften anzusetzen und den Versuch zu unternehmen, aus den für sie jeweils zentralen Denkoperationen und Erkenntnisweisen je spezifische Fachdidaktiken zu entwickeln. Eine solche Zugriffsweise erscheint um so unverzichtbarer, je mehr man der Auffassung ist, daß sich die Denkoperationen und Erkenntnisweisen in verschiedenen Wissenschaftsbereichen bzw. Disziplinen und damit auch die im Unterricht zu vermittelnden Kompetenzen (z. B. dem mathematisch-naturwissenschaftlichen und den Gesellschaftswissenschaften) unterscheiden. Didaktik ist hier also auf das Feld kontrovers geführter fach- bzw. allgemeinwissenschaftstheoretischer Diskussionen verwiesen, die derzeit keine eindeutigen, unstrittigen Antworten auf diese Problematik geben.

Zusammenfassend kann das mit „typischen Unterrichtssituationen" zusammenhängende didaktische Denken durch Abbildung 8 knapp gekennzeichnet werden. Die so vorgestellten Überlegungen zu „typischen Unterrichtssituationen" und damit in Verbindung stehenden didaktischen Ansätze stellen einen Versuch dar, einen inhaltsdidaktischen Aspekt in das Spannungsfeld zwischen didaktischen Theorien und konkretem Unterrichtsgeschehen einzubringen. Die Anwendung vorliegender Theorien auf gewisse verallgemeinerte Kategorien des Stoffinhaltlichen (wie Begriffe oder Gesetzmäßigkeiten) und auf von diesen

Abb. 8: Grobstruktur didaktischer Überlegungen im Zusammenhang mit typischen Situationen

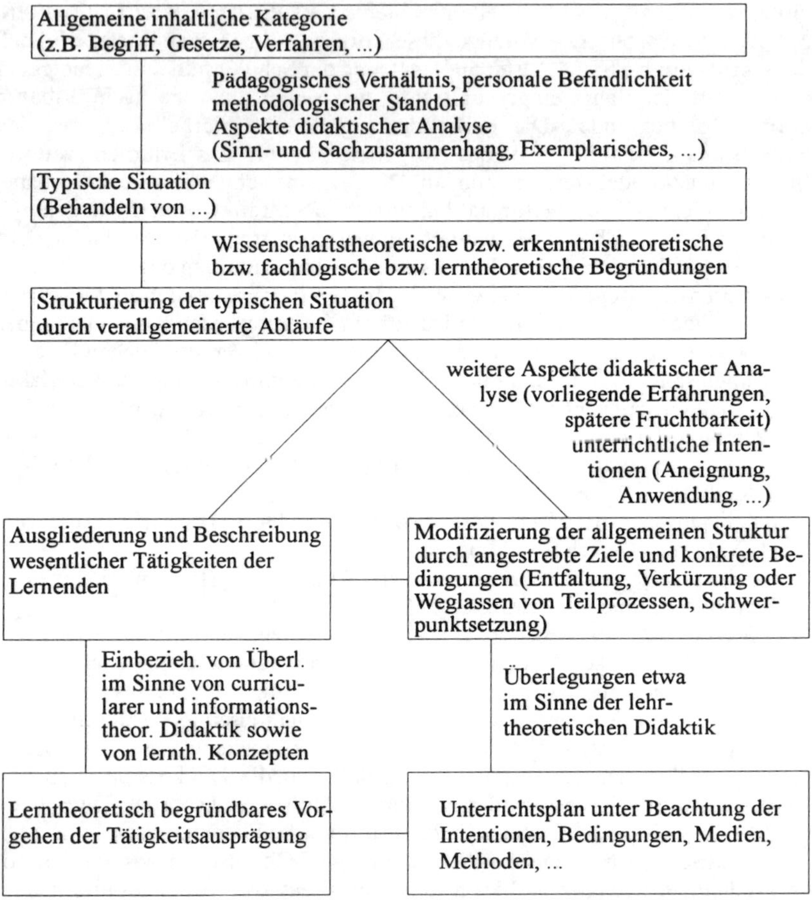

Kategorien her ableitbaren allgemeinen Unterrichtsabläufen hat den Vorteil, daß didaktische Entscheidungen nicht global für alle anvisierten Unterrichtsinhalte, sondern differenziert auf bestimmte Klassen zugeschnitten, getroffen werden können. Probleme des Zugangs über „typische Unterrichtssituationen" liegen in der Gefahr eines schematischen didaktischen Denkens und in der gegenwärtig nicht überwundenen Schwierigkeit, die für den mathematisch-naturwissenschaftlichen und teilweise den technischen Unterricht gut nutzbare situative Betrachtungsweise auf die übrigen Bildungsbereiche (Sprachunterricht, musisch-künstlerischer Bereich . . .) anzuwenden.

LITERATUR

AUTORENKOLLEKTIV unter Leitung von NEUNER, G.: Allgemeinbildung — Lehrplanwerk — Unterricht. Berlin/DDR 1972.

ADL-AMINI, B./KÜNZLI, R.: Didaktische Modelle und Unterrichtsplanung. Weinheim/München 1980.

BABANSKI, J.: Untersuchungen zur Überwindung des Leistungsversagens bei Schülern. Erarbeitung und Erprobung eines Systems von Maßnahmen zur Optimierung des Unterrichtsprozesses. (= Beiträge zur Pädagogik. Bd.6) Berlin/DDR 1979.

BENNER, D.: Die Pädagogik Herbarts. Eine problemgeschichtliche Einführung in die Systematik neuzeitlicher Pädagogik. Weinheim/München 1986.

BLANKERTZ, H.: Theorien und Modelle der Didaktik. München 1969.

BOROWSKI, G./HILSCHER, H./SCHWAB, M.: Einführung in die allgemeine Didaktik. Heidelberg 1974.

BÜHRDEL, CH./REIBETANZ, H./TÖLLE, H. (Hrsg.): Unterrichtsmethodik Maschinenwesen. Berufstheoretischer Unterricht. Berlin/DDR 1988.

COMENIUS, J. A.: Große Didaktik. Berlin/DDR 1957.

CUBE, F. VON: Die kybernetisch-informationstheoretische Didaktik. Westermanns Päd. Beiträge 32 (1980), S. 120-124.

DANILOW, M.: Über den Unterrichtsprozeß in der sowjetischen Schule. Berlin/DDR 1963.

DAWYDOW, W.: Arten der Verallgemeinerung im Unterricht. (= Beiträge zur Pädagogik. Bd. 8) Berlin/DDR 1977.

DICHANZ, H.: Anspruch und Reichweite didaktischer Theorie und Modelle. In: TWELLMANN, W. (Hrsg.): Handbuch Schule und Unterricht. Bd. 4.1. Düsseldorf 1981, S. 143—159.

DIESTERWEG, F. A. W.: Sämtliche Werke. Berlin/DDR 1956.

DREFENSTEDT, E.: Rationelle Gestaltung der Unterrichtsstunde. Berlin/DDR 1965.

DREFENSTADT, E. unter Mitarbeit von DREWS, U./JANDT, CH.: Die didaktische Konzeption des Lehrplanwerks und des Unterrichtsprozesses. In: Autorenkollektiv unter Leitung von NEUNER, G.: Allgemeinbildung — Lehrplanwerk — Unterricht. Berlin/DDR 1972, S. 102—144.

DREWS, U.: Didaktische Prinzipien. (= Beiträge zur Pädagogik. Bd. 5) Berlin/DDR 1976.

DREWS, U.: Zum dialektischen Charakter des Unterrichtsprozesses in der allgemeinbildenden Schule. (= Beiträge zur Pädagogik. Bd. 30). Berlin/DDR 1983.

FAUST, H.: Entwicklung des Könnens im Fachunterricht. Berlin/DDR 1974.

FRANK, H.: Kybernetische Grundlagen der Pädagogik. Baden-Baden/Stuttgart 1969.

FUHRMANN, E.: Diskussionsbeitrag zu Problemen typischer Unterrichtssituationen auf der 3. Tagung des Wissenschaftlichen Rates für Didaktik der APW. In: Pädagogik 27 (1972) 2. Beiheft, S. 34.

FUHRMANN, E./WECK, H.: Forschungsproblem Unterrichtsmethoden. (= Beiträge zur Pädagogik. Bd. 4) Berlin/DDR 1976.

GALPERIN, P. J.: Die Entwicklung der Untersuchungen über die Bildung geistiger Operationen. In: HEIBSCH, H.: Ergebnisse der sowjetischen Psychologie. Unter Mitarbeit von KLIX, F./VORWEG, M. Berlin/DDR 1967, S. 367—405.

GALPERIN, P. J./TALYSINA, N. F.: Die Bildung erster geometrischer Begriffe auf der Grundlage organisierter Handlungen der Schüler. In: GALPERIN, P. J.: Probleme der Lerntheorie. Berlin/DDR 1966, S. 106—130.

GRUSCHKA, A.: Die Pädagogik läßt sich nicht abwählen. Das Verhältnis von bürgerlicher und sozialistischer Pädagogik nach dem Ende der DDR. In: Zeitschrift für Pädagogik 38 (1992), S. 575—596.

GLÖCKEL, H.: Unterricht in der Spannung zwischen Sachanspruch, Schülergemäßheit und pädagogischem Anspruch. In: BECKMANN, H.-K./FISCHER, W. L. (Hrsg.): Herausforderung der Didaktik. Bad Heilbrunn/Obb. 1990, S. 33—50.

GÖBEL, R.: Typische Erkenntnissituationen im Physikunterricht. Invarianten der Unterrichtsgestaltung. In: Physik in der Schule, Berlin/DDR 16 (1978) 5.

HEIMANN, P.: Pädagogische theorie und „praktikum". Bemerkungen zu einem aktuellen ausbildungsproblem. In: Pädagogik 3 (1948), S. 296—329.

HOFMANN, F.: Einige problemgeschichtliche Anmerkungen zu Grundlagenfragen der Verbindung von Theorie und Praxis in der Lehrerbildung. In: Zur Gestaltung der Beziehungen zwischen Theorie und Praxis in der pädagogischen und psychologischen Ausbildung von Diplomlehrerstudenten. Berlin/DDR 1978, S. 75—92.

Information, Akademie der Pädagogischen Wissenschaften der DDR — Präsidium/-Materialien der 10. Plenartagung der Akademie am 5. Juni 1985. 1/1985, S. 30ff.

KANT, I.: Kritik der reinen Vernunft. In: Kant und seine Philosophie von HUGO RENNER. Königsberg 1914.

KLAFKI, W.: Von der geisteswissenschaftlichen zur kritisch-konstruktiven Didaktik. In: BECKMANN, H. K. (Hrsg): Schulpädagogik und Fachdidaktik. Stuttgart u. a. 1981, S. 49—71.

KLAFKI, W./SCHULZ, W./CUBE, F. VON/MÖLLER, CH./WINKEL, R./BLANKERTZ, H.: Didaktische Theorien. Hamburg 1991.

KLINGBERG, L.: Einführung in die Allgemeine Didaktik. Vorlesungen. Berlin/DDR 1974.

KLINGBERG, L.: Zur Typologie didaktischer Sozialstrukturen. In: KLINGBERG, L.: Unterrichtsprozeß und didaktische Fragestellung. Berlin/DDR 1982, S. 107—127.

KLINGBERG, L.: Exkurs: Pädagogik „von oben", Pädagogik „von unten". In: KLINGBERG, L.: Lehrende und Lernende im Unterricht. Berlin/DDR 1990, S. 89—92.

KLINGBERG, L./PAUL, H.-G./WENGE, H./WINKE, G.: Abriß der Allgemeinen Didaktik. Berlin/DDR 1965.

KÖCK, P./OTT, H.: Wörterbuch für Erziehung und Unterricht. Donauwörth [4]1989.

KRAJEWSKI, W./LERNER, I.: Theoretische Grundlagen des Inhalts der schulischen Allgemeinbildung. (= Beiträge zur Pädagogik. Bd. 38) Berlin/DDR 1986.

KRON, F. W.: Grundwissen Pädagogik. München/Basel 2. verbess. Auflage 1989.

LANDA, L. N.: Algorithmierung im Unterricht. Berlin/DDR 1969.

LIIMETS, H./NAUMANN, W.: Didaktik. Berlin/DDR 1982.

MARX, K.: Das Kapital. Bd. I. Marx-Engels-Werke. Bd. 23. Berlin/DDR 1979.

MESSNER, R.: Didaktische Thesen. In: MESSNER, R./RUMPF, H. (Hrsg.): Didaktische Impulse. Studientexte zur Analyse von Unterricht. (= Schriften zur Lehrerbildung und Lehrerfortbildung. Bd. 4) Wien 1971, S. 261—277.

MEYER, H.: Unterrichtsmethoden. 1. Theorieband. Frankfurt a. M. [3]1987.

MÖLLER, B.: Analytische Unterrichtsmodelle, Ergebnisse und Probleme der Lernorganisation. München/Basel 1966.

MÖLLER, CH.: Die curriculare Didaktik. Westermanns Päd. Beiträge 32 (1980), S. 164—168.

NICKLIS, W. S./WEHRMEYER, H.: Erziehungswissenschaftliche Forschungsmethoden. Bad Heilbrunn/Obb. 1976.

NIEMEYER, A.-H.: Grundsätze der Erziehung und des Unterrichts. Halle 1818.

PETERSEN, J./REINERT, G. B.: Unterrichtstheorie und Typusmodelle. In: PETERSEN, J./REINERT, G.-B. (Hrsg.): Pädagogische Positionen. Ein Leitfaden für Lehrer aller Schularten. Donauwörth 1990, S. 130—145.

PETERSSEN, W. H.: Lehrbuch Allgemeine Didaktik. München 1983.

RATKE, W.: Allunterweisung. Schriften zur Bildungs-, Wissenschafts- und Gesellschaftsreform. Teil 2. (= Monumenta Paedagogica. Bd. IX). Hrsg. von HOHENDORF, G./HOFMANN, F. Berlin/DDR 1971.

REICH, K.: Theorien der allgemeinen Didaktik. Stuttgart 1977.

ROBINSOHN, S. B.: Bildungsreform als Revision des Curriculum. Neuwied 1967.

ROSE, H./THOMAS, W. (Hrsg.): Unterrichtsmethodik Elektrotechnik. Berufstheoretischer Unterricht. 2. stark überarbeitete Aufl. Berlin/DDR 1986.

SALZMANN, CH. G.: Pädagogische Schriften. In: WAGNER, E. (Hrsg.): Die Klassiker der Pädagogik Bd. III. Langensalza 1887.

SCHEIBNER, O.: 20 Jahre Arbeitsschule in Idee und Gestaltung. Leipzig 1928.

SCHLEIERMACHER, F. D.: Ausgewählte pädagogische Vorlesungen und Schriften. Ausgew. u. eingel. von H. SCHUFFENHAUER. Berlin/DDR 1965.

SKATKIN, M. N./DANILOW, M. A.: Didaktik der Oberschule. Berlin/DDR 1978.

STÖCKER, K.: Neuzeitliche Unterrichtsgestaltung. München 1970.

STEINHÖFEL, W.: Untersuchungen zur Gestaltung typischer Unterrichtssituationen des Mathematikunterrichts im Hinblick auf die Neuakzentuierung der Methodik des Mathematikunterrichts. Diss. B. Potsdam 1976.

STEINHÖFEL, W./REICHOLD, K./FRENZEL, L.: Zur Gestaltung typischer Unterrichtssituationen im Mathematikunterricht. Lehrmaterial zur Ausbildung von Diplomlehrern Mathematik. Potsdam 1984.

THIEM, W.: Didaktische Untersuchungen zur Führung der Schülertätigkeit im Unterricht unter bewußter Nutzung von Gesetzmäßigkeiten des Aneignungsprozesses der Schüler. Diss. B, APW der DDR 1981.

THIEM, W./WECK, H.: Der Unterrichtsprozeß als differenzierte Einheit didaktisch geführter Aneignungsprozesse. In: Pädagogik 33 (1978), S. 577—586.

TOMASCHEWSKY, K.-H.: Unterricht als Aufgabenfolge. Wissenschaftliche Zeitschrift der Humboldt-Universität zu Berlin 1965.

TOMASCHEWSKY, K.-H./KLEIN, H./PATZWALL, K./SCHÖNFISCH, H.: Didaktik: unter besonderer Berücksichtigung des Unterrichts in den Klassen 1 bis 4 der deutschen demokratischen Schule. Berlin/DDR 1958.

WECK, H.: Zwei Jahre Forschungen zur Erhöhung der geistigen Aktivität aller Schüler im Unterricht — Wo stehen wir heute? In: Beiträge auf dem Kolloquium des Institutes für Didaktik und des Wissenschaftlichen Rates für Didaktik am 28. und 29. 9. 1982. APW der DDR. Berlin/DDR 1982, S. 12—24.

WECK, H.: Theorie und praktisches Handeln aus didaktischer Sicht. APW, Institut für Didaktik. Berlin/DDR 1982.

WYGODSKIJ, L. S.: Gesammelte psychologische Untersuchungen. Moskau 1956.

ZECH, F.: Grundkurs der Mathematikdidaktik. Weinheim/Basel ^{6}1989.

ZIMMER, H.: Bemerkungen zur anwendungsgerechten Aneignung von Lehrstoffen im Hinblick auf die Entwicklung schöpferischer Tätigkeiten. Kolloquium „Methodologie und Schöpfertum“, Institut für Hochschulbildung. Berlin/DDR 1977.

Klaus Harney/Peter Storz

16. STRUKTURWANDEL BERUFLICHER BILDUNG

1. Der Beruf als gemeinsame Tradition in den differenten gesellschaftlichen Kontexten der Nachkriegszeit
2. Fehlende Selbstbezüglichkeit: Zur Entwicklung in der DDR
3. Normalisierung des Berufs: Die Durchsetzung einer gemeinsamen Tradition
4. Die Ausprägung des Modernen Berufsbildungssystems
5. Erwerbs- und arbeitsmarktstrukturelle Differenzen zwischen den alten und neuen Bundesländern
6. Rationalisierung und berufliche Bildung
7. Beruf als Medium betrieblicher Partizipation

1. DER BERUF ALS GEMEINSAME TRADITION IN DEN DIFFERENTEN GESELLSCHAFTLICHEN KONTEXTEN DER NACHKRIEGSZEIT

Institutionelle Formen für die Organisation nicht-akademischer Ausbildung entstanden in Europa im Verlauf des 19. Jahrhunderts. Bislang hat die vergleichende Berufsbildungsforschung immer wieder die nationale Unterschiedlichkeit der beruflichen Ausbildung in den Industriestaaten betont, die aus diesem Prozeß hervorgegangen ist. Das Faktum der Unterschiedlichkeit legt es nahe, zwischen der Reproduktion des Arbeitsvermögens als allgemeinem industriegesellschaftlichem Funktionsproblem und ihrer an kulturell wie historisch variierende Orientierungsräume gebundenen Institutionalisierung (vgl. SCHRIEWER 1986, S. 69f.) zu unterscheiden. Das Funktionsproblem ist allgemeiner Natur: Es erwächst aus den Folgen der Industrialisierung und muß daher von allen Industriestaaten gelöst werden. Die institutionelle Form seiner Lösung ist dagegen Ausdruck nationaler Sozial- und Kulturgeschichte. Institutionalisierung heißt dann, daß die Entwicklung des Berufs typische Formen annimmt, in denen das Problem der Reproduktion qualifizierter Arbeitskräfte auf verschiedenen gesellschaftlichen Ebenen (politisch, betriebsorganisatorisch, schulisch etc.) abgearbeitet wird. *Unter Institutionalisierung verstehen wir folglich die soziale Verallgemeinerung des Berufs zum sinnhaften Anhaltspunkt für die Konstitution und Reproduktion von Ausbildungsstrukturen, unter Systemfindung die Ausdifferenzierung eines von Schule und Betrieb unabhängigen, selbstbezüglichen Berufsbildungssystems.*

Mit der noch vor der Vereinigung vollzogenen Ausdehnung des in der Alt-BRD Ende der sechziger Jahre entstandenen Berufsbildungsrechts auf die DDR wurde der rechtliche Rahmen für die Transformation der dortigen Ausbildungsstrukturen in das bundesrepublikanische System der beruflichen Bildung geschaffen. Die Frage nach den institutionellen Bedingungen dieses Prozesses sowie nach erwartbaren Übergangs- und Folgeproblemen führt in die gemeinsamen, historisch gewachsenen Strukturen der Berufsbildung zurück. Von dort aus kann man fragen, inwieweit Traditionslinien nachwirken, einen unterhalb der divergierenden politischen Systeme ungeteilten Bezugsraum für die Reproduktion basaler ausbildungsbezogener Orientierungen aufrechterhalten und so strukturelle Überschneidungen zwischen den jeweiligen nachkriegsgeschichtlichen Entwicklungen konservieren konnten.

Die gemeinsamen rechtlichen und organisatorischen Wurzeln der Berufsbildung in Deutschland gründen auf den korporativen Traditionen von Industrie und Handwerk. Diese korporativen Traditionen gehen zum einen auf die Assoziationsformen der Feudalgesellschaft (Zunft, Stadt, Kirche) zurück; zum anderen gehen sie zurück auf die modernen Formen der Assoziationsbildung (Vereine und Verbände), so wie sie sich im 19. Jahrhundert im Deutschen Reich entwickelt haben: Während die feudalgesellschaftliche Assoziation die ständische Stellung in der Gesellschaft repräsentierte, repräsentiert die moderne Assoziation den Zusammenhang von Mitgliedschaft und Öffentlichkeit. Die postfeudalgesellschaftliche Vereins- bzw. Verbandsmitgliedschaft des 19. Jahrhunderts ist der öffentliche Ausdruck der sozialen Zugehörigkeit: Sie setzt die Unterscheidung zwischen der privaten Sphäre und ihrem öffentlichen Ausdruck voraus.

Die Entstehung des Öffentlichen ist eben darin modern, daß es die Privatsphäre als Sphäre der Entscheidung für die Beteiligung an öffentlichen Formen benötigt. Im Industrie- und Handwerkskorporatismus des späten 19. Jahrhunderts hat sich diese Modernität in gebrochener Weise durchgesetzt:

Der Industriekorporatismus hat sich vor allem in der zweiten Hälfte des 19. Jahrhunderts in Form der Handelskammern und der Industrieverbände entwickelt. Pflichtmitgliedschaft gab und gibt es in den Handelskammern, in den Industrieverbänden dagegen nicht. Für das Handwerk gilt das zunächst auch: Pflichtmitgliedschaft gab und gibt es in den Handwerkskammern, die Innungsmitgliedschaft wie auch die Gründung von Innungen beruhte (wenn auch mit Einschränkungen) und beruht auf Freiwilligkeit. Gleichwohl bestanden und bestehen Unterschiede zur Industrie, die auf die Tradition des feudalgesellschaftlichen Zunftwesens zurückgehen. Aus dieser Tradition resultiert die öffentlich-rechtliche Bedeutung der Innung für den Zusammenschluß im Handwerk: Anders als in Industrie und Handel können die Kammern im Handwerk die Innungen zu ihrem Unterbau für die Prüfungsorganisation der Berufsausbildung machen. Als klassisches Nachfolgeinstitut der Zunft ist es nämlich die Innung, die vom Beruf als dem Prinzip der eigenen Organisation und Mitgliedschaftsbestimmung ausgeht. Vergleichbare Organisationsformen mit öffentlich rechtlicher Macht gibt es in den außerhandwerklichen Geltungsbereichen des Berufsbildungsrechts nicht.

1.1 Institutionalisierung und Systemfindung der Berufsbildung

Während die institutionelle Durchsetzung des Berufs sich auf seine Normalität als Perspektive wie auch als symbolische Form der gesellschaftsweiten Thematisierung von Ausbildungs- und Statusfragen bezieht, betreibt der Prozeß der Systemfindung im engeren Sinne die Integration der ja zunächst auf Innungen, Ministerien, Parteien und Verbände etc. verteilten Beruflichkeit, von programmatischen Forderungen sowie von Organisations- und Verrechtlichungsschritten. Systemfindung bedeutet, daß die regionale, betriebliche und schulische Pluralität des Ausbildungsgeschehens im Medium des Berufs organisatorisch und rechtlich als Einheit behandelt und unterschiedlichen gesellschaftlichen Zusammenhängen — von der Personalentwicklung in Betrieben bis zur Bildungspolitik — zugänglich gemacht werden kann. Gleichzeitig markiert der Übergang von der Institutionalisierung zur Systemfindung den Wandel der beruflichen Bildung zur *Selbstbezüglichkeit* ihrer internen Strukturen und Verarbeitungsmechanismen: Unter Bedingungen der Selbstbezüglichkeit ist die Ausbildungsrelevanz von Fragen der Standardisierung, der Arbeitskräfteallokation, der Definition von Karrieren, der Identifikation von Bedarf und Überschuß, der Finanzierung und politischen Steuerung nicht mehr auf separate Zuständigkeiten betrieblicher, korporatistischer, schulischer und politisch-administrativer Art verteilt, sondern einer systeminternen Eigenlogik der Verwertung und Prozedierung unterworfen. Selbstbezüglichkeit in diesem Sinne heißt, daß der Beruf zur typischen, systemisch immer wieder reproduzierten eigenständigen Perspektive auf soziale und wirtschaftliche Problemlagen wird und nicht mehr nur als untergeordneter Bestandteil anderer Systemzusammenhänge vorkommt: Systemisch dominant — und zwar jeweils für sich, ohne daß sich der Beruf als rechtlich und organisatorisch wirksames Medium der Vereinheitlichung hätte auswirken können — waren im Kaiserreich beispielsweise die Sphären des Industriebetriebs, dem es mittels des Berufs als Ordnungsinstrument um das Management von Rekrutierungsprozessen ging, der Handwerkskammer, die die Behauptung protektionistischer Interessen verfolgte, oder des preußischen Handelsministeriums, das sich Einflußmöglichkeiten auf die Bildungspolitik sichern wollte (vgl. HARNEY/TENORTH 1986). Alle diese Kommunikations- und Handlungssphären bezogen sich zwar jeweils auf den Beruf als institutionelle Form, aber sie waren nicht als vereinheitlichtes Funktionssystem aufeinander bezogen. Im Unterschied zu diesem historischen Entwicklungsstand ist der Beruf innerhalb des heutigen Berufsbildungssystems der BRD nicht mehr Mittel anderer Zwecke, sondern Selbstzweck für die am System beteiligten Repräsentanten der Spitzenverbände von Arbeitgebern und Arbeitnehmern, der Regierungen der Länder, der Bundesregierung sowie — auf der regionalen Ebene — der Kammern, Innungen und Berufsschulen. (Das heißt natürlich nicht, daß es im Berufsbildungssystem keine systemexternen Interessen gäbe. Die gibt es natürlich. Selbstzweckhaftigkeit heißt, daß die Interessen der verschiedenen beteiligten Instanzen in den über den Beruf vermittelten Sinnzusammenhang des Systems übersetzt werden müssen. Sie lassen sich dort z. B. nicht mehr als schlicht tarifpolitische Interessen kommunizieren.) Das System konstituiert mit Hilfe des Berufs seine eigene „Problemumwelt", zu der dann auch der Betrieb wird, wie folgendes Schema deutlich macht:

Der Beruf und seine interne Problemumwelt im gesellschaftlichen Kontext

Problem	*Systemische Parameter*
Jugendarbeitslosigkeit	Lehrstellenbilanzierung
Arbeitskräftemangel	Zwischenberuflicher Vergleich von Zu- und Abströmen
Techn. Wandel	Neuordnung/Berufekonzentration/ Berufsgrundbildung/Stufenausbildung
Europ. Integration	Äquivalenzzuordnung
Chancengleichheit	Berufliche Integration (Modellversuche; Maßnahmen; Finanzierungsanreize)
Allgemeine Bildung	Berufsschule als Delegationsinstanz
Karriere	Schulabschlußbezogene Berufesegmentierung
Betriebl. Arbeitsteilung	Lehrwerkstatt; Überbetr. Unterweisung Übungsfirma

Auf den verschiedenen Ebenen der über den Beruf vermittelten Umweltwahrnehmung ist es immer wieder die betriebliche Organisation der Arbeit, die als Problem ins Blickfeld kommt: Spezialisierung, technischer Wandel, Selektion und Chancensegmentierung im Berufszugang usw. sind durch betriebliches Handeln erzeugte Problemlagen, die im Berufsbildungssystem Anpassungs- und Integrationsstrategien entstehen lassen. Aus dieser (systemtheoretischen) Perspektive ist es nicht der Betrieb für sich, der die Problemlagen erzeugt, sondern es ist der dem Beruf eigene „Blick" auf den Betrieb, der dafür sorgt. Während sich die Sinnhaftigkeit des Berufs auf die Idealisierung spezialisierter Kompetenzen stützt und sich sowohl in seiner herkömmlichen wie auch in seiner modernen Bedeutung durch Indifferenz gegenüber wirtschaftlichem Kalkül auszeichnet, verhält es sich mit der Sinnhaftigkeit des Betriebs genau umgekehrt: Die betriebliche Seite des Arbeitshandelns ist auf seine Verwertung unter Rentabilitätsprämissen ausgerichtet und dabei an dem beruflichen Zuschnitt des Arbeitsvermögens nur im Rahmen seiner eigenen wirtschaftlichen Handlungslogik interessiert.

In vergleichbarer Weise abgegrenzt ist die berufliche Bildung auch vom schulisch definierten Bildungssystem: auch die Schule fungiert in dem Maße als Problemumwelt eigener Art, wie die berufliche Bildung sich nicht nur auf den

Betrieb, sondern in Form von Gleichwertigkeitsansprüchen und von Berechtigungsvergaben gleichfalls auf das allgemeine Bildungssystem bezieht und sich damit nicht nur betrieblichen Utilitäts-, sondern auch schulischen Allgemeinbildungserwartungen aussetzt. Die Pufferstellung, die der Berufsbildung damit zukommt, wird durch ihre duale — auf betrieblich-private und staatlich-öffentliche Verfügungsmacht gegründete — Trägerschaft abgestützt.

Insofern ist der Terminus des dualen Systems nicht — wie das vor allem in der internationalen Öffentlichkeit oft dargestellt wird — lernortdidaktisch (als Koppelung von Berufsschule und Betrieb, von Theorie und Praxis), sondern rechtlich und institutionentheoretisch zu begreifen: die Unterscheidung zwischen schulischer und betrieblicher Ausbildungspraxis ist mit der Unterscheidung zwischen öffentlicher (= Berufsschule; Kammern) und privater Verfügungsmacht (= Betriebe) nicht identisch, sondern liegt auch innerhalb der betrieblichen Ausbildungsträgerschaft (die schulische bzw. schulähnliche Unterweisungsformen selbst in vielfältigen Ausprägungen bereithält) vor. Rechtlich wie institutionentheoretisch ist der Terminus dagegen sinnvoll, weil er darauf hinweist, daß das Berufsbildungssystem private Entscheidungsautonomien enthält: Wichtige Parameter der Berufsbildung wie das Quantum und die Qualität der Ausbildungsplätze, ihre Verteilung auf Branchen, Sektoren und Regionen wie auch die Segmentierung des Berufszugangs nach Schulabschlußniveaus, nach Geschlecht und regionaler Herkunft sind an betriebsprivate Entscheidungen gebunden. Die öffentlich-rechtliche Seite der Berufsausbildung setzt die Privatheit des betrieblich vermittelten Ausbildungseintritts und Ausbildungsgeschehens voraus. Sie kommt erst auf ihrer Grundlage zum Tragen und manifestiert sich dann in Form von berufseigenen Kontrollen und Standards, die sie den ausbildenden Betrieben auferlegt. Auf diese lose — da von betrieblicher Macht gleichermaßen abhängige wie ihr auch gegenübertretende — Ankoppelung der Berufsbildung an das Bildungssystem gründet sich die relative Autonomie, die den Beruf als selbstbezügliches Medium der Verrechtlichung, Administrierung und Kommunikation sowohl gegenüber der Schule wie auch gegenüber dem Betrieb auszeichnet.

2. FEHLENDE SELBSTBEZÜGLICHKEIT: ZUR ENTWICKLUNG IN DER DDR

Die Selbstbezüglichkeit des Berufs kennzeichnet nicht nur die aktuelle Arbeitsweise des bundesrepublikanischen Berufsbildungssystems, sondern auch Differenzen und Überschneidungen mit der Entwicklung der Berufsbildung in der DDR. Genauso wie in der früheren BRD wurde in der DDR die Tradition der öffentlich rechtlich regulierten Berufsausbildung fortgesetzt, fungierte also der Beruf gleichfalls als Form der Zuschneidung, Abgrenzung und Sammlung von Kompetenz- und Wissensbenennungen. Im Unterschied zur BRD war diese Form jedoch nicht mehr in ein vom Bildungssystem deutlich unterscheidbares Berufsbildungssystem integriert. Sie entwickelte sich mehr und mehr zur Form im Bildungssystem. Unterschiede resultierten nicht aus der Übernahme der Berufsform selbst, sondern aus ihrer korporatistischen Verankerung wie auch aus der Ausdifferenzierung betrieblichen Handelns, deren Eliminierung bzw. Umbenennung in der DDR zu Autonomieverlusten der Berufsbildung gegenüber dem schulisch definierten Bildungssystem beigetragen hat.

In beiden Systemen — dem der ehemaligen BRD und der DDR — ist der Betrieb Ausbildungsort für eine anders als betrieblich wie auch anders als schulisch definierte Ausbildungspraxis. Insofern kann man sagen, daß Schule und Betrieb in beiden Fällen als Berufsumwelten fungieren. Die Unterschiede ergeben sich aus den differenten Legitimationsmustern, denen die Berufeproduktion unterliegt: Im ersten Fall sind Berufe das Produkt eines korporatistischen Aushandlungsverfahrens zwischen Arbeitgebern und Arbeitnehmern unter dem Dach des BIBB. Kennzeichen dieses — vor allem von Interessenkonflikten zwischen den korporatistisch beteiligten Gruppen beherrschten — Verfahrens ist seine Auslegung als Reaktion auf und Anpassung an den Wandel der Arbeitswelt. Im Gegensatz dazu besitzen Berufe im zweiten Fall eine andere Konfliktumwelt: Sie werden als Produkte administrativer Planung legitimiert, unterliegen rivalisierenden Einflußsträngen im Planungsapparat und tragen insofern der DDR-typischen Umbenennung betrieblichen Handelns Rechnung; denn in der öffentlichen Sprache galt der Betrieb dort nicht mehr als Träger wirtschaftlicher Sinnhaftigkeit, sondern als gemeinwohlorientierte Versorgungseinrichtung. Das hatte zur Folge, daß an die Stelle von Kosten und Umsatz als betriebsrelevanten Orientierungsgrößen der strategische Umgang mit Planungszahlen trat. Nicht Wachstum, Rationalisierung oder Personalentwicklung, sondern die Tendenz zur leichten Planerfüllung sowie die Ausnutzung des betrieblichen Informationsmonopols erhielten auf diese Weise das strukturelle Primat (vgl. WATERKAMP 1983). Im Unterschied zum BIBB, das als Unterbehörde des Bundesministeriums für Bildung und Wissenschaft die komplette Erarbeitung der Ausbildungsordnungen organisiert, beschränkte sich das Staatssekretariat für Berufsbildung (bzw. das Zentralinstitut für Berufsbildung als untergeordnete Behörde) auf die Festlegung von Rahmenbedingungen und überließ die konkrete Festlegung von Ausbildungsprofilen sogenannten Berufsfachkommissionen, in denen Fachleute aus den Kombinaten, anderen wirtschaftsleitenden Organen (vgl. BIERMANN 1990, S. 104) wie auch von gesellschaftlich relevanten Gruppen (FDGB, FDJ) vertreten waren (vgl. SCHÄFER 1990, S. 328). Die hergebrachte Unterscheidung zwischen beruflicher und betrieblicher Sinnhaftigkeit verlor damit an Substanz: im Unterschied zur BRD kam der Berufsform keine selbstbezügliche — gegenüber Bildungs- und Beschäftigungssystem gleichermaßen autonome — Funktionalität mehr zu. Durch die Vergabe von Zulassungsquoten entfiel die für die BRD typische Koppelung von privater Verfügungsmacht und öffentlicher Kontrolle. Die Unterscheidung von Berufen und die von ihr getragene berufliche Arbeitsteilung vollzog sich aus der Perspektive von DDR-Betrieben im Bildungssystem bzw. in den für das Bildungssystem maßgeblichen Planungsprozeduren. Auch die Betriebsberufsschulen gehörten aus dieser Perspektive dem Bildungssystem an: Während vergleichbare Einrichtungen (Werkschulen) in der BRD als betriebliche Ausdifferenzierungsleistungen einerseits den Standards des Berufsbildungssystems entgegenkommen, andererseits aber auch noch privater Verfügungsmacht unterliegen und vom Bildungssystem selbst unabhängig sind, galt das für die Betriebsberufsschulen nicht. Sie stellten keine betriebliche Ausdifferenzierungsleistung im Sinne eines Mischungsverhältnisses zwischen privater Verfügungsmacht und öffentlicher Kontrolle dar (die sich dann beide gegenseitig voraussetzen), sondern waren Bestandteil des Bildungssystems und funktionale Repräsentation des Berufs im Berufsbildungssystem gleichermaßen. An die Stelle der privaten Verfügungsmacht traten in der DDR von den Kombinaten abhängige Strategien der Einflußnahme auf die jeweiligen Betriebsberufsschulen. (Insofern hatten die Betriebsberufsschulen nicht den Status einer behördlich anerkannten Ersatzschule wie die Werkschulen in der alten BRD, und die Kombinate hatten ebensowenig den Status eines privaten Schulträgers.) Während für die BRD zutrifft, daß die Berufsschulen ihr Verhältnis zur betrieblichen Ausbildungsstruktur fallweise bestimmen müssen, war es in der DDR umgekehrt: dort waren es die Kombinate, die ihren Einfluß auf die Berufsschule nicht strukturell, sondern nur fallweise herstellen konnten.

3. NORMALISIERUNG DES BERUFS: DIE DURCHSETZUNG EINER GEMEINSAMEN TRADITION

Der Prozeß der Institutionalisierung des Berufs setzte im 18. Jahrhundert ein. Im Zuge des feudalgesellschaftlichen Niedergangs entwickelte er sich zum Sinnmuster für die öffentliche Thematisierung wie auch für den Aufbau einer verbandlich-korporativen Infrastruktur, in deren Regulationsformen und Problemwahrnehmungen sich soziale, ordnungspolitische wie auch qualifikatorische Folgeprobleme der industriekapitalistischen Ablösung des ständischen Wirtschaftskorporatismus ausdrückten. Unter feudalgesellschaftlichen Bedingungen blieb die Ausübung von Gewerbe und Handel in beruflich korporative Kontexte (Stadt, Zunft/Innung/Gilde) der Lebensführung eingeschlossen. Leitdifferenz der betrieblichen Praxis war die im Zusammenschluß der Zunftmitglieder — und damit im Beruf und seinen symbolischen Formen — verbürgte Ehrbarkeit der eigenen Lebensführung. Die Institutionalisierung des Berufs im 19. Jahrhundert stellte auf die Auflösung dieser Einheit von Beruf und Betrieb, von sozialer und wirtschaftlicher Praxis ab. Der Beruf entwickelte sich zum Sinnschema der sozialen Reproduktion und Integration des Arbeitsvermögens, der Betrieb zur — gegenüber der Inhaltlichkeit und Sozialität des Berufs indifferenten — Institution seiner laufenden wirtschaftlichen Verwertung. Verberuflichung im so verstandenen Sinne lief auf die gegenseitige Zweckbereinigung zwischen beruflicher und betrieblicher Arbeitsteilung hinaus: indem sie nämlich die Sphäre der betrieblichen Arbeit vom überkommenen normativen Muster der Ehrbarkeit (das die Sphären der Ausbildung, Produktion und Lebensführung unterschiedslos umgriff) abtrennte (was bedeutet, daß die betriebliche Arbeit eigenen, moralisch indifferenten, von Rentabilitäts-, Markt- und Herrschaftsstrategien bestimmten Gestaltungskriterien zu folgen begann), verschob sich dieses Muster vom Regulationsprinzip der Lebenspraxis schlechthin zum spezifischen Funktionsprinzip für ausbildungseigene Status-, Standardisierungs- und Erziehungsansprüche.

Aus der Differenz zwischen Ehrbarkeit und Ehrlosigkeit entwickelte sich sukzessive diejenige zwischen beruflicher Ausbildung als gesellschaftlich durchgesetzter Normalität und beruflicher Ausbildungslosigkeit als ebenso verallgemeinertem Krisenindex: die moderne Form des ehrlosen Arbeiters ist der Ungelernte, dem das Berufsbildungssystem die Aufnahme vorenthält, und der deshalb in den Definitionsbereich von Auffangmaßnahmen rutscht, die sich auf der Grenze zwischen Berufs- und Sozialpädagogik bewegen. Wer heutzutage aus den Anerkennungsprozeduren der Berufsbildung herausfällt, gilt nicht als ehrlos, sondern als virtueller Fall sozialpädagogischer Begleitung. D. h.: Die Bestimmung von Normalitätsgrenzen hat sich von Ehrbarkeitsdiskursen auf Lernfähigkeitsdiskurse sozialwissenschaftlicher, psychotherapeutischer, pädagogischer und medizinischer Provenienz verlagert. Diese Diskurse stützen die soziale Relevanz von Unterscheidungen wie gesund/krank, gelernt/ungelernt, begabt/unbegabt, motiviert/unmotiviert, fähig/unfähig, usw. ab, und zwar auf Kosten anderer Unterscheidungen, die im Hintergrund bleiben bzw. dorthin abgedrängt werden (wie ehrbar/unehrbar).

In dem Maße, wie solche Differenzen in den Vordergrund treten, wird die soziale Benennung von Problemlagen gleichermaßen eingegrenzt und normalisiert. An den Grenzen der Normalität wie z. B. der des Berufs bilden sich dann Anlässe sozialer Krisenwahrnehmung aus, wie sie z. B. für den Typus des ungelernten jugendlichen Fabrikarbeiters beobachtbar sind. Der Jungarbeiter ist zwar vom Alter her jugendlich, ihm fehlt aber mit dem Beruf das Medium für die soziale Ordnung der Jugendlichkeit, die für die Zeitgenossen der hochindustriellen Expansionsphase vor und nach der Jahrhundertwende eine Ordnung des Abwartens und des Übergangs war.

„Eine Fortbildungsschulklasse gelernter Jungen wirkt immer, wenn man sie mit einer Ungelerntenklasse vergleicht, gehalten, ruhig, schülerhaft ... geduckt.“ (DEHN 1929, S. 83)

Der Abbau der Ungelerntenrate gilt bis heute sowohl als Erfolgsindikator des Berufsbildungssystems wie auch als Anlaß für die ständige Bereitstellung von Förder- und Betreuungsmaßnahmen für Jugendliche, die an den Ausbildungsstandards scheitern. Die Ungelerntenfrage ist jedoch heute kein prominentes Thema der Bildungspolitik und damit auch keine grundsätzliche Frage der Systemgestaltung mehr: Der politische Diskurs über die Ungelernten wird heute nicht mehr bildungspolitisch, sondern sozial- und arbeitsmarktpolitisch geführt. Angesichts des 1989 (1979: 21% vgl. DREWEK/HARNEY 1986, S. 143) erreichten Stands der Ungelerntenrate von ca. 15% (vgl. KLEMM 1991, S. 894) löst die Ungelerntenrate, anders als das noch in den siebziger Jahren der Fall war, bildungspolitisch keine Reformdiskussion mehr aus, sondern zählt mittlerweile zu den wiederkehrenden Versorgungsroutinen der Arbeitsmarkt- und Sozialpolitik.

4. DIE AUSPRÄGUNG DES MODERNEN BERUFSBILDUNGSSYSTEMS

Im Zuge der Verrechtlichung der Berufsbildung, die mit dem Berufsbildungsgesetz von 1969 begann, ging die Funktion der Berufekonstitution als eines erstmals öffentlich finanzierten und geregelten Verfahrens auf das Bundesinstitut für Berufsbildung in Berlin (BIBB) — eine paritätisch kontrollierte, dem Bundesministerium für Bildung und Wissenschaft unterstehende behördliche Einrichtung — über (vgl. LEPPER 1983; STREECK 1987; WITTWER u. a. 1985). Gleichzeitig entwickelte sich die Formalorganisation der Berufsbildung zum Verbund zwischen ständischen, staatlich-administrativen und interessenverbandlichen (= Kapital-Arbeit) Beteiligungsformen. Als Folge dieser Umstellung wurde die in der handwerklichen Selbstverwaltung konservierte ständische Repräsentationslinie nach unten abgedrängt und auf die lokale/regionale Organisation und Kontrolle der beruflichen Bildung beschränkt. Die Reproduktion der Berufeordnung selbst vollzieht sich seitdem in einem oberhalb der ständischen Repräsentation angesiedelten administrativen Apparat, in dem das Handwerk nicht mehr als ständisch-soziales Ordnungsgebilde, sondern als interessengebundene Arbeitgeberfraktion vertreten und dadurch in seinem Einfluß geschmälert ist. An den Neuordnungen der letzten Jahre kann man sehen, daß das BIBB aufgrund seiner inneren Verfassung sich im wesentlichen zur Clearingstelle für branchenverbandsbezogene Aushandlungsprozesse zwischen Gewerkschaften, Arbeitgebern und branchenführenden Unternehmen entwickelt hat. Aufgrund der nicht über ständische Mitgliedschaft, sondern über das Kapital/Arbeit-Schema laufenden Beteiligungs- und Clearingstruktur des BIBB haben sich die Machtpotentiale der Berufekonstruktion von ständischen Zuordnungs- auf tarifvertragsähnliche Einigungsprozeduren verlagert (vgl. HILBERT/SÜDMERSEN/WEBER 1990). Anders als zu Beginn des Jahrhunderts ist es heute eher das Handwerk, das aufgrund seiner nach unten abgesackten ständischen Repräsentation den direkten und indirekten Sogwirkungen solcher — in den „oberen Etagen" des Systems angesiedelter — Prozeduren auf seine eigene innere Berufeordnung und Berufeabgrenzung ausgesetzt ist. (Auch die rechtlich im Vergleich zur Industrie wesentlich stabilere Berufordnung bietet hier keine vollständigen Schutzmöglichkeiten mehr; vgl. STRATMANN/SCHLÖSSER/LIER 1989). Als klassisches Beispiel für einen solchen — auf komplexer zwischenverbandlicher Aushandlung zwischen den Tarifparteien beruhenden — Prozeß können die bereits in den siebziger Jahren getroffenen Vereinbarungen zur Umlagefinanzierung und zur Stufenausbildung in der Bauwirtschaft gelten. Während ein universaler Finanzausgleich zwischen ausbildenden und nicht-ausbildenden Betrieben auf bundesrechtlicher Ebene scheiterte, kam er in der Bauwirtschaft aufgrund eines für die dortige Verbändestruktur typischen Interessenausgleichs zustande: Da die Bauwirtschaft sowohl handwerks- wie industrieverbandlich organisiert ist, die Ausbildung aber überwiegend in Handwerksbetrieben erfolgt, verteilte die Umlagefinanzierung die Kosten der Stufenausbildung zugunsten des Bauhandwerks. Umgekehrt waren die Industrievertreter der Bauwirtschaft aufgrund ihres Auftragsprofils (Ingenieurbau) an einer bautechnologischen Ausbildungsgrundlegung interessiert. Im Ergebnis kam ein Tauschgeschäft (=Stufenausbildung gegen Umlagefinanzierung) zustande, dessen berufliche Reichweite von innerverbandlichen Durchsetzungsstrategien bestimmt war. (Z. B. wurden die Dachdecker, die in einem eigenen Verband organisiert waren, nicht einbezogen.) Ausbildungsordnung und Tarifvertrag, die die Stufenausbildung und die Umlagefinanzierung einführten, kam nicht nur die Funktion des Interessenausgleichs mit den Gewerkschaften zu, sondern auch die der Interessenvereinheitlichung gegenüber Abweichlern im Unternehmerlager (vgl. STREECK 1983).

Mittlerweile leisten zwischenverbandliche Einigungsprozeduren nach dem Muster der Tarifverhandlung die entscheidende Übersetzungsfunktion betriebsspezifischer in berufsspezifische Anforderungsprofile. Dabei dürfte die über den Aufbau des BIBB vermittelte Einbeziehung der Gewerkschaften den Aushandlungsprozeß nur auf den ersten Blick komplizieren. Sie erleichtert nämlich die Durchsetzungsmacht der Unternehmerfachverbände gegenüber ihrer eigenen Klientel, da nunmehr die gewerkschaftliche Verhandlungsgegnerschaft (die bei der Neuordnung von Berufen im Unterschied zur laufenden Reproduktion der Berufsausbildung selbst eben auch für das Handwerk zum Tragen kommt, das ansonsten nur das ständische Prinzip der Gesellenvertretung kennt) zur Festigung der fachverbandseigenen Verhandlungsführung beitragen kann.

Das für die Neufassung und Vorbereitung beruflicher Ausbildungsordnungen zentrale Gremium ist der Hauptausschuß des Bundesinstituts für Berufsbildung. In diesem Ausschuß sind Arbeitgeber und Arbeitnehmer paritätisch mit je elf Vertretern, ebenfalls elf Vertreter der Länder sowie fünf Beauftragte des Bundes (mit elf Stimmen) vertreten. In diesem Gremium werden Handwerk und Industrie über das Vorschlagsrecht der Spitzenorganisationen der Kammern sowie der Arbeitgeber- und Unternehmerverbände, die Arbeitnehmer über entsprechende Delegation seitens der Gewerkschaften und Berufsverbände repräsentiert (vgl. BENNER 1982 u. 1987; STREECK u. a. 1987). BIBB und Hauptausschuß fungieren dabei als Anregungs- und Kontrollinstanzen eines aufgrund der Koordination mit den Ländern (für die es den Länder- und den Koordinationsausschuß im BIBB gibt), den Sozialparteien sowie den betroffenen Branchenverbänden äußerst komplexen Verfahrens der Erstellung von Ausbildungsordnungen, das in der Regel auf Projektvorarbeiten des BIBB (Tätigkeitsanalysen, Expertenbefragungen) beruht und mehrjährigen Zeitaufwand abverlangt. Gleichzeitig wurde mit der Gründung des BIBB die gewerkschaftliche Beteiligung über ein Ausschußsystem (durch paritätisch besetzte Ausschüsse für Berufsbildung auf Landes- und Kammerebene) auch nach unten hin verlängert und regionalisiert. Allerdings blieb hier — in der „unteren Etage" des Berufsbildungssystems — die handwerkliche Sonderstellung gewahrt: die Arbeitnehmervertretung in den Berufsbildungsausschüssen der Handwerkskammern erfolgt „ständisch", d. h. als Repräsentation der Gesellen (§ 43 HWO in der Fassung vom 24. 4. 1986).

„Ständisch“ ist auch die Kompetenzverteilung zwischen den Ausschüssen und den Kammern: als Gegengewicht zur — (für die Handwerkskammern zudem nicht zutreffenden) Penetration der Kapital/Arbeit — Fraktionierung in das kammertypische Prinzip der Standesvertretung fungiert die Nichtbeteiligung der Ausschüsse an den Haushalts- und Personalentscheidungen.

4.1 Strukturfragen der Berufsbildung: Peripherie und Zentralität

In der DDR wurden nach dem Zweiten Weltkrieg die in der Zwischenkriegszeit entstandenen Berufsordnungen nahezu vollständig übernommen. Der Beruf blieb trotz der — von der Sowjetpädagogik beeinflußten — Umorientierungen in der bildungspolitischen Semantik das bildungspraktisch dominante Muster der Definition bzw. Abgrenzung nichtakademischer Arbeit und fungierte daher genauso wie in der BRD als eine Art Brücke zwischen Schul- und Beschäftigungssystem. Anders als in der BRD konnte sich diese Brückenfunktion der Berufesemantik jedoch nicht mehr auf korporative Strukturen stützen. Vielmehr wurde die Nähe zur betrieblichen Produktion von äquivalenten Regelungsmechanismen übernommen, die sich allerdings als weniger resistent gegenüber Erosionsprozessen erwiesen, wie sie aus eigendynamischen Ausdehnungs- und Hierarchisierungsprozessen im allgemeinen Schulsystem — die es sowohl in der DDR wie in der BRD gab — resultierten.

Die Administrierung der beruflichen Bildung in der DDR stützte sich im wesentlichen auf zwei — tendenziell konkurrierende — Macht- und Einflußlinien, die ihre Konflikthaftigkeit aus der für die Sinnhaftigkeit des Berufs typischen Vermittlung beschäftigungs- und bildungssystemeigener Autonomieansprüche bezogen: Bildungssystemtypische Orientierungen an Verallgemeinerung („Sozialistische Facharbeiterpersönlichkeit“) und Theoretisierung waren eher auf der vom Staatssekretariat für Berufsbildung über die regionalen und kommunalen Abteilungen für Berufsbildung bis hinunter zu den Berufsschulen führenden Administrationslinie vertreten. Demgegenüber finden sich beschäftigungssystemtypische Orientierungen an spezifischer Verwertbarkeit und an betriebspragmatischen Gestaltungsspielräumen eher auf der über die Industrieministerien zu den Kombinaten/Betrieben als Berufsschulträgern laufenden Linie, der auch die mit anforderungsanalytischen und curricularen Arbeiten befaßten Berufsfachkommissionen (s. o.) angehörten.

In den bundesrepublikanischen Berufsbildungsstrukturen trifft man die Konkurrenzlage zwischen bildungs- und beschäftigungssystemtypischen Orientierungen im Verhältnis zwischen korporatistisch-paritätischer Zentral- und föderalistischer Peripheriezuständigkeit wieder an. Während sich die korporatistisch-paritätische Zentralregulation der Berufsbildung über das Bundesinstitut für Berufsbildung, über die institutseigene prozedurale Legitimation sowie über die Ausführungskompetenz der Kammern vermittelt, vermittelt sich die föderalistische Peripheriezuständigkeit über die Länderhoheit im Berufsschulsektor. Die von der sozialliberalen Koalition sowie den Länderregierungen mit sozialdemokratischer Beteiligung in den siebziger Jahren getragene Reformdebatte der Berufsbildung bezog sich im wesentlichen auf diesen Hiatus: Sie stellte darauf ab, die Berufsschule vor allem durch die Berufsgrundbildung sowie durch eine Reihe weiterer Reformschritte (Abstimmung der Berufsschullehrpläne mit den Berufsbildern; Doppelqualifizierung — Verbindung von Hochschulreife und Berufsausbildung — im Kollegschulmodell; Einführung des Berufsvorbereitungsjahres für ausbildungsstellenlose Jugendliche; Verlängerung der Berufsschulzeit) sowohl aus ihrer peripheren Lage zu lösen wie auch die Berufsbildung insgesamt auf schulisch garantierte Standards der Verallgemeinerbarkeit und Theoretisierung zu stellen (vgl. GREINERT 1981). Als Fazit kann man festhalten, daß sich die Reformabsicht nicht strukturell, sondern elementweise — und das auch mit unterschiedlicher Intensität — realisiert hat: Der ländergesetzlich vorgeschriebene Berufsschulanteil an der Ausbildungszeit hat sich auf zwölf Stunden pro Woche erhöht; und auf Branchen- und Berufsebene ist es durchaus zu Integrationslösungen gekommen (vgl. STREECK 1983). Aber solche Lösungen sind eben nicht struktureller Art, was man schon daran sehen kann, daß die Bedeutung des Berufsschulabschlußzeugnisses nach wie vor von der Lehrabschlußprüfung unabhängig ist (vgl. GRÜNER 1984, S. 8). Die Berufsschullehrer können zwar als Mitglieder des Prüfungsausschusses mit Sitz und Stimme Einfluß nehmen, vertreten dort aber nicht die „Dualität" des dualen Systems, sondern sind dort als „Fraktion" — neben Arbeitgebern und Arbeitnehmern — beteiligt. Ihnen wird, m. a. W., berufsbildungsrechtlich kein professioneller Status, sondern ein politischer Status im Rahmen korporatistischer Machtbalancen zugestanden. Die Auseinandersetzungen der siebziger Jahre haben daran nichts ändern können.

Insgesamt hat das System durch die Reformdebatte an Umweltsicherheit und Legitimationskraft in die Gesellschaft hinein gewonnen. Dagegen hat es sich nicht — wie ursprünglich intendiert — strukturell gewandelt. Das Gegenteil trifft zu: Gerade das Scheitern der Reformambitionen hat das Verhältnis zwischen Zentrum und Peripherie im Berufsbildungssystem strukturell verfestigt. Dieses Verhältnis kommt nicht nur darin zum Ausdruck, daß die Berufsschule den systemtragenden Prozeduren der beruflichen Bildung nachgeordnet ist; es äußert sich auch darin, daß mit der Integration der Berufsschule in die Sekundarstufe II der Berufsform schulsystemintern keine Bedeutung mehr für die Profilierung der Berufsschule als Schultyp zukommt.

Aufgrund dessen haben auch die vollzeitschulischen Varianten der Berufsschule keine strukturellen Veränderungseffekte hervorbringen können: Anders als in den von den Gewerkschaften, der SPD und partiell auch der Berufsschullehrerschaft vertretenen Reformabsichten der siebziger Jahre entwickelte sich das vollzeitschulische Angebot der Berufsschule nicht zum zentralen Bestandteil der Berufsbildung, sondern zur Pufferzone für den Ausbildungsstellenmarkt (vgl. GEORG 1984). Je nach Konjunkturlage, Region, Geschlecht und Schulabschlußniveau haben in den achtziger Jahren zwischen einem Viertel und über einem Drittel der Auszubildenden zunächst einmal diese Pufferzone hinter sich gebracht: Der/die typische berufliche VollzeitschülerIn ist die aus einer Problemregion wie dem Duisburger Raum stammende Sonderschülerin, die 1982, also in einer Zeit der Ausbildungsübernachfrage, aus der Schule entlassen wird (vgl. STENDER 1989; BRANDES/BROSI/MENK 1986) und damit alle ungünstigen Sozialdaten auf sich vereint.

Insofern wirkt sich neben den Sogeffekten des Schulsystems und der föderalen Zuständigkeit gerade die privatbetriebliche Disponierbarkeit von Ausbildungszugängen und Ausbildungsformen peripherisierend auf die Stellung der Berufsschule aus.

Diese Differenz zwischen Peripherie und Zentrum zeigt sich im Zufriedenheitsempfinden von Auszubildenden (vgl. SCHWEIKERT 1989, S. 79) wie auch in der Kooperationsbereitschaft von betrieblichen Ausbildern. Das heißt nicht, daß wir der Berufsschule Irrelevanz zuschreiben, sondern, daß wir zwischen prozeduraler Reproduktion der Berufsbildung — vom Aufbau der Berufsbilder, über den Eintritt in die Berufsausbildung bis hin zu ihrer Beendigung und Certifizierung — und fallweiser — an jeweilige Bedingungen beruflicher, betrieblicher und regionaler Art gebundener — Relevanz unterscheiden. Die Berufsschule ist im Hinblick auf die prozedurale Reproduktion, also systematisch — und zwar unabhängig von der (bis zu zwei Wochentage) an sie abgetretenen Zeit — in einer institutionell peripheren Lage. Ihre periphere Stellung erweist sich gerade darin, daß sie ihre Relevanz nicht systematisch, sondern fallweise — also in Abhängigkeit von regional-, berufs- und betriebsspezifischen Bedingungen — gewinnt. Die von den Ansprüchen des Berufsbildungssystems stimulierte betriebliche wie überbetriebliche Ausdifferenzierung von Lehrwerkstätten, Werkschulen, Zusatzunterweisungen, Übungsfirmen usw. steht nicht nur in Konkurrenz zur Berufsschule, sondern bestimmt auch ihre jeweilige ausbildungsbezogene Position, die von unmittelbarer Integration in berufs- und prüfungsbedeutsame Vermittlungsprozesse bis hin zur puren Pflichtableistung der gesetzlich vorgeschriebenen Berufsschulzeit reicht. Sie führt im übrigen auch dazu, daß der Berufsschultag nicht mehr als angenehme Unterbrechung einer langen Arbeitswoche (GRÜNER 1984, S. 28), sondern als ein Lernarrangement unter anderen erlebt wird, dessen Bedeutung für die Kooperation zwischen den Lernorten von den Bedingungen der jeweiligen innerbetrieblichen Ausbildung abhängt. Aufgrund ihrer bürokratischen und finanziellen Abhängigkeit von der Schulhoheit der Länder wie auch der an die Städte und Gemeinden delegierten Schulträgerschaft, den daraus resultierenden Restriktionen in der Personalrekrutierung (= beamtenrechtlich eingerahmtes Monopol der Lehrerausbildung an Hochschulen), der Ausstattungsbeschaffung und Flexibilität ist die Berufsschule im sozio-logischen Sinne desintegriert. D.h.: Ihre Relevanz wird nicht vom System verbürgt, sondern ist an Sonderbedingungen beruflicher, betrieblicher und regionaler Art gebunden.

Aus bundespolitischer Perspektive ist daher auch nicht die Berufsschule, sondern die überbetriebliche Berufsbildungsstätte Objekt von Förderungsstrategien. Am Förderungsprogramm der Bundesregierung kann man ablesen (vgl.

BMBW 1991 b), daß die Ausdehnung des hiesigen Berufsbildungssystems in die Neuen Bundesländer nicht über die Berufsschule, sondern über Lernausdifferenzierungsformen verläuft, die den privatbetrieblich disponierenden Akteur voraussetzen.

4.2 Berufsbildungssystem, Schulsystem und Arbeitsmarkt: Die Differenz von Beruf und Betrieb als Regulationsform für Übergänge

Die Berufs-Betriebs-Differenz, so wie sie sich in den privatbetrieblichen Dispositionsspielräumen im Berufsbildungssystem niederschlägt, spiegelt sich nicht nur in den institutionellen und systemischen Formen der Berufsbildung wider, sondern lagert sich auch in charakteristischen Mustern der Arbeitskräfterekrutierung und der Ausbildungsverwertung ab. Über die Hälfte der Auszubildenden bleibt nach der Lehre im Ausbildungsberuf und im Ausbildungsbetrieb tätig. Circa ein Fünftel verläßt den Betrieb, ohne den Ausbildungsberuf zu wechseln. Ein weiteres Fünftel wechselt beides: Beruf wie auch Betrieb. Deutlich ist damit, daß der Berufsbildung nicht nur die Funktion der betrieblichen Arbeitskräftereproduktion, sondern darüber hinaus auch die der überbetrieblichen Herstellung beruflich definierter Facharbeitsmärkte wie auch — als Bestandteil des Bildungssystems — die der allgemeinen Karrierisierung von Übergängen und Rekrutierungsmustern zukommt (vgl. BRANDES/BROSI/MENK 1986). Die Funktion der betrieblichen Arbeitskräftereproduktion erfüllt die Berufsausbildung vor allem für die Industrie: dort ist sie — neben Aufstiegen aus der Angelerntenarbeit — das zentrale Mittel der Stammbelegschaftsbildung (vgl. KÖHLER/PREISENDÖRFER 1988). Dagegen wird die Reproduktion beruflicher Facharbeitsmärkte vom Handwerk geprägt: Dort kommt der Wirtschaftsbereichswechsel z. B. in die Industrie oder in den öffentlichen Dienst häufiger vor als umgekehrt (vgl. KRUSE/PAUL-KOHLHOFF 1987).

Dieses altbekannte Phänomen, an dem sich bereits die Auseinandersetzungen um die angeblichen Ausbildungsvorleistungen des Handwerks für die Industrie zu Beginn des 20. Jahrhunderts entzündet hatten, erinnert zunächst daran, daß die Betriebsgrößen im Handwerk den Aufbau innerbetrieblicher Arbeitsmärkte nicht gestatten. Insofern ist das Handwerk auf die von ihm selbst hervorgebrachte Berufssymbolik in mehrfacher Hinsicht angewiesen: als Zurechnungsform für Mobilität zwischen Handwerksbetrieben wie auch als Zurechnungsform für den — ja oft auch mit Berufwechsel verbundenen — Übergang in andere Wirtschaftsbereiche (Industrie; öffentliche Verwaltung). In diesem z. B. für die Automobil- und Chemieindustrie nach dem Krieg typischen Rekrutierungsmuster wird das Handwerk nicht als Ausbildungsressource, sondern als symbolisch gekennzeichnetes, sozusagen „ehrbares" Arbeitskräftereservoir bevorzugt.

Ein solches Reservoir fehlt unter den DDR-spezifischen Arbeits- und Ausbildungsbedingungen. 70 v. H. der betrieblichen Ausbildungsleistungen wurde von den Kombinaten erbracht (BMBW 1991 a). Während in den alten Ländern nur

20% der Auszubildenden in Betrieben mit mehr als fünfhundert Beschäftigten ausgebildet wurden, waren es in den neuen Ländern über 75%. Teilweise übernahmen Großbetriebe in der DDR die Ausbildung für Kleinbetriebe in „Kooperation“ (vgl. BURKHARDT 1992, S. 55). Damit entfiel auch die in der früheren BRD unter berufspädagogischen Systematisierungsansprüchen zwar zu Recht kritisierte (vgl. GÖRS 1980), unter Regulierungsgesichtspunkten aber vorteilhafte „Schwammfunktion“ der mittelständischen Wirtschaft für die Vermittlung von Ausbildungs- und Arbeitsmarkt: In Zeiten negativer Konjunktur nahmen die mittelständischen Betriebe aus Kostengründen eine relativ große Zahl von Auszubildenden an, die dann als Arbeitskräftereservoir in den externen Arbeitsmarkt „abfließen“ mußten. Umgekehrt waren in Zeiten guter Konjunktur die Voraussetzungen für den Aufbau interner Arbeitsmärkte in den Großbetrieben günstiger. Diese Elastizität, die auf die arbeitsmarktbezogene Signalfunktion des Berufs verweist, wurde in der DDR durch Zuweisungsprozeduren auf der Grundlage von Planzahlen ersetzt. Damit wurde in der DDR die Modernisierung des Berufs, die man in seiner Transformation zum individuell zugänglichen Symbol und Ordnungsschema mit überbetrieblicher Reichweite und relativer Unabhängigkeit vom Schulsystem sehen kann, nur partiell weiterentwickelt: Während man in der BRD die überbetriebliche Karrierisierungsfunktion des Berufs daran ablesen kann, daß seine Zugänglichkeit sich in Form von Zugangssegmenten an den Wandel der Bildungsbeteiligung anpaßt, ohne jedoch mit den Schulabgangsniveaus unmittelbar verkoppelt zu sein und insofern eine Art „Floating“ im Übergang zwischen Schule und Berufsausbildung ermöglicht (vgl. STENDER 1989), wurde in der DDR eine solche Verkoppelung immer wieder hergestellt. Deshalb trat die Differenzierung zwischen hochschul- und berufsorientierter Karriere sehr viel schärfer hervor als in der Alt-BRD: Während in der Alt-BRD Segmente des Berufsbildungssystems vor allem in den kaufmännischen (aber auch in anderen) Berufen zu Bestandteilen der Ausbildungsbiographie auch von AbiturientInnen und späteren HochschulabsolventInnen werden konnten, setzten solche biographischen Verklammerungen in der DDR das Vorliegen spiegelbildlicher institutioneller Muster der Verzahnung von berufs- und allgemeinbildenden Schulabschlußmöglichkeiten voraus: Es gab, m. a. W., in der Kombination von Schule, Beruf und Studium wenig biographisch verwertbare Elastizität.

Für die Verschränkung von Berufsbildung und Hochschulausrichtung bot die 1959 eingerichtete Möglichkeit der Berufsausbildung mit Abitur den institutionellen Rahmen. Die Verzahnung von Berufsausbildung und allgemeiner Hochschulvorbereitung erfolgte nicht integrativ, sondern additiv, d. h.: die Hochschulvorbereitung mußte zusätzlich erfolgen. Insofern war die Berufsausbildung mit Abitur Bestandteil eines hierarchischen Systems, an dessen Spitze der über die Erweiterte Oberschule laufende Hochschulzugang und an dessen „Basis“ die Zuweisung in die Berufsausbildung stand (vgl. SCHÄFER 1990, S. 303). In diesem System war die Hierarchie klar profiliert — im Unterschied zur lose angekoppelten Berufsbildung in der Alt-BRD mit ihren schulabschlußbezogen „floatenden" Segmenten (vgl. WATERKAMP 1985). Während in der DDR in der zweiten Hälfte der achtziger Jahre der relative Schulbesuch in Klasse 11 (Erweiterte Oberschule) zwischen 8% und 10% lag, lag er in der Alt-BRD (Sekundarstufe II Gymn./Gesamtschule) zwischen 22% und 24% (KOEHLER/SCHREIER 1990, S. 130f.). Auch die Berufsausbildung incl. Abitur, die mit allerhöchstens 5% bis 6% (BMBW 1991, S. 51) der DDR-Quote zuzurechnen ist, ändert an der grundsätzlichen Differenz zur Alt-BRD nichts; im Gegenteil: da die meisten AbsolventInnen dieser Schullaufbahn ein Hochschulstudium aufnahmen, ist die Berufsausbildung mit Abitur eher als Nachlese- denn als Integrationsangebot einzuschätzen. „Floatende" Anpassungsprozesse, die in der Alt-BRD dazu geführt haben, daß in den achtziger Jahren der Berufsschüleranteil mit Hoch- bzw. Fachhochschulreife von 4,1% (1980) auf 12,5% (1988) stieg und der Anteil der Hauptschulabsolventen im selben Zeitraum von 54,0% auf 39,3% sank (BMBW 1990, S. 97), waren in der DDR strukturell nicht möglich. Man kann sogar sagen, daß die im Gegensatz zur DDR in der BRD niemals breit intendierte Integration von Berufs- und Allgemeinbildung unter den Bedingungen relativ entkoppelter Berufsbildung seit den siebziger Jahren in der BRD sehr viel besser — und zwar aufgrund von biographischen Integrationsstrategien — möglich war als in der DDR mit ihrer unelastischen Dualität von Berufsausbildung und Hochschulvorbereitung: In der Alt-BRD befanden sich ca. 30% der Studienberechtigten des Entlaßjahrgangs von 1986 im Jahr 1989 in einer Berufsausbildung (BMBW 1990, S. 73), konnten also umgerechnet auf den relativen Schulbesuch — mindestens so viele AbsolventInnen wie in der DDR Hochschulzugang und Berufsausbildung verkoppeln, und zwar ohne dabei die Berufsausbildung als eine Art „Zweiter Bildungsweg" zum Abitur funktionalisieren zu müssen. Die geringere biographische Elastizität bei der Schulwahl wie auch die ausgebliebene Erfahrung der Berufs- und Arbeitslosigkeit hat bei den Jugendlichen in der DDR spezifische Bildungs- und Berufsaspirationen entstehen lassen: Der Wert einer hohen beruflichen Qualifikation wird höher eingeschätzt als von Alt-BRD-Jugendlichen. Damit mag zusammenhängen, daß auch der Abstand zwischen geäußerter Aspiration und tatsächlichem Schulbesuch bei DDR-Jugendlichen größer ist und insofern von einem beträchtlichen — die künftige Weiterbildungslandschaft in den Neuen Bundesländern vermutlich prägenden — Aspirationsstau gesprochen werden kann (BEHNKEN u. a. 1991, S. 127).

Diesem durch die Wiedervereinigung aller Voraussicht nach angeheizten Trend folgt die Bildungspolitik dadurch, daß sie sich heutzutage nicht wie noch in der Bildungsreformära vor zwanzig Jahren der Herstellung, sondern den Folgen der entgrenzten Bildungsnachfrage (Entleerung des mittelständischen Ausbildungssegments, Ausbildung als Hochschulvorschaltphase, anhaltende Hochschulzentrierung etc.) zuwendet und versucht — in einer Art paradoxer Intervention — Entgrenzung durch Entgrenzung zu beantworten: indem sie nämlich die traditionellen Handwerker- und Facharbeiterkarrieren an den Hochschulzugang anzukoppeln und dadurch aufzuwerten beabsichtigt. Im Idealfall dieses Trends könnte man sich dann einen Entwicklungsstand denken, in dem alle von überall her sich nach überall hin bewegen können. In diesem Fall wären die Absolventen des Schul- und Berufsbildungssystems in ihren institutionellen Bewegungen und Entscheidungen wieder von Bedingungen abhängig, von denen sie zu Beginn der Bildungsreformära befreit werden sollten: nämlich von der sozialen und kulturellen Mitgift, die sie in ihre bildungsbiographischen Selbstbilder, Entscheidungen und Karrieren einbringen.

5. ERWERBS- UND ARBEITSMARKTSTRUKTURELLE DIFFERENZEN ZWISCHEN DEN ALTEN UND NEUEN BUNDESLÄNDERN

Erwerbsstruktur und Arbeitsmarkt sind nach dem Zweiten Weltkrieg von Umschichtungsprozessen auf mehreren Ebenen gekennzeichnet:

Sektoral verdoppelte sich in der BRD im Zeitraum zwischen 1950 und 1987 der Anteil der mit Dienstleistungen beschäftigten Erwerbstätigen von 19,2% auf 37,3%. Die zwischensektorale Umverteilung von Arbeitskräften ging vor allem zu Lasten der Landwirtschaft, deren Erwerbstätigenanteil von 23,3% auf 3,2% absank und damit die fortschreitende Entfamiliarisierung und Industrialisierung der Agrarproduktion indiziert. Gleichwohl reichte diese Verlagerung der sektoralen Erwerbstätigkeit nicht aus, um die in der zweiten Hälfte der fünfziger Jahre einsetzende Beschleunigung des wirtschaftlichen Wachstums und die einhergehende Reintegration der bundesrepublikanischen Nachkriegswirtschaft in den Weltmarkt auf ein quantitativ wie qualitativ ausreichendes Arbeitskräftepotential zu stützen. Hinzu kam, daß für den Wiederaufbau ohnehin nur ein generationenspezifisch begrenztes Fachkräftepotential mit entsprechender Erfahrung zur Verfügung stand: Im wesentlichen waren das (soweit sie den Krieg überleben konnten) die in den Jahren um 1910 und 1920 geborenen Jahrgänge, die in den Jahren außerhalb der Weltwirtschaftskrise bzw. der Katastrophenzeit im und unmittelbar nach dem Krieg in ein Ausbildungsverhältnis eintreten konnten. Ohne den bis zum Mauerbau (1961) anhaltenden Arbeitskräftezufluß aus der DDR wäre das wirtschaftliche Wachstum in diesen Jahren vermutlich nicht möglich gewesen. Dagegen stellt sich der Prozeß der Arbeitskräfteumschichtung in der DDR ganz anders dar: dort arbeiteten Ende der achtziger Jahre immer noch 13,7% der Beschäftigten in der — ja ebenfalls entfamiliarisierten und industrialisierten — Landwirtschaft. Aufgrund der geringeren Produktivität verlief der landwirtschaftliche Beschäftigungsrückgang in der DDR langsamer als in der alten BRD. Auf den Zusammenhang zwischen Produktivität und sektoraler Verteilung der Erwerbstätigen weist auch das Beschäftigungsvolumen des Dienstleistungssektors hin: Während 1987 je nach Zuordnung höchstens 42% der Erwerbstätigen der DDR dort tätig waren, waren es in der BRD 54% (inkl. Handel und Verkehr). Dem stehen je nach Zuordnung 47% Beschäftigtenanteil im produzierenden Gewerbe (BRD: 40%) gegenüber. Daraus kann man folgern, daß es in der BRD zu einer weitaus größeren Produktivität im landwirtschaftlichen und gewerblichen Sektor gekommen ist, die ihrerseits ein entsprechendes — von der Wertschöpfung profitierendes bzw. mit ihr vermischtes — Dienstleistungsspektrum (neben den staatlichen Einrichtungen Banken, Versicherungen, Transport, Tourismus, Sport und Freizeit etc.) freisetzen konnte.

Anzeichen dafür, daß sich nicht nur in diesen Sektoren so etwas wie eine Überzahlwirtschaft entwickelt hat, bietet der Einzelhandel: Dort fiel die Beschäftigtenzahl je Verkaufsfläche dreimal so hoch aus wie in den Alt-Bundesländern, obgleich der Warenumschlag selbst bekanntlich sehr viel geringer war. Auch wenn Frequentierung und Auslastung in der Zahl nicht enthalten sind, so kann man angesichts solcher Größenordnungen doch skeptisch sein, ob eine Neuschaffung von dienstleistenden Arbeitsplätzen in den Neuen Bundesländern in absehbarer Zeit tatsächlich möglich bzw. mit der Implementierung wesentlich produktiverer Wirtschafts- und Dienstleistungsstrukturen tatsächlich kompatibel ist.

Die Gewerbeentwicklung in der DDR ist gekennzeichnet durch die Eliminierung der bis Anfang der sechziger Jahre durchaus noch vorhandenen privatwirtschaftlichen Segmente bzw. durch ihre Überführung in eine auf die Industriekombinate als dem wirtschaftlichen Zentrum gestützte staatliche Quotenplanung. Das bedeutet denn auch, daß die Beschäftigungseinbrüche sich vor allem in Mittel- und Großbetrieben vollzogen haben und vollziehen (vgl. KÜHL/SCHÄFER/WAHSE 1991, S. 506). Während 1952 noch 8,3% der Beschäftigten dem Handwerk zugerechnet wurden, waren es 1969 6,3% und 1989 2,9% (Quelle: STATISTISCHES JAHRBUCH DER DDR 1988). Nimmt man hinzu, daß sich im industriellen Zuliefergewerbe, im Handel, im Gaststätten- und Hotel-, im Kreditgewerbe sowie in einer Reihe von beratenden Berufen (Softwareentwicklung, Werbung, Marketing, Rechtsberatung etc.) keine bzw. eine ausschließlich auf die Kombinate zentrierte wirtschaftliche Angebotsstruktur entwickelt hat, dann wird auch daran deutlich, daß es in der DDR so etwas wie ein mittelständisches Ausbildungsreservoir nicht gab, das als fluide Größe für den Aufbau interner Arbeitsmärkte in den Großbetrieben hätte dienen können. Statt dessen gab es die Differenz zwischen internen und externen Arbeitsmärkte nicht, womit ein zentraler Paramater für die Elastizität betrieblicher Personal- und Kostenentwicklungsstrategien wegfiel.

Die sich vollziehenden Strukturumbrüche führen zwangsläufig zu gravierenden Veränderungen in der Berufs- und sektoralen Arbeitsplatzstruktur. Mit der gebührenden Vorsicht können folgende Tendenzen prognostiziert werden:

- Verlagerungen aus den primären und sekundären Sektoren, wobei kaum anzunehmen ist, daß die Freisetzungen aus diesen Sektoren im Tertiärsektor aufgefangen werden können.
- Neben dem generellen Rückgang der Beschäftigtenzahl verstärkter Rückgang in der Massengüterindustrie (Bergbau, Metallurgie, Textilindustrie etc.).
- Entfaltung von neuen Arbeitsstrukturen in der verarbeitenden Industrie.
- Bedeutungszuwachs gewerblich-technischer Berufe, insbesondere über Strukturbildungen im mittelständischen und kleinständischen Gewerbe.

— Strukturentfaltungen im Dienstleistungssektor mit beträchtlichen inneren Differenzierungen, wobei produktionsnahe und personengebundene Dienstleistungen im Sozialbereich favorisiert sind.

6. RATIONALISIERUNG UND BERUFLICHE BILDUNG

Die betriebliche Durchsetzung und gesellschaftsweite Universalisierung des Berufs zur Reproduktionsform des kollektiven Arbeitsvermögens ist an bürokratische Prozesse der Rationalisierung im Weberschen Sinne gekoppelt: Der Beruf entwickelte sich zur Form für die innerbetriebliche Gestaltung der Ausbildung als Verfahren der Fachschulung. Die Durchsetzung bürokratischer Rationalität verbindet die berufliche Organisation der Ausbildung mit dem aus der hochindustriellen Massenfertigung hervorgegangenen fordistischen Konzept der Rationalisierung, das mit der geschlossenen Koppelung von Betriebsintention und Belegschaftsverhalten die vollständige Bürokratisierung der Produktion bezweckte. Beide Rationalisierungsmuster waren komplementär aufeinander bezogen; denn in beiden Fällen ging es um die Konstitution betriebsorganisatorischer Macht:

— Die organisationsbezogene Rationalisierung der Ausbildung zielte zum einen auf die Herstellung von Organisationsmacht gegenüber dem an die personalistische Interaktion in Arbeitsvollzügen gebundenen Aufbau des qualifizierten Arbeitsvermögens; zum andern zielte sie auf die Gestaltung der Produktion durch die Formgebung arbeitsprozeßbezogener Intentionalität (vgl. FREIDSON 1973). Es handelt sich, m. a. W., um einen Rationalisierungstypus, der auf delegierte Prinzipienanwendung setzt und insofern auch nicht zufällig von der auftragsfertigungsbezogenen deutschen Maschinenbauindustrie ausgegangen ist. (Die beschriebene kulturelle Bindung dieses Rationalisierungstypus kann man an den USA deutlich machen, wo es die Tradition der Berufsform und des ihr eigenen Prinzips der Prinzipienanwendung wie auch der Zuschreibung entsprechender Fähigkeiten nicht gibt und sich statt dessen die Klassifikation von Arbeitsaufgaben als Äquivalent herausgebildet hat; vgl. PIORE/SABEL 1985).

— Die komplementäre Rationalisierung der Produktion konstituierte Organisationsmacht gegenüber den intentionalen Seiten des menschlichen Arbeitsvermögens. Die Organisations- und Managementzugänglichkeit der Arbeit sollte durch den Takt der Fließfertigung „automatisch" garantiert sein und damit gerade nicht durch die Formung, sondern durch das genaue Gegenteil davon: nämlich durch die Eliminierung des intentionalen Anteils am Arbeitshandeln, garantiert sein.

An die Stelle derartiger fordistischer, auf den Entzug von Freiheitsgraden im Arbeitshandeln zielender Strategien der fließenden Produktionsausführung setzen neue Formen produktionsbezogener Rationalisierung auf Strategien der Informationsverknüpfung in den Steuerungssystemen. Von dort aus werden Rationalisierungspotentiale freigelegt, die sich dann nicht mehr auf die Fließverbindung von Einzelfunktionen beschränken, sondern die sich auch auf die Steuerung der Steuerungssysteme selbst ausdehnen und damit den Betrieb als System erfassen.

Herausragendes Charakteristikum der informationstechnologischen Rationalisierung ist eine weitreichende Erhöhung des auf den Produktionsprozeß anwendbaren Variationsspielraums. D. h.: Der Abstand zwischen im Produktionssystem jeweils aktualisierten und prinzipiell aktualisierbaren Möglichkeiten erreicht ein gegenüber der klassischen Einzweckmechanisierung höheres Niveau (MICKLER 1986).

6.1 Traditionelle und moderne Rationalisierungsmuster

Die traditionellen Konzepte produktionsbezogener Rationalisierung (Taylorismus und Fordismus) waren darauf ausgelegt, den betrieblichen Arbeitsablauf durch Fließfertigung und durch weitgehende Arbeitszerlegung von der Intentionalität des menschlichen Arbeitshandelns unabhängig zu machen. Im Unterschied zur produktionsbezogenen Rationalisierung zielen die traditionellen Konzepte organisationsbezogener Rationalisierung (Berufliche Aus- und Weiterbildung/Personalentwicklung) nicht auf Ablaufbürokratisierung, sondern auf die bürokratisch vermittelte bzw. einsehbare Beobachtung und Kommunikation beruflich geordneter Handlungsspielräume und Kompetenzzuschreibungen. Stand nach der Jahrhundertwende und in der Zwischenkriegszeit vor allem die Vergrößerung betriebseigenen Wissens über die Erstausbildungsphase im Vordergrund organisationsbezogener Rationalisierung, so kann man angesichts des heute anfallenden Rationalisierungsbedarfs von einer Ausdehnung der qualifikations- und kooperationsbezogenen Wissensbeschaffung auf das Erwerbsleben schlechthin sprechen.

Man kann vor diesem Hintergrund traditionelle Rationalisierungsstrategien identifizieren, deren Überwindung in der modernen Managementliteratur immer wieder verlangt wird:

Innovationen wurden traditionellerweise primär technisch vergegenständlicht. Dabei entsteht in Form von Maschinen und Apparaten mit einer bestimmten Logistik an Stoff-, Energie- und Informationsflüssen die äußere Struktur eines technischen Systems. Hierbei sind in der Regel nur Technikentwickler beteiligt. Sekundär erfolgt der abgeleitete Aufbau der Arbeitsorganisation und -gestaltung. Die innere Struktur des im Arbeitsvollzug zu beherrschenden Systems entsteht. Anforderungen an seine Beherrschung werden formuliert. Tertiär werden dann die Anforderungen in Qualifizierungsstrategien umdefiniert.

Empirisch ist dieses technikdeterminierte Denkmuster weit verbreitet. Die ihm zugrundeliegende Anschauung basiert auf fordistisch geregelten Arbeitsabläufen; dem Variationspotential, das die Neuen Technologien freisetzen, und das geradezu nach Intentionalität (statt nach dessen Ausschaltung) verlangt, werden sie jedoch nicht gerecht.

Vollständige Rationalisierungsstrategien richten sich daher nicht auf die Perfektionierung von Einzelfunktionen, sondern auf die komplette Verknüpfung des vielgliedrigen Produktions- und Organisationssystems zu einem Steuerungszusammenhang. Die auf unterschiedlichen Niveaus und auf unterschiedlichen Pfaden denkbare Integrierbarkeit abteilungs- und werkstattdifferenzierter Aufgabenbereiche (Entwicklung, Konstruktion, Logistik, Materialtransport, Lager-/Fertigungs-/Montagesteuerung etc.) in EDV-gestützte Koordinations- und Kommandolinien verschafft den einbezogenen Betriebspunkten die Möglichkeit, sich über die jeweils anderen jederzeit zu informieren. D. h.: Es wird so etwas wie eine dauernde gegenseitige Simultanpräsenz der in das elektronische Netzwerk einbezogenen Funktionsbereiche herstellbar. Die Ausschöpfung dieser Simultanpräsenz als Signalgeber für die Initiierung und Verknüpfung von Steuerungsprozessen charakterisiert das technokratische Ideal der „unmanned factory" — im Unterschied zum herkömmlichen Organisationsmuster, das keine Simultanpräsenz betriebspunktbezogener Daten erlaubt, sondern darauf angewiesen ist, über die Voraussetzungshaftigkeit der jeweiligen Arbeitsleistung noch einmal mit eigenem Zeitbedarf für Koordination zu informieren (vgl. KERN/SCHUMANN 1986).

Das Ideal der „unmanned factory" kennzeichnet allerdings weniger den tatsächlichen Entwicklungsstand der Rationalisierung als vielmehr den ihr eigenen Trend zur Operationalisierung von Steuerungsintelligenz und zur Einrichtung entsprechender Schlüsselarbeitsplätze (vgl. HIRSCH-KREINSEN 1991).

Wie diese Entwicklung wirklich verlaufen wird, ist schwierig vorherzusagen: Die weltweit auftretenden Probleme, komplexe technische und damit hoch stochastische Systeme stabil zu halten, legen Zurückhaltung gegenüber ausschließlich technizistischen Vorgehensweisen nahe und begünstigen das Denken in soziotechnischen Zusammenhängen.

Zusammengefaßt: In der wissenschaftlichen Diskussion über die Perspektiven von Industriearbeit ist in den letzten zwanzig Jahren die Skepsis gegenüber dem Technikdeterminismus nicht nur gewachsen, sondern sogar schon Allgemeingut geworden. Es ist inzwischen allgemein anerkannt, daß arbeitsorganisatorische und technologische Lösungen nicht in einem Ursache-Wirkungsverhältnis zueinander stehen, sondern relativ unabhängig voneinander entwikkelt werden können. Die Produktionstechnik bietet der Arbeitsteilung und der Arbeitsorganisation eine Art Handlungsraum an — nicht mehr und nicht weniger. Dies zieht tiefe strukturelle Auswirkungen auf die berufliche Bildung nach sich.

6.2 Funktion beruflicher Bildung im Rationalisierungsprozeß

Historisch hat sich die berufliche Erstausbildung zum Medium der strukturellen Verstetigung einer zunächst betriebspraktisch aufgefangenen industriellen Innovations- und Wachstumsdynamik entwickelt. Mit der Berufsform, so wie sie sich — wie beschrieben — über zahlreiche Transformationen des tradierten

Handwerkskorporatismus schließlich im Berufsbildungssystem abgelagert hat, ist ein Medium arbeitsorganisationsbezogener Rationalität entstanden, das auf selbsttätiger Anwendung basiert.

Die Ende der achtziger Jahre vollzogene Neuordnung der Metall- und Elektroberufe in der ehemaligen BRD hat gezeigt, daß die Dynamik der Verberuflichung keine Berufeschneidungen von sich aus nahelegt, sondern zunächst einmal interessengebundene Perspektiven ihrer Problemlösung erzeugt: Während die Gewerkschaften sich am Modell des disponiblen, zwischen Branchen und Betrieben wählenden Berufsinhabers (mit gewerkschaftlicher statt betrieblicher Bindung) orientieren, orientieren sich die Arbeitgeber eher an beruflicher Hierarchisierung und Spezialisierung. In den ausgehandelten Kompromissen trifft man dann die Tendenz zur Entspezialisierung des beruflichen Ausbildungseinstiegs bei gleichzeitiger Spezialisierung des -ausstiegs an. Das hat zur Folge, daß Spezialisierungen nicht mehr zwischenberuflich, sondern innerhalb der Berufe stattfinden.

In diesem modernen Modus der Berufekonstruktion wirken die neuen Rationalisierungsprozesse mit dem Modernitätsverständnis zusammen, das sich das Berufsbildungssystem nach seiner Verrechtlichung und Neuordnung in den siebziger Jahren zugelegt hat: Die moderne Berufeproduktion greift immer wieder auf den Begriff der Schlüsselqualifikation als zentralen Terminus ihrer Problemorientierung und Außendarstellung zurück.

Als Schlüsselqualifikationen gelten Kenntnisse, Fähigkeiten und Fertigkeiten, die keinen unmittelbaren und begrenzten Bezug zu bestimmten disparaten praktischen Tätigkeiten erbringen, sondern sich vielmehr als alternative Option für eine große Zahl von Positionen und Optionen eignen. Schlüsselqualifikationen besitzen keinen Bezug zur Facharbeit. Vielmehr basieren sie auf der Vorstellung einer gewissermaßen inhaltsleeren und insofern permanent aufnahmefähigen qualifikatorischen Grundausstattung. Diese Vorstellung ist jedoch in mehrfacher Hinsicht problematisch:

So wird z. B. die Kooperationsfähigkeit von Chemiearbeitern durch andere — und zwar mit Chemie und Verfahrenstechnik eng verbundene — Prioritäten und Maximen geprägt als die von Zerspanern in einem Fertigungsbetrieb. Von derartigen — in der bildungstheoretischen Diskussion als Implikationszusammenhang zwischen materialer und formaler Bildung längst bekannten — Koppelungen sieht das Schlüsselqualifikationskonzept ab. Schlüsselqualifikationen gelten als Fähigkeiten, die keinen Bezug zu bestimmten Inhalten oder auch praktischen Handlungsvollzügen aufweisen, sondern sich eine Vielfalt von Optionen eröffnen. Lernpsychologisch wird man heute aber anerkennen müssen, daß bereichsspezifischer Transfer und der ihm anhaftende Zuwachs an kognitiven Fähigkeiten an die Existenz struktureller Entsprechungen im „Material", an dem gelernt wurde, gebunden ist (ZABECK 1989). Daher mußte auch das Modell des „Operators", der sich nur im Medium der auf alles übertragbaren Steuerungssysteme bewegen und daher auch alles — von der Werkzeugmaschine bis zur Chemieanlage — bedienen sollte, scheitern: dieses

Modell sah die Integration verschiedener Wissensformen, und zwar gerade auch solcher, die sich auf arbeitsprozeßgebundene Erfahrungen beziehen, nicht vor.

Wie wichtig solche Erfahrungen sein können, kann das Beispiel von CNC-Werkzeugmaschinen deutlich machen: An der konventionellen mechanisch gesteuerten Werkzeugmaschine wird die Arbeitsvorbereitung vor allem durch die Konstruktionszeichnung, dann in zweiter Linie durch den Fertigungsplan, durch die Erstellung von Begleitpapieren sowie durch die terminliche Planung geleistet. Aufgabe des Drehers ist es, die Angaben der Arbeitsvorbereitung auf die Initiierung und Verknüpfung maschineller Bearbeitungsschritte zu übertragen. Das Programm für diesen Übertragungsvorgang wird von ihm nicht expliziert: Er verkörpert es in gewisser Weise selbst (vgl. RÖHM 1985; SEPPELFELD/ROST-SCHAUDE/KLATT 1986). Mit der Einführung der EDV in die Arbeitsvollzüge des Drehers müssen Programme geschrieben werden. Das Programm wird explizit. Es ist nicht mehr nur Besitz des Drehers: Die Variation der maschinellen Bearbeitungsschritte vollzieht sich im Medium der Programmsprache. Diese Umstrukturierung traditioneller Facharbeiterqualitäten bedeutet nun aber keineswegs, daß die arbeitsinhaltliche Gebundenheit des Kompetenzerwerbs verloren geht (also z. B. die Beherrschung einer mechanischen Drehbank). Die arbeitsinhaltliche Seite beruflicher Kompetenz wird unter Bedingungen elektronischer Steuerung nach wie vor benötigt: Sie muß nun aber in Form von Bildern und von selbstgeschaffener Anschauung vergegenwärtigt werden. Da der Arbeitsprozeß an unmittelbarer Einsehbarkeit verliert, nimmt die arbeitsinhaltliche Seite beruflicher Kompetenz zunehmend den Charakter der über die eigene Vorstellungskraft vermittelten Simulation an (vgl. BONZ 1991; STORZ/WENDLAND 1988).

Das Schlüsselqualifikationskonzept neigt dazu, die kompetenzbegründende Rolle der Arbeitserfahrung und der Bindung an bestimmte Arbeitsvollzüge zu unterschätzen. Hinzu kommt, daß das Schlüsselqualifikationskonzept kognitivistische Theorien der Persönlichkeitsentwicklung in der Tradition von PIAGET und AEBLI überbetont. Dem Konzept liegt die Annahme einer strukturellen Affinität zwischen kognitiver Repräsentation, Technik bzw. Technologie als angewandter Naturwissenschaft und Produktion zugrunde. Die Frage ist, ob damit nicht wesentliche — auf arbeitsprozeßbezogener Erfahrung beruhende — Anteile beruflicher Kompetenzaneignung ausgeblendet werden — was gerade dann wichtig ist, wenn man davon ausgeht, daß komplexe technische Systeme sich in ihrem Funktionieren nicht vollständig beschreiben lassen. Facharbeiter nutzen nicht nur theoretisches und abstraktes Wissen, sondern auch Erfahrungen beim Handeln sowie als Grundlage beim Wissensaufbau. Schlüsselqualifikationen kann man also auch unterhalb der Explizierbarkeit von Kenntnissen, Fertigkeiten und Fähigkeiten vermuten; nämlich in den habituell verfügbaren Erfahrungen im Umgang mit Werkzeug und Maschinen, in der Handhabung der betrieblichen Sozialbeziehungen, in der Analogwahrnehmung von Signalen, Bildern und persönlich-affektiven Beziehungen.

An den formulierten Schlüsselqualifikationskatalogen fällt außerdem die Beliebigkeit und Platzhalterfunktion auf. Da sie inhaltsleer sind, kann man alles Mögliche hineininterpretieren und Verantwortlichkeiten für berufliche Bildung delegieren. So „. . . muß der sich Qualifizierende auch noch lernen, die Verantwortung für das Risiko inhaltlicher Fehlqualifizierung zu übernehmen“ (HEID 1990, Seite 138).

Mit dem Schlüsselqualifikationsbegriff betreibt die moderne Berufeproduktion den Schutz der Berufsform als einer sozialen Tatsache vor ihrer eigenen Entwertung durch die informationstechnologische Rationalisierungsdynamik, die gerade aufgrund ihrer systemischen, Produktion auf Information reduzierenden Eigenlogik eingespielten Mustern beruflicher Arbeitsteilung, z. B. zwischen elektrotechnischer und metalltechnischer Facharbeit zuwiderläuft.

In der Chemieindustrie gibt es Beispiele dafür, daß ein Laborant heute in betriebsübergreifenden Labors mit Dienstleistungscharakter neben klassischer Laborarbeit Software (Laborvernetzung) handhaben und auch Teile der Kundenberatung übernehmen muß. Die Facharbeit wird tendenziell entgrenzt bzw. durch den betrieblichen Rationalisierungsprozeß neu zugeschnitten. Man kann an solchen beliebig vermehrbaren Beispielen sehen, daß die Entwicklung arbeitsprozeßbezogener Anforderungen mit dem Zuwachs des in den Produktionsmitteln vergegenständlichten Wissens nicht gleichsinnig einhergeht. Insofern ist es nicht möglich, von der Technikentwicklung auf Ausbildungsinhalte zu schließen. Vielmehr setzt die Technikentwicklung Prozesse der arbeitsorganisatorischen Neuverteilung von Anforderungen frei, die eher den vorgegebene Muster beruflicher Arbeitsteilung überschreitenden Charakter der Bedarfskonstruktion als den der Bedarfsentsprechung haben (vgl. ABDERSEN/BETZL/STOCKHAUSEN 1990; am Beispiel der KfZ-Technik im Handwerk aus RAUNER/ZEYMER 1991).

Insofern lassen einmal verfestigte Strukturen der Berufsbildung auf der betrieblichen Ebene genau jenen Bedarf an Verflüssigung und Entgrenzung wieder entstehen, der dann nicht mehr innerhalb der Berufsbildung selbst aufgefangen werden kann, sondern die Berufsbildung in zweierlei Hinsicht entgrenzt:

Nach innen entgrenzt wird sie durch die Tendenz, sowohl den Arbeitsprozeß während der Ausbildungszeit unter Lerngesichtspunkten zu beobachten (was vor allem im Hinblick auf mangelnde kleinbetriebliche Möglichkeiten weitreichender Ausbildungsausdifferenzierung als vorteilhaft beschrieben wird; vgl. STRATMANN/MÜLLER-TIEMANN/KLEIN/MEIER 1992) wie auch umgekehrt den Ausbildungsprozeß in Projektform, als inszenierte Arbeit also, zu gestalten. Diese Art der Entgrenzung firmiert unter dem Schlagwort von der „Handlungsorientierung“.

Nach außen entgrenzt wird die Berufsbildung durch den Normalisierungsprozeß der Weiterbildung, die in den Großbetrieben oft schon nach der Erstausbildung einsetzt, und durch die die Berufsbildung in umfassende Strategien der Personal- und Organisationsentwicklung eingeordnet wird (vgl. BENZ-OVERHAGE 1982).

Beide Entgrenzungsprozesse stellen darauf ab, die betriebliche Dispositionsmacht sowohl über die Entstehung wie auch über die laufende Reproduktion des Arbeitsvermögens zu steigern. Insofern weisen sie darauf hin, daß die Entwicklung der Produktionssysteme an einem historischen Verzweigungspunkt angelangt ist. Der eine Weg führt in die Restauration des „computerintegrierten Neotaylorismus". Er würde bedeuten, daß die angesprochenen Entgrenzungsstrategien in Zukunft auf betriebliche Facharbeiter- und Technikereliten beschränkt bleiben. Der andere führt in die Substitution tayloristischer Lösungen durch die umfassende Veralltäglichung von betrieblichen Partizipations- und Weiterbildungsstrategien.

7. BERUF ALS MEDIUM BETRIEBLICHER PARTIZIPATION

Obwohl die Frage „Wohin geht es?" offen ist, ist zunehmend anerkannt, daß der Einsatz der Facharbeit sich heutzutage nicht als Derivat, sondern als Steuerungsinstrument technischer und arbeitsorganisatorischer Lösungen erweist. Die Stelle der beruflich geordneten, werkgemeinschaftsorientierten Positionsinhaberschaft — sozusagen das Ehrbarkeitsäquivalent auf der Seite der Industrie — nehmen heutzutage Idealisierungen ein, die auf permanente Neubewährung („Partizipation") setzen und das durch Dauerkommunikation (in Form von quality circles, Lernstattgruppen, Führungstrainings im Schneeballsystem, selbstorganisierten Lerngruppen etc.) und Dauerlernen zu erreichen suchen.

Die Weiterbildung gehört heute in vieler Hinsicht selbst schon zum System der beruflichen Bildung. Jedenfalls kann man empirisch eine deutliche — nach der erwartbaren Weiterbildungsbeteiligung klassifizierbare — Ordnung der Berufe feststellen, die als moderne Form der Berufesegmentierung zu den bereits bekannten Formen (Segmentierung nach Region, Schulabschluß, Geschlecht, Nation) hinzutritt (KLOAS 1988) bzw. sich mit ihnen vermischt. Gleichzeitig kann man auf Betriebsebene Entwicklungen zu gruppenbezogenen Arbeitsformen beobachten, die den Zusammenhang zwischen Berufsausbildung und betrieblicher Positionierung arbeitsorganisatorisch lockern: der Beruf wird dann zum Eintrittstor in die Arbeitsgruppe als Instrument der Filterung und Flexibilisierung der Arbeitszuweisung.

Die Einschmelzung des Berufs in den betrieblichen Prozeß der Arbeit und der permanenten Wiederherstellung der Arbeitsteilung wird auf diese Weise aus seinem naturwüchsigen Verlauf herausgelöst, in lern- und gruppenbezogene Formen der Sichtung und Kommunikation übertragen und erhält so ebenfalls — genauso nämlich wie die berufsausbildungsförmige Herstellung des Arbeitsvermögens selbst — eine eigene Form der Ausdifferenzierung und Zugänglichkeit (vgl. MINSSEN/HOWALDT/KOPP 1991).

Ländervergleichende Analysen weisen darauf hin, daß der Beruf als Bildungs- und Beschäftigungssystem jeweils überschreitendes Sinnschema sich dabei für die Einschmelzung beruflich definierter Statusinhaber in gruppenbezogene Kooperationszusammenhänge besonders eignet. Während in Italien und Frankreich die informationstechnologisch nahegelegte Kooperation zwischen disponierenden und fertigenden Positionsgruppen auf Rigiditäten und gegenseitige Abschließung stößt, ermöglicht gerade die tendenzielle Unabhängigkeit des Berufs von expansiven Prozessen der Entwertung von Schulabschlußhierarchien („Floating") spezifische Interaktionschancen, die unter Bedingungen einer direkten Koppelung von Schulabschluß- und Betriebshierarchien nicht entstehen: Unter solchen Bedingungen kommt es zur gegenseitigen Abschirmung zwischen Fertigung und Disposition, während die berufliche Karriere zum Facharbeiter, Industriemeister oder Techniker die Einführung von Interaktionsformen erlaubt, durch die auch das fertigungserfahrene Personal in Prozesse z. B. der Entwicklung und Bedienung von Steuerungssystemen einbezogen werden kann (vgl. HEIDENREICH 1991).

Vor dem Hintergrund der angesprochenen Entgrenzungsdynamik der Berufsbildung kann es zu durchaus paradoxen Entwicklungen kommen: Gerade aufgrund der sozialen Bedeutung der Berufskarriere für die Partizipation im Betrieb ist denkbar, daß die sachinhaltliche Seite der Berufsbildung an Bedeutung für die betriebliche Reproduktion der Arbeit verliert und sich dann der Bedeutung annähert, die dem Schulsystem für die Gesellschaft insgesamt zukommt. Für eine solche Hypothese spricht der Autonomiezuwachs der Berufeproduktion gegenüber der betrieblichen Ausbildungsträgerschaft sowie die Tatsache, daß der Prozeß der Berufseinmündung nicht überall seine Unabhängigkeit und seine Sonderstellung gegenüber der Schul- und Hochschullaufbahn hat halten können, sondern für eine große Zahl von Absolventen selbst zur Schullaufbahnstation geworden ist. Wir sehen in solchen Zusammenhängen Indizien für eine zunehmende Entkoppelung des sachinhaltlichen vom sozialen Verweisungsgehalt des Berufs und halten für denkbar, daß sachinhaltliche Bedeutungen beruflicher Ausbildung abnehmen, während sie in ihrer sozialen Bedeutung anwachsen. Die sachinhaltliche Funktion der „alten" Berufsbildung würde dann mit dem Bedeutungszuwachs von Weiterbildung und Personalentwicklung verschwimmen und das Ende der Ausbildung in seinem sachinhaltlichen Wert mindern: Es wäre dann mehr ein soziales Plateau für den Einstieg in fachliche wie auch in betriebsinterne Teilarbeitsmärkte.

LITERATUR

ABDERSEN, P./BETZL, K./STOCKHAUSEN, E.: Mikroelektronik und berufliche Bildung. Qualifikation und Qualifizierung für den organisierten CIM-Einsatz im Funktionsbereich Instandhaltung. In: Technische Innovation und Berufliche Bildung 5 (1990), 2, S. 47—53.

BEHNKEN, I. u. a.: Schülerstudie 90. Jugendliche im Prozeß der Vereinigung. Weinheim/München 1991.

BENNER, H.: Ordnung der staatlich anerkannten Ausbildungsberufe. Bundesinstitut für Berufsbildung. (= Berichte zur beruflichen Bildung, Heft 48). Berlin 1982.

BENNER, H.: Arbeiten zur Ordnung der Berufsausbildung vom DATSCH bis zum BIBB. In: GREINERT, W.-D. u. a. (Hrsg.): Berufsausbildung und Industrie. Zur Herausbildung industrietypischer Lehrlingsausbildung. (= Bundesinstitut für Berufsbildung: Tagungen und Expertengespräche zur beruflichen Bildung. Heft 6). Berlin 1987, S. 269—293.

BENZ-OVERHAGE, K. u. a.: Neue Technologien und alternative Arbeitsgestaltung. Auswirkungen des Computereinsatzes in der industriellen Produktion. Frankfurt a. M./New York 1982.

BIERMANN, W.: Berufsausbildung in der DDR. Zwischen Ausbildung und Auslese. Opladen 1990.

BONZ, B.: Computer im Arbeitsleben: Die Entwicklung der Arbeitssituation in gewerblich-technischen Berufen aufgezeigt am Beispiel des Drehens. In: BONZ, B./LIPSMEIER, A. (Hrsg.): Computer und Berufsausbildung. Beiträge zur Didaktik neuer Technologien in der gewerblich-technischen Berufsausbildung. Stuttgart 1991, S. 79—102.

BRANDES, H./BROSI, W. H./MENK, A.: Wege in die berufliche Bildung. Befragung von Lehrlingen in fünf Bundesländern. In: Mitteilungen aus der Arbeitsmarktund Berufsforschung 19 (1986), S. 287—297.

BUNDESMINISTERIUM FÜR BILDUNG UND WISSENSCHAFT (Hrsg.): Berufsbildungsbericht 1990 und Berufsbildungsbericht 1991. Bad Honnef 1990 und 1991 a.

BUNDESMINISTERIUM FÜR BILDUNG UND WISSENSCHAFT: Überbetriebliche Berufsbildungsstätten. Orientierungen zu dem Förderprogramm in den ostdeutschen Ländern. Bonn 1991 b.

BURKHARDT, D.: Zum derzeitigen und künftigen Stellenwert überbetrieblicher Berufsbildungsangebote in den neuen Ländern. In: POSTEL, H. CH./SCHIERHOLZ, H. (Hrsg.): Strukturwandel der beruflichen Erstausbildung in den neuen Bundesländern. Magdeburg 1992, S. 49—63.

CONZE, W.: Beruf. In: BRUNNER, O./CONZE, W./KOSELLEK, R. (Hrsg.): Geschichtliche Grundbegriffe. Historisches Lexikon zur politisch-sozialen Sprache in Deutschland. Bd. 1. Stuttgart 1972, S. 490—507.

DEHN, G.: Proletarische Jugend. Lebensgestaltung und Gedankenwelt der großstädtischen Proletarierjugend. Berlin 1929.

DREWEK, P./HARNEY, K.: Beteiligung und Ausschluß. Zur Sozialgeschichte von Bildungssystem und Karriere. In: TENORTH, H.-E. (Hrsg.): Allgemeine Bildung. Analysen zu ihrer Wirklichkeit, Versuche über ihre Zukunft. Weinheim/Basel 1986, S. 138—153.

FRANK, M.: Was ist Neostrukturalismus? Frankfurt a. M. 1984.

FREIDSON, E.: Professionalization and the organization of middle class labour in postindustrial society. In: HALMOS, P. (ed.): Professionalization and social change. University of Keele 1973, S. 47—60.

GEORG, W.: Schulberufe und berufliche Schulen. Zum Funktionswandel beruflicher Vollzeitschulen. In: GEORG, W. (Hrsg.): Schule und Berufsausbildung. Gustav Grüner zum 60. Geburtstag. Bielefeld 1984, S. 103—126.

GÖRS, D.: Die Folgen der „Nicht-Reform". In: Demokratische Erziehung. Jg. 1980, S. 194—202.

GREINERT, W.-D.: Einige Anmerkungen zur Periodisierung der Berufsschulentwicklung. In: BIERMANN, H./GREINERT, W.-D./JANISCH, R. (Hrsg.): Berufsbildungsreform als politische und pädagogische Verpflichtung. Günter Wiemann zum 60. Geburtstag. Velber 1981, S. 115—129.

GRÜNER, G.: Die Berufsschule im ausgehenden 20. Jahrhundert. Bielefeld 1984.

HARNEY, K./TENORTH, H.-E.: Berufsbildung und und industrielles Ausbildungsverhältnis — Zur Genese, Formalisierung und Pädagogisierung beruflicher Ausbildung in Preußen bis 1914. In: Zeitschrift für Pädagogik 32 (1986), S. 91—114.

HEID, H.: Über Zwecke, Inhalte und Subjekte von Qualifizierungsprozessen. In: Grundlagen der Weiterbildung 1 (1990), S.136—142.

HEIDENREICH, M.: Bildungsexpansion und Informatisierungsprozesse — Ein Drei-Länder-Vergleich. In: Soziale Welt 42 (1991), S. 46—67.

HILBERT, J./SÜDMERSEN, H./WEBER, H.: Berufsbildungspolitik. Geschichte — Organisation — Neuordnung. Opladen 1990.

HIRSCH-KREINSEN, H.: Entwicklungsmuster industrieller Arbeit. In: LEHNER, F./SCHMIDT, J. (Hrsg.): Technik, Arbeit, Betrieb, Gesellschaft. Beiträge der Industriesoziologie und Organisationsforschung. Opladen 1992, S. 71—84.

HOFMANN, E.: Zur Geschichte der Berufsausbildung in Deutschland. Bielefeld 1962.

KERN, H./SCHUMANN, M.: Das Ende der Arbeitsteilung? Rationalisierung in der industriellen Produktion. München ³1986.

KLEMM, K.: Jugendliche ohne Ausbildung — die „Kellerkinder" der Bildungsexpansion. In: Zeitschrift für Pädagogik 37 (1991), S. 887—898.

KLOAS, P.-W.: Lernen nach der Lehre. Die ersten Berufsjahre als Qualifizierungsphase. Bundesinstitut für Berufsbildung. (= Berichte zur beruflichen Bildung, Heft 103) Berlin/Bonn 1988.

KOEHLER, CH./PREISENDÖRFER, P.: Innerbetriebliche Arbeitsmarktsegmentation in Form von Stamm- und Randbelegschaften. In: Mitteilungen aus der Arbeitsmarkt- und Berufsforschung 21 (1988), S. 268—277.

KOEHLER, H./SCHREIER, CH.: Statistische Grunddaten zum Bildungswesen. In: Vergleich von Bildung und Erziehung in der Bundesrepublik Deutschland und in der Deutschen Demokratischen Republik. Wissenschaftliche Kommission: ANWEILER, O. (Leitung) u. a. (= Materialien zur Lage der Nation. Hrsg. vom Bundesministerium für innerdeutsche Beziehungen). Köln 1990, S. 112—156.

KRUSE, W./PAUL-KOHLHOFF, A.: Orientierung und Verarbeitungsweisen beim Übergang in Ausbildung und Beschäftigung. In: WEYMANN, A. (Hrsg.): Bildung und Beschäftigung. (= Soziale Welt. Sonderband 5). Göttingen 1987, S. 121—140.

KÜHL, J./SCHAEFER, R./WAHSE, J.: Beschäftigungsperspektiven von Treuhandunternehmen. In: Mitteilungen aus der Arbeitsmarkt- und Berufsforschung 24 (1991), S. 501—513.

LEPPER, M.-L.: Struktur und Perspektiven des dualen Systems in der Bundesrepublik Deutschland. Frankfurt a. M./Bern/New York 1983.

LIPSMEIER, A.: Berufsverwandtschaften und Berufsgeschichte von Metallberufen seit 1877. In: HARNEY, K./PÄTZOLD, G. (Hrsg.): Arbeit und Ausbildung. Wissenschaft und Politik. Frankfurt a. M. 1990, S. 111—134.

LORENZ, P./SCHNEIDER, G.: Sozialistische Berufsbildung — Facharbeiterberufe — Lehrplanwerk. Berlin/DDR 1983.

MICKLER, O.: Veränderungen von Arbeitsstrukturen und deren Konsequenzen für die berufliche Weiterbildung. In: GÖRS, D./MARKERT, W./VOIGT, W. (Hrsg.): Wandel der Arbeitsanforderungen als Herausforderung an die berufliche Weiterbildung. (= Universität Bremen. Tagungsberichte Nr. 15). Bremen 1986.

MINSSEN, H./HOWALDT, J./KOPP, R.: Gruppenarbeit in der Automobilindustrie. Das Beispiel Opel Bochum. In: WSI-Mitteilungen 44 (1991), S. 434—441.

PIORE, J. M./SABEL, CH. F.: Das Ende der Massenproduktion. Studie über die Requalifizierung der Arbeit und die Rückkehr der Ökonomie in die Gesellschaft. Berlin 1985.

RAUNER, F./ZEYMER, H.: Auto und Beruf. Technischer Wandel und Berufsbildung im Kfz-Gewerbe. Bremen 1991.

RÖHM, A.: Numerisch gesteuerte Werkzeugmaschinen gegenüber konventionellen Werkzeugmaschinen. In: HOPPE, M./ERBE, H.-H. (Hrsg.): Neue Qualifikationen — alte Berufe? Wetzlar 1985, S. 54—65.

SCHÄFER, H.-P.: Berufsorientierung und Berufsberatung. In: Vergleich von Bildung und Erziehung in der Bundesrepublik Deutschland und in der Deutschen Demokratischen Republik. Wissenschaftliche Kommission: ANWEILER, O. (Leitung) u. a. (= Materialien zur Lage der Nation. Hrsg. vom Bundesministerium für innerdeutsche Beziehungen). Köln 1990, S. 299—306.

SCHÄFER, H.-P.: Probleme der Lehrlingsausbildung in der DDR. In: Vergleich von Bildung und Erziehung in der Bundesrepublik Deutschland und in der Deutschen Demokratischen Republik. Wissenschaftliche Kommission: ANWEILER, O. (Leitung) u. a. (= Materialien zur Lage der Nation. Hrsg. vom Bundesministerium für innerdeutsche Beziehungen). Köln 1990, S. 326—335.

SCHRIEWER, J.: Intermediäre Instanzen, Selbstverwaltung und berufliche Ausbildungsstrukturen im historischen Vergleich. In: Zeitschrift für Pädagogik 32 (1986), S. 69—90.

SCHWEIKERT, K.: Ganz die Alten? Was Auszubildende meinen, was Auszubildende tun. Bundesinstitut für Berufsbildung. (= Berichte zur beruflichen Bildung, Heft 104). Berlin/Bonn 1989.

SEPPELFELD, E./ROST-SCHAUDE, E./KLATT, G.: Neue Technologien und Berufsbildung. Qualifizierungsmaßnahmen in der Bundesrepublik Deutschland. Frankfurt a. M. 1986.

STATISTISCHES JAHRBUCH DER DDR. Berlin 1988.

STENDER, J.: Segmentationen und Selektionen. Regionale Systemanalysen zur beruflichen Bildung. Bochum 1989.

STICHWEH, R.: Professionen und Disziplinen — Formen der Differenzierung zweier Systeme beruflichen Handelns in modernen Gesellschaften. In: HARNEY, K./KORING, B./JÜTTING, D.: Professionalisierung der Erwachsenenbildung. Frankfurt a. M. u. a. 1987, S. 210—275.

STORZ, P./WENDLAND, T.: Nutzung von Computertechnik zur Vorbereitung auf CAM-Arbeit. In: Zeitschrift Chemische Technik. Verlag für Grundstoffindustrie. 40 (1988) 10, S. 498—502.

STRATMANN, K.-W./SCHLÖSSER, M./LIER, M.-J.: Erfahrungen unter Berücksichtigung der Wandlungen des Begriffs „Dual" und der praktizierten Dualität. Gutachten für die Enquete-Kommission „Zukünftige Bildungspolitik — Bildung 2000" des Deutschen Bundestages. Ausgabe Bochum 1989.

STRATMANN, K.-W./MÜLLER-TIEMANN, J./KLEIN, R./MEIER, J.: Auswirkungen der Neuordnung der industriellen Metall- und Elektroberufe auf die betriebliche Ausbildung in Klein- und Mittelbetrieben vor dem Hintergrund neuer Produktionskonzepte (CIM). Bochum 1992 (DFG-Abschlußbericht).

STREECK, W.: Die Reform der beruflichen Bildung in der westdeutschen Bauwirtschaft 1969—1982. Eine Fallstudie über Verbände als Träger öffentlicher Politik. Berlin 1983.

STREECK, W. u. a.: Steuerung und Regulierung der beruflichen Bildung. Berlin 1987.

WATERKAMP, D.: Das Einheitsprinzip im Bildungswesen der DDR. Eine historisch-systemtheoretische Untersuchung. (= Bildung und Erziehung, Beiheft 3) Köln/Wien 1985.

WATERKAMP, R.: Das zentralstaatliche Planungssystem der DDR. Berlin 1983.

WITTWER, W. u. a.: Ausbildung im Betrieb. Neun Lernsituationen für die Praxis. Sindelfingen 1985.

ZABECK, J.: „Schlüsselqualifikationen" — Zur Kritik einer didaktischen Zielformel. In: Wirtschaft und Erziehung 41 (1989), S. 77—86.

Joachim H. Knoll

17. SITUATION UND STAND DER ERWACHSENENBILDUNG/WEITERBILDUNG

1. Pluralismus als Strukturprinzip
2. Zur Genese der Erwachsenenbildung/Weiterbildung seit 1945
3. Verrechtlichung der Erwachsenenbildung/Weiterbildung
4. Einrichtungen der Erwachsenenbildung/Weiterbildung und ihre Vernetzung
5. Zum Weiterbildungsverhalten Erwachsener
6. Tendenzen und Trends der Erwachsenenbildung/Weiterbildung

1. PLURALISMUS ALS STRUKTURPRINZIP

Die Erwachsenenbildung in der Bundesrepublik Deutschland kann man zunächst als ein ausdifferenziertes pluralistisches System charakterisieren, wobei sich dieser Pluralismus durch unterschiedliche Weltanschauungen, politische Einstellungen oder verbandliche Sonderinteressen ausbildet und u. a. im Sozialstaatsprinzip seine Begründung findet. Von daher ist das Nebeneinander von öffentlichen und nichtöffentlichen, von geschlossenen und offenen Einrichtungen verständlich, und es fällt insgesamt schwer, das System in allen Einzelbestandteilen zu durchschauen oder gar quantitativ zu erfassen. Bisherige Versuche, selbst im überschaubaren Raum einzelner Bundesländer eine Weiterbildungsstatistik zu erstellen, brechen sich oft an der unzureichend belegten Erfassung von Einzelaktivitäten.

Man kann indes mit zwei Auflistungen einige Anschaulichkeit vermitteln. Differenziert man das System zunächst nach der Rechtsnatur der Träger, so lassen sich unterscheiden:

a) Öffentliche Einrichtungen der Erwachsenenbildung in der Zuständigkeit von Bund und Ländern, hierher gehören etwa die beruflichen Fort- und Weiterbildungseinrichtungen des Bundes und der Länder, die Bundeszentrale und die Landeszentralen für politische Bildung.
b) Öffentliche Einrichtungen der Erwachsenenbildung in der Zuständigkeit der Kommunen, hierzu zählen die Volkshochschulen, auch Museen und öffentliche Büchereien und Zweckverbandseinrichtungen in ländlichen Gegenden.
c) Öffentlich-rechtliche Einrichtungen, die an der Erwachsenenbildung auf der Grundlage von Staatsverträgen mitwirken, darunter fallen die bildungsintensiven Veranstaltungen der Rundfunk- und Fernsehanstalten. An dieser Stelle ist auch die Bildungsarbeit der Kammern zu nennen.

d) Die nichtöffentlichen Einrichtungen in privater Trägerschaft, hierzu gehören die Erwachsenenbildungseinrichtungen der Kirchen, der Gewerkschaften, der den politischen Parteien nahestehenden Stiftungen (Konrad-Adenauer-Stiftung, Friedrich-Ebert-Stiftung, Friedrich-Naumann-Stiftung, Hanns-Seidel-Stiftung), der verbandlichen Erwachsenenbildung (berufliche Weiterbildung in betrieblicher und überbetrieblicher Zuständigkeit), Verbände der Wohlfahrt, der Sozialdienste und des Sports.
e) Kommerzielle Einrichtungen der Erwachsenenbildung, hierzu zählen etwa Fernlehrinstitute, die seit dem 1. 1. 1977 durch das „Gesetz zum Schutz der Teilnehmer am Fernunterricht" einer Kontrolle unterliegen, auch Einrichtungen der Führungskräfte-Schulung in privater Trägerschaft (die rechtlichen Grundlagen der Erwachsenenbildung/Weiterbildung in der BRD soweit nicht anders ausgewiesen in: GRUNDLAGEN der Weiterbildung. Bd. 1).

Man könnte auch differenzieren nach organisatorischen Formen, dann ergäbe sich eine Auffächerung, die PAUL HAMACHER (1976) bereits frühzeitig so dargestellt hat:

Abbildung 1: Auffächerung der Weiterbildung nach organisatorischen Formen (Quelle: Hamacher, 1976)

2. ZUR GENESE DER ERWACHSENENBILDUNG/ WEITERBILDUNG SEIT 1945

Hinsichtlich der bildungspolitischen Entwicklung kann man — gewiß in Vergröberung — die folgenden Etappen benennen, wobei wir länderspezifische Sonderformen in der Bundesrepublik hier nicht berücksichtigen können.

Wiedereintritt in die Tradition?
Nach 1945 tritt die Erwachsenenbildung, übrigens analog zu anderen kulturellen und politischen Seinsbereichen, in die Tradition der Weimarer Republik ein (GRIMME 1968; BÄUERLE 1954/55), d. h. sie nimmt die Gedanken der Volksbildung als personalorientierte, zweckfreie Bildung wieder auf, sie folgt solchermaßen Konzepten, die man als „elitär" bezeichnen könnte; demgegenüber wird die

Massenbildung auf Formen der „emotionalen Bildung“ eingeschränkt. Die vormalige Distanz gegenüber Schule, Staat und Gesellschaft hat sich nur allmählich aufheben lassen. Man kann hier insgesamt von einer Bildung sprechen, die individuellen, subjektiven Bildungsbedürfnissen zu entsprechen sucht. Sieht man über die bildungspolitischen Kundmachungen hinaus auf die Programme, so ist allerdings die Zweckfreiheit nicht mehr durchgängiges Prinzip.

Für die Nachkriegszeit sind neben den Tendenzen, die als Wiederaufnahme der Weimarer Tradition bezeichnet wurden, im Gegenzug auch solche Bemühungen zu beschreiben, die unter dem Stichwort re-education von seiten der Aliierten intendiert wurden (BUNGENSTAB 1970). Es sind hier okkasionelle Angebote auch an die Volkshochschulen gemeint, die der Erziehung Erwachsener zu demokratischen Tugenden dienen sollten (Amerika-Häuser, Brücke, Einrichtungen der German Youth Activities) und unter finanzieller und administrativer Verantwortlichkeit der zuständigen Besatzungsmächte standen.

Die realistische Wende

Die nächste Etappe, sie beginnt etwa um 1960, sieht dann die Erwachsenenbildung in der Funktion, sich auch den objektiven Bildungsbedürfnissen zuzuwenden, das meint den Ansprüchen von Staat, Gesellschaft und Wirtschaft zu folgen, denen sich der Erwachsene gegenübersieht und auf die dann die Erwachsenenbildung mit entsprechenden Angeboten zu reagieren hat. Das Gutachten des Deutschen Ausschusses für das Erziehungs- und Bildungswesen — eines vom Bundespräsidenten berufenen unabhängigen Gutachtergremiums (1953 bis 1965) — „ZUR SITUATION UND AUFGABE DER DEUTSCHEN ERWACHSENENBILDUNG“ (1960) besitzt in diesem Zusammenhang eine herausragende Signalfunktion und leitet jene Phase ein, die in der Bundesrepublik als die „realistische Wende in der Erwachsenenbildung“ beschrieben wird. Nachfolgende Selbstverständniserklärungen der Einrichtungen der Erwachsenenbildung — des Deutschen Volkshochschul-Verbandes 1963 und 1966, auch der Kirchen — machen deutlich, daß sich Erwachsenenbildung vor dem Hintergrund ökonomischer Krisen (Veränderung der Arbeits- und Beschäftigungsstruktur im Bergbau, die sog. absterbenden Berufe) vermehrt der beruflichen Bildung zuwenden und sich vor allem auf Fragen der Umschulung und der damit zusammenhängenden anthropologischen Probleme einlassen muß (vgl. die Dokumente in KNOLL/SIEBERT 1967). Für die beruflich-betriebliche Weiterbildung ist diese Diskussion eher nachrangig, weil dort schon lange geführt und weithin entschieden. Sodann haben die neuen Medien (damals vor allem das Fernsehen) der Erwachsenenbildung die Frage auferlegt, wie die Erwachsenen auf den Umgang mit diesen neuen Technologien angesichts einer bislang weithin literarisiert verfaßten Bildung eingestellt werden können.

Man wird den selbstzugemessenen und erklärten Funktionsauftrag der Erwachsenenbildung in dieser Zeit gewiß mit den plakativen Umschreibungen
- — Berufshilfe (nicht berufliche Bildung oder gar Berufsbildung)
- — Lebenshilfe

— Freizeithilfe
charakterisieren dürfen.

Im nebenhinein muß an Versuche der Wiederaufnahme der Arbeiterbildung der 20er Jahre gedacht werden (NEGT, IG Metall; vgl. BROCK/MÜLLER/NEGT 1978), die allerdings eine nur zwiespältige Zustimmung erfahren haben. Die Theorien der Erwachsenenbildung der 70er Jahre knüpfen an Vorgaben einer marxistisch-sozialistisch orientierten Arbeiterbildung an (vgl. z. B. AXMACHER 1974).

Konzepte für eine „realistische" Programmatik

Die nächste, etwa zwischen 1960 und 1970 angesiedelte Phase wird man als eine der Konzeptualisierungen bezeichnen können. Die Anregungen des Deutschen Ausschusses werden überdacht und dann dem nachfolgenden bildungspolitischen Gremium, dem Deutschen Bildungsrat (1965—1975), — durch Modelle und Vorschläge angereichert und differenziert — zugeführt. Aus dieser Zeit können vielleicht drei Denkanstöße genannt werden, die die nachfolgenden Beratungen nicht unbeeindruckt gelassen haben: Da ist einmal der PICHT-Plan (GESAMTPLAN für ein kooperatives System der Erwachsenenbildung 1968), der am Beispiel Baden-Württembergs Möglichkeiten und Strategien von Kooperation und Koordination vordachte, da ist der Bochumer Plan (KNOLL u. a. 1967), der versuchte, schulabschlußbezogene Bildung in einem „dritten Bildungsweg" erwachsenengemäß zu funktionalisieren, und da ist der SCHULENBERG-Plan (SCHULENBERG 1976), der sich auf das Baukastenprinzip, d. h. die Aufeinanderfolge von gegliederten und aufeinander aufbauenden Einheiten eines Wissensbereiches (Elektrotechnik) gründete. Das Baukastenprinzip hat vor allem im Sprachenbereich Anknüpfung gefunden und ist dort auch mit einer Abschlußbezogenheit (Zertifikate) versehen worden. In der Bundesrepublik ist dieses Modell konsekutiv, d. h. aufeinanderfolgend angelegt, in der vormaligen DDR in Komplexform, d. h. aufeinanderaufbauend. Dieses Prinzip ist auf die kommunalen Einrichtungen der Weiterbildung (Volkshochschulen) bezogen, einige Ansätze sind in der Gewerkschaftlichen Erwachsenenbildung auszumachen (z. B. IG Metall-Bildungszentrum Sprockhövel). Gedanken dieser Art, die auf Systematisierung, auf Abschlußbezogenheit, auf berufliche Orientierung, auf ein neues Verständnis von organisierter Erwachsenenbildung abzielten, sind in den STRUKTURPLAN der Bildungskommission des Deutschen Bildungsrates (1970) eingemündet, der dann zur Grundlage des BILDUNGSGESAMTPLANES (1973) gemacht wurde. Seit 1970 wird der beruflichen Orientierung, der abschlußbezogenen Bildung und der Systematisierung insgesamt ein hoher Stellenwert zugewiesen, und dies gilt mit gewiß unterschiedlicher Gewichtung für alle Träger von Erwachsenenbildungseinrichtungen.

Die endgültige Formulierung der „realistischen Wende" findet sich dann im Bildungsgesamtplan der Bund-Länder-Kommission für Bildungsplanung (seit 1975 „und Forschungsförderung"). Hier wird der beruflichen Bildung eine Priorität zugewiesen, die sich freilich nicht notwendig auch in der tatsächlichen Programmgestaltung wiederfindet.

Der Bildungsgesamtplan, der die Zusammenarbeit von Bund und Ländern in Fragen der Bildungsplanung einfordert (Art. 91 b GG), hat dann Konsequenzen veranlaßt, die sich einmal auf die Hierarchisierung von Aufgabenfeldern in der Erwachsenenbildung beziehen, andererseits auf gesetzliche und inhaltliche Maßnahmen, die vor allem durch das Erwachsenenbildungsgesetz von Nordrhein-Westfalen 1974 zumindest für ein Bundesland nachfolgend festgeschrieben werden. Seit 1970 — und dies muß im Hinblick auf das Gesetzgebungsverfahren deutlich gemacht werden — ist an die Stelle des Begriffs Erwachsenenbildung der Begriff „Weiterbildung" getreten.

In der gleichsam mathematisierten Formel des Bildungsrates wird Weiterbildung als der Verbund von Erwachsenenbildung und Fortbildung und Umschulung definiert, woraus dann folgt, daß in dieser Definition Erwachsenenbildung nurmehr das Angebot soziokultureller Veranstaltungen zu bezeichnen scheint. Es hat sich in zahlreichen Publikationen eingebürgert, von „Erwachsenenbildung/Weiterbildung" zu sprechen, was freilich den Sprachgebrauch des Bildungsrates wie auch den der Bund-Länder-Kommission keineswegs korrekt wiedergibt.

Die emanzipatorische Bewegung

Im Gegenlauf zu einer weithin entpersonalisierten, an Wirtschaftszwängen orientierten, qualifikatorischen Bildung versucht eine emanzipatorische Bewegung, entgegen den vorgegebenen Sachzwängen, der Individualität zu Raum und Selbstverwirklichung zu verhelfen und sich im Hinblick auf gesellschaftliche Zuständigkeit soziale Verpflichtungen zuzumessen. Die emanzipatorische Erwachsenenbildung entspricht einem Zeitgeist, der sich in der Nähe der Diskussion der Frankfurter Schule befindet. Für diese Pädagogik haben sich zudem Gedankengänge der sogenannten 68er-Generation als fermentierend angeboten (DIKAU 1968; AXMACHER 1974).

Die kulturelle Wende

Man wird im Blick auf die Entwicklung der Erwachsenenbildung seit der Mitte der 70er Jahre konstatieren müssen, daß sich zumindest in der Rhetorik, in der Realität zunächst zögernd und verhalten, eine neuerliche Wende abzeichnete. Analog zu internationalen Tendenzen (vgl. z. B. die Empfehlungen der 19. Generalkonferenz der UNESCO in Nairobi, RECOMMENDATION 1976; GEMEINSAMER BESCHLUSS des Ministerrates der DDR und des FDGB 1979) wird jetzt wiederum verstärkt eine Hinwendung zur kulturellen Bildung konstatiert werden können. Diese Wendung ist gelegentlich auch als anthropologische Wende — vor allem im Bereich der konfessionellen Erwachsenenbildung — bezeichnet worden. Es wäre besser, wenn man statt des wissenschaftlich festgelegten Begriffes „anthropologisch" den der „personalen Bildung" verwandt hätte. Sachverhalt ist, daß der Begriff „anthropologische Wende" die Abkehr von einer vorrangig qualifikatorischen Bildung angeben möchte. Der Deutsche Volkshochschul-Verband thematisiert diese Wende anläßlich des Deutschen Volkshochschultages 1976; in ersten, zumeist stadtteil- oder jugendbezogenen Aktivitäten wird die kulturelle Wende realisiert. Dabei erfährt allerdings der Kulturbegriff eine neue Deutung, die es verbietet, diese Wende als Rückfall in ein vormaliges Verständnis zu deuten. Heute wird im Kontext von „kultureller Wende" zumeist Kultur als „Sozio-" oder „Alltagskultur" definiert.

Von der kulturellen zur informationstechnischen Bildung
Die neue Form kultureller Bildung in der Erwachsenenbildung/Weiterbildung, auch Formen von stadtteilbezogener Arbeit, die am englischen Vorbild (community development) und am französischen (animation socio-culturelle) angelehnt sind, sind erkennbar zurückgetreten durch Herausforderungen einer neuen, von Informationstechnologien geprägten Arbeits- und Alltags-Umwelt. Dieser Prozeß einer Orientierung an veränderten Kommunikationsstrukturen, er ist gelegentlich als die Vorbereitung auf die „dritte industrielle Revolution" charakterisiert worden, beginnt spätestens in der Mitte der 80er Jahre. Ein dafür markantes Dokument sind die „Thesen" des BUNDESMINISTERIUMS FÜR BILDUNG UND WISSENSCHAFT (1986), in denen Begriffe wie Bürgerinformatik, informationstechnische Bildung, Informatik deutlich machen, daß alle Bereiche des alltäglichen Lebens, aber vor allem Fertigungsvorgänge in der Produktion und Dienstleistungen, von neuen Informations- und Kommunikationsmittlern beeinflußt sind und daß Weiterbildung, auch die, die nicht der beruflichen Weiterbildung zugeordnet ist, informationstechnische Bildung in das Zentrum einer veränderten Bildungsprogrammatik zu rangieren habe. Dies hatte auch zur Folge, daß der traditionell verfaßte Gedanke der Allgemeinbildung neu durchdacht wurde und ihm Elemente informationstechnischer Bildung (z. B. Bürgerinformatik) als einer Bildung für alle beigegeben werden sollten. Die berufliche und betriebliche Weiterbildung verfügte auch hier über einen zeitlichen Vorlauf.

Diese Dominanz informationstechnischer Bildung, die zunächst ein Element beruflicher Weiterbildung war, hat natürlich auch dazu geführt, daß sich Veranstaltungsangebote nicht-beruflicher Träger von Weiterbildung auf das Terrain beruflicher Weiterbildung begeben haben, wodurch die vormalige Regulierung des Systems von Erwachsenenbildung nach dem Prinzip des Selbstverständnisses und der Kompetenz aus der Balance geriet. Dabei soll nicht verschwiegen werden, daß finanzielle Anreize (etwa durch das Arbeitsförderungs-Gesetz) eine Rolle spielten. Der Vorschlag des SPD-Bundesvorstandes, auch die Weiterbildung (berufliche und allgemeine Weiterbildung) als eine Verlängerung des dualen Systems vorzustellen, könnte zu einer Wiederherstellung eines balancierten Systems von Weiterbildung führen.

3. VERRECHTLICHUNG DER ERWACHSENENBILDUNG/ WEITERBILDUNG

Verstehen wir unter Erwachsenenbildung den „institutionalisierten und mithin auch organisierten Prozeß des Einwirkens auf Erwachsene zum Zwecke höherer Befähigung" (KNOLL/SIEBERT 1967) oder mit dem Bildungsgesamtplan Erwachsenenbildung als die „Fortsetzung oder Wiederaufnahme organisierten Lernens nach Abschluß einer ersten Bildungsphase und nach Aufnahme einer Berufstätigkeit" (BILDUNGSPLAN 1973, S. 11), so kann man von Erwachsenenbildung in dieser Präzisierung erst seit Beginn des 19. Jahrhunderts sprechen. Erwachsenenbildung entfaltet sich im 19. Jahrhundert analog zu unterschiedlich gedachten Aufklärungsprozessen (geisteswissenschaftlich-rationale Aufklärung, soziale Aufklärung, naturwissenschaftliche Aufklärung usw.).

Die rechtliche Grundlegung einer sich zunächst in privater Initiative begründenden Erwachsenenbildung (Arbeiterbildungsvereine, Erwachsenenbildung in der Zuständigkeit der Kirchen oder der Gewerkvereine, auch sozialpolitisch orientierte Bildungsvereine) findet erst dann statt, als der Staat vom Primat extensiv ausgelegter Subsidiarität, d. h. der Vorordnung gesellschaftlicher vor staatlicher Gestaltung, abgeht und an die Stelle ungehinderter Privatinitiativen das Prinzip der Eingriffsverwaltung zu setzen versucht. Erste Rechtssetzungen erfolgen durch das Zuschußgesetz in Nordrhein-Westfalen im Jahre 1953. In Bildungsbereichen mit starker Pluralität, z. B. der Vorschulerziehung, der außerschulischen Jugendbildung und der Erwachsenenbildung läßt sich mit unterschiedlicher Intensität eine zunehmende Tendenz stärkerer staatlicher oder kommunaler Mitgestaltung ausmachen.

Wenn man zwar einerseits feststellen kann, daß der staatliche Mitbeteiligungswille an der Erwachsenenbildung erst relativ spät einsetzt, so wird man doch gleichzeitig sagen müssen, daß die Tendenz zur Verrechtlichung von Erwachsenenbildung in Deutschland im Vergleich zu anderen Ländern doch relativ früh einsetzt. Erwachsenenbildung — damals noch in der Umschrift von „Volksbildung" — wird in Deutschland erstmals rechtlich angesprochen in Artikel 148 der Weimarer Reichsverfassung (1919), wo es heißt: „Das Volksbildungswesen, einschließlich der Volkshochschulen, soll von Reich, Ländern und Gemeinden gefördert werden."

Ähnlich allgemein gehaltene Bekundungen des Staates über die Erwachsenenbildung/Volksbildung finden sich dann in den Länderverfassungen der Bundesländer wieder, und erst 1953 macht das Bundesland Nordrhein-Westfalen den Anfang mit einer spezifischen Gesetzgebung zur Erwachsenenbildung. Dieses Gesetz regelt die Zuschußgewährung an Volkshochschulen und anerkannten Einrichtungen der Erwachsenenbildung. Man spricht für diesen Zeitraum der beginnenden 50er Jahre von einem *zuschußregelnden Gesetz.* Die nachfolgenden Gesetze, etwa mit dem Jahre 1970 beginnend — das Gesetz für Niedersachsen tritt am 1. 1. 1970 in Kraft —, gehen von dem Gutachten des Deutschen Ausschusses für das Erziehungs- und Bildungswesen aus und von solchen Konzepten, die in der Mitte der 60er Jahre entfaltet worden sind. Hier geht es um die Frage, wie in einem pluralistischen System von Erwachsenenbildung die Prinzipien der Gleichrangigkeit und Gleichwertigkeit der einzelnen Partikularkräfte auch rechtlich abgesichert und in einen Kooperationszusammenhang gebracht werden können. Von daher hat man diese Gesetze weithin als *Organisationsgesetze* klassifiziert.

Der Bildungsgesamtplan hat dann Leitlinien auch inhaltlicher Art formuliert, denen sich die sogenannten *Inhaltsgesetze* nach 1973 verpflichtet fühlten. Das „Erste Gesetz zur Ordnung und Förderung der Weiterbildung im Lande Nordrhein-Westfalen“ vom 31. Juli 1974 hat wohl am stärksten die Vorgaben des Bildungsgesamtplanes bedacht und nicht zuletzt eine Aufgaben- und Feldbeschreibung der Erwachsenenbildung vorgenommen, die in die seitherige Diskussion um die inhaltliche Auslegung von Erwachsenenbildung Eingang gefunden hat. Dort werden die folgenden Aufgabenfelder genannt:

1. Bereich der nichtberuflichen, abschlußbezogenen Bildung,
2. Bereich der beruflichen Bildung,
3. Bereich der wissenschaftlichen Bildung,
4. Bereich der politischen Bildung,
5. Bereich der freizeitorientierten und die Kreativität fördernden Bildung,
6. Bereich der Eltern- und Familienbildung,
7. Bereich der personenbezogenen Bildung.

Zum gegenwärtigen Zeitpunkt haben alle alten Bundesländer der Bundesrepublik Deutschland, mit Ausnahme von Hamburg und Schleswig-Holstein, Gesetze zur Erwachsenenbildung vorgelegt, wobei gesagt werden muß, daß sich im Falle von Hamburg Regelungen zur Erwachsenenbildung in den dortigen Schul- und Hochschulgesetzen finden und die derzeitige Regierung in Schleswig-Holstein Gesetzesinitiativen in Gang gebracht hat, die über die bisherige „Erlaß“-Lage hinausgehen wollen.

Im Kontext der Verrechtlichung von Erwachsenenbildung in der Bundesrepublik muß neben tarifrechtlichen Vereinbarungen und Rechtssetzungen nach dem Betriebsverfassungsgesetz darauf hingewiesen werden, daß die Gesetze zum Bildungsurlaub Maßnahmen im Sinne der Erwachsenenbildung sind und vielfach auch mit den geltenden Landesgesetzen über Erwachsenenbildung/Weiterbildung verknüpft sind. In der Bundesrepublik gibt es derzeit unter den elf alten Ländern acht, die eine landesgesetzliche Regelung des Bildungsurlaubs eingeführt haben. Es handelt sich um die Bundesländer Berlin, Bremen, Hamburg, Hessen, Niedersachsen, Nordrhein-Westfalen, Saarland und Schleswig-Holstein. Die inhaltlichen Auslegungen differieren: Einmal bestehen altersmäßige Begrenzungen, d. h. der Kreis der Anspruchsberechtigten wird auf die bis zum 25. Lebensjahr alten begrenzt, oder es wird ein unterschiedlich ausgelegter Bildungsbegriff zugrundegelegt — entweder ein Verbund von politischer und beruflicher Bildung oder ein solcher von beruflicher, politischer und allgemeiner Bildung. In den Fällen, in denen die allgemeine Bildung in das Konzept des Bildungsurlaubs eingeschlossen ist, wird gelegentlich darauf hingewiesen, daß damit einer mißbräuchlichen Inanspruchnahme von Bildungsurlaub Raum gegeben werde.

Die Gesetze zur Erwachsenenbildung müssen hier nicht im einzelnen vorgestellt werden, doch wollen wir sie mit dem Datum ihres Inkrafttretens auflisten:
Baden-Württemberg: Gesetz zur Förderung der Weiterbildung und des Bibliothekswesens vom 16. 12. 1975

Bayern: Gesetz zur Förderung der Erwachsenenbildung vom 24. 7. 1974
Berlin: Regelung zur Volkshochschule im Schulgesetz für Berlin vom 17. 1. 1979
Bremen: Gesetz über Weiterbildung in Bremen vom 26. 3. 1974
Hamburg: Weiterbildungsgesetz nicht vorhanden
Hessen: Gesetz zur Förderung von Einrichtungen der Erwachsenenbildung vom 9. 8. 1978; Gesetz über Volkshochschulen vom 12. 5. 1970
Niedersachsen: Gesetz zur Förderung der Erwachsenenbildung vom 13. 1. 1970
Nordrhein-Westfalen: Erstes Gesetz zur Ordnung und Förderung der Weiterbildung im Lande Nordrhein-Westfalen vom 31. 7. 1974
Rheinland-Pfalz: Landesgesetz zur Neuordnung und Förderung der Weiterbildung in Rheinland-Pfalz vom 14. 2. 1975
Saarland: Gesetz Nr. 910 zur Förderung der Erwachsenenbildung im Saarland vom 8. 4. 1970
Schleswig-Holstein: Weiterbildungsgesetz in Vorbereitung.

4. EINRICHTUNGEN DER ERWACHSENENBILDUNG UND IHRE VERNETZUNG

Es ist bereits die Pluralität des Systems von Erwachsenenbildung angesprochen worden, wobei hier noch das grundsätzliche Organisationsprinzip vorgestellt werden soll.

Zunächst ist allgemein zu sagen, daß alle Veranstalter oder Anbieter von Weiterbildungsmaßnahmen in rechtlich unterschiedlicher Trägerschaft nicht erfaßt werden können, daß sich allerdings die „anerkannten" Einrichtungen der Erwachsenenbildung/Weiterbildung benennen lassen, wobei sich die Maßstäbe der „Anerkennung" aus den jeweiligen Gesetzen zur Erwachsenenbildung/Weiterbildung und aus den darin vorgeschriebenen Förderungsmodalitäten ergeben; in der Regel sehen die Gesetze eine Anerkennung vor, wenn neue Anbieter von Erwachsenenbildung über einen Zeitraum von zumeist zwei Jahren ihre „entsprechende" Qualifikation zunächst ohne eine Förderung nachgewiesen haben.

Diese „Anerkennungspraxis" hat zum Beispiel im Lande Niedersachsen dazu geführt, daß seit Gültigkeit des Erwachsenenbildungsgesetzes (1970) bislang keine neuen „anerkannten" Einrichtungen in die staatliche Förderung einbezogen wurden.

Demzufolge zählen zu den anerkannten Einrichtungen in der Regel diejenigen, die über eine relativ lange Entwicklungsgeschichte, eine übergreifende Organisationsstruktur und eine personelle und sachliche Mindestausrüstung verfügen. Man könnte hier u. a. die Einrichtungen der Arbeitnehmer und zu Teilen auch die der Arbeitgeber — die allerdings Förderungsmöglichkeiten zumeist nicht in Anspruch nehmen können, da ihre Veranstaltungen dem Förderungsgrundsatz des freien Zugangs nicht stets folgen können —, die der Kirchen, der Gewerkschaften, der Volkshochschulen, der ländlichen Erwachsenenbildung, der Heimvolkshochschulen in unterschiedlicher Trägerschaft nennen.

Über die hier genannten Einrichtungen hinaus differenziert sich das pluralistische System von Erwachsenenbildung erheblich, da natürlich neben die durch die Erwachsenenbildungs-/Weiterbildungsgesetze als „anerkannt" geltenden Anbieter weitere treten, die durch andere Zuwendungen gefördert oder die in der Zuständigkeit von Bundes- oder Länderressorts mit zumeist berufsqualifikatorischer Zielsetzung direkt von der öffentlichen Hand betrieben werden. Hierher gehören Einrichtungen der Länder- und Bundesministerien zur beruflichen Weiterbildung ihres Personals in unterschiedlichen Funktionsbereichen, auch die Maßnahmen der Bundeswehr sowie das durch Vereinbarungen von Bund und Ländern geregelte Fernunterrichtswesen (Vereinbarungen 1969, 1973 und „Gesetz zum Schutze der Teilnehmer am Fernunterricht", am 1. 1. 1977 in Kraft getreten).

Hinzuzusehen sind die Anbieter aus den parteipolitischen Bereichen oder aus dem der politischen Bildung; hier seien nur in Auswahl genannt: die den politischen Parteien in der Bundesrepublik nahestehenden Stiftungen (Konrad-Adenauer-Stiftung, Friedrich-Ebert-Stiftung, Friedrich-Naumann-Stiftung, Hanns-Seidel-Stiftung; andere Stiftungen, wie die H.-Ehlers-Stiftung oder die L.-Erhard-Stiftung, haben zumindest einen publizistisch nachgeordneten Rang), die Bundeszentrale für politische Bildung und die Landeszentralen für politische Bildung in den alten Ländern der Bundesrepublik – in den neuen im Aufbau – die durch Publikationen oder direkte Bildungsmaßnahmen einen auffälligen Beitrag zur politischen Bildung der Bevölkerung der Bundesrepublik leisten.

Selbst die hier genannten Einrichtungen, Anbieter und Träger charakterisieren nur einen Ausschnitt aus dem pluralistischen System von Erwachsenenbildung, und es stellt sich von daher die doppelte Frage:

— Können sich die nicht durch Erwachsenenbildungsgesetze als „anerkannt" geltenden Einrichtungen ebenfalls zur Geltung bringen, und
— kann das pluralistische System so etwas wie abgestimmte Koordination und Kooperation herstellen?

Die erste Frage weist — wie gesagt — über die Gesetze zur Erwachsenenbildung hinaus. Das meint, daß — positiv gewendet — trotz einer erheblichen Verrechtlichung durch die Erwachsenenbildungs-/Weiterbildungsgesetze auch jene Einrichtungen im System bestehen, die sich aus anderen Ressourcen speisen als aus denen, die durch bestehende gesetzliche Regelungen eröffnet werden.

Zur zweiten der vorgenannten Fragen muß gesagt werden, daß trotz der pluralistischen Vielfalt des Systems von Erwachsenenbildung die Struktur sich nicht so zerfasert, daß Koordination und Kooperation unmöglich gemacht würden.

Einmal werden — dies mag als bescheidener Kooperationsversuch gelten — zum Zwecke der Übersichtlichkeit und der Informationsverstärkung in den Kommunen gemeinsame Vorlesungsverzeichnisse entwickelt, so daß der präsumtive Teilnehmer unter der Angebotsfülle auszuwählen vermag; sodann sehen die Erwachsenenbildungsgesetze eine Kooperations„pflicht" vor, die gelegentlich mit der Förderung zu einem Junktim verbunden ist — oder es werden zumindest Kooperationsgremien gesetzlich vorgeschrieben, die die unterschiedlichen Träger oder Einrichtungen „zusammenbringen" sollen. Daß diese Gremien, z. B. Landeskuratorium für Erwachsenenbildung genannt, oft ihrem im Gesetz vorgeschriebenen Sinn und Zweck nicht zu entsprechen vermögen, hängt nicht zuletzt mit noch vorhandener Kooperationsresistenz zusammen. Wir haben dies in einer Expertise über das Erwachsenenbildungsgesetz in Niedersachsen (KNOLL u. a. 1983) bestätigt gefunden.

Insgesamt wird man denn doch sagen dürfen, daß das Ausmaß der Kooperationsbereitschaft und der tatsächlichen Kooperation erheblich zugenommen hat. Dazu nur zwei Beispiele aus unterschiedlichen Einrichtungen.

Seit vielen Jahren arbeiten Volkshochschulen und Gewerkschaften in der Organisation „Arbeit und Leben" zusammen, wobei die Volkshochschulen sich eine Klientel versprachen, die sie mit ihrem Angebot bislang nicht erreichten, und die Gewerkschaften sich eine Öffnung erhofften, die sich von der Eingrenzung auf eine selbstbezogene Funktionärsbildung freizusetzen vermochte.

Ein weiteres Beispiel für die zunehmende Kooperationsbereitschaft, vielleicht auch -notwendigkeit liefert bereits eine frühe Studie von H. WINTER/H. H. THOLEN (1983), in der (s. Abbildung 2) deutlich gemacht wird, daß die vormalige

Abbildung 2: Kooperationspartner bei externer WB
(Quelle: Winter/Tholen 1983)

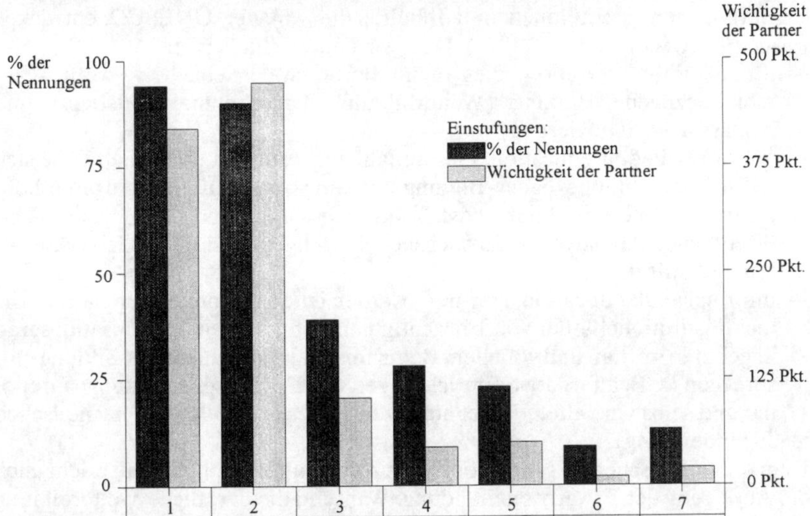

	1	2	3	4	5	6	7
% der Nennungen Wichtigkeit d. Partner	94% 416 Pkt.	90% 474 Pkt.	39% 108 Pkt.	28% 44 Pkt.	23 % 52 Pkt.	9% 10 Pkt.	13% 20 Pkt.

Art der Einrichtung

1 = Verbände
2 = Kommerzielle Träger
3 = Öffentliche Träger
4 = Gewerkschaftliche Träger
5 = VHS
6 = Kirchliche & soziale Ein richtungen
7 = sonstige Träger

Annahme, die berufliche Bildung blende sich aus der Vernetzung von Weiterbildungsmaßnahmen aus, so nicht mehr rechtens ist; berufliche Bildung bedient sich durchaus der Möglichkeiten anderer Anbieter — und dies gilt natürlich vice versa. Die nachfolgende Darstellung belegt diesen Sachverhalt in bezug auf die Kooperationspartner bei externer Weiterbildung.

Nachdem wir Institutionen benannt und Kooperationen in der Weiterbildung angesprochen haben, bleiben indes Fragen nach der *inhaltlichen* Abstimmung, Abgrenzung oder Zusammenarbeit.

Wir haben bereits im Vorwege darauf hingewiesen, daß die Gesetze zur Erwachsenenbildung hinsichtlich anerkannter Einrichtungen eine inhaltliche Beschränkung nicht vorsehen — gemäß der Devise: „Jeder darf alles" (anbieten). Und doch hat sich ein Prinzip der Selbstregulation ausgebildet, das sachlich unbegründete Kompetenzansprüche weithin ausschließt und dies um so mehr, als sich die Teilnehmer am Weiterbildungs-„Markt" bei ihrer Auswahl eben nicht nur von den Angebotstiteln, sondern auch von der vermuteten Kompetenz des Anbieters leiten lassen. Freilich haben sich hier auch inhaltliche Verlagerungen ergeben, die im traditionellen Verständnis der Anbieter so nicht angelegt waren; so ist etwa der Anteil von beruflichen und berufsqualifikatorischen Maßnahmen in den Einrichtungen der allgemeinen Erwachsenenbildung vielfach signifikant.

Um den Sachverhalt deutlich zu machen, folgen wir einer schematischen Aufgliederung der Institutionen und Inhalte, die von der UNESCO entwickelt wurde (RECOMMENDATION 1976). Dort wird unterschieden in:

— formal adult education, dies meint beruflich-betriebliche, beruflich abschlußbezogene Bildung (Weiterbildung, Umschulung, Aufstiegs- und Anpassungsqualifizierung),
— non-formal adult education, dies umfaßt Institutionen und Inhalte, die sich auf schulabschlußbezogene Bildung und ein soziokulturelles Angebot konzentrieren (hierher gehören die Volkshochschulen und die meisten nichtöffentlichen Anbieter von Erwachsenenbildung, wie Kirchen, Gewerkschaften und Stiftungen),
— informal adult education, hierunter werden jene Programme verstanden, die nichtinstitutionell oder von Einrichtungen mit geringem Organisationsgrad angeboten werden und vor allem Bedürfnissen kommunikativer Bildung entsprechen (z. B. alternative Einrichtungen von Erwachsenenbildung, autonome und selbstverwaltete Begegnungszentren zumal in der außerschulischen Jugendbildung).

Dem föderalistischen Organisationsprinzip der Bundesrepublik entspricht auch die Auslegung der Erwachsenenbildung. Während die berufliche Weiterbildung weithin der Bundeskompetenz unterliegt, befinden sich die Maßnahmen und Verfahren von „freien" und „gebundenen" Erwachsenenbildungseinrichtungen der nichtberuflichen Bildung in der Zuständigkeit der Bundesländer und Kommunen. Ein erheblicher Teil der Finanzierung von Erwachsenenbildung/Weiterbildung wird gerade von den Bundesländern aufgebracht, die darüber hinaus auch stets versucht haben, die engen Maßgaben der Förderungsregelungen, die für die „anerkannten" Einrichtungen gelten, auf andere Maßnahmen und Träger anzuwenden.

Wir möchten auf einige in Bundeskompetenz liegende Initiativen hinweisen, die in der bildungspolitischen Publizistik vielfach nicht mit dem entsprechenden Gewicht versehen werden. Auch hier kann es weithin nur um referierende Nennungen gehen. Zu den Fortbildungseinrichtungen des Bundes gehören u. a.:

— die Akademie für Führungskräfte der Bundespost,
— die Aus- und Fortbildungsstätte des Auswärtigen Amtes,
— die Bundesakademie für öffentliche Verwaltung,
— die Bundesakademie für Wehrverwaltung und Wehrtechnik,
— die Bundesfinanzakademie,
— die Führungsakademie der Bundeswehr,
— die Polizei-Führungsakademie,
— die Schule der Bundeswehr für innere Führung,
— die zentrale Aus- und Fortbildungsstelle der Deutschen Bahn.

Diese Fortbildungseinrichtungen legen ihre funktionsorientierte Weiterbildung vorrangig nach den Spezifika jener Ressorts aus, denen sie zugeordnet sind. Daneben besteht die „Bundesakademie für öffentliche Verwaltung" als „zentrale Fortbildungseinrichtung der Bundesregierung".

In Bundeszuständigkeit liegt auch die „Bildung in den Streitkräften", ein in der relevanten Literatur weithin übersehener Bereich, obwohl das Bundesministerium der Verteidigung quantitativ zu den größten Anbietern von Weiterbildungsmaßnahmen gehört. Die Maßnahmen umfassen allgemeinbildende Programme mit schulabschlußbezogener Bildung und solche der beruflichen Einstiegs- und Aufstiegsqualifizierung. Den Bildungsbemühungen der Bundeswehr können zwei Absichten zugeschrieben werden: Einmal müssen die Streitkräfte bestrebt sein, Aus- und Weiterbildung im Hinblick auf Verwendungssituationen in der Bundeswehr anzubieten, sodann geht es aber vor allem um die berufliche Wiedereingliederung nach dem Ausscheiden aus der Bundeswehr. Im wesentlichen konzentrieren sich diese Programme auf längerdienende Soldaten und auf Berufsoffiziere auf Zeit.

Seit 1970 hat das Bundesministerium der Verteidigung sein Bildungswesen neu geordnet und dabei auch das Konzept von Hochschulen der Bundeswehr — jetzt Universitäten der Bundeswehr — durchgesetzt.

Wenn schon Einzelaktivitäten aufgelistet werden, so sollte zumindest erwähnt werden, daß sich die Internationalität von Erwachsenenbildung durch Programme, Maßnahmen und Anregungen der

— Deutschen UNESCO-Kommission (Bonn),
— des UNESCO-Instituts für Pädagogik (Hamburg), auch der bildungspolitischen Gremien wie
— Kultusministerkonferenz
— Westdeutsche Rektorenkonferenz und
— der Ministerien des Bundes und der Bundesländer unterstützt sieht.

Vielleicht sollte an dieser Stelle auch eigens betont werden, daß gegenüber früherer, zumeist spontaner Bereitschaft der Hochschulen, ihren Beitrag zur Erwachsenenbildung zu leisten (EDUARD SPRANGER, WILHELM FLITNER, MAX SCHELER, HELMUT PLESSNER, WILLY STRZELEWICZ), die wissenschaftlichen Hochschulen heute durch das Hochschulrahmengesetz vom 26. 1. 1976 zur Weiterbildung (Continuing higher education) verpflichtet sind, wobei diese Weiterbildung durch die nachfolgenden Landesgesetze (z. B. Wissenschaftliches Hochschulgesetz Nordrhein-Westfalen, 1. 1. 1980) in der Form des „weiterbildenden Studiums" realisiert wird. Das weiterbildende Studium soll, wissenschaftlich fundiert, bereits in der Praxis tätigen Verantwortungsträgern in unterschiedlichen Berufen — wobei ein akademischer Abschluß nicht notwendigerweise vorausgesetzt wird — eine Weiterbildung zuteil werden lassen.

5. ZUM WEITERBILDUNGSVERHALTEN ERWACHSENER

In der Bundesrepublik Deutschland sind relativ früh empirische Untersuchungen über das Weiterbildungsverhalten durchgeführt worden; vor allem die maßgebliche Studie von STRZELEWICZ, RAAPKE, SCHULENBERG „Bildung und gesellschaftliches Bewußtsein" (1966) wäre hier zu nennen, der die sog. Hildesheim-Studie voraus- und die Oldenburg-Studie nachgefolgt sind. Die ersten Untersuchungen zum Weiterbildungsverhalten Erwachsener beginnen in den 60er Jahren und sind von der Rückfrage TIETGENS angeregt: „Warum kommen so wenige Arbeiter zur Erwachsenenbildung?" Die Rückfrage gilt nicht in gleicher Intensität für die berufliche Weiterbildung, wo das Weiterbildungsverhalten im Sinne von Anpassungs- und Aufstiegsqualifikationen stets durch betrieblich-berufliche Zwänge stimuliert wurde (zur empirischen Forschung der 60er Jahre vgl. KNOLL/SIEBERT 1967, S. 157—166). Mehrheitlich beziehen sich die nachfolgenden Untersuchungen auf Befunde der 70er und beginnenden 80er Jahre. Die Arbeiten münden insgesamt in die These ein, daß das Weiterbildungsverhalten positiv korreliert mit der Höhe der schulischen Bildungsabschlüsse.

Hinsichtlich des Weiterbildungsverhaltens in Korrelation mit den erreichten Bildungsabschlüssen im öffentlichen Bildungswesen belegen auch weitere Forschungen die Ermittlungen, die die Arbeiten von STRZELEWICZ, RAAPKE und SCHULENBERG bereits mitgeteilt hatten; kurz gesagt: Mit steigendem Schulabschluß steigt auch die Bereitschaft zur Teilnahme an Weiterbildungsmaßnahmen. Der Trend hat sich offenbar in den letzten Jahren noch deutlicher ausgeprägt, denn das Resümee lautet: „Ansteigende Weiterbildungsteilnahme bei den Höherqualifizierten, eher rückläufig bei den niedriger Qualifizierten." (WINTER/THOLEN 1983, S. 32)

Hinsichtlich der soziodemographischen Daten kann folgendes Resümee aus neueren Untersuchungen mitgeteilt werden, das sich auch durch eigene Beobachtungen bestätigen ließe:

„1. Jüngere Personen nehmen häufiger an Weiterbildungsveranstaltungen teil als ältere.

2. Mit steigender beruflicher Qualifikation nimmt auch die Teilnahme an Weiterbildung zu.
3. Die Weiterbildungsteilnahme ist bei Beamten am höchsten und bei Arbeitern am niedrigsten; Angestellte liegen dazwischen.“ (WINTER/THOLEN 1983, S. 11)

Uns erscheint das erste Ergebnis von besonderer Bedeutung, denn es belegt den Sachverhalt, daß die Gruppe der Jugendlichen und jungen Erwachsenen bis zum 35. Lebensjahr in den Einrichtungen der Erwachsenenbildung überrepräsentiert ist. Dies ist zum Teil auch darin begründet, daß die Programme, die die Einrichtungen der Erwachsenenbildung offerieren, sich gerade an diese Zielgruppe wenden und von einer Homogenität der Erwachsenen ausgehen, die die lifespan-Diskussion außer acht läßt.

Von besonderem Interesse sind jene Ermittlungen in einer Zusammenstellung des Bundesministeriums für Bildung und Wissenschaft, die die Lerninteressen und Teilnahmeabsichten Erwachsener im Bereich der Weiterbildung aufschlüsseln.

„1. Berufliche Lerninteressen lassen sich klar in zwei Bereiche gliedern:
   — Interesse an der Anpassung und Erweiterung vorhandener Kenntnisse und
   — Interesse am Nachholen von Abschlüssen und an Umschulung.

   Insgesamt überwiegt dabei das Interesse an der Anpassung und Erweiterung vorhandener Kenntnisse deutlich. Als ‚sehr gewichtig‘ wird am häufigsten die Anpassung an neue Entwicklungen und Anforderungen im Beruf eingestuft; mehr als die Hälfte der Berufstätigen und Befragten, die bald wieder berufstätig werden wollen, sind dieser Ansicht (52%). Hochgerechnet entspricht dies rund 12,4 Millionen Personen.

   Das Interesse am Nachholen von Abschlüssen und an Umschulung wird in erheblich geringerem, aber immer noch beachtlichem Umfang geäußert. Die Zahl der Personen, die daran Interesse äußern, bewegt sich hochgerechnet zwischen 2 und 3 Millionen Bundesbürgern.

   Gegenüber 1979 ist bei den unmittelbar berufsbezogenen Lerninteressen nahezu durchgängig ein Anstieg erfolgt. Diese Entwicklung korrespondiert mit dem Anstieg der Teilnahmequoten. Die Interessenstruktur ist im wesentlichen stabil geblieben.“ (WINTER/THOLEN 1983, S. 8f.)

„2. Im Bereich der allgemeinen und politischen Weiterbildung werden Lerninteressen häufiger als bei der beruflichen Weiterbildung geäußert. Am häufigsten werden Lerninteressen zu dem Themenbereich ‚Fragen der Gesundheit und der gesundheitsgerechten Lebensführung‘ angegeben; auf diesem Gebiet möchten 57% der Deutschen zwischen 19 und 65 Jahren gerne mehr dazulernen. Ebenfalls mehr als die Hälfte der Bundesbürger äußert Lerninteressen zu den Themenbereichen ‚praktische Kenntnisse‘ (55%) sowie zu ‚Versicherungs-, Renten-, Steuer-, und sonstigen Rechtsfragen‘ (53%). Bei diesen Gebieten, die als ‚praktische Lebensbewältigung‘ zusammengefaßt werden können, liegt der Anteil der Lerninteressierten höher als bei den traditionellen Themenbereichen der nicht unmittelbar berufsbezogenen Weiterbildung wie z. B. Sprachen (44%), Naturwissenschaften und Technik (36%) usw. Aber auch hier werden in erheblichem Umfang Lerninteressen geltend gemacht." (WINTER/THOLEN 1983, S. 9)

6. TENDENZEN UND TRENDS DER ERWACHSENENBILDUNG

Sehen wir nun auf die Tendenzen, die das pluralistische System der Erwachsenenbildung/Weiterbildung offenlegt, so sind es im allgemeinen drei Aspekte, die sich eindeutig ausmachen lassen:

1. Intensivierung der beruflichen Bildung vor dem Hintergrund neuer technischer und technologischer Entwicklungen — wobei der Hauptakzent auf der Ebene mittlerer technischer Verantwortungsträger und deren Weiterbildung zu liegen scheint.
2. Weiterbildung für Zielgruppen, die aus Gründen bildungsmäßiger, personaler oder körperlicher Beeinträchtigungen einer besonderen Förderung bedürfen (z. B. Rehabilitation, Integration).
3. Gesamtgesellschaftliche Aufklärung, durch die eine Verhaltensqualität angebahnt wird, die das innovative oder antizipatorische Lernen erst ermöglicht.

Es ist gewiß, daß die Bildungsperspektive auf die Zukunft hin die Erfüllung von gesamtgesellschaftlichen Weiterbildungsmaßnahmen erfordert. Da wäre zunächst im Hinblick auf die wirtschaftlich-technologische Entwicklung die Verstärkung der beruflichen Bildung auf verschiedenen Ebenen geboten, mit verschiedenen Inhalten und mit unterschiedlichen Vorgehensweisen. Diese Entwicklung kann man durch das wirtschaftliche Eigeninteresse als weithin gesichert ansehen.

Besonders wichtig scheint jene Funktion von Weiterbildung zu sein, durch die gesellschaftspolitische und technologische Fragestellungen geklärt werden und eine Verhaltensqualität entwickelt wird, die bereit ist, sich auf den technologischen Wandel einzulassen.

Hinsichtlich einer Trendbeschreibung müssen freilich einige Tendenzen aufgeführt werden, die das allgemein Gesagte etwas genauer profilieren.

Zunächst wird Weiterbildung nicht mehr in jener Regelungsabstinenz verfahren können, wie das bisher geschehen ist; Weiterbildung ist sowohl planungs- als auch marktorientiert zu verfassen. Bereits die „Thesen" des Bundesministeriums für Bildung und Wissenschaft (BUNDESMINISTERIUM 1985) und vor allem die sie begleitende Presseinformation hatten den Gedanken von „Weiterbildungsmärkten" formuliert, also die Analogie hergestellt zwischen wirtschaftlicher Marktorientierung und einer solchen im Bildungsbereich, wobei gewiß grundlegende Voraussetzung sein sollte, daß die Konkurrenz der Märkte auf Marktgerechtigkeit und Wettbewerbsgerechtigkeit zu beruhen habe. Ich möchte diesen Gedanken an einem Beispiel deutlich machen. Einrichtungen der Erwachsenenbildung in öffentlicher Trägerschaft besitzen gewiß einen Marktvorteil durch die öffentliche Alimentierung. Ein berufspraktischer und innovativer Kurs im „weiterbildenden Studium“, von einer Universität angeboten, braucht Personal- und Raumkosten gar nicht in Anschlag zu bringen, kann demzufolge einen Konkurrenzvorteil ausspielen, der die Marktgerechtigkeit außer Kraft setzen würde. Öffentlich alimentierte Einrichtungen sollten zufolge ihrer Kompetenz zuvörderst das anbieten, was sie nicht in Konkurrenz zu anderen Anbietern bringt, die nach dem Prinzip der Selbstkostenkalkulation verfahren müssen. Nur eine in der Sache liegende Selbstbescheidung kann hier helfen, nicht aber ein Selbstfinanzierungsgebot der Universitäten im weiterbildenden Studium, wie dies die Landesregierung von Nordrhein-Westfalen auf dem Erlaßwege herbeizuführen bestrebt war.

Aber „Bildungsmarkt“ und „Bildungsmärkte“ sind nur ein Aspekt einer neuen Weiterbildungsstrategie. Schwerpunkte in einer gegenwärtigen Weiterbildungsdiskussion sind u. a.:

— technologische Innovation und Qualifizierungsmaßnahmen (Weiterbildung als zentraler Bereich der Zukunftsinvestition betrieblicher Personalplanung),
— Arbeitsmarktsituation und Qualifizierungsoffensive (mit den angesprochenen Benachteiligten-Programmen),
— Umwelt und Weiterbildung,
— Dritte Welt und Weiterbildung,
— Europäischer Binnenmarkt als Impuls für Qualifizierungsmaßnahmen und Harmonisierung von Qualifikationsabschlüssen — wobei vor übertriebenem Optimismus ebenso zu warnen ist wie vor „Szenarien“, die allenfalls spekulativer Natur sind,
— erneute Bezeichnungs- oder Nomenklatur-Diskussion. „Weiterbildung“ ist heute kein allgemein akzeptierter Begriff mehr. „Erwachsenenbildung“ kehrt begrifflich wieder zurück und will den Bereich der allgemeinen Weiterbildung wieder besetzen,
— Erwachsenenbildung/Weiterbildung im Gesamtsystem des Bildungssystems; dies ist bislang nur eine rhetorische Floskel ohne Realisierungscharakter geblieben,
— Professionalisierung angesichts der Unzulänglichkeiten der bisherigen Studiengänge zur Professionalisierung von Weiterbildungspersonal,
— Balancierung von berufsqualifizierenden Maßnahmen der Weiterbildung und die Tendenz zu einer sozialsituativen und sozialverträglichen Weiterbildung.

Aus dem Kontext der Zielgruppenorientierung seien zwei Aktivitäten benannt, die heute einen nicht unerheblichen Teil inhaltlicher Verfassung von Erwachsenenbildung/Weiterbildung in unterschiedlicher Trägerschaft ausmachen: einmal die Alphabetisierung autochthoner Analphabeten und sodann die Integration von Migranten.

Die Aufmerksamkeit für Analphabeten der Ursprungsbevölkerung in Industriestaaten datiert erst aus jüngerer Zeit. Die UNESCO, die weltweit Alphabetisierung in Entwicklungsländern anregt und praktiziert, hat sich lange Zeit einer Befassung mit dem Analphabetismus in Industrieländern verschlossen. Das Preparatory Meeting der UNESCO-Regionalkonferenz in Hamburg 1981 und die darauf folgende European Regional Conference 1983 (MOTIVATION FOR ADULT EDUCATION 1985) haben versucht, der UNESCO eine Optik beizulegen, durch die das bisherige Erfahrungswissen der UNESCO auch für Industriestaaten nutzbar gemacht werden sollte. Doch hat weder dieses Ensemble von vorbereitenden Konferenzen, noch auch die Weltkonferenz in Paris (1984) zunächst eine veränderte Bewußtheit veranlaßt. Erste publizistische Hinweise auf das bislang unbekannte oder unentdeckte Phänomen von Analphabetismus in Industrieländern kamen schon zu Beginn der 70er Jahre aus England; die Analphabetenzahlen aus anderen europäischen Ländern offenbarten ein Terrain, das bislang achtlos beiseite gelassen war und dessen quantitatives Ausmaß nur ungenau geschätzt werden konnte. Man wird davon auszugehen haben, daß in Industriestaaten etwa bis zu 5% der erwachsenen Bevölkerung den Semi- oder Vollanalphabeten zugerechnet werden müssen. Dies machte auch eine Konferenz – von EG, UNESCO, Schottischer Erwachsenenbildung gemeinsam veranstaltet – deutlich, deren Erträge hernach von dem Promotor des Treffens, dem Europäischen Büro für Erwachsenenbildung (EUROPEAN BUREAU of Adult Education 1983), auch in Buchform vorgelegt wurden. Solche Umsicht und auch hiesige Berichterstattung haben dann Einrichtungen der Erwachsenenbildung — vor allem die Volkshochschulen — veranlaßt, ein umfangreiches Alphabetisierungsangebot zu entwickeln, und zwar auf der organisatorischen Grundlage von Klassenunterricht und nicht wie in England gestützt auf den Gedanken der volunteer-Bewegung in der Erwachsenenbildung. Man wird insgesamt darauf hinweisen können, daß die Akzeptanz beträchtlich ist und daß inzwischen auch ein methodisch-didaktisches Einvernehmen festzustellen ist, das sich in der praktischen Erfahrung ausgebildet hat. In der vormaligen DDR ist das Phänomen beschwiegen worden, u. a. mit dem Hinweis darauf, daß ein differenziertes Bildungswesen verbunden mit allgemeiner Schulpflicht einen autochthonen Analphabetismus ausschließe. Nach der „Wende" und der damit eröffneten Möglichkeit, das bis dahin nicht Gedachte nun auch denken zu können, wird in der pädagogischen und publizistischen Literatur dem Analphabetismus eine Beachtung zuteil, die das Phänomen als systemüberschreitend erkennen läßt. In welchem Maße durch Kurse in der Erwachsenenbildung der prozentuale oder numerische Anteil von Analphabeten rückläufig sein wird, läßt sich zum gegenwärtigen Zeitpunkt nicht abschätzen; das Phänomen kann auch zufolge der Qualifikationsanforderungen des Arbeitsmarktes nicht aus der Diskussion entlassen werden, unbeschadet, ob sich die Bundesregierung zu einer „Kampagne" — also einem regierungsamtlichen Maßnahmenkatalog — entschließt oder nicht.

Eine weitere Zielgruppenorientierung mit publizistischer Auffälligkeit sei noch benannt, um solchermaßen auch das je aktuelle Reagieren von Erwachsenenbildungseinrichtungen bewußt werden zu lassen. Angesichts einer politisierten Diskussion im Zusammenhang von „Fremdenfeindlichkeit“ und „Ausländerhaß“ werden vielfach jene Maßnahmen überdeckt, die jenseits von Aufgeregtheiten versuchen, Integration von ausländischen Migranten — geschönt auch als „ausländische Mitbürger“ etikettiert — anzubahnen. Daß solche Versuche einen Wagnis- und Enttäuschungscharakter einschließen, braucht nicht verschwiegen zu werden. In den 60er Jahren wurden ausländische Arbeitskräfte vor allem in mediterranen Ländern angeworben, um solchermaßen das hiesige Arbeitskräftepotential steigern und die deutsche Produktivkraft mehren zu können. Hierbei schien es plausibel, dieses Phänomen — ökonomisch begründet — als transitorisch zu begreifen. Dieser Gedanke in den Bereich von Bildung und Weiterbildung von ausländischen Migranten verlängert, konnte wohl nichts anderes bedeuten, als die zu erwartende Rückkehr ohne besondere Re-Integrationsmaßnahmen zu gewährleisten. Einige Schul- und Bildungstheoretiker verschworen sich auf den Gedanken der *Segregation;* gesonderte Schulen und Weiterbildungseinrichtungen für ausländische Migranten und deren Kinder sollten eine soziale und bildungsmäßige Einigelung auf das bisherige Herkommen gestatten. Auch das weiterreichende Modell einer Assimilation — die schiefe Optik blickte nach US-Amerika — erwies sich als nicht sonderlich tauglich für ein Land, das aus dem Faktum, ein Einwanderungsland zu werden, nur zögerlich Maßnahmen für eine Integration ableitete (zur Definition der Begriffe vgl. HANDWÖRTERBUCH Ausländerarbeit 1984).

Integration, in diesem engeren Verständnis, meint die Einbettung in neue soziale Bezüge und Lebenswelten bei gleichzeitiger Retention von Sprache, Religion und Gesellung. Dazu müssen Rechtstitel und Chancen zur Realisierung offengehalten werden. Im Hinblick auf eine *Re-Integration* werden entsprechende Maßnahmen — dies geschieht etwa im Fall der Türkei — vor allem in dem ursprünglichen Heimatland angeboten werden müssen. Sehen wir auf Schule und Erwachsenenbildung, so ordnen sich die diesbezüglichen Sondermaßnahmen für ausländische Migranten dem Gedanken einer Integration zu, wobei die zunehmend längere Verweildauer in dem neuen Umfeld mitbedacht werden muß. Wir — das heißt der Lehrstuhl für Erwachsenenbildung und außerschulische Jugendbildung der Ruhr-Universität — haben in den letzten Jahren zahlreiche Programme, Maßnahmen und Einrichtungen besichtigt und dabei der türkischen Minderheit unsere besondere Beachtung zugewandt (mehrfach im INTERNATIONALEN JAHRBUCH der Erwachsenenbildung, Bd. 18/1990).

Programme sind zunächst auf die sprachliche Kompetenz der Zuwanderer gerichtet, einmal „Deutsch als zweite Sprache“ in der Erwachsenenbildung, Unterricht in der Muttersprache in der Schule, um die sprachliche Retention sicherzustellen. Sodann standen für eine längere Zeit jene Angebote im Vordergrund, in denen sich Landeskunde und musisch-kulturelle Kreativität verbanden. Gefährdungen in Veranstaltungen dieser Art konnten in einer zweifachen Weise aufgespürt werden: einmal die Kenntnisvermittlung ohne Begegnung und sodann Integration, die gleichsam einlinig verfährt und die Multikulturalität nicht realisiert. Heutige Begegnungsveranstaltungen sind demgegenüber eher auf Begegnung, auf Kennen- und Verstehenlernen hin orientiert. Hierbei steht vielfach in sozial, geschlechtsspezifisch, bildungsmäßig homogenen Gruppen die Näherung im Vordergrund, also Momente von kommunikativer Bildung, die für eine gewisse Zeit die kommunalen Einrichtungen von Erwachsenenbildung vernachlässigt haben. Solchermaßen ordnet sich nunmehr die kommunale Erwachsenenbildung einem Konzept von interkulturellem Lernen zu, das eine Brückenfunktion unter den Minderheiten und von Minderheiten zu der Mehrheitsbevölkerung schlägt (vgl. z. B. DÜRSTE/FENNER 1990). Das Programm des interkulturellen Lernens skizziert die Pädagogische Arbeitsstelle des Deutschen Volkshochschul-Verbandes in der folgenden Verlautbarung:

„De facto ist die Bundesrepublik Deutschland eine multikulturelle Gesellschaft. Eine angemessene Reaktion kann u. a. die Weiterentwicklung interkultureller Bildungskonzeptionen sein. Folgende Anforderungen stellen sich:

— Interkulturelle Bildung verträgt sich nicht mit einseitiger Selbstdarstellung.
— Eine Kultur kann nicht als der geltende Bezugspunkt, als das Gegenüber für mehrere Kulturen gesetzt werden.
— Einer weit verbreiteten Ansicht zufolge besteht das Ziel interkulturellen Lernens im Verstehen der anderen Kultur. Eine solche Orientierung steht in der Gefahr, Gewichtung und Wege interkulturellen Lernens zu verkennen. Ein ‚Verstehen' der anderen Kultur ist ohne Relativierung der eigenen Begriffe/Kriterien nicht möglich.
— Das setzt wiederum einen Bewußtwerdungsprozeß voraus, eine Erschütterung der eigenen Selbstverständlichkeiten: sie müssen als besondere, als eine Möglichkeit unter vielen erkannt und akzeptiert werden. Das ist der schwierige und eigentliche Bildungsschritt interkulturellen Lernens.
— Daß die Begegnung mit der anderen Kultur im Grunde erst die Chance einer solchen Bewußtwerdung eröffnet, ist dabei keinesfalls unwesentlich: sie ist der Spiegel, in dem wir unsere Besonderheiten erkennen.
— Dann sind auch die Grundlagen vorhanden, die Perspektivenwechsel ermöglichen und einen multiperspektivischen Lernprozeß fördern.
— Die Fähigkeit zur Multiperspektivität fördert auch die Fähigkeit, Fremdes nicht nur zu ‚verstehen', sondern auch ‚stehen zu lassen'" (MITTEILUNGEN der Pädagogischen Arbeitsstelle des Deutschen Volkshochschulverbandes 1990, S. 15f.).

Natürlich gäbe es hinsichtlich der qualitativen und quantitativen Programmstrukturen der Träger von Erwachsenenbildung einen schiefen Blick, wollte man sie ausschließlich oder vorrangig unter dem Rubrum Zielgruppenorientierung darstellen. Fraglos neigen Anbieter von Erwachsenenbildung eher zu einer Segmentierung und Fraktionierung individueller und gesellschaftlicher Bedürfnisse. Aber neben dem vorgeordneten Rechtssatz „Jeder darf alles" (anbieten), darf auch nicht auf die allgemeine Adressierung Erwachsener verzichtet werden; um ein Beispiel hierfür zu geben: Einmal kann informationstechnische Bildung im Sinne qualifikatorischer Ansprüche funktionalisiert werden (EDV-Schulung und -Weiterbildung), zum zweiten wendet sich informationstechnische Bildung — weniger instrumentell veranstaltet — an alle Erwachsenen, da heute soziale, gesellschaftliche Bezüge informationstechnologisch ausgelegt sind. Ein weiteres Beispiel wäre in den Problemen von Umweltbewußtsein und Ökologie zu sehen, wobei im Sinne allgemeiner Adressierung Probleme und Kenntnisse aufbereitet werden sollen, während im Sinne der Handlungsorientierung für spezielle Berufsgruppen eher die Handgreiflichkeit praktischer Kenntnisvermittlung im Vordergrund stehen müßte. Also gilt es stets, das Allgemeine und das Besondere (Zielgruppenorientierung) zusammenzusehen. Solche Auflistung von Gesprächsgegenständen zeigt, daß Erwachsenenbildung/Weiterbildung auf aktuelle Ansprüche ebenso zu reagieren hat, wie sie Aufgaben von eher traditionaler Dimension gleichzeitig wahrnehmen sollte. Von solcher Ausgewogenheit ist sie noch vielfach entfernt, zumal da die Aktualitäten changieren und ein je unterschiedliches Gewicht erhalten. Grundversorgung und aktuelle Bedürfnisbefriedigung befinden sich in einem Spannungsverhältnis, das sich bislang durch einen unausgesprochenen Konsens regulierte. Die Bildungspolitik sollte sich bewußt sein, daß sie mit Zuwendungen Programmstrukturen zu beeinflussen vermag und solchermaßen den prästabilisierten Konsens gefährden kann.

LITERATUR

ACHTEL, K./RICHTER, K.-H.: Einige Aspekte der Erwachsenenbildung in der Deutschen Demokratischen Republik. Zentralinstitut für Berufsbildung der DDR. Berlin/DDR 1985.

AXMACHER, D.: Erwachsenenbildung im Kapitalismus. Ein Beitrag zur politischen Ökonomie des Ausbildungssektors in der BRD. Frankfurt a. M. 1974.

BÄUERLE, TH.: Volkshochschule in einer veränderten Welt. In: VHS im Westen 6 (1954/55), S. 105—106.

BERUFSPÄDAGOGIK. Hrsg. vom Zentralinstitut für Berufsbildung der DDR. Redaktionskollegium: W. RUDOLPH u. a. Berlin/DDR 1987.

BILDUNGSGESAMTPLAN. Hrsg. von Bund-Länder-Kommission für Bildungsplanung. Stuttgart 1973.

BIOGRAPHISCHES HANDWÖRTERBUCH der Erwachsenenbildung. Erwachsenenbildner des 19. und 20. Jahrhunderts. Hrsg. von WOLGAST, G./KNOLL, J. H. Stuttgart/Bonn 1986.

BROCK, A./MÜLLER, H. D./NEGT, O. (Hrsg.): Arbeiterbildung. Soziologische Phantasie und exemplarisches Lernen in Theorie, Kritik und Praxis. Reinbek 1978.

BUNDESMINISTERIUM FÜR BILDUNG UND WISSENSCHAFT: Thesen zur Weiterbildung. Grundlagen und Perspektiven für Bildung und Wissenschaft. Bd. 8. Bonn 1985.

BUNGENSTAB, K.-E.: Umerziehung zur Demokratie? Re-education-Politik im Bildungswesen der US-Zone 1945—1949. Düsseldorf 1970.

Die deutschen Volkshochschulen — ihre Rechtsstellung, Aufgaben und Organisationen. Hrsg. von DOLFF, H. Bonn ³1979.

DÜRSTE, H./FENNER, M.: Studienreisen der Erwachsenenbildung in die Dritte Welt. Neue Ansätze zum interkulturellen Lernen. In: Internationales Jahrbuch der Erwachsenenbildung 18 (1990), S. 135—155.

Erwachsenenbildung. Hrsg. von einem Autorenkollektiv unter Leitung von SCHNEIDER, G. Berlin/DDR 1988.

EUROPEAN BUREAU of Adult Education: Adult Basic Education. Report of the Conference in the University of St. Andrews, Scotland from June 26—July 1, 1983. Amersfoort 1983.

GEMEINSAMER BESCHLUSS des Ministerrates der DDR und des Bundesvorstandes des FDGB vom 21. Juni 1979. Für eine weitere Erhöhung des Niveaus der Erwachsenenbildung. In: Verfügungen und Mitteilungen des Staatssekretariats für Berufsbildung. Nr. 6/1979.

GESAMTPLAN für ein kooperatives System der Erwachsenenbildung. Empfehlungen zur Neugestaltung und Koordinierung. Hrsg. von PICHT, G. Villingen 1968.

GRIMME, A.: Die Volkshochschule als Stätte der Besinnung. In: Bilanz und Perspektiven. Aufsätze zur Entwicklung der Volkshochschule. Hrsg. von der Pädagogischen Arbeitsstelle des Deutschen Volkshochschulverbandes. Braunschweig 1968, S. 17—23.

GRUNDLAGEN der Weiterbildung. Recht. Bd. 1. Hrsg. von Grundlagen der Weiterbildung e. V. Hagen-Bonn. Loseblattsammlung. Neuwied ab 1986ff.

GRUNDLAGEN der Weiterbildung. Praxishilfen. Bd. 2. Hrsg. von Grundlagen der Weiterbildung e. V. Hagen-Bonn. Loseblattsammlung. Neuwied ab 1990ff.

HAMACHER, P.: Entwicklungsplanung für Weiterbildung. Braunschweig 1976.

HANDWÖRTERBUCH Ausländerarbeit. Hrsg. von AUERNHEIMER, G. Weinheim/Basel 1984.

Internationales Jahrbuch der Erwachsenenbildung 18 (1990). Tourismus und Touristik als Gegenstand der Erwachsenenbildung — das Beispiel Türkei.

KNOLL, J. H.: Einführung in die Erwachsenenbildung. Berlin/New York 1973.

KNOLL, J. H.: Kontinuität und Reform in der Erwachsenenbildung in der DDR. In: DILGER, B. u. a.: Vergleichende Bildungsforschung. Bochum 1986.

KNOLL, J. H.: Erwachsenenbildung vor der 3. industriellen Revolution. Befunde und Zukunftsprogrammatik in Quellen und Dokumenten. Ehningen b. Böblingen 1988.

KNOLL, J. H./PÖGGELER, F./SCHULENBERG, W.: Erwachsenenbildung und Gesetzgebung. Entstehung, Praxis und Auswirkung des Niedersächsischen Gesetzes zur Förderung der Erwachsenenbildung (1970—1981). Köln/Wien 1983.

KNOLL, J. H./SIEBERT, H.: Erwachsenenbildung in der Bundesrepublik. Dokumente 1945—1966. Heidelberg 1967.

KNOLL, J. H./SIEBERT, H.: Erwachsenenbildung — Erwachsenenqualifizierung. Darstellungen und Dokumente der Erwachsenenbildung in der DDR. Heidelberg 1968.

KNOLL, J. H./SIEBERT, H./WODRASCHKE, G.: Erwachsenenbildung am Wendepunkt. Der Bochumer Plan als Beitrag zum Dritten Bildungsweg. Heidelberg 1967.

MITTEILUNGEN der Pädagogischen Arbeitsstelle des Deutschen Volkshochschulverbandes. Nr. 72. März 1990. Auch abgedruckt in: Internationales Jahrbuch der Erwachsenenbildung 18 (1990), S. 131—133.

MOTIVATION FOR ADULT EDUCATION. Working papers presented to the European Conference on Motivation for Adult Education, organised by the German Commission for UNESCO and the UNESCO-Institute for Education. Hamburg, 28. 2.—4. 3. 1983. Hrsg. von KNOLL, J. H.. German Commission for UNESCO. Bonn 1985.

RECOMMENDATION on the development of adult education. Verabschiedet von der 19. Generalkonferenz der UNESCO am 26. November. Nairobi 1976. (Zweisprachig Englisch/Deutsch. Red. H. W. RISSOM. Deutsche UNESCO-Kommission, Bonn ²1979).

SCHULENBERG, W.: Plan und System: Zum Ausbau der deutschen Volkshochschulen. In: Weiterbildung der Erwachsenen. System und Didaktik. Hrsg. von LANGE, O./RAAPKE, H.-D. Bad Heilbrunn/Obb. 1976, S. 108—133.

SIEBERT, H.: Erwachsenenbildung in der Erziehungsgesellschaft der DDR. Zur Geschichte und Theorie der sozialistischen Erwachsenenbildung. Düsseldorf 1970.

STRUKTURPLAN der Bildungskommission des Deutschen Bildungsrates (1970). Empfehlungen der Bildungskommission. Strukturplan für das Bildungswesen. Verabschiedet auf der 27. Sitzung der Bildungskommission am 13. Februar 1970.

STRZELEWICZ, W./RAAPKE, H.-D./SCHULENBERG, W.: Bildung und gesellschaftliches Bewußtsein. Stuttgart 1966.

WEINBERG, J.: Einführung in das Studium der Erwachsenenbildung. Bad Heilbronn/Obb. 1989.

WINTER, H./THOLEN, H. H.: Schwerpunkte zukunftsorientierter Weiterbildung. Köln 1983.

ZUR SITUATION UND AUFGABE der deutschen Erwachsenenbildung (29. 1. 60). In: Empfehlungen und Gutachten des Deutschen Ausschusses für das Erziehungs- und Bildungswesen 1959—1965. Gesamtausgabe. Im Auftrag des Ausschusses besorgt von Bohnenkamp, H./Dirks, W./Knab, D. Stuttgart 1966.

Wolfgang Behrendt/Klaus Döge

18. KONZEPTE UND STRUKTUREN DER ERWACHSENEN-BILDUNG UND WEITERBILDUNG

1. Einleitung
2. Zur Entwicklung der Erwachsenenbildung in der SBZ und der DDR
3. Theoriekonzepte zur Erwachsenenbildung
4. Erwachsenenbildung als gestaltbarer Prozeß

1. EINLEITUNG

Ohne Zweifel war in den letzten Jahren ein beträchtlich wachsender Umfang im Erwachsenenbildungs- und Weiterbildungsgeschehen und seiner wissenschaftlichen Reflexion zu beobachten. Das galt sowohl für die alte Bundesrepublik Deutschland als auch für die DDR. Tiefgreifende qualitative Veränderungen in Zielen, Inhalten, der Gestaltung sowie in den Ansprüchen an Erwachsenenbildung und Weiterbildung waren damit verbunden. Insbesondere die berufliche Erwachsenenbildung trat immer mehr in den Vordergrund. Die spezifische soziale Funktion der Erwachsenenbildung, ihre Bedeutung als Intensivierungsfaktor und für die Gestaltung von Arbeits- und Lebensbedingungen wurden betont (ERWACHSENENBILDUNG 1988, S. 11). Unübersehbar waren die stärkeren ökonomischen und sozialen Intentionen im Verhältnis zu allgemein-kulturellen (LENZ 1987, S. 11). Das war ein Grund dafür, daß im Bereich der Politik, der Wirtschaft und in der Öffentlichkeit überhaupt diesen Fragen größere Aufmerksamkeit gewidmet wurde. Damit verbunden war das Bedürfnis nach tiefergehender wissenschaftlicher Reflexion, insbesondere Analyse und Konzeption von Erwachsenenbildung und Weiterbildung. Diesen Bereichen wandten sich verschiedene Wissenschaftsdisziplinen zu, von der Betriebswirtschaftslehre über Soziologie und Psychologie bis zur Erziehungswissenschaft. Eine Vielzahl von theoretischen Begründungen, Betrachtungsansätzen und Gestaltungskonzepten entstanden, teilweise disziplinärer Art, teilweise auch gekennzeichnet durch komplexes Herangehen im Sinne einer übergreifenden Erwachsenenbildungswissenschaft. Es zeigten sich Professionalisierungstendenzen, und zwar sowohl im Bereich der praktisch tätigen Erwachsenenbildner/Weiterbildner als auch im Hinblick auf das Einrichten von Lehrstühlen an Universitäten und Hochschulen und das Begründen von grundständigen und Aufbaustudiengängen. All das führte dazu, daß wissenschaftliche Aussagen zur Erwachsenenbildung/Weiterbildung auch zunehmend Eingang in allgemeine erziehungswissenschaftliche Diskussion gefunden haben. Damit war die erfreuliche Tendenz verbunden, allgemeine erziehungswissenschaftliche Aussagen nicht nur vom Kind und vom Jugendlichen her zu konzipieren, sondern auch vom Erwachsenen (SALZWEDEL 1984; WESSEL 1987; BEHRENDT/DÖGE/SCHMELZER 1990).

In der Fachliteratur gibt es eine Reihe unterschiedlicher Auffassungen zur Extension und Intension der Begriffe Erwachsenenbildung und Weiterbildung, „weil sich das wissenschaftliche Selbstverständnis ungern und schwer der terminologischen Ordnung unterwirft" (LENZ 1987, S. 69) und weil Erwachsenenbildung und Weiterbildung ein vielschichtiges und komplexes Geschehen darstellen.

Prägend für den Begriff *Weiterbildung* ist, daß es sich
— um die Fortsetzung oder Wiederaufnahme organisierten Lernens
— nach Abschluß einer unterschiedlich ausgedehnten ersten Bildungsphase und
— in der Regel nach Aufnahme einer Berufstätigkeit handelt.

Andererseits gab und gibt es auch Auffassungen, die einen eingeengten Begriff von Weiterbildung implizieren, nämlich Weiterbildung als berufliche Qualifizierung nach Abschluß einer Erstausbildung.

Auch im Hinblick auf den Begriff *Erwachsenenbildung* existiert eine enge und eine weite Fassung. Die weite Fassung nimmt Erwachsenenbildung als Oberbegriff und ordnet ihr Weiterbildung im Sinne beruflicher Qualifizierung unter. Die enge Fassung engt Erwachsenenbildung auf Weiterführung von Allgemeinbildung ein. In beiden Fällen ist der Begriff Erwachsenenbildung primär anthropologisch bestimmt und subjektorientiert. Der Begriff Weiterbildung dagegen ist primär systemorientiert, bezieht sich stärker auf den gesellschaftlichen Qualifikationsbedarf, auf markt- und beschäftigungspolitische Zusammenhänge. SIEBERT weist darauf hin, daß gesellschaftlich und bildungstheoretisch betrachtet, die Begriffe Weiterbildung und Erwachsenenbildung auf unterschiedliche Paradigmen hinweisen, nämlich auf ein *systemfunktionales* und auf ein *anthropologisches* Paradigma (SIEBERT 1988, S. 14).

Weiterbildung und Erwachsenenbildung werden von verschiedenen Wissenschaften untersucht. Wir wählen einen pädagogischen Zugang. Aus dieser Sicht erscheint uns Erwachsenenbildung als Oberbegriff zutreffender zu sein.

Erwachsenenbildung existiert in vielfältigen Formen, wird unter differenzierten Bedingungen realisiert, wird mit verschiedenen Zielsetzungen und Prämissen vollzogen. Sie sollte Anregungen geben für die Entwicklung des Gemeinwesens, für wirtschaftliche und kulturelle Entwicklungen in Gegenwart und Zukunft. In Anbetracht der komplizierten wirtschaftlichen Situation in den neuen Bundesländern ist nach wie vor berufliche Weiterbildung, Fortbildung und Umschulung Erwachsener unerläßlich und besonders wichtig. Für berufliche Weiterbildung ist die Hebung des Qualifikationsniveaus der Erwachsenen der entscheidende Zielpunkt, um die Arbeitsmarktsituation für den einzelnen zu verbessern. Die Qualifikation der Mitarbeiter ist heute ein wichtiger Faktor im Wettbewerb. Ohne zusätzliche Investitionen in die Qualifikation der Mitarbeiter können andere Maßnahmen zur Erhöhung der Wettbewerbsfähigkeit nicht greifen (vgl. hierzu auch die problematisierenden Überlegungen von LENHARDT und HARNEY/STORZ in diesem Band). Berufliche Weiterbildung in ihren Inhalten und Methoden ständig weiter auszuformen und zu entwickeln sollte daher auch im Interesse privater Initiativen liegen.

Einbezogen in den Begriff Erwachsenenbildung sind sowohl die institutionalisierte Erwachsenenbildung als auch die nichtinstitutionalisierte Erwachsenenbildung. Unabhängig vom Rechtsstatus, vom bildungspolitischen Stellenwert und von ihrer Funktion für den einzelnen Erwachsenen sowie für Unternehmen, Organisationen bzw. für das Gemeinwesen umfaßt die Erwachsenenbildung alle Formen, die der Bildung Erwachsener dienen.

2. ZUR ENTWICKLUNG DER ERWACHSENENBILDUNG IN DER SBZ UND DER DDR

In der DDR wurde Erwachsenenbildung zwar auch als pädagogisches Handlungsfeld aufgefaßt, ihre Instrumentalisierung für das Erreichen systembedingter Zielsetzungen war aber sehr stark ausgeprägt. Die zentralistische Einflußnahme auf Aufgaben und Strukturen der Erwachsenenbildung sowie auf die Wissenschaftsplanung, -kontrolle und -abrechnung von Forschungsergebnissen führten zu Vereinseitigungen in Praxis und Theorie der Erwachsenenbildung. Sie mußten sich einer Ideologie verpflichtet fühlen.

Ungeachtet dessen gab es jedoch vielfältige differenzierte Ergebnisse in den verschiedenen Bereichen von Erwachsenenbildung, die in starkem Maße von Staat und Betrieben gefördert wurde.

Wird die historische Entwicklung der Erwachsenenbildung auf dem Gebiet der sowjetischen Besatzungszone und der späteren Deutschen Demokratischen Republik betrachtet, so lassen sich hauptsächliche Inhaltslinien herausstellen:

a) Enge Verbindung von Organisation und Struktur der Erwachsenenbildung mit den Betrieben und der Volkswirtschaft.
b) Dominierende inhaltliche Orientierung der Erwachsenenbildung an den ökonomischen Erfordernissen, insbesondere der Produktion.
c) Durchgängiges Bestreben, in der Erwachsenenbildung berufliche Qualifikation und gleichzeitig allgemeine Persönlichkeitsentwicklung zu unterstützen.
d) Prononcierte politische Beeinflussung aller Bereiche der Erwachsenenbildung im Sinne der herrschenden Ideologie.

Diese Inhaltslinien sind allen Abschnitten der historischen Entwicklung der Erwachsenenbildung auf dem Gebiet der DDR immanent. Folgende Abschnitte dieser Entwicklung können gekennzeichnet werden:

a) Wiedererstehen der Volkshochschulen

In dem Statut der Volkshochschule, das die sowjetische Militäradministration Deutschlands (SMAD) mit dem Befehl Nr. 22 vom 23. 1. 1946 in Kraft gesetzt hatte, wurde die Aufgabe gestellt,

„unter den Erwachsenen und der Jugend allgemeinbildende, wissenschaftliche und allgemeinpolitische Kenntnisse zu verbreiten, zur Hebung der allgemeinen Kultur und des allgemeinen Bildungsstandes beizutragen und die Bevölkerung im Geiste der Demokratie, des Antifaschismus und des Antimilitarismus zu erziehen" (STATUT VOLKSHOCHSCHULE 1947, S. 3).

Die Volkshochschulen wurden der Zentralverwaltung für Volksbildung unterstellt, waren damit staatliche Einrichtungen und wurden als Grundform der damaligen Erwachsenenbildung bezeichnet. Sie wurden durch die örtlichen Selbstverwaltungsorgane finanziert und der Unterricht nach einheitlichen Programmen durchgeführt.

Später sind auch berufliche Bildungsmaßnahmen in den Aufgabenbereich der Volkshochschule einbezogen worden. Diese Tendenz verstärkte sich immer mehr und fand ihren besonderen Ausdruck in der Bildung von Betriebsvolkshochschulen.

Die ersten betrieblichen Einrichtungen der Erwachsenenbildung sowie andere von gesellschaftlichen Organisationen (z. B. Kammer der Technik) getragene Bildungsmaßnahmen dienten dem vorrangigen Ziel, einen Beitrag zu hoher ökonomischer Effektivität zu leisten.

b) Aufbau selbständiger betrieblicher Einrichtungen der Erwachsenenbildung

Im Zusammenhang mit dem Beschluß, in der DDR den Sozialismus aufzubauen, wurde es als notwendig erachtet, die Ziele und Inhalte der Erwachsenenbildung auf die jeweiligen konkreten betrieblichen Bedingungen und Aufgaben zu beziehen. Die Verantwortung dafür lag bei den für die Produktion zuständigen Wirtschaftsorganen und bei den Betrieben selbst. Aus diesen Gründen entstanden selbständige betriebliche Bildungseinrichtungen, die im Zusammenhang mit der Verordnung des Präsidiums des Ministerrates vom 5. März 1953 (VERORDNUNG ÜBER QUALIFIZIERUNG, S. 406ff.) zu technischen Betriebsschulen umgestaltet worden sind.

Den technischen Betriebsschulen ist die Aufgabe gestellt worden, „produktionstechnische Schulungen" (individuelle Schulungen, Brigadeschulungen, Kurse) durchzuführen sowie die Vorbereitung für neue berufliche Tätigkeiten zu gewährleisten. Neben betrieblichen Einrichtungen der Erwachsenenbildung existierten weiterhin die Volkshochschulen als staatliche Einrichtungen der Erwachsenenbildung.

c) Weiterer Ausbau der Erwachsenenbildung entsprechend der gesellschaftlichen Entwicklung der DDR

Kennzeichnend für diese Entwicklungsetappe waren folgende Arbeitsrichtungen:
— Ausprägung der gesellschaftswissenschaftlichen Qualifizierung in allen Bereichen der Erwachsenenbildung;
— zügige Erweiterung der Erwachsenenbildung in den Betrieben;
— Entwicklung der Volkshochschulen zu Bildungsstätten für die systematische Erhöhung der Allgemeinbildung der Bürger;

— differenzierte inhaltliche und organisatorische Ausgestaltung der Erwachsenenbildung entsprechend spezifischer Bildungsbedürfnisse durch die staatlichen und betrieblichen Bildungsmaßnahmen sowie durch vielfältige Aktivitäten gesellschaftlicher Organisationen und Bildungsträger.

d) Entwicklung der Betriebsakademien

Die auf der Grundlage des Wirtschaftszweig-Lohngruppenkatalogs auf den Arbeitsplatz orientierte Erwachsenenbildung gewährleistete nicht den erforderlichen Bildungsverlauf. Die durch den Aufbau der 10klassigen Oberschule sich entwickelnden höheren Vorleistungen der Werktätigen mußten konsequenter für die Erwachsenenbildung genutzt werden. Außerdem sollte ein wachsender Anteil der Bevölkerung zu höheren Bildungsabschlüssen geführt werden. Ausdruck dafür war auch die „abschnittsweise Ausbildung", die von der arbeitsplatzbezogenen Vermittlung von Grundkenntnissen und -fertigkeiten bis zum Hochschulstudium reichte. Reflexe der Entwicklungstendenzen und zugleich ihr Beförderer waren die „Grundsätze zur weiteren Entwicklung des Systems der Berufsbildung in der Deutschen Demokratischen Republik" (GRUNDSÄTZE BERUFSBILDUNG 1960, S. 182), die vom Ministerrat der DDR 1960 bestätigt wurden.

Die weiteren Entwicklungen der Erwachsenenbildung fanden in organisatorischer Hinsicht ihren Niederschlag in der Umwandlung der technischen Betriebsschulen in Betriebsakademien, deren Funktion auf dem III. Berufspädagogischen Kongreß wie folgt festgelegt worden ist: „Die Betriebsakademie ist ihrer Funktion nach das koordinierende und organisierende Zentrum der betrieblichen Qualifizierungs- und Weiterbildungseinrichtungen" (LEMMNITZ 1960, S. 35).

Damit war die Entwicklung vorrangig produktionsbezogener Schulungen in den technischen Betriebsschulen zu regelrechten Erwachsenenbildungszentren mit einem breit gefächerten Bildungsangebot verbunden.

e) Stärkere Integration der Erwachsenenbildung in das einheitliche Bildungssystem der DDR

Die Betriebsakademien wurden in staatliche Bildungseinrichtungen der volkseigenen Betriebe und Organe des Staatsapparates umgewandelt. Im Gesetz über das einheitliche sozialistische Bildungssystem wurde die Allgemeinbildung als Fundament für jede Berufsbildung und ebenso für die Weiterbildung der Werktätigen herausgestellt (BILDUNGSGESETZ 1965, S. 18). Durch das Bildungsgesetz von 1965 und die darauf fußenden Grundsätze für die Aus- und Weiterbildung der Werktätigen (GRUNDSÄTZE AUS- UND WEITERBILDUNG 1970) ist die Erwachsenenbildung stärker auf das Ziel der allgemeinen Persönlichkeitsentwicklung orientiert worden. In vielen Betrieben wurden die Betriebsberufsschulen (Berufsausbildung von Jugendlichen) und die Betriebsakademien zu Betriebsschulen zusammengefaßt. Das entsprach der Erkenntnis, Berufsausbildung und Weiterbildung enger zu verzahnen.

f) Erwachsenenbildung als Reproduktion des bereits erreichten Qualifikationsniveaus

Der Schwerpunkt der Erwachsenenbildung verlagerte sich zunehmend von der bisher im Vordergrund stehenden Ausbildung zur Weiterbildung. Beabsichtigt war, die Erwachsenenbildung als Faktor des qualitativen Wachstums und der Meisterung des wissenschaftlich-technischen Fortschritts voll zu erschließen. Der Beschluß des Ministerrates der DDR und des Bundesvorstandes des FDGB „Für eine weitere Erhöhung des Niveaus der Erwachsenenbildung" von 1979 (BESCHLUSS ERWACHSENENBILDUNG 1979) diente diesen Zielsetzungen. In ihm wurde festgelegt, daß die Betriebsakademien und die Betriebsschulen mit ihren Abteilungen Aus- und Weiterbildung der Werktätigen zu leistungsfähigen Zentren der Erwachsenenbildung weiterzuentwickeln sind.

Die Betriebsakademien und Betriebsschulen arbeiteten eng mit den Betriebssektionen der KdT (Kammer der Technik als Ingenieurorganisation), mit der Urania (Gesellschaft zur Verbreitung wissenschaftlicher Erkenntnisse), der Agrarwissenschaftlichen Gesellschaft, mit den Volkshochschulen im Territorium sowie mit den Hoch- und Fachschulen in vielfältiger Weise zusammen.

g) Abwicklung der DDR-Erwachsenenbildung und Übergang zur Struktur der bundesdeutschen Erwachsenenbildung

Mit den gesellschaftlichen Umbrüchen in der DDR und dem Beitritt der DDR zum Wirkungskreis des Grundgesetzes der Bundesrepublik Deutschland lösten sich die gewachsenen Strukturen der DDR-Erwachsenenbildung, insbesondere der beruflichen Erwachsenenbildung, auf. Das war vor allem darin begründet, daß in der sich entwickelnden Marktwirtschaft in den neuen Bundesländern viele Betriebe nicht mehr konkurrenzfähig waren, liquidiert oder privatisiert wurden. Zunehmend entwickelten sich Einrichtungen der Erwachsenenbildung in privater Trägerschaft, die insbesondere im Rahmen der Anpassungsfortbildung und Umschulung nach AfG wirksam wurden. Die Volkshochschulen blieben weiterhin im Verantwortungsbereich der Kommunen.

Angaben zur Organisation und Struktur der Erwachsenenbildung in der Deutschen Demokratischen Republik befinden sich im Anhang.

Es kann davon ausgegangen werden, daß mit den Veränderungen in der gesellschaftlichen Realität des neuen Bundesgebietes auch die Frage nach der Identität von Erwachsenenbildung erneut gestellt wird. Eine Vielfalt von Erwartungen, Deutungen und Forderungen sind an die Erwachsenenbildung gestellt, an ihre Ziele, ihre Inhalte und besonders an ihre Gestaltung als Prozeß des Lernens und Lehrens, als ein Prozeß der Unterstützung einer allgemeinen und beruflichen Sozialisation.

Erwachsenenbildung stellt in dieser Hinsicht vor allem ein pädagogisches Handlungsfeld dar, wenngleich auch unter den Bedingungen einer straffen Instrumentalisierung pädagogische Freiheitsgrade eingeschränkt sind.

3. THEORIEKONZEPTE ZUR ERWACHSENENBILDUNG

Die bereits einleitend mit Bezug auf SIEBERT (1988) erwähnten Paradigmen im Kontext von Erwachsenenbildung, nämlich das systemfunktionale und das anthropologische Paradigma, werden in den unterschiedlichen theoretischen Konzepten immer wieder aufgegriffen und in der einschlägigen Fachliteratur von den Autoren mit differenzierten Begriffen belegt. ARNOLD (1990, S. 297) verwendet mit Bezug auf SCHLUTZ (Tagungsberichte der Universität Bremen Nr. 6) die Begriffe *„realistische Wende"* und *„reflexive Wende"*. Mit „realistischer Wende" werden die in den 60er und 70er Jahren verfolgten Konzepte des lebenslangen Lernens und einer stärkeren Hinwendung zur beruflichen Weiterbildung charakterisiert. Mit der „reflexiven Wende" in den 80er Jahren sind Konzepte verbunden, die von einer Orientierung auf den Teilnehmer und seine Lebenswelt bestimmt sind. STRUNK (1988) u. a. sprechen von *„Identitätslernen"* und *„Qualifikationslernen"*. Der Begriff „Identitätslernen" in der Erwachsenenbildung beinhaltet das Finden eigener Identität und deren weitere Entwicklung. Das Identitätskonzept eröffnet dem einzelnen die Möglichkeit zur Interpretation von Anforderungen der Lebenswelt und zur Integration neuer Situationen in seine Biographie. Somit ist eine enge Verbindung des Identitätskonzepts zu den Bildungstheorien gegeben. Der Begriff „Qualifikationslernen" in der Erwachsenenbildung bezieht sich auf das Bewältigen von qualifikatorischen Anforderungen an Beruf und Betrieb. Bei einer solchen begrifflichen Fassung steht „Anpassungslernen" (STRUNK 1988, S. 48) stärker im Vordergrund, mit dem auf eingetretene Entwicklungen reagiert wird, also die wirtschaftliche Rationalität. Auch in der Denkschrift der Deutschen Forschungsgemeinschaft zur Berufsbildungsforschung an den Hochschulen der Bundesrepublik Deutschland (BERUFSBILDUNGSFORSCHUNG 1990, S. 59f.) wird auf den gleichen Zusammenhang hingewiesen, indem Untersuchungen zu Lernprozessen gefordert werden, die erstens die tendenziell-professionelle Organisation gesellschaftlicher Arbeit zu stützen vermögen und zweitens zur Persönlichkeitsbildung der Individuen beitragen. Sehr ähnlich verlief auch die theoretische Diskussion zu dieser Grundfrage erwachsenenbildnerischen Denkens und Handelns in der DDR. So wurde von Anfang an die Einheit von beruflich-fachlicher und allgemeiner Persönlichkeitsbildung betont (HARKE 1974; BERUFLICHE ERWACHSENENBILDUNG 1982, S. 40; ERWACHSENENBILDUNG IN DER DDR 1978 u. a.). Als prinzipielle Orientierung der Erwachsenenbildung in diesem Sinne wurde „die Einheit von Persönlichkeits- und Produktivkraftentwicklung" angesehen (ERWACHSENENBILDUNG 1988, S. 10).

Die wenigen angeführten Beispiele verdeutlichen, daß das Phänomen objektiv durch zwei Akzente, nämlich allgemeine Persönlichkeitsbildung und wirtschaftliche Nützlichkeit, gekennzeichnet ist. Die einseitige Hervorhebung des einen oder anderen Akzents führt in der Theorie zu entsprechend dominierten Konzepten und in der Praxis zur Überbetonung einer bestimmten Zielrichtung und adäquaten organisatorisch-methodischen Gestaltung von Lehren und Lernen. Eine solche Separierung von notwendig zusammengehörenden Bestandteilen der Erwachsenenbildungsrealität und der entsprechenden Theorie der Erwachsenenbildung führt in eine Sackgasse. Zum einen erfordert die moderne Arbeitswelt, insbesondere moderne Technologien und damit verbundene soziale Ansprüche, zunehmend eine allgemeine Persönlichkeitsbildung. Es geht nicht mehr vorrangig um das Lernen bestimmter konkreter Arbeitstechniken bzw. disparater Arbeitstätigkeiten, sondern darum, die Grundlagen für selbständiges Handeln, für Autonomie der Persönlichkeit zu legen. Zum anderen kann eine konkrete Erwachsenenbildungsmaßnahme ambivalent sein. Es hängt von der Motivation des Teilnehmers ab, ob er aus beruflichen Nützlichkeitsgründen an einer Weiterbildung teilnimmt oder sie aus allgemeinem Interesse besucht, sie seiner allgemeinen Persönlichkeitsbildung dient (HERRMANN/LAAF 1974).

In letzter Zeit verstärkt sich die Tendenz, daß Ziele und zum Teil auch Inhalte von allgemeiner und beruflicher Bildung im Bereich der Erwachsenenbildung immer mehr Gemeinsamkeiten aufweisen. Ziel ist in jedem Falle, daß sich das „freie Subjekt", das „autonome Individuum" entwickelt. Dabei sind die allgemeinen, aber auch die beruflich-fachlichen Inhalte konkretes Medium für die Entwicklung solcher Subjektqualitäten. Diese unterscheiden sich von den bildungstheoretischen Leitbildern nur dadurch, daß das handlungsfähige Individuum nicht nur als philosophische Idee verstanden wird, sondern aus den konkreten Erfordernissen der Arbeits- und Berufswelt erwächst. Daraus entstehen Anforderungen an die berufliche Erstausbildung, aber auch wesentlich für die berufliche Erwachsenenbildung, die diese in der Perspektive zur allgemeinen Menschenbildung machen (BRATER/BÜCHELE/FUCKE/HERZ 1988, S. 56).

Nicht zuletzt diese Aussagen machen deutlich, daß eine Reduzierung pädagogischen, auch erwachsenenpädagogischen, Denkens auf Konzepte einer allgemeinen Persönlichkeitsbildung nicht der Ganzheit von Ansprüchen des Lebens entspricht. Wenn solche wichtigen Bestandteile, die sich aus der Arbeits- und Berufswelt ergeben, aus der pädagogischen Theoriebildung ausgegrenzt werden, überläßt man sie anderen wissenschaftlichen Disziplinen und Praxisbereichen, wie z. B. der Betriebswirtschaftslehre oder dem Personalwesen. Eine solche Vorgehensweise unterstützt die Unterordnung individueller Weiterbildungsansprüche unter Arbeitsmarkt- und Betriebserfordernisse (ARNOLD 1990, S. 301).

Zu bedenken ist weiterhin, daß Erwachsenenbildung oftmals die Funktion eines „sozialen Stützsystems" (SIEBERT 1990, S. 23) wahrnimmt. Mit „Stützfunktion" wird eine sozial-therapeutische, sinnstiftende Aufgabe der Erwachsenenbildung in bezug auf Problemgruppen, z. B. Arbeitslose, aber auch weit darüber hinaus bezeichnet. SIEBERT verweist darauf, daß diese neue „systemstabilisierende Funktion" der Erwachsenenbildung bildungspolitisch bisher noch zu wenig reflektiert worden ist. Mit Blick auf das neue Bundesgebiet ist das besonders zutreffend. Das praktische Erwachsenenbildungsgeschehen ist dort generell von der Einführung und konsequenten Durchsetzung der sozialen Marktwirtschaft und des demokratischen Rechtsstaates gekennzeichnet. Im Detail ist damit eine Vielzahl von Umwälzungen und Veränderungen im Handeln und Denken der Menschen verbunden. Der Einstieg in das moderne technologische Niveau und in ein grundlegend verändertes Verwaltungs- und Organisationssystem verlangt die Bewältigung teilweise völlig neuer Anforderungen oder die Modifizierung vorhandener Befähigung Erwachsener. Damit sind Anpassungsfortbildung und Umschulung in großem Umfang erforderlich. Der generell notwendige und erfolgende Strukturwandel in der Wirtschaft ist mit erheblichen Turbulenzen verbunden, die sich in Rationalisierung, Betriebsauflösung, Kurzarbeit und umfangreicher Arbeitslosigkeit äußern. Auch daraus erwächst die Notwendigkeit, differenzierte Inhalte, Formen, Methoden und Träger der Erwachsenenbildung im neuen Bundesgebiet zu entwickeln. So sind z. B. flexible Erwachsenenbildungsangebote durch zum Teil neu geschaffene und noch zu gründende freie Bildungsträger erforderlich, aber auch Bildungsträger der öffentlichen Hand weiter auszubauen und der betriebliche Weiterbildungsbereich zu profilieren.

Spezifische Ansprüche an Erwachsenenbildungsmaßnahmen ergeben sich im Zusammenhang damit aus der subjektiven Wahrnehmung und Verarbeitung der objektiven Umbruchsituation, d. h. aus dem unmittelbaren Betroffensein der einzelnen Arbeitnehmer. Neben der unmittelbaren Bedeutung der Erwachsenenbildung als Praxisprozeß für die künftige Wirtschaftskraft wächst ihr im neuen Bundesgebiet auch ein großer Stellenwert hinsichtlich der Problematik der Identitätsfindung und Konfliktbewältigung zu.

Erwachsenenbildung hat damit zunehmend nicht nur die Aufgabe der sozialen Unterstützung, sondern auch die der psycho-physischen Stabilisierung des einzelnen. Das wiederum stellt besondere Anforderungen an die Erwachsenenbildner, die nicht nur über die entsprechende fachliche Kompetenz verfügen müssen, sondern auch über die notwendige Sozialkompetenz, z. B. Einfühlungsvermögen, Verständnisbereitschaft, Beratungsfähigkeit usw. Die Betonung dieser sozialen und psychologischen Seite von Erwachsenenbildung soll jedoch keinesfalls ihre Bedeutsamkeit für Wirtschaftswachstum und individuelle Existenzsicherung in Frage stellen, die für das Erreichen hoher Produktivität und damit für die künftige Entwicklung eines einheitlichen Gemeinwesens in Deutschland im Vordergrund stehen (BEHRENDT 1991).

Die kurze Darstellung von Praxiszusammenhängen in der Erwachsenenbildung der neuen Bundesländer sollte deutlich machen, welche neuen Fragen bzw. unter veränderten Bedingungen stehende alte Fragen zu stellen sind. Für ihre Lösung gibt es bisher noch keine tragfähigen Konzepte, weil sich auch die wissenschaftlichen Einrichtungen und deren Mitarbeiter in der gleichen Umbruchsituation befinden bzw. als Wissenschaftler selbst nicht mehr existieren.

Wie eingangs schon betont, fühlen sich auch die Autoren dieses Beitrages einem erwachsenen*pädagogischen* Ansatz verpflichtet. Dabei ist zu beachten, daß auch die pädagogische Reflexion von Erwachsenenbildung von unterschiedlichen Dimensionen des zu untersuchenden Objektbereichs ausgehen kann und muß. So bedarf z. B. die Erwachsenenbildung im europäischen Integrationsprozeß einer intensiven Erforschung, z. B. im Hinblick auf Motive und Zielsetzungen, als Forum zwischenstaatlicher Verständigung und soziale Identität usw. (KNOLL/KÜNZEL 1981). Eine weitere Dimension für die Untersuchung von Erwachsenenbildung umfaßt ihre innerstaatliche Organisation und Gestaltung, z. B. Erwachsenenbildung als öffentliche Aufgabe und Pflicht von Staat, Gemeinden, Verbänden und Organisationen, aber auch der Unternehmen und privater Träger. Hierbei werden Fragen der Abstimmung und Optimierung auf gesamtstaatlicher Ebene und — bei föderaler Struktur eines Staates — auf Länderebene und zwischen den Ländern reflektiert. Eine dritte Dimension bei der Erforschung erwachsenenpädagogischer Vorgänge ergibt sich aus den konkreten Strukturen, Mechanismen und Aufgaben der verschiedenen Erwachsenenbildungsinstitutionen. Schließlich bedarf der unmittelbare Prozeß der Erwachsenenbildung, bei dem sich ein pädagogisches Verhältnis zwischen Teilnehmern und Erwachsenenbildnern konstituiert, der wissenschaftlichen Verarbeitung.

4. ERWACHSENENBILDUNG ALS GESTALTBARER PROZESS

Wir verstehen institutionell-organisierte Erwachsenenbildung, auf die wir hier besonders eingehen wollen, als einen Prozeß, der gestaltet und gestaltbar ist (BEHRENDT/DÖGE/SCHMELZER 1990, S. 677). Er kommt durch die Tätigkeiten der beteiligten Subjekte, also der Teilnehmer und der Erwachsenenbildner, zustande, ist durch sie im Sinne von Selbstorganisation gestaltbar. Gleichzeitig ist der Prozeß der Erwachsenenbildung in unterschiedlicher Weise gestaltet, weist eine bestimmte Faktorenstruktur auf. Die Faktoren bringen als bewirkende Kräfte bzw. mitwirkender Umstand den Verlauf des Prozesses und seine Ergebnisse hervor. Im folgenden werden jene Faktoren in Kombination dargestellt, die eine besonders enge Beziehung zueinander aufweisen (BEHRENDT/DÖGE/SCHMELZER 1991, S. 77f.).

4.1 Subjekte des Prozesses der Erwachsenenbildung (Teilnehmer und Erwachsenenbildner)

Im Prozeß der Erwachsenenbildung wirken Teilnehmer und Erwachsenenbildner in gemeinsamer Tätigkeit innerhalb eines spezifischen pädagogischen Verhältnisses. Das pädagogische Verhältnis wird von ARNOLD (1990, S. 79) als wechselseitige Beziehung zwischen der Suchbewegung der Teilnehmer einerseits und ihrer professionellen Förderung andererseits verstanden. Nach unserer Auffassung ist das pädagogische Verhältnis die entscheidende Ausgangsabstraktion für pädagogisch akzentuierte theoretische und praktische Fragestellungen. Nur darüber kann das prozeßinterne Geschehen in der Erwachsenenbildung charakterisiert und gestaltet werden. Andere in der Literatur anzutreffende Paradigmen, wie z. B. die Arbeitsmarktorientierung oder die Legitimitätsorientierung, sind für bestimmte Seiten des Erwachsenenbildungsprozesses bedeutsam, treten als beeinflussende Faktoren hinzu.

Der Teilnehmer als ein Subjekt des Prozesses der Erwachsenenbildung ist in einer bestimmten Phase seiner ontogenetischen Entwicklung sowie in eine spezifische gesellschaftliche Situation eingebunden. Einer bestimmten Phase der Ontogenese des lernenden Erwachsenen entspricht ein bestimmtes Niveau der Lernfähigkeit. Diese ist eine psychische Qualität der Persönlichkeit und beeinflußt als innere Bedingung das Lernen des Erwachsenen.

Die individuelle Lernfähigkeit ist vor allem abhängig von

— sozialökonomischen Bedingungen, einschließlich der dort existierenden materiell-technischen und Bildungsbedingungen;
— Anlagen als Entwicklungspotenzen des Erwachsenen;
— aktiver Lebenstätigkeit des Erwachsenen in den verschiedenen Lebensbereichen;
— Fähigkeiten als Leistungsdispositionen (im Sinne der Möglichkeit, bestimmte Tätigkeiten vollziehen zu können);
— außerintellektuellen Eigenschaften, sofern sie die Leistungen mitbestimmen.

Das Niveau der Lernfähigkeit ist innerhalb der Gruppe der Erwachsenen unterschiedlich. Die interindividuellen Unterschiede in der Lernfähigkeit Erwachsener werden durch solche Faktoren wie Leichtigkeit des Lernens, Merk- und Erinnerungsfähigkeit (Nachhaltigkeit des Lernens), Anregbarkeit (Interessierbarkeit) des Lernenden, Lernintensität, Lerngewissen ausgedrückt (LÖWE/ALMEROTH 1975, S. 8). Die einzelnen Faktoren erfahren im Verlaufe der Ontogenese eine Umstrukturierung. So verringert sich mit zunehmendem Alter z. B. die Merkfähigkeit für mechanisch einzuprägende Lerninhalte, d. h. das mechanische Gedächtnis nimmt ab. Die Reproduktionsfähigkeit bei logisch vermittelten größeren Sinneinheiten ist bei älteren Teilnehmern hingegen nicht geringer, sondern sie ist sogar noch etwas besser als bei jüngeren Teilnehmern. Die Aufmerksamkeit des Erwachsenen übernimmt die regulierende Funktion in den Lebensjahren, in denen sich die Denk- und mnemischen Funktionen nicht mehr gleichermaßen entwickeln.

Im Zusammenhang mit der Art der Berufstätigkeit ist zu beachten, daß das berufliche Training entscheidend die intellektuelle Lernfähigkeit im Erwachsenenalter beeinflußt. Es ist bewiesen, daß die Leistungen derjenigen psychischen Funktionen am frühesten und stärksten nachlassen, die wenig in Anspruch genommen werden. Diejenigen, die rege betätigt werden, bleiben nicht nur lange Zeit auf gleicher Höhe, sondern können sogar bis ins hohe Lebensalter noch steigen.

Als weiterer wichtiger Faktor der intellektuellen Entwicklung des Erwachsenen erweist sich auch die Teilhabensmöglichkeit an *systematischer* beruflicher Erwachsenenbildung. „Der erwachsene Mensch erhält zwar im Arbeitsprozeß und bei der Selbstbildung eine große Anzahl Informationen, die seine intellektuelle Entwicklung beeinflussen. Diese vollzieht sich jedoch bei der regelmäßigen Teilnahme am Unterricht oder unterrichtsähnlichen Bildungsmaßnahmen, wie Seminare, Problemdiskussionen, mit größerer Intensität und in raschem Tempo“ (STEPANOWA 1974, S. 191).

Von ANANJEW, STEPANOWA und TONKONOGAJA ist wiederholt darauf hingewiesen worden, daß ständiges Training der geistigen Funktionen ein sehr wichtiger Faktor für die Aufrechterhaltung der Lernfähigkeit ist (TONKONOGAJA 1976, S. 54ff.). Erworbene Bildung, Einwirkung des Arbeitsprozesses und ständiges Bemühen zur Aneignung von Wissen und Können, insbesondere auch über den Unterricht und das Selbststudium ermöglicht dem erwachsenen Lernenden, das Invarianzproblem auf einer höheren Stufe als das Kind bzw. der Jugendliche zu lösen.

Zu den Merkmalen der Lernenden, die seine psycho-physische Entwicklung kennzeichnen, gehören aber auch der Gesundheitszustand einschließlich der zentralnervösen Voraussetzungen für Lernprozesse, das berufliche Belastungserleben sowie die emotionale Befindlichkeit (ROETHER 1986). Damit wird auf den Zusammenhang von sozial vermittelten Entwicklungsbedingungen für den Lernenden und physiologisch-biologischen Gegebenheiten, wie Reifungs- und Involutionsprozessen, verwiesen. Wenn auch für die Erwachsenenbildung das intellektuelle Lernen von besonderer Bedeutung ist, darf doch das motorische und sensumotorische Lernen nicht unterschätzt werden im Hinblick auf die Entwicklung von praktischen Arbeitsfähigkeiten und -fertigkeiten. Bei letzteren haben die biologischen Gegebenheiten wesentliche Bedeutung.

Die ontogenetische Entwicklung des Lernenden in der Erwachsenenbildung ist — wie weiter vorn angeführt — in eine bestimmte gesellschaftliche Situation eingebunden. Dabei sind sowohl makrosoziale als auch mikrosoziale Zustände hervorzuheben. Der aktuelle Entwicklungsstand einer konkreten Gesellschaft, die bestehenden ökonomischen, politischen und ideologischen einschließlich kulturellen Verhältnisse sind eine allgemeine Bedingung für den Lernenden in der Erwachsenenbildung. Davon ausgehend, ist an den sozialen Status des lernenden Erwachsenen anzuknüpfen (GRIESE 1979). Sein Tätigkeitsfeld, seine Stellung im beruflichen Wirkungskreis, seine Zugehörigkeit zu Parteien, gesellschaftlichen Organisationen und Verbänden determinieren in hohem Grad die Lernmotivation. Bei Erwachsenen existieren andere Bindeglieder zwischen Individuum und Gesellschaft als beispielsweise bei Schülern einer allgemeinbildenden Schule. Während bei Schülern die Lehrer, die Eltern, die Freizeitgruppe eine Mittlerfunktion ausüben, nehmen bei Erwachsenen — zumindest bei Berufstätigen — die Arbeitsgruppe, der Vorgesetzte, eine gesellschaftliche Organisation diese Funktion wahr.

In institutionalisierten Formen der Erwachsenenbildung sind die Lerngruppen häufig heteronom zusammengesetzt. Hinzu kommt, daß ihre Mitglieder infolge der Zugehörigkeit zu verschiedenen Arbeitsgruppen und Berufen mit ihren differenzierten Erfahrungen zugleich auch das unterschiedliche Entwicklungsniveau, die unterschiedlichen Arbeits- und Lebensbedingungen zum Ausdruck bringen. Das soziale Niveau in der Familie, die dort bestehenden Möglichkeiten, geistig tätig zu sein, Selbststudium in angenehmer Atmosphäre zu realisieren, beeinflussen das Lernen Erwachsener.

Von wesentlicher Bedeutung für Verlauf und Ergebnis des Lernens in der Erwachsenenbildung sind die Erfahrungen des Lernenden. Erworbene Lebens-, Arbeits- und Berufserfahrungen sind durch das Moment des Selbsterlebens und der Unmittelbarkeit zur eigenen Tätigkeit gekennzeichnet. Als innere Position des Lernenden enthält die Erfahrung vor allem Komponenten von praxisnahen Kenntnissen, aber auch von Fähigkeiten, Fertigkeiten und davon beeinflußten Verhaltenseigenschaften und trägt somit zur Stabilisierung der Persönlichkeit bei. Oft wird Erfahrung als empirisches Wissen im Unterschied zu theoretischem Wissen charakterisiert. Die individuelle Erfahrung bezieht sich im Unterschied zur gesellschaftlichen Erfahrung auf einen kleineren spezifischen Teil der Praxis, der durch den Tätigkeits- und damit Erlebnisbereich der Persönlichkeit eingegrenzt ist. Die Erfahrungen des einzelnen sind subjektiv gefärbte, direkte Widerspiegelungen von konkreten Sachverhalten und Prozessen, die spezifisch umgesetzt und verarbeitet werden.

Lebens-, Arbeits- und Berufserfahrungen sind untrennbar miteinander verbunden und lassen sich daher nicht starr voneinander abgrenzen. Die Spezifik dieser Erfahrungen resultiert aus dem konkreten Tätigkeitsfeld des Erwachsenen. Als Ergebnis einer kritischen Wertung sind sie nicht nur erkenntnisfördernd, sie regulieren auch weitere Tätigkeiten des Erwachsenen. Die Erfahrungen aus der Arbeits- und Berufstätigkeit, auch der Lerntätigkeit, tragen zur Verbesserung der Qualität zukünftiger Erwachsenenbildung bei, senken den Zeitaufwand für das Bewältigen einer konkreten Lernsituation und verändern die Lernbereitschaft. Die Erfahrungen des Erwachsenen ziehen nicht zwangsläufig ein effektives Lernen nach sich. Sie sind jedoch eine günstige Voraussetzung dafür. Daher ist auf den Erfahrungserwerb so einzuwirken, daß die Entfaltung des Individuums gefördert wird. Die Erwachsenen müssen befähigt werden, ihre Erfahrungen nach Richtung und Bedeutung zu erkennen und bewußt einzuordnen in theoretisches Wissen und gesellschaftliche Erfahrung. Von besonderer Bedeutung ist in diesem Zusammenhang die Verallgemeinerung der Erfahrungen durch Erfahrungsaustausch und die Korrektur falscher Erfahrungen (ACHTEL 1991, S. 136ff.).

Unter Berücksichtigung der knappen Kennzeichnung des Subjekts Lernender in der Erwachsenenbildung soll nun das Lernen aus spezifisch didaktischer Sicht begrifflich bestimmt werden. Lernen ist zunächst eine Tätigkeit zum Erwerb von aufgaben- und funktionsbestimmten Persönlichkeitsqualitäten des Individuums. Dabei ist es von großer Bedeutung, welche Inhalte — in welcher Menge und Struktur — angeeignet werden. Lernen als spezifische Aneignung erfolgt in Wechselwirkung mit aktiver und in ihrer höchsten Form schöpferischer Beeinflussung der Umwelt. Nach diesem Gesichtspunkt, also dem Gesichtspunkt der vorherrschenden Art der Aneignung, kann unterschieden werden in:

— rezeptives (aufnehmendes) Lernen,
— reproduktives (wiedergebendes, erneut nachvollziehendes) Lernen,
— schöpferisches Lernen (beim Fehlen eines Algorithmus, beim Entdecken eines Problems, objektiv neuer Tatsachen oder subjektiv neuer Tatsachen oder subjektiv neuer Zusammenhänge, bei der Gestaltung einer Handlung).

Die Grundlage für jede Art des Lernens sind äußere und innere Bedingungen für die Entwicklung des Individuums, wie sie weiter vorne skizziert worden sind.

Lernen ist nicht nur eine relativ selbständige Tätigkeit (direktes Lernen), sondern auch eine Funktion anderer Tätigkeiten, z. B. der Arbeit, der politischen, der sportlichen und der künstlerischen Tätigkeit (indirektes Lernen). Die Lernhandlungen reichen von der Informationsaufnahme aus unterschiedlichen Quellen über das Lösen von theoretischen Problemen bis hin zur Gestaltung und Lösung von praktischen Aufgaben, von der Erkenntnis über das Einprägen in das Gedächtnis bis hin zur Beherrschung. So wie jeder einzelne Erwachsene seine eigene Lebensgeschichte besitzt, entwickelt er auch spezifisches Lernen. Ein an der Förderung des einzelnen orientiertes Erwachsenenbildungsgeschehen muß daher die individuellen Erfahrungen der Lernenden berücksichtigen und thematisieren, sie in ihrem sozialen Kontext bearbeiten, individuelle Lernwege und -strategien erschließen u. a. Die Individualisierung zu betonen, bedeutet aber nicht, daß Lernen ein isolierter Vorgang, etwa ohne soziale Beziehungen ist. Lernen ist eine Tätigkeit, die auf Interaktion basiert. Bestimmte Formen des Lernens sind ohne Kooperation und Kommunikation undenkbar. Beim Lernen besteht ein Wechselverhältnis zwischen Lehrenden und Lernenden, teilweise auch zwischen Lernenden. Der Lehrende kann direkt, situationsspezifisch wirken, aber auch und zunehmend indirekt bzw. vermittelt über materiell-gegenständliche Mittel, wie z. B. Lehrbücher, Skripte, Videos, Filme, programmierte schriftliche Materialien, Leittexte, Computersoftware. Solche Mittel realisieren zeitweise Lehrfunktion, wenn sie didaktisch gut strukturiert, den Aneignungsprozeß anregen, unterstützen und auch zur Selbstkontrolle und Selbstbewertung Hilfe geben. In der Erwachsenenbildung gehört es zur häufigsten Sozialform, daß eine Gruppe mit einem Lehrenden lernt. Die Interaktion zwischen Lehrenden und Lernenden wird um die Beziehung zwischen den Lernenden erweitert. So bewältigt der Erwachsene auch Lernprozesse sozialer Art. Soziales Lernen in unterschiedlicher Weise ist Teil der Erwachsenenbildung:

— als Lernen mit anderen;
— als Lernen von sozial akzeptiertem Verhalten,
— als Lernen spezifischer Themen für den sozialen Bereich (LENZ 1987, S. 150).

Als Erwachsenenbildner sind Hauptberufler und Nebenberufler tätig, das heißt entweder Lehrende, die diese Tätigkeit hauptberuflich ausüben („Weiterbildungslehrer“), oder Lehrende, die diese Tätigkeit neben, aber oft in Verbindung mit einem anderen Beruf ausüben. Die immer wieder beschworene Tendenz einer Professionalisierung der Erwachsenenbildung, das heißt die Herausbildung des Erwachsenenbildners als eines wissenschaftlichen Hauptberufes, war nur teilweise zu realisieren. Die nebenberuflichen pädagogischen Mitarbeiter bleiben weiterhin die größte Mitarbeitergruppe in der Erwachsenenbildung. Unseres Erachtens sollte Professionalität nicht in erster Linie auf haupt- oder nebenberufliche Tätigkeit bezogen werden, sondern auf die Qualität der Bildungsprozesse. Nur darüber werden letztlich die Interessen der Erwachsenenbildner und der Teilnehmer vermittelt.

Kompetenz des Erwachsenenbildners liegt wesentlich darin, wie es ihm gelingt, „die besten Wege und Mittel zu finden, die es dem Lernenden ermöglichen, selbst die Rolle des Subjektes der Erkenntnis auszuüben" (MEUELER 1986, S. 102). Das schließt auch ein, daß Lernen nicht nur in der Aneignung fremdgesetzter Lerninhalte bestehen sollte, sondern in der Wahrnehmung der eigenen Lebenssituation und ihrer Widersprüche durch Reflexion und Aktion, um sich gemeinsam mit anderen behaupten zu können. MEUELER prägt dafür den Terminus „herrschaftsfreies Lehren und Lernen".

4.2 Inhalte des Prozesses der Erwachsenenbildung

Inhalte sind ausgewählte und strukturierte Bestandteile der menschlichen Kultur, die vom Lernenden angeeignet werden. Sie resultieren vor allem aus dem Entwicklungsstand der Gesellschaft, insbesondere dem Entwicklungsstand und den Entwicklungstendenzen von Wissenschaft, Technik und Technologie, aber auch aus dem Entwicklungsniveau des kulturell-künstlerischen Bereichs. Eine Determinante des Inhalts sind auch die psycho-physischen Voraussetzungen der Lernenden und ihr aktueller spezifischer Erlebnisbereich. Die Aneignung der Inhalte durch die Teilnehmer erfolgt durch deren eigene Tätigkeit. Diese ist Mittel der Aneignung, muß aber auch selbst angeeignet werden.

Die Inhalte sind vor allem in institutioneller Erwachsenenbildung Bestandteil eines Curriculums und in dieser Sicht für den Teilnehmer weitestgehend fremdgesetzter Inhalt. Für einen effektiven Erwachsenenbildungsprozeß treten jedoch Inhalte hinzu, die von den Teilnehmern selbst bestimmt werden und zum Teil in der Interaktion erst entstehen. Charakteristisch für den Inhalt in der Erwachsenenbildung ist seine große Differenziertheit entsprechend der Vielfältigkeit von Institutionen, Organisationsformen und Teilnehmerinteressen.

4.3 Ziel und Resultat der Erwachsenenbildung

Ziele im Erwachsenenbildungsprozeß sind aus pädagogischer Sicht antizipierte Resultate von Persönlichkeitsbildung, z. B. Erreichen eines bestimmten Niveaus von fachlicher Kompetenz, Methodenkompetenz, Sozialkompetenz. Ziele bestehen bei den Lehrenden als Lehrziele, bei den Lernenden als Lernziele. Effektiv wird Erwachsenenbildung dann, wenn Lehrziele und Lernziele durch gemeinsame Tätigkeit weitestgehend in Übereinstimmung gebracht werden. Die entsprechenden Ziele von Erwachsenenbildung, wie z. B. berufliche und allgemeine Handlungsfähigkeit, Identitätsfindung usw., werden bei der Zielbestimmung im Erwachsenenbildungsprozeß präzisiert und differenziert. Die zwischen Erwachsenenbildnern und Teilnehmern vereinbarten Ziele sind für die Auswahl und Strukturierung des Inhalts dominant.

4.4 Mittel im Prozeß der Erwachsenenbildung

Bei den Mitteln im Erwachsenenbildungsprozeß handelt es sich um den operationalen Faktor, durch den alle Faktoren im Hinblick auf das zu erreichende

Resultat zusammengeführt werden. Der Faktor Mittel ist komplexen Inhalts und weist nach unserer Meinung folgende Bestandteile auf:

— Prinzipien als auf wissenschaftlichen Erkenntnissen und Erfahrungen erfolgreicher Erwachsenenbildner beruhende allgemeine und übergreifende Aufforderungen für die Gestaltung des Prozesses und in ihrer Anwendung als dessen Bestandteil;
— Funktionen als Klassen von Tätigkeiten der Subjekte, die sich aus der gesetzmäßigen Abfolge des Aneignungsprozesses ergeben;
— Methoden als auf wissenschaftlichen Erkenntnissen und Erfahrungen erfolgreicher Erwachsenenbildner beruhende Aufforderungen, die Klassen von pädagogischen Operationen zur Zielrealisierung bestimmen, als auch Bestandteil der praktischen Gestaltung des Prozesses sind;
— Organisation als planmäßige raum-zeitliche Anordnung der materiell-pädagogischen und personellen (i. e. S.) des Prozesses.

Neben den bisher genannten ideell-pädagogischen Mitteln existieren

— materiell-pädagogische Mittel als materielle Objekte und Materialisierungen ideeller Objekte, die für das Erreichen pädagogischer Ziele erforderlich sind.

Mittel im Erwachsenenbildungsprozeß haben enge Beziehung zu den Zielen und den Inhalten dieses Prozesses. Sie erwachsen aus diesen. Über Auswahl und Einsatz der Mittel sollte ein hoher Grad von Aktivität und Selbständigkeit, der Kommunikations- und Kooperationsfähigkeit befördert werden. Es ist ein ausgewogenes Verhältnis von Handlungsorientierung und fächerorientiertem Vorgehen anzustreben.

Bisher wurden Faktoren des Prozesses der Erwachsenenbildung, also seine Struktur, gekennzeichnet. Der Verlauf des Prozesses und seine Ergebnisse kommen durch die gemeinsame Tätigkeit der beteiligten Subjekte zustande. Der Erwachsenenbildungsprozeß stellt eine Abfolge von Zuständen seiner internen Faktoren in ihrer Ganzheit dar, bei dem jeder neue Zustand aus dem Vorangegangenen hervorgeht. Diese Abfolge ist auf die Realisierung des pädagogischen Zieles gerichtet und damit entwicklungsorientiert. Auch in diesem Prozeß schließt Entwicklung im Sinne des Erreichens einer höheren Qualität Phasen von Stagnation und Regression ein. Entwicklung wird vollzogen durch die beteiligten Subjekte des Erwachsenenbildungsprozesses und ist von der pädagogischen Intention her primär auf die Lernenden bezogen. Im Zusammenhang mit den Subjekten des Prozesses und vermittelt über ihre gemeinsame Tätigkeit sind auch alle anderen Faktoren in die Entwicklung einbezogen.

LITERATUR

ACHTEL, K.: Zur Aneignung und Anwendung von Erfahrung in der beruflichen Erwachsenenbildung. In: Erwachsenenbildung in der der DDR — Im Umbruch. Hrsg. von DÖGE, K./GRIESE, H. Baltmannsweiler 1991, S. 136—149.

Anordnung über das fern- und Abendstudium an den Fach- und Hochschulen. In: Gesetzblätter der DDR. Teil I. Nr. 31/1973.

Anordnung über die Aufgaben und Arbeitsweise der Volkshochschulen — Volkshochschulordnung vom 5. 5. 1982. In: Gesetzblätter der DDR. Sonderdruck Nr. 1094. 1982.

Arbeitsgesetzbuch der DDR vom 16. 6. 1977. In: Gesetzblatt der DDR. Teil I. Nr. 18/1977.

ARNOLD, R.: Erwachsenenbildung zwischen Deutungshilfe und Deutungsnotstand. Hinweise zur Entwicklung eines integrativen Bildungs- und Professionalitätsmodells in der Erwachsenenbildung. In: Zeitschrift für Berufs- und Wirtschaftspädagogik 86 (1990), S. 297—308.

BEHRENDT, W.: Berufliche Erwachsenenbildung im Spannungsfeld von Ökonomie und Persönlichkeitsentwicklung. In: Erwachsenenbildung in der DDR — Im Umbruch. Hrsg. von DÖGE, K./GRIESE, H. Baltmannsweiler 1991, S. 115—122.

BEHRENDT, W./DÖGE, K./SCHMELZER, H.: Standpunkte zum pädagogischen Prozeß in der Berufsbildung. In: Wissenschaftliche Zeitschrift der Humboldt-Universität zu Berlin, Reihe Gesellschaftswissenschaften 39 (1990), S. 675—684.

BEHRENDT, W./DÖGE, K./SCHMELZER, H.: Berufliche Erwachsenenbildung und pädagogischer Prozeß. In: Erwachsenenbildung in der DDR — Im Umbruch. Hrsg. von DÖGE, K./GRIESE, H. Baltmannsweiler 1991, S. 75—78.

Berufliche Erwachsenenbildung. Abriß zur Aus- und Weiterbildung der Facharbeiter und Meister. Berlin/DDR 1982, S. 40—42.

Berufsbildungsforschung an den Hochschulen der Bundesrepublik Deutschland: Situation, Hauptaufgabe, Förderungsbedarf. Hrsg. von der Senatskommission für Berufsbildungsforschung. [Denkschrift Deutsche Forschungsgemeinschaft] Weinheim u. a. 1990.

Beschluß der Volkskammer der DDR über die Grundsätze für die Aus- und Weiterbildung der Werktätigen in der DDR vom 16. 9. 1970. In: Gesetzblatt der DDR. Teil I. Nr. 21/1970.

BRATER, M./BÜCHELE, U./FUCKE, E./HERZ, G.: Berufsbildung und Persönlichkeitsentwicklung. Stuttgart 1988.

DECKER, F.: Aus- und Weiterbildung am Arbeitsplatz. Neue Ansätze und erprobte berufspädagogische Programme. München 1985.

DÖGE, K.: Didaktik und Erwachsenenbildung: Lehren und Lernen. In: Erwachsenenbildung in der DDR — Im Umbruch. Hrsg. von DÖGE, K./GRIESE, H. Baltmannsweiler 1991, S. 94—106.

DEUTSCHER BILDUNGSRAT: Empfehlungen der Bildungskommission. Strukturplan für das Bildungswesen. Stuttgart [2]1970.

Erwachsenenbildung in der Deutschen Demokratischen Republik. Hrsg. vom Staatssekretariat für Berufsbildung der DDR. ECLE-Studie 1978.

Erwachsenenbildung. Autorenkollektiv unter Leitung von G. SCHNEIDER. Berlin/DDR 1988.

Für eine weitere Erhöhung des Niveaus der Erwachsenenbildung. Gemeinsamer Beschluß des Ministerrates der DDR und des Bundesvorstands des FDGB vom 21. Juni 1979. In: Verfügungen und Mitteilungen des Staatssekretariats für Berufsbildung. Nr. 6/1979.

Gesetz über das einheitliche sozialistische Bildungssystem der DDR. Berlin/DDR 1973.

GRIESE, H. (Hrsg.): Sozialisation im Erwachsenenalter. Weinheim/Basel 1979.

Grundsätze zur weiteren Entwicklung des Systems der Berufsbildung in der Deutschen Demokratischen Republik. In: Der Siebenjahresplan und die Bedeutung der Berufsbildung in der DDR. Berlin/DDR 1960, S. 182ff.

Grundsätze für die Aus- und Weiterbildung der Werktätigen bei der Gestaltung des entwickelten gesellschaftlichen Systems des Sozialismus in der Deutschen Demokratischen Republik vom 16. September 1970. Beschluß der Volkskammer der Deutschen Demokratischen Republik. In: Gesetzblatt der DDR. Teil I. Nr. 21/1970, S. 291—298.

HARKE, E.: Lernen im Prozeß der Arbeit. Berlin/DDR 1974.

HERMANN, M./LAAF, H.: Pädagogische Besonderheiten beruflicher Erwachsenenbildung — ein Beitrag zu einer Bestandsaufnahme und Analyse. Schriften zur Berufsbildungsforschung. Bd. 15. Hannover 1974.

Instruktion für die Anwendung der staatlichen Lehrpläne in der Ausbildung Werktätiger zu Facharbeitern unter Berücksichtigung der vorhandenen Qualifikation, insbesondere der Arbeits- und Lebenserfahrungen vom 22. 5. 1973. In: Verfügungen und Mitteilungen des Staatssekretariats für Berufsbildung. 6/1973.

KNOLL, J. H./KÜNZEL, K.: Internationale Erwachsenenbildung in Geschichte und Gegenwart. Braunschweig 1981.

LEMMNITZ, A: Der Siebenjahresplan und die Aufgaben der Berufsbildung. Berlin/DDR 1960, S. 35.

LENZ, W.: Lehrbuch der Erwachsenenbildung. Stuttgart/Berlin/Köln/Mainz 1987.

LÖWE, H./ALMEROTH, H.: Untersuchungen zur intellektuellen Lernfähigkeit im Erwachsenenalter. In: Probleme und Ergebnisse der Psychologie. Berlin/DDR 1975. Heft 53, S. 5—36.

MEUELER, E.: Erwachsene lernen. Stuttgart 1986.

ROETHER, D.: Lernfähigkeit im Erwachsenenalter. Ein Beitrag zur klinischen Entwicklungspsychologie. Beiheft 37 zur Zeitschrift Psychiatrie, Neurologie und medizinische Psychologie. Leipzig 1986.

SALZWEDEL, W.: Allgemeinpädagogische Ansätze zur Weiterentwicklung der pädagogischen Prozeßtheorie. In: Wissenschaftliche Zeitschrift der Humboldt-Universität zu Berlin. Gesellschaftswissenschaftliche Reihe. 33 (1984) 6, S. 601—607.

SCHLUTZ, E. (Hrsg.): Die Hinwendung zum Teilnehmer — Signal einer „reflexiven Wende" der Erwachsenenbildung? Tagungsberichte Nr. 6 der Universität Bremen. o. J.

SIEBERT, H.: Rückkehr zum Begriff „Erwachsenenbildung"? In: Bildung und Erziehung 41 (1988), S. 13—17.

SIEBERT, H.: Perspektiven der niedersächsischen Erwachsenenbildung in freier Trägerschaft. Sonderdruck der Universität Hannover, Fachbereich Erziehungswissenschaften 1.1990.

Statut der Volkshochschulen der Sowjetischen Besatzungszone Deutschlands. In: Volkshochschule 1 (1974), S. 3.

Stand und Perspektiven der beruflichen Weiterbildung in der Bundesrepublik Deutschland: Entwicklung und Einsatz von Humanressourcen als Folge und Voraussetzung von strukturellem und technologischem Wandel. Hrsg. vom Bildungsminister für Bildung und Wissenschaft. Wiss. Bearb. D. GNAHS u. a. (= Studien zur Bildung und Wissenschaft 1). Bad Honnef 1984.

STEPANOWA, E. J.: Aus- und Weiterbildung — wichtiger Faktor für die intellektuelle Entwicklung im Erwachsenenalter. In: Berufsbildung. Zeitschrift für das berufliche Bildungswesen 28 (1974), S. 190—191.

STRUNK, G.: Bildung zwischen Qualifizierung und Aufklärung. Bad Heilbrunn/Obb. 1988.

TIETGENS, H.: Erwachsenenbildung als Suchbewegung. Annäherung an eine Wissenschaft der Erwachsenenbildung. Bad Heilbrunn 1986.

TONKONOGAJA, E. P.: Obuschenie w wetschernie schkole. Moskau 1976.

Verordnung über die Ausbildung und Qualifizierung der Arbeiter in den volkseigenen und ihnen gleichgestellten Betrieben vom 5. März 1953. In: Gesetzblatt der DDR. Nr. 33/1953, S. 406ff.

WEINBERG, J.: Einführung in das Studium der Erwachsenenbildung. Bad Heilbrunn 1989.

WESSEL, K.-F.: Struktur und Prozeß ontogenetischer Entwicklung des Menschen. Ergebnisse, Aufgaben und Perspektiven. In: Wissenschaftliche Zeitschrift der Humboldt-Universität zu Berlin. Reihe Naturwissenschaften. 36 (1987) 7.

Verfassung der Deutschen Demokratischen Republik. Berlin/DDR 1971.

Verordnung über die Aus- und Weiterbildung der Meister vom 27. 6. 1972. In: Gesetzblätter der DDR. Teil I. Nr. 33/1973, S. 406ff.

ANHANG

Grundlagen mit Rechtscharakter für die Erwachsenenbildung der DDR
— Verfassung der DDR
— Arbeitsgesetzbuch
— Gesetz über das einheitliche sozialistische Bildungssystem (1965)
— Grundsätze für die Aus- und Weiterbildung der Werktätigen (1970)
— Verordnung über die Aus- und Weiterbildung der Meister (1973)
— Instruktion für die Anwendung der staatlichen Lehrpläne in der Ausbildung Werktätiger zu Facharbeitern unter Berücksichtigung der vorhandenen Qualifikation, insbesondere der Arbeits- und Lebenserfahrungen (1973)
— Anordnung über das Fern- und Abendstudium an den Hoch- und Fachschulen (1973)
— Beschluß „für eine weitere Erhöhung des Niveaus der Erwachsenenbildung" (1979)
— Arbeitsordnung für Volkshochschulen (1982)

Institutionen, in denen Erwachsenenbildung vollzogen wurde, waren:

— Volkshochschulen	Erwerb von Abschlüssen der 10klassigen Oberschule und der Hochschulreife, Vermittlung fremdsprachlichen Wissens und Könnens, Erweiterung und Vertiefung der Allgemeinbildung, Grundfertigkeiten in Stenographie und Maschinenschreiben
— Betriebsakademien und Betriebsschulen	Facharbeiterausbildung Werktätiger, Aus- und Weiterbildung von Facharbeitern und Meistern, Weiterbildung von Hoch- und Fachschulabsolventen
— Universitäten, Hoch- und Fachschulen	Berufliche Weiterbildung als Fern- und Abendstudium sowie Spezialkurse
— Gesellschaftliche Institutionen	Kammer der Technik als Ingenieurorganisation, URANIA-Gesellschaft zur Verbreitung wissenschaftlicher Kenntnisse, Wissenschaftliche Gesellschaften (z. B. Medizinische Gesellschaften, Agrarwissenschaftliche Gesellschaft usw.)
— Bildungsträger von Parteien und gesellschaftl. Organisationen	vor allem politische Weiterbildung
— Sonstige Bildungsträger	z. B. Massenmedien, Museen, Klubhäuser, Gedenkstätten
— Bildungsträger der Kirchen	

Jürgen Schriewer

19. INTERNATIONALISIERUNG DER PÄDAGOGIK UND VERGLEICHENDE ERZIEHUNGSWISSENSCHAFT

1. Internationalisierung: Prozeß und Problem
2. Etappen
3. Befunde
4. Perspektiven

1. INTERNATIONALISIERUNG: PROZESS UND PROBLEM

„Internationalisierung" ist ursprünglich ein Begriff des Völkerrechts. Als solcher beinhaltet er seit dem 19. Jahrhundert Einschränkungen der Gebietshoheit eines Staates über sein Staatsgebiet bzw. Teile seines Staatsgebietes — wie etwa wichtige Städte, Wasserstraßen oder Häfen — zugunsten mehrerer anderer Staaten oder der Völkerrechtsgemeinschaft im ganzen.[1] Erst nach 1945, und offensichtlich im Zusammenhang mit der Gründung der Organisation der Vereinten Nationen, verallgemeinert sich der Bedeutungsgehalt des Begriffs.

„Internationalisierung" dient — wie auch der jüngere Schwesterbegriff „Globalisierung" — in zunehmendem Maße zur Bezeichnung von Tendenzen zur Intensivierung weltumspannender Interaktions- und Austauschbeziehungen, zur weltweiten Verflechtung gesellschaftlicher Kommunikationsbereiche sowie, damit einhergehend, zur transnationalen Angleichung sozialer Modelle und Strukturen (vgl. z. B. MCGREW 1992). Internationalisierung und Globalisierung beziehen sich auf eine gesellschaftliche Wirklichkeit, die zunehmend in den alltäglichen Erfahrungshorizont auch des Einzelnen hineinragt: sei es in Form internationaler Finanzverflechtungen und Währungskrisen oder in Gestalt weltumspannender ökologischer Zusammenhänge, seien es die sozialen Folgekosten eines weltweit ausgreifenden Massentourismus, der Druck globaler Migrationsbewegungen oder die ungeahnte Intensivierung weltweiter Nachrichtenübermittlung. So vertraut freilich diese und andere globale Interdependenzbeziehungen dem interessierten Zeitgenossen bereits erscheinen mögen, der rezente Bedeutungswandel von „Internationalisierung" zeigt an, daß die angesprochenen Prozesse — in der Perspektive historischer Makrosoziologie betrachtet — ein „evolutionär völlig neuartiges Phänomen" darstellen (LUHMANN 1975 a, S. 57).

---

1 Vergleiche etwa das ausführliche Stichwort „Internationalisation" in der Encyclopaedia Universalis, Thesaurus, (Paris: Encyclopaedia Universalis 1990), S. 1744.

Tendenzen der Internationalisierung und Globalisierung erstrecken sich auch auf ein für moderne Gesellschaften so zentrales Feld sozialer Interaktion wie die gesellschaftlichen Teilsysteme für Bildung und Ausbildung, die voll ausgebauten Großorganisationen von Schule und Hochschule, einschließlich der auf diese Systeme sich richtenden Steuerungs- und Reflexionsbemühungen in Gestalt von Bildungspolitik, Bildungsplanung, Bildungsforschung und Pädagogik. So mangelt es nicht an Diagnosen, welche festhalten, daß

„die internationale Verflochtenheit infolge der modernen Überwindung des Raumes in der Pädagogik in ähnlicher Weise stärker und stärker geworden [ist] wie im Wirtschaftsleben; [daß folglich] heute der internationale pädagogische Zusammenhang so eng, das Hin und Her so dicht [ist], daß man von einer pädagogischen Weltöffentlichkeit reden kann."

Beispielhaft spricht sich in Feststellungen wie dieser das Bewußtsein von der Globalisierung pädagogischer Kommunikation aus. Gleichwohl entstammt das Zitat nicht dem Diskussionszusammenhang der letzten Jahre. Es ist vielmehr einer vor mehr als 60 Jahren erschienenen Grundsatzabhandlung mit dem vieldeutigen Titel „Internationale Pädagogik, Auslandspädagogik, Vergleichende Erziehungswissenschaft" entnommen (SCHNEIDER 1931/32, S. 22). Mit dieser Abhandlung hatte FRIEDRICH SCHNEIDER seinerzeit die beginnende akademische Institutionalisierung Vergleichender Erziehungswissenschaft in Deutschland programmatisch zu untermauern und dem neuen Fach zugleich eine weniger analytisch-vergleichende als vielmehr transnational-universalistische Orientierung mit auf den Weg eines dann windungsreichen Disziplinbildungsprozesses zu geben gesucht. Die von SCHNEIDER begründete und mit dem genannten Artikel eingeleitete *Internationale Zeitschrift für Erziehungswissenschaft* war insofern auch — wie der Titel festhält — als Kommunikationsmedium nicht so sehr im Dienste methodenbewußter Ausarbeitung erziehungswissenschaftlicher Komparatistik als vielmehr der Internationalisierung des pädagogischen Bewußtseins und der pädagogischen Theorieentwicklung konzipiert.

SCHNEIDERS Situationsschilderung mochte im Jahre 1931 noch mehr einem *wishful thinking* als nüchterner Gegenwartsanalyse entsprungen sein. Gut 60 Jahre danach läßt sie sich durch zahlreiche und ganz unterschiedlich gelagerte Indikatoren erhärten. Internationales Abitur (PETERSON 1972) und internationale Schulleistungsmessungen (POSTLETHWAITE/WEILER/ROEDER 1980), die seit Jahrzehnten in Genf institutionalisierten Internationalen Erziehungsministerkonferenzen *(International Conferences on Education)*[2] und die unter welt-

2 Dokumentierende Synthesen der von den teilnehmenden Regierungsdelegationen jeweils vorgelegten Daten und Statistiken finden sich in den sukzessiven Ausgaben des seit 1980 wieder erscheinenden *International Yearbook of Education* (Paris: UNESCO). Vgl. etwa die Bände über *Educational Structures,* prepared by ROBERT COWEN (vol. 34/1982); *Educational Development Trends,* prep. by B. HOLMES (vol. 35/1983); *Education for All,* prepared by W. MITTER (vol. 36/1984); *Technological Occupational Challenge, Social Transformation and Educational Response,* prepared by E. KING (vol. 37/1985); *Primary Education on the Threshold of the Twenty-first Century,* prepared by J. L. GARCÍA GARRIDO (vol. 38/1986). Zu neueren Themen und Entwicklungen vgl. den Bericht von HASSELT/SCHÖFTHALER (1989).

weiter Beteiligung durchgeführte *World Conference on Education for All* des Jahres 1990 (WCEFA 1990), Weltbildungsprogramme (FAURE 1972, dt.: 1973; PSACHAROPOULOS 1987) und Weltbildungskrisen (COOMBS 1985), Weltbildungsindikatoren (KOMENAN 1987) und pädagogisches Weltbewußtsein (GELPI 1992), *World Education Encyclopedia* (KURIAN 1988) und *International Encyclopedia of Education* (HUSÉN/POSTLETHWAITE 1985), *ERASMUS, COMETT* und *TEMPUS, CEDEFOP* und *EURYDICE*[3], bi- und multilaterale Kooperationsprogramme und die ausländischen Delegationen, die sich beim Bundesminister für Bildung und Wissenschaft allwöchentlich die Klinke in die Hand geben[4]: dies alles umschreibt nur einen unvollständigen Ausschnitt aus einem hoch verdichteten Netz internationaler Kommunikation und Kooperation im Bildungsbereich.

Vor diesem Hintergrund mehren sich dann die Stimmen, welche einem besonderen Zweig der Erziehungswissenschaft explizit die Funktion zuweisen, den Prozeß der Internationalisierung von Bildungssystem und Pädagogik reflektierend zu begleiten, zu unterstützen, zu legitimieren. Gemeint ist damit die *Vergleichende* bzw. — wie manche in bewußter Anknüpfung an SCHNEIDERS Präferenzen bevorzugen würden — *Internationale Erziehungswissenschaft.* In Gestalt der Vergleichenden bzw. Internationalen Erziehungswissenschaft gelange — so besagt die derartigen Funktionszuschreibungen unterliegende quasi geschichtsphilosophische Denkfigur — der Prozeß der Internationalisierung von Bildungssystem und Pädagogik zum Bewußtsein seiner selbst und wirke als Reflexionstheorie dieses Prozesses im Sinne weiterer Entwicklung von „Internationalität" auf diesen wiederum zurück.[5]

Diese Auffassung soll im folgenden bestritten werden. Sie ist in eben dem Maße frag-würdig, in dem sie schon vom Denkansatz her die spannungsreiche Differenz unterschlägt zwischen *international* und *komparativ,* zwischen bestimmten Dimensionen im Gegenstandsbereich des Faches und darauf gerichteter spezifischer Analysemethode, zwischen politisch-kulturellen Prozessen mithin und „komplexem Forschungsansatz".[6] Die skizzierte Auffassung fällt damit nicht nur hinter Unterscheidungen zurück, die FRIEDRICH SCHNEIDER seinerzeit gleichwohl festgehalten hatte: die Unterscheidungen nämlich zwischen Internationalität als historischer Tatsache und Internationaler Erziehungswissenschaft als analysierender Tätigkeit sowie, innerhalb letzterer, zwischen „ver-

---

3 Informative Übersichten über die bildungspolitischen Programme der Europäischen Gemeinschaften geben FAHLE (1989) und MÜLLER-SOLGER (1990).

4 Man vergleiche die fortlaufende Berichterstattung in: Informationen Bildung und Wissenschaft. Hrsg. von dem Bundesminister für Bildung und Wissenschaft (Bonn BMBW).

5 So in geschichtsphilosophisch ausholender Argumentation KRÜGER (1974) sowie, daran anknüpfend, ANWEILER (1977, 1990). Von ganz unterschiedlichen Referenzpunkten her gelangen zu gleichlautenden Schlußfolgerungen Autoren wie etwa KATZ (1978) oder DRÄGER (1991). Weniger geschichtsphilosophisch-affirmativ als vielmehr sozialwissenschaftlich-konstativ analysieren HÜFNER/MEYER/NAUMANN (1987).

6 So die Einordnung des interkulturellen Vergleichs im Band 4: „Komplexe Forschungsansätze", des Handbuchs von KÖNIG (1974).

gleichender Betrachtung" zum Zweck der „Herausstellung international gemeinsamer pädagogischer Probleme, Ideen und Strömungen" und „komparativer Methode" als Verfahren zur „Erkenntnis allgemeiner pädagogischer Gesetzmäßigkeiten" (SCHNEIDER 1931/32, S. 243, 403f.). Die fragliche Position leistet vielmehr auch einer Erkenntnishaltung Vorschub, die mehr darauf abhebt, die mit dem Konzept der „Internationalisierung" unterstellte Verdichtung weltumspannender Verflechtungszusammenhänge affirmativ zu bestätigen, als sie in ihrer Komplexität analytisch aufzuhellen.

Mein Gegenargument werde ich gleichwohl nicht allein auf der Ebene abstrakter — in diesem Falle: methodologischer — Kritik entwickeln. Vielmehr möchte ich zugleich die Möglichkeiten der Empirisierung und damit Objektivierung theoretischer Argumente nutzen, welche die sogenannte sozio-historische Wende meta-wissenschaftlicher Diskurse der Reflexion über Wissenschaft eingetragen hat (vgl. POLLAK 1983). In diesem Sinne werde ich zunächst, in wissenschaftsgeschichtlicher Wendung, zwei Schlüsselphasen der Entfaltung des Faches gegenüberstellen (Abschnitt 2.), vor diesem Hintergrund dann kontrastierende Befunde der Forschung mustern (Abschnitt 3.) und schließlich einige systematische Gesichtspunkte entwickeln, die ihrerseits auf die Thesen neuerer Wissens- und Wissenschaftssoziologie Bezug nehmen (Abschnitt 4.).

2. ETAPPEN

2.1 Am Ausgang des 18. Jahrhunderts: Umrisse eines großen Programms

Im Duktus des gewählten Argumentationsansatzes soll zunächst der Entstehungskontext des Gedankens vergleichender Wissenschaften vom Menschen (im allgemeinen) und von der Erziehung (im besonderen) in thesenhafter Kürze skizziert werden. Denn entgegen den Traditionskonstruktionen späterer Fachvertreter wird die ganze Tragweite des intellektuellen Projekts Vergleichender Erziehungswissenschaft erst vor dem Hintergrund allgemeinerer wissenschaftsgeschichtlicher Wandlungsprozesse am Ausgang des 18. Jahrhunderts transparent.

Die Einführung des methodischen Vergleichs in die Wissenschaft ist eine Innovation des ausgehenden 18. und beginnenden 19. Jahrhunderts. Vergleichende Forschung markiert in diesem Zeitraum ein Nonplusultra an Modernität. Sie fungiert als dynamisierende Teilkomponente in einem tiefgreifenden Umstrukturierungsprozeß, den die neuere Wissenschaftsgeschichte als *Entstehung des modernen Systems wissenschaftlicher Disziplinen* beschrieben hat (STICHWEH 1984). Der so bezeichnete Übergang von vormoderner zu moderner Wissenschaft ist mit einer radikalen Um- und Neubewertung empirischer Erkenntnis verbunden. In dieser Situation empfiehlt sich der Vergleich als Verfahren der Wahl nicht nur zur Erzeugung, sondern vor allem auch zur methodisch-konzeptionellen Verarbeitung von Empirie.

In diesem wissenschaftsgeschichtlichen Kontext ist das Projekt vergleichender Wissenschaften von der Sprache, vom Recht, von der Religion, von der politischen Verfassung und dann eben auch von der Erziehung ein frühes und markantes Beispiel für die Übertragung eines erfolgreichen Methodenprogramms von den Naturwissenschaften — und hier insbesondere den Bio-Wissenschaften — auf die Human- und Sozialwissenschaften. Wie zunächst GEORGES DE CUVIER (1800—1805) in epochaler Vorbildhaftigkeit für die Anatomie, wie wenig später ANSELM VON FEUERBACH (1810) für die Rechts- und wie beispielsweise FRANZ BOPP für die Sprachwissenschaft (LEFMANN 1895, S. 115—118), so entwirft schließlich für die Pädagogik MARC-ANTOINE JULLIEN DE PARIS (1817) vor ziemlich genau 175 Jahren das Programm einer empirisch-vergleichend betriebenen Überführung heterogener und in ihrer Geltung ungeprüfter Wissensbestände in eine disziplinär sich verselbständigende Einzelwissenschaft. Eine „Vergleichende Erziehungswissenschaft" im Sinne JULLIENS zielt daher im Kern auf die „Positivierung" spekulativer Erziehungskonzepte und die Methodisierung pädagogischer Theorie. Die Originalität dieses frühen Textes von 1817 — des frühesten in französischer Sprache, der den Terminus *science de l'éducation* verwendet — besteht insofern gerade darin, daß er Gründungsmanifest nicht nur der *Vergleichenden,* sondern zugleich Programmschrift der *Erziehungswissenschaft schlechthin* ist.

Schließlich werden im gleichen zeitgenössischen Kontext auch schon die theoretischen und methodischen Anschlußprobleme bedacht, die mit der Übertragung eines in den Bio-Wissenschaften erfolgreichen Forschungsansatzes auf den Bereich der Humanwissenschaften verbunden sind. Dies zwar nicht mehr im Text eines an der Zoologie geschulten und sozialpolitisch engagierten Spätaufklärers, wohl aber in den Reflexionen — und mit der Scharfsichtigkeit — eines an der Philosophie geschulten vergleichenden Sprachforschers. Gemeint ist WILHELM VON HUMBOLDTS „Plan einer vergleichenden Anthropologie" von 1795. HUMBOLDT erörtert dort nicht nur das methodologische Problem der geordneten Vermittlung zwischen dem „historischen Gegenstand" — als dem der Anthropologie vorgegebenen „empirischen Stoff" — und seiner auf Ursachen- oder „Zusammenhangs"-Wissen durchgreifenden „theoretischen Bearbeitung". Er reflektiert vielmehr zugleich die theoretische Zusatzproblematik — die „Eigentümlichkeit", wie er sagt, — der über die Objektwelt der Anatomie hinausgreifenden vergleichenden Humanwissenschaften. Sie erwächst aus der im Gegenstandsbereich dieser Wissenschaften angelegten Differenz zwischen naturhafter „Gesetzmäßigkeit" und „notwendiger Freiheit" des Menschen, zwischen gattungsbedingter Konstanz und „selbsttätiger Energie" (HUMBOLDT 1964 [1795], S. 36, 42—43 bzw. 46—49), modern formuliert: zwischen allgemeinen Ursache-Wirkungs-Zusammenhängen und entwicklungsoffener Geschichtlichkeit oder zwischen Kausalität und Selbstreferenz.

Mit diesem zweifachen Problemstrang sind zugleich Leitlinien der methodologischen Dauerkontroversen bezeichnet, welche die Ausdifferenzierung Vergleichender Erziehungswissenschaft bis heute begleitet haben. Sie sollen an dieser Stelle nicht weiter aufgerollt werden. Es möge vielmehr der Hinweis genügen, daß auch unter den Rahmenbedingungen akademischer Institutionalisierung die vergleichende Teil- oder „Aspekt"-disziplin (DIEMER 1970) der Erziehungswissenschaft verkeilt blieb in ein Geflecht von konfligierenden Erwartungen, gegensätzlichen Funktionszuschreibungen und nur schwerlich vereinbaren methodischen Optionen (SCHRIEWER 1982; EPSTEIN 1983). Entsprechende Kontroversen setzen beispielsweise an der Differenz an zwischen verbreiteten Programmsätzen einer Internationalen und der klassischen Idee einer Vergleichenden Erziehungswissenschaft. Sie sind angelegt in den widerstreitenden Erwartungen auf reformrelevante Politikberatung beziehungsweise auf theoriebezogene Verwissenschaftlichung. Sie entzünden sich immer erneut an der Diskrepanz zwischen der Praxis synthetisierender Ausdeutung internationaler Entwicklungstendenzen und den Erfordernissen wissenschaftslogisch elaborierter Vergleichsmethodik. Und nicht zuletzt erwachsen sie aus grundverschiedenen — den Gegenstand der Erkenntnis konstituierenden — Hinsichten auf den Anderen: aus dem Gegensatz nämlich zwischen der Minimierung von sozial-kulturellen Differenzen im Hinblick auf praktische Verständigung und ihrer rückstandslosen Ausschöpfung zu Zwecken sozialwissenschaftlicher Analyse (SCHRIEWER 1990 a).

2.2 Am Ausgang des 20. Jahrhunderts: Die Welt als Einheit der Analyse

Das radikal Neue der gegenwärtigen Situation, der Situation des ausgehenden 20. Jahrhunderts, liegt nun darin, daß nicht mehr lediglich verbesserte Varianten der methodischen Ausgestaltung Vergleichender Erziehungswissenschaft reklamiert werden. Vielmehr werden einige ihrer grundlegenden theoretischen und methodologischen Voraussetzungen als solche in Frage gestellt.

Neuere Forschungen und Theorieentwicklungen laufen in der Tat darauf hinaus, den weithin fraglos vorausgesetzten Erkenntnisgegenstand Vergleichender Erziehungswissenschaft aufzulösen: die Welt verstanden als eine Vielheit voneinander abgrenzbarer regionaler oder nationaler Gesellschaften, die als selbständige Entitäten, als historisch distinkte Gebilde, wechselseitig für einander Umwelt sind. Solche Auflösungen haben zur unmittelbaren Konsequenz, daß auch das definierende methodische Verfahren — der auf eine Vielheit unabhängiger Analyseeinheiten beziehbare Vergleich — entleert wird, und zwar entleert zugunsten historischer Rekonstruktionen großräumiger kultureller Diffusionsprozesse oder global ausgreifender Analysen transnationaler Verflechtungszusammenhänge (MCMICHAEL 1990; WALLERSTEIN 1987). In solchen Schlußfolgerungen greifen schließlich retrospektiv angelegte theoriekritische Analysen und prospektiv gehaltene Modell-Bildungen von „Welt-Gesellschaft" ineinander.

Theoriehistorische Analysen im hier gemeinten Sinn hat u. a. FRIEDRICH H. TENBRUCK (1981) vorgetragen. Der Titel seiner Studie „Die Geburt der Gesellschaft aus dem Geist der Soziologie" enthält *in nuce* seine These. Sei, so TENBRUCK, die Ausbildung eines spezifisch soziologischen Kommunikationszusammenhanges begreifbar als intellektuelle Antwort auf die radikal neuartige gesellschaftliche Wirklichkeit, die im ausgehenden 18. und beginnenden

19. Jahrhundert aus der Auflösung der ständisch-korporativen Sozialstrukturen des Alten Europa hervorging, so sei der anschließend von dieser Soziologie favorisierte „Gesellschafts"-Begriff — das abstrakte Konzept einer Vielheit untereinander selbständiger, quasi autarker, und insofern vergleichsfähiger Sozietäten — in mehrfacher Hinsicht zeitgebunden und daher in seiner theoretischen Geltung fragwürdig. Dieses Gesellschafts-Konzept sei nicht nur maßgeblich durch die theorietechnischen Vorgaben einer an naturwissenschaftlichen Leitbildern ausgerichteten Disziplin geprägt. Es schreibe vielmehr auch, so heißt es bei Tenbruck weiter, nur eine bestimmte „Zeitlage fest, nämlich das Selbstverständnis der auf ihre kulturelle Eigenart und staatliche Selbständigkeit bedachten Nationen des 19. Jahrhunderts, für die [...] die Identität von Volk, Kultur, Nation und Staat evidente Lehre der Geschichte war" (TENBRUCK 1981, S. 348). *De facto* aber sei ein Gesellschaftskonzept diesen Anspruchs durch Internationalisierungsphänomene und durch transkulturelle Diffusionsprozesse größten Ausmaßes empirisch längst dementiert.

Was diesen Thesen, über die sozial- und wissenschaftsgeschichtliche Re-Analyse hinaus, ihre besondere vergleichs-kritische Zuspitzung verleiht, ist die Tatsache, daß TENBRUCK sie in Auseinandersetzung mit EMILE DURKHEIM entwikkelt. Mit DURKHEIM nämlich dementiert er zugleich denjenigen Theoretiker vergleichender Sozialwissenschaft, der wie kein anderer das große Programm des ausgehenden 18. Jahrhunderts im ausgehenden 19. Jahrhundert in eine stringent wissenschaftsförmige Fassung übersetzt, die vergleichende Methode als die den Sozialwissenschaften eigentümliche Ersatzform für makro-soziale Experimente ausgewiesen und damit eine bis in die Gegenwart nachwirkende Tradition vergleichender Sozialforschung grundgelegt hatte. Erinnert sei hier nur an jene bekannte Passage aus den 1895 erstmals erschienenen *Regeln der soziologischen Methode,* mit der DURKHEIM, in Aufnahme des in der wissenschaftlichen Umbruchsphase um 1800 konzipierten Gedankens, den Zusammenhang von vergleichender Forschung und Disziplinbildung bekräftigt hatte: „Die vergleichende Soziologie ist nicht etwa nur ein besonderer Zweig der Soziologie; sie ist soweit die Soziologie selbst, als sie aufhört, rein deskriptiv zu sein, und danach strebt, sich über die Tatsachen Rechenschaft zu geben" (DURKHEIM 1976 [1895], S. 216; franz.: [22]1986, S. 137).

Wird insofern in theoriekritischen Retrospektiven das Programm vergleichender Sozialwissenschaften in seinen gegenstandstheoretischen Basisannahmen historisch relativiert, so wird es andererseits im Rahmen neuerer „Welt-System"-Analysen sozusagen evolutionstheoretisch überholt. Und wie die klassische Soziologie sich als Antwort auf die veränderte soziale Wirklichkeit des europäischen 19. Jahrhunderts begriff, so beanspruchen „Welt-System"-Modelle ihrerseits, gesellschaftliche Makrostrukturen des ausgehenden 20. Jahrhunderts erst aus dem Globalzusammenhang der in neuartiger Weise verdichteten weltweiten Interdependenz-Beziehungen zureichend erfassen zu können (vgl. SO 1990, S. 169ff.). Dieser Anspruch erstreckt sich dann auch auf Teilbereiche wie die Analyse nationaler Erziehungssysteme. Deren Strukturen, Entwicklungspotentiale und soziale Funktionen ließen sich unverkürzt, so das geltend gemachte Argument, erst unter systematischer Berücksichtigung ihrer jeweiligen Position in einem weltumspannenden Gefüge erklären:

„Analyses of education within the context of closed, national systems fail to capture the position of a country within the international system. It is this situation which conditions the effects of intranational economic, political, and socio-cultural factors on educational development or underdevelopment. [Es ist insofern der Vorzug des Welt-System-Ansatzes, daß die für ihn charakteristische] global perspective enhances our understanding of the origins, evolution, and implications of educational practices, combining the micro and macro levels of analysis, and linking provincial occurences to national and international events" (ARNOVE 1980, S. 50, 54).

Der Stand der Theoriebildung über die für die Konstruktion von „Welt-System"-Modellen entscheidenden Parameter ist unabgeschlossen (vgl. BORNSCHIER/LENGYEL 1990, S. 3—15):

— Der *mainstream* diesbezüglicher Arbeiten hat sich im Anschluß an die wirtschaftsgeschichtlichen Untersuchungen von FERNAND BRAUDEL und IMMANUEL WALLERSTEIN sowie unter Einbezug polit-ökonomischer und dependenztheoretischer Ansätze formiert (BRAUDEL 1979; WALLERSTEIN 1976, 1987).
— Weniger ökonomistisch als vielmehr modernisierungstheoretisch und kultursoziologisch argumentieren Modellbildungen, die von einer Forschergruppe um JOHN W. MEYER, FRANCISCO RAMIREZ und JOHN BOLI-BENNETT in Stanford ausgearbeitet wurden und die die weltweite Universalisierung staatlicher und kultureller Muster in den Mittelpunkt stellen (MEYER/HANNAN 1979; BOLI/RAMIREZ/MEYER 1986).
— Kommunikations- und differenzierungstheoretische Ansätze schließlich suchen die Emergenz der einen „Weltgesellschaft" aus der Eigen-Dynamik einzelner gesellschaftlicher Funktionsbereiche — insbesondere von Wirtschaft und Verkehr, Wissenschaft und Technik — zu erfassen, welche ihre jeweilige Sonderkommunikation ohne Rücksicht auf die Grenzen national organisierter politischer Systeme ausdehnen und intensivieren (LUHMANN 1975 a, 1982).

Der Grundgedanke des Welt-System-Paradigmas soll im folgenden anhand einer theoretischen Fassung gekennzeichnet werden, die dem Umkreis der wirtschaftsgeschichtlich fundierten *mainstream*-Richtung entstammt; dies vor allem auch deshalb, weil in diesem von ALBERT BERGESEN verfaßten Text die wissenschaftsgeschichtliche Dimension der mit dem „Welt-System"-Ansatz verfolgten Auswechslung der Leitperspektivik internationaler Sozial- und Bildungsforschung in prägnanter Weise deutlich wird (BERGESEN 1980).

BERGESEN rekapituliert darin den mehrmaligen tiefgreifenden Wandel *(paradigm shift)* sozialwissenschaftlichen Denkens seit dem 18. Jahrhundert. Zugleich macht er die mit solchen Theorie-Umbrüchen jeweils verbundende Umkehrung von Grundvorstellungen sozialer Ordnung deutlich. So stellt er den Übergang von (i) den interaktionistischen Ordnungsvorstellungen des Utilitarismus im ausgehenden 18. Jahrhundert zu (ii) den holistischen Konzeptionen der soziologischen Systementwürfe im ausgehenden 19. Jahrhundert in Parallele zu einer im ausgehenden 20. Jahrhundert nochmals anstehenden theoretischen Umdisposition.[7] Noch (iii) die seit den 1950er Jahren entworfenen dependenztheoretischen Frühformen von „Welt-System"-Perspektiven hätten nämlich, so BERGESEN, eine durch Ungleichheit gekennzeichnete Welt-Arbeits-Teilung als das sukzessive aus den Austauschbeziehungen und Interessenverschränkungen zwischen „Metropolen" und „Peripherie", zwischen entwickelten Industrie- und abhängigen Entwicklungsländern, hervorgegangene Resultat begriffen. Nunmehr aber sei es an der Zeit, den abermaligen Wandel der Denkart zu vollziehen und das „Welt-System" dezidiert als (iv) emergente Realität *sui generis* zu konzipieren, als „a priori world social relations", als „collective reality exogenous to nations", welche ihrerseits die ungleichen Austauschbeziehungen zwischen Zentrum und Peripherie erst aus sich heraus entlasse und bestimme:

„It [the world system] has its own laws of motion that, in turn, determine the social, political, and economic realities of the national societies it encompasses" (BERGESEN 1980, S. xiii, 10).

An die Stelle der *sociology,* der Gesellschaftswissenschaft, habe folglich *globology,* die Weltwissenschaft, zu treten.

Steht damit aber nun Vergleichende Erziehungswissenschaft — um einen bekannten Buchtitel abzuwandeln — „am Ausgang ihrer Epoche" (DAHMER/KLAFKI 1968)? Ist mit anderen Worten der Anspruch, in besonderer Weise wissenschaftliche Modernität zu repräsentieren, den die vergleichenden Humanwissenschaften um 1800 für sich reklamieren konnten, im ausgehenden 20. Jahrhundert übergegangen an Analysen des einen „Welt-Systems" als eines in neuartiger Weise verdichteten globalen Beziehungs- und Interdependenzzusammenhangs?

7 Mit dem Begriffspaar „interaktionistisch" und „holistisch" sind gegensätzliche Grundannahmen über den Aufbau gesellschaftlicher Ordnung — und maßgebliche Ausgangspunkte sozialwissenschaftlicher Theoriebildung — benannt. Interaktionistische Vorstellungen gehen von der grundlegenden Bedeutung sozialer Beziehungen, Interaktionen oder Handlungsverschränkungen zwischen Individuen aus. Sie begreifen folglich komplexe soziale Phänomene als sukzessive aus der Summierung von einzelnen Interaktionen hervorgehende Strukturbildungen. Der Holismus („Ganzheitslehre") geht demgegenüber von der aristotelischen Prämisse aus, nach der das Ganze mehr ist als die Summe seiner Teile. Holistische Ansätze stellen insofern die auf Eigenschaften ihrer Teile nicht reduzierbaren Eigenschaften sozialer Ganzheiten („Organismen", „Kollektive", „Systeme") heraus, deren jeweilige historische Totalität ihrerseits auf die in sie eingelagerten Teile (Handlungen, Interaktionen, Kommunikationen) und deren Zusammenhang selbständig formbildend zurückwirke.

3. BEFUNDE

3.1 Die Emergenz eines Welt-Erziehungs-Systems

Empirisierung von auf Wissenschaft bezogenen Argumenten meint — komplementär zu ihrer Historisierung —, solche Fragen nicht *ad hoc,* nicht nach spekulativem Dafürhalten, zu entscheiden, sondern in Sichtung des Gangs der Forschung und in abwägender Auswertung der dabei sich zeigenden Befunde und Probleme. Und diese Befunde sind in unerwarteter Weise kontrastreich.

Zunächst seien, in gedrängter Verknappung, wesentliche Forschungsergebnisse skizziert, die in der Perspektive von „Welt-System"-Ansätzen erzeugt worden sind und die ihrerseits entsprechende Modelle in der internationalen Bildungsforschung weiter haben ausarbeiten helfen. Diese Ergebnisse konstatieren weltweit erstaunliche Angleichungsbewegungen auf unterschiedlichen Ebenen und in unterschiedlichen Dimensionen des Bildungsbereichs:

(a) Zunächst hat sich in den Jahrzehnten seit ca. 1950 eine *weltweit gleichförmige Bildungsexpansion* vollzogen, die alle Ebenen organisierter Schulen und Hochschulen, Primar-, Sekundar- und Tertiärstufe, umfaßt (vgl. KOMENAN 1987; KURIAN 1988, S. 15—36). Diese Expansion ist weltweit derart massiv und derart gleichförmig, daß sie mit den variierenden Ausgangsbedingungen, Anforderungslagen oder Konjunkturen ganz unterschiedlicher wirtschaftlicher, politischer oder gesellschaftlicher Kontexte in keinen plausiblen Erklärungszusammenhang mehr zu bringen ist:

> „Comprehensive statistical analyses of educational expansion, the incorporation of women, constitutional specification of educational rights and duties, and so on reveal that varying national characteristics had little or no effect on these dependent variables during the postwar period. Hence there is little support for any of the numerous, much-debated theories attempting to account for these developments. In their stead we offer the view that education has become an important element of the transnational social system" (RAMIREZ/BOLI-BENNETT 1982, S. 32f.; MEYER u. a. 1977).

Eindeutiger noch, als im Querschnitt aller Bildungsstufen deutlich wird, und ungeachtet divergierender politischer Systeme, wirtschaftlicher Entwicklungsniveaus oder gesellschaftspolitischer Prioritäten in den einzelnen Ländern, hat sich insbesondere die Expansion des Hochschulbereichs als der weltweit wichtigste einzelne Entwicklungstrend der Nachkriegszeit herausgestellt (ALTBACH 1991 c, S. 193; vgl. RAMIREZ/RIDDLE 1991).

(b) Diese Expansionsverläufe vollziehen sich Hand in Hand mit der Durchsetzung eines — zumindest im Sinne eines handlungsleitenden Deutungsmusters — *weltweit akzeptierten Modells institutionalisierter Schulerziehung.* Dieses Modell bündelt in weithin standardisierter Form die allgemeinen Strukturmerkmale moderner Erziehungssysteme, deren Ausbildung im europäischen 19. Jahrhundert die jüngere vergleichend-sozialhistorische Forschung als „Systembildungsprozeß" im einzelnen nachgezeichnet hat (MÜLLER/RINGER/SIMON 1987) und deren weltweite Ausbreitung als hervorstechender Indikator kultureller Globalisierungsprozesse gewertet wird (BOLI/RAMIREZ 1992; RAMIREZ/BOLI 1987). Zu diesen Strukturmerkmalen zählen im einzelnen:

- ein nach Stufen, Typen und Abschlüssen in sich differenziertes und vorzugsweise allgemeinbildend ausgerichtetes Schulsystem;
- die Ausdifferenzierung klar getrennter Lehrer-/Schülerrollen und die organisatorische, altersgruppenspezifische und zeitliche Zusammenfassung von Lehr-/Lern-Prozessen in Schulklassen;
- die staatliche oder öffentliche Regulierung solcher Lehr-/Lern-Prozesse durch mehr oder minder detaillierte Rahmenvorgaben in Gestalt von Lehrplänen, Prüfungsprogrammen oder Instruktionen;
- ein relatives Maß an Professionalisierung von Lehrerbild und Lehrertätigkeit;
- ein in aller Regel staatlich finanzierter und kontrollierter administrativer Gesamtrahmen; schließlich
- die über Zertifikate und Berechtigungen gewährleistete Koppelung von Schullaufbahnen und Berufskarrieren, von pädagogischer Selektion und sozialer Differenzierung.

(c) Des weiteren hat sich eine *Welt-Entwicklungs- und Bildungsprogrammatik* — „world-level developmental cultural account and educational ideology“ (FIALA/LANFORD 1987) — herausgebildet, welche die genannten Expansions- und Globalisierungsprozesse, gewissermaßen als deren semantisches Korrelat, begleitet, stützt und verstärkt. In ihrem Rahmen wird schulförmig institutionalisierte Erziehung als integraler Bestandteil und als wesentliches Instrument gesellschaftlicher Modernisierungsprozesse begriffen. Diese Programmatik erwächst aus der Bündelung wesentlicher Leitdimensionen, welche seit dem 19. Jahrhundert die Selbstauslegungen der europäischen Moderne bestimmt haben: (i) individuelle Persönlichkeitsentfaltung, Staatsbürgerrolle und Mitwirkungskompetenz; (ii) sozialpolitische Chancenegalisierung; (iii) wirtschaftliche Entwicklung und (iv) nationalstaatlich garantierter Ordnungsrahmen. Und sie hat, wiederum in weltumspannender Angleichung und mit zunehmender Intensität in der Zeit, ihren Niederschlag in den Erziehungszielen und bildungspolitischen Rahmenvorgaben von Verfassungen und Gesetzgebungen einer über alle Kontinente hinweg rasch zunehmenden Zahl von Ländern gefunden.

(d) Die Dissemination dieser Modernisierungs-Semantik — ebenso wie der korrespondierenden Organisationsmodelle „der modernen Schule“ (ADICK 1992 a) — wäre schließlich nicht möglich ohne die sozialen und infrastrukturellen Voraussetzungen eines *internationalen sozialwissenschaftlich-pädagogischen Kommunikations- und Publikationssystems* (vgl. ALTBACH 1987, 1991 a u. b, 1994). Dazu zählen zum einen die auf den Feldern der Kultur-, Entwicklungs- und Bildungspolitik tätigen internationalen Organisationen. Großorganisationen wie beispielsweise die *Weltbank* — heute das personell stärkste Zentrum für international-vergleichende [ökonomisch-quantitative] Bildungsforschung weltweit — die *UNESCO,* das *Bureau International d'Education,* das *International Institute for Educational Planning,* die *OECD* und viele andere mehr bieten einem zahlenmäßig nicht mehr überschaubaren internationalen pädagogischen Establishment ja nicht nur die institutionell gesicherten Rollengrundlagen. Sie eröffnen diesem Establishment, das sich z. T. dezidiert als übernationales versteht (vgl. in autobiographischer Wendung HOGGART 1978), vielmehr auch finanzstarke Publikationsmöglichkeiten und damit außerordentliche internationale Disseminations- und Wirkungschancen. Das Kommunikationssystem der Wissenschaft auf der anderen Seite hat sich international zwischen Zentrum — heute weitgehend deckungsgleich mit dem anglo-amerikanischen Wissenschaftsraum — und Peripherie stark hierarchisiert. Eine kleine Gruppe reicher Industrienationen in Nordamerika, Europa und Japan und eine kleine Zahl multinationaler Medienkonzerne wie etwa Macmillan, Pergamon, Harper & Row, Prentice Hall, Elsevier, Hachette oder Bertelsmann bilden, nach einer drastischen Formulierung von PHILIP ALTBACH (1991 b, S. 122), „eine Art OPEC des Wissens". Diese Industrienationen und Medienkonzerne kontrollieren — mit ihrem Forschungspotential und -personal im einen, mit Fachzeitschriften und wissenschaftlichen Lehrbüchern im anderen Fall — die Erzeugung, die Legitimierung und die Distribution des als „relevant" gehandelten wissenschaftlichen Wissens weltweit. In diesem Sinne haben Untersuchungen für Teilbereiche der Bildungsforschung hinreichend dokumentiert, wie schon die Problem-Konzeptualisierungen und Begriffs-Systeme, die Klassifikationen und Statistiken, die Qualitäts- und die normativen Bewertungsstandards, die in den internationalen Organisationen oder den anglo-amerikanischen Forschungs-Zentren geläufig sind, Rezipienten in aller Welt unter einen Angleichungsdruck setzen, der um so erfolgreicher ist, als er nicht einmal als solcher wahrgenommen wird (HÜFNER/MEYER/NAUMANN 1987).

Nur ein Beispiel möge diese Tripelallianz zwischen hierarchisiertem Wissenschaftssystem, internationaler Publikationsinfrastruktur und weltweit transportierter Entwicklungs- und Bildungsprogrammatik illustrieren. Ich wähle dazu die bereits genannte zehnbändige *International Encyclopedia of Education* (HUSÉN/POSTLETHWAITE 1985). Von ihrer Autorenschaft her ist sie zum überwiegenden Teil ein Organ der anglo-amerikanischen Bildungsforschung. Von den 1175 Autoren stammen knapp die Hälfte (N = 564) aus den USA und rund drei Viertel (N = 855) aus der Gruppe der englischsprachigen Industrieländer insgesamt. Zählt man noch die Verfasser aus Ländern wie Indien, Südafrika oder Schweden hinzu, deren Wissenschaftler sich mit zunehmender Selbstverständlichkeit des Englischen bedienen, wächst der Anteil der anglophonen unter allen Autoren auf vier Fünftel an. HUSÉN selbst hat diese anglo-amerikanische Dominanz in einer späteren Retrospektive mit dem schieren Gewicht der amerikanischen Forschungskapazitäten zu rechtfertigen gesucht. Nach seinen Angaben wurde im Planungszeitraum des Unternehmens rund die Hälfte der Weltproduktion an erziehungswissenschaftlicher Forschungsliteratur in den USA erzeugt; zugleich zählten die USA in diesem Zeitraum mehr Bildungsforscher als alle europäischen Länder zusammengenommen (HUSÉN 1990, S. 68). Dient somit diese als „international" sich definierende Enzyklopädie *de facto* als

Sprachrohr der anglo-amerikanischen bzw. anglo-amerikanisch beeinflußten Bildungsforschung, so wird ihre weltweite Distribution zusätzlich durch die Finanz- und Wettbewerbskraft des Pergamon-Verlages, der mit seinen Niederlassungen in fast allen Kontinenten zu den größten der vorgenannten Verlagskonzerne zählt, gewährleistet. Von Pergamon erstmals 1985 verlegt, wurde die Enzyklopädie seitdem in zwei Reprint-Ausgaben (HUSÉN/POSTLETHWAITE 1988, 1991), einer Compact-Disc-Version sowie zusätzlich in mehreren aus ihr auszweigenden thematischen Teilenzyklopädien vertrieben.[8] Für 1994 ist außerdem das Erscheinen einer auf zwölf Bände erweiterten Neuausgabe vorgesehen. Bezieht man schließlich diese quantitativen Aspekte auf den inhaltlichen Aufbau des Werkes selbst, so erklärt sich einiges an der Disseminationsbreite der in ihm repräsentierten Konzeption. Zu den Themenkomplexen „Bildungsökonomie", „Bildungsplanung", „Entwicklung und Modernisierung" nämlich, Themen mit anderen Worten, die der erwähnten „Welt-Bildungs- und Entwicklungs-Programmatik" entsprechen, bietet diese erziehungswissenschaftliche Groß-Enzyklopädie insgesamt 181 Stichworte an. Ein Stichwort „Education" hingegen, das die Struktur von Erziehung und Bildung in ihrer eigenen Dignität systematisch entfaltet, kommt in ihr bislang nicht vor.

Vor dem Hintergrund solcher wechselseitig sich ergänzender Befunde — über weltweite Bildungsexpansion, Modell-Dissemination, Modernisierungs-Semantik und Publikationsstrukturen — werden schließlich Diagnosen nachvollziehbar, die in anderen Zusammenhängen und auf anderer Materialbasis getroffen wurden. In keinem anderen gesellschaftlich relevanten Politikbereich, weder in der Wirtschafts-, noch in der Sozial-, noch der Umweltpolitik, so heißt es in einem Überblick über unterschiedliche Felder vergleichender *policy research,* ist ein derart hoher Grad an globaler Standardisierung von Strukturen, Modellen und Reformsemantik festzustellen wie in Bildungspolitik und politikrelevanter Bildungsforschung (WEILER 1987). Erziehungssystem und Bildungsforschung, so muß man daher schlußfolgern, sind in allgemeinere Prozesse der Internationalisierung und Globalisierung kultureller Muster nicht einfach einbezogen wie andere soziale Handlungsfelder auch. Sie scheinen vielmehr der Dynamik fortschreitender Internationalisierung in besonders ausgeprägtem Maße zugänglich zu sein. „Schule" im Sinne des genannten Strukturmodells, so lautet denn auch eine im Anschluß an Parsons formulierte These, sei eine „evolutionäre Universalie" der sozial-kulturellen Entwicklung der Moderne (ADICK 1988, S. 353, in Anlehnung an PARSONS 1964; vgl. auch ADICK 1992 a u. b).

---

8 Vgl. u. a. Economics of Education. Research and Studies, G. PSACHAROPOULOS (1987); Educational Research, Methodology, and Measurement: An International Handbook, ed. J. P. KEEVES (1988); The Encyclopedia of Comparative Education and National Systems of Education, ed. T. N. POSTLETHWAITE (1988); The Encyclopedia of Human Development and Education, ed. R. M. THOMAS (1990); The International Encyclopedia of Educational Evaluation, ed. H. J. WALBERG/G. D. HAERTEL (1990); The International Encyclopedia of Curriculum, ed. A. LEWY (1991).

3.2 Erziehung in variierenden Interrelations-Gefügen

Wie sehen gegenüber solchen Befunden und Interpretationen über das emergente Welt-System die Ergebnisse vergleichender Forschung aus? Gefragt wird, genauer gesagt, nach den Ergebnissen solcher sozialwissenschaftlicher Vergleichsforschung, die es nicht bei deskriptiven Überblicksdarstellungen oder synthetisierenden Ausdeutungen internationaler Entwicklungen bewenden läßt, sondern die den Vergleich als theoriegeleitetes methodisches Analyseinstrument einsetzt.

Ich skizziere Ergebnisse vergleichender Forschung über gesellschaftliche Problemfelder, die in besonderem Maße durch im Prinzip gleichläufige bildungs- bzw. sozialpolitische Herausforderungen gekennzeichnet waren oder sind. Zugleich handelt es sich dabei um Bereiche, die im Rahmen jeweils einschlägiger Theoriebildung in stark universalistischer Weise gedeutet wurden oder noch werden; Bereiche also, welche aufgrund der dominanten Prognosemodelle konvergierende Lösungsmuster erwarten ließen; Problemfelder schließlich, für welche gleichsinnig oder geradezu deterministisch wirksame makro-soziale Bedingungs- bzw. Funktionszusammenhänge unterstellt wurden. Tatsächlich aber hat vergleichende Forschung eine beeindruckende internationale Variationsbreite von historisch-kulturell realisierten Problemlösungsmustern oder -strategien zutage gefördert.

(a) Ein solcher Befund gilt zunächst für den zunehmend *mit Sozial- und Bildungspolitik verflochtenen Komplex von Beschäftigungs- und Arbeitsmarktpolitik.* Vergleichende Untersuchungen über die empirisch feststellbaren Erfolgswahrscheinlichkeiten von Strategien zur Sicherung der Vollbeschäftigung belegen nicht nur, daß solche Strategien — etwa Arbeitskräftequalifizierung, Gastarbeiterpolitik, Vermeidung von Moral-Hazard im Sozialversicherungswesen, Flexibilität der Lohnbildung u. a.m. — selbst innerhalb der Gruppe der marktwirtschaftlich organisierten fortgeschrittenen Industrieländer in sehr unterschiedlichem Maße eingesetzt werden, sondern daß sie dann auch zu außerordentlich divergierenden Resultaten führen (SCHMID/FLÜGLISTALER/HOHL 1992). Solche Untersuchungen dokumentieren zugleich ein Variationsspektrum von strukturpolitischen Anpassungs- und wirtschaftspolitischen Steuerungsleistungen, für das es, entgegen den Annahmen makro-ökonomischer Theorien, „no single straightforward economic explanation" gibt; während alle berücksichtigten Länder

> „were exposed to the same external economic shocks, their responses could hardly have been more different. (. . .) There seems to be no obvious correlation between rates of economic growth and rates of inflation, between inflation and unemployment, or even between economic growth and employment growth. Instead, it seems that in a generally worsening world-wide economic environment individual countries have chosen specific national profiles of economic performance, favouring or neglecting specific measures of performance" (SCHARPF 1984, S. 259).

Und ebenso wie die prognostische Kraft der Konvergenztheorien, die in den 1960er Jahren auf die universelle Rationalität industriegesellschaftlicher Entwicklungsdynamik gebaut hatten, durch den Aufweis der Beharrungskraft nationalspezifisch geprägter Strukturprofile gerade auch in den fortgeschrittenen liberal-kapitalistischen Volkswirtschaften dementiert wurde (GOLDTHORPE 1984; KUMON/ROSOVSKY 1992), so zeigen jüngere Vergleichsuntersuchungen, daß und wie der in allen diesen Ländern durchgreifende Zwang zur Intensivierung der Produktivität mit sehr unterschiedlichen arbeitsmarkt- und industriepolitischen Innovationsstrategien beantwortet wird (SABEL u. a. 1987; NASCHOLD 1992). Das seit den 1980er Jahren unter dem Stichwort des „Toyotismus" diskutierte japanische Modell der Produktivitätsintensivierung liefert dafür ein anschauliches Beispiel. Statt diesem vorgeblich überlegenen und als kultur-neutral propagierten Modell zu folgen, bevorzugen die Industrieländer Europas und Nordamerikas auch hier, und zwar in offensichtlicher Anknüpfung an nationalspezifische Strukturen von Verbandsorganisation und industriellen Beziehungen, „different roads" mit „different outcomes":

„Now, with the collapse of the communist regimes of Eastern Europe, economic integration in Western Europe, and the contemporary dominance of free-market ideology, new convergence theory becomes tempting. But entrenched national institutions and particular market circumstances make national and local diversity as important now as ever" (TURNER/AUER 1992, S. 28).

(b) Ähnlich lautet des weiteren die Generalaussage eines mittlerweile umfangreichen Corpus vergleichender Arbeiten zum *Zusammenhang von beruflicher Ausbildung, Qualifikationsstruktur und großbetrieblicher Arbeitsorganisation.* Diese Arbeiten haben uns gelehrt, dem von Bildungsökonomie und Industriesoziologie unterstellten Theorem der Determiniertheit von Qualifikationsbedarf und Ausbildungsstrukturen durch technologischen Wandel, ökonomische Entwicklung und industrielle Rationalität gründlich zu mißtrauen (MAURICE 1980; HEIDENREICH/SCHMIDT 1991; vgl. auch LENHARDT in diesem Band). Sie haben, zumal wenn sie um die historische Prozeßdimension erweitert wurden, eindringlich demonstriert, daß Ausbildung und Einsatz menschlicher Arbeitskraft auch in technologisch hochentwickelten Industriegesellschaften zu wesentlichen Teilen sozial-kulturell definiert sind (vgl. DORE 1973; D'IRIBARNE 1989).

Wie sich exemplarisch insbesondere im Vergleich deutscher, französischer und britischer Unternehmen gezeigt hat, strukturieren Industriebetriebe der gleichen Branche und Größenordnung, Industriebetriebe zudem, die die gleiche Produktionstechnologie einsetzen und auf denselben Märkten miteinander konkurrieren, ihre Belegschaften gleichwohl nach nationalspezifisch deutlich unterscheidbaren Mustern der Arbeitsorganisation und Arbeitsteilung. Diese erstrecken sich sowohl auf die horizontale Dimension von Arbeitsteilung, d. h. die funktionale Differenzierung zwischen den unmittelbar produzierenden und den technisch-planenden bzw. kaufmännisch-administrativen Betriebsteilen, wie auf deren vertikale Dimension, d. h. die hierarchische Differenzierung nach Führungs- und Ausführungsebenen. Insbesondere die in französischen Betrieben geläufigen Strukturen ausgeprägter horizontaler und vertikaler Arbeitsteilung unterscheiden sich signifikant von dem in deutschen Unternehmen dominierenden Organisationsmuster, für das eine wesentlich kleinere Zahl hierarchischer Führungsebenen, eine geringere Spannbreite der Verdienstdifferenzierung, eine weniger rigide horizontale Arbeitsteilung, ein höheres Maß an beruflich-technischer Fachkompetenz auf den unteren Ebenen von Meistern, Arbeitsvorgesetzten und Arbeitern und folglich ein höheres Maß an professionellen Entscheidungs- und Weiterqualifizierungsspielräumen auch in untergeordneten Tätigkeiten charakteristisch sind (LUTZ 1976). In nicht minder charakteristischer Form strukturieren sich britische Industriebetriebe in einer zu den französischen und deutschen Unternehmen intermediären Position (MAURICE/SORGE/WARNER 1980; SORGE/WARNER 1987), während (sowjetisch-)russische Betriebe Organisationsmuster aufweisen, deren betonte funktionale Differenzierung und vertikale Hierarchisierung sie, wenngleich sie aus sehr spezifischen historisch-sozialen Voraussetzungen erwachsen, wiederum in die Nähe des französischen Beispiels rücken (PIETSCH 1980). Schließlich hat sich die Durchschlagskraft von „nationally divergent manufacturing cultures" (MAURICE/SORGE/WARNER 1980, S. 65) selbst noch im Vergleich der Niederlassungen multinationaler Firmen in unterschiedlichen Ländern und Kontinenten aufweisen lassen (HOFSTEDE 1986; HIRATA 1991).

Nicht zuletzt vor dem Hintergrund dieses beeindruckenden Belegmaterials ließen sich die international beobachteten Variationen großbetrieblicher Arbeitsorganisation nicht einfach als Defizite, als Abweichungen von vermeintlich universell gültigen Normen industrieller Rationalität, abtun. Der mit vergleichender Forschung verbundene Erkenntniszugewinn bestand vielmehr gerade darin, den schlüssigen Nachweis dafür zu liefern, daß die nationalspezifischen Muster industrieller Arbeitsorganisation in einem engen und nicht beliebig veränderbaren Interdependenzzusammenhang stehen mit der Qualifikationsstruktur der Erwerbsbevölkerung, mit den jeweiligen Systemen von Bildung und Ausbildung, mit nationalspezifischen Mobilitäts- und Karrieremustern wie mit den jeweils historisch ausgebildeten Formen industrieller Beziehungen. Vor allem den jeweiligen Institutionen von Bildung und Ausbildung kommt in diesen Zusammenhängen entscheidendes Gewicht zu. Sie operieren als weitgehend autonomes Teilsystem, das andere Teilsysteme — wie industrielle Großbetriebe — dadurch, daß es deren soziale Umwelt nachhaltig prägt, zu entsprechenden internen Anpassungsleistungen veranlaßt. In diesem Sinne hat sich zumindest bis in die jüngste Vergangenheit das traditionellerweise in Deutschland vorherrschende Modell innerbetrieblich-dualer Berufsausbildung mit seinem hohen Inklusionsgrad zugunsten der breiten Vermittlung beruflich-technischer Fachkompetenz und folglich der Homogenisierung fachlicher Kommunikation im Betrieb ausgewirkt. Im Gegensatz dazu ist es für vollzeitschulische Ausbildungsstrukturen, die — wie in Frankreich — uneingeschränkt der Selektivität des allgemeinbildenden Schulsystems unterstehen oder — wie in Großbritannien — weniger berufliche Fach- als allgemein-wissenschaftliche

Grundlagenkompetenz vermitteln, charakteristisch, daß sie die sukzessive Hierarchisierung zunächst von Ausbildungswegen und Abschlüssen, sodann von Karrierepfaden und Beschäftigungspositionen begünstigen.

Ein interdependenter Strukturaufbau — so lauten folglich die Einsichten dieser Vergleichsforschungen — vollzieht sich

„between the extent of professionalization of various groups of personnel along the technical-practical skills dimension, and the tendency to differentiate supervisory, managerial, and technical tasks both from the works and within the staff area. The higher the practical professionalization of workers, technical employees, and supervisors and managers, the less technical and authoritative tasks are split off from the works and organized into differentiated jobs, and the less such activities are differentiated internally in the staff area. The factors of this process are strongest in Germany, intermediate in Britain, and least strong in France" (MAURICE/SORGE/WARNER 1980, S. 81).

In allen genannten Fällen erweisen sich diese Interdependenzzusammenhänge zudem als intra-national ebenso konsistente wie inter-national signifikant unterschiedliche Gefüge von Interrelationen — zwischen Ausbildungsbeziehungen, Organisationsbeziehungen, industriellen Beziehungen und kollektiven Ordnungsbeziehungen —, welche sich in Prozessen langer Dauer aufgebaut, wechselseitig aufeinander eingespielt und strukturell verfestigt haben. Solche sozialkulturell definierten Interrelationsgefüge sind daher ihrerseits dazu disponiert, Einsatzformen und Nutzungsstrategien neuartiger Technologien in wiederum differenzierender Weise zu präjudizieren, und d. h. den Variationsreichtum von historisch-kulturell beobachtbaren Gestaltungsformen fortzuschreiben (LUTZ 1976; MAURICE/SELLIER/SILVESTRE 1979; DEPPE/HOSS 1984).

(c) Zu im Grundsatz ähnlichen Befunden gelangt dann auch die internationale Vergleichsforschung über die *Zusammenhänge von Erziehung, Modernisierung und Entwicklung.* Bilanzierungen des umfangreichen Forschungsstandes belegen, daß diese Zusammenhänge wesentlich komplexer sind, als es die Annahmen bildungsökonomisch, politologisch oder sozialpsychologisch fundierter Modernisierungstheorien erwarten ließen (FÄGERLIND/SAHA 1985; GRELLET 1992). Und erst recht trifft dies zu auf einlinige Kausalverknüpfungen zwischen *modernizing institutions* (wie insbesondere Schule oder Fabrik), *modern values, modern behaviour, modern society* und *economic development,* wie sie mit Hinblick auf entwicklungspolitische Handlungsstrategien entworfen worden sind (INKELES/SMITH 1974). In allen entwicklungspolitisch relevanten Dimensionen — Erziehung und Wirtschaftswachstum, Erziehung und Mobilisierung oder Erziehung und politische System-Integration — sind diese Zusammenhänge vielmehr weder direkt, noch einlinig, noch in unterschiedlichen Gesellschaften gleichförmig wirksam. Sie sind vielmehr in der Regel nur schwach ausgeprägt, nur partiell wirksam, dysfunktional oder schlichtweg kontraproduktiv. In jedem Fall sind sie „highly problematic" und nur im Sinne von Interrelationen begreifbar.

„Education" — verstanden als systemförmig organisierte Schulerziehung — „is both determined and a determinant of the society in which it is located; (. . .) both an agent of change and in turn is changed by society; (. . .) both a producer of social mobility and an agent for the reproduction of the social order" (FÄGERLIND/SAHA 1985, S. 88, 195).

Solche Interrelationen sind ihrerseits eingelagert in und überformt durch weitere soziale Beziehungsmuster. Die je unterschiedliche Wirkungsmächtigkeit schulisch organisierter Erziehung und die je erreichten Strukturen von „Modernität" sind zum einen insofern Konsequenz variierender gesellschaftlicher Kontextvoraussetzungen, zum anderen beeinflussen sie diese ihrerseits in wiederum variierender Weise.

Gemeinsam ist allen drei Feldern vergleichender Forschung, daß ihre Befunde einmünden in den Aufweis einer Vielzahl variierender Interrelationsgefüge und Entwicklungspfade. Deren Komplexität läßt sich mit Hilfe von System-Modellen und daran anschließenden Typologien zwar konzeptionell fassen, sie im einzelnen aufzuhellen, bleibt jedoch vergleichend-historischen Prozeß-Analysen überlassen. Mit solchen Einsichten erinnern die referierten Stränge vergleichender Forschung nicht nur an die Arbeiten von SAMUEL EISENSTADT zur historisch-vergleichenden Modernisierungsforschung (EISENSTADT 1973, S. 362). Der damit angeschlagene Tenor wird vielmehr noch unterstrichen durch den in Fächern wie beispielsweise der Vergleichenden Organisationssoziologie und Politikwissenschaft akkumulierten Forschungsstand. Bilanzierungen dieses Forschungsstandes diagnostizieren in der Tat die empirisch-komparativ betriebene Auflösung vermeintlich unabweisbarer Konzeptionen industriegesellschaftlicher Rationalisierungs- (HEIDENREICH/SCHMIDT 1991) oder eindimensional gerichteter Entwicklungslogik (MENZEL 1991). Nicht nur fächert sich die einstmals unter entwicklungstheoretischen und -politischen Vorzeichen als solche konstruierte „Dritte Welt" in eine begrifflich kaum mehr zu bändigende Vielfalt auf von *Newly Industrializing Countries, Least Developed Countries* und *Most Seriously Affected Countries,* von *Threshold Countries* und *Low Income Countries,* ölex- und ölimportierenden Ländern, Binnen- und Küstenstaaten oder von Flächen- versus Kleinst- und Inselstaaten. Und nicht nur differenziert sich die sozial-kulturelle Vielfalt politischer Institutionen und Organisationen entgegen allen Annahmen von der zunehmenden Konvergenz auf ein universelles — etwa westliches — Modell faktisch immer stärker aus. Vielmehr können auch die mit universellem Geltungsanspruch auftretenden Großtheorien, seien sie modernisierungs- oder dependenztheoretischer, strukturfunktionalistischer oder marxistischer Provenienz, der im Vergleich beobachtbaren Variationsbreite der „historischen Gegenstände", wie es bei Humboldt hieß, nicht mehr Rechnung tragen. Der „Krise des Universalismus" (BADIE/HERMET 1990, S. 19—44) korrespondiert mit anderen Worten das „Scheitern der großen Theorie" (MENZEL 1991; BOUDON 1992).

„Es gibt" — so die zusammenfassende These französischer Komparatisten — „keine allgemein wirksamen Kausalfaktoren oder Determinationszusammenhänge; denn dazu sind die einzelnen historischen Prozesse nicht nur zu zahlreich und zu komplex, sondern vielmehr auch in ihrem faktischen Verlauf zu sehr voneinander unabhängig" (BADIE/HERMET 1990, S. 10).

4. PERSPEKTIVEN

4.1 „Wiederversöhnung von Geschichte und Vergleich"

Unser Durchgang durch unterschiedliche Felder vergleichender und internationaler Sozial- und Bildungsforschung hat augenfällige Kontraste hervortreten lassen zwischen der globalen Durchsetzung transnational standardisierter Bildungsmodelle auf der einen und der Beharrungskraft variierender sozial-kultureller Interrelations-Gefüge auf der anderen Seite. Sie sind, jenseits regionalbezogener Informationen, der übergreifend bedeutsame und theoretisch anschließbare Befund dieser Forschungen. Im folgenden will ich diesen Befund weniger, was leicht möglich wäre, durch weitere Beispiele zusätzlich dokumentieren als vielmehr in dreifacher Hinsicht systematisch weiter ausziehen und vertiefen.

(a) Ergebnisse vergleichender Forschung über Entwicklungen des Hochschulbereichs, der (Sozial-)Wissenschaften oder des internationalen Staatensystems sind geeignet, den intendierten Übergang zu stärker systematischen Gesichtspunkten zu erleichtern. Diese Ergebnisse lauten zunächst auf eine beeindruckende internationale Angleichung von Expansionsverläufen und Organisationsmerkmalen. Sie besagen überdies, daß die europäische Universität ganz offensichtlich neben der Schule diejenige Institution ist, deren weltweite Durchsetzung — bis hin zu den Filialgründungen amerikanischer, französischer oder japanischer Hochschulen in anderen Ländern — sich selbstverständlicher und „alternativenärmer" vollzogen hat als im Falle der meisten anderen institutionellen Attribute gesellschaftlicher Modernität (STICHWEH 1992, S. 5; vgl. auch ALTBACH 1991 c). Auf der anderen Seite aber belegen jüngere Forschungen, wie gerade die weltweite Expansion der Hochschulen hin zu Großsystemen nicht etwa deren weitere Konvergenz, sondern eher im Gegenteil wachsende nationale Differenzierungen nach sich gezogen hat und zieht. Denn in eben dem Maße, in dem Hochschulsysteme ihren elitären Charakter verlieren, verstärkt sich ihre konkrete Einbindung in die je nationalspezifisch variierenden Gefüge von sozialstrukturellen Schichtungsverhältnissen, ökonomischen Qualifizierungserwartungen, administrativen Regelungen und staatlichen Strukturpolitiken (GOLDSCHMIDT 1991 a u. b; KERR 1991; TEICHLER 1988).

Ähnliche Gegenläufigkeiten der Entwicklung lassen sich am Beispiel der Sozialwissenschaften verfolgen. Vergleichende Wissensanalysen haben die — ungeachtet des Universalitätsanspruchs wissenschaftlicher Rationalität — fortdauernde Wirkungsmächtigkeit nationalsprachlich fixierter historischer Semantiken und traditionsgeprägter „akademischer Kulturen" aufgezeigt (vgl. z. B. RINGER 1992; HARWOOD 1992, 1993). Sie haben desgleichen belegen können, wie sich einzelne Disziplinen, ungeachtet aller Verdichtung der internationalen Wissenschaftsbeziehungen, bis in die Gegenwart aus dem Geist ihrer jeweils eigenen Theorietradition heraus paradigmatisch fortschreiben und erneuern (SCHRIEWER/KEINER 1993 für die Erziehungs-, SCHULZE 1989 für die Geschichtswissenschaft). Und nicht zuletzt in Reaktion auf die — im Gang der Darstellung durch Beispiele dokumentierte — globale anglo-amerikanische Dominanz im Bereich wissenschaftlicher Forschung und Dissemination (vgl. CHEKKI 1987) formieren sich die jüngst auch unter theorie- und wissenschaftspolitischen Vorzeichen geführten Auseinandersetzungen über die widerstreitenden Tendenzen von *Internationalization* versus *Indigenization* der Sozialwissenschaften (GENOV 1989, S. 1—17), über die Ausarbeitung kulturspezifischer *Indigenous Sociologies* in betonter Abhebung von einer *Universal Social Science* (ALBROW/KING 1990).

Vergleichend-politikwissenschaftliche Analysen schließlich münden in Befunde einer geradezu schon „dialektisch" zu nennenden Verschränkung von supra-staatlicher Integration und national- bzw. sub-staatlicher Fragmentierung (MCGREW 1992, S. 23; SMITH 1992). Sie dokumentieren, wie vornehmlich die europäischen Ansätze supra-nationaler Integration nicht nur mit der Aufrechterhaltung, sondern sogar der Stärkung des Nationalstaats und der Ausweitung und Intensivierung national-staatlicher Penetrations- und Mobilisierungskapazität einhergehen (SHARPE 1989; MILWARD u. a. 1992). Desgleichen stützen sie die Annahme, daß verstärkte transnationale Integrationsbestrebungen Hand in Hand gehen mit der Dynamisierung regionaler — linguistisch, ethnisch oder kulturell geprägter — Diversifizierungserscheinungen (GRANT 1981; CHARPENTIER/ENGEL 1992; SCARDIGLI 1993).

Wie mithin alle drei Untersuchungsfelder deutlich werden lassen, stehen die gegenläufigen Phänomene von Internationalisierung und nationalspezifischer Strukturbildung nicht einfach unverbunden nebeneinander. Sie sind vielmehr im Sinne von Herausforderung und Reaktion, von Prozeß und nicht-intendierten Folgewirkungen, aufeinander bezogen. Sie verweisen damit gleichermaßen auf Zusammenhänge in der Zeit und auf (diesen Zusammenhängen immanente) Diversifizierungspotentiale, auf übergreifende Entwicklungsprozesse und auf (in deren Verlauf generierte) Komplexität. Sie unterstreichen mit anderen Worten die auf großräumige historische Prozesse gerichtete Makro-Perspektive, wie sie für die Welt-System-Modelle charakteristisch ist; zugleich und im gleichen Zusammenhang aber dementieren sie jede einlinige, etwa evolutionistisch vorgezeichnete, Zielgerichtetheit, die solchen Prozessen gegebenenfalls zugeschrieben würde.

„It would (...) be inaccurate to conceive of globalization as some kind of teleological process or set of processes. The idea that globalization incorporates some predetermined historical logic which is leading inexorably either to the creation of a world society or to some form of world government is simply not tenable. The historical evidence is ranged against it. For globalization stimulates forces of opposition which may just as readily lead to an increasingly fragmented world, since greater mutual awareness and interconnections between different societies may simply sow the seeds of conflict and tension" (MCGREW 1992, S. 23; vgl. SMELSER 1991, S. 89).

(b) Systematisch weiterführend sind desgleichen Einsichten, die aus der Analyse der transnationalen Wanderungs-, Diffusions- und Rezeptionsprozesse erwachsen, welche die europäische und dann die weltweite Bildungsgeschichte insbesondere seit dem 19. Jahrhundert mit zunehmender Intensität durchziehen. Denn solche Analysen beleuchten, über den konfliktreichen Prozeßcharakter von Internationalisierung und Globalisierung hinaus, die diesen Prozessen historisch konkret zugrundeliegenden Vermittlungsschritte durch handelnde Akteure und/oder soziale Gruppen. Weit mehr, als es ihre eher marginale Berücksichtigung im Rahmen konventioneller Vergleichender Erziehungswissenschaft bislang hat deutlich werden lassen, kommt solchen Analysen insofern systematisches Gewicht als empirisches Korrektiv gegenüber Theorieansätzen und Interpretationsmodellen zu, die einer vermeintlich welthistorischen Entwicklungslogik verpflichtet sind. Entgegen den auf eine solche Logik bauenden Annahmen unterstreichen sie vielmehr gleichermaßen die Nicht-Linearität und Kontingenz von Globalisierungsprozessen und die in ihnen immer erneut aufbrechende Wirksamkeit von abweichungsgenerierenden Potentialen. Denn der grenzüberschreitenden Diffusion von Wissensbeständen, Organisationsmodellen, Problemlösungsmustern oder Politiken stehen auf seiten der rezipierenden kulturellen oder nationalen Gruppen jeweils spezifische Uminterpretations- und Anverwandlungsleistungen gegenüber. In ihrer Konsequenz werden transnationale Modell-Angebote — in historisch gewiß variablem Ausmaß — in interessengelenkt selektierte, bedarfs- und situationsspezifisch adaptierte und kulturkonform umgedeutete strukturelle Neubildungen überführt.

Die mehrfach bereits angesprochene weltweite Ausbreitung der europäischen Universität, die Geschichte der (Sozial-)Wissenschaften und die Übernahme westlich geprägter staatlich-politischer Ordnungsprinzipien halten auch dafür eine Fülle von Beispielen bereit. Vergleiche beispielsweise zwischen Brasilien und Japan zeigen, daß sich die Rezeption und institutionelle Umsetzung des europäischen Universitätsmodells in den außereuropäischen Ländern, ungeachtet strukturell ähnlicher Modernisierungsherausforderungen, nach Maßgabe von variierenden Voraussetzungen — wie der jeweiligen Penetrationskraft des politischen Systems, der unterschiedlichen Präsenz modernisierungswilliger Eliten, der dominierenden Muster gesellschaftlicher Schichtung oder der Struktur bereits vorhandener Bildungseinrichtungen — ganz unterschiedlich gestaltete. In Japan etwa mündeten eine eklektizistisch betriebene Auswahl von Elementen unterschiedlicher (französischer, amerikanischer und deutscher) Hochschulmodelle und deren Unterordnung unter einen autoritär definierten Modernisierungs- und Qualifizierungsbedarf in die konsequente Anverwandlung — *indigenization* — der westlichen Vorbilder und in die weitgehende Immunisierung der so konstituierten Kaiserlichen Universitäten gegenüber den an den ausländischen Vorbildern weniger geschätzten Aspekten und Folgeerscheinungen. In Brasilien hingegen begünstigte die relative Schwäche von zur Modernisierung und Industrialisierung entschlossenen Eliten nicht nur eine lang anhaltende kultur- und ideenpolitische Dominanz des französischen Einflusses (im allgemeinen) und der französischen Vorbilder von eigenständigen Fakultäten und fachbezogen spezialisierten Hochschulen für Medizin, Ingenieur-, Wirtschafts-, Landwirtschafts-, Militär- und Naturwissenschaften (im besonderen); diesen Entwicklungen korrespondierte dann vielmehr auch die bis weit ins 20. Jahrhundert hinein kaum gemilderte wissenschaftlich-kulturelle und wirtschaftlich-industrielle Abhängigkeit des Landes von außen (COWEN 1988). Strukturell analog sind die Befunde der Wissenschaftsgeschichte. Von der Ausbreitung der deutschen Philosophie und Philologie des 19. Jahrhunderts in Westeuropa (ESPAGNE/WERNER 1988, 1990) über die Rezeption der Soziologie MAX WEBERS in Frankreich, in den USA oder in Südostasien (POLLAK 1986; KANTOWSKY 1982) bis hin etwa zu der für die Genese der modernen Pädagogik in Japan konstitutiven Rezeption eines in Deutschland längst vergessenen HERBARTianers (TERASAKI 1989) läßt sich zeigen, daß die Rezeptionsgeschichte wissenschaftlicher Theorien und Innovationen im Kern eine interessengeleitete und durch Diskurskonstellationen kanalisierte Geschichte von Interpretationen und Reinterpretationen ist. Ähnliches trifft schließlich auch auf die Dissemination der politisch-demokratischen Ordnungsprinzipien und Institutionen des Westens in außereuropäische Länder zu. Die zunächst formal übernommenen Institutionen haben sich, wie wiederum das Beispiel Japans belegen mag, mit älteren Schichten des politischen Verhaltens und kulturgeprägten Mustern der Autoritätsausübung verzahnt und haben aufgrund eben dieses Umstrukturierungsvorgangs zu „einem System ohne Kern" ihren Sinn und ihr Funktionieren verändert (WOLFEREN 1989, S. 83).

Die mit solchen Beispielen angesprochene Vielfalt von „Aneignungslogiken" und die ihnen unterliegende Vielfalt von — je erneut abweichungsgenerierenden — kulturellen Tiefenstrukturen, von unterschiedlichen Zeitvorstellungen oder Wahrheitsbegriffen etwa oder von historisch über lange Zeiträume hin sedimentierten Kollektiverfahrungen,

> „entlarven die hochideologischen Prognosen vom Ende der Geschichte [infolge einer vermeintlich unaufhaltsamen Konvergenz auf das liberal-kapitalistische Gesellschaftsmodell des Westens] als reine Illusion. Solche Prognosen können sich allenfalls auf Oberflächenphänomene und auf den Eindruck der Verwestlichung beziehen, den bestimmte Übernahmeprozesse auslösen. In Wirklichkeit jedoch verbirgt sich hinter dieser äußerlichen Fassade ein komplexes Spiel von Übernahmen und Anverwandlungen, aber auch von Reaktualisierungen tief verankerter politischer Handlungsmuster und uralter kultureller Strukturen, die der Komparatist zu berücksichtigen nicht umhin kann: Die Entwicklungspfade Chinas, Indiens oder Japans resultieren ebensosehr aus bloßen Oberflächenverbindungen wie aus maßvollen Anverwandlungen wie schließlich aus der Wiederbelebung mehrtausendjähriger kultureller Traditionen" (BADIE 1992, S. 366f.).

Solche Einsichten einer sozialwissenschaftlich-vergleichenden Rezeptionsforschung sind unmittelbar rückübersetzbar auf die im einzelnen ausgebreiteten Befunde von der globalen Durchsetzung transnational standardisierter Bildungsmodelle auf der einen und der Beharrungskraft variierender sozial-kultureller Interrelations-Gefüge auf der anderen Seite. Es gibt, so läßt sich dann über unterschiedliche Bereiche hin verallgemeinern, einen transnational transportierten abstrakten Modell-Universalismus, der sich überall dort in multiforme Strukturmuster ausfächert, wo er sich im Zuge institutioneller Umsetzungen mit je unterschiedlichen staatlich-politischen Rahmenvorgaben, rechtlich-administrativen Regelwerken, Formen gesellschaftlicher Arbeitsteilung, akademischen Kulturen oder kulturellen Symbolsystemen verzahnt. Die „evolutionäre Universalie" Schule stellt sich mit anderen Worten immer dann weniger universal als vielmehr sozial-kulturell partikular dar, sobald über ihren organisatorischen Binnenraum hinaus die vielfältigen Wechselbeziehungen (oder Interrelationen) zwischen Schulabschlüssen und Berechtigungen, Bildungskarrieren und Berufslaufbahnen, Bildungssystem und Beschäftigungssystem, zwischen Bildung und sozialer Schichtung, Bildungsorganisation und Verwaltungsrecht, Hochschulstudien und kollektiven Mentalitäten, Bildungsprozessen und sozialem Wandel oder zwischen wissenschaftlicher Rationalität und Eigen-Evolution historischer Semantik Gegenstand systematischer Analyse werden.

Mit solchen Verweisen auf „Staat" und „Recht", auf „Kultur" und „Religion", auf „nationalsprachlich vermittelte Weltsichten" und auf „kollektive Erfahrungen" sind nicht nur, und zwar ohne Anspruch auf Vollständigkeit, abweichungsgenerierende und abweichungsverstärkende Potentiale benannt, die im historischen Prozeß immer neue sozial-kulturelle Strukturbildungen oder „Konfigurationen" hervorbringen. Solche Verweise schließen auch systematisch an Einsichten an, welche als bleibender Ertrag vergleichender Sozialforschung von LORENZ VON STEIN bis STEIN ROKKAN, von MAX WEBER bis PIERRE BIRNBAUM, von NORBERT ELIAS bis ERNEST GELLNER gelten können.

(c) Vor diesem Hintergrund schließlich stellen sich dann auch divergierende Methodenprogramme als weit weniger unversöhnlich dar, als dies in früheren Grundlagenkontroversen Vergleichender Erziehungswissenschaft dargestellt wurde. Gemeint sind die gegensätzlichen Positionen von nomothetischer und idiographischer Ausrichtung des Faches, von „empirisch-analytischem" und „historistischem" Paradigma oder, anders gesagt, der Kontrast zwischen der Ausgestaltung des Vergleichs zum quasi-experimentellen Verfahren der Theoriebildung und -prüfung und der hermeneutisch-interpretierenden Nachzeichnung kultureller Konfigurationen. Diese Gegensätze relativieren sich vielmehr in eben dem Maße, in dem Vergleichende Erziehungswissenschaft sich den Herausforderungen der makro-historischen Prozeßperspektive stellt, wie sie durch Globalisierungsverläufe und Welt-System-Ansätze vorgezeichnet ist. Diese Herausforderungen anzunehmen, heißt dann nämlich, neben dem Durchgriff auf spezifizierte Variablen-Zusammenhänge und komplementär zur ganzheitlichen Rekonstruktion sozial-kultureller Interrelations-Gefüge die umfassenderen Dimensionen von gesellschaftsgeschichtlichen Modernisierungsprozessen sowie von transkulturellen Diffusions- und Wanderungsbewegungen in den Analysehorizont des Faches gleichermaßen miteinzubeziehen.

Eine solche Perspektivenerweiterung wird durch unsere Sichtung der Ergebnisse unterschiedlicher Felder vergleichender Sozial- und Bildungsforschung nicht nur nahegelegt; sie wird als Konsequenz der dabei zutage getretenen Bündelung von Gegenläufigkeiten recht eigentlich aufgenötigt. Denn die spannungsreichen Gleichzeitigkeiten

— von *supra-nationalen Integrations-* und *sub-nationalen Diversifizierungsbestrebungen,*
— von *Internationalization* und *Indigenization,*
— von *„evolutionären Universalien"* und *historisch-kulturellen Konfigurationen,*
— von *weltumspannenden Diffusions-* und *kulturrelativen Rezeptionsprozessen,*
— von *abstraktem Modell-Universalismus* und *abweichungsgenerierendem Strukturaufbau* oder
— von globaler Durchsetzung standardisierter Bildungsmodelle *irrespektive unterschiedlicher gesellschaftlicher Rahmenbedingungen* und überraschender Vielfalt sozial-kultureller Interrelations-Gefüge *ungeachtet universalistischer Theorieannahmen,*

benennen einen nicht mehr hintergehbaren Bestand von empirischen Analyse- und theoretischen Erklärungsproblemen. Mit diesen der weiteren Bearbeitung aufgegebenen Analyse- und Erklärungsproblemen sind zugleich die Dimensionen umschrieben, vor deren Hintergrund Vergleichende Erziehungswissenschaft im ausgehenden 20. Jahrhundert (i) ihre leitenden Gesichtspunkte zu klären, (ii) ihren methodischen Ansatz zu explizieren und (iii) ihre begrifflichen Analysemittel auszuweisen hat. Immer vorausgesetzt freilich, daß sie sich weder den kurzatmigen Konjunkturen der Politik überantworten, noch durch die Prätentionen einer heraufziehenden „Weltwissenschaft" *(globology)* umstandslos ersetzen lassen will; sondern daß sie sich, wie der klassische Gedanke beinhaltete und wie neuere Wissenschaftssystematik festhält, als die vergleichende „Aspektdisziplin" (DIEMER 1970) der Erziehungswissenschaft schlechthin zuordnet.

Die aus solchen Schlußfolgerungen erwachsenden wissenschaftspraktischen Konsequenzen sind folglich dreifacher Art. Vergleichende Erziehungswissenschaft, die die Komplexität ihrer Erkenntnisgegenstände unverkürzt zur Geltung bringen will, kommt nicht umhin, sie (i) *perspektivisch* in der mehrfachen Referenz von gesellschaftsgeschichtlicher Modernisierung, sozial-kultureller Konfiguration und transkultureller Wanderung zugleich und gleichermaßen zu dimensionieren (vgl. MCMICHAEL 1990).[9] In solcher Perspektivenverzahnung werden vergleichende Forschungen einerseits anschließbar an die Thesen der

9 Der Begriff der gesellschaftsgeschichtlichen Modernisierung wird hier nicht im Sinne einer welthistorisch vermeintlich unabwendbaren oder entwicklungspolitisch zielgerichteten Verwestlichung verwandt; vielmehr dient er uns als „umbrella label", als „functional expression for those interlinked processes of secular social, political, economic and cultural change (such as industrialization, democratization, bureaucratization and urbanization) whose effects are experienced world-wide, albeit in a highly uneven way. (. . .) Accordingly, modernization does not imply the emergence of some kind of world society in which cultural homogeneity or cosmopolitanism prevail. Rather, because its effects are unevenly experienced throughout the globe and because it promotes resistance wherever it permeates, it is more accurate to conclude that modernization reinforces the tendencies towards both integration and disintegration in the contemporary global system" (MCGREW 1992, S. 25—26).

Welt-System-Theoretiker; andererseits tragen sie dazu bei, Globalisierungsverläufe über historische Rekonstruktionen im einzelnen empirisch aufzuhellen und die Geltungsansprüche des evolutionstheoretischen Universalismus über methodische Vergleiche zu kontrollieren. Eine solche Perspektivenverzahnung zielt (ii) *methodisch* auf die „Wiederversöhnung von Geschichte und Vergleich", wie sie sich als Ertrag der historischen Makro-Soziologie abzeichnet (BADIE 1992, S. 364). Damit ist nicht allein die Zusammenführung von Kulturvergleich und historischer Prozeßanalyse in Gestalt vergleichend-historischer Bildungsforschung gemeint (SCHRIEWER 1984). Damit ist vielmehr auch die weitgehende Verzeitlichung von Erklärungskonzepten (Handlungssituationen, Problemdefinitionen, Hintergrund-Variablen oder Kausalkonfigurationen) und analytischen Modellen selbst impliziert (vgl. CASTLES 1989). Mit solchen Konsequenzen ist schließlich auch angesprochen, daß Vergleichende Erziehungswissenschaft (iii) *theoretisch* auf Begriffssysteme oder Theorieprogramme angewiesen ist, welche die umrissene Spannbreite von Analyseperspektiven und methodischen Gesichtspunkten konzeptionell aufzunehmen und entsprechende Forschungen anzuleiten vermögen; Theorieprogramme zumal, welche die in unterschiedlichen Feldern vergleichender Forschung generierten Einsichten in Interrelationsgefüge und systemische Eigendynamik, in Strukturaufbau und rekursive Strukturabhängigkeit weiteren strukturellen Wandels oder in Abweichungsverstärkung und komplexe Kausalität zu integrieren vermögen.

Theorien, die solche Einsichten ver- und ausarbeiten, sind vermehrt in den letzten zwei Jahrzehnten und auf der Grundlage von Forschungen in Natur-, Bio- und Sozialwissenschaften entwickelt und diskutiert worden. Und sie scheinen unter Titeln wie „Selbstorganisation" oder „Morphogenesis" ein zunehmend interdisziplinäres Forschungsprogramm abzustecken (vgl. KROHN/KÜPPERS/PASLACK 1987). Sie haben Forschungen nicht nur in so unterschiedlichen Feldern wie Meteorologie, Managementtheorie oder Stadtentwicklung angeleitet; sie haben auch theoretische Neuorientierungen angeregt in Bereichen wie der Industrie- und Organisationssoziologie, der vergleichenden Technikforschung oder der historisch-vergleichenden Bildungssoziologie. Namen, die solche Theorieentwicklungen repräsentieren, sind etwa MARGARET S. ARCHER im englischen (vgl. ARCHER 1982, 1985), EDGAR MORIN im französischen (vgl. MORIN 1981—85) oder NIKLAS LUHMANN im deutschen Sprachraum (vgl. LUHMANN 1970—90, 1984). Nur wenige Aspekte dieser Theorieentwicklungen möchte ich hier herausgreifen, nicht zuletzt auch deshalb, weil sich mit ihnen in nochmals wissenschaftsgeschichtlicher Wendung bestimmte Parallelen zu früheren Problemstellungen bei gleichzeitig neuen Antworten aufzeigen lassen.

Selbstorganisations-Modelle im Bereich des Sozialen bedeuten zunächst, nicht unähnlich dem Programm der vergleichenden Wissenschaften um 1800, eine abermalige Übernahme von Innovationen aus den Bio-Wissenschaften. Doch ist es die Leistung insbesondere der von LUHMANN entwickelten Theorie selbst-referentieller sozialer Systeme, die allgemeinen Grundgedanken aus Systemtheorie, Kybernetik, Neurophysiologie oder Kommunikationstheorie aufzunehmen und sie zugleich auf die — wie es bei WILHELM VON HUMBOLDT hieß — „Eigentümlichkeit" des Sozialen hin zu spezifizieren. Denn auf dem Umweg über allgemeine Systemkonzepte arbeitet LUHMANN gerade die Differenzen heraus zwischen lebenden Systemen und Sinn-Systemen sowie, innerhalb letzterer, zwischen psychischen Systemen und Kommunikations-Systemen (vgl. LIPP 1987). Insofern findet das bei HUMBOLDT diskutierte Theorieproblem: die in der Gegenstandsspezifik des Sozialen angelegte Differenz zwischen „Gesetzmäßigkeit" und „selbsttätiger Energie", hier eine sozialwissenschaftlich ausgearbeitete Antwort.

Es ist des weiteren ein Vorzug des von LUHMANN entwickelten Theoriecorpus, daß er Struktur- und Evolutionstheorie, oder System- und Differenzierungstheorie, miteinander verzahnt (vgl. LUHMANN 1975b).[10] Dieser Theorierahmen bietet mithin nicht nur die Begriffsmittel, um die Spezifik sozial-kultureller — etwa erzieherischer — Handlungsfelder und deren Beziehungen zu ihrer gesellschaftlichen Umwelt zu fassen (vgl. SCHRIEWER 1987 b, 1990 b); er bietet zugleich auch die begrifflichen Perspektiven, die diese Handlungsfelder oder Teilsysteme in ihrer Historizität im Rahmen gesellschaftsgeschichtlicher Differenzierungsprozesse, und zwar bis hin zu Prozessen weltgesellschaftlicher Verdichtung thematisch gebundener Kommunikation, begreifbar machen.

Ein solcher Theorierahmen erlaubt insofern nicht nur die entsprechend komplexe Dimensionierung von historisch-vergleichenden Forschungen, in deren Rahmen die unterstellten „evolutionären Universalien" in ihrer sozialen Faktizität — d. h. eingelagert in Differenzierungs-, Interaktions- und weltweite Diffusionsprozesse — empirisch analysierbar werden. Ein solcher Theorierahmen erlaubt darüber hinaus auch die Anknüpfung an konkurrierende Interpretationslinien, welche die Ausgestaltung vergleichender Wissenschaften seit ihren Anfängen um 1800 durchzogen haben, später aber durch betont szientistisch bestimmte Methodenprogramme zugunsten einseitiger Prioritätensetzungen entschieden wurden: die Spannung mithin zwischen genealogisch-evolutionären und ökologisch-kulturalistischen Theorie- und Interpretationsansätzen. Erinnert sei an dieser Stelle nur an den bekannten Akademie-Streit von 1830 zwischen dem Evolutionstheoretiker GEOFFROY SAINT-HILAIRE und dem Katastrophentheoretiker CUVIER und an GOETHES interessierte Parteinahme für ersteren.

---

10 Erinnert sei aus diesem Anlaß an den Unterschied, den in seiner theoretischen Tragweite u. a. SCHLUCHTER (1979) herausgearbeitet hat, zwischen den objektivistischen Geschichtsphilosophien in der Tradition des 19. Jahrhunderts und neueren Reformulierungen der Evolutionstheorie, wie sie u. a. Luhmann vorgenommen hat. Erstere beruhen auf der Idee der „Notwendigkeitskausalität" und konstruieren universale Stufenfolgen. Letztere berufen sich auf „Kontingenz-" oder „Zurechnungskausalität" und kennen nur retrospektiv rekonstruierte Stufenfolgen; sie verzichten mithin auf allgemeine Richtungskriterien und auf universale Periodisierungen gesellschaftsgeschichtlichen Wandels.

4.2 Semantische Konstruktionen von Welt-Gesellschaft

Ein weiterer Aspekt der von LUHMANN entwickelten Theorie selbstreferentieller sozialer Systeme muß abschließend hier angesprochen werden. Er betrifft die für diese Theorie konstitutiven Leitkonzepte von Selbstreferenz, Reflexivität und Reflexion. Sie zielen darauf ab, sinnhaft gestaltete sozial-kulturelle Prozesse derart zu fassen, daß diese Wirklichkeit als sich selbst beobachtende, sich selbst beschreibende und über Selbstbeschreibungen sich selbst organisierende soziale Wirklichkeit nachvollziehbar wird. In diesen Konzepten ist daher eine im Kern wissenssoziologische Analyseperspektive immer schon angelegt. Sie bezieht sich auf das Auseinandertreten zwischen semantischen Entwicklungen und strukturellen Entwicklungen gesellschaftlicher Handlungs- und Kommunikationsbereiche — wie etwa des Erziehungssystems — sowie auf die nicht beliebig variierenden Beziehungen zwischen beiden. Die mit diesem Ansatz unterstellten Interrelationen zwischen „Gesellschaftsstruktur und Semantik" (LUHMANN 1980—1989), zwischen Mustern gesellschaftlicher Ordnung und sinnhaft darauf bezogenem Wissen, zwischen Organisationen und Ideen, bieten insofern nicht nur einen Erklärungsrahmen an für solche Befunde vergleichender Forschung, welche historisch wie vergleichend die Bedeutung von Deutungsmustern, von „social meanings" (RINGER 1979) oder von „Symbolstrukturen" (EISENSTADT 1973) für unterschiedlich verlaufende Systembildungs- oder Modernisierungsprozesse betonen.

Konzepte wie Selbstreferenz und Reflexivität erlauben es dann vielmehr auch, eine eingangs mit FRIEDRICH SCHNEIDER angesprochene Differenz wiederaufzunehmen, wissenssoziologisch zu vertiefen und für weiterführende Analysen von Internationalisierungsprozessen systematisch fruchtbar zu machen. Gemeint ist SCHNEIDERS Unterscheidung zwischen „Internationaler Erziehungswissenschaft" (als analysierender Tätigkeit) und „Internationalität" (als historischer Tatsache). Sie verweist auf eine Ebenendifferenzierung, die im weiteren Gang der Darstellung wieder begegnete — in Form etwa der Differenz zwischen „abstraktem Modell-Universalismus" und „multiformen Strukturmustern" — und die nunmehr als solche explizit zu machen ist. Weitgehend ablösbar nämlich von der sozialstrukturellen Globalisierung typischer Muster der Bildungsexpansion und -organisation gibt es einen Vorlauf in der Thematisierung von „Internationalität" durch bestimmte Zweige pädagogischer Reformreflexion. Von der Ebene spannungsreicher gesellschaftsgeschichtlicher Modernisierungsprozesse ist mit anderen Worten zu unterscheiden die Ebene eigenevolutiv verselbständigter pädagogischer Diskurse. Solcher Ebenendifferenzierung entsprechen dann auch unterschiedliche Zugriffe der wissenschaftlichen Bearbeitung. Komplementär zu den erweiterten Perspektiven einer den Problemdimensionen ihres Gegenstandsfeldes angemessenen Vergleichenden Erziehungswissenschaft treten wissenssoziologische Analysen pädagogischer Beiträge zur semantischen Konstruktion von Welt-Gesellschaft.

Für eben solche Analysen stellt die Theorie der Selbstreferenz, genauer gesagt: die Begriffsreihe „Reflexion-Interdependenzunterbrechung-Externalisierung", das Instrumentarium bereit. Mit seiner Hilfe läßt sich eine sozio-historisch gewendete Selbstreflexion Vergleichender Erziehungswissenschaft ihrerseits als Verfahren der empirischen Analyse weltgesellschaftlicher Tendenzen nutzbar machen.[11] Pädagogische Theorie, so lautet die für das Verständnis dieses Zugriffs unentbehrliche Prämisse, entwickelt sich historisch und systematisch primär nicht in der Referenz reiner Wissenschaft, sondern als Theorie *des* Erziehungssystems *im* Erziehungssystem. Sie thematisiert — und genau das meint Selbstreferenz — mit ihrem Bezugssystem zugleich auch sich selbst als Teil dieses Bezugssystems und folglich ihre je eigenen Selbstthematisierungen. Wie für *jede* Form selbstreferentieller Geschlossenheit stellt sich daher auch für Reflexionstheorien auf Teilsystembasis das Erfordernis der Unterbrechung zirkulärer Interdependenzen. Interdependenzunterbrechungen oder Asymmetrisierungen werden möglich über die selektiv praktizierte Öffnung für Umweltbezüge, und das heißt: über die Wahl externer Bezugspunkte und die Anreicherung mit von ihnen her beziehbarem „Zusatzsinn". Für die Pädagogik als Reflexionstheorie des Erziehungssystems haben LUHMANN und SCHORR (1979, S. 338ff.) ohne Anspruch auf Vollständigkeit drei intensiv praktizierte Formen der Externalisierung beschrieben: die Bezugnahme auf (i) Wissenschaftlichkeit, auf (ii) Werte und auf (iii) Organisation. Zugleich haben sie die Leistungen dieser Externalisierungsformen für die Stabilisierung der Pädagogik als wissenschaftsaffiner Theorie *im* Erziehungssystem deutlich gemacht. Diese ermöglichen (i) eine die Autonomie pädagogischer Theoriebildung wahrende Grundlagenvergewisserung; sie bieten (ii) Begründungen für Handlungen und Reformoptionen; und sie dienen (iii) als kritisch wie kontrafaktisch nutzbarer „Zurechnungspunkt für die eher unangenehmen Seiten der Wirklichkeit" (LUHMANN/SCHORR 1979, S. 341f.).

Diese für den Typus von Reflexionstheorien eigentümlichen Strukturgesichtspunkte bieten die konzeptionellen Vorgaben, welche es ermöglichen, dann auch solche konventionellerweise der Vergleichenden Erziehungswissenschaft zugeordneten Literaturbestände wissenssoziologisch zu dechiffrieren, welche unter Gesichtspunkten vergleichender Methodologie defizitär und in ihrer theoretischen Anschließbarkeit fragwürdig sind. Solche Literatur- und Wissensbestände korrespondieren dem strukturellen Externalisierungsbedarf von Reflexionstheorien, und zwar vor allem von Reflexion im Stil pädagogischer Reformreflexion. In der jeweiligen Binnenoptik nationalstaatlicher Erziehungssysteme werden die Zitierung des ausländischen Beispiels — der „Blick über die Grenzen auf vergleichbare Länder", der Verweis auf „world experiences" oder der Rekurs auf „world situations" — wahrgenommen und gehandhabt als „Öffnung für Außenanstöße", als „Anregungspotential", als „lesson" oder als „frame of reference" für die Spezifizierung von Reformoptionen. Solche Formen theoretisch impliziter und methodologisch unausgeführter Bezugnahmen auf „Aus-

11 Die folgenden Abschnitte nehmen in stark gekürzter Fassung einige Argumentketten aus SCHRIEWER (1987 a, S. 648ff.) wieder auf.

land“ und auf „Internationalität“ repräsentieren mithin eine zu den drei genannten Externalisierungen komplementäre und in der Kombination ihrer Leistungsmöglichkeiten äquivalente Form des Zusatzsinn einholenden Umweltbezugs. Solche Externalisierungen auf (iv) pädagogisch relevante Weltsituationen dienen mit anderen Worten nicht der vergleichenden Analyse sozialkultureller Differenzen im Hinblick auf sozialwissenschaftliche Erkenntnis; sie involvieren vielmehr die Minimierung solcher Differenzen durch (zunächst semantische, dann praktisch-politische) Orientierung an, wie es in einer spanischen Quelle des 19. Jahrhunderts in charakteristischer Wendung heißt, „países que están al frente de la civilización del mundo“ (PEDRÓ 1987, S. 163f.). Sie bedienen sich nicht — um Friedrich Schneiders Unterscheidung (SCHNEIDER 1931/32, S. 243, 403f.) noch einmal aufzunehmen — der „komparativen Methode“ (als eines spezifischen Verfahrens theoriebezogener Analyse); sie betreiben vielmehr „vergleichende Betrachtung“ (zum Zweck der „Herausstellung international gemeinsamer pädagogischer Probleme, Ideen und Strömungen“). Denn es ist gerade das Surrogat des Vergleichs, sein methodologisches *pis-aller,* auf welchem diese Zusatzsinn-Angebote vorzugsweise aufruhen: die mit den elementaren, d. h. methodologisch nicht entfalteten, Vergleichsoperationen der Identifizierung (von Übereinstimmungen/Gleichartigkeiten) und Gradation (von Mehr/Weniger- oder Früher/Später-Relationen) konstruierte „internationale Perspektive“.

Ob es die Ausweitung der Reformpädagogik zur „Welterziehungsbewegung“ oder den Durchgriff auf den „europäischen Bildungsgedanken“ betraf, ob es um „industriegesellschaftliche Konvergenzen“ oder um „wissenschaftlich-technische Revolution“ ging, um „Demokratisierung“ oder *„comprehensivization“*, um die Integration von Schultypen und Curricula, um Reformtendenzen in der Lehrerbildung oder um das „internationale Gespräch“ unter Pädagogen: Immer waren, wie disziplinhistorische Untersuchungen belegen können, diese verschiedenen Formen einer semantischen Internationalisierung der jeweils systemintern entwickelten Reformreflexion

> „für die Gesinnungsgenossen eine Bestätigung in ihrer Arbeit und gegenüber den Gegnern ein Argument der Rechtfertigung. Der Aufweis der Internationalität enthob die eigenen Forderungen dem Vorwurf interessengebundener Parteilichkeit, er gab ihnen den Charakter der Allgemeinheit und Notwendigkeit“ (ZYMEK 1975, S. 348f.; zusätzliche Belege bei SCHRIEWER 1987 a, S. 649ff.).

Die Externalisierung auf pädagogisch relevante Weltsituationen versachlicht mit anderen Worten wertgestützte Begründungen für Reformoptionen. Zugleich erbringt sie solche Begründungsleistungen in den wissenschaftlich zulässigen Formen gegenwartshistorisch-deskriptiver Berichterstattung oder statistisch-dokumentierender Surveys. Und sie ist mit ihrer thematisch überwiegenden Konzentration auf Struktur- und Entwicklungsprobleme institutionalisierter Erziehung hervorragend dazu disponiert, die Enttäuschungen der Pädagogik im Umgang mit einer durch Organisation bestimmten Wirklichkeit durch den

Aufweis von Parallelen und Alternativen abzuarbeiten. Die Externalisierung auf (iv) *Weltsituationen* neutralisiert mithin den Zwang zum umstandlosen Rekurs auf (ii) *Werte* oder *werthaltige Ideologien;* sie dupliziert den Bezug auf (i) *Wissenschaftlichkeit;* und sie sekundiert der Externalisierung auf (iii) *Organisation.* Und sie verleiht gerade mit dieser Kombination von Begründungs-, Vergewisserungs- und Zurechnungs-Leistungen der pädagogischen Reformreflexion ein bemerkenswertes Maß an selbstgesteuerter Dynamik. Es ist mithin — wie an den Ambivalenzen von FRIEDRICH SCHNEIDERS Konzeption ables- und bis in die Gegenwart internationaler Reformreflexion verfolgbar — die Denktypik pädagogischer Systemreflexion selbst, welche das klassische Programm einer Vergleichenden Erziehungswissenschaft immer erneut transformiert in die Surrogatform *Internationaler Pädagogik.*

Infolge der kompetitiven Impulse des „interstate-system" (RAMIREZ/BOLI-BENNETT 1987) werden schließlich analoge Externalisierungs- und Konstruktionsprozesse von je unterschiedlichen nationalstaatlichen Perspektiven aus vorgenommen. Ein (durch politische Grenzen und/oder sprachliche Bindungen abgrenzbarer) Reflexionskontext externalisiert auf andere Reflexionskontexte, welche ihrerseits auf Dritte rekurrieren mit der Konsequenz, daß sie wechselseitig füreinander Modelle dar- und Anregungspotentiale bereitstellen. Aus der Kumulierung solcher zwischen-nationaler Beobachtungsverhältnisse verselbständigt sich dann ein reziprokes Verweisungsgeflecht, welches die weltumspannende Universalisierung von Vorstellungen, Modellen, Standards, Kriterien und Reformoptionen transportiert, bestätigt und dynamisiert. Ein solches Verweisungsgeflecht wird zum konstitutiven Bestandteil einer sich selbst tragenden transnationalen Reform-Semantik. Diese ist dann — wissenssoziologisch gesehen — ebensosehr als Korrelat eines in der Dynamik funktionaler Systemdifferenzierung weiterlaufenden evolutionären Prozesses begreifbar, wie sie ihrerseits, als semantische Konstruktion von Weltgesellschaft, auf soziale Strukturen verändernd, vereinheitlichend und angleichend zurückwirkt.

LITERATUR

ADICK, CH.: Schule im modernen Weltsystem. In: Zeitschrift für Kulturaustausch 38 (1988), 3, S. 343—355.

ADICK, CH.: Die Universalisierung der modernen Schule. Paderborn u. a. 1992 a.

ADICK, CH.: Historisch-vergleichende Bildungsforschung und die Entwicklungslogik der „langen Wellen" der Schulgeschichte. In: ADICK, CH./KREBS, U. (Hrsg.): Evolution, Erziehung, Schule: Beiträge aus Anthropologie, Entwicklungspsychologie, Humanethologie und Pädagogik. Erlangen 1992 b, S. 251—267.

ALBROW, M./KING, E. (Hrsg.): Globalization, Knowledge and Society. London u. a. 1990.

ALTBACH, PH. G.: The Knowledge Context: Comparative Perspectives on the Distribution of Knowledge. Albany 1987.

ALTBACH, PH. G.: Textbooks: The International Dimension. In: APPLE, M. W./CHRISTIAN-SMITH, L. (Hrsg.): The Politics of the Textbook. New York 1991 a, S. 242—258.

ALTBACH, PH. G.: Third world publishers and the international knowledge system. In: Logos (1991 b), S. 122—126.
ALTBACH, PH. G.: Patterns in higher education development. In: Prospects XXI (1991 c), S. 189—203.
ALTBACH, PH. G.: International Knowledge Networks. In: HUSÉN, T./POSTLETHWAITE, T. N. (Hrsg.): International Encyclopedia of Education. 2. erweiterte Ausgabe. 12 Bde. Oxford 1994.
ANWEILER, O.: Comparative Education and the Internationalization of Education. In: Comparative Education 13 (1977), S. 109—114.
ANWEILER, O.: Die internationale Dimension der Pädagogik. In: ANWEILER, O.: Wissenschaftliches Interesse und politische Verantwortung: Dimensionen vergleichender Bildungsforschung. Opladen 1990, S. 225—235.
ARCHER, M. S.: Theorizing about the Expansion of Educational Systems. In: ARCHER, M. S. (Hrsg.): The Sociology of Educational Expansion. Take-off, Growth and Inflation in Educational Systems. Beverly Hills/London 1982, S. 3—64.
ARCHER, M. S.: Structuration versus Morphogenesis. In: EISENSTADT, SH. N./HELLE, H. J. (Hrsg.): Macro-Sociological Theory. Bd. 1: Perspectives on Sociological Theory. Beverly Hills/London 1985, S. 58—88.
ARNOVE, R.: Comparative Education and World-Systems Analysis. In: Comparative Education Review 24 (1980), S. 48—62.
BADIE, B.: Analyse comparative et sociologie historique. In: Revue Internationale des Sciences sociales. Nr. 133 (1992), S. 363—372.
BADIE, B./HERMET, G.: Politique Comparée. Paris 1990.
BERGESEN, A.: Preface & From Utilitarianism to Globology: The Shift from the Individual to the World as a Whole as the Primordial Unit of Analysis. In: BERGESEN, A. (Hrsg.): Studies of the Modern World System, S. xiii-xiv, 1—12.
BOLI, J./RAMIREZ, F. O./MEYER, J. W.: Explaining the Origins and Expansion of Mass Education. In: ALTBACH, PH. G./KELLY, G. P. (Hrsg.): New Approaches to Comparative Education. Chicago/London 1986, S. 105—130.
BOLI, J./RAMIREZ, F. O.: Compulsory Schooling in the Western Cultural Context. In: ALTBACH, PH. G./KELLY, G. P. (Hrsg.): Emergent Issues in Education. Comparative Perspectives. Albany 1992, S. 25—38.
BORNSCHIER, V./LENGYEL, P. (Hrsg.): World Society Studies. Bd. 1. Franfurt a. M./New York 1990.
BOUDON, R.: Grandeur et décadence des sciences du développement: Une étude de sociologie de la connaissance. In: L'Année sociologique, III. Serie, Bd. 42 (1992), S. 253—274.
BRAUDEL, F.: Civilisation matérielle, économie et capitalisme, XVe—XVIIIe siècle. 3 Bde. Paris 1979.
CASTLES, F. G. (Hrsg.): The Comparative History of Public Policy. Cambridge 1989, insbes. CASTLES, F. G.: Introduction, S. 1—15.
CHARPENTIER, J./ENGEL, CH. (Hrsg.): Les régions de l'espace communautaire. Nancy 1992.
CHEKKI, D. A.: American Sociological Hegemony. Transnational Explorations. Lanham/ London 1987.
COOMBS, PH. H.: The World Crisis in Education. The View from the Eighties. New York/ Oxford 1985.
COWEN, R.: The Importation of Higher Education into Brasil and Japan. In: CUNNINGHAM, P./BROOK, C. (Hrsg.): International Currents in Educational Ideas and Practices. Proceedings of the 1987 Annual Conference of the History of Education Society held jointly with B.C.I.E.S. Evington 1988, S. 41—49.
CUVIER, G. DE: Leçons d'anatomie comparée. 5 Bde. Paris 1800—1805.
DAHMER, I./KLAFKI, W. (Hrsg.): Die Geisteswissenschaftliche Pädagogik am Ausgang ihrer Epoche, Erich Weniger. Weinheim/Berlin 1968.

DEPPE, R./HOSS, D. (Hrsg.): Work Organization, Incentive Systems and Effort Bargaining in Different Social and National Contexts. Frankfurt a. M. 1984.

DIEMER, A.: Zur Grundlegung eines allgemeinen Wissenschaftsbegriffs. In: Zeitschrift für allgemeine Wissenschaftstheorie 1 (1970), S. 209—227.

DIERKES, M./WEILER, H. N./BERTHOIN ANTAL, A. (Hrsg.): Comparative Policy Research. Learning from Experience. Aldershot 1987.

D'IRIBARNE, PH.: La logique de l'honneur. Gestion des entreprises et traditions nationales. Paris 1989.

DORE, R.: British Factory — Japanese Factory: The Origins of National Diversity in Industrial Relations. Berkeley 1973.

DRÄGER, H.: Der interessierte Blick in die Fremde. In: FRIEDENTHAL-HAASE, M. (Hrsg.): Erwachsenenbildung im Kontext: Beiträge zur grenzüberschreitenden Konstituierung einer Disziplin. Bad Heilbrunn 1991, S. 208—225.

DURKHEIM, E.: Regeln der soziologischen Methode. Hrsg. von R. KÖNIG. 4. revidierte Aufl. Neuwied 1976. (frz: DURKHEIM, E.: Les règles de la méthode sociologique. Paris [22]1986; zuerst 1895).

EISENSTADT, SH. N.: Tradition, Change, and Modernity. New York u. a. 1973.

EPSTEIN, E. H.: Currents Left and Right. Ideology in Comparative Education. In: Comparative Education Review 27 (1983), S. 3—39.

ESPAGNE, M./WERNER, M.: Présentation. In: Revue de Synthèse. IV. Serie, 109 (1988), S. 187—194.

ESPAGNE, M./WERNER, M. (Hrsg): Philologiques I. Contribution à l'histoire des disciplines littéraires en France et en Allemangne au XIXe siècle. Paris 1990.

FÄGERLIND, I./SAHA, L. J.: Education and National Development: A Comparative Perspective. Oxford u. a. 1985.

FAHLE, K.: Die Politik der Europäischen Gemeinschaft in den Bereichen Erziehung, Bildung und Wissenschaft. Gutachten der Max-Traeger-Stiftung. Frankfurt a. M. 1989.

FAURE, E. u. a.: Learning to Be. The World of Education Today and Tomorrow. Paris/London 1972. (dt.: Wie wir leben werden. Der UNESCO-Bericht über Ziele und Zukunft unserer Erziehungsprogramme. Reinbek 1973).

FEUERBACH, A. VON: Blick auf die teutsche Rechtswissenschaft [1810]. In: FEUERBACH, A. VON: Kleine Schriften vermischten Inhalts. Nürnberg 1833, S. 152—177.

FIALA, R./LANFORD, A. G.: Educational Ideology and the World Educational Revolution, 1950—1970. In: Comparative Education Review 31 (1987), S. 315—332.

GELPI, E.: Conscience Terrienne. Recherche et Formation. Florenz 1992.

GENOV, N. (Hrsg.): National Traditions in Sociology. London 1989.

GOLDSCHMIDT, D.: Idealtypische Charakterisierung sieben westlicher Hochschulsysteme. In: Zeitschrift für Sozialisationsforschung und Erziehungssoziologie 11 (1991 a), S. 3—17.

GOLDSCHMIDT, D.: Die gesellschaftliche Herausforderung der Universität. Historische Analysen, internationale Vergleiche, globale Perspektiven. Weinheim 1991 b.

GOLDTHORPE, J. H.: The End of Convergence: Corporatist and Dualist Tendencies in Modern Western Societies. In: GOLDTHORPE, J. H. (Hrsg.): Order and Conflict in Contemporary Capitalism. Oxford 1984, S. 315—343.

GRANT, N.: European Unity and National Systems. In: SIMON, B./TAYLOR, W. (Hrsg.): Education in the Eighties: The Central Issues. London 1981, S. 92—110.

GRELLET, G.: Pourquoi les pays en voie de développement ont-ils des rythmes de croissance aussi différents? In: Revue Tiers Monde. Bd. XXXIII. Nr. 129 (1992), S. 31—66.

HARWOOD, J.: Styles of Scientific Thought. A Study of the German Genetics Community, 1900—1933. Chicago 1992.

HARWOOD, J.: „Mandarine" oder „Außenseiter"? Selbstverständnis deutscher Naturwissenschaftler (1900—1933). In: SCHRIEWER, J./KEINER, E./CHARLE, CH. (Hrsg.): Sozialer

Raum und akademische Kulturen. A la recherche de l'espace universitaire européen. Frankfurt a. M./Bern/New York 1993, S. 183—212.

HASSELT, J. VON/SCHÖFTHALER, T.: Die Weltkonferenz der Erziehungsminister gerät in Bewegung. In: UNESCO-Dienst 36 (1989), Nr. 1/2, S. 9—14.

HEIDENREICH, M./SCHMIDT, G. (Hrsg.): International vergleichende Organisationsforschung. Fragestellungen, Methoden und Ergebnisse ausgewählter Untersuchungen. Opladen 1991.

HIRATA, H. S.: Brasilien, Frankreich, Japan: Unterschiede und die Suche nach Bedeutung. In: HEIDENREICH, M./SCHMIDT, G. (Hrsg.): International vergleichende Organisationsforschung. Fragestellungen, Methoden und Ergebnisse ausgewählter Untersuchungen. Opladen 1991, S. 180—189.

HOFSTEDE, G.: Culture's Consequences. International Differences in Work-Related Values. London ²1986.

HOGGART, R.: An Idea and Its Servants: Unesco from Within. London 1978.

HÜFNER, K./MEYER, J. W./NAUMANN, J.: Comparative education policy research: a world society perspective. In: DIERKES, M./WEILER, H. M./BERTHOIN ANTAL, A. (Hrsg.): Comparative Policy Research. Learning from Experience. Aldershot 1987, S. 188—243.

HUMBOLDT, W. VON: Plan einer vergleichenden Anthropologie . In: HUMBOLDT, W. VON: Schriften zur Anthropologie und Bildungslehre [1795]. Hrsg. von A. FLITNER. Düsseldorf/München ²1964, S. 32—59.

HUSÉN, T.: Education and the Global Concern. Oxford u. a. 1990.

HUSÉN, T./POSTLETHWAITE, T. N. (Hrsg.): The International Encyclopedia of Education. Research and Studies. Bd. 1—10. Oxford u. a. 1985 (Neudrucke 1988 und 1991).

INKELES, A./SMITH, D. H.: Becoming Modern. London 1974.

INKELES, A./SIROWY, L.: Convergent and Divergent Trends in National Educational Systems. In: Social Forces 62 (1983), S. 303—333.

JULLIEN DE PARIS, M.-A.: Esquisse et vues préliminaires d'un ouvrage sur l'éducation comparée. Paris 1817. (dt.: Skizzen und Vorarbeiten zu einem Werk über die Vergleichende Erziehung. Hrsg. von H. ESPE. Berlin 1954.).

KANTOWSKY, D.: Die Rezeption der Hinduismus/Buddhismus-Studie Max Webers in Südasien. Ein Mißverständnis. In: Archives Européennes de Sociologie 23 (1982), S. 317—355.

KATZ, J.: Chronologie de l'Année Internationale de l'Education et du Conseil Mondial des Sociétés d'Education Comparée. In: Conseil Mondial des Sociétés d'Education Comparée: Bulletin 6 (1978), 1, S. 6—11.

KERR, C.: International Learning and National Purposes in Higher Education. In: American Behavioral Scientist 35 (1991), S. 17—42.

KOMENAN, A. G.: World Education Indicators. (=Education and Trainig Series Report No. EDT 88). Washington 1987.

KÖNIG, R. (Hrsg.): Handbuch der empirischen Sozialforschung. Bd. 4: Komplexe Forschungsansätze. 3. umgearbeitete und erweiterte Aufl. München/Stuttgart 1974.

KROHN, W./KÜPPERS, G./PASLACK, R.: Selbstorganisation: Zur Genese und Entwicklung einer wissenschaftlichen Revolution. In: SCHMIDT, S. J. (Hrsg.): Der Diskurs des Radikalen Konstruktivismus. Frankfurt a. M. 1987, S. 441—465.

KRÜGER, B.: Bildungswesen und Pädagogik im Prozeß ihrer Internationalisierung. Münster: Paed. Diss., Pädagogische Hochschule Westfalen Lippe 1974.

KUMON, SH./ROSOVSKY, H. (Hrsg.): The Political Economy of Japan. Bd. 3: Cultural and Social Dynamics. Stanford 1992.

KURIAN, G. TH. (Hrsg.): World Education Encyclopedia. Bd. 1—3. New York/Oxford 1988.

LEFMANN, S.: Franz Bopp, sein Leben und seine Wissenschaft. 2. Hälfte. Berlin 1895.

LIPP, W.: Autopoiesis biologisch, Autopoiesis soziologisch. In: Kölner Zeitschrift für Soziologie und Sozialpsychologie 39 (1987), S. 452—470.

LUHMANN, N.: Soziologische Aufklärung. Bd. 1—5. Opladen 1970—1990.
LUHMANN, N.: Gesellschaftsstruktur und Semantik. Studien zur Wissenssoziologie der modernen Gesellschaft. Bd. 1—3. Frankfurt a. M 1980—1989.
LUHMANN, N.: Die Weltgesellschaft. In: LUHMANN, N.: Soziologische Aufklärung 2. Opladen 1975 a, S. 51—71.
LUHMANN, N.: Systemtheorie, Evolutionstheorie und Kommunikationstheorie. In: LUHMANN, N.: Soziologische Aufklärung 2. Opladen 1975 b, S. 193—203.
LUHMANN, N.: The World Society as a Social System. In: International Journal of General Systems 8 (1982), S. 131—138.
LUHMANN, N.: Soziale Systeme. Grundriss einer allgemeinen Theorie. Frankfurt a. M. 1984.
LUHMANN, N./SCHORR, K.-E.: Reflexionsprobleme im Erziehungssystem. Stuttgart 1979.
LUTZ, B.: Bildungssystem und Beschäftigungsstruktur in Deutschland und Frankreich. Zum Einfluß des Bildungssystems auf die Gestaltung betrieblicher Arbeitskräftestrukturen. In: MENDIUS, H.-G. u. a.: Betrieb — Arbeitsmarkt — Qualifikation I. Frankfurt a. M. 1976, S. 83—151.
MAURICE, M.: Le déterminisme technologique dans la sociologie du travail (1955—1980). Un changement de paradigme? In: Sociologie du travail 22 (1980), S. 22—37.
MAURICE, M./SELLIER, F./SILVESTRE, J.-J.: La production de la hiérarchie dans l'entreprise: comparaisons France-Allmagne. In: Revue française de sociologie 20 (1979), S. 331—365 (in dt. Übers. unter dem Titel: Die Entwicklung der Hierarchie im Industrieunternehmen: Untersuchung eines gesellschaftlichen Effekts. In: Soziale Welt 30 (1979), S. 295—327).
MAURICE, M./SORGE, A./WARNER, M.: Societal Differences in Organizing Manufacturing Units: A Comparison of France, West Germany, and Great Britain. In: Organization Studies 1 (1980), S. 59—86.
MCGREW, A. G.: Conceptualizing Global Politics. In: MCGREW, A. G./LEWIS, P. G. u. a.: Global Politics. Globalization and the Nation-State. Cambridge/Oxford 1992, S. 1—28.
MCGREW, A. G./LEWIS, P. G. u. a.: Global Politics. Globalization and the Nation-State. Cambridge/Oxford 1992.
MCMICHAEL, PH.: Incorporating Comparison within a World-Historical Perspective: An Alternative Comparative Method. In: American Sociological Review 55 (1990), S. 385—397.
MENZEL, U.: Das Ende der „Dritten Welt" und das Scheitern der großen Theorien. Zur Soziologie einer Disziplin in auch selbstkritischer Absicht. In: Politische Vierteljahresschrift 32 (1991), S. 4—33.
MEYER, J. W./RAMIREZ, F. O./RUBINSON, R./BOLI-BENNETT, J.: The World Educational Revolution, 1950—1970. In: Sociology of Education 50 (1977), S. 242—258.
MEYER, J. W./HANNAN, M. T. (Hrsg.): National Development and The World System. Educational, Economic, and Political Change, 1950—1970. Chicago/London 1979.
MILWARD, A. S. u. a.: The European Rescue of the Nation-State. London 1992.
MORIN, E.: La Méthode. Bd. 1: La Nature de la Nature. Bd.2: La Vie de la Vie. Neue Ausg. Paris 1981—1985.
MÜLLER, D. K./RINGER, F./SIMON, B. (Hrsg.): The Rise of the Modern Educational System. Cambridge/Paris 1987.
MÜLLER-SOLGER, H.: Bildungspolitische Zusammenarbeit der Europäischen Gemeinschaft in Europa. In: Zeitschrift für Pädagogik 36 (1990), S. 805—825.
NASCHOLD, F.: Den Wandel organisieren. Erfahrungen des schwedischen Entwicklungsprogramms „Leitung, Organisation, Mitbestimmung" (LOM) im internationalen Wettbewerb. Berlin 1992.
PARSONS, T.: Evolutionary Universals in Society. In: American Sociological Review 29 (1964), S. 339—357.
PEDRÓ, F.: Los precursores españoles de la Educación Comparada. Antología de textos. Madrid 1987.

PETERSON, A. D. C.: The International Baccalaureate: An Experiment in Education. London 1972.

PIETSCH, A.-J.: Die Interdependenz von Qualifikationsbedarf und Arbeitsorganisation, untersucht am Beispiel der Sowjetunion im Vergleich mit Frankreich, der Bundesrepublik Deutschland und der DDR. München 1980.

POLLAK, M.: From Methodological Prescription to Socio-Historical Description. In: Fundamenta Scientiae 4 (1983), S. 1—27.

POLLAK, M.: Die Rezeption Max Webers in Frankreich. Fallstudie eines Theorietransfers in den Sozialwissenschaften. In: Kölner Zeitschrift für Soziologie und Sozialpsychologie 38 (1986), S. 670—684.

POSTLETHWAITE, T. N./WEILER, H./ROEDER, P. M. (Hrsg.): Schulen im Leistungsvergleich. Stuttgart 1980.

PSACHAROPOULOS, G.: Critical Issues in Education. A World Agenda. (= Education and Training Series Report No. EDT 96). Washington 1987.

RAMIREZ, F. O./BOLI-BENNETT, J.: Global Patterns of Educational Institutionalization. In: ALTBACH, PH. G./ARNOVE, R. F./KELLY, G. P. (Hrsg.): Comparative Education. New York/London 1982, S. 15—36.

RAMIREZ, F. O./BOLI-BENNETT, J.: The Political Construction of Mass Schooling: European Origins and Worldwide Institutionalization. In: Sociology of Education 60 (1987), S. 2—17.

RAMIREZ, F. O./RIDDLE, PH.: The Expansion of Higher Education. In: ALTBACH, PH. G. (Hrsg.): International Higher Education. An Encyclopedia. New York/London 1991. Bd. 1, S. 91—105.

RINGER, F. K.: Education and Society in Modern Europe. Bloomington/London 1979.

RINGER, F. K.: Fields of Knowledge. French Academic Culture in Comparative Perspective, 1890—1920. Cambridge/Paris 1992.

SABEL, CH. F. u. a.: Regional Prosperities Compared: Massachusetts and Baden-Württemberg in the 1980s. Berlin 1987.

SCARDIGLI, V. (Hrsg.): L'Europe de la diversité: La dynamique des identités régionales. Paris 1993.

SCHARPF, F. W.: Economic and Institutional Constraints of Full-Employment Strategies: Sweden, Austria, and Western Germany. In: GOLDTHORPE, J. H. (Hrsg.): Order and Conflict in Contemporary Capitalism. Oxford 1984, S. 257—290.

SCHLUCHTER, W.: Die Entwicklung des okzidentalen Rationalismus. Eine Analyse von Max Webers Gesellschaftsgeschichte. Tübingen 1979.

SCHMID, H./FLÜGLISTALER, P./HOHL, M.: Vollbeschäftigungspolitik: Der Wille zum Erfolg. Ein Ländervergleich der Schweiz, Deutschlands, Österreichs, Schwedens und Japans. Bern u. a. 1992.

SCHNEIDER, F.: Internationale Pädagogik, Auslandspädagogik, Vergleichende Erziehungswissenschaft. In: Internationale Zeitschrift für Erziehungswissenschaft 1 (1931/32), S. 15—39, 243—257, 392—407, und 2 (1932/33), S. 79—89.

SCHRIEWER, J.: „Erziehung" und „Kultur". Zur Theorie und Methodik Vergleichender Erziehungswissenschaft. In: BRINKMANN, W./RENNER, K. (Hrsg.): Die Pädagogik und ihre Bereiche. Paderborn/München u. a. 1982, S. 185—236.

SCHRIEWER, J.: Vergleichend-historische Bildungsforschung: Gesamttableau oder Forschungsansatz? In: Zeitschrift für Pädagogik 30 (1984), S. 323—342.

SCHRIEWER, J.: Vergleich als Methode und Externalisierung auf Welt: Vom Umgang mit Alterität in Reflexionsdisziplinen. In: BAECKER, D. u. a. (Hrsg.): Theorie als Passion. Niklas Luhmann zum 60. Geburtstag. Frankfurt a. M. 1987 a, S. 629—668.

SCHRIEWER, J.: Funktionssymbiosen von Überschneidungsbereichen: Systemtheoretische Konstrukte in vergleichender Erziehungsforschung. In: OELKERS, J./TENORTH, H.-E. (Hrsg.): Pädagogik, Erziehungswissenschaft und Systemtheorie. Weinheim/Basel 1987 b, S. 76—101.

SCHRIEWER, J.: The Method of Comparison and the Need for Externalization: Methodological Criteria and Sociological Concepts. In: SCHRIEWER, J./HOLMES, B. (Hrsg.): Theories and Methods in Comparative Education. Frankfurt a. M. u. a. [2]1990 a, S. 25—83.

SCHRIEWER, J.: Comparación y explicación en el análisis de los sistemas educativos. In: PEREYRA, M. A. (Hrsg.): Los Usos de la Comparación en Ciencias Sociales y en Educación. Madrid 1990 b, S. 77—127.

SCHRIEWER, J./KEINER, E.: Kommunikationsnetze und Theoriegestalt: Zur Binnenkonstitution der Erziehungswissenschaft in Frankreich und Deutschland. In: SCHRIEWER, J./KEINER, E./CHARLE, CH. (Hrsg.): Sozialer Raum und akademische Kulturen. A la recherche de l'espace universitaire européen. Frankfurt a. M/Bern/New York 1993, S. 277—341.

SCHRIEWER, J./KEINER, E./CHARLE, CH. (Hrsg.): Sozialer Raum und akademische Kulturen. A la recherche de l'espace universitaire européen. Frankfurt a. M./Bern/New York 1993.

SCHULZE, W.: Deutsche Geschichtswissenschaft nach 1945. München 1989.

SHARPE, L. J.: Fragmentation and Territoriality in the European State System. In: International Political Science Review 10 (1989), S. 223—238.

SMELSER, N. J.: Internationalization of Social Science Knowledge. In: American Behavioral Scientist 35 (1991), S. 65—91.

SMITH, M.: Modernization, Globalization and the Nation-State. In: MCGREW, A. G./LEWIS, P. G. u. a.: Global Politics. Globalization and the Nation-State. Cambridge/Oxford 1992, S. 253—268.

SO, A. Y.: Social Change and Development. Modernization, Dependency, and World-System Theories. (= Sage Library of Social Research, 178). Newbury Park/London u. a. 1990.

SORGE, A./WARNER, M.: Comparative Factory Organization — An Anglo-German Comparison of Management and Manpower in Manufacturing. Aldershot 1987.

STICHWEH, R.: Zur Entstehung des modernen Systems wissenschaftlicher Disziplinen. Physik in Deutschland 1740—1890. Frankfurt a. M. 1984.

STICHWEH, R.: Auslandsstudien in der Moderne — Eine strukturelle Analyse. Beitrag für das internationale Colloquium über Modèles nationaux, réseaux transculturels et réseaux migratoires dans le monde universitaire européen, XIXe—XXe siècles. Ruhr-Universität Bochum, 14.—18. November 1992.

TEICHLER, U.: Conversion or Growing Variety: The Changing Organization of Studies. Straßburg 1988.

TENBRUCK, F. H.: Emile Durkheim oder die Geburt der Gesellschaft aus dem Geist der Soziologie. In: Zeitschrift für Soziologie 10 (1981), S. 333—350.

TERASAKI, M. u. a.: Oyatoi Kyoshi Emil Hausknecht no Keukyu. Tokio 1989.

TURNER, L./AUER, P.: The Political Economy of New Work Organization. Different Roads, Different Outcomes. Berlin 1992.

WALLERSTEIN, I.: The Modern World System: Capitalist Agriculture and the Origins of the European World Economy in the Sixteenth Century. New York 1976.

WALLERSTEIN, I.: World-Systems Analysis. In: GIDDENS, A./TURNER, J. H. (Hrsg.): Social Theory Today. Cambridge 1987, S. 309—324.

WCEFA (World Conference on Education for All): The World Declaration on Education for All. Paris 1990.

WEILER, H. N.: Introductory note to chapters 8-9. In: DIERKES, M./WEILER, H. N./BERTHOIN ANTAL, A. (Hrsg.): Comparative Policy Research. Learning from Experience. Aldershot 1987, S. 186—187.

WOLFEREN, K. VAN: Vom Mythos der Unbesiegbaren. Anmerkungen zur Weltmacht Japan. München 1989.

ZYMEK, B.: Das Ausland als Argument in der pädagogischen Reformdiskussion. Ratingen u. a. 1975.

20. LITERATURHINWEISE

1. STUDIENBEGINN UND GRUNDSTUDIUM

1.1 Einführung

Wenige Monate vor dieser Veröffentlichung erschien der von D. LENZEN herausgegebene Band: Erziehungswissenschaft. Ein Grundkurs. Rowohlts Enzyklopädie. Hamburg 1994, an dem u. a. folgende Autoren mitgewirkt haben: H. HEID. E. TERHART, J. DIEDERICH, H.-E. TENORTH, K. MOLLENHAUER, D. GEULEN, H. OSWALD.

Während die Autoren des vorliegenden Bandes von einem institutionsspezifischen Ansatz ausgehen und die Problemfelder Erziehungswissenschaft, Bildungs- und Sozialisationstheorie, das moderne Bildungssystem und seine historische Entwicklung seit 1945 und die einzelnen Teildisziplinen des Faches Erziehungswissenschaft behandeln, gehen die Autoren des Lenzen-Bandes von einem handlungsspezifischen Ansatz aus und thematisieren im besonderen die relevanten Berufsfelder, die in ihnen tätigen Pädagogen und deren Klientel. Beide Bände ergänzen sich und bilden zusammen eine umfassende Einführung in das Studium der Erziehungswissenschaft.

1.2 Grundstudium

ADICK, C.: Erziehung in verschiedenen Kulturen und Gesellschaften. Ziele, Institutionen und pädagogische Theorien. (= Projekte für Erziehungswissenschaft in der Studienstufe). Stuttgart 1983.

ARBEITSGRUPPE BILDUNGSBERICHT am Max-Planck-Institut für Bildungsforschung: Das Bildungswesen in der Bundesrepublik Deutschland. Ein Überblick für Eltern, Lehrer und Schüler. Hamburg 1994 (rororo Sachbuch).

ARIÈS, P.: Geschichte der Kindheit. München [7]1985.

BENNER, D.: Allgemeine Pädagogik. Eine systematisch-problemgeschichtliche Einführung in die Grundstruktur pädagogischen Denkens und Handelns. 3., verb. Aufl. Weinheim/München 1991.

BENNER, D.: Hauptströmungen der Erziehungswissenschaft. Weinheim [3]1991.

BLANKERTZ, H.: Theorien und Modelle der Didaktik. München [1]1969.

DIEDERICH, J.: Didaktisches Denken. Eine Einführung in Anspruch und Aufgabe, Möglichkeiten und Grenzen der Allgemeinen Didaktik. Weinheim/München 1988.

DILTHEY, W.: Über die Möglichkeiten einer allgemeingültigen pädagogischen Wissenschaft. [1888] In: DILTHEY, W.: Schriften zur Pädagogik (bes. v. H.-H. GROOTHOFF und U. HERRMANN). Paderborn 1971, S. 83—107.

DRERUP, H./TERHART, E. (Hrsg.): Erkenntnis und Gestaltung. Vom Nutzen erziehungswissenschaftlicher Forschung in praktischen Verwendungskontexten. Weinheim 1990.

DURKHEIM, E.: Education et Sociologie. Paris 1922 (dt.: DURKHEIM, E.: Erziehung und Soziologie. Düsseldorf 1972).

FRIEDEBURG, L. V.: Bildungsreform in Deutschland. Geschichte und gesellschaftlicher Widerspruch. Frankfurt a. M. 1992.

LENZEN, D.: Mythologie der Kindheit. Die Verewigung des Kindlichen in der Erwachsenenkultur. Versteckte Bilder und vergessene Geschichten. (= Rowohlts Enzyklopädie, hrsg. von B. KÖNIG.). Hamburg 1985.

LESCHINSKY, A./ROEDER, P. M.: Schule im historischen Prozeß. Stuttgart 1976.

MEAD, G. H.: Geist, Identität und Gesellschaft. Frankfurt a. M. 1968 (zuerst 1934).

MEYER-DRAWE, K.: Illusion von Autonomie. Diesseits von Ohnmacht und Allmacht des Ich. München 1990.

MOLLENHAUER, K.: Theorien zum Erziehungsprozeß. Zur Einführung in erziehungswissenschaftliche Fragestellungen. München 1972.

MÜLLER, D. K.: Sozialstruktur und Schulsystem. Aspekte zum Strukturwandel des Schulwesens im 19. Jahrhundert. Göttingen 1977. (als gekürzte Studienausgabe ersch. 1978)

MÜLLER, D. K.: Bildungssystem und Generationskonflikt. In: Bildung und Erziehung, 38. Jg. 1985, S. 231—244.

OELKERS, J./TENORTH, H.-E. (Hrsg.): Pädagogisches Wissen. (=27. Beiheft der Zeitschrift für Pädagogik). Weinheim/Basel 1991.

OELKERS, J.: Reformpädagogik. Eine kritische Dogmengeschichte. Weinheim ²1992.

PIAGET, J.: Das moralische Urteil beim Kinde. Frankfurt a. M. 1976 (zuerst 1932).

ROTH, H. (Hrsg.): Begabung und Lernen. Ergebnisse und Folgerungen neuer Forschungen. Stuttgart ¹⁰1976.

SCHRIEWER, J.: Pädagogik — ein deutsches Syndrom? Universitäre Erziehungswissenschaft im deutsch-französischen Vergleich. In: Zeitschrift für Pädagogik 29 (1983), S. 359—389.

SCHRIEWER, J./HOLMES, B. (Hrsg.): Theories and Methods in Comparative Education. Frankfurt a. M. u. a. ³1992.

SEIBERT, N./SERVE, H. J. (Hrsg.): Bildung und Erziehung an der Schwelle zum dritten Jahrtausend. Multidisziplinäre Aspekte, Analysen, Positionen, Perspektiven. München 1994.

SPRANGER, E.: Die Verschulung Deutschlands. In: SPRANGER, E.: Schule und Lehrer. Hrsg. von ENGLERT, L. (= Gesammelte Schriften. Bd. III). Heidelberg 1970, S. 90—101.

TENORTH, H.-E.: Geschichte der Erziehung. Einführung in die Grundzüge ihrer neuzeitlichen Entwicklung. Grundlagentexte Pädagogik. Weinheim/München 1988.

TERHART, E.: Lehr-Lern-Methoden. Weinheim 1989.

TILLMANN, K.-J.: Sozialisationstheorien. Eine Einführung in den Zusammenhang von Gesellschaft, Institution und Subjektwerdung. Reinbek ³1993.

TROMMLER, F.: Mission ohne Ziel. Über den Kult der Jugend im modernen Deutschland. In: Mit uns zieht die neue Zeit. Der Mythos Jugend. Hrsg. von TH. KOEBNER, R.-P. JANZ und FRANK TROMMLER, Bd. 229, edition Suhrkamp, Frankfurt a. M. 1985.

ZYMEK, B.: Schulen. In: LANGEWIESCHE, D./TENORTH, H.-E. (Hrsg.): Handbuch der deutschen Bildungsgeschichte. Bd. V. 1918—1945. Die Weimarer Republik und die nationalsozialistische Diktatur. München 1989, S. 155—208.

2. ARBEITSTECHNIKEN

ECO, U.: Wie man eine wissenschaftliche Abschlußarbeit schreibt. Doktor-, Diplom- und Magisterarbeit in den Geistes- und Sozialwissenschaften. Weinheim, 6. Auflage 1993, UTB 1512.

KRÄMER, W.: Wie schreibe ich eine Seminar-, Examens- und Dimplomarbeit. Eine Einleitung zum wissenschaftlichen Arbeiten für Studierende aller Fächer. Stuttgart 1993, UTB 1633.

KRUSE, O.: Keine Angst vor leerem Blatt. Ohne Schreibblockaden durchs Studium. Frankfurt/New York 1993.

MOCKER, U./MOCKER, H./WERNER, M.: Computergestützte Arbeitstechniken für Geistes- und Sozialwissenschaftler. Bonn u. a. 1990.

VESTER, F.: Denken, Lernen, Vergessen. Was geht in unserem Kopf vor, wie lernt das Gehirn, und wann läßt es uns im Stich? [1978] München [19]1992.

3. NACHSCHLAGEWERKE

3.1 In historischer Perspektive

CAMPE, J. H. (Hrsg.): Allgemeine Revision des gesammten Schul- und Erziehungswesens von einer Gesellschaft praktischer Erzieher. 16 Bde. Hamburg/Wolfenbüttel/Wien/Braunschweig 1785—1792. [Im 16. Bd., 1792, Register für die Bde. 1—16 auf den Seiten 233—328.] Erste Bestandsaufnahme und zugleich erste Enzyklopädie der Erziehungswissenschaft.

SCHMID, K. A. (Bearb.): Enzyklopädie des gesamten Erziehungs- und Unterrichtswesens. 11 Bde. Gotha 1859—1878.

REIN, W. (Hrsg.): Enzyklopädisches Handbuch der Pädagogik. 2. Aufl., 10 Bde. und ein systematisches Inhaltsverzeichnis. Langensalza 1903—1911.

NOHL, H./PALLAT, L. (Hrsg.): Handbuch der Pädagogik. 5 Bde. und ein Ergänzungsband. Langensalza 1928—1933.

3.2 Zum gegenwärtigen Stand des Faches und seiner Teildisziplinen

LENZEN, D. (Hrsg.), unter Mitarbeit von A. Schründer(-Lenzen): Enzyklopädie Erziehungswissenschaft. 12. Bde. Stuttgart 1982—1986.

BERG, CH. / BUCK, A. / FÜHR, CH. / FURCK, C.-L. / HAMMERSTEIN, N. / HERRMANN, U. / JÄGER, G. / JEISMANN, K.-E. / LUNDGREEN, P. / MÜLLER, D. K. / STRATMANN, K. / TENORTH, H.-E. / VIERHAUS, R. (Hrsg.): Handbuch der deutschen Bildungsgeschichte. Bd. III (1800—1870), München 1987; Bd. IV (1870—1918), München 1991; Bd. V (1918—1945), München 1989.

MÜLLER, D. K/ZYMEK, B. (unter Mitarbeit von Ulrich Herrmann): Datenhandbuch zur deutschen Bildungsgeschichte. Bd. II: Höhere und mittlere Schulen. 1. Teil: Sozialgeschichte und Statistik des Schulsystems in den Staaten des Deutschen Reiches, 1800—1945. Göttingen 1987.

BUNDESMINISTER FÜR BILDUNG UND WISSENSCHAFT (Hrsg.): Grund- und Strukturdaten. Bad Honnef 1991/92.

ROLFF, H.-G./KLEMM, K. u. a. (Hrsg.): Jahrbuch der Schulentwicklung. Daten, Beispiele und Perspektiven. Weinheim/Basel 1980—1992.

HURRELMANN, K./ULICH, D. (Hrsg.): Neues Handbuch der Sozialisationsforschung. 4., völlig neubearb. Aufl. Weinheim/Basel 1991.

KRÜGER, H.-H. (Hrsg.): Handbuch der Jugendforschung, 2., erw. u. aktual. Aufl. Opladen 1993.

MARKEFKA, M./NAUCK, B. (Hrsg.): Handbuch der Kindheitsforschung. Neuwied/Kriftel/Berlin 1993.

ARBEITSGEMEINSCHAFT FREIER SCHULEN (Hrsg.): Handbuch Freie Schulen. Pädagogische Positionen, Träger, Schulformen und Schulen im Überblick. Reinbek 1988.

HIEGEMANN, S./SWOBODA, W. H. (Hrsg.): Handbuch der Medienpädagogik. Theorieansätze — Forschungsgeschichte — Perspektiven. Opladen 1991.

3.3 Andere Disziplinen

BRUNNER, O./CONZE, W./KOSELLEK, R. (Hrsg.): Geschichtliche Grundbegriffe. Historisches Lexikon zur politisch-sozialen Sprache in Deutschland. 7 Bde. Stuttgart 1972—1992.

RITTER, J. (Hrsg.): Historisches Wörterbuch der Philosophie. Bd. 1 (1971) — Bd. 8 (1992). Darmstadt 1971ff. (wird fortgesetzt).

4. ZEITSCHRIFTENHINWEISE

4.1 Informationen über neuere Literatur

Soziologische Revue. Besprechungen neuer Literatur. München 1977ff.

4.2 Zeitschriften

Bildung und Erziehung. Köln/Wien 1948ff.

Comparative education review: the official organ of the Comparative Education Society. Chicago/New York u. a. 1957/58ff. (Beteil. Körp. ab 25. 1981: Comparative and International Education Society.)

Geschichte und Gesellschaft. Zeitschrift für Historische Sozialwissenschaft. Göttingen 1975ff.

History of education: the journal of the History of Education Society. London/New Abbot u. a. 1972ff.

Zeitschrift für Pädagogik. Weinheim/Basel 1955ff.

Zeitschrift für Sozialisationsforschung und Erziehungssoziologie. Weinheim/Basel 1981ff.

5. RECHERCHIEREN ÜBER DATENBANKEN

Deutsches Institut für Internationale pädagogische Forschung (DIPF), Schloßstr. 29, 60486 Frankfurt a. M., Tel.: 069 / 2 47 08-0, Fax: 069 / 2 47 08-444. — Auftragsrecherchen in den hauseigenen Datenbanken PEDI (Bildungsforschung, Erziehungswissenschaft, Medienpädagogik); EG-LIT (Bildungswesen der EG); INTERLIMES (Literatur und AV-Medien zum Bereich Ausländische Kinder und Jugendliche in Bildung und Ausbildung); ZEITDOK (Zeitungsdokumentation).

Deutsches Jugendinstitut (DJI), Freibadstr. 30, 81543 München, Tel.: 089 / 6 23 06-0. — Familienpädagogik; Kinder-und Jugendarbeit, -forschung, -hilfe, -politik, -schutz; Sozialpädagogik. — Datenbank Jugendhilfe.

Georg-Eckert-Institut für Internationale Schulbuchforschung, Celler Str. 3, 38114 Braunschweig, Tel.: 05 31 / 5 90 99-0, Fax: 5 90 99-99. — Datenbank SCHULBUCHFORSCHUNG.

Institut für Arbeitsmarkt- und Berufsforschung der Bundesanstalt für Arbeit (IAB), Arbeitsbereich Dokumentation und Information, Regensburger Str. 104, 90327 Nürnberg, Tel.: 09 11 / 179-21 23. — Datenbank zu Berufsforschung und -soziologie, berufliche Erwachsenenbildung usw.

Max-Planck-Institut für Bildungsforschung, Bibliothek und wissenschaftliche Dokumentation, Lentzeallee 93, 14195 Berlin, Tel.: 030 / 8 29 95-1, Fax: 030 / 8 24 99 39.

6. ERZIEHUNGSWISSENSCHAFT UNTER DER PERSPEKTIVE DER WIEDERVEREINIGUNG DEUTSCHLANDS

BENNER, D./LENZEN, D. (Hrsg.): Erziehung, Bildung, Normativität. Versuche einer deutsch-deutschen Annäherung. Weinheim 1991.

BENNER, D.: Über die Aufgaben der Pädagogik nach dem Ende der DDR. In: Zeitschrift für Pädagogik. 39 (1993), H. 6. Weinheim/Basel 1993, S. 891—906. Vgl. im selben Band die Aufsätze zum Thema Jugend in Ost und West: S. 909—988.

DUDEK, P./TENORTH, H.-E. (Hrsg.): Transformationen der deutschen Bildungslandschaft. Lernprozeß mit ungewissem Ausgang. (= 30. Beiheft der Zeitschrift für Pädagogik). Weinheim/Basel 1993.

HAGEM, R.: Ende einer Berufung. Eine Erzählung zur Abwicklung. Leipzig 1994.

INSTITUT FÜR EMPIRISCHE PSYCHOLOGIE (Hrsg.): Die selbstbewußte Jugend. Orientierungen und Perspektiven zwei Jahre nach der Wiedervereinigung. (= IBM-Jugendstudie '92). Köln 1992.

KEIM, W./HIMMELSTEIN, K. (Hrsg.): Jahrbuch für Pädagogik 1992 — Erziehungswissenschaft im deutsch-deutschen Vereinigungsprozeß. Frankfurt a. M. 1992.

STEINHÖFEL, W. (Hrsg.): Spuren der DDR-Pädagogik. Weinheim 1993.

7. PERSÖNLICHE (UND DAMIT WILLKÜRLICHE) EMPFEHLUNGEN DES HERAUSGEBERS ZUR LEKTÜRE IM VERLAUF IHRES STUDIUMS

ADORNO, TH. W.: Theorie der Halbbildung. In: ADORNO, TH. W.: Gesammelte Schriften. Bd. 8: Soziologische Schriften I. Hrsg. von R. TIEDEMANN. Frankfurt a. M. 1979, S. 93—121.

ADORNO, TH. W.: Jargon der Eigentlichkeit. Zur deutschen Ideologie. Erstausgabe Frankfurt a. M. 1964. edition suhrkamp, Bd. 91.

BENJAMIN, W. (Hg.): Deutsche Menschen. In: BENJAMIN, W.: Gesammelte Schriften. Hrsg. von R. TIEDEMANN und H. SCHWEPPENHÄUSER. Bd. IV.1 (= Suhrkamp Taschenbuch Wissenschaft, 934). Frankfurt a. M. 1991, S. 149—235. (Von 1931 bis 1932 veröffentlichte Benjamin in der „Frankfurter Zeitung" eine Folge von 27 Briefen aus der Zeit zwischen 1783 und 1883. Die Briefe erschienen 1936 unter dem Pseudonym Detlef Holz.)

BENJAMIN, W.: Berliner Kindheit um Neunzehnhundert. In: BENJAMIN, W.: Gesammelte Schriften. Hrsg. von R. TIEDEMANN und H. SCHWEPPENHÄUSER. Bd. IV.1 (= Suhrkamp Taschenbuch Wissenschaft, 934). Frankfurt a. M. 1991, S. 235—304. (Erstveröffentlichung in der „Frankfurter Zeitung", Februar 1933.)

BERGER, P. L.: Einladung zur Soziologie. Eine humanistische Perspektive. München 1971.

BERNFELD, S.: Sisyphos oder die Grenzen der Erziehung [1925]. Frankfurt a. M. 1973.

BOURDIEU, P.: Die Intellektuellen und die Macht. Hrsg. von I. DÖLLING. Hamburg 1991.

DREWEK, P.: Bildungsbegriff und Bildungssystem. Zur Reflexion ihres Verhältnisses bei Nietzsche, Willmann, Paulsen, Meumann und Spranger. Köln/Weimar/Wien 1994 (i. V.).

FLITNER, W.: Erinnerungen. 1889—1945. In: FLITNER, W., Gesammelte Schriften, Bd. 11, Paderborn 1986.

FOUCAULT, M.: Überwachen und Strafen. Die Geburt des Gefängnisses. Übersetzt von Walter Seitter. Frankfurt a. M. 1984.

HABERMAS, J.: Stichworte zu einer Theorie der Sozialisation. In: HABERMAS, J.: Kultur und Kritik. Frankfurt a. M. ²1977, S. 118—194.

HEGEL, G. W. F.: Grundlinien der Philosophie des Rechts oder Naturrecht und Staatswissenschaft im Grundrisse. Mit Hegels eigenhändigen Notizen und den mündlichen Zusätzen. Werke in 20 Bänden. Theorie Werkausgabe. Bd. 7. Frankfurt a. M. ²1982. (zuerst 1821).

HORKHEIMER, M.: Verantwortung und Studium. In: HORKHEIMER, M./ADORNO, TH. W.: Sociologica II. Reden und Vorträge. Frankfurt a. M. 1962, S. 69—86.

HUMBOLDT, W. VON: Plan einer vergleichenden Anthropologie (1795). In: W. v. Humboldts Werke, hrsg. von A. LEITZMANN, 1. Bd. 1785—1795, Berlin 1903 (= Königlich-Preussische Akademie der Wissenschaften (Hrsg.), W. v. Humboldts Gesammelte Schriften, Bd. I, Erste Abteilung: Werke I.). Berlin 1903, S. 377—410.

KLEMPERER, V.: Curriculum Vitac. Jugend um 1900. 2 Bde. Berlin 1989.

LIEBRUCKS, B.: Reflexionen über den Satz Hegels „Das Wahre ist das Ganze". In: Zeugnisse. Th. W. Adorno zum sechzigsten Geburtstag. Hrsg. von Max Horkheimer, Frankfurt a. M. 1963.

MARX, K./ENGELS, F.: Die deutsche Ideologie. MEW 3. Berlin/DDR 1969.

MUSIL, R.: Der Mann ohne Eigenschaften. Gesammelte Werke Bd. 1, Teil 1 und 2. Hrsg. von A. FRIEÉ. Reinbek ²1992.

MUSIL, R.: Stilgeneration oder Generationsstil. [14. Mai 1921]. In: MUSIL, R.: Prosa und Stükke. Kleine Prosa, Aphorismen, Autobiographisches, Essays und Reden, Kritik. Gesammelte Werke Bd. 2. Hrsg. von A. FRISÉ. Reinbek 1978.

NIETZSCHE, F.: Unzeitgemäße Betrachtungen I—III (1872—1874). In: Nietzsche Werke. Kritische Gesamtausgabe. Hrsg. von G. COLLI/M. MONTINARI. 3. Abteilung, 1. Bd., Berlin/New York 1972, S. 155—423.

PARSONS, T.: Social Structure and Personality. Glencoe 1964 (dt.: PARSONS, T.: Sozialstruktur und Persönlichkeit. Frankfurt a. M. 1968).

RINGER, F. K.: Die Gelehrten. Der Niedergang der deutschen Mandarine 1890—1933. Nachwort von D. GOLDSCHMIDT. Stuttgart 1983.

VIERHAUS, R.: Bildung. In: Geschichtliche Grundbegriffe. Bd. 1. Hrsg. von BRUNNER, O./CONZE, W./KOSELLECK, R. Stuttgart 1972, S. 508—551.

WEBER, M.: Wissenschaft als Beruf. (1917/1919) Politik als Beruf. (1919) Max-Weber-Gesamtausgabe A. I/Bd. 17. Hrsg. von W. J. Mommsen und W. Schluchter. Tübingen 1992.

21. AUTORENVERZEICHNIS

Prof. Dr. Wolfgang **Behrendt**
Straße 182 73
13127 Berlin-Buchholz

Prof. Dr. Klaus **Döge**
Franz-Mett-Straße 20
10319 Berlin

Prof. Dr. Peter **Drewek**
Freie Universität Berlin
Institut für Soziologie der Erziehung
Arnimallee 11
14195 Berlin

Prof. Dr. Dieter **Geulen**
Freie Universität Berlin
FB Erziehungs- und Unterrichts-
wissenschaften
Institut für Allg. und
Vergl. Erziehungswissenschaften
Habelschwerter Allee 45
14195 Berlin

Prof. Dr. Klaus **Harney**
Universität Trier
FB I Pädagogik, Philosophie,
Psychologie
54286 Trier

Prof. Dr. Dieter **Kirchhöfer**
F.-Wolf-Straße 5
16761 Henningsdorf

Prof. Dr. Joachim H. **Knoll**
Ruhr-Universität Bochum
Institut für Pädagogik
Universitätsstraße 150
44780 Bochum

Dr. Gero **Lenhardt**
Max-Planck-Institut für
Bildungsforschung
Lentzeallee 94
14195 Berlin

Prof. Dr. Dieter **Lenzen**
Freie Universität Berlin
FB Erziehungs- und Unterrichts-
wissenschaften
Institut für Allg. und
Vergl. Erziehungswissenschaften
Unter den Linden 6
10099 Berlin

Prof. Dr. Achim **Leschinsky**
Humboldt-Universität Berlin
FB Erziehungswissenschaften
Institut für Schulpädagogik
Ziegelstraße 13 c
10117 Berlin

Prof. Dr. Artur **Meier**
Fischerinsel 5
10179 Berlin

Prof. Dr. Detlef K. **Müller**
Ruhr-Universität Bochum
Institut für Pädagogik
Universitätsstraße 150
44780 Bochum

Prof. Dr. Hans **Oswald**
Universität Potsdam
Institut für Pädagogik
Postfach 60 15 53
14415 Potsdam

Prof. Dr. Peter-Martin **Roeder**
Max-Planck-Institut für
Bildungsforschung
Lentzeallee 94
14195 Berlin

Prof. Dr. Klaus **Schaller**
Ruhr-Universität Bochum
Institut für Pädagogik
Universitätsstraße 150
44780 Bochum

Prof. Dr. Jürgen **Schriewer**
Humboldt-Universität zu Berlin
FB Erziehungswissenschaften
Institut für Allgemeine Pädagogik
Abt. Vergleichende Erziehungs-
wissenschaft
Unter den Linden 6
10099 Berlin

Prof. Dr. Wolfgang **Steinhöfel**
Drosselweg 6
09130 Chemnitz

Prof. Dr. Peter **Storz**
TU Dresden
Sektion Berufspädagogik
Mommsenstraße 13
01069 Dresden

Prof. Dr. Christa **Uhlig**
Schottstraße 43
10365 Berlin

Dr. Ulrich **Wiegmann**
Tellstraße 4
12045 Berlin

NACHWORT
ZUR ENTSTEHUNG DES BANDES

Die dramatischen Ereignisse im Spätherbst 1989 waren kaum verarbeitet, als sich im Februar 1990 im Institut für Pädagogik der Ruhr-Universität Bochum zum ersten Mal in der deutschen Nachkriegsgeschichte eine größere Zahl von Vertretern erziehungswissenschaftlicher Einzeldisziplinen aus der DDR mit ihren jeweiligen Fachkollegen aus dem Institut für Pädagogik der Ruhr-Universität Bochum und einigen Kollegen anderer bundesrepublikanischer Universitäten zu einem Kolloquium über „Stand und Perspektiven erziehungswissenschaftlicher Forschung" trafen. Unter der Leitung des Lehrstuhlinhabers für Vergleichende Bildungsforschung, Oskar Anweiler, der seit 1965 (ab 1972 zugleich als Leiter der von ihm eingerichteten Arbeitsstelle für Vergleichende Bildungsforschung) die grundlegenden wissenschaftlichen Analysen der Entwicklungen im Bildungswesen und in den Erziehungswissenschaften in der DDR und in den anderen Staaten Osteuropas vorgelegt hat, stellten die Teilnehmer ihre Forschungsvorhaben zur Diskussion und entwickelten Perspektiven für gemeinsame Arbeiten. Bereits dieses Kolloquium war durch eine kaum beschreibbare Begeisterung für die neuen gemeinsamen Arbeitsmöglichkeiten geprägt. Christa Uhlig (Akademie der Pädagogischen Wissenschaften der DDR) übernahm für das Sommersemester 1990 und das Wintersemester 1990/91 Lehraufträge an der Ruhr-Universität Bochum für mit mir gemeinsam angebotene Seminare zur Reformpädagogik, H. Gerd Rackow (Universität Rostock) entwickelte zusammen mit Oskar Anweiler und dem Bildungshistoriker Bernd Zymek (Ruhr-Universität Bochum) ein später von der DFG finanziertes Forschungsprojekt zum regionalgeschichtlichen Vergleich Mecklenburg-Vorpommerns und Westfalens, Gerlinde Mehlhorn (Universität Leipzig) und Hans-Georg Mehlhorn (Musikhochschule Leipzig) übernahmen Lehraufträge an der Ruhr-Universität Bochum, Frau Mehlhorn wurde in den Herausgeberkreis der Zeitschrift „Bildung und Erziehung" berufen, zahllose gegenseitige Besuche und Diskussionen fanden — durchaus kontrovers, manchmal auch noch durch das bestehende Mißtrauen geprägt — statt.

Bereits im Juli 1990 wurde das erste Kolloquium durch ein großes internationales Symposion fortgesetzt: Anläßlich der 25-Jahr-Feier der Ruhr-Universität Bochum (10. bis 12. Juli 1990) und der im Rahmen dieses Ereignisses stattfindenden Verleihung der Ehrendoktorwürde an die Erziehungswissenschaftlerin und frühere Kollegin am Institut für Pädagogik, Frau Rita Süssmuth, stand zwei Tage lang das Thema „Erziehungswissenschaft und Politik" zur Analyse und Diskussion. Dabei referierten zu folgenden Themen folgende Personen:

Pädagogik und Politik in historischer Perspektive:
Die Reformpädagogik. „Pädagogische Bewegung gegen rationale Organisation."

Prof. Dr. Fritz K. Ringer, Pittsburgh
Prof. Dr. Jürgen Oelkers, Bern

Pädagogik und Politik in theoretischer Perspektive —
Die Pädagogik der Kommunikation

Prof. Dr. Klaus Schaller, Bochum
Prof. Dr. Wolfgang Fischer, Duisburg
Prof. Dr. Adalbert Rang, Amsterdam

Pädagogik und Politik im Spannungsverhältnis von Erziehungswissenschaft, staatlicher Schulpolitik und Bildungsreform — Polen, USA, Großbritannien

Prof. Dr. Czeslaw Kupisiewicz, Warschau
Prof. Dr. Harold J. Noah, Buffalo
Prof. Dr. Brian Simon, Leicester

Persönlichkeit und Politik

Prof. Dr. Bogdan Suchodolski, Warschau

Pädagogik und Politik in Phasen des politischen und sozialen Umbruchs, 1989/1990: DDR, CSSR, Ungarn

Prof. Dr. Milan Nakonecny, Prag
Prof. Dr. Attila Horvath, Budapest
Prof. Dr. Georg Schmelzer, Berlin/Ost
Prof. Dr. Hans-Peter Schäfer, Hamburg

Erziehungswissenschaft und Politik: Resignation oder Engagement?

Prof. Dr. Ludwig von Friedeburg, Frankfurt/Main
Prof. Dr. Peter M. Roeder, Berlin/West
Prof. Dr. Ulrich Lohmar, Bonn
Prof. Dr. Manfred Heinemann, Hannover
Prof. Dr. Christa Uhlig, Berlin/Ost
Prof. Dr. Hans-Georg Mehlhorn, Leipzig
Prof. Dr. Wolfgang Steinhöfel, Chemnitz

Im Rahmen eines 1990 eingerichteten Förderungsprogrammes des Bundesministers für Forschung und Technologie („Perspektiven der Forschung und Entwicklung im geeinten Deutschland. 8-Punkte-Programm für die neuen Bundesländer") stellten Oskar Anweiler und ich einen Förderungsantrag zur Entstehung eines Werkes zur Einführung in das Studium der Erziehungswissenschaft als gemeinsame Arbeit von Autoren aus den alten und neuen Bundesländern (Herausgeber Detlef K. Müller) und eines Quellenbandes zur Bildungsgeschichte der DDR („Bildungspolitik in Deutschland 1945—1990. Ein historisch-vergleichender Quellenband. Herausgegeben, eingeleitet und erläutert von Oskar Anweiler, Hans-Jürgen Fuchs, Martina Dorner, Eberhard Petermann“. Bd. 311, Bundeszentrale für politische Bildung, Bonn 1992).

An dem Einführungsband wirkten zunächst — neben den Autoren aus den alten Bundesländern — folgende Kolleginnen und Kollegen mit, die bis zur Vereinigung eine Professur in der DDR wahrgenommen haben und als herausragende Vertreter ihrer Fachgebiete anzusehen sind: Wolfgang Behrendt, Klaus Döge, Dieter Kirchhöfer, Gerlinde und Hans-Georg Mehlhorn, Artur Meier, Klaus Reichhold, Wolfgang Steinhöfel, Peter Storz, Christa Uhlig und Ulrich Wiegmann. Bis auf Peter Storz mußten alle genannten Kolleginnen und Kollegen im Verlauf des Jahres 1991/92 aus ihren Ämtern ausscheiden (Politiker und Juristen beanspruchen für diesen Vorgang offiziell den nüchternen Begriff „abwickeln“) und sich mit ABM-Maßnahmen oder sonstigen Überlebensstrategien durchschlagen. Klaus Reichhold, vor der Vereinigung an der Universität Chemnitz habilitiert, erhielt 1992 eine Professur für Pädagogik an dieser Universität. Er verunglückte im Jahre 1993 tödlich. Das Ehepaar Mehlhorn gründete das Förderungs- und Bildungsinstitut „Creativity for the Future Worldwide Centre“, unter dessen Betreuung und Initiative inzwischen mehr als zehn Kreativ-Schulen bzw. Kreativ-Zentren in verschiedenen Städten der neuen Bundesländer eingerichtet wurden. Das Forschungs- und Bildungszentrum gibt eine zweimonatlich erscheinende Zeitschrift heraus: „Kreativ-Magazin“, Nr. 1/93, Nr. 2+3/94 (Anschrift Creativity Magazin, Kommandant-Prendel-Allee 63, 04299 Leipzig). Die Belastung durch diese Arbeit veranlassten Frau und Herrn Mehlhorn, ihren für diesen Band vorgesehenen gemeinsamen Beitrag zur Begabungsforschung zurückzuziehen.

Mitwirkende aus den alten Bundesländern waren:
Peter Drewek; Dieter Geulen; Klaus Harney; Peter Hübner; Joachim-H. Knoll; Gero Lenhardt; Dieter Lenzen; Achim Leschinsky; Hans Oswald; Peter Martin Roeder; Klaus Schaller und Jürgen Schriewer.

Die Kollegen Schriewer und Leschinsky nahmen 1991 Rufe an die Humboldt-Universität Berlin an, der Kollege Oswald an die Universität Potsdam. Der Kollege Hübner, FU Berlin, hat seinen vorgesehenen Beitrag zur Lehrerbildung aus Krankheitsgründen zurückgezogen.

Alle Autoren trafen sich 1991 und 1992 zu Autorenbesprechungen in Berlin.

Ich danke an dieser Stelle allen Beteiligten für ihr großartiges Engagement und ihr intensives Mitwirken. Die gesamte Arbeit — bis zur letzten Fahnenkorrektur — war durch eine hervorragende Atmosphäre geprägt.

Bochum, den 21. September 1994 *Detlef K. Müller*

Claudia Hölzle

BILDUNGSPOLITIK IN DER EUROPÄISCHEN GEMEINSCHAFT

Angleichungsproblematik von Bildungssystemen in der Europäischen Gemeinschaft am Beispiel Spaniens

1994. XIV, 245 S. Br.
ISBN 3-412-03093-7

Gibt es eine auf die Europäische Gemeinschaft bezogene, veränderungswirksame Bildungspolitik und welche Wirkungen gehen hiervon aus? Die vorliegende Arbeit geht der Beantwortung dieser Frage nach und stellt in chronologischer Abfolge europäische Bildungspolitik von ihren Anfängen dar, um am Beispiel Spaniens die Angleichung von Bildungssytemen in der Europäischen Gemeinschaft aufzeigen.

Ruth und Gerd Hohendorf

DIESTERWEG VERPFLICHTET

Beiträge zur deutschen Bildungsgeschichte

1994. VII, 373 S. Br.
ISBN 3-412-08393-3

Die Beiträge zur deutschen Bildungsgeschichte sind das Ergebnis der Arbeit zweier Bildungshistoriker der DDR aus vier Jahrzehnten. Das thematische Spektrum reicht von der Zeit der Reformation bis in die jüngste Vergangenheit. Im Mittelpunkt steht Friedrich Adolph Wilhelm Diesterweg, dessen Gesamtwerk die Verfasser seit 1954 edieren.

Juliane Jacobi (Hg.)

FRAUEN ZWISCHEN FAMILIE UND SCHULE

Professionalisierungsstrategien bürgerlicher Frauen im internationalen Vergleich

1994. VII, 199 S. Br.
ISBN 3-412-01193-2

Es gibt im 19. und 20. Jahrhundert keine öffentliche Tätigkeit, an der Frauen so stark beteiligt waren wie an der öffentlichen Erziehung.

Heinz Stübig

BILDUNG, MILITÄR UND GESELLSCHAFT IN DEUTSCHLAND

Studien zur Entwicklung im 19. Jahrhundert

1994. VIII, 160 S. Br. ISBN 3-412-08793-9

Wurde in der Reformzeit und im Vormärz um eine Verbürgerlichung der Streitkräfte gerungen, so ist seit der Niederwerfung der 48er Revolution zu beobachten, daß das Bildungswesen selbst immer mehr unter militärischen Einfluß geriet. Diese Tendenzen wurden wesentlich dadurch verstärkt, daß der deutsche Nationalstaat nicht als Ergebnis einer bürgerlichen Umwälzung entstand, sondern aus den sogenannten Einigungskriegen hervorging. Das hatte wiederum zur Folge, daß das Militär über seine ursprüngliche Funktion hinaus zu einem entscheidenden Faktor der Innenpolitik wurde, wodurch die wilhelminische Gesellschaft ihr unverwechselbares Gepräge erhielt.

Bitte fordern Sie unseren Sonderprospekt an!

BILDUNG UND ERZIEHUNG

Begründet von F. Hilker (†).

ISSN 0006-2456

Erscheinungsweise: viermal jährlich
Einzelheft DM 24,80; Jahrgang DM 98,–

Die Zeitschrift erscheint im fünften Jahrzehnt und hat ihren Schwerpunkt in Untersuchungen zum Verhältnis von Bildung und Erziehung im gesellschaftlichen und kulturellen Wandel. Die Beiträge fragen nach den Ursachen, Trends und Perspektiven dieses Wandels sowie nach seinen Auswirkungen auf individuelle Sozialisationsprozesse und auf die Entwicklung von Bildungssystemen.

BÖHLAU VERLAG KÖLN WEIMAR WIEN

Theodor-Heuss-Str. 76, D - 51149 Köln

BÖHLAU